W0471416

Ferdinand Malcher · Johannes Hoppe · Danny Koppenhagen

Angular

Grundlagen, fortgeschrittene Themen und Best Practices – inklusive NativeScript und NgRx

2., aktualisierte und erweiterte Auflage

dpunkt.verlag

iX EDITION

iX-Edition
In der *iX*-Edition erscheinen Titel, die vom dpunkt.verlag gemeinsam mit der Redaktion der Computerzeitschrift iX ausgewählt und konzipiert werden. Inhaltlicher Schwerpunkt dieser Reihe sind Software- und Webentwicklung sowie Administration.

Ferdinand Malcher, Johannes Hoppe, Danny Koppenhagen
team@angular-buch.com

Lektorat: René Schönfeldt
Lektoratsassistenz/Projektkoordinierung: Anja Weimer
Copy-Editing: Anette Schwarz, Ditzingen
Satz: Da-TeX, Leipzig
Herstellung: Stefanie Weidner
Umschlaggestaltung: Helmut Kraus, *www.exclam.de*
Druck und Bindung: mediaprint solutions GmbH, 33100 Paderborn

Bibliografische Information der Deutschen Nationalbibliothek
Die Deutsche Nationalbibliothek verzeichnet diese Publikation in der Deutschen Nationalbibliografie; detaillierte bibliografische Daten sind im Internet über *http://dnb.d-nb.de* abrufbar.

ISBN:
Print 978-3-86490-646-6
PDF 978-3-96088-712-6
ePub 978-3-96088-713-3
mobi 978-3-96088-714-0

2., aktualisierte und erweiterte Auflage 2019
Copyright © 2019 dpunkt.verlag GmbH
Wieblinger Weg 17
69123 Heidelberg

Hinweis:
Dieses Buch wurde auf PEFC-zertifiziertem Papier aus nachhaltiger Waldwirtschaft gedruckt. Der Umwelt zuliebe verzichten wir zusätzlich auf die Einschweißfolie.

PEFC zertifiziert
Das Papier für dieses Buch stammt aus nachhaltig bewirtschafteten Wäldern und kontrollierten Quellen.
PEFC/04-31-0810 www.pefc.de

Schreiben Sie uns:
Falls Sie Anregungen, Wünsche und Kommentare haben, lassen Sie es uns wissen: hallo@dpunkt.de.

Die vorliegende Publikation ist urheberrechtlich geschützt. Alle Rechte vorbehalten. Die Verwendung der Texte und Abbildungen, auch auszugsweise, ist ohne die schriftliche Zustimmung des Verlags urheberrechtswidrig und daher strafbar. Dies gilt insbesondere für die Vervielfältigung, Übersetzung oder die Verwendung in elektronischen Systemen.
Es wird darauf hingewiesen, dass die im Buch verwendeten Soft- und Hardware-Bezeichnungen sowie Markennamen und Produktbezeichnungen der jeweiligen Firmen im Allgemeinen warenzeichen-, marken- oder patentrechtlichem Schutz unterliegen.
Alle Angaben und Programme in diesem Buch wurden mit größter Sorgfalt kontrolliert. Weder Autor noch Verlag können jedoch für Schäden haftbar gemacht werden, die in Zusammenhang mit der Verwendung dieses Buches stehen.

5 4 3 2 1 0

»It's just ›Angular‹«

Igor Minar

Vorwort

»Angular is one of the most adopted frameworks on the planet.«

Brad Green
(Angular Engineering Director)

Angular ist eines der populärsten Frameworks für die Entwicklung von Single-Page-Applikationen. Das Framework wird weltweit von großen Unternehmen eingesetzt, um modulare, skalierbare und gut wartbare Applikationen zu entwickeln. Tatsächlich hat Angular seinen Ursprung beim wohl größten Player des Internets – Google. Obwohl kommerzielle Absichten hinter der Idee stehen, wurde Angular von Anfang an quelloffen unter der MIT-Lizenz veröffentlicht. Im September 2016 erschien Angular in der Version 2.0.0. Google setzte damit einen Meilenstein in der Welt der modernen Webentwicklung: Das Framework nutzt die Programmiersprache TypeScript, bietet ein ausgereiftes Tooling und komponentenbasierte Entwicklung. In kurzer Zeit haben sich rund um Angular ein umfangreiches Ökosystem und eine vielfältige Community gebildet.

Die Entwicklung wird maßgeblich von einem dedizierten Team bei Google vorangetrieben, wird aber auch stark aus der Community beeinflusst. Angular gilt neben React.js (Facebook) und Vue.js (Community-Projekt) als eines der weltweit beliebtesten Webframeworks. Sie haben also die richtige Entscheidung getroffen und haben Angular für die Entwicklung Ihrer Projekte ins Auge gefasst.

Opinionated Framework

Das Framework ist modular aufgebaut und stellt eine Vielzahl an Funktionalitäten bereit, um wiederkehrende Standardaufgaben zu lösen. Der Einstieg ist umfangreich, aber die Konzepte sind durchdacht und konsequent. Hat man die Grundlagen erlernt, so kann man den Fokus auf die eigentliche Businesslogik legen. Häufig verwendet man im Zusammenhang mit Angular das Attribut *opinionated*, das wir im Deutschen mit dem Begriff *meinungsstark* ausdrücken können: Angular ist ein meinungsstarkes Framework, das viele klare Richtlinien zu Architektur, Codestruktur und Best Practices definiert. Das kann zu Anfang umfangreich erscheinen, sorgt aber dafür, dass in der gesamten Community einheitliche Konventionen herrschen, Standardlösungen existieren und bestehende Bibliotheken vorausgewählt wurden.

Obwohl die hauptsächliche Zielplattform für Angular-Anwendungen der Browser ist, ist das Framework nicht darauf festgelegt: Durch seine Plattformunabhängigkeit kann Angular auf nahezu jeder Plattform ausgeführt werden, unter anderem auf dem Server und nativ auf Mobilgeräten.

Grundlegende Konzepte

Sie werden in diesem Buch lernen, wie Sie mit Angular komponentenbasierte Single-Page-Applikationen entwickeln. Wir werden Ihnen vermitteln, wie Sie Abhängigkeiten und Asynchronität mithilfe des Frameworks behandeln. Weiterhin erfahren Sie, wie Sie mit Routing die Navigation zwischen verschiedenen Teilen der Anwendung implementieren. Sie werden lernen, wie Sie komplexe Formulare mit Validierungen in Ihre Anwendung integrieren und wie Sie Daten aus einer HTTP-Schnittstelle konsumieren können.

Beispielanwendung

Wir entwickeln mit Ihnen gemeinsam eine Anwendung, anhand derer wir Ihnen all diese Konzepte von Angular beibringen. Dabei führen wir Sie Schritt für Schritt durch das Projekt – vom Projektsetup über das Testen des Anwendungscodes bis zum Deployment der fertig entwickelten Anwendung. Auf dem Weg stellen wir Ihnen eine Reihe von Tools, Tipps und Best Practices vor, die wir in mehr als zwei Jahren Praxisalltag mit Angular sammeln konnten.

Nach dem Lesen des Buchs sind Sie in der Lage,

- das Zusammenspiel der Funktionen von Angular sowie das Konzept hinter dem Framework zu verstehen,
- modulare, strukturierte und wartbare Webanwendungen mithilfe des Angular-Frameworks zu entwickeln sowie
- durch die Entwicklung von Tests qualitativ hochwertige Anwendungen zu erstellen.

Die Entwicklung von Angular macht vor allem eines: Spaß! Diesen Enthusiasmus für das Framework und für Webtechnologien möchten wir Ihnen in diesem Buch vermitteln – wir nehmen Sie mit auf die Reise in die Welt der modernen Webentwicklung!

Versionen und Namenskonvention: Angular vs. AngularJS

In diesem Buch dreht sich alles um das Framework Angular. Sucht man nach dem Begriff »Angular« im Internet, so stößt man auch oft noch auf die Bezeichnung »AngularJS«. Hinter dieser Bezeichnung verbirgt sich die Version 1 des Frameworks. Mit der Version 2 wurde Angular von Grund auf neu entwickelt. Die offizielle Bezeichnung für das neue Framework ist *Angular*, ohne Angabe der Programmiersprache und ohne eine spezifische Versionsnummer. Angular erschien im September 2016 in der Version 2.0.0 und hat viele neue Konzepte und Ideen in die Community gebracht. Weil es sich um eine vollständige Neuentwicklung handelt, ist Angular nicht ohne Weiteres mit dem alten AngularJS kompatibel. Um Verwechslungen auszuschließen, gilt also die folgende Konvention:

It's just »Angular«.

- **Angular** – das Angular-Framework ab **Version 2 und höher** (dieses Buch ist durchgängig auf dem Stand von Angular 7 bzw. der Beta-Version von Angular 8)
- **AngularJS** – das Angular-Framework in der **Version 1.x.x**

Long Term Support für AngularJS

AngularJS, das 2009 erschien, ist zwar mittlerweile etwas in die Jahre gekommen, viele Webanwendungen setzen aber weiterhin auf das Framework. Die letzte Version 1.7 wurde im Sommer 2018 veröffentlicht und wird nach einer dreijährigen Phase mit Long Term Support (LTS) ab Juli 2021 nicht mehr unterstützt.[1]

Semantic Versioning

Sie haben also die richtige Entscheidung getroffen, Angular ab Version 2.0.0 einzusetzen. Diese Versionsnummer $x.y.z$ basiert auf *Semantic Versioning*.[2] Der Release-Zyklus von Angular ist kontinuierlich geplant: Im Rhythmus von sechs Monaten erscheint eine neue Major-Version x. Die Minor-Versionen y werden monatlich herausgegeben, nachdem eine Major-Version erschienen ist.

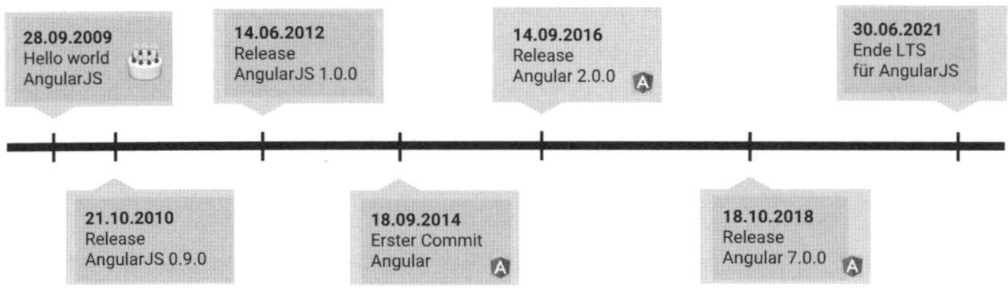

Abb. 1 *Zeitleiste der Entwicklung von Angular*

[1] https://ng-buch.de/a/1 – AngularJS: Version Support Status

[2] https://ng-buch.de/a/2 – Semantic Versioning 2.0.0

Umgang mit Aktualisierungen

Das Release einer neuen Major-Version von Angular bedeutet keineswegs, dass alle Ideen verworfen werden und Ihre Software nach einem Update nicht mehr funktioniert. Auch wenn Sie eine neuere Angular-Version verwenden, behalten die in diesem Buch beschriebenen Konzepte ihre Gültigkeit. Die Grundideen von Angular sind seit Version 2 konsistent und auf Beständigkeit über einen langen Zeitraum ausgelegt. Alle Updates zwischen den Major-Versionen waren in der Vergangenheit problemlos möglich, ohne dass Breaking Changes die gesamte Anwendung unbenutzbar machen. Gibt es doch gravierende Änderungen, so werden stets ausführliche Informationen und Tools zur Migration angeboten.

Alle Beispiele aus diesem Buch sowie zusätzliche Links und Hinweise können Sie über eine zentrale Seite erreichen:

Die Begleitwebsite zum Buch

https://angular-buch.com

Unter anderem veröffentlichen wir dort zu jeder Major-Version einen Artikel mit den wichtigsten Neuerungen und den nötigen Änderungen am Beispielprojekt. Wir empfehlen Ihnen aus diesem Grund, unbedingt einen Blick auf die Begleitwebsite des Buchs zu werfen, bevor Sie beginnen, sich mit den Inhalten des Buchs zu beschäftigen.

An wen richtet sich das Buch?

Webentwickler mit JavaScript-Erfahrung

Dieses Buch richtet sich an Webentwickler, die einige Grundkenntnisse mitbringen. Wir setzen allgemeine Kenntnisse in JavaScript voraus. Wenn Sie bereits ein erstes JavaScript-Projekt umgesetzt haben und Ihnen Frameworks wie jQuery vertraut sind, werden Sie an diesem Buch sehr viel Freude haben. Mit Angular erwartet Sie das modulare Entwickeln von Single-Page-Applikationen in Kombination mit Unit- und UI-Testing.

TypeScript-Einsteiger und Erfahrene

Für die Entwicklung mit Angular nutzen wir die populäre Programmiersprache TypeScript. Doch keine Angst: TypeScript ist lediglich eine Erweiterung von JavaScript, und die neuen Konzepte sind sehr eingängig und schnell gelernt.

In diesem Buch wird ein praxisorientierter Ansatz verfolgt. Sie werden anhand einer Beispielanwendung schrittweise die Konzepte und Funktionen von Angular kennenlernen. Dabei lernen Sie nicht nur die Grundlagen kennen, sondern wir vermitteln Ihnen auch eine Vielzahl von Best Practices und Erkenntnissen aus mehrjähriger Praxis mit Angular.

Praxisorientierte Einsteiger

Was sollten Sie mitbringen?

Da wir Erfahrungen in der Webentwicklung mit JavaScript voraussetzen, ist es für jeden Entwickler, der auf diesem Gebiet unerfahren ist, empfehlenswert, sich die nötigen Grundlagen zu erarbeiten. Darüber hinaus sollten Sie Grundkenntnisse im Umgang mit HTML und CSS mitbringen. Der *dpunkt.verlag* bietet eine große Auswahl an Einstiegsliteratur für HTML, JavaScript und CSS an. Sollten Sie über keinerlei TypeScript-Kenntnisse verfügen: kein Problem! Alles, was Sie über TypeScript wissen müssen, um die Inhalte dieses Buchs zu verstehen, wird in einem separaten Kapitel vermittelt.

Grundkenntnisse in JavaScript, HTML und CSS

Sie benötigen *keinerlei* Vorkenntnisse im Umgang mit Angular bzw. AngularJS. Ebenso müssen Sie sich nicht vorab mit benötigten Tools und Hilfsmitteln für die Entwicklung von Angular-Applikationen vertraut machen. Das nötige Wissen darüber wird Ihnen in diesem Buch vermittelt.

Keine Angular-Vorkenntnisse nötig!

Für wen ist dieses Buch weniger geeignet?

Um Inhalte des Buchs zu verstehen, werden Erfahrungen im Webumfeld vorausgesetzt. Entwicklern ohne Vorkenntnisse in diesem Umfeld wird der Einstieg schwerer fallen. Sie sollten sich zunächst die grundlegenden Kenntnisse in den Bereichen HTML, JavaScript und CSS aneignen.

Unerfahrene Webentwickler

Weiterhin ist dieses Buch nicht als Nachschlagewerk zu verstehen. Es werden nicht alle Möglichkeiten und Konzepte von Angular bis in jedes Detail erläutert. Anhand des Beispielprojekts werden die wichtigsten Funktionalitäten praxisorientiert vermittelt. Um Details zu den einzelnen Framework-Funktionen nachzuschlagen, empfehlen wir die offizielle Dokumentation für Entwickler.[3]

Kein Nachschlagewerk

Offizielle Angular-Dokumentation

[3] https://ng-buch.de/a/3 – Angular Docs

Wie ist dieses Buch zu lesen?

Einführung, Tools und Schnellstart

Wir beginnen im ersten Teil des Buchs mit einer Einführung, in der Sie alles über die verwendeten Tools und benötigtes Werkzeug erfahren. Im Schnellstart tauchen wir sofort in Angular ein und nehmen Sie mit zu einem schnellen Einstieg in das Framework und den Grundaufbau einer Anwendung.

Einführung in TypeScript

Der zweite Teil vermittelt Ihnen einen Einstieg in TypeScript. Sie werden hier mit den Grundlagen dieser typisierten Skriptsprache vertraut gemacht und erfahren, wie Sie die wichtigsten Features verwenden können. Entwickler, die bereits Erfahrung im Umgang mit TypeScript haben, können diesen Teil überspringen.

Beispielanwendung

Der dritte Teil ist der Hauptteil des Buchs. Hier möchten wir mit Ihnen zusammen eine Beispielanwendung entwickeln. Die Konzepte und Technologien von Angular wollen wir dabei direkt am Beispiel vermitteln. So stellen wir sicher, dass das Gelesene angewendet wird und jeder Abschnitt automatisch einen praktischen Bezug hat.

Iterationen

Nach einer Projekt- und Prozessvorstellung haben wir das Buch in mehrere Iterationen eingeteilt. In jeder Iteration gilt es Anforderungen zu erfüllen, die wir gemeinsam mit Ihnen implementieren.

- Iteration I: Komponenten & Template-Syntax (ab S. 69)
- Iteration II: Services & Routing (ab S. 125)
- Iteration III: HTTP & reaktive Programmierung (ab S. 181)
- Iteration IV: Formularverarbeitung & Validierung (ab S. 261)
- Iteration V: Pipes & Direktiven (ab S. 339)
- Iteration VI: Module & fortgeschrittenes Routing (ab S. 387)
- Iteration VII: Internationalisierung (ab S. 433)

Storys

Refactoring

Eine solche Iteration ist in mehrere Storys untergliedert, die jeweils ein Themengebiet abdecken. Eine Story besteht immer aus einer theoretischen Einführung und der praktischen Implementierung im Beispielprojekt. Neben Storys gibt es Refactoring-Abschnitte. Dabei handelt es sich um technische Anforderungen, die die Architektur oder den Codestil der Anwendung verbessern.

Powertipps

Haben wir eine Iteration abgeschlossen, prüfen wir, ob wir unseren Entwicklungsprozess vereinfachen und beschleunigen können. In den *Powertipps* demonstrieren wir hilfreiche Werkzeuge, die uns bei der Entwicklung zur Seite stehen.

Testing

Nachdem alle Iterationen erfolgreich absolviert wurden, wollen wir das Thema *Testing* genauer betrachten. Hier erfahren Sie, wie Sie Ihre Angular-Anwendung automatisiert testen und so die Softwarequalität sichern können. Dieses Kapitel kann sowohl nach der Entwicklung des Beispielprojekts als auch parallel dazu bestritten werden.

Im vierten Teil dreht sich alles um das Deployment einer Angular-Anwendung. Sie werden erfahren, wie Sie eine fertig entwickelte Angular-Anwendung fit für den Produktiveinsatz machen.

Deployment

Im fünften und letzten Teil möchten wir Ihnen mit Server-Side Rendering, der Redux-Architektur und dem Framework NativeScript drei Ansätze näherbringen, die über eine Standardanwendung hinausgehen. Mit *Server-Side Rendering (SSR)* machen Sie Ihre Anwendung fit für Suchmaschinen und verbessern zusätzlich die Geschwindigkeit beim initalen Start der App. Anschließend stellen wir Ihnen das *Redux*-Pattern und das Framework *NgRx* vor. Sie erfahren, wie Sie mithilfe von Redux den Anwendungsstatus zentral und gut wartbar verwalten können. Zum Schluss betrachten wir am praktischen Beispiel, wie wir *NativeScript* einsetzen können, um native mobile Anwendungen für verschiedene Zielplattformen (Android, iOS etc.) zu entwickeln.

Weiterführende Themen

SSR

Redux

NativeScript

Im letzten Kapitel des Buchs finden Sie weitere Informationen zu wissenswerten und begleitenden Themen. Hier haben wir weiterführende Inhalte zusammengetragen, auf die wir im Beispielprojekt nicht ausführlich eingehen.

Wissenswertes

Abtippen statt Copy & Paste

Wir alle kennen es: Beim Lesen steht vor uns ein großer Abschnitt Quelltext, und wir haben wenig Lust auf Tipparbeit. Schnell kommt der Gedanke auf, ein paar Codezeilen oder sogar ganze Dateien aus dem Repository zu kopieren. Vielleicht denken Sie sich: »Den Inhalt anzuschauen und die Beschreibung zu lesen reicht aus, um es zu verstehen.«

An dieser Stelle möchten wir aber einhaken. Kopieren und Einfügen ist nicht dasselbe wie *Lernen* und *Verstehen*. Wenn Sie die Codebeispiele selbst *eintippen*, werden Sie besser verstehen, wie Angular funktioniert, und werden die Software später erfolgreich in der Praxis einsetzen können. Jeder einzelne Quelltext, den Sie abtippen, trainiert Ihre Hände, Ihr Gehirn und Ihre Sinne. Wir möchten Sie deshalb ermutigen: Betrügen Sie sich nicht selbst. Der bereitgestellte Quelltext im Repository sollte lediglich der Überprüfung dienen. Wir wissen, wie schwer das ist, aber vertrauen Sie uns: Es zahlt sich aus, denn Übung macht den Meister!

Abtippen heißt Lernen und Verstehen.

Beratung und Workshops

Wir, die Autoren dieses Buchs, arbeiten seit Langem als Berater und Trainer für Angular. Wir haben die Erfahrung gemacht, dass man Angular in kleinen Gruppen am schnellsten lernen kann. In einem Workshop kann auf individuelle Fragen und Probleme direkt eingegangen werden – und es macht auch am meisten Spaß!

Schauen Sie auf https://angular.schule vorbei. Dort bieten wir Ihnen Angular-Workshops in den Räumen Ihres Unternehmens oder in offenen Gruppen an. Das Angular-Buch verwenden wir dabei in unseren Einstiegskursen zur Nacharbeit. Haben Sie das Buch vollständig gelesen, so können Sie direkt in die individuellen Kurse für Fortgeschrittene einsteigen. Wir freuen uns auf Ihren Besuch.

Die Angular.Schule: Workshops und Beratung

https://angular.schule

Danksagung

Dieses Buch hätte nicht seine Reife erreicht ohne die Hilfe und Unterstützung verschiedener Menschen. Wir danken **Gregor Woiwode** für die Mitwirkung als Autor in der ersten Auflage. Besonderer Dank geht an **Michael Kaaden** für seine unermüdlichen Anregungen und kritischen Nachfragen. Michael hat das gesamte Buch mehrfach auf Verständlichkeit und Fehler abgeklopft, alle Codebeispiele nachvollzogen und viel wertvollen Input geliefert. **Matthias Jauernig, Dilyana Pavlova, Silvio Böhme, Danilo Hoffmann** und **Jan-Niklas Wortmann** danken wir ebenso für die hilfreichen Anregungen und Korrekturvorschläge zur zweiten Auflage. **Julian Steiner** hat uns mit seiner Expertise zu NativeScript bei der Entwicklung der BookMonkey-Mobile-App unterstützt. Wertvolles Feedback zur ersten Auflage dieses Buchs haben uns außerdem **Nils Frohne, Johannes Hamfler, Stephan Hartmann, Johannes Hofmeister, Alexander Szczepanski** und **Daniel Vladut** zukommen lassen.

Dem Team vom dpunkt.verlag, insbesondere **René Schönfeldt** und **Sabrina Dietze**, danken wir für die persönliche Unterstützung und die guten Anregungen zum Buch. Außerdem danken wir dem **Angular-Team** und der Community dafür, dass sie eine großartige Plattform geschaffen haben, die uns den Entwickleralltag angenehmer macht.

Aktualisierungen in der zweiten Auflage

Die Webplattform bewegt sich schnell, und so muss auch ein Framework wie Angular stets an neue Gegebenheiten angepasst werden und mit den Anforderungen wachsen. In den zwei Jahren seit Veröffentlichung der ersten Auflage dieses Buchs haben sich viele Dinge geändert: Es wurden Best Practices etabliert, neue Features eingeführt, und einige wenige Features wurden wieder entfernt.

Die zweite Auflage, die Sie mit diesem Buch in Händen halten, wurde deshalb grundlegend aktualisiert und erweitert. Wir möchten Ihnen einen kurzen Überblick über die Neuerungen und Aktualisierungen der zweiten Auflage geben. Alle Texte und Codebeispiele haben wir auf die aktuelle Angular-Version aktualisiert.

Neue Kapitel

Folgende Kapitel und Abschnitte sind in dieser Auflage neu hinzugekommen:

- 10.3 Interceptoren: HTTP-Requests abfangen und transformieren (Seite 245)
- 19 Server-Side Rendering mit Angular Universal (Seite 537)
- 24 Wissenswertes (Seite 641)
  - 24.1 Container und Presentational Components (Seite 641)
  - 24.3 TrackBy-Funktion für die Direktive `ngFor` (Seite 646)
  - 24.4 Schematics: Codegenerierung mit der Angular CLI (Seite 648)
  - 24.6 Angular Material und weitere UI-Komponentensammlungen (Seite 654)
  - 24.11 Angular updaten (Seite 675)

Vollständig neu geschriebene Kapitel

Einige bereits in der ersten Auflage existierende Kapitel wurden für die zweite Auflage vollständig neu aufgerollt:

1 Schnellstart (Seite 3) Der Schnellstart basierte in der ersten Auflage auf einer lokalen Lösung mit SystemJS und Paketen aus einem CDN. Der neue Schnellstart setzt auf die Online-Plattform StackBlitz zum schnellen Prototyping von Webanwendungen.

10.2 Reaktive Programmierung mit RxJS (Seite 198) Das Prinzip der reaktiven Programmierung und das Framework RxJS haben in den letzten Jahren weiter an Bedeutung gewonnen. Das alte Kapitel zu RxJS lieferte nur einen kurzen Überblick, ohne auf Details einzugehen. Mit dieser Neufassung finden Sie jetzt eine ausführliche Einführung in die Prinzipien von reaktiver Programmierung und Observables, und es werden alle wichtigen Konzepte anhand von Beispielen erklärt. Im Gegensatz zur ersten Auflage verwenden alle Beispiele im Buch die aktuelle Syntax von RxJS mit den *Pipeable Operators*.

12 Formularverarbeitung & Validierung: Iteration IV (Seite 261) In der ersten Auflage haben wir sowohl *Template-Driven Forms* als auch *Reactive Forms* gleichbedeutend vorgestellt. Wir empfehlen mittlerweile nicht mehr den Einsatz von Template-Driven Forms. Daher stellen wir zwar beide Ansätze weiterhin vor, legen aber im Kapitel zur Formularverarbeitung einen stärkeren Fokus auf Reactive Forms. Das Praxisbeispiel wurde neu entworfen, um eine saubere Trennung der Zuständigkeiten der Komponenten zu ermöglichen. Die Erläuterungen im Grundlagenteil wurden neu formuliert, um besser für die Anforderungen aus der Praxis geeignet zu sein.

20 State Management mit Redux (Seite 553) In den letzten zwei Jahren hat sich unserer Ansicht nach das Framework *NgRx* gegen weitere Frameworks wie *angular-redux* klar durchgesetzt. Während die erste Auflage in diesem Kapitel noch auf angular-redux setzte, arbeitet das neue Kapitel durchgehend mit den *Reactive Extensions for Angular (NgRx)*. Das neue Kapitel erarbeitet in der Einführung schrittweise ein Modell für zentrales State Management, um die Architektur von Redux zu erläutern, ohne eine konkrete Bibliothek zu nutzen.

Stark überarbeitete und erweiterte Kapitel

4 Einführung in TypeScript (Seite 27) Das Grundlagenkapitel zu TypeScript wurde neu strukturiert und behandelt zusätzlich auch neuere Features von ECMAScript/TypeScript, z. B. Destrukturierung, Spread-Operator und Rest-Syntax.

10.1 HTTP-Kommunikation: ein Server-Backend anbinden (Seite 181) Das HTTP-Kapitel setzt durchgehend auf den `HttpClient`, der mit Angular 4.3 eingeführt wurde. Dabei wird der Blick auch auf die erweiterten Features des Clients geworfen. Themen, die spezifisch für RxJS sind, wurden aus diesem Kapitel herausgelöst und werden nun im RxJS-Kapitel behandelt.

14.4.1 Resolver: asynchrone Daten beim Routing vorladen (Seite 427) Resolver sind aus unserer Sicht nicht die beste Wahl, um reguläre Daten über HTTP nachzuladen. Der Iterationsschritt zu Resolvern wurde deshalb aus dem Beispielprojekt entfernt, und das Thema wird in dieser Auflage nur noch in der Theorie behandelt.

15.1 i18n: mehrere Sprachen und Kulturen anbieten (Seite 433) Die Möglichkeiten zur Konfiguration des Builds wurden mit Angular 6 stark vorangebracht. Viele zuvor notwendige Kommandozeilenparameter sind nun nicht mehr notwendig, die Konfigurationsdatei `angular.json` löst diese ab. Dadurch konnten wir das Kapitel zur Internationalisierung (i18n) kürzen und verständlicher gestalten. Im Gegensatz zur ersten Auflage zeigen wir nicht mehr, wie man eine Anwendung im JIT-Modus internationalisiert, der hauptsächlich für die Entwicklung vorgesehen ist, aber nicht für produktive Anwendungen.

17.1 Softwaretests (Seite 457) Das Kapitel zum Testen von Angular-Anwendungen wurde stark erweitert. Neben den reinen Werkzeugen wird der Fokus besonders auf Philosophien, Patterns und Herangehensweisen gelegt. Zusätzlich werden die mitgelieferten Tools zum Testen von HTTP und Routing betrachtet.

22 NativeScript: mobile Anwendungen entwickeln (Seite 601) Zur Entwicklung einer nativen mobilen Anwendung nutzen wir in diesem Kapitel die neue Version 3 von NativeScript, die insbesondere Verbesserungen in Sachen Codegenerierung und Wiederverwendbarkeit von Code mitbringt.

24.9 Change Detection (Seite 661) Das Kapitel zur Change Detection wurde für besseres Verständnis neu strukturiert. Insbesondere wird auf Debugging und Strategien zur Optimierung eingegangen.

Sonstiges

Für die einzelnen Iterationsschritte aus dem Beispielprojekt bieten wir eine Differenzansicht an. So können die Änderungen am Code zwischen den einzelnen Kapiteln besser nachvollzogen werden. Wir gehen darauf auf Seite 49 genauer ein.

Zu guter Letzt haben wir an ausgewählten Stellen in diesem Buch Zitate von bekannten Persönlichkeiten aus der Angular-Community aufgeführt. Die meisten dieser Zitate haben wir direkt für dieses Buch erbeten. Wir freuen uns sehr, dass so viele interessante und humorvolle Worte diesem Buch eine einmalige Note geben.

Inhaltsverzeichnis

Teil I

Einführung

1 Schnellstart

»Scaffolding an Angular project is now
easier than ever with StackBlitz.
In one click, you can run and edit any Angular CLI project
in your browser – powered by Visual Studio Code.
You will feel right at home, trust me!«

Dominic Elm
(Mitglied im StackBlitz-Team und Mitgründer von Machinelabs.ai)

Am besten wird man mit einem neuen Framework vertraut, wenn man die Konzepte und Beispiele direkt selbst ausprobiert. Hierfür wollen wir eine vorbereitete Angular-Anwendung im Browser einsetzen. Wir wollen an diesem Beispiel zunächst nur betrachten, wie eine solche Anwendung aufgebaut ist. Danach gehen wir im Beispielprojekt ausführlich auf alle Details des Angular-Frameworks ein.

StackBlitz zum schnellen Setup

Damit wir uns in diesem Kapitel noch nicht damit beschäftigen müssen, ein Angular-Projekt aufzusetzen, wollen wir die Online-Plattform *StackBlitz* nutzen. StackBlitz ist eine Entwicklungsumgebung für Webanwendungen, die vollständig im Browser läuft. Wenn Sie bereits Visual Studio Code auf dem Desktop einsetzen, wird Ihnen die Oberfläche von StackBlitz bekannt vorkommen: Der Editor basiert auf Visual Studio Code. StackBlitz integriert dazu einen Webserver, sodass wir die entwickelte Anwendung sofort im Browser sehen können. Die Plattform eignet sich sehr gut zum schnellen Prototyping und zum Ausprobieren von Features – also genau passend für diesen Schnellstart. Für eine vollständige Anwendung empfehlen wir Ihnen allerdings, das Tooling auf Ihrer lokalen Maschine aufzusetzen.

Legen wir los! Rufen Sie zuerst die Startseite von StackBlitz auf:

https://stackblitz.com

Direkt von der Startseite können wir eine Technologie wählen, in der unser Startprojekt angelegt werden soll.

Wir entscheiden uns bei dieser Auswahl natürlich für *Angular*! Die Startseite von StackBlitz kann sich im Laufe der Zeit ändern, des-

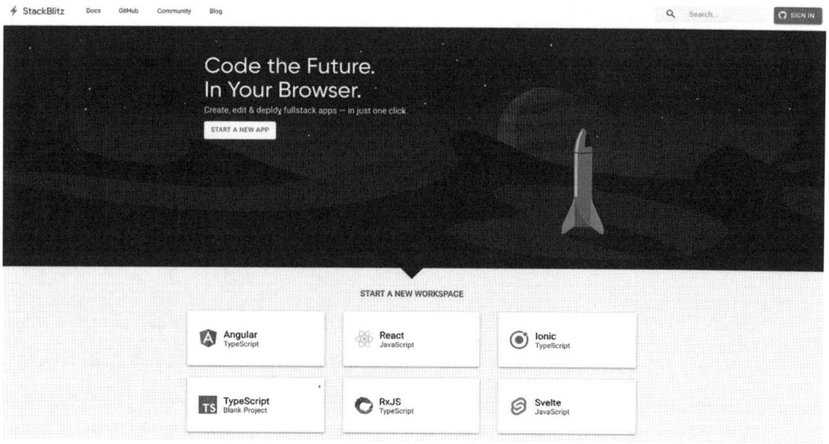

Abb. 1–1
Die Plattform StackBlitz

halb können Sie auch den folgenden Link nutzen, um eine Angular-Anwendung mit StackBlitz zu erzeugen:

https://stackblitz.com/fork/angular

Wir erhalten nun ein vollständiges Angular-Projekt, das theoretisch auch lokal mithilfe der Angular CLI lauffähig ist, die wir uns im Kapitel 3 ab Seite 21 noch genauer ansehen werden. Auf der linken Seite können wir den Quellcode editieren, auf der rechten Seite sehen wir direkt eine Vorschau der Anwendung. StackBlitz aktualisiert die Vorschau automatisch, sobald wir Änderungen vornehmen.

StackBlitz und Drittanbieter-Cookies

Es kann sein, dass die Vorschau auf der rechten Seite nicht korrekt funktioniert. In diesem Fall überprüfen Sie am besten, ob in Ihrem Browser Drittanbieter-Cookies geblockt werden. Wenn Sie die Cookie-Einstellungen nicht global abändern wollen, so hilft eine Ausnahmeregel. Für den Browser Chrome geht dies wie folgt:

1. Rufen Sie `chrome://settings/content/cookies` auf. Die Adresse muss aus Sicherheitsgründen stets manuell eingegeben werden.
2. Betätigen Sie **`Allow`** und danach **`Add`**.
3. Erlauben Sie für `[*.]stackblitz.io` die Cookies.

Der Browser Brave wird in der Standardeinstellung keine Vorschau zeigen, hier müssen Sie das »Shield« für die Domain `stackblitz.com` deaktivieren. Mehr Informationen erhalten Sie im dazugehörigen GitHub-Issue.[a]

[a] https://ng-buch.de/a/4 – GitHub: StackBlitz preview doesn't work on Chrome

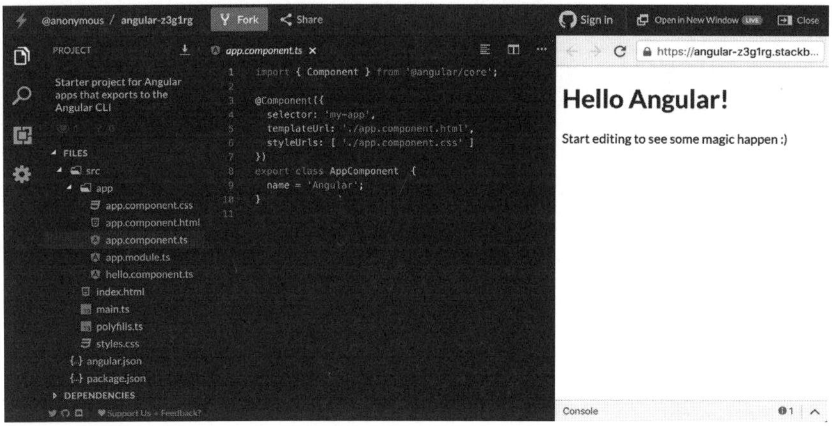

Abb. 1–2
Ausgabe im Browser

Projekt in StackBlitz bearbeiten

StackBlitz legt automatisch ein neues Projekt mit einem zufälligen Namen an. Sie sehen diesen Namen am linken oberen Rand und in der URL. Dieses Projekt können Sie jederzeit bearbeiten. Bevor Sie die Seite verlassen, sollten Sie jedoch alle Änderungen speichern – mit dem Save-Knopf am oberen Rand oder wie üblich mit der Tastenkombination Strg + S bzw. ⌘ + S. Wenn Sie sich in StackBlitz mit Ihrem GitHub-Account einloggen, wird das Projekt Ihrem Account zugeordnet und gehört damit Ihnen.

Aufbau einer Angular-Anwendung

Wir schauen uns nun einmal schrittweise an, wie unsere neue Angular-Anwendung aufgebaut ist. Sie besteht aus den folgenden wichtigen Dateien:

```
src
├── index.html ........................ HTML-Grundgerüst
├── main.ts ........................... Startdatei für das Bootstrapping
├── app
│   ├── app.component.html ............ Das Template der AppComponent
│   ├── app.component.ts .............. Die Root-Komponente AppComponent
│   └── app.module.ts ................. Das zentrale Angular-Modul AppModule
└── polyfills.ts ...................... Datei für Polyfills
```

Polyfill bzw. Shim

Als Shim oder Polyfill bezeichnet man in der Webwelt eine Softwarebibliothek, die fehlende Funktionalitäten im Browser zur Verfügung stellt. In der Vergangenheit ging es bei Polyfills häufig darum, standardisierte Funktionen in alten Versionen des Internet Explorers nachzurüsten. Mithilfe von Polyfills können aber auch Funktionen hinzugefügt werden, die gerade erst standardisiert wurden bzw. noch ein Vorschlag sind und daher noch von keinem Browser vollständig unterstützt werden.

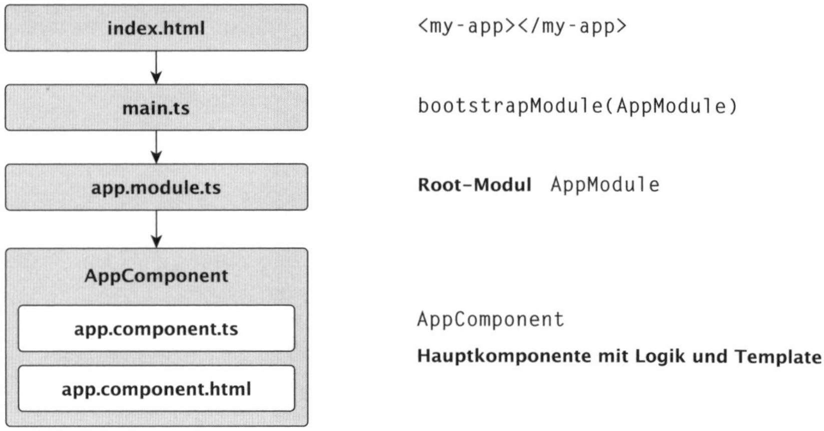

Abb. 1–3 *Grundaufbau einer Angular-Anwendung*

1.1 Das HTML-Grundgerüst

Da wir mit Angular in den meisten Fällen Webanwendungen entwickeln, beginnt unsere Reise ganz klassisch mit einer HTML-Seite, die vom Browser geladen wird. Die Datei `index.html` besteht üblicherweise aus einem einfachen HTML-Grundgerüst, trägt aber immer eine Besonderheit: das Element `<my-app>`. Angular verarbeitet dieses Element und rendert an dieser Stelle den Inhalt der zugehörigen Komponente, unsere Root-Komponente `AppComponent`. Solange Angular noch lädt, wird der ursprüngliche Inhalt des Elements angezeigt, hier der Text `loading`.

Listing 1–1 *Die Datei* src/index.html

```
<my-app>loading</my-app>
```

1.2 Die Startdatei für das Bootstrapping

Zu einer dynamischen Webseite gehört mehr als nur ein HTML-Grundgerüst. Dafür sorgt die Datei `main.ts`: Sie wird beim Build der Anwendung automatisch in die `index.html` eingebunden und katapultiert uns direkt in der Angular-Welt.

Listing 1–2 *Die Datei* src/main.ts

```
// ...
import { platformBrowserDynamic } from '@angular/platform-browser-
    ↪ dynamic';
import { AppModule } from './app/app.module';

platformBrowserDynamic().bootstrapModule(AppModule)
  .then(ref => { /* ... */ })
  .catch(err => console.error(err));
```

Die einzige Aufgabe der Datei ist es, das zentrale Angular-Modul `AppModule` zu starten. Das Starten der Anwendung nennt man in der Angular-Welt »Bootstrapping«. Das Bootstrapping ist spezifisch für die Zielplattform (z. B. Web/Hybrid/Nativ) und findet daher in einer eigenen Datei statt, um die Anwendung unabhängig von der Plattform zu halten. Diese Details sind für uns bis hierhin noch gar nicht wichtig. Wir nutzen zunächst nur die Plattform `platformBrowserDynamic`. Sie ist für den Browser geeignet und wertet die Templates dynamisch zur Laufzeit aus. Später im Kapitel zum Deployment ab Seite 513 werden wir noch weitere Plattformen kennenlernen.

Bootstrapping: die Anwendung zum Leben erwecken

platformBrowserDynamic *für den Browser*

Achtung: Bootstrap hat nichts mit CSS zu tun!

Auch wenn wir im Zusammenhang mit Webanwendungen schnell an das *Frontend-Framework Bootstrap* denken, besteht kein Zusammenhang mit dem *Bootstrapping einer Angular-Anwendung.*

1.3 Das zentrale Angular-Modul

Unsere nächste Station ist das zentrale Angular-Modul in der Datei `app.module.ts` im Unterverzeichnis 🗁`app`. Eine Angular-Anwendung hat immer ein solches zentrales Modul. Hier werden alle Bestandteile der Anwendung gebündelt, also alle Komponenten, Services, Feature-Module usw. Momentan besitzen wir genau ein Modul, das wird sich aber im Verlauf dieses Buchs noch ändern. Man erkennt ein Angular-Modul daran, dass es mit dem Decorator `NgModule()` markiert ist.

Der Decorator @NgModule()

Listing 1–3
Die Datei src/app/app.module.ts

```
import { NgModule } from '@angular/core';
import { BrowserModule } from '@angular/platform-browser';
import { FormsModule } from '@angular/forms';

import { AppComponent } from './app.component';
import { HelloComponent } from './hello.component';

@NgModule({
  imports:      [ BrowserModule, FormsModule ],
  declarations: [ AppComponent, HelloComponent ],
  bootstrap:    [ AppComponent ]
})
export class AppModule { }
```

Im `AppModule` wird unter anderem die Klasse `AppComponent` importiert. Das ist die Hauptkomponente der Anwendung, die wir uns gleich noch genauer ansehen. Die Komponente ist in den Abschnitten `declarations` und `bootstrap` im `AppModule` angegeben. Damit wird die Komponente in der Anwendung bekannt gemacht, sodass wir sie verwenden können. Die Eigenschaft `bootstrap` sorgt dafür, dass die Komponente beim Start der Anwendung geladen wird.

Achtung: JavaScript-Modul ≠ Angular-Modul

Der Begriff *Modul* ist doppelt besetzt. Zur besseren Unterscheidung reden wir von JavaScript-Modulen, wenn wir modularen JavaScript-Code nach dem ECMAScript-2015-Standard meinen. Mit dem Begriff »Modul« meinen wir also meist ein Angular-Modul.

1.4 Die erste Komponente

Wir haben jetzt die Reise vom HTML-Grundgerüst über das Bootstrapping bis hin zum zentralen Anwendungsmodul gemacht. Dort wurde unsere erste Komponente deklariert und in der Anwendung bekannt gemacht: die `AppComponent`. Hier beginnt der Spielplatz für unsere eigenen Inhalte!

Eine Komponente ist immer eine Kombination von sichtbarem Template und dazugehöriger Logik. Wir schauen uns das Komponentenkonzept im Verlauf dieses Buchs noch sehr ausführlich an, denn die Komponenten sind die Grundbausteine einer jeden Angular-Anwendung. Jede Anwendung besitzt eine Hauptkomponente (engl. *Root Component*), von der aus alle Inhalte aufgebaut werden.

Wir werfen zunächst einen Blick auf die Datei `app.component.ts`.

Listing 1–4
Die Datei src/app/app.component.ts

```
import { Component } from '@angular/core';

@Component({
  selector: 'my-app',
  templateUrl: './app.component.html',
  styleUrls: [ './app.component.css' ]
})
export class AppComponent  {
  name = 'Angular';
}
```

Hier sehen wir eine TypeScript-Klasse mit einer Besonderheit: dem Decorator `@Component()`. Hier wird später die Logik unserer Komponente untergebracht. Außerdem finden wir im selben Ordner die Datei `app.component.html` und eine CSS-Datei mit demselben Namen. Die HTML-Datei beinhaltet das Template der Komponente, also den Teil, der nachher tatsächlich im Browser zu sehen ist. In der CSS-Datei werden Stylesheets untergebracht, die zu dieser Komponente gehören.

AppComponent *ist die Hauptkomponente der Anwendung.*

Probieren Sie ein wenig herum: Bearbeiten Sie doch einmal das Template und sehen Sie, wie die Anwendung auf der rechten Seite automatisch aktualisiert wird.

Die genaue Bedeutung aller Angaben in der `AppComponent` betrachten wir bald. Wir werden im weiteren Verlauf dieses Buchs immer wieder mit Komponenten arbeiten und alle Aspekte klären.

Eine Angular-Anwendung startet jedoch nicht automatisch, nur weil eine passende Komponente vorhanden ist. Stattdessen muss die Verarbeitung der ersten Komponente explizit angestoßen werden. Dieser Schritt wurde bereits erledigt: Im `AppModule` finden wir unter `bootstrap` den Eintrag für unsere Hauptkomponente.

Wenn Sie die TypeScript-Klasse der `AppComponent` aufmerksam betrachtet haben, ist Ihnen sicher auch der Eintrag `selector` im Decorator aufgefallen. Mit diesem Eintrag können wir festlegen, in welchen Elementen unsere Komponente dargestellt wird. Und erinnern Sie sich? In der Datei `index.html` war bereits ein Element mit dem Namen `<my-app></my-app>` vorhanden. Dieses Element passt zum Selektor `my-app` der `AppComponent`. Der zuvor enthaltene Text *»loading«* verschwindet und wird durch den Inhalt der Komponente ausgetauscht.

Die Hauptkomponente ins HTML einbinden

Die `HelloComponent`

Sicher ist Ihnen aufgefallen, dass auch noch eine weitere Komponente `HelloComponent` existiert. Diese ist auch im `AppModule` referenziert. Im Template der `AppComponent` finden wir sogar ein passendes Element mit dem Namen `hello`. An dieser Stelle möchten wir noch nicht auf die Details eingehen, jedoch scheinen die beiden Komponenten in einer Beziehung zueinander zu stehen. Mehr hierzu erfahren Sie in den nächsten Kapiteln!

Zusammenfassung

Glückwunsch! Es ist geschafft, der Schnellstart mit Angular ist uns gelungen. Wir haben gelernt, wie eine Angular-Anwendung grundsätzlich aufgebaut ist und welche Abhängigkeiten untereinander bestehen.

Die Anwendung wird im Browser ausgeführt, deshalb ist die Datei `index.html` der Einstiegspunkt. Über die Datei `main.ts` wird unser zentrales Angular-Modul `AppModule` geladen (»gebootstrappt«). Von dort aus wird die erste Komponente `AppComponent` eingebunden. Wir haben gelernt, dass Komponenten die wichtigsten Bausteine unserer Webprojekte sind. Eine Komponente besteht immer aus einem im Browser sichtbaren Template und einer TypeScript-Klasse, die die Logik für das Template beinhaltet.

Wir haben außerdem einen ersten Blick auf den »JavaScript-Dialekt« TypeScript geworfen. Für alle Einsteiger befindet sich im Abschnitt ab Seite 27 eine Einführung in TypeScript.

Die Plattform StackBlitz ist ein nützliches Hilfsmittel zum schnellen Setup einer Angular-Anwendung und läuft vollständig im Browser. Mit diesem Tool können Sie schnell Prototypen entwickeln und Features ausprobieren, ohne das komplette Tooling auf Ihrem Rechner aufsetzen zu müssen. Den Link zu einem StackBlitz-Projekt können Sie übrigens auch weitergeben, sodass andere Personen Ihre Anwendung betrachten können. Wir haben ebenfalls ein kleines Beispielprojekt für Sie aufgesetzt, das wir sehr gerne mit Ihnen teilen:

Demo und Quelltext:
https://ng-buch.de/stackblitz

2 Haben Sie alles, was Sie benötigen?

»Angular's best feature is its community.«

Dave Geddes

(ehemaliger Organisator der Konferenz ng-conf)

Die Plattform StackBlitz ist für kleine Projekte und Spielwiesen bestens geeignet. Für eine »richtige« Anwendung sollten wir die Entwicklungsumgebung allerdings lokal auf unserer Maschine aufsetzen. Bevor wir also mit der Entwicklung beginnen, möchten wir sicherstellen, dass Sie für die Entwicklung mit Angular bestmöglich gewappnet sind. Darum widmen wir uns zunächst der Einrichtung aller erforderlichen Werkzeuge. Wir geben Ihnen in diesem Kapitel außerdem Tipps zur Konfiguration der Programme mit.

Falls Sie bereits über eine integrierte Entwicklungsumgebung (IDE) für die Webentwicklung verfügen und mit Tools wie *Node.js* und *NPM* vertraut sind, können Sie dieses Kapitel überspringen.

2.1 Visual Studio Code

Unser empfohlener Editor für Angular

Visual Studio Code (VS Code)[1] ist eine quelloffene Entwicklungsumgebung unter der MIT-Lizenz. Der Editor ist unter den Betriebssystemen Windows, macOS und Linux lauffähig. VS Code lässt sich leicht durch neue Pakete erweitern und verändern. Weiterhin verfügt der Editor nicht nur über eine moderne Oberfläche, sondern unterstützt auch zahlreiche Programmiersprachen. Da die TypeScript-Integration sehr ausgereift ist, verwenden wir diesen Editor für die Entwicklung von Angular-Anwendungen. VS Code bringt weiterhin eine sehr gute automatische Codevervollständigung und Codedokumentation mit sich. Außerdem besitzt der Editor von Haus aus eine *Git*-Integration.[2] Somit lassen sich Änderungen am Projektcode über die grafische Oberfläche des Editors gut nachvollziehen.

---

[1] https://ng-buch.de/a/5 – Visual Studio Code

[2] Git ist ein Tool zur Versionsverwaltung von Quellcode.

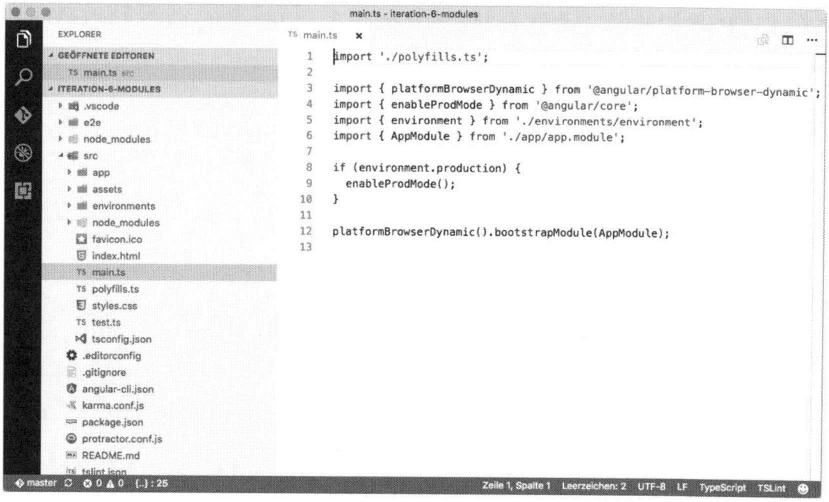

Abb. 2–1
Die Oberfläche von Visual Studio Code

Kommentare im JSDoc-Format

Visual Studio Code evaluiert automatisch Quellcode-Kommentare, die im JSDoc-Format[3] notiert sind. Bei der Entwicklung werden damit automatisch nützliche Informationen zu dokumentierten Übergabeparametern, Beispielen, Rückgabewerten und vielem mehr angezeigt. Starten wir im TypeScript einen Codeblock mit `/**` und drücken ↵, so wird der Kommentarblock automatisch geschlossen und beim Einfügen einer neuen Zeile mit einem vorangestellten `*` versehen.

Somit können wir unseren Code schon während der Entwicklung gut dokumentieren und helfen anderen Entwicklern, sich im Projekt schnell zurechtzufinden und effizient zu arbeiten.

Erweiterungen für VS Code

Wir empfehlen zusätzlich noch die Installation einiger Erweiterungen (*Extensions*). Mit Erweiterungen lassen sich Funktionalitäten des Editors optimal ausnutzen, und die Produktivität bei der Entwicklung mit Angular kann gesteigert werden. Erweiterungen für VS Code können über den *Marketplace* von Visual Studio bezogen werden.[4] Die Installation der Plug-ins erfolgt am einfachsten über den in den Editor integrierten *Extensions Browser* (Abbildung 2–2). Hier können wir den Marketplace nach Plug-ins durchsuchen und die installierten Erweiterungen verwalten.

---

[3] https://ng-buch.de/a/6 – Use JSDoc

[4] https://ng-buch.de/a/7 – »Extensions for the Visual Studio family of products«

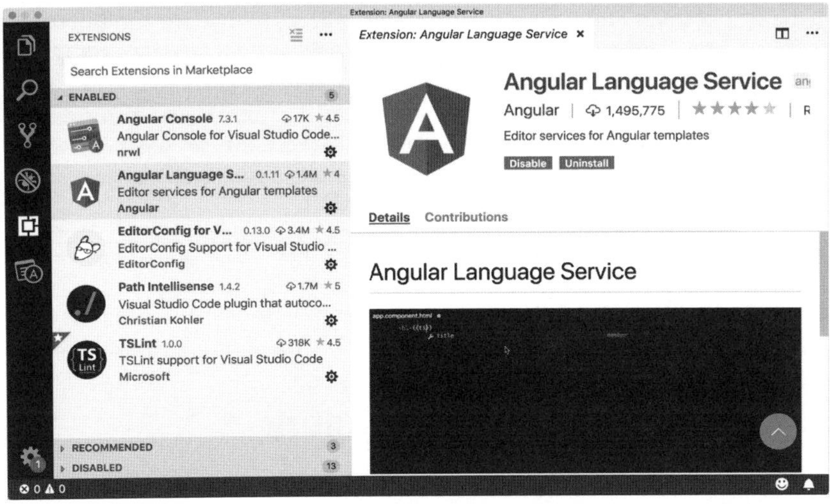

Abb. 2–2
Erweiterungen in VS Code

Tab. 2–1
Empfohlene Erweiterungen für Visual Studio Code

Erweiterung	Kurzbeschreibung
EditorConfig for VS Code[5]	Verarbeitet Informationen einer `.editorconfig`-Datei und konfiguriert entsprechend den Editor. Somit können editorenübergreifende Einstellungen für die Anzahl von Leerzeichen, verwendete Zeichencodierung etc. geschaffen werden.
TSLint[6]	Ist eine Integration des Tools TSLint[7]. Verstöße gegen festgelegte Codestil-Richtlinien (festgelegt in der Datei `tslint.json`) werden grafisch im Editor dargestellt.
Angular Language Service[8]	Editor-Unterstützung für Angular-Templates. Ermöglicht Autovervollständigung, Typprüfung und Typinformationen in den Templates.
Angular Console[9]	Grafische Oberfläche für die Angular CLI. Alle Kommandos der Angular CLI können direkt aus dem Editor ausgeführt werden.
Path Intellisense[10]	Autovervollständigung für Pfad- und Dateinamen

[5] https://ng-buch.de/a/8 – VS Code: EditorConfig
[6] https://ng-buch.de/a/9 – VS Code: TSLint
[7] https://ng-buch.de/a/10 – TSLint
[8] https://ng-buch.de/a/11 – VS Code: Angular Language Service
[9] https://ng-buch.de/a/12 – VS Code: Angular Console
[10] https://ng-buch.de/a/13 – VS Code: Path Intellisense

Tabelle 2–1 zeigt eine Liste von Erweiterungen, die wir für die Entwicklung mit Angular empfehlen. Alle Erweiterungen lassen sich über den Extensions Browser installieren oder mit den folgenden Befehlen:

```
$ code --install-extension EditorConfig.EditorConfig
$ code --install-extension ms-vscode.vscode-typescript-tslint-
    ↪ plugin
$ code --install-extension Angular.ng-template
$ code --install-extension nrwl.angular-console
$ code --install-extension christian-kohler.path-intellisense
```

2.2 Google Chrome mit Augury

Zur Darstellung der Angular-Anwendung und für das Debugging nutzen wir Google Chrome[11]. Wir setzen auf diesen Browser, weil er bereits ein umfangreiches Set an Debugging-Tools mitbringt. Diese *Chrome Developer Tools* schauen wir uns im Powertipp ab Seite 169 genauer an.

Mit der Erweiterung *Augury*[12] steht uns außerdem ein umfangreiches Debugging-Tool für Angular-Anwendungen zur Verfügung. Augury ist allerdings nur als Chrome-Erweiterung erhältlich. Wir werden im Powertipp auf Seite 257 mehr über dieses Tool erfahren und lernen, wie wir es effizient einsetzen können.

2.3 Paketverwaltung mit Node.js und NPM

JavaScript ohne Browser

Node.js[13] ist eine Laufzeitumgebung zur Ausführung von JavaScript auf dem Server. Es basiert auf der Google V8 Engine[14], die auch in Google Chrome zum Einsatz kommt. Mit Node.js können serverbasierte Dienste mit JavaScript implementiert werden. Das hat den Vorteil, dass JavaScript für die Entwicklung von Backends *und* Frontends eingesetzt werden kann. Das Anwendungsspektrum ist nicht auf Webserver und REST-Schnittstellen begrenzt, sondern es können viele weitere skalierende Szenarien abgebildet werden. Seine Stärke zeigt Node.js bei der Arbeit mit asynchronen Operationen, die ein elementares Para-

[11] https://ng-buch.de/a/14 – Google Chrome
[12] https://ng-buch.de/a/15 – Angular Augury
[13] https://ng-buch.de/a/16 – Node.js
[14] https://ng-buch.de/a/17 – Google V8

digma bei der Entwicklung mit dieser Laufzeitumgebung sind. Node.js wird von vielen Tools verwendet, die die Webentwicklung für den Programmierer komfortabler gestalten. CSS-Präprozessoren wie Less oder Sass, Tests mit Karma oder Protractor, der Bundler Webpack und noch vieles mehr – alle basieren auf Node.js. Wir verwenden Node.js in diesem Buch nur zum Betrieb der Tools, die wir für die Entwicklung mit Angular benötigen. Das HTTP-Backend, das wir im Kapitel zu HTTP ab Seite 181 vorstellen, basiert übrigens auch auf Node.js.

Das Angular-Tooling setzt auf Node.js.

Die Plattform Node.js bietet eine Vielzahl von Paketen, die sich jeder Entwickler zunutze machen kann. Um dieser Menge Herr zu werden, ist der hauseigene Paketmanager Node Package Manager (NPM)[15] das richtige Werkzeug. Damit kann auf die Online-Registry aller Node.js-Module zugegriffen werden. Wer möchte, kann mit der Webseite http://npmjs.org nach den passenden Paketen suchen.

NPM-Pakete

Pakete lassen sich sowohl *lokal* als auch *global* installieren. Die lokalen Pakete werden je Projekt installiert. Dazu werden sie auch im jeweiligen Verzeichnis gespeichert. Damit wird erreicht, dass ein Paket in verschiedenen Versionen parallel auf dem System existieren kann.

Globale Pakete werden von NPM in einem zentralen Verzeichnis[16] auf dem Computer gespeichert. Darin befinden sich meist CLI-Pakete (CLI steht für Command Line Interface), die von der Konsole aufgerufen werden können. Bekannte Beispiele dafür sind: `@angular/cli`, `typescript`, `webpack` oder `nativescript`. All diese Pakete sind dazu da, andere Dateien auszuführen, zu verarbeiten oder umzuwandeln.

Node.js und NPM installieren

Node.js bietet auf der Projektwebseite Installationspakete für die verbreitetsten Betriebssysteme zum Download an. Einige Linux-Distributionen führen Node.js auch in den offiziellen Paketquellen, allerdings zum Teil nicht immer in aktueller Version. Wir empfehlen die Verwendung der offiziellen Installationspakete[17] bzw. Repositorys von Node.js. Hier sollten Sie die *LTS*-Variante wählen, denn sie wird breitflächig von den meisten Paketen unterstützt.

Sollten Sie macOS verwenden, so empfehlen wir hingegen nicht das offizielle Installationspaket. Sie werden wahrscheinlich bei einigen Befehlen eine Fehlermeldung erhalten, wenn Sie diese nicht mit erweiterten Rechten (`sudo`) ausführen. Wir empfehlen hier die Installation über

macOS: Homebrew einsetzen

[15] https://ng-buch.de/a/18 – npm

[16] Aktuellen globalen Pfad ausgeben: `npm config get prefix`. Unter Windows ist dies normalerweise `%AppData%\Roaming\npm`.

[17] https://ng-buch.de/a/19 – Node.js Downloads

den Paketmanager Homebrew.[18] Installieren Sie zunächst Homebrew und anschließend Node.js über den folgenden Befehl:

Listing 2–1 *Node.js mithilfe von Homebrew installieren*

```
$ brew install node
```

Nach der Installation prüfen wir auf der Kommandozeile, ob `node` und `npm` richtig installiert sind, indem wir die Versionsnummer ausgeben:

Listing 2–2 *Versionsnummer von Node.js und NPM ausgeben*

```
$ node -v
$ npm -v
```

Achten Sie darauf, dass Node.js und NPM stets aktuell sind, denn manche Tools funktionieren mit alten Versionen nicht.

NPM-Pakete installieren

Stehen `node` und `npm` ordnungsgemäß bereit, so können wir NPM zur Installation von Paketen verwenden. Dabei ist zu unterscheiden, ob ein Paket *lokal* oder *global* installiert werden soll.

Lokale Installation

Installieren wir NPM-Pakete *lokal*, wird im aktuellen Verzeichnis ein Unterordner mit der Bezeichnung 🗀`node_modules` erstellt. Darin befinden sich die installierten Pakete. Diese Variante empfiehlt sich zur Installation von Abhängigkeiten oder Befehlen, die wir innerhalb des aktuellen Projekts benötigen. Das gilt unabhängig davon, ob wir Angular oder eine andere Technologie einsetzen. Im Hauptverzeichnis eines Projekts existiert häufig eine Datei mit dem Namen `package.json`, in der alle NPM-Abhängigkeiten verzeichnet sind. Darauf gehen wir auf Seite 58 noch ausführlicher ein, wenn wir unser Beispielprojekt anlegen.

Generell gilt, dass eine lokale Installation der globalen vorzuziehen ist. Stellen wir uns vor, dass auf unserem System mehrere Softwareprojekte entwickelt werden. Jedes Projekt setzt NPM-Pakete in verschiedenen Versionen ein. Wenn nun alle Pakete global installiert sind, kann es zu Versionskonflikten, also unerwartetem Verhalten unserer Projekte kommen. Aus diesem Grund bevorzugen wir die lokale Installation.

Listing 2–3 *NPM-Pakete lokal installieren*

```
$ npm install <paketname>
```

Globale Installation

Bei der globalen Installation ist das entsprechende Paket aus allen Node-Anwendungen heraus erreichbar. Diese Variante bietet sich dann an, wenn die Pakete ausführbare Kommandozeilenbefehle beinhalten. Die Befehle sind bei einer globalen Installation aus jedem Arbeitspfad heraus aufrufbar. Ein häufiger Anwendungsfall für globale Pakete ist, Tools für die Kommandozeile bereitzustellen. Später in diesem Buch

[18] https://ng-buch.de/a/20 – Homebrew: The missing package manager for macOS (or Linux)

werden wir die Angular CLI kennenlernen (ab Seite 21). Sie vereinfacht die Erstellung von Angular-Projekten und steigert die Produktivität des Entwicklers.

```
$ npm install -g <paketname>
```

Listing 2–4
NPM-Pakete global installieren

node-gyp

Es gibt einige NPM-Pakete, die plattformspezifische binäre Artefakte benötigen. Diese Pakete verwenden während der Installationsphase das »Node.js native addon build tool« (*node-gyp*), um ausführbaren Code zu kompilieren. Sollten Sie einen Fehler bezüglich `node-gyp` auf der Kommandozeile sehen, so installieren Sie am besten die fehlenden Softwarepakete entsprechend der Installationsanleitung auf GitHub.[19]

Tipp: Windows-Build-Tools installieren

Für Windows-Nutzer empfehlen wir die sehr komfortable Einrichtung von `node-gyp` mithilfe der *Windows-Build-Tools*:

```
npm install -g windows-build-tools
```

Führen Sie diesen Befehl als Administrator aus. Schließen Sie bitte unbedingt nach der Installation die aktuelle Shell und starten Sie eine neue Shell für weitere Befehle.

Anschließend können Sie NPM-Pakete mit einer Abhängigkeit zu `node-gyp` problemlos installieren.

Auch die Angular CLI benötigt unter seltenen Umständen `node-gyp`. Sollten Sie den CSS-Präprozessor Sass einsetzen wollen, so wird während der Installation zunächst versucht, die binären Artefakte über das Internet herunterzuladen. Besteht keine Internetverbindung (z. B. wegen falsch konfigurierter Proxy-Einstellungen), so wird als Fallback auf `node-gyp` zurückgegriffen. In diesem Buch setzen wir Sass nicht ein, sodass Sie für die Arbeit an unserem Beispielprojekt wahrscheinlich auch ohne den nativen Compiler auskommen werden.

Zusammenfassung

Unsere Arbeitsumgebung ist nun eingerichtet, und wir sind startklar, um mit Angular zu beginnen. Die vorgestellten Tools greifen uns bei der Arbeit mit Angular unter die Arme, sodass wir viele Dinge nicht von Hand erledigen müssen. Vor allem ein robuster und featurereicher Editor kann uns viel Tipparbeit abnehmen. *Los geht's!*

[19] https://ng-buch.de/a/21 – GitHub: node-gyp – Node.js native addon build tool

2.4 Codebeispiele in diesem Buch

Hosting auf GitHub

Dieses Buch enthält viele Beispiele, um die Funktionen der Angular-Plattform zu demonstrieren. Die dazugehörigen Projekte haben wir Ihnen zentral zur Verfügung gestellt. Unter

https://ng-buch.de/bm3-demo

erhalten Sie Zugriff auf eine Online-Demo des Beispielprojekts *BookMonkey*. Alle Projekte sind auf der Entwicklerplattform GitHub[20] gehostet. Wenn Sie mit Git[21] arbeiten, können Sie jedes GitHub-Repository direkt über folgende Kurzlinks klonen und verwenden.

Listing 2–5
Beispielprojekt als Komplettpaket klonen

```
$ git clone https://ng-buch.de/bm3-code.git
```

Listing 2–6
Beispielprojekt in verschiedenen Stadien klonen

```
$ git clone https://ng-buch.de/bm3-it1-comp.git
$ git clone https://ng-buch.de/bm3-it1-prop.git
$ git clone https://ng-buch.de/bm3-it1-evt.git
$ git clone https://ng-buch.de/bm3-it2-di.git
$ git clone https://ng-buch.de/bm3-it2-routing.git
$ git clone https://ng-buch.de/bm3-it3-http.git
$ git clone https://ng-buch.de/bm3-it3-rxjs.git
$ git clone https://ng-buch.de/bm3-it3-interceptors.git
$ git clone https://ng-buch.de/bm3-it4-forms.git
$ git clone https://ng-buch.de/bm3-it4-reactive-forms.git
$ git clone https://ng-buch.de/bm3-it4-validation.git
$ git clone https://ng-buch.de/bm3-it5-pipes.git
$ git clone https://ng-buch.de/bm3-it5-directives.git
$ git clone https://ng-buch.de/bm3-it6-modules.git
$ git clone https://ng-buch.de/bm3-it6-lazy.git
$ git clone https://ng-buch.de/bm3-it6-guards.git
$ git clone https://ng-buch.de/bm3-it7-i18n.git
```

Listing 2–7
Alle weiteren Codebeispiele klonen

```
$ git clone https://ng-buch.de/bm3-docker.git
$ git clone https://ng-buch.de/bm3-ssr.git
$ git clone https://ng-buch.de/bm3-ngrx.git
$ git clone https://ng-buch.de/bm3-native.git
```

[20] https://ng-buch.de/a/22 – GitHub

[21] https://ng-buch.de/a/23 – Git

Des Weiteren ist ein Download als ZIP-Archiv möglich. Rufen Sie dafür einfach einen der vielen QR-Code-Links auf, z. B. diesen:

Demo und Quelltext:
https://ng-buch.de/bm3-code

... und laden Sie das ZIP-Archiv entsprechend der Abbildung 2–3 herunter.

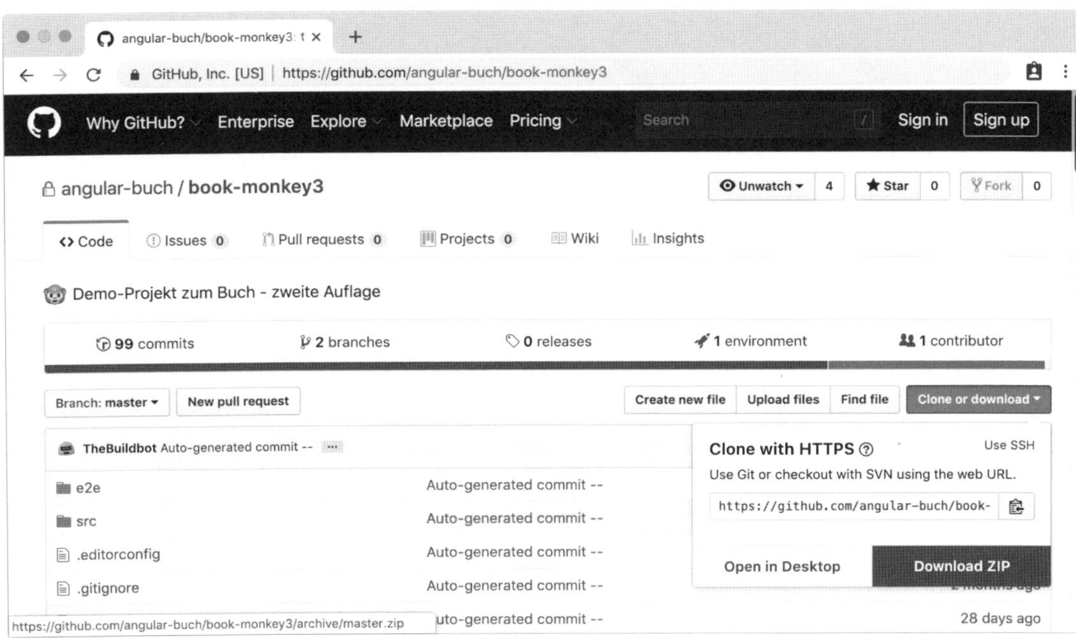

Abb. 2–3
Codebeispiele dieses Buchs von GitHub als ZIP herunterladen

3 Angular CLI: der Codegenerator für unser Projekt

»The reason people come to Angular is because this is where you can get your job done best.«

Brad Green
(Angular Engineering Director)

Wir haben im Schnellstart gesehen, wie eine Angular-Anwendung grundsätzlich aufgebaut ist. Wir haben erfahren, welche Dateien für die Entwicklung mit Angular benötigt werden und welche Abhängigkeiten untereinander bestehen. Zugegeben, eine »rohe« Angular-Anwendung braucht verhältnismäßig viele Vorbereitungen, die wir uns als Entwickler nicht merken möchten. Außerdem sind die Schritte für die meisten Einsatzzwecke immer gleich. Weiterhin wollen wir für die Entwicklung nicht auf eine Online-Plattform zurückgreifen, sondern mit unserer lokalen IDE arbeiten.

Angular bringt dafür ein ausgereiftes Tool mit, das uns bei der Arbeit mit unseren Projekten durchgehend unterstützt: die *Angular CLI*. In diesem Kapitel werden wir die Installation und die wichtigsten Befehle des Kommandozeilentools kennenlernen.

3.1 Das offizielle Tool für Angular

Codegenerierung und Automatisierung

Die Angular CLI[1] ist der offizielle Helfer für unsere Angular-Anwendungen. Das Tool beinhaltet Vorlagen und Befehle für alle wiederkehrenden Aufgaben, vom Anlegen eines Projekts über Codegenerierung bis hin zur Ausführung von Unit-Tests und dem finalen Deployment. Der generierte Code orientiert sich stets am offiziellen Styleguide von Angular.[2] Somit folgen alle Angular-Projekte einer konsistenten Struktur und bauen auf dieselbe Toolchain auf.

[1] https://ng-buch.de/a/24 – GitHub: Angular CLI

[2] Dem Styleguide widmen wir uns auf Seite 123.

Beim Anlegen eines neuen Projekts wird alles Nötige vorbereitet: Alle Dateien werden angelegt, NPM-Pakete werden installiert und das Projekt wird unter Versionsverwaltung (Git) gestellt. Während der Entwicklung können wir die Grundgerüste für unsere Komponenten, Services, Pipes und Direktiven automatisch generieren lassen. Dabei ist es sogar möglich, eigene Vorlagen (Schematics) in ein Projekt zu integrieren. Wiederkehrende Aufgaben wie das Bauen des Projekts oder die Ausführung von Unit- und Oberflächentests sind bereits eingerichtet. Auch ein Webserver für die Entwicklung wird mitgeliefert, sodass wir das Projekt ohne zusätzliche Abhängigkeiten direkt auf dem lokalen System ausführen können. Eine Überwachung des Dateisystems (kurz: *watch*) sorgt dafür, dass die Anwendung bei jedem Speichervorgang automatisch im Browser aktualisiert wird. Außerdem werden Skripte angeboten, um eine Anwendung automatisch zu aktualisieren oder andere Pakete in das Projekt zu integrieren. Kurz: Die Angular CLI unterstützt uns durch die Automatisierung bei allen Routineaufgaben rund um unser Angular-Projekt.

Tooling für die Entwicklung

Webserver mit Live-Reload

Node.js und Webpack

Die Angular CLI ist ein Kommandozeilentool auf Basis von Node.js. Die Transformation der TypeScript-Dateien und Stylesheets sowie viele weitere Schritte werden mithilfe von Webpack durchgeführt.[3] Webpack ist ein Module Loader und Bundler und ist dafür verantwortlich, alle Teile unserer Anwendung zu verpacken, bevor sie an den Client ausgeliefert werden.

Die Angular CLI kann uns also einen Großteil der wiederkehrenden Arbeit abnehmen. Lassen Sie uns das Tool kurz ausprobieren.

3.2 Installation

Um die Angular CLI nutzen zu können, müssen wir das Tool als globales NPM-Modul installieren:

```
$ npm install -g @angular/cli
```

Die Angular CLI lässt sich nach der Installation einfach mit dem Befehl `ng` auf der Kommandozeile ausführen.

3.3 Die wichtigsten Befehle

Möchten wir ein neues Projekt beginnen, so generieren wir dieses mit dem Befehl `ng new`.

[3] https://ng-buch.de/a/25 – webpack

```
$ ng new my-first-project
```

Listing 3–1
Neues Projekt generieren

Die Angular CLI wird Ihnen mithilfe einer Eingabeaufforderung einige Fragen stellen. Sie können eine Auswahl mit den Pfeiltasten treffen und mit der [↵]-Taste bestätigen. Das neue Projekt wird in einem eigenen Unterordner angelegt, und die notwendigen NPM-Pakete werden für Sie mithilfe von `npm install` installiert. Alle Einstellungen können wir übrigens auch als Parameter an den Befehl anhängen.

Wir wechseln in den neuen Ordner und können gleich weitermachen – z. B. noch eine zusätzliche Komponente generieren.

```
$ cd my-first-project
$ ng generate component my-first-component
```

Listing 3–2
Komponente erstellen

Hilfreich ist es, die vielen Parameter zu kennen und einordnen zu können. Im Anhang A ab Seite 685 sind daher alle Befehle aufgelistet. Wir können uns auch ein wenig Tipparbeit sparen, wenn wir statt der ausgeschriebenen Parameter deren Aliase verwenden. Der folgende Befehl ist äquivalent zum vorherigen.

```
$ ng g c my-first-component
```

Listing 3–3
Komponente erstellen mit dem Kurzbefehl

Die Angular CLI dient vor allem dazu, uns an vielen Stellen Arbeit abzunehmen. Wir sind schon jetzt auf demselben technischen Stand wie zum Ende des Schnellstarts. Die Anwendung lässt sich bereits mit `ng serve` oder `npm start` ausführen. Wie es sich für professionelle Software gehört, wurden auch gleich Unit-Tests für die Komponenten angelegt. Natürlich hat die Anwendung noch keine wirklichen Funktionen, sodass auch die angelegten Unit-Tests entsprechend kurz ausfallen. Wir können aber dennoch schon einmal prüfen, ob die automatisch erzeugten Tests fehlerfrei durchlaufen.

```
$ ng test
```

Listing 3–4
Unit-Tests ausführen

Sie sehen: Einfacher geht es kaum! Mehr zur Angular CLI erfahren wir ab Seite 53, wenn wir unser Beispielprojekt aufsetzen. Im letzten Kapitel dieses Buchs ab Seite 648 werfen wir außerdem einen Blick auf die Schematics – die Skripte, die der Angular CLI ihre guten Fähigkeiten verleihen.

Teil II

TypeScript

4 Einführung in TypeScript

»In any modern frontend project, TypeScript is an absolute no-brainer to me. No types, no way!«

Marius Schulz
(Front End Engineer und Trainer für JavaScript)

Für die Entwicklung mit Angular werden wir die Programmiersprache *TypeScript* verwenden. Doch keine Angst – Sie müssen keine neue Sprache erlernen, um mit Angular arbeiten zu können, denn TypeScript ist eine Obermenge von JavaScript.

Wenn Sie bereits erste Erfahrungen mit TypeScript gemacht haben, können Sie dieses Kapitel überfliegen oder sogar überspringen. Viele Eigenheiten werden wir auch auf dem Weg durch unsere Beispielanwendung kennenlernen. Wenn Sie unsicher sind oder TypeScript und modernes JavaScript für Sie noch Neuland sind, dann ist dieses Kapitel das Richtige für Sie. Wir wollen in diesem Kapitel die wichtigsten Features von TypeScript erläutern, damit Sie für den Einstieg in Angular bestens gewappnet sind. Wir werden die wichtigsten Sprachelemente von TypeScript kennenlernen, sodass es uns im weiteren Verlauf des Buchs leichtfällt, die gezeigten Codebeispiele zu verstehen.

Sie können dieses Kapitel später als Referenz verwenden, wenn Sie mit TypeScript einmal nicht weiterwissen. *Auf geht's!*

4.1 Was ist TypeScript und wie setzen wir es ein?

TypeScript ist eine Obermenge von JavaScript. Die Sprache greift die aktuellen ECMAScript-Standards auf und integriert zusätzliche Features, unter anderem ein statisches Typsystem. Das bedeutet allerdings nicht, dass Sie eine komplett neue Programmiersprache lernen müssen. Ihr bestehendes Wissen zu JavaScript bleibt weiterhin anwendbar, denn TypeScript erweitert lediglich den existierenden Sprachstandard. Jedes Programm, das in JavaScript geschrieben wurde, funktioniert auch in TypeScript.

TypeScript integriert Features aus kommenden JavaScript-Standards.

TypeScript unterstützt neben den existierenden JavaScript-Features auch Sprachbestandteile aus zukünftigen Standards. Das hat den Vorteil, dass wir das Set an Sprachfeatures genau kennen und alle verwendeten Konstrukte in allen gängigen Browsern unterstützt werden. Wir müssen also nicht lange darauf warten, dass ein Sprachfeature irgendwann einmal direkt vom Browser unterstützt wird, und können stattdessen sofort loslegen. Zusätzlich bringt TypeScript ein statisches Typsystem mit, mit dem wir schon zur Entwicklungszeit eine hervorragende Unterstützung durch den Editor und das Build-Tooling genießen können.

TypeScript-Compiler

TypeScript ist nicht im Browser lauffähig, denn zusammen mit dem Typsystem und neuen Features handelt es sich nicht mehr um reines JavaScript. Deshalb wird der TypeScript-Code vor der Auslieferung wieder in JavaScript umgewandelt. Für diesen Prozess ist der TypeScript-Compiler verantwortlich. Man spricht dabei auch von *Transpilierung*, weil der Code lediglich in eine andere Sprache übertragen wird. Alle verwendeten Sprachkonstrukte werden so umgewandelt, dass sie dieselbe Semantik besitzen, aber nur die Mittel nutzen, die tatsächlich von JavaScript in der jeweiligen Version unterstützt werden. Die statische Typisierung geht bei diesem Schritt verloren. Das bedeutet, dass das Programm zur Laufzeit keine Typen mehr besitzt, denn es ist ein reines JavaScript-Programm. Durch die Typunterstützung bei der Entwicklung und beim Build können allerdings schon die meisten Fehler erschlagen werden.

Abbildung 4–1 zeigt, wie TypeScript die bestehenden JavaScript-Versionen erweitert. Der Standard ECMAScript 2016 hat keine nennenswerten Features gebracht, sodass dieser nicht weiter erwähnt werden muss. TypeScript vereint viele Features aus aktuellen und kommenden ECMAScript-Versionen, sodass wir sie problemlos auch für ältere Browser einsetzen können.

Verwirrung um die ECMAScript-Versionen

Der JavaScript-Sprachkern wurde über viele Jahre hinweg durch die European Computer Manufacturers Association (ECMA) weiterentwickelt. Dabei wurden die Versionen zunächst fortlaufend durchnummeriert: ES1, ES2, ES3, ES4, ES5.

Noch während die nächste Version spezifiziert wurde, war bereits der Name *ES6* in aller Munde. Kurz vor Veröffentlichung des neuen Sprachstandards entschied sich jedoch das technische Komitee der ECMA dazu, eine neue Namenskonvention einzuführen. Da fortan jährlich eine neue Version erscheinen soll, wurde die Bezeichnung vom schon vielerseits etablierten *ES6* zu *ECMAScript 2015* geändert.

Aufgrund der parallelen Entwicklung vieler Polyfills und Frameworks findet man in einschlägiger Literatur und auch in vielen Entwicklungsprojekten noch die Bezeichnung *ES6*.

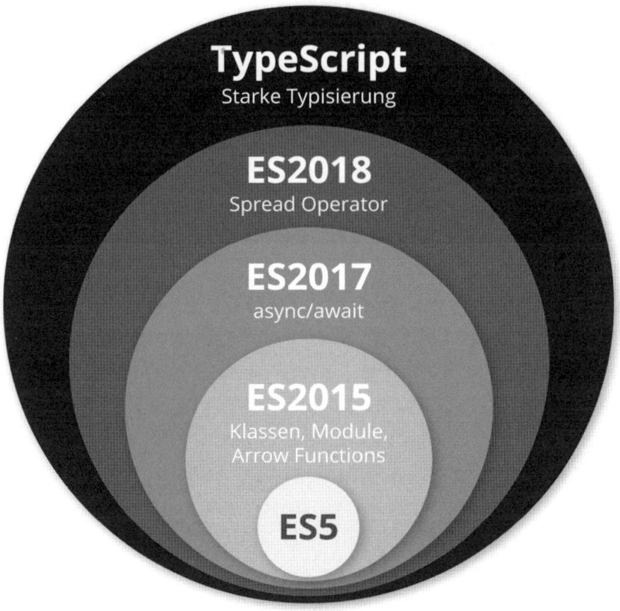

Abb. 4–1
TypeScript und ECMAScript

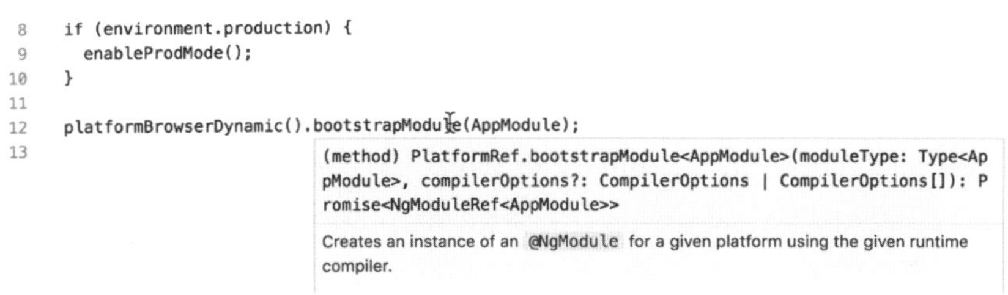

Abb. 4–2
Unterstützung durch den Editor: Type Information On Hover

Typisierung

TypeScript ist als Open-Source-Projekt bei der Firma Microsoft entstanden.[1] Durch die Typisierung können Fehler bereits zur Entwicklungszeit erkannt werden. Außerdem können Tools den Code genauer analysieren. Dies ermöglicht Komfortfunktionen wie automatische Vervollständigung, Navigation zwischen Methoden und Klassen, eine solide Refactoring-Unterstützung und automatische Dokumentation in der Entwicklungsumgebung. TypeScript kompiliert in reines JavaScript (unter anderem nach ES5) und ist dadurch in allen Browsern und auf allen Plattformen ausführbar.

Neue JavaScript-Features auf einen Blick

Bei Interesse können Sie mithilfe einer Kompatibilitätstabelle[2] einen guten Überblick erhalten, welche Features der verschiedenen Standards bereits implementiert wurden.

[1] https://ng-buch.de/a/26 – TypeScript
[2] https://ng-buch.de/a/27 – ECMAScript compatibility table

TypeScript und Angular

Der empfohlene Editor Visual Studio Code unterstützt TypeScript nativ und ohne zusätzliche Plug-ins. In einem Angular-Projekt ist der TypeScript-Compiler außerdem schon vollständig konfiguriert, sodass wir sofort mit der Entwicklung beginnen können.

Wir möchten Ihnen in diesem Kapitel einige Sprachbestandteile von ECMAScript und TypeScript vorstellen, damit Sie sicher mit der Sprache umgehen können.

4.2 Variablen: `const`, `let` und `var`

Ursprünglich wurden Variablen in JavaScript mit dem Schlüsselwort `var` eingeleitet. Das funktioniert noch immer, allerdings kamen mit ECMAScript 2015 die neuen Variablenarten `let` und `const` hinzu. Wir wollen einen kurzen Blick auf die Unterschiede werfen.

Die schmerzhafte `var`-heit

Mit dem Schlüsselwort `var` eingeleitete Variablen sind jeweils in der Funktion gültig, in der sie auch deklariert wurden – und zwar überall. Variablen mit `var` »fressen« sich durch alle Blöcke hindurch und sind in der *gesamten* Funktion und in allen darin verschachtelten Blöcken und Funktionen verfügbar. Das folgende Codebeispiel zeigt zwei Implementierungen, die zum exakt selben Ergebnis führen:

```
function foobar(foo) {
  if(foo) {
    var bar = 'angular';
  }
  // bar = 'angular'
};

function foobar(foo) {
  var bar;
  if(foo) {
    bar = 'angular';
  }
  // bar = 'angular'
};
```

Es ist egal, ob wir die Variable innerhalb der `if`-Verzweigung deklarieren oder außerhalb – sie ist überall gültig. Diese Eigenschaft führt in der Praxis schnell zu Kollisionen von Variablen aus verschiedenen Programmteilen. Um das zu verhindern, wurde häufig auf ein Hilfskonstrukt zurückgegriffen: Der Code wird in eine Funktion gekapselt, die sofort ausgeführt wird, eine sogenannte Immediately-Invoked Function Expression (IIFE). Tatsächlich ist dieser Weg alles andere als schön – war aber lange die »schmerzhafte var-heit« im Alltag der Webentwicklung.

Blockgebundene Variablen mit let

Mit Einführung von ECMAScript 2015 hielt der Variablentyp let Einzug in die Webentwicklung. Mit let lassen sich blockgebundene Variablen definieren. Sie sind nicht in der gesamten Funktion gültig, sondern lediglich innerhalb des Blocks, in dem sie definiert wurden. Im nachfolgenden Beispiel ist also die Variable i nur innerhalb der for-Schleife gültig – so wie man es von einer Variable auch erwarten mag:

```
for(let i = 0; i < 4; i++) {
  // ...
}
// i = undefined
```

Konstanten mit const

Variablen, die mit var oder let eingeleitet werden, lassen sich jederzeit überschreiben. Häufig ändert sich der Wert einer Variable allerdings nach der Initialisierung nicht mehr. Für solche Fälle gibt es Konstanten. Sie werden mit dem Schlüsselwort const eingeleitet. Wird eine Konstante einmal festgelegt, so lässt sich der Wert nicht mehr überschreiben. Konstanten müssen deshalb auch immer sofort mit einem Wert initialisiert werden:

```
const foo = 'angular';

// TypeError: Assignment to constant variable.
foo = 'javascript';

// SyntaxError: Missing initializer in const declaration
const bar;
```

Vorsicht ist allerdings geboten bei Variablen, die ein Objekt oder Array enthalten. Objekte und Arrays werden in JavaScript nur anhand ihrer Speicherreferenz identifiziert. Das bedeutet, dass eine const-Variable nur die Referenz auf das Objekt konstant speichert, wir den Inhalt aber trotzdem verändern können. Der folgende Code ist gültig:

```
const myObject = { name: 'Angular', year: 2009 };
myObject.year = 2016;

const myArray = [1, 2, 3];
myArray.push(4);
```

Um gut wartbaren Code zu erhalten, sollten Sie vermeiden, direkt den Wert eines Objekts zu verändern. Ein saubererer Weg ist es, ein Objekt oder Array als *unveränderlich* (engl. *immutable*) zu behandeln und bei einer Änderung immer eine Kopie zu erzeugen.

`const`, `let`, `var` – wann nutze ich welche?

Mit drei verschiedenen Variablenarten stellt sich schnell die Frage, wann welche Art eingesetzt werden sollte. Als Faustregel können Sie sich daher Folgendes merken:

- Nutzen Sie zunächst immer `const`.
- Wollen Sie den Wert später im Programm verändern, wählen Sie `let`.
- Nutzen Sie nicht `var`, denn Sie werden es nicht benötigen.

4.3 Die wichtigsten Basistypen

Die starke Typisierung ermöglicht es, die API eines Moduls genau zu beschreiben. Bereits während der Entwicklung können dem Entwickler Informationen und Warnungen bereitgestellt werden, wenn die API nicht korrekt verwendet wird. Die Basistypen von TypeScript möchten wir Ihnen in diesem Abschnitt vorstellen.

Primitive Typen: Zahlen, Zeichenketten und boolesche Werte

Die wichtigsten primitiven Typen in TypeScript sind `number`, `string` und `boolean`. Der Typ `number` legt den zu verwendenden Wert einer Variable auf eine Ganz- oder Kommazahl fest. Wir können den Typ der Variable danach nicht ändern, und die Zuweisung eines Strings zur Variable `age` schlägt fehl. Zeichenketten werden mithilfe des Typen `string` zur Verfügung gestellt. Wenn eine Variable nur logische Wahrheitswerte (`true` oder `false`) annehmen soll, so empfiehlt sich der Typ `boolean`. Ein Typ wird immer mit einem Doppelpunkt hinter dem Variablennamen deklariert.

```
let age: number = 5;
const height: number = 10.5;
const firstname: string = 'Erika';
const isVisible: boolean = true;

// Type '"foo"' is not assignable to type 'number'
age = 'foo';
```

Typisierte Arrays

In JavaScript ist es möglich, ein Array mit verschiedenen Typen zu befüllen.

Listing 4–1
JavaScript-Array mit unterschiedlichen Typen

```
const myArray = [
  0,                      // Zahl
  'foo',                  // String
  { firstname: 'Erika' } // Objekt
];
```

Typisierte Arrays

JavaScript bietet uns hier ein hohes Maß an Flexibilität. Solche untypisierten Arrays können aber auch schnell zu ungewolltem Verhalten führen, denn es ist unüblich und aufwendig, die Typen der einzelnen Array-Elemente bei jeder Verwendung zu prüfen. Mit TypeScript können Arrays typisiert werden, sodass innerhalb des Arrays nur Elemente eines festgelegten Typs zulässig sind.

```
const fibonacci: number[] = [0, 1, 1, 2, 3, 5, 8];
```

Beliebige Werte mit `any`

In JavaScript kann grundsätzlich jede Variable jeden Wert annehmen. Da TypeScript abwärtskompatibel zu JavaScript ist, wird auch dieses Verhalten in einem Typen abgebildet: Eine mit `any` typisierte Variable kann beliebige Werte annehmen und ihren Typen auch zur Laufzeit ändern.

Wenn ein Datentyp nicht genau bekannt ist, kann `any` Abhilfe schaffen. Praktisch sollten Sie es aber vermeiden, `any` zu verwenden, denn dieser Typ ist fast immer ein Indiz dafür, dass Ungewissheit über die Typisierung herrscht.

```
let response: any = 5;
response = 'foo';
response = { foo: 'bar' };
```

4.4 Klassen

Mit ECMAScript 2015 können in JavaScript auch Klassen definiert werden. In früheren Versionen von JavaScript war es üblich, mittels geschickter Entwurfsmuster oder ganzer Frameworks Klassen und Vererbung zu emulieren. Das Problem bestand darin, dass im gesamten Team über die exakte Verwendung Konsens herrschen musste. Um in einer modernen JavaScript-Umgebung eine Klasse zu beschreiben, müssen wir hingegen lediglich das Schlüsselwort `class` und einen Klassennamen angeben. Mit Klassen können einfache Datenobjekte oder auch komplexe objektorientierte Logik abgebildet werden.

Listing 4–2
Deklaration einer Klasse

```
class User { }
```

Klassen besitzen drei wesentliche Bestandteile: Eigenschaften, Methoden und eine besondere Methode – den Konstruktor.

Eigenschaften/Propertys

Eigenschaften (engl. *properties*) erweitern eine Klasseninstanz mit zusätzlichen Informationen. Beispielsweise können wir die Klasse `User` durch die Eigenschaften `firstname`, `lastname` und `id` erweitern. Propertys können mit den Zugriffsmodifizierern `public`, `private`, `static`, `protected` oder `readonly` versehen werden. Lässt man die Angabe eines Zugriffsmodifizierers weg, so ist die Eigenschaft `public`. Üblicherweise verzichtet man auf das Schlüsselwort `public`, wenn man ein öffentliches Property deklarieren möchte.

In TypeScript kann ein Property übrigens direkt bei der Deklaration auch initialisiert werden. Es ist außerdem nicht üblich, private Propertys mit einem Unterstrich zu beginnen.

Listing 4–3
Eigenschaften einer Klasse

```
class User {
  firstname: string; // public
  lastname: string;
  private age = 25;
}
```

Typinferenz

Das Property `age` haben wir sofort initialisiert und haben dabei auf einen konkreten Typen verzichtet. Wenn TypeScript den Typen automatisch anhand des Werts feststellen kann, spricht man von *Typinferenz*. In so einem Fall sollte man auf die Typangabe verzichten, weil der Typ bereits eindeutig bestimmt ist.

Methoden

Methoden sind die Funktionen einer Klasse und erweitern die Klasse mit Logik. Wir können die Methodensignatur präzisieren, indem wir Typen für die Argumente und den Rückgabewert angeben. Somit kann die Schnittstelle einer Klasse explizit festgelegt werden und der Compiler kann die korrekte Verwendung sicherstellen.

```
class User {
  // ...

  increaseAge(increaseBy: number): number {
    this.age += increaseBy;
    return this.age;
  }
}
```

Rückgabetyp `void`

Der Typ `void` sagt aus, dass eine Methode keinen Rückgabewert besitzt. Damit hat `void` in etwa die gleiche Bedeutung wie in vielen weiteren Programmiersprachen, wie C# oder Java.

Listing 4–4
Methoden ohne Rückgabewert

```
class User {
  logout(): void {
    // ...
  }
}
```

In der Praxis geben wir diesen Typen allerdings selten an, da er sich in der Regel durch die Typinferenz ergibt.

Getter und Setter

In der objektorientierten Programmierung kennt man das Prinzip der Getter- und Setter-Methoden. Diese Methoden haben die Aufgabe, Eigenschaften des Objekts zu lesen bzw. zu setzen. Bei Bedarf kann zusätzlich einfache Logik in den Methoden implementiert werden. ECMAScript 2015 bietet ein ähnliches Konstrukt: Die Schlüsselwörter `get` und `set` verstecken die Methoden, indem eine Eigenschaft an diese gebunden wird. Wird die Eigenschaft gelesen, so wird die dazugehörige Getter-Methode aufgerufen. Beim Befüllen der Eigenschaft mit Werten wird die dazugehörige Setter-Methode aufgerufen.

Praktisch benötigen wir Getter und Setter relativ selten, denn üblicherweise greifen wir immer direkt auf die Eigenschaften einer Klasse zu. Wollen wir allerdings beim Zugriff eine Berechnung durchführen und auf einen Methodenaufruf verzichten, so eignen sich Getter und Setter gut, wie das folgende Beispiel zeigt:

Listing 4–5
Klasse mit Getter- und Setter-Methoden

```
class User {
  firstname: string;
  lastname: string;

  get fullname(): string {
    return this.firstname + ' ' + this.lastname;
  }

  set fullname(name: string) {
    const parts = name.split(' ');
    this.firstname = parts[0];
    this.lastname  = parts[1];
  }
}

const user = new User();
user.fullname = 'Erika Mustermann';

console.log(user.fullname); // Erika Mustermann
console.log(user);
// { firstname: 'Erika', lastname: 'Mustermann' }
```

Konstruktoren

Der Konstruktor ist eine besondere Methode, die bei der Instanziierung einer Klasse aufgerufen wird. Er muss immer den Namen `constructor()` tragen. Der Konstruktor eignet sich dazu, Werte zu empfangen, die für die spätere Verwendung benötigt werden. Solche Werte speichern wir meist in gleichnamigen Propertys der Klasse ab.

Listing 4–6
Klasse mit Konstruktor

```
class User {
  private id: number;

  constructor(id: number) {
    this.id = id;
  }
}

const myUser = new User(3);
```

TypeScript bietet für diese Syntax eine Kurzschreibweise. Wenn wir in der Methodensignatur des Konstruktors für das Argument einen Zugriffsmodifizierer wie `public` oder `private` verwenden, so wird das zugehörige Property automatisch deklariert und initialisiert. Das folgende Codebeispiel führt zum selben Ergebnis wie in Listing 4–6 – ist aber wesentlich kürzer.

Kurzschreibweise für den Konstruktor

```
class User {
  constructor(private id: number) {}
}
```

Listing 4–7
Konstruktor – vereinfachte Initialisierung von Eigenschaften

Einschränkung: Nur ein Konstruktor pro Klasse

In TypeScript ist nur ein Konstruktor pro Klasse zugelassen. Es ist also nicht möglich, wie in Java oder C# einen Konstruktor mit unterschiedlichen Signaturen anzulegen.

Vererbung

Die Funktionalität einer Klasse kann auf andere Klassen übertragen werden. Dieses Konzept kommt aus der objektorientierten Programmierung und heißt *Vererbung*. Mit dem Schlüsselwort `extends` kann eine Klasse von einer anderen erben. Am Beispiel der Klasse `User` wird die Spezifizierung `PowerUser` erstellt.

```
class PowerUser extends User {
  constructor(id: string, power: number) {
    super(id);
  }
}
```

Listing 4–8
Vererbung

Mit `super()` kann der Konstruktor der Basisklasse ausgeführt werden. Wird eine Klasse von einer anderen abgeleitet, so können auch Methoden der Basisklasse überschrieben werden. Wird eine abgeleitete Klasse instanziiert, so erhält man automatisch Zugriff auf Eigenschaften und Methoden der übergeordneten Klassen (sofern diese nicht als *private* deklariert wurden).

4.5 Interfaces

Format eines Konstrukts definieren

Um die Typisierung in unserem Programmcode konsequent umzusetzen, stellt TypeScript sogenannte *Interfaces* bereit. Interfaces dienen dazu, die Struktur eines Objekts grundsätzlich zu definieren. Wir können explizit bestimmen, welche Teile enthalten sein müssen und welche Typen sie besitzen sollen. Optionale Eigenschaften werden durch ein Fragezeichen-Symbol gekennzeichnet. Im nachfolgenden Beispiel sehen wir, dass das Interface die Angabe eines Vornamens und Nachnamens erfordert. Das Alter hingegen ist optional und muss nicht angegeben werden.

```
interface Contact {
  firstname: string;
  lastname: string;
  age?: number;
}

const contact: Contact = {
  firstname: 'Max',
  lastname: 'Mustermann'
}
```

Würden wir dem Objekt eine zusätzliche Eigenschaft hinzufügen oder hätte eine der Eigenschaften nicht den Typen, der im Interface definiert wurde, so würden wir einen Fehler erhalten.

Interface für Klassen

Interfaces können auch dafür verwendet werden, die Struktur einer Klasse vorzugeben. Dafür wird nach dem Klassennamen das Schlüsselwort `implements` angefügt, gefolgt vom Namen des Interface. Der Compiler wird nun signalisieren, dass wir alle definierten Eigenschaften und Methoden des Interface implementieren müssen.

```
interface Human {
  name: string;
  age: number;
}

class Person implements Human {
  name = 'Erika';
  age = 25;
}
```

4.6 Weitere Features von TypeScript und ES2015

Man könnte ein ganzes Buch mit interessanten Features von TypeScript und ECMAScript 2015 füllen. Wir möchten uns aber in diesem Kapitel auf eine Auswahl an nützlichen Sprachbestandteilen beschränken, die auch im Buch verwendet werden.

4.6.1 Template-Strings

Mit einem normalen String in einfachen Anführungszeichen ist es nicht möglich, einen Text über mehrere Zeilen anzugeben. Ab ECMAScript 2015 gibt es allerdings auch die Möglichkeit, *Template-Strings* im Code zu nutzen. Ein Template-String wird mit schrägen `Hochkommata` (auch *Accent grave* oder *Backtick*) eingeleitet und beendet, nicht mit Anführungszeichen. Der String kann sich schließlich über mehrere Zeilen erstrecken und endet erst beim schließenden Backtick.

Backticks, keine Anführungszeichen

Mit Template-Strings können wir außerdem Ausdrücke direkt in einen String einbetten. Dafür gab es zuvor keine elegante Möglichkeit, und wir mussten stets Strings konkatenieren, um mehrere Zeichenketten zusammenzubringen.

Ausdrücke in Strings einbetten

```
const text = `Mein Name ist ${firstname}.
Ich bin ${age} Jahre alt.`;

const url = `http://example.org/user/${id}/friends?page=${page}`;
```

Listing 4–9
Template-String mit eingebetteten Ausdrücken

Wir werden Template-Strings mit Angular vor allem nutzen, um eine URL mit mehreren Parametern zusammenzubauen.

4.6.2 Arrow-Funktionen/Lambda-Ausdrücke

Eine *Arrow-Funktion* ist eine Kurzschreibweise für eine normale `function()` in JavaScript. Auch die Bezeichnung *Lambda-Ausdruck* ist verbreitet.

Die Definition einer anonymen `function()` verkürzt sich damit elegant zu einem Pfeil `=>`. Erhält die Funktion genau ein Argument, können die runden Klammern auf der linken Seite sogar weggelassen werden. Auch die geschweiften Klammern auf der rechten Seite können eingespart werden. Dabei kommt uns eine schöne Eigenschaft der Arrow-Funktionen zugute: Lässt man die Klammern weg, wird das Ergebnis des rechtsseitigen Ausdrucks als Rückgabewert für die Funktion verwendet. Wir müssen also kein `return`-Statement verwenden. Diese vier Definitionen sind gleichwertig:

Der rechtsseitige Ausdruck dient als Rückgabewert.

```
function (foo) { return foo + 1; }

(foo) => { return foo + 1; }

foo => { return foo + 1; }

foo => foo + 1;
```

Damit können anonyme Funktionen mit nur wenig Tipparbeit definiert werden. Das folgende Beispiel zeigt, wie wir alle geraden Zahlen aus einer Liste ermitteln können. Zuerst wird eine herkömmliche Funktionsdeklaration verwendet, wie wir sie aus ES5 kennen. Die Arrow-Funktion im zweiten Beispiel ist allerdings wesentlich kompakter: Es ist möglich, einen einzeiligen Ausdruck einzusetzen, um die Funktion zu deklarieren.

Listing 4–10 *Herkömmliche Callback-Funktion*

```
const numbers = [0, 1, 2, 3, 4];

const even1 = numbers.filter(
  function(value) {
    return value % 2 === 0;
  }
);

const even2 = numbers.filter(
  value => value % 2 === 0
);
```

Bei komplexerer Logik kann auch ein mehrzeiliger Block verwendet werden. In diesem Fall muss der Rückgabewert allerdings mit `return` aus der Funktion herausgegeben werden.

this-*Kontext*

Ein weiterer Vorteil der Arrow-Funktion ist, dass sie keinen eigenen `this`-Kontext besitzt. Mit der normalen `function()` ist es oft erforderlich, `this` in einer temporären Variable zu speichern, um in einer Callback-Funktion überhaupt darauf zugreifen zu können. Mit Arrow-Funktionen existiert dieses Problem nicht, denn die Variable `this` wird stets aus dem übergeordneten Kontext verwendet. Dies entspricht genau dem, was man beim Programmieren mit Klassen gemeinhin benötigt.

```
class User {
  firstname: string;
  friends: User[];

  showFriends() {
    const self = this;
    this.friends.forEach(function(friend) {
      console.log(`${self.firstname} kennt ${friend.firstname}`);
    });
  }
}
```

Listing 4–11
Zusätzlicher Code durch die Verwendung herkömmlicher Callback-Funktionen

Dieser unschöne Zwischenschritt entfällt, wenn eine Arrow-Funktion verwendet wird.

```
class User {
  // ...

  showFriends() {
    this.friends.forEach(friend => {
      console.log(`${this.firstname} kennt ${friend.firstname}`);
    });
  }
}
```

Listing 4–12
Vereinfachung: Arrow Functions werden im Kontext der jeweiligen Klasse ausgeführt.

4.6.3 Spread-Operator und Rest-Syntax

Der Spread-Operator erleichtert den Umgang mit Arrays, Objekten und Argumenten von Funktionen. Mithilfe der Syntax können Teile eines Objekts oder Arrays expandiert werden, um

- mehrere Argumente bei Funktionsaufrufen anzugeben,
- mehrere Elemente in ein Array zu kopieren,
- mehrere Eigenschaften in ein Objekt zu kopieren.

Praktisch verwenden wir den Spread-Operator vor allem, um Objekte und Arrays zu klonen. Das wollen wir uns an ein paar Beispielen anschauen.

Spread-Operator vs. Spread-Syntax

Genau genommen ist der Spread-Operator kein Operator, sondern eine Syntax – »Operator« klingt aber viel besser. Die beiden Bezeichnungen sind also gleichbedeutend.

Objekteigenschaften kopieren

Wir gehen von der folgenden Problemstellung aus: Es existiert ein Objekt `myObject`. Wir wollen davon eine Kopie erzeugen und die Kopie verändern. Das originale Objekt soll dabei natürlich unverändert bleiben.

Auf den ersten Blick scheint diese Aufgabe einfach zu sein. Wir weisen das Objekt einer neuen Variable `copy` zu und ändern die Eigenschaft `year`. Bei der Ausgabe sehen wir allerdings, dass diese Herangehensweise nicht funktioniert...

```
const myObject = { name: 'Angular', year: 2009 };

const copy = myObject;
copy.year = 2016;

console.log(copy);     // { name: 'Angular', year: 2016 }
console.log(myObject); // { name: 'Angular', year: 2016 }
```

Um den Fehler zu erkennen, muss man Folgendes wissen: Variablen mit Objekten oder Array enthalten stets nur die *Referenz* auf das Objekt, nicht das Objekt selbst. Die beiden Variablen `myObject` und `copy` zeigen also auf dieselbe Speicherstelle. Ändern wir etwas an den Daten, wird das originale Objekt im Speicher überschrieben.

Object.assign()

Lange Zeit war deshalb die Methode `Object.assign()` das Mittel der Wahl, um Objekte ineinanderzukopieren. Mit dem Spread-Operator können wir die Aufgabe allerdings viel eleganter lösen. Wir initialisieren dazu die Variable `copy` mit einem neuen (leeren) Objekt. Anschließend kopieren wir mit dem Spread-Operator `...` alle Eigenschaften von `myObject` in das neue Objekt. Im letzten Schritt setzen wir die Eigenschaft `year` auf den Wert `2016`. Existiert die Eigenschaft bereits, wird sie überschrieben. Damit haben wir das Objekt tatsächlich kopiert und können es gefahrlos verändern.

```
const myObject = { name: 'Angular', year: 2009 };

const copy = { ...myObject, year: 2016 };

console.log(copy);     // { name: 'Angular', year: 2016 }
console.log(myObject); // { name: 'Angular', year: 2009 }
```

Wir haben damit die Eigenschaften von `myObject` in ein anderes Objekt expandiert.

Klasseninstanzen können nicht geklont werden

Bitte beachten Sie, dass diese Idee nur für *Plain Objects* funktioniert. Als Grundlage erzeugen wir immer ein leeres untypisiertes Objekt { }, in das wir die Eigenschaften eines anderen Objekts kopieren. »Klonen« wir also auf diese Weise ein Objekt, das eine Instanz einer Klasse ist, so werden nur die Eigenschaften kopiert, nicht aber die klasseneigenen Methoden. Die inhaltliche Verbindung mit der Klasse geht verloren und es wird eine *Shallow Copy* erzeugt.

Array-Elemente kopieren

Der Spread-Operator funktioniert ähnlich auch für Arrays. Wir können damit die Elemente eines Arrays in ein anderes Array kopieren. Dieses Feature können wir nutzen, um eine Kopie eines Arrays zu erzeugen, aber auch, um mehrere Arrays zusammenzufügen.

```
const numbers = [1, 2, 3, 4, 5];

const numbers1 = [...numbers, 6];
const numbers2 = [...numbers, 0, ...numbers]

console.log(numbers1); // [1, 2, 3, 4, 5, 6]
console.log(numbers2); // [1, 2, 3, 4, 5, 0, 1, 2, 3, 4, 5]
```

Funktionsargumente übergeben

Die Spread-Syntax lässt sich nicht nur in Arrays einsetzen, sondern auch für Funktionsargumente. Wollen wir die Elemente eines Arrays einzeln als Argumente an eine Funktion übergeben, können wir also den Spread-Operator nutzen.

```
const args = [5, 'foo', true];

doThings(args[0], args[1], args[2]);

doThings(...args);
```

Rest-Syntax: Funktionsargumente empfangen

Erhält eine Funktion mehrere Argumente, so können wir diese elegant in einem Array erfassen. Weil wir hiermit den umgekehrten Weg zum vorherigen Beispiel einschlagen, hat diese Syntax auch einen anderen Namen: *Rest-Syntax* oder *Rest-Parameter*. Anstatt ein Array zu expandieren, führen wir alle Funktionsargumente in einem Array zusammen.

```
function doThings(...arguments) {
  console.log(arguments); // [5, 'foo', true]
}
```

4.6.4 Union Types

Mit Union Types können wir zusammengesetzte Typen beschreiben. Mehrere Typen werden in einem kombiniert, sodass beispielsweise eine Variable Werte vom Typ `string` oder `number` annehmen könnte.

Empfangen wir einen Union Type als Funktionsparameter, unterstützt uns TypeScript gekonnt bei der Typprüfung. Mit dem Operator `typeof` können wir auf einen bestimmten Typ prüfen. Im folgenden Beispiel verlassen wir die Funktion, wenn es sich um einen `string` handelt. TypeScript stellt dann automatisch fest, dass im verbleibenden Programmablauf nur noch der Typ `number` für das Argument gilt.

```
let plz: string | number = 12345;
plz = '12345';

function doThings(arg: string | number) {
  if (typeof arg === 'string') {
    // String verarbeiten
    return;
  }

  // arg hat den Typ 'number'
}
```

4.6.5 Destrukturierende Zuweisungen

Mit ECMAScript 2015 und TypeScript können wir Objekte und Arrays »destrukturieren«. Was zunächst gefährlich klingt, ist ein nützliches Feature bei der Arbeit mit Daten.

Object Destructuring

Wenn wir einzelne Eigenschaften eines Objekts extrahieren und in Variablen schreiben möchten, so müssen wir die Variablen zuerst anlegen und dann mit den Werten aus dem Objekt befüllen. Mit der Destrukturierung lässt sich dieser Code auf eine Zeile verkürzen: Die Variablen werden automatisch angelegt und mit den gleichnamigen Eigenschaften aus dem Objekt befüllt.

```
const myObject = { name: 'Angular', year: 2016 };

const name = myObject.name;
const year = myObject.year;
```

```
// Object Destructuring
const { name, year } = myObject;
```

Array Destructuring

Ähnlich funktioniert die Destrukturierung auch für Arrays. Wir können damit vom ersten Element ausgehend einzelne Elemente aus dem Array in Variablen schreiben.

```
const dimensions = [1920, 1080];

const width = dimensions[0];
const height = dimensions[1];

// Array Destructuring
const [width, height] = myArray;
```

Besonders mächtig wird diese Notation in Verbindung mit der Rest-Syntax. Wir können damit alle übrigen Elemente in einem neuen Array empfangen:

```
const numbers = [1, 2, 3, 4, 5, 6];
const [one, two, ...rest] = numbers;

// one = 1
// two = 2
// rest = [3, 4, 5, 6]
```

Variablen als Propertys einsetzen

Der Vollständigkeit halber existiert auch der Rückweg für das Object Destructuring: Wenn wir einzelne Variablen haben, die wir in einem Objekt mit denselben Namen zusammenführen wollen, müssen wir den Namen üblicherweise doppelt angeben. ECMAScript 2015 bietet dafür eine Kurzform, sodass wir eine Variable direkt in das Objekt einfügen können.

```
const name = 'Angular';
const year = 2016;

const myObject1 = {
  name: name,
  year: year
};

// Kurzform
const myObject2 = { name, year };
```

4.7 Decorators

Bei der Arbeit mit einem Framework muss man viele Dinge vorab konfigurieren und anpassen, damit sie ihren Zweck erfüllen können. Dies macht den Code unübersichtlich und erschwert zu einem späteren Zeitpunkt das Verständnis über die Anwendung. Irgendwann fällt es schwer, zwischen der wertvollen Geschäftslogik und dem notwendigen »Klebstoff« für das Framework zu unterscheiden.

Angular vermeidet dieses Dilemma durch den Einsatz von *Decorators*. Mit Decorators können wir Klassen, Methoden und Eigenschaften dekorieren und damit *Metadaten* hinzufügen. Man erkennt einen Decorator stets am `@`-Zeichen zu Beginn des Namens.

```
@Component({
  // Konfigurations-Objekt
})
export class MyComponent { }
```

Durch den Decorator `@Component()` erhält die Klasse eine Semantik innerhalb des Angular-Frameworks: Diese Klasse ist als Komponente zu behandeln. Alle Decorators von Angular sind Funktionen, daher darf man die Funktionsklammern bei der Verwendung nicht vergessen.

Funktionsklammern nicht vergessen!

Zusammenfassung

TypeScript erweitert den JavaScript-Sprachstandard um viele Features, die wir bereits aus etablierten Sprachen wie C# oder Java kennen. Dadurch fällt auch der Umstieg von einer anderen objektorientierten Sprache nicht schwer. Auch für reine JavaScript-Entwickler ist der Umstieg auf TypeScript keine große Hürde, weil alle bekannten Features aus JavaScript weiterhin verwendet werden können.

Mit der Typisierung und Objektorientierung können wir die Schnittstellen unserer Klassen klar definieren. Der Editor kann uns bei der Arbeit mit TypeScript effizient unterstützen und schon zur Compilezeit auf Fehler hinweisen.

Damit unsere Anwendung später auch in jedem Browser lauffähig ist, wird TypeScript vor der Auslieferung immer in reines JavaScript umgewandelt (transpiliert). Damit werden auch Kompatibilitätsprobleme umgangen, denn die Umwandlung ist Sache des TypeScript-Compilers.

Teil III

BookMonkey 3:
Schritt für Schritt zur App

5 Projekt- und Prozessvorstellung

»For me Angular is much much more than some code, APIs or syntax.
It's the 'more' we wanted to preserve,
even if it means short term issues.«

Igor Minar
(Angular Lead Developer)

Nachdem wir die Grundlagen zur Struktur unserer Anwendung und zu TypeScript gelegt haben, widmen wir uns nun dem größten Abschnitt dieses Buchs. Wir wollen das Angular-Framework anwenden und kennenlernen und nebenbei ein umfangreiches Beispielprojekt entwickeln. Dabei werden wir alle wichtigen Konzepte von Angular kennenlernen.

5.1 Unser Projekt: BookMonkey

Unser Projekt ist eine Webanwendung, mit der wir Bücher verwalten können. Die Software trägt den Namen *BookMonkey 3*. Wir wollen zunächst Bücher sowohl in einer Liste und einzeln darstellen. Außerdem wollen wir Möglichkeiten schaffen, den Buchbestand selbst zu verwalten.

Iterative Entwicklung

Der BookMonkey wird in den folgenden Kapiteln Schritt für Schritt verändert und erweitert. Das anfänglich einfache Beispiel wird mit dem Reichtum an Funktionalitäten zunehmend komplexer. Diese stetige Entwicklung wird durch *Iterationen* dargestellt. In jeder Iteration wird ein neues großes Thema behandelt und in mehreren Schritten zur Umsetzung gebracht. Bevor wir den BookMonkey erweitern, erläutern wir jeweils zunächst die theoretischen Grundlagen. Anschließend wird das gelernte Wissen angewandt und im Projekt umgesetzt.

Der BookMonkey online

Eine vollständige Demo des BookMonkeys ist auf der Webseite **https://ng-buch.de/bm3-demo** verfügbar. Der gesamte Quelltext des BookMonkeys wird auf GitHub gehostet.[1]

[1] https://ng-buch.de/bm3-code – GitHub: BookMonkey 3

Demo und Quelltext:
https://ng-buch.de/bm3-demo

Über diesen Zugang lassen sich auch die Teilschritte der einzelnen Iterationen als separate Apps abrufen, sodass stets nachvollziehbar ist, welche Änderungen von Schritt zu Schritt getätigt wurden.

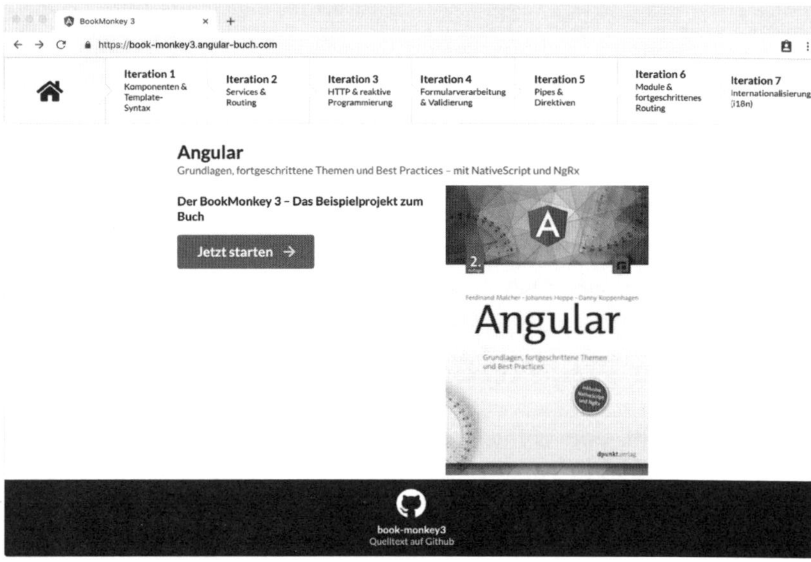

Abb. 5–1
Online-Version des BookMonkeys zum Ausprobieren

Differenzansicht

Ab und an wird es vielleicht passieren, dass eine wichtige Zeile Quelltext vergessen wurde und ein Teilschritt dadurch nicht funktioniert. Als Unterstützung haben wir die Änderungen zwischen den einzelnen Iterationen sowie zwischen den »großen« Abschnitten als Differenzansicht bereitgestellt. So sehen Sie genau, was sich verändert hat.

https://ng-buch.de/bm3-diff

Storys

Weiterhin verfügt jeder Abschnitt über eine sogenannte *User-Story*. User-Storys werden in der agilen Softwareentwicklung verwendet, um fachliche Anforderungen kurz und verständlich zu spezifizieren. Es sind möglichst wenige Sätze in natürlicher Sprache, um als Gedankenstütze

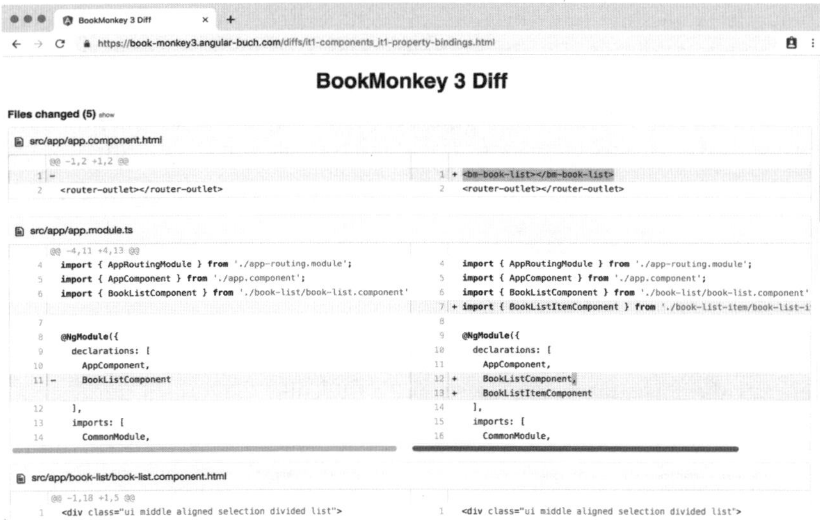

Abb. 5–2
Differenzansicht des BookMonkeys

für eine Anforderung zu dienen. Aufgrund der Kürze ist die beschriebene Anforderung recht vage, nur grob umrissen. Eine Idee, die es im Dialog zu durchleuchten gilt. Wir werden folgende bekannte Formulierung verwenden:

> Als <*Rolle*>
> möchte ich <*Ziel/Wunsch*>,
> um <*Nutzen*>.

> Ein Beispiel: »*Als Bibliothekar möchte ich eine Liste aller neuen Bücher ausdrucken können, um die Geschäftsführung über Neuzugänge zu informieren.*«

Akzeptanzkriterien

Da man nicht alle Details in einem einzigen Satz erläutern kann, werden die Anforderungen durch Akzeptanzkriterien weiter spezifiziert. Mögliche Akzeptanzkriterien für diese Story könnten lauten:

- Die Liste zeigt alle Bücher an, die innerhalb der letzten 30 Tage publiziert wurden.
- Die Liste ist nach Datum sortiert.
- Wenn keine neuen Bücher vorhanden sind, erscheint ein Hinweistext.

Die agile Gemeinde hat übrigens zu technischen User-Storys eine eher ablehnende Haltung. Es gilt als schlechter Stil, technische Belange in den Vordergrund zu stellen.[2] Stattdessen zeichnen fachliche Aspekte und damit neue Features eine gute User-Story aus. Dieses Buch behandelt allerdings ein Software-Framework, daher bitten wir alle agilen Experten um Nachsicht, falls die Storys etwas »gezwungen« wirken.

Skizzen

Für unsere Anwendung existieren bereits Skizzen, auf die wir zurückgreifen können. Zunächst widmen wir uns der Listenansicht. Hier werden nur die Basisdaten wie Titel, Untertitel und Coverbild dargestellt.

Abb. 5–3
Skizze der Listenansicht

Klicken wir auf einen Listeneintrag, gelangen wir zur Detailansicht. Hier erweitern wir die Ansicht um eine Beschreibung und eine Bildergalerie. Außerdem ist eine Bewertung in Sternen sichtbar.

In einem Administrationsbereich können neue Bücher in die Liste eingefügt werden. Existierende Buchdatensätze können ergänzt, aktualisiert und korrigiert werden. Dafür stellen wir ein Formular zur Verfügung. Für die Coverbilder wollen wir auf extern gehostete Bilder zurückgreifen. Die Idee des Projekts ist nun bekannt, und wir können als Nächstes die Grundstruktur für die Angular-Anwendung anlegen.

---

[2] https://ng-buch.de/a/28 – Kai Simons: »Technische User Stories gehören nicht ins Product Backlog«

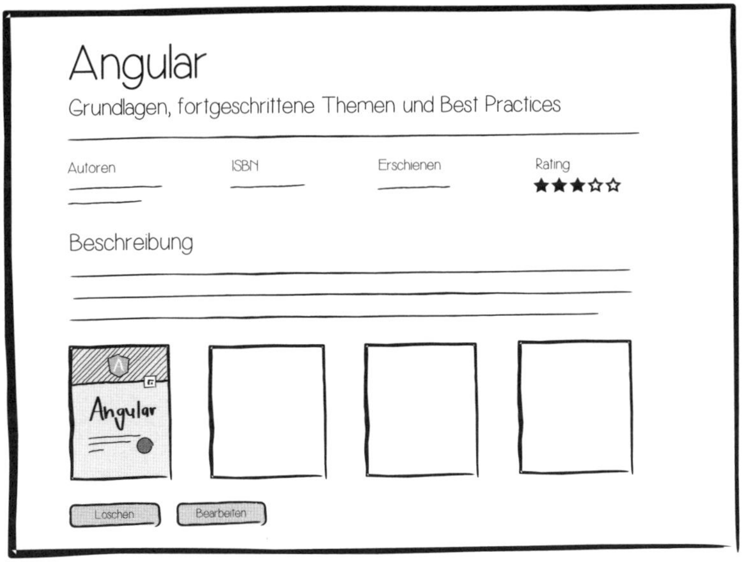

Abb. 5–4
Skizze der Detailansicht

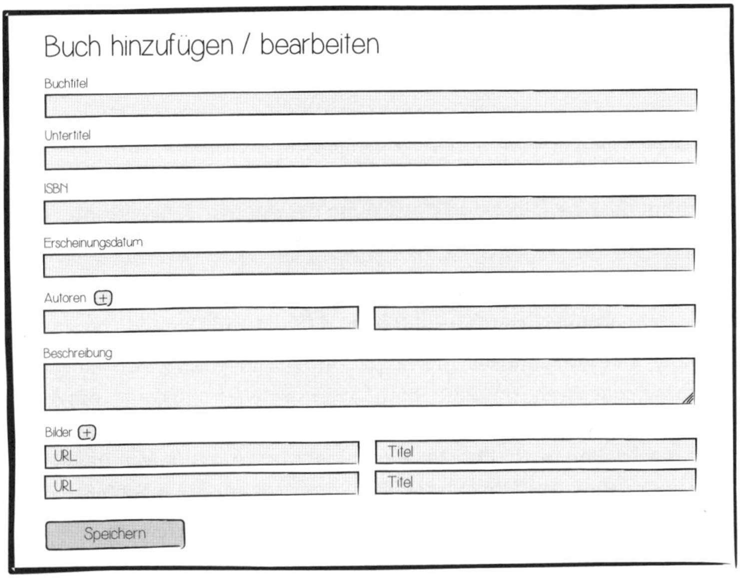

Abb. 5–5
Skizze des Eingabeformulars

5.2 Projekt mit Angular CLI initialisieren

Wir wollen die Angular CLI verwenden, um die Grundstruktur des Projekts anzulegen. Das erspart uns den Aufwand, alle Dateien und Ordner von Hand anzulegen.

Wir verwenden den Befehl `ng new`, um ein Projekt zu initialisieren. Die Angular CLI fragt uns anschließend als Erstes, ob wir ein Routingmodul anlegen wollen. Da wir dieses Modul im späteren Verlauf benötigen, beantworten wir die Frage mit Ja (y) und drücken anschließend ⏎. Danach werden wir nach dem zu nutzenden Style-Format gefragt. Hier treffen wir die Auswahl `CSS` und bestätigen die Eingabe mit ⏎.

Listing 5–1
Ein neues Projekt für den BookMonkey anlegen

```
$ ng new BookMonkey -p bm
```

```
? Would you like to add Angular routing? (y/N) y
? Which stylesheet format would you like to use? (Use arrow keys)
> CSS
  SCSS [ http://sass-lang.com ]
  Sass [ http://sass-lang.com ]
  Less [ http://lesscss.org ]
  Stylus [ http://stylus-lang.com ]
```

Präfix festlegen

Der Parameter `-p bm` sorgt dafür, dass für unser Projekt das Präfix `bm` eingetragen wird. Was es genau damit auf sich hat, werden wir im weiteren Verlauf klären.

NPM: Warnungen und Hinweise zu Sicherheitslücken

Die Angular CLI legt zunächst die Projektdateien an und installiert anschließend die NPM-Pakete. Wenn bei der Installation der NPM-Pakete Warnungen erscheinen, so kann das vielfältige Ursachen haben. In den meisten Fällen beeinträchtigt das aber nicht die Entwicklung der Angular-Anwendung. Folgende Warnungen begegnen uns besonders häufig:

- **SKIPPING OPTIONAL DEPENDENCY**: Eine irrelevante Abhängigkeit wurde übersprungen. Die Warnung kann ignoriert werden.
- **found X vulnerabilities:** In einer der Abhängigkeiten wurde eine Sicherheitsschwachstelle entdeckt. Eine Sicherheitswarnung kann vom Anwender nicht immer korrigiert werden, da womöglich bei einer neueren Version das Tooling in der Konstellation nicht mehr funktioniert. Das Problem ist aber selten tatsächlich schwerwiegend, da mit dem Tooling von Angular ein kompiliertes Bundle erzeugt wird und nur dieses Bundle später ausgeliefert wird. Das Bundle selbst wird von der Sicherheitslücke nicht betroffen sein. Weitere Informationen finden Sie im Kapitel zum Deployment ab Seite 513.

Lassen Sie sich also von den Warnungen nicht verunsichern. Das ganze Tooling rund um Angular hat eine große Liste an Abhängigkeiten, sodass es immer wieder zu Warnungen kommen kann.

Als Nächstes navigieren wir in den neu angelegten Ordner 🗁BookMonkey.

```
$ cd BookMonkey
```

Listing 5–2
In das Projekt navigieren

Dort schauen wir uns an, was die Angular CLI für uns generiert hat:

```
BookMonkey
├── e2e ............................ Dateien für Ende-zu-Ende-Tests (E2E)
│   └── ...
├── node_modules ............................ Installierte NPM-Pakete
│   └── ...
├── src ......................... Beinhaltet den Code unserer Anwendung
│   └── ...
├── .editorconfig ..................... Konfiguration für den Codeeditor
├── .gitignore .................... Von Git ignorierte Dateien und Ordner
├── angular.json .................... Konfigurationsdatei der Angular CLI
├── browserlist ................... CSS Support für verschiedene Browser
├── karma.conf.js ....................... Konfigurationsdatei von Karma
├── package-lock.json ............. Lockfile für NPM-Paketinformationen
├── package.json .................... NPM-Einstellungen und -Paketinfos
├── README.md ...................................... Textdatei zur Hilfe
├── tsconfig.app.json ... Anwendungsspezifische Konfigurationsdatei von
│                                                            TypeScript
├── tsconfig.json ....... Projektweite Konfigurationsdatei von TypeScript
├── tsconfig.spec.json  Konfigurationsdatei von TypeScript für das Testing
└── tslint.json .......................... Konfigurationsdatei von TSLint
```

Wie wir sehen, legt die Angular CLI sofort ein neues Git-Repository an[3] und erstellt alle notwendigen Konfigurationen, sodass wir direkt mit der Entwicklung einer Anwendung und zugehöriger Tests beginnen könnten. Ein paar der Konfigurationsdateien wollen wir jedoch ein bisschen näher betrachten.

Datei nicht gefunden?

Durch die stetige Weiterentwicklung der Angular CLI kann es bei neueren Versionen dazu kommen, dass die Konfigurationsdateien für neu angelegte Projekte ggf. Namensunterschiede aufweisen oder in ein Unterverzeichnis verschoben werden. Sollten Sie also eine geringfügig andere Struktur vorfinden als die hier beschriebene, schauen Sie am besten in die Datei `angular.json`. Dort finden Sie die Pfade zu den entsprechenden Konfigurationsdateien.

[3] Sofern Git auf dem System installiert ist. Die Initialisierung des Git-Repositorys kann mit dem Parameter `--skip-git` übersprungen werden.

angular.json

Die zentrale Angular-Konfigurationsdatei

Die Datei `angular.json` beinhaltet die zentrale Angular-Konfiguration und verweist auf weitere zugehörige Konfigurationsdateien. Im ersten Teil finden wir einen Verweis auf eine Schema-Definition für die vorliegende Konfigurationsdatei. Das Schema definiert den Aufbau sowie gültige Werte der Konfigurationsdatei. Öffnen wir die an dieser Stelle hinterlegte Datei, so sehen wir Beschreibungen für alle einzelnen Parameter sowie die Datentypen, die von den Parametern verlangt werden.

Hilfe durch Editor-Extensions

Sofern der Editor Visual Studio Code mit den empfohlenen Erweiterungen verwendet wird, zeigt uns der Editor automatisch diese Infos als Hilfe an, sobald wir mit der Maus über einen der Parameter fahren. Für andere Quellcode-Editoren stehen jedoch ähnliche Hilfen bereit.

Das Teilobjekt `projects` beinhaltet eine Liste von Projekten, die durch die Konfigurationsdatei verwaltet werden. Hier finden wir das von uns zuvor angelegte Projekt `BookMonkey` mit der zugehörigen Konfiguration wieder. Tabelle 5–1 zeigt die wichtigsten Parameter und deren Angaben im Überblick.

```
BookMonkey
├── projectType
├── root
├── sourceRoot
├── prefix
├── schematics
└── architect
    ├── build
    │   ├── options
    │   │   ├── outputPath
    │   │   ├── index
    │   │   ├── main
    │   │   ├── polyfills
    │   │   ├── tsConfig
    │   │   ├── assets
    │   │   ├── styles
    │   │   └── scripts
    │   └── configurations
    └── test
```

An dieser Stelle sehen wir, dass die Angular CLI beim Anlegen des Projekts das von uns festgelegte Präfix `bm` berücksichtigt und in der Konfiguration mit aufgenommen hat.

Zusätzliche statische Dateien einbinden

Unter `architect` → `build` → `options` finden wir Angaben zu wichtigen Projektdateien wie z. B. eingebundenen statischen Dateien und Verzeichnissen, Stylesheets sowie zusätzlichen Skripten und Polyfills.

Parameter	Funktion
`projectType`	Angabe der Projektart, z. B. `application` oder `library`
`root`	Verweis auf das Hauptverzeichnis des Projektes und zugehöriger Dateien. Alle folgenden Angaben beziehen sich auf diesen Pfad.
`sourceRoot`	Verweis auf das Verzeichnis des Quellcodes für unsere Anwendung
`prefix`	Angabe des Selektor-Präfixes für Komponenten
`schematics`	Angaben zu zusätzlichen Schema-Definitionen
`outputPath`	Das Ausgabeverzeichnis beim Erzeugen des Builds
`index`	Pfad zur HTML-Datei, mit der die Anwendung gestartet wird
`main`	Pfad zur initialen TypeScript-Datei, die den Bootstrapping-Prozess startet
`polyfills`	Pfad zur Datei mit importierten Polyfills
`tsConfig`	Pfad zur TypeScript-Konfigurationsdatei für die App
`assets`	Angabe von Verzeichnissen und Pfaden mit statischen Inhalten
`styles`	Pfadangaben zu Stylesheets, die in der gesamten Anwendung verwendet werden sollen
`scripts`	Pfadangaben zu weiteren Bibliotheken, die in der gesamten Anwendung verwendet werden sollen
`configurations`	Angaben zu verschiedenen Projektkonfigurationen (Umgebungen).
`test`	Angaben zu Testspezifikationen und Parametern

Tab. 5–1 *Konfigurationsparameter für eine Anwendung in der Datei* angular.json

Einstellungen anpassen

In den weiteren Parametern werden zum Beispiel Konfigurationsdateien der verwendeten Testing-Frameworks für Unit-Tests referenziert. Sie können die Einstellungen in dieser Datei selbstverständlich auch an Ihre Bedürfnisse anpassen. Wir empfehlen jedoch, die originalen Einstellungen beizubehalten.

`package-lock.json`

Festsetzen von Abhängigkeiten

Die Datei `package-lock.json` wird automatisch vom Node Package Manager erzeugt und beinhaltet die aktuelle Konfiguration des Nutzers. In ihr wird zum Beispiel festgehalten, welche NPM-Pakete mit welcher exakten Version installiert wurden. Die Datei wird bei jeder Änderung des Verzeichnisses `node_modules` und der Datei `package.json` durch NPM immer wieder aktualisiert. Sie sollte unbedingt bei einer Änderung mit committet werden, da sie dafür sorgt, dass beim Klonen oder Updaten des Projekts durch einen anderen Nutzer stets der gleiche Abhängigkeitsbaum der installierten Pakete aufgebaut wird.

`package.json`

Konfiguration für NPM

NPM-Skripte

In der Datei `package.json` befindet sich die Konfiguration für den Node Package Manager (NPM). Sie enthält Angaben zum Projektnamen, zur Version, zur Lizenz, unter der das Projekt stehen soll, sowie Angaben zu abhängigen Paketen. Die Angaben in `scripts` sorgen für die Ausführung bestimmter Befehle zum Starten der Anwendung oder zugehöriger Tests. Einen Anwendungsfall dafür sehen wir später im Kapitel zur Internationalisierung auf Seite 448.

Abhängigkeiten

Weiterhin gibt es die zwei wesentlichen Abschnitte `dependencies` und `devDependencies`. In `dependencies` werden alle abhängigen Module mit den entsprechend installierten Versionen gelistet, die mittels NPM installiert wurden und direkt von der Anwendung verwendet werden. In `devDependencies` hingegen erscheinen die Pakete, die für die Entwicklung des Projekts benötigt werden. Dies sind zum Beispiel Test-Runner und deren Erweiterungen, Transpiler und natürlich auch die Angular CLI.

`tsconfig.json`

Konfiguration für den TypeScript-Compiler

In dieser Datei sind Optionen angegeben, die vom TypeScript-Compiler gelesen und verarbeitet werden. Hier werden z. B. Angaben zum vorliegenden Modulformat sowie zum Zielformat gemacht, das nach dem Kompilierungsvorgang ausgegeben werden soll. Eine detaillierte Auflistung der Compiler-Optionen ist auf der TypeScript-Website zu finden.[4] Normalerweise müssen wir an der Konfiguration allerdings nichts verändern.

[4] https://ng-buch.de/a/29 – TypeScript Handbook: tsconfig.json

`tsconfig.app.json` und `tsconfig.spec.json`

Spezifische TypeScript-Konfiguration

Diese beiden Dateien erweitern die angelegte Datei `tsconfig.json`. Die Datei `tsconfig.app.json` konfiguriert den Kompiliervorgang der Hauptanwendung. In der Datei `tsconfig.spec.json` wird spezifiziert, wie die Unit-Tests kompiliert werden sollen (siehe Kapitel zum Testing ab Seite 457). Analog dazu wird die Datei `e2e/tsconfig.json` beim Kompilieren der Oberflächentests ausgewertet (siehe Seite 500). In all diesen Dateien werden z. B. Angaben zum vorliegenden Modulformat sowie zum Zielformat gemacht, das nach dem Kompilierungsvorgang ausgegeben werden soll. Eine detaillierte Auflistung der Compiler-Optionen ist auf der TypeScript-Website zu finden.[5] Normalerweise müssen wir an der Konfiguration allerdings nichts verändern.

`tslint.json`

TSLint prüft den Code nach festgelegten Regeln.

Die Datei `tslint.json` beinhaltet eine Konfiguration für das Tool TSLint.[6] Mit diesem Tool und der zugehörigen Konfigurationsdatei können wir dafür sorgen, dass in unserem Projekt stets ein einheitlicher Codestil eingehalten wird. Das Tool prüft den Code anhand der Konfiguration und warnt uns, sobald wir gegen eine festgelegte Regel verstoßen. Die in dieser Datei angegebenen Konventionen entsprechen gleichzeitig den festgelegten Regeln des Angular-Styleguides und sollten nicht verändert werden.[7]

TSLint ausführen

Um den von uns geschriebenen Quelltext gegenüber dem Styleguide und damit auch gegenüber den festgelegten Regeln der `tslint.json` zu prüfen, rufen wir den folgenden Befehl auf:

```
$ ng lint
```

Die Angular CLI ruft damit für uns `tslint` auf und prüft unseren Code gegen die Regeln. Sehen wir uns den Inhalt der Datei an, entdecken wir die folgenden Regeln:

```
"directive-selector": [
  true,
  "attribute",
  "bm",
  "camelCase"
],
```

---

[5] https://ng-buch.de/a/29 – TypeScript Handbook: tsconfig.json

[6] https://ng-buch.de/a/10 – TSLint

[7] mehr zum Styleguide auf Seite 123

```
"component-selector": [
  true,
  "element",
  "bm",
  "kebab-case"
]
```

Damit wird TSLint mitgeteilt, wie Komponenten und Direktiven aufgebaut sein sollen. Unter anderem findet sich hier die Konvention für die Namen der Elemente wieder (camelCase, kebab-case). Weiterhin sehen wir an dieser Stelle, dass das von uns zuvor definierte Präfix `bm` wieder auftaucht. TSLint prüft beim Aufruf, ob das Präfix `bm` für Komponenten und Direktiven gesetzt wurde, und gibt uns einen entsprechenden Fehler aus, sofern wir uns nicht an die Regel gehalten haben.

Namenskonventionen

Einstellungen anpassen

Sie können die Einstellungen in der Datei `tslint.json` auch anpassen, wenn Sie zum Beispiel abweichende Coderichtlinien in Ihrem Team verwenden. So ist es zum Beispiel möglich, die Standardeinstellung von Single Quotes auf Double Quotes umzustellen. Sie sollten allerdings die originalen Einstellungen beibehalten, weil sie bereits dem Styleguide von Angular entsprechen.

Tipp: TSLint für Visual Studio Code

TSLint ist auch als Erweiterung für Visual Studio Code verfügbar. Das Plug-in lässt sich über den Extensions Browser finden und installieren. Nach der Installation werden direkt im Codeeditor Hinweise zur Konformität des Quellcodes angezeigt.

TSLint wird abgelöst.

Wir möchten an dieser Stelle bereits anmerken, dass TSLint wahrscheinlich noch im Jahr 2019 zugunsten von ESLint abgelöst wird.[8] Wir halten Sie zu diesem Thema im Blog auf der Website zum Buch auf dem Laufenden.[9]

[8] https://ng-buch.de/a/30 – Palantir Blog: TSLint in 2019

[9] https://ng-buch.de/a/31 – Angular Buch: Blog

Der Inhalt des src-Ordners

Die Angular CLI hat uns unser Projekt mit einer ersten Komponente angelegt. Das Verzeichnis src sollte jetzt die folgende Struktur haben:

```
src
├── app ........................ Beinhaltet alle Module, Komponenten etc.
│   ├── app-routing.module.ts
│   ├── app.component.css
│   ├── app.component.html
│   ├── app.component.spec.ts
│   ├── app.component.ts
│   └── app.module.ts
├── assets ............ Verzeichnis für statische Dateien (Bilder, Videos etc.)
│   └── ...
├── environments ........ Konfigurationen für verschiedene Umgebungen
│   └── ...
├── favicon.ico
├── index.html
├── main.ts
├── polyfills.ts ........ Muss angepasst werden für Support von älteren
│                                       Browsern (vor allem IE 9–11)
├── styles.css
└── test.ts
```

Bevor wir loslegen, wollen wir noch einige der angelegten Dateien im Verzeichnis src etwas genauer betrachten.

Die Einstiegsseite index.html

Die Datei index.html ist die Einstiegsseite beim Aufruf der Anwendung im Browser. Das ist also der Teil unserer Anwendung, der vom Nutzer direkt angefordert wird. Die Angabe <base href="/"> wird von Angular benötigt, um die URL korrekt aufzulösen. Im <body>-Teil des Templates finden wir das Element <bm-root>. An dieses Element bindet Angular die BookMonkey-Applikation, die wir in den folgenden Kapiteln entwickeln werden.

Listing 5–3
Die Datei index.html *des BookMonkey-Projekts*

```
<!doctype html>
<html lang="en">
<head>
  <meta charset="utf-8">
  <title>BookMonkey</title>
  <base href="/">

  <meta name="viewport" content="width=device-width,
    ↪ initial-scale=1">
```

```
  <link rel="icon" type="image/x-icon" href="favicon.ico">
</head>
<body>
  <bm-root></bm-root>
</body>
</html>
```

Bootstrapping der Anwendung

Die Angular CLI hat automatisch die Datei `app.module.ts` angelegt, siehe Listing 5–4. In dieser Datei steckt das zentrale Modul unserer Anwendung, das `AppModule`. Hier werden alle Teile der Anwendung zusammengefasst und gebündelt. Das bringt den Vorteil, dass genau definiert ist, was zu unserer Anwendung gehört und welche Abhängigkeiten zu anderen Modulen bestehen.

Den Begriff des Moduls haben wir schon im Schnellstart auf Seite 7 kennengelernt. Ein Modul ist eine einfache Klasse, die mit einem Decorator geschmückt ist. Über den Ausdruck `@NgModule(...)` werden Metadaten an die Klasse angehängt. Unter `bootstrap` wird die Komponente angegeben, mit der unsere Anwendung starten soll, in unserem Fall die `AppComponent`.

Was die weiteren Abschnitte dieser Deklaration bedeuten und wie wir sie einsetzen, werden wir schrittweise im Verlauf dieses Buchs erläutern.

In der ersten Iteration ab Seite 69 widmen wir uns den `declarations`. Den Abschnitt `providers` betrachten wir im Kapitel zu Dependency Injection ab Seite 125. Im Kapitel zum Modulkonzept ab Seite 387 gehen wir noch ausführlicher auf das Modulsystem ein und betrachten auch, wie wir unsere Anwendung in mehrere Module aufteilen können.

Listing 5–4 *Das zentrale* AppModule *unserer Anwendung* (app.module.ts)

```
import { BrowserModule } from '@angular/platform-browser';
import { NgModule } from '@angular/core';

import { AppRoutingModule } from './app-routing.module';
import { AppComponent } from './app.component';

@NgModule({
  declarations: [
    AppComponent
  ],
  imports: [
    BrowserModule,
    AppRoutingModule
  ],
```

```
  providers: [],
  bootstrap: [AppComponent]
})
export class AppModule { }
```

main.ts

Wir sehen uns als Nächstes die Datei `main.ts` an (Listing 5–5). Die Datei besteht aus wenigen Zeilen Code. Ihre Aufgabe ist es ausschließlich, den Bootstrapping-Prozess von Angular mit unserem `AppModule` anzustoßen und die Anwendung damit zu starten. Dazu wird die Funktion `platformBrowserDynamic()` benötigt.

Environments

Außerdem wird die Variable `environment` geladen. Im Verzeichnis 🗀`environments` liegen Dateien mit Konfigurationen für verschiedene Umgebungen (Entwicklung, Produktion etc.). Bei der Entwicklung wird die Datei `environment.ts` genutzt. Geben wir bei der Ausführung des Build-Prozesses eine andere Zielumgebung an, so wird die Datei `environment.ts` zuvor durch die Angular CLI ausgetauscht. Die entsprechende Konfiguration hierfür finden wir in der Datei `angular.json`. Dort existiert ein Eintrag `fileReplacements` in der Projektkonfiguration für die entsprechende Umgebung. Befinden wir uns in der Produktionsumgebung, wird also von der Angular CLI zunächst die Datei `environment.ts` durch `environment.prod.ts` ersetzt. Da in dieser nun das Flag `production: true` gesetzt ist, wird die Angular-Funktion `enableProdMode()` aufgerufen. Was es genau damit auf sich hat, wollen wir zunächst im Dunkeln stehen lassen. Im Abschnitt zum Deployment ab Seite 513 schauen wir uns das Umgebungskonzept noch im Detail an.

Listing 5–5
Das Bootstrapping der BookMonkey-App
(main.ts)

```
import { enableProdMode } from '@angular/core';
import { platformBrowserDynamic } from '@angular/platform-browser-
    ↪ dynamic';

import { AppModule } from './app/app.module';
import { environment } from './environments/environment';

if (environment.production) {
  enableProdMode();
}

platformBrowserDynamic().bootstrapModule(AppModule)
  .catch(err => console.error(err));
```

Die Angular CLI hat uns ein Grundgerüst mit allen essenziellen Teilen einer Angular-Anwendung erstellt, sodass wir sofort mit der Implementierung unserer Komponenten beginnen können.

Den Webserver starten

Im Projektordner führen wir den Befehl `ng serve` aus, um den Webserver zu starten.

Listing 5–6
Den Webserver starten

```
$ ng serve
```

Das Kommando sorgt dafür, dass der vorhandene TypeScript-Code transpiliert, mithilfe von Webpack gebündelt und schließlich vom »Angular Live Development Server« ausgeliefert wird. In der Kommandozeile wird der Status des Prozesses angezeigt. Erscheint die Meldung `[wdm]: Compiled successfully.`, ist der Build abgeschlossen.

Webpack

Abb. 5–6
Aufruf von ng serve *auf der Kommandozeile*

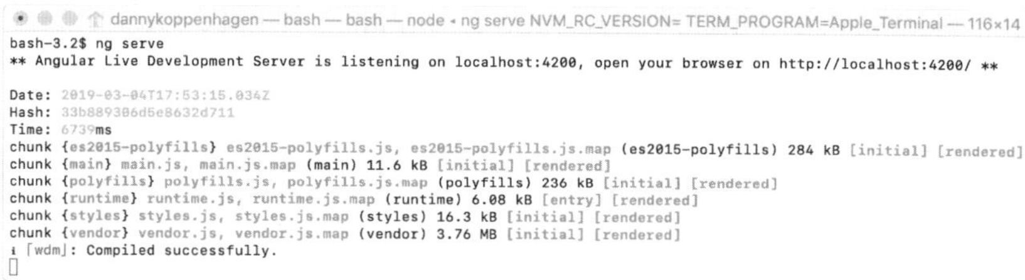

Die fertige Anwendung ist nun über die URL `http://localhost:4200` im Browser erreichbar. Rufen wir diese URL auf, so erscheint die Ausgabe »*Welcome to BookMonkey!*«.

Abb. 5–7
Die Anwendung im Browser aufrufen

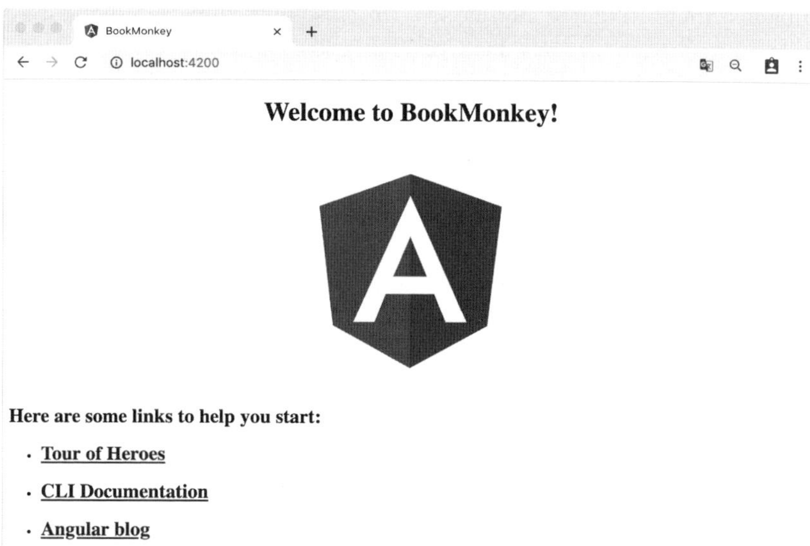

Solange der Server gestartet ist und wir Änderungen an Dateien des Projekts vornehmen und speichern, aktualisiert sich die geöffnete Website stets automatisch im Browserfenster, sodass wir immer eine korrekte Ansicht vom gerade erstellten Projektstand haben.

Live-Reloading

5.3 Style-Framework Semantic UI einbinden

Zu einer Webanwendung gehört natürlich noch mehr als nur Logik, Struktur und Templates. Wir wollen uns in diesem Buch aber vor allem auf die Arbeit mit Angular konzentrieren und nicht mit aufwendigen Style-Definitionen aufhalten. Trotzdem soll unsere Anwendung ein ansprechendes Layout besitzen.

Im Laufe der letzten Jahre haben sich viele CSS-Frameworks zur Gestaltung von responsiven Webseiten herausgebildet. Bootstrap CSS[10] und Semantic UI[11] sind zwei bekannte Vertreter dieser Frameworks. Für den BookMonkey wollen wir *Semantic UI* verwenden. Das Paket ist leichtgewichtig und bringt schlichte und flache UI-Elemente mit. Wir verwenden eine schlanke Version von Semantic UI, die uns lediglich die CSS-Definitionen liefert. Das hat den Vorteil, dass wir in unserem Projekt keine zusätzlichen Abhängigkeiten zu anderen Frameworks haben (z. B. jQuery[12]).

Style-Framework Semantic UI

Zur Installation des Frameworks navigieren wir auf der Konsole in das Hauptverzeichnis 🗀BookMonkey. Dort installieren wir das Paket über NPM:

```
$ npm install semantic-ui-css
```

Listing 5–7
Semantic UI über NPM installieren

Danach sind alle von uns benötigten Style-Dateien heruntergeladen und befinden sich im Ordner 🗀node_modules/semantic-ui-css.

Damit die Angular CLI die CSS-Dateien beim Build berücksichtigt, müssen wir sie in unser Projekt einbinden. Für diesen Schritt stellt uns die Angular CLI schon das nötige Werkzeug bereit. In der Datei angular.json müssen wir lediglich unter projects → BookMonkey → architect → build → options → styles auf die entsprechende Datei im Ordner 🗀node_modules verweisen.

```
"styles": [
  "node_modules/semantic-ui-css/semantic.css"
]
```

Listing 5–8
Globales CSS in die Anwendung einbinden

[10] https://ng-buch.de/a/32 – Bootstrap
[11] https://ng-buch.de/a/33 – Semantic UI
[12] https://ng-buch.de/a/34 – jQuery

Wenn wir mit der Angular CLI den Build-Prozess anstoßen – z. B. mit `ng serve` –, wird das von uns angegebene Stylesheet von Webpack in die Anwendung eingebunden und ist dann global innerhalb des Angular-Projekts verfügbar.

Um für spätere Tests das gleiche Stylesheet zu verwenden, sollten wir den gleichen Verweis auch unter `projects` → `BookMonkey` → `architect` → `test` → `options` → `styles` setzen.

Alternative: Styles mit CSS-Imports einbinden

CSS-Stylesheets können ebenso über die `@import`-Regel in das Projekt eingefügt werden. Dafür muss lediglich die folgende Zeile in das CSS-Stylesheet `src/styles.css` aufgenommen werden:

```
@import '~semantic-ui-css/semantic.css';
```

Die Angabe der Tilde (~) wird von Webpack automatisch durch den Pfad zum Verzeichnis `node_modules` ersetzt. Zusammen mit einem Präprozessor wie Sass oder Less hat der Weg mit dem Import den Vorteil, dass wir die Variablendeklarationen aus dem Stylesheet selbst nutzen und verändern können, um z. B. eigene Einstellungen in unserem Projekt zu setzen.

Als Test, ob Semantic UI erfolgreich eingebunden wurde, fügen wir direkt das erste UI-Element aus dem Framework ein. Wir wollen eine rotierende Ladeanzeige einblenden, solange die Angular-Anwendung geladen wird. So eine Ladeanzeige platzieren wir in der `index.html` innerhalb des Host-Elements für die `AppComponent`, hier `<bm-root>`:

Listing 5–9
Den Loader aus Semantic UI nutzen (index.html)

```
<bm-root>
  <div class="ui active inverted dimmer">
    <div class="ui text loader large">Lade BookMonkey 3...</div>
  </div>
</bm-root>
```

Laden wir die Seite neu, wird nun so lange ein Ladesymbol angezeigt, bis der Bootstrapping-Prozess von Angular erfolgreich war und die Komponente `<bm-root>` geladen wurde (Abbildung 5–8).

Abb. 5–8
Ladestatus mithilfe von Semantic UI anzeigen

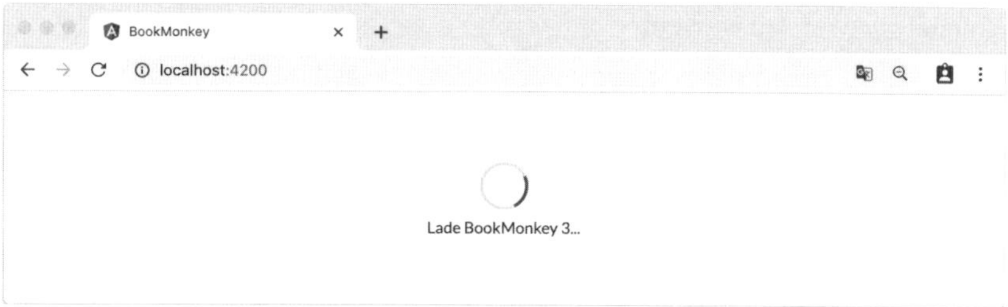

Geschafft! Wir haben nun alle Werkzeuge und Frameworks heruntergeladen, installiert und konfiguriert, die wir benötigen. Jetzt können wir mit der Entwicklung unserer Anwendung beginnen.

6 Komponenten & Template-Syntax: Iteration I

»To be or not to be DOM. That's the question.«

Igor Minar
(Angular Lead Developer)

Nun, da unsere Projektumgebung vorbereitet ist, können wir beginnen, die ersten Schritte bei der Implementierung des BookMonkeys zu machen. Wir wollen in dieser Iteration die wichtigsten Grundlagen von Angular betrachten. Wir lernen zunächst das Prinzip der komponentenbasierten Entwicklung kennen und tauchen in die Template-Syntax von Angular ein. Zwei elementare Konzepte – die Property und Event Bindings – schauen wir uns dabei sehr ausführlich an.

Die Grundlagen von Angular sind umfangreich, deshalb müssen wir viel erläutern, bevor es mit der Implementierung losgeht. Aller Anfang ist schwer, aber haben Sie keine Angst: Sobald Sie die Konzepte verinnerlicht haben, werden sie Ihnen den Entwickleralltag angenehmer machen!

6.1 Komponenten: die Grundbausteine der Anwendung

Wir betrachten in diesem Abschnitt das Grundkonzept der Komponenten. Auf dem Weg lernen wir die verschiedenen Bestandteile der Template-Syntax kennen. Anschließend entwickeln wir mit der Listenansicht die erste Komponente für unsere Beispielanwendung.

6.1.1 Komponenten

Komponenten sind die Grundbausteine einer Angular-Anwendung. Jede Anwendung ist aus vielen verschiedenen Komponenten zusammengesetzt, die jeweils eine bestimmte Aufgabe erfüllen. Eine Komponente beschreibt somit immer einen kleinen Teil der Anwendung, z. B. eine Seite oder ein einzelnes UI-Element.

Hauptkomponente

Jede Anwendung besitzt mindestens eine Komponente, die Hauptkomponente (engl. *Root Component*). Alle weiteren Komponenten sind dieser Hauptkomponente untergeordnet. Eine Komponente hat außerdem einen Anzeigebereich, die *View*, in dem ein Template dargestellt wird. Das Template ist das »Gesicht« der Komponente, also der Bereich, den der Nutzer sieht.

Eine Komponente besitzt immer ein Template.

An eine Komponente wird üblicherweise Logik geknüpft, die die Interaktion mit dem Nutzer möglich macht.

Komponente: Klasse mit Decorator @Component()

Das Grundgerüst sieht wie folgt aus: Eine Komponente besteht aus einer TypeScript-Klasse, die mit einem Template verknüpft wird. Die Klasse wird immer mit dem Decorator `@Component()` eingeleitet. Das Listing 6–1 zeigt den Grundaufbau einer Komponente.

Was ist ein Decorator?

Decorators dienen der Angabe von Metainformationen zu einer Komponente. Der Einsatz von Metadaten fördert die Übersichtlichkeit im Code, da Konfiguration und Ablaufsteuerung sauber voneinander getrennt werden. Wer mit der Verwendung von Decorators noch nicht vertraut ist, sollte sich den Abschnitt »Decorators« auf Seite 46 durchlesen.

Listing 6–1 *Eine simple Komponente*

```
@Component({
  selector: 'my-component',
  template: '<h1>Hallo Angular!</h1>'
})
export class MyComponent { }
```

Metadaten

Dem Decorator werden die *Metadaten* für die Komponente übergeben. Beispielsweise wird hier mit der Eigenschaft `template` das Template für die Komponente festgelegt. Im Property `selector` wird ein CSS-Selektor angegeben. Damit wird ein DOM-Element ausgewählt, an das die Komponente gebunden wird.

Selektor

Was ist ein CSS-Selektor?

Mit CSS-Selektoren wählen wir Elemente aus dem DOM aus. Es handelt sich um dieselbe Syntax, die wir in CSS-Stylesheets verwenden, um Elementen einen Stil zuzuweisen. In Angular nutzen wir den Selektor unter anderem, um eine Komponente an eine Auswahl von Elementen zu binden. In Tabelle 6–1 sind die geläufigsten Selektoren aufgelistet. Selektoren können kombiniert werden, um die Auswahl weiter einzuschränken. Die Möglichkeiten sind sehr vielfältig, und wir nennen an dieser Stelle nur einige Beispiele:

- `div.active` – Containerelemente, die die CSS-Klasse `active` besitzen
- `input[type=text]` – Eingabefelder vom Typ `text`
- `li:nth-child(2)` – jedes zweite Listenelement innerhalb desselben Elternelements

Tab. 6–1 *Geläufige CSS-Selektoren*

Selektor	Beschreibung
`my-element`	Elemente mit dem Namen `my-element` Beispiel: `<my-element></my-element>`
`[myAttr]`	Elemente mit dem Attribut `myAttr` Beispiel: `<div myAttr="foo"></div>`
`[myAttr=bar]`	Elemente mit dem Attribut `myAttr` und Wert `bar` Beispiel: `<div myAttr="bar"></div>`
`.my-class`	Elemente mit der CSS-Klasse `my-class` Beispiel: `<div class="my-class"></div>`

Host-Element

Das Element, das durch den Selektor ausgewählt wurde, stellt dann die Logik und das Template der Komponente bereit und wird deshalb als *Host-Element* bezeichnet. Wir betrachten noch einmal das Listing 6–1: Verwenden wir das DOM-Element `<my-component>` in unserem Template, so wird Angular den vorherigen Inhalt des Elements mit dem neuen Inhalt der Komponente ersetzen. Das Element `<my-component>` wird das Host-Element für diese Komponente, und es wird folgendes Markup erzeugt:

Listing 6–2 *Erzeugtes Markup für die Komponente* MyComponent

```
<my-component>
  <h1>Hallo Angular!</h1>
</my-component>
```

Wir können dieses Element an beliebiger Stelle in unseren Templates verwenden – es wird immer durch die zugehörige Komponente ersetzt. Auf diese Weise können wir Komponenten beliebig tief verschachteln, indem wir im Template einer Komponente das Host-Element einer anderen einsetzen usw. Diese Praxis schauen wir uns im nächsten Kapitel ab Seite 97 genauer an.

Komponenten sollten nur auf Elementnamen selektieren.

Es ist eine gute Praxis, stets nur Element*namen* zu verwenden, um Komponenten einzubinden. Das Prinzip der Komponente – Template und angeheftete Logik – kann durch ein eigenständiges Element am sinnvollsten abgebildet werden. Wenn wir auf die Attribute eines Elements selektieren wollen, so sind *Attributdirektiven* ein sinnvoller Baustein. Wie das funktioniert und wie wir eigene Direktiven implementieren können, schauen wir uns ab Seite 365 an.

Das Template einer Komponente

Eine Komponente ist immer mit einem Template verknüpft. Das Template ist der Teil der Komponente, den der Nutzer sieht und mit dem er interagieren kann. Für die Beschreibung wird meist HTML verwendet[1], denn wir wollen unsere Anwendung ja im Browser ausführen. Innerhalb der Templates wird allerdings eine Angular-spezifische Syntax eingesetzt, denn Komponenten können weit mehr, als nur statisches HTML darzustellen. Diese Syntax schauen wir uns im Verlauf dieses Kapitels noch genauer an.

Um eine Komponente mit einem Template zu verknüpfen, gibt es zwei Wege:

- **Template-URL:** Das Template liegt in einer eigenständigen HTML-Datei, die in der Komponente referenziert wird (`templateUrl`).
- **Inline Template:** Das Template wird als (mehrzeiliger) String im Quelltext der Komponente angegeben (`template`).

Eine Komponente besitzt genau ein Template.

In beiden Fällen verwenden wir die Metadaten des `@Component()`-Decorators, um die Infos anzugeben. Im Listing 6–3 sind beide Varianten zur Veranschaulichung aufgeführt. Es kann allerdings immer nur einer der beiden Wege verwendet werden, denn eine Komponente besitzt nur ein einziges Template. Die Angular CLI legt stets eine separate Datei für das Template an, sofern wir es nicht anders einstellen. Das ist auch die Variante, die wir Ihnen empfehlen möchten, um die Struktur übersichtlich zu halten.

[1] Später im Kapitel zu NativeScript (ab Seite 601) werden wir einen Einsatzzweck ohne HTML kennenlernen.

Listing 6–3
Template einer Komponente definieren

```
@Component({

  // Als Referenz zu einem HTML-Template
  templateUrl: './my-component.html',

  // ODER: als HTML-String direkt im TypeScript
  template: `<h1>
          Hallo Angular!
  </h1>`,

  // [...]
})
export class MyComponent { }
```

Bindings für die Kommunikation zwischen Komponente und Template

Template und Komponente sind eng miteinander verknüpft und können über klar definierte Wege miteinander kommunizieren. Der Informationsaustausch findet über sogenannte *Bindings* statt. Damit »fließen« die Daten von der Komponente ins Template und können dort dem Nutzer präsentiert werden. Umgekehrt können Ereignisse im Template abgefangen werden, um von der Komponente verarbeitet zu werden. Diese Kommunikation ist schematisch in Abbildung 6–1 dargestellt.

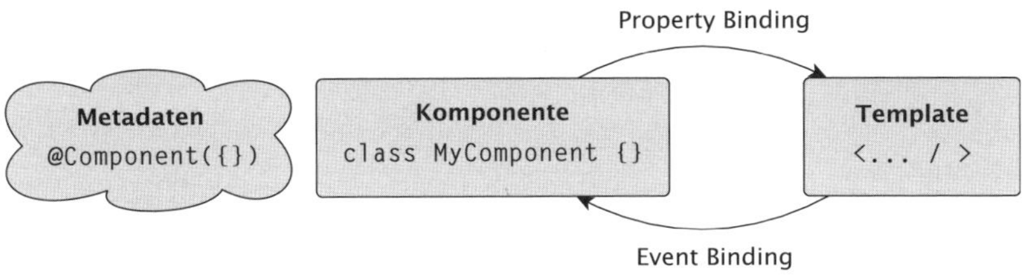

Abb. 6–1
Komponente, Template und Bindings im Zusammenspiel

Um diese Bindings zu steuern, nutzen wir die Template-Syntax von Angular, die wir gleich noch genauer betrachten. In den beiden folgenden Storys dieser Iteration gehen wir außerdem gezielt auf die verschiedenen Arten von Bindings ein.

Der Style einer Komponente

Um das Aussehen einer Komponente zu beeinflussen, werden Stylesheets eingesetzt, wie wir sie allgemein aus der Webentwicklung kennen. Neben den reinen Cascading Style Sheets (CSS) können wir auch verschiedene Präprozessoren einsetzen: Sass, Less und Stylus werden direkt unterstützt. Welches Style-Format wir standardmäßig verwenden wollen, können wir auswählen, wenn wir die Anwendung mit `ng new` erstellen.

Normalerweise verwendet man eine große, globale Style-Datei, die alle gestalterischen Aspekte der Anwendung definiert. Das ist nicht immer schön, denn hier kann man leicht den Überblick verlieren, welche Selektoren wo genau aktiv sind oder womöglich gar nicht mehr benötigt werden. Außerdem widerspricht eine globale Style-Definition dem modularen Prinzip der Komponenten.

Stylesheets von Komponenten sind isoliert.

Angular zeigt hier einen neuen Weg auf und ordnet die Styles direkt den Komponenten zu. Diese direkte Verknüpfung von Styles und Komponenten sorgt dafür, dass die Styles einen begrenzten Gültigkeitsbereich haben und nur in ihrer jeweiligen Komponente gültig sind. Styles von zwei voneinander unabhängigen Komponenten können sich damit nicht gegenseitig beeinflussen, sind bedeutend übersichtlicher und liegen immer direkt am »Ort des Geschehens« vor.

Ein Blick ins Innere: View Encapsulation

Styles werden einer Komponente zugeordnet und wirken damit auch nur auf die Inhalte dieser Komponente. Die Technik dahinter nennt sich *View Encapsulation* und isoliert den Gültigkeitsbereich eines Anzeigebereichs von anderen. Jedes DOM-Element in einer Komponente erhält automatisch ein zusätzliches Attribut mit einem zufälligen Bezeichner, siehe Screenshot. Die vom Entwickler festgelegten Styles werden abgeändert, sodass sie nur für dieses Attribut wirken. So funktioniert der Style nur in der Komponente, in der er deklariert wurde. Es gibt noch andere Strategien der View Encapsulation, auf die wir aber hier nicht eingehen wollen.

```
▼<body>
  ▼<bm-root _nghost-nwb-0>
    ▶<div _ngcontent-nwb-0 class="ui sideba
    ▶<div _ngcontent-nwb-0 class="pusher di
    </bm-root>
```

Angular generiert automatisch Attribute für die View Encapsulation.

Die Styles werden ebenfalls in den Metadaten einer Komponente angegeben. Dafür sind zwei Wege möglich, die wir auch schon von den Templates kennen:

- **Style-URL:** Es wird eine CSS-Datei mit Style-Definitionen eingebunden (`styleUrls`).
- **Inline Styles:** Die Styles werden direkt in der Komponente definiert (`styles`).

Im Listing 6–4 werden beide Wege gezeigt. Wichtig ist, dass die Dateien und Styles jeweils als Arrays angelegt werden. Grundsätzlich empfehlen wir Ihnen auch hier, für die Styles eine eigene Datei anzulegen und in der Komponente zu referenzieren. Die Angular CLI unterstützt beide Varianten.

Der herkömmliche Weg zum Einbinden von Styles ist natürlich trotzdem weiter möglich: Wir können globale CSS-Dateien definieren, die in der gesamten Anwendung gelten und nicht nur auf Ebene der Komponenten. Diesen Weg haben wir gewählt, um das Style-Framework Semantic UI einzubinden, siehe Seite 65.

Listing 6–4
Style-Definitionen in Komponenten

```
@Component({
  styleUrls: ['./my.component.css'],
  // ODER
  styles: [
    'h2 { color:blue }',
    'h1 { font-size: 3em }'
  ],
  // [...]
})
export class MyComponent { }
```

6.1.2 Komponenten in der Anwendung verwenden

Rule of One

Eine Komponente wird immer in einer eigenen TypeScript-Datei notiert. Dahinter steht das *Rule of One*: Eine Datei beinhaltet immer genau einen Bestandteil und nicht mehr. Dazu kommen meist ein separates Template, eine Style-Datei und eine Testspezifikation. Diese vier Dateien sollten wir immer gemeinsam in einem eigenen Ordner unterbringen. So wissen wir sofort, welche Dateien zu der Komponente gehören.

Eine Komponente besitzt einen Selektor und wird automatisch an die DOM-Elemente gebunden, die auf diesen Selektor matchen. Das jeweilige Element wird das Host-Element der Komponente. Das Prinzip haben wir einige Seiten zuvor schon beleuchtet.

Komponenten im AppModule *registrieren*

Damit dieser Mechanismus funktioniert, muss Angular die Komponente allerdings erst kennenlernen. Die reine Existenz einer Komponentendatei reicht nicht aus. Stattdessen müssen wir alle Komponenten der Anwendung im zentralen `AppModule` registrieren.

Dazu dient die Eigenschaft `declarations` im Decorator `@NgModule()`. Hier werden alle Komponenten[2] notiert, die zur Anwendung gehören. Damit wir die Typen dort verwenden können, müssen wir alle Komponenten importieren.

[2] … und Pipes und Direktiven, aber dazu kommen wir später!

Listing 6–5
Alle Komponenten müssen im AppModule *deklariert werden.*

```
import { NgModule } from '@angular/core';

import { AppComponent } from './app.component';
import { FooComponent } from './foo/foo.component';
import { BarComponent } from './bar/bar.component';

@NgModule({
  declarations: [
    AppComponent,
    FooComponent,
    BarComponent
  ],
  // ...
})
export class AppModule { }
```

6.1.3 Template-Syntax

Nachdem wir die Grundlagen von Komponenten kennengelernt haben, tauchen wir nun in die Notation von Templates ein.

Angular erweitert die gewohnte Syntax von HTML mit einer Reihe von leichtgewichtigen Ausdrücken. Damit können wir dynamische Features direkt in den HTML-Templates nutzen: Ausgabe von Daten, Reaktion auf Ereignisse und das Zusammenspiel von mehreren Komponenten mit Bindings.

Wir stellen in diesem Abschnitt die Einzelheiten der Template-Syntax zunächst als Übersicht vor. Im Verlauf des Buchs gehen wir auf die einzelnen Konzepte noch gezielter ein.

{{ Interpolation }}

Ein zentraler Bestandteil der Template-Syntax ist die Interpolation. Hinter diesem etwas sperrigen Begriff verbirgt sich die Möglichkeit, Daten mit zwei geschweiften Klammern in ein Template einzubinden.

Template-Ausdruck

Zwischen den Klammern wird ein sogenannter *Template-Ausdruck* angegeben. Dieser Ausdruck bezieht sich immer direkt auf die zugehörige Komponentenklasse. Im einfachsten Fall ist ein solcher Ausdruck also ein Name eines Propertys aus der Klasse. Ausdrücke können aber auch komplexer sein und z. B. Arithmetik enthalten. Vor der Ausgabe werden die Ausdrücke ausgewertet, und der Rückgabewert wird schließlich im Template angezeigt. Besonders interessant ist dabei: Ändern sich die Daten im Hintergrund, wird die Anzeige stets automatisch

Die Daten werden bei der Interpolation automatisch aktualisiert.

aktualisiert! Wir müssen uns also nicht darum kümmern, die View aktuell zu halten, sondern nur die Daten in der Komponentenklasse ändern.

`{{ name }}`	Property der Komponente
`{{ 'foobar' }}`	String-Literal
`{{ myNumber + 1 }}`	Property und Arithmetik

Die Werte `null` und `undefined` werden übrigens immer als leerer String ausgegeben.

Der Safe-Navigation-Operator ?

Stellen wir uns vor, dass wir die Felder eines Objekts in unserem Template anzeigen möchten. Wenn das Objekt allerdings `undefined` oder `null` ist, erhalten wir einen Fehler zur Laufzeit der Anwendung, weil es nicht möglich ist, auf eine Eigenschaft eines nicht vorhandenen Objekts zuzugreifen.

An dieser Stelle kann der *Safe-Navigation-Operator* helfen: Er überprüft, ob das angefragte Objekt vorhanden ist oder nicht. Falls nicht, wird der Ausdruck zum Binden der Daten gar nicht erst ausgewertet.

```
<p>{{ person?.hobbies }}</p>
```

Existiert das Objekt `person`, werden die Hobbys ausgegeben – es gibt aber keinen Fehler, wenn das Objekt `undefined` ist.

Operator sparsam verwenden

Aber Achtung: Bitte benutzen Sie diesen Operator sparsam. Eine bessere Praxis ist es, fehlende Objekteigenschaften mit der Strukturdirektive `ngIf` abzufangen (siehe Abschnitt 6.1.3 auf Seite 80) und den kompletten Container erst dann anzuzeigen, wenn alle Daten vollständig sind. Ein weiterer Ansatz zur Lösung ist, die Propertys immer mit Standardwerten zu belegen. Hat ein Property immer einen Wert, muss auch nicht gegen `undefined` geprüft werden.

[Property Bindings]

Mit Property Bindings werden Daten von außen an ein DOM-Element übermittelt. Wir notieren ein Property Binding mit eckigen Klammern. Dazwischen wird der Name des Propertys auf dem DOM-Element angegeben, das wir beschreiben wollen. Das klingt zunächst umständlich, wir werden uns aber noch ausführlich mit Property Bindings beschäftigen.

Im rechten Teil des Bindings wird ein Template-Ausdruck angegeben, also wie bei der Interpolation z. B. ein Property der aktuellen Komponente oder ein Literal. Ist das Element ein Host-Element einer Komponente, können wir die Daten innerhalb dieser Komponente auslesen und verarbeiten. Property Bindings werden ebenfalls automatisch aktualisiert, wenn sich die Daten ändern. Wir müssen uns also nicht darum kümmern, Änderungen an den Daten manuell mitzuteilen.

Property Bindings werden automatisch aktualisiert.

Das folgende Beispiel zeigt Property Bindings im praktischen Einsatz. Wir setzen damit das Property `href` des Anker-Elements auf den Wert der Komponenteneigenschaft `myUrl`. Das zweite Beispiel setzt das Property `myProp` der Komponente `MyComponent` mit dem Wert des Propertys `foo` aus der aktuellen Komponente.

```
<a [href]="myUrl">My Link</a>
<my-component [myProp]="foo">
```

Property Bindings werden im Abschnitt ab Seite 97 ausführlich behandelt.

Eselsbrücke

Um in JavaScript auf eine Eigenschaft eines Objekts zuzugreifen, verwenden wir ebenfalls eckige Klammern: `obj[property]`.

(Event Bindings)

Event Bindings bieten die Möglichkeit, auf Ereignisse zu reagieren, die im Template einer Komponente eintreten. Solche Ereignisse können nativ von einem DOM-Element stammen (z. B. ein Klick) oder in einer eingebundenen Komponente getriggert werden. Event Bindings sind also das Gegenstück zu Property Bindings, denn die Daten fließen aus dem Template in die Komponentenklasse. Im folgenden Beispiel wird ein `click`-Event ausgelöst, wenn der Nutzer den Button anklickt. Das Ereignis wird mit der Methode `myClickHandler()` abgefangen und behandelt.

Gegenstück zu Property Bindings

```
<button (click)="myClickHandler()">Click me</button>
```

Wie wir Events in Komponenten auslösen und welche eingebauten Events abonniert werden können, schauen wir uns ausführlich ab Seite 108 an.

Eselsbrücke

In JavaScript verwenden wir runde Klammern für Funktionen: `function()`. Vor diesem Hintergrund lässt sich die Syntax für Event Bindings auch leicht merken, denn wir führen eine Funktion aus, nachdem ein Ereignis aufgetreten ist.

[(Two-Way Bindings)]

Mit Property Bindings haben wir »schreibende« und mit den Event Bindings »lesende« Operationen kennengelernt. Beide Varianten sind unidirektional, die Daten fließen also nur in eine Richtung.

Datenbindung in zwei Richtungen

Im Zusammenhang mit der Formularverarbeitung werden wir später sehen, wie wir eine Datenbindung auch in beide Richtungen aufsetzen können: von der Komponente ins Formularfeld (wenn sich die Daten ändern) und vom Formularfeld in die Komponente (wenn der Nutzer etwas eingibt). Die Syntax ist sehr einfach herzuleiten, denn es werden lediglich Property Bindings und Event Bindings miteinander kombiniert:

```
<input [(ngModel)]="myProperty" type="text">
```

Formularverarbeitung mit Two-Way Bindings schauen wir uns in Iteration IV ab Seite 261 noch sehr ausführlich an.

Eselsbrücke

Für diese Eselsbrücke ist etwas Fantasie nötig. Die Kombination von runden und eckigen Klammern (`[()]`) sieht ein wenig wie eine Banane in einer Kiste aus (»Banana Box«). Alternativ funktioniert auch eine Eselsbrücke aus dem Ballsport: *Das Runde muss ins Eckige.*

#Elementreferenzen

In einem Template können wir einzelne HTML-Elemente mit Namen versehen und diese Namen an anderer Stelle verwenden, um auf das Element zuzugreifen. Damit können wir aus dem Template heraus die Eigenschaften eines Elements verwenden, ohne den Umweg über die Komponentenklasse zu gehen. Solche Elementreferenzen werden mit einem Rautensymbol # notiert.

```
<input #id type="text" value="Angular">
{{ id.value }}
```

Input-Felder haben beispielsweise immer ein Property `value`, in dem der aktuelle Wert hinterlegt ist. Das Beispiel `{{ id.value }}` macht deutlich, dass die lokale Referenz tatsächlich auf das DOM-Element zeigt und nicht nur auf dessen Wert. Beim Start wird der Text `Angular` neben dem Formularfeld ausgegeben. Geben wir einen neuen Wert in das Input-Feld ein, aktualisiert sich der interpolierte Text allerdings nicht. Das ist kein Fehler, sondern ein erwünschtes Verhalten von Angular.[3]

Direktiven

Wir haben gelernt, dass wir mit Property und Event Bindings zwischen der Komponente und den DOM-Elementen kommunizieren können. Was allerdings noch fehlt, ist ein Konstrukt, um das Verhalten der Elemente zu steuern. So möchten wir zum Beispiel ein Element nur unter einer Bedingung hinzufügen oder mehrfach wiederholen können.

Hierfür gibt es spezielle HTML-Attribute, die *Direktiven* genannt werden. Sie geben einem Element zusätzliche Logik, sodass sich das Element anders verhält. Wir unterscheiden dabei zwischen Strukturdirektiven und Attributdirektiven.

Während Attributdirektiven das »innere« Verhalten des Elements steuern, ändern Strukturdirektiven immer die Struktur des DOM-Baums, indem sie Elemente hinzufügen oder entfernen.

*Strukturdirektiven

Strukturdirektiven verändern die Struktur des DOM-Baums.

Mit Strukturdirektiven können wir DOM-Elemente hinzufügen oder entfernen und damit die Struktur des Dokuments verändern. Strukturdirektiven werden immer zusammen mit dem Stern-Zeichen * notiert und als Attribut auf einem DOM-Element eingesetzt. Die Direktive entscheidet dann anhand bestimmter Kriterien, ob und wie das Element in den DOM-Baum eingebaut wird.

Die bekanntesten Vertreter der Strukturdirektiven sind `ngIf`, `ngFor` und `ngSwitch`. Wir schauen uns diese eingebauten Direktiven einmal an:

ngIf: *Bedingungen zum Anzeigen von Elementen*

Die Direktive `ngIf` fügt das betroffene Element nur dann in den DOM-Baum ein, wenn der angegebene Ausdruck wahr ist. Sie kann z. B. eingesetzt werden, um ein Element mit einer Fehlermeldung nur dann anzuzeigen, wenn auch ein Fehler aufgetreten ist.

Listing 6–6 ngIf *verwenden*

```
<div *ngIf="hasError">Fehler aufgetreten</div>
```

Die Direktive verfügt zusätzlich über einen optionalen Else-Zweig. Mehr dazu erfahren Sie im Kapitel »Wissenswertes« ab Seite 645.

---

[3] Angular geht sparsam mit den Ressourcen um und führt die sogenannte Change Detection erst dann aus, wenn sie durch ein Event ausgelöst wird. Das kann z. B. durch ein Event Binding geschehen.

Mit der Direktive ngFor können wir ein Array durchlaufen und für jedes iterierte Array-Item ein DOM-Element erzeugen. Damit können wir z. B. Tabellenzeilen oder Listen in HTML ausgeben. Im Beispiel durchlaufen wir das Array aus dem Property names aus der aktuellen Komponentenklasse. Das jeweils aktuelle Element ist bei jedem Durchlauf in der lokalen Variable name hinterlegt. Dieser Name ist frei wählbar.

ngFor: *Listen durchlaufen*

Listing 6–7
ngFor *verwenden*

```
<ul>
  <li *ngFor="let name of names">{{ name }}</li>
</ul>
```

Ist das Array names eine Liste mit drei Namen, so erzeugt Angular das folgende Markup:

Listing 6–8
Erzeugtes Markup für Listing 6–7

```
<ul>
  <li>Ferdinand</li>
  <li>Danny</li>
  <li>Johannes</li>
</ul>
```

Hilfsvariablen für ngFor

ngFor stellt eine Reihe von Hilfsvariablen zur Verfügung, die wir beim Durchlaufen der Liste verwenden können. Sie beziehen sich jeweils auf das aktuelle Element:

- index: Index des aktuellen Elements 0...n
- first: wahr, wenn es das *erste* Element der Liste ist
- last: wahr, wenn es das *letzte* Element der Liste ist
- even: wahr, wenn der Index *gerade* ist
- odd: wahr, wenn der Index *ungerade* ist

Diese Flags können wir dazu verwenden, um z. B. eine gestreifte Tabelle zu erzeugen oder nach jedem außer dem letzten Element ein Komma auszugeben. Die Variablen müssen vor der Verwendung jeweils auf lokale Variablen gemappt werden, z. B. index as i.

Das folgende Beispiel verwendet index, um vor jedem Namen eine fortlaufende Ziffer anzuzeigen. Die lokale Variable i wird vor der Anzeige jeweils um 1 erhöht, weil die Index-Zählung natürlich bei 0 beginnt.

Listing 6–9
ngFor *mit Hilfsvariablen*

```
<ul>
  <li *ngFor="let name of names; index as i">
    {{ i + 1 }}. {{ name }}
  </li>
</ul>
```

Das Beispiel erzeugt das folgende HTML:

Listing 6–10
Erzeugtes Markup für Listing 6–9

```
<ul>
  <li>1. Ferdinand</li>
  <li>2. Danny</li>
  <li>3. Johannes</li>
</ul>
```

ngSwitch: *Fallunterscheidungen*

Eine weitere wichtige Direktive ist ngSwitch. Damit lassen sich im Template Verzweigungen realisieren, wie sie sonst mit switch/case-Anweisungen möglich sind. ngSwitch wird immer zusammen mit zwei weiteren Direktiven eingesetzt: ngSwitchCase und ngSwitchDefault. Damit werden die Zweige für die Fallunterscheidung markiert. Die Direktiven sorgen dafür, dass immer der Zweig angezeigt wird, der dem Eingabewert entspricht.

Im folgenden Beispiel wird innerhalb des <div>-Elements über die Komponenteneigenschaft angularVersion entschieden. Je nachdem, ob der Wert 1 oder 3 ist, wird das zugehörige <span>-Element in den DOM-Baum eingefügt. Wenn keiner der Fälle eintritt, wird das Default-Element ausgewählt.

Das Schlüsselwort ngSwitch wird mit eckigen Klammern angegeben. Das kommt daher, dass ngSwitch tatsächlich eine Attributdirektive ist. Den Unterschied schauen wir uns gleich an.

Listing 6–11
Einsatz von ngSwitch

```
<div [ngSwitch]="angularVersion">
  <span *ngSwitchCase="1">AngularJS</span>
  <span *ngSwitchCase="3">Angular 3 existiert nicht</span>
  <span *ngSwitchDefault>Angular {{ angularVersion }}</span>
</div>
```

Wir werden uns in der Iteration V ab Seite 339 noch genauer mit Direktiven auseinandersetzen.

[Attributdirektiven]

Attributdirektiven wirken nur auf das jeweilige Element.

Im Gegensatz zu Strukturdirektiven wirken sich Attributdirektiven nur auf das Element selbst aus, verändern die Position im DOM-Baum aber nicht. Sie ordnen dem Element zusätzliche Logik zu und steuern damit das »innere« Verhalten.

In ihrer Verwendung unterscheiden sich Attributdirektiven nicht von Property Bindings, denn die werden in der Regel mit eckigen Klammern angegeben. Angular weiß, ob es sich um ein Property Binding oder eine Direktive handelt, und verarbeitet den Ausdruck entsprechend.

Bekannte Vertreter sind ngSwitch, ngClass, ngStyle, routerLink und routerLinkActive. Auf ngClass und ngStyle gehen wir auf den Seiten 101 und 102 noch gezielter ein, wenn wir über Class und Style Bindings sprechen. Im Kapitel zu Routing ab Seite 141 lernen wir schließlich auch den `routerLink` kennen.

Sie werden sehen, dass wir Attributdirektiven auf zwei Arten verwenden können:

1. mit eckigen Klammern, wie das Property Binding
   `<div [myDirective]="foo"></div>`
2. in Attributschreibweise ohne Klammern
   `<div myDirective="foo"></div>`

Der Unterschied ist subtil, aber sehr wichtig: Wenn auf der linken Seite eckige Klammern notiert sind, so wird der rechtsseitige Wert als *Ausdruck* interpretiert. `foo` bezieht sich also im ersten Beispiel auf das Property `foo` aus der Komponentenklasse. Lassen wir die eckigen Klammern weg, so wird rechts ein *String* angegeben. `foo` bezeichnet an dieser Stelle also tatsächlich die Zeichenkette `foo`.

Merke: Eckige Klammern → Ausdruck

Wenn links eckige Klammern stehen, so wird rechts ein Ausdruck notiert. Ohne eckige Klammern wird die rechte Seite eines Attributs als String ausgewertet.

| Pipes

Pipes werden genutzt, um Daten für die Anzeige zu transformieren. Hinter einer Pipe steckt eine Funktion, die den Eingabewert nach einer bestimmten Vorschrift verarbeitet und das tranformierte Ergebnis zurückgibt. Wir können Pipes in jedem Template-Ausdruck verwenden, also bei der Interpolation oder in Property Bindings. Sie werden durch das Symbol | (das »Pipe-Zeichen«) eingeleitet:

```
<p>{{ name | lowercase }}</p>
```

Pipes verketten

Pipes können auch aneinandergehängt werden, um mehrere Transformationen durchzuführen:

```
<p>{{ myDate | date | uppercase }}</p>
```

In der Iteration V ab Seite 339 widmen wir uns den Pipes noch sehr ausführlich. Dort lernen wir auch, wie wir eigene Pipes implementieren können.

Ist das alles gültiges HTML?

Obwohl die vielen verschiedenen Klammern und Sonderzeichen zunächst ungewöhnlich sind, handelt es sich um syntaktisch gültiges HTML. Dazu ziehen wir die HTML-Spezifikation des W3C zurate. Hier heißt es:

> »Attribute names must consist of one or more characters other than the space characters, U+0000, NULL, «, ’, >, /, =, the control characters, and any characters that are not defined by Unicode.«[4]

Auch mit der Angular-Syntax schreiben wir also valides HTML. Trotzdem kennt der Browser natürlich keine Event oder Property Bindings. Deshalb werden all diese Ausdrücke von Angular automatisch so umgewandelt, dass jeder Browser damit umgehen kann.

Zusammenfassung

Die Template-Syntax von Angular ist ein simples, aber mächtiges Werkzeug, um ein dynamisches Zusammenspiel von Komponente und Template zu erreichen. Jedes Verfahren verfügt über eine eigene Schreibweise. Alle Bestandteile der Template-Syntax sind noch einmal überblicksweise in der Tabelle 6–2 dargestellt.

Tab. 6–2 *Template-Syntax: Übersicht*

Zeichen	Bezeichnung	Funktion
{{}}	Interpolation	Daten im Template anzeigen
[]	Property Binding	Eigenschaften eines DOM-Elements setzen
()	Event Binding	Ereignisse abfangen und behandeln
[()]	Two-Way Binding	Eigenschaften setzen und Ereignisse verarbeiten
#	Elementreferenzen	Direktzugriff auf ein DOM-Element
*	Strukturdirektiven	Direktiven, die den DOM-Baum manipulieren
|	Pipe-Operator	Transformation von Daten vor dem Anzeigen

Auf den ersten Blick erscheint die neue Template-Syntax womöglich komplex und umständlich. Aber glauben Sie uns: Nachdem wir alle

[4] https://ng-buch.de/a/35 – W3C: HTML 5 Syntax

Konzepte in der Praxis behandelt haben, werden Sie die Notationen ohne Probleme anwenden können.

6.1.4 Den BookMonkey erstellen

Story – Listenansicht

Als Leser möchte ich einen Überblick über alle vorhandenen Bücher erhalten, um mir den nächsten Lesetitel heraussuchen zu können.

Jedes Projekt braucht einen einfachen Anfang. Es bietet sich an, für den *BookMonkey* im ersten Schritt eine einfache Listenansicht für unsere Bücher zu implementieren. Weitere Funktionen werden später folgen.

- Ein Buch soll durch ein Vorschaubild dargestellt werden.
- Es sollen sowohl der Titel, der Untertitel als auch die Autoren des Buchs dargestellt werden.

Die Entität »Buch«

Wir müssen zunächst überlegen, wie die Entität *Buch* in unserer Anwendung repräsentiert werden kann. Dazu sammeln wir alle Eigenschaften, die ein Buch besitzen kann:

- `isbn`: Internationale Standardbuchnummer (ISBN)
- `title`: Buchtitel
- `description`: Beschreibung des Buchs *(optional)*
- `authors`: Liste der Autoren
- `subtitle`: Untertitel *(optional)*
- `rating`: Bewertung *(optional)*
- `published`: Datum der Veröffentlichung
- `thumbnails`: Liste von Bildern *(optional)*

Die ISBN ist unser Primärschlüssel, das heißt, ein Buch ist durch seine ISBN eindeutig identifizierbar. Einige Eigenschaften wie zum Beispiel der Untertitel und eine Bewertung sind optional und müssen nicht in jedem Fall vorhanden sein.

Die Entität »Thumbnail«

Einem Buch können über die Eigenschaft `thumbnails` mehrere Bilder zugeordnet sein. Ein solches Bild besitzt die folgenden Eigenschaften:

- `url`: URL zur Bilddatei
- `title`: Bildtitel *(optional)*

Klasse oder Interface für die Datenmodelle?

TypeScript kennt sowohl Klassen als auch Interfaces, um Daten abzubilden. Beide Sprachbestandteile haben wir im TypeScript-Kapitel bereits kennengelernt.

Klasse

Eine Klasse können wir als *Vorlage* verstehen, mit deren Hilfe wir konkrete Objekte instanziieren können. Diese instanziierten Objekte haben klar definierte Methoden und Eigenschaften. Für unser Buch *könnte* eine Klasse zur Abbildung unserer Fachlichkeit (*Domäne*) wie folgt aussehen:

```
export class Book {
  constructor(
    public isbn: string,
    public title: string,
    public rating?: number,

    // weitere Eigenschaften
  ) { }

  // Methode
  isVeryPopular() {
    return this.rating > 4;
  }
}

// Verwendung:
const book = new Book('ISBN', 'TITLE', 5, /* weitere */);
const isVeryPopular = book.isVeryPopular();
```

Interface

Ganz ähnlich zu Klassen verhält es sich mit Interfaces. Interfaces beschreiben die Methoden und Eigenschaften von Objekten. Allerdings können Interfaces weder eine konkrete Implementierung noch eine Initialisierung bereitstellen. Man kann sie als *Vertrag* verstehen. Wir versprechen per Vertrag, dass ein bestimmtes Objekt die benötigte Struktur besitzt. Das zuvor gezeigte Beispiel könnte bei der Verwendung eines Interface so programmiert werden:

```
export interface Book {
  isbn: string;
  title: string;
  rating?: number;

  // weitere Eigenschaften
}
```

```
export class BookHelper {
  static isVeryPopular(b: Book) {
    return b.rating > 4;
  }
}

// Verwendung:
const book = {
  isbn: 'ISBN',
  title: 'TITLE',
  rating: 5
};
const isVeryPopular = BookHelper.isVeryPopular(book);
```

Wie man sieht, ähneln sich beide Konstrukte, und so können wir sowohl mit Klassen als auch mit Interfaces unsere Daten beschreiben. Wer von einer objektorientierten Programmiersprache kommt, wird wahrscheinlich das Beispiel mit der Klasse bevorzugen.

Es sprechen einige gute Gründe für die Wahl einer Klasse:

- Wir bilden ein sauberes *Domain Model*[5] ab, die Daten und dazu passende Methoden sind möglichst nahe beieinander. Als Beispiel hierfür haben wir die frei erfundene Methode `isVeryPopular()` angedeutet. Beim Einsatz von Interfaces müsste man sich hingegen auf irgendeine Art und Weise einer Hilfsklasse bedienen. Zur Veranschaulichung haben wir den `BookHelper` eingeführt.
- Wir erzwingen durch den Konstruktor eine korrekte Verwendung. TypeScript kann bereits während des Kompilierens sicherstellen, dass kein Objekt mit falschen Werten entstehen wird.
- Klassen existieren in JavaScript und sind Teil der Programmlogik (Interfaces hingegen nicht).

Werfen wir hingegen einen Blick in den offiziellen Styleguide von Angular, so konnten wir dort bis zum Frühjahr 2019 noch die folgende Empfehlung finden:

> **Angular Style Guide: 03-03**
>
> **Consider** using an interface for data models.

Aha? Über diese Empfehlung kann man durchaus erstaunt sein! Auch wir haben uns für den BookMonkey für Interfaces entschieden, und wir möchten diese Entscheidung detailliert begründen.

---

[5] https://ng-buch.de/a/36 – Martin Fowler: Anemic Domain Model

Als Erstes müssen wir einmal das Wording betrachten: *Domänenmodell* und *Datenmodell*. Ein Domänenmodell bildet die Geschäftslogik ab. Handelt es sich bei dem Buch in unserer Angular-Anwendung um ein Domänenmodell? *Wir sagen: Nein!* Unser BookMonkey soll eine klassische Client-Server-Architektur implementieren. Bei einer Systemarchitektur mit einem Angular-Frontend und einem HTTP-Backend wollen wir die kritische Geschäftslogik auf das Backend verlagern. Dort befindet sich die Domäne. Zum Frontend wird lediglich ein vereinfachtes Datenmodell übertragen. Das bedeutet also, dass wir eine Software planen, bei der die kritische Geschäftslogik nicht im Frontend stattfindet, sondern *auf dem Server*. Es ist gar nicht notwendig, dass wir die üblichen Ansprüche an unser Modell legen. Im Endeffekt soll unsere gesamte Angular-Anwendung vor allem die Daten vom Server empfangen, darstellen, verarbeiten und wieder zurücksenden. Unter diesen Gesichtspunkten bieten uns Interfaces folgende Vorteile:

- Man muss nicht den Konstruktor einer Klasse aufrufen und dafür eine Methode zum »Mappen« der Daten programmieren. Die Daten vom Server im JSON-Format können dementsprechend sofort als passendes Objekt weiterverwendet werden, sofern die Daten vom Server und das Interface übereinstimmen (siehe Kapitel zu HTTP ab Seite 181).
- Die Daten können jederzeit kopiert werden (siehe Abschnitt zum Spread-Operator ab Seite 41), ohne dass wir eine falsche Verwendung befürchten müssen.
- Das Datenmodell ist kompatibel bzw. »bereit« für den Einsatz von NgRx/Redux, denn wir werden dort die Objekte mehrfach mit dem Spread-Operator kopieren (siehe Kapitel zu Redux ab Seite 553).
- Führende Codegeneratoren wie *swagger-codegen*, *appollo-codegen* usw. (siehe Kasten im Kapitel zu RxJS und HTTP auf Seite 227) generieren standardmäßig Interfaces und keine Klassen.
- Zwei Interfaces mit der gleichen Signatur sind miteinander kompatibel und untereinander austauschbar. Zwei unterschiedliche Klassen mit der gleichen Signatur kann man hingegen nicht untereinander austauschen, dies verhindert bereits der Compiler. In großen Projekten kann diese Tatsache relevant werden, vor allem dann, wenn man Module getrennt voneinander entwickelt.

Diese Punkte, vor allem die Kompatibilität mit der Redux-Architektur, haben uns zu unserer Entscheidung bewegt. Wenn Sie Ihr eigenes Projekt planen, so möchten wir Ihnen dazu raten, ebenso die Entscheidung zwischen Klassen oder Interfaces rechtzeitig zu fällen. Eine späte Änderung kann sonst viel Aufwand bedeuten.

Interfaces für die Datenmodelle anlegen

Interfaces für Buch und Thumbnail

Es bietet sich an, für die beiden Entitäten ein Interface zu erstellen, das die obligatorischen und optionalen Attribute beschreibt. Diese Interfaces sollen in einer Datei in dem gemeinsamen Ordner 🗀src/app/shared untergebracht werden. Zu diesem Zweck nutzen wir die Angular CLI, die uns das Interface `Book` im entsprechenden Verzeichnis anlegt.

```
$ ng g interface shared/book
```

Listing 6–12
Interface Book *anlegen mit der Angular CLI*

Der Befehl verlangt als Argument den Namen und Pfad der neuen Klasse. Der Ordner 🗀shared wird dabei automatisch angelegt, sofern er nicht vorhanden ist. Das Präfix 🗀src/app müssen wir nicht angeben, auch wenn wir uns im Hauptverzeichnis der Anwendung befinden.

Das erzeugte Interface füllen wir nun mit den zuvor festgelegten Eigenschaften unseres Buches. Optionale Eigenschaften werden dabei durch ein nachgestelltes `?`-Symbol gekennzeichnet. Wir legen in der gleichen Datei ebenso noch das Interface `Thumbnail` an und verweisen darauf im Interface `Book`. Da wir das Interface für die Vorschaubilder im weiteren Verlauf auch separat aus anderen Komponenten und Services heraus verwenden wollen, exportieren wir es ebenso wie das Interface `Book`.

```
export interface Book {
  isbn: string;
  title: string;
  authors: string[];
  published: Date;
  subtitle?: string;
  rating?: number;
  thumbnails?: Thumbnail[];
  description?: string;
}

export interface Thumbnail {
  url: string;
  title?: string;
}
```

Listing 6–13
Das Interface Book (book.ts)

Wir haben zwei neue Interfaces angelegt, und unser Projekt sollte jetzt die folgende Ordnerstruktur besitzen:

```
src
└── app
    ├── shared
    │   └── book.ts
    └── ...
```

Eine Komponente für die Buchliste

Jetzt, da die Grundlage für die Bücher geschaffen ist, wollen wir unsere Buchliste angehen. Die Anwendung verfügt bereits über eine Hauptkomponente. Zusätzlich dazu wollen wir nun eine weitere Komponente anlegen, die nur die Buchliste beinhaltet. Das ist sinnvoll, weil die Buchliste ein abgrenzbarer Bereich der Anwendung ist. Solche Teile sollten Sie auch immer in eigenen Komponenten unterbringen. Das erhöht die Wiederverwendbarkeit und Wartbarkeit, nicht zuletzt fürs Testing.[6]

Wir wählen für die neue Komponente den Namen `BookListComponent` und führen das folgende Kommando mit der Angular CLI aus, um die Komponente zu erzeugen (ausgehend vom Hauptverzeichnis der Anwendung):

Listing 6–14 *Komponente* BookListComponent *mit der Angular CLI anlegen*

```
$ ng g component book-list
```

Die Angular CLI legt für jede Komponente automatisch einen neuen Ordner an, in dem die Komponentenklasse, das zugehörige Template, ein Stylesheet und eine Testspezifikation untergebracht sind. Zu dem Klassennamen wird automatisch das Suffix `Component` hinzugefügt! Diese Konvention entspricht dem Angular-Styleguide.[7]

Wir erhalten die folgende Ordnerstruktur:

```
src
└── app
    ├── book-list
    │   ├── book-list.component.css
    │   ├── book-list.component.html
    │   ├── book-list.component.ts
    │   └── book-list.component.spec.ts
    ├── shared
    │   └── ...
    └── ...
```

[6] Das Thema Softwaretests schauen wir uns in Kapitel 17.1 ab Seite 457 an.

[7] https://ng-buch.de/a/37 – Angular Docs: Style Guide

Es fällt positiv auf, dass sich die Angular CLI an die Namenskonventionen aus dem Styleguide hält (siehe Kasten). Die Klasse heißt nun `BookListComponent`, der Ordnername lautet 🗀`book-list`. Der eingegebene Name wurde also automatisch umgewandelt.

Die Angular CLI hält die Namenskonvention ein.

Namenskonventionen in Angular – dashed-case vs. CamelCase

In Angular wird eine strenge Namenskonvention verfolgt. Es werden grundsätzlich zwei verschiedene Formate genutzt:

- **dashed-case**: Diese Konvention wird für Dateinamen und Selektoren genutzt. Eine alternative Bezeichnung ist *kebab-case*.
- **CamelCase**: Die CamelCase-Konvention wird für die Namensgebung von Klassen und Interfaces verwendet.

Entsprechend der Zielsetzung der ersten Iteration soll die Komponente eine Listenansicht von Büchern darstellen. Hierzu passen wir zunächst das generierte Template an. Wir legen das Grundgerüst für die Liste an und greifen dafür auf die Elemente des Style-Frameworks Semantic UI zurück.

ngFor *für die Buchliste*

Schließlich verwenden wir die Direktive `ngFor`, um durch die Liste der Bücher zu iterieren. `ngFor` wiederholt in unserem Fall das Element `<a class="item">` und dessen Inhalte für jedes Buch. In jedem dieser Blöcke werden der Titel, die Autoren und die ISBN des Buchs ausgegeben. Der Untertitel ist optional und wird mit der Direktive `ngIf` nur eingeblendet, sofern dieser angegeben wurde. Wir verwenden die Interpolation, um Propertys der Komponentenklasse im Template auszugeben.

Autoren anzeigen mit ngFor

Die Liste der Autoren soll kommasepariert angezeigt werden. Wir verwenden hier ebenfalls `ngFor` und durchlaufen die Liste der Autoren. Um nach dem letzten Element kein Komma anzuzeigen, machen wir uns die Hilfsvariablen der Direktive zunutze: Die Variable `last` ist *true*, sobald die Schleife das letzte Element des Arrays erreicht hat. Wir können diesen Wert in eine lokale Variable `l` speichern und damit feststellen, wann der letzte Name ausgegeben wurde. Das Komma platzieren wir in einem `<span>`-Element, das wir mit der Direktive `ngIf` einblenden oder ausblenden, je nachdem, ob der letzte Name erreicht wurde oder nicht. Solange der letzte Wert nicht erreicht wurde, wird also hinter jedem Autor ein Komma und ein Leerzeichen angefügt.

Thumbnails anzeigen

Außerdem wird das erste Bild aus der Liste der Thumbnails eingebunden. Dazu können wir direkt auf das Property `src` des Image-Elements zugreifen. Die Prüfung ist nötig, um das Element nur anzuzeigen, wenn auch wirklich ein Bild zum Buch hinterlegt ist.

Listing 6–15 *Das Template der* BookListComponent (book-list .component.html)

```
<div class="ui middle aligned selection divided list">
  <a *ngFor="let book of books" class="item">
    <img class="ui tiny image"
     *ngIf="book.thumbnails && book.thumbnails[0] && book.
    ↪ thumbnails[0].url"
     [src]="book.thumbnails[0].url">
    <div class="content">
      <div class="header">{{ book.title }}</div>
      <div *ngIf="book.subtitle" class="description">{{ book.
    ↪ subtitle }}</div>
      <div class="metadata">
        <span *ngFor="let author of book.authors; last as l">
          {{ author }}<span *ngIf="!l">, </span>
        </span>
        <br>
        ISBN {{ book.isbn }}
      </div>
    </div>
  </a>
</div>
```

Beispieldaten

Damit wir auch sofort ein paar Bücher in der Liste sehen können, initialisieren wir in der Komponente ein Array mit Beispielbüchern (Listing 6–16). Dadurch dass wir das Property `book` mit dem Interface `Book` typisiert haben, sehen wir direkt im Editor, welche Eigenschaften wir zuweisen müssen und welche optional sind. Sofern wir vergessen, eine der obligatorischen Eigenschaften zuzuweisen, wird der Compiler eine entsprechende Fehlermeldung anzeigen.

Wir wollen in diesem Fall alle Eigenschaften angeben (auch die optionalen), denn im Template der Listenansicht werden ja auch alle diese Werte verwendet. Das Interface `Thumbnail` müssen wir nicht separat importieren, denn die Eigenschaft `thumbnails` im Interface `Book` verweist bereits darauf. Somit zeigt uns der Editor auch direkt an, dass wir hier ein Array angeben können, das Objekte mit der Eigenschaft `url` und der optionalen Eigenschaft `title` erwartet.

Listing 6–16 BookListComponent (book-list .component.ts)

```
import { Component, OnInit } from '@angular/core';
import { Book } from '../shared/book';

@Component({
  selector: 'bm-book-list',
  templateUrl: './book-list.component.html',
  styleUrls: ['./book-list.component.css']
})
```

```
export class BookListComponent implements OnInit {
  books: Book[];

  ngOnInit() {
    this.books = [
      {
        isbn: '9783864906466',
        title: 'Angular',
        authors: ['Ferdinand Malcher', 'Johannes Hoppe', 'Danny
    ↪ Koppenhagen'],
        published: new Date(2019, 4, 30),
        subtitle: 'Grundlagen, fortgeschrittene Themen und Best
    ↪ Practices - mit NativeScript und NgRx',
        rating: 5,
        thumbnails: [{
          url: 'https://ng-buch.de/buch1.jpg',
          title: 'Buchcover'
        }],
        description: 'Die Autoren führen Sie mit einem
    ↪ anspruchsvollen Beispielprojekt durch die Welt von
    ↪ Angular...'
      },
      {
        isbn: '9783864903274',
        title: 'React',
        authors: ['Oliver Zeigermann', 'Nils Hartmann'],
        published: new Date(2016, 6, 17),
        subtitle: 'Die praktische Einführung in React, React
    ↪ Router und Redux',
        rating: 3,
        thumbnails: [{
          url: 'https://ng-buch.de/buch2.jpg',
          title: 'Buchcover'
        }],
        description: 'React ist ein JavaScript-Framework zur
    ↪ Entwicklung von Benutzeroberflächen...'
      }
    ];
  }
}
```

Der Code für die Initialisierung der Daten soll ausgeführt werden, wenn die Komponente geladen wird. Man könnte dafür den Konstruktor der

ngOnInit() für Initialisierung verwenden

Klasse verwenden. In Angular kommt allerdings die Methode `ngOnInit()` zum Einsatz, wie im Listing 6–16 zu sehen ist. Diese Methode wird automatisch aufgerufen, wenn die Komponente vollständig initialisiert ist. Sie ist einer der sogenannten *Lifecycle-Hooks* von Angular. Details dazu finden Sie im Kasten auf Seite 94. Damit ist unsere Listenkomponente komplett!

`ngOnInit()` statt Konstruktor – die Lifecycle-Hooks von Angular

Eine Angular-Komponente hat einen definierten Lebenszyklus. Sie wird zunächst initialisiert und es werden ihre Bestandteile gerendert. Wird die Komponente nicht mehr benötigt, wird sie abgebaut und die Ressourcen werden freigegeben.

Mit den Lifecycle-Hooks von Angular können wir gezielt in diesen Lebenszyklus einer Komponente eingreifen. Wechselt die Komponente in einen bestimmten Zustand, können wir Aktionen an dieser Stelle im Ablauf ausführen. Im Beispiel haben wir die Methode `ngOnInit()` eingesetzt. Sie wird automatisch ausgeführt, wenn die Komponente geladen wurde. Damit die Methode richtig definiert wird, muss eine Klasse immer das Interface `OnInit` implementieren.

Es existieren noch weitere Lifecycle-Hooks, auf die wir an dieser Stelle aber gar nicht näher eingehen wollen. Stattdessen widmen wir uns dem Lebenszyklus von Komponenten ab Seite 656 ausführlicher.

Merke: Statt dem Konstruktor der Klasse sollten wir zur Initialisierung immer die Methode `ngOnInit()` einsetzen.

Listenkomponente in die Anwendung einbinden

Damit wir die neue Komponente sehen, muss sie in den Bereich eingebunden werden, der aktuell sichtbar ist: die Hauptkomponente `AppComponent`. Dazu fügen wir ins Template der `AppComponent` das HTML-Element `<bm-book-list></bm-book-list>` in die erste Zeile ein. An dieser Stelle finden wir auch das Präfix wieder, das wir beim Anlegen des Projekts angegeben haben. Das Element wird von Angular durch die Komponente `BookListComponent` ersetzt, denn die Komponente besitzt ja dafür den passenden Selektor `bm-book-list`.

Das schon vorhandene Element mit dem Namen `<router-outlet>` ignorieren wir zunächst. Wir klären in Kapitel 8.2 ab Seite 141 noch ausführlich, was es damit auf sich hat.

Listing 6–17 *Template der Hauptkomponente* AppComponent (app.component.html)

```
<bm-book-list></bm-book-list>
<router-outlet></router-outlet>
```

Ein Präfix verwenden

Die Selektoren von Komponenten und Direktiven sollten in Angular immer mit einem Präfix versehen werden. Das Präfix soll vor allem dafür sorgen, dass Elemente der Anwendung gut von nativen HTML-Elementen unterschieden werden können. Wir beugen damit Konflikten mit anderen Elementen vor, die eventuell dieselbe Bezeichnung verdient hätten.

Beim Anlegen des Projekts mit der Angular CLI haben wir die Option `-p bm` verwendet. Diese Angabe finden wir auch tief in der Datei `angular.json` wieder. Wenn wir Komponenten oder Direktiven mit der Angular CLI anlegen, wird das Präfix automatisch im Selektor verwendet. Diese Einstellung können wir in der `angular.json` auch ändern, sie gilt dann allerdings nur für neu angelegte Komponenten.

Bootstrapping

Damit die Anwendung funktioniert, muss die Hauptkomponente `AppComponent` von Angular gestartet werden. Die notwendige Anpassung hat die Angular CLI bereits für uns vorgenommen. Im `AppModule` in der Datei `src/app/app.module.ts` ist die `AppComponent` in der Eigenschaft `bootstrap` in den Metadaten des Moduls eingetragen.

Anwendung starten

Wir können die Anwendung nun mit dem Befehl `ng serve` starten. Rufen wir die URL im Browser auf, wird die Liste der Bücher angezeigt.

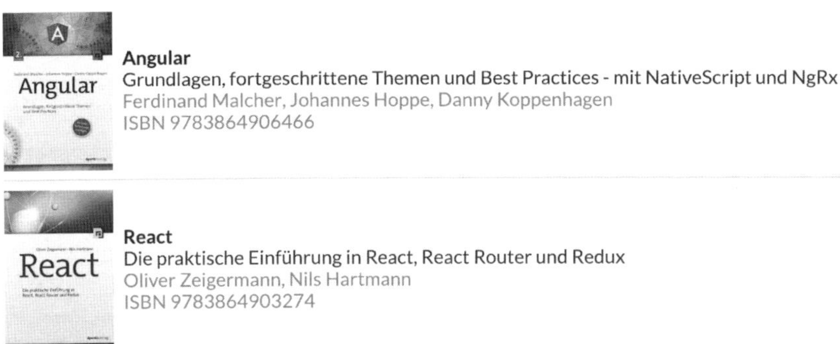

Abb. 6–2
Die Buchliste funktioniert.

Was haben wir gelernt?

Angular bricht die Template-Syntax in mehrere Konzepte auf. Mit den verschiedenen Bindings wird der Datenfluss zwischen Komponente und Template klar definiert. Hilfsmittel wie Pipes und Direktiven erleichtern uns dabei die Arbeit mit den Elementen im Template. Mit einem Blick auf ein Template ist bereits schnell erkennbar, wie sich eine Komponente verhält.

- Komponenten sind die wichtigsten Bausteine einer Anwendung.
- Eine Komponente besteht immer aus einer TypeScript-Klasse mit Metadaten und einem Template.
- Komponenten werden an Elemente des DOM-Baums gebunden. Das ausgewählte Element wird das Host-Element der Komponente.
- Für die Auswahl der DOM-Elemente wird in der Komponente ein CSS-Selektor festgelegt.
- Angular verfügt über eine eigene Template-Syntax und eingebaute Direktiven, z. B. `ngFor` und `ngIf`.
- Alle Bausteine der Anwendung werden mittels `@NgModule()` in Angular-Module organisiert. Wir nutzen Imports und Exports, um die Bausteine zu verknüpfen.
- Eine Komponente muss immer in den `declarations` eines Moduls registriert werden.

Demo und Quelltext:
https://ng-buch.de/bm3-it1-comp

Defekte Unit-Tests

Die Angular CLI legt für jede Komponente und für viele weitere Bausteine eine Unit-Test-Datei an. Die enthaltenen Tests sind trivial und dienen lediglich als Einstiegsbeispiel. Wenn wir allerdings die im Buch beschriebenen Änderungen am Sourcecode vornehmen, so werden die automatisch angelegten Tests fehlschlagen. Ein Test prüft zum Beispiel, ob der Text »bm works!« erscheint. Da wir die Überschrift entfernt haben, ist die Prüfung ebenso obsolet geworden und kann entfernt werden.

In anderen Fällen reicht es aus, die Konstruktoren mit sogenannten Stubs zu versorgen bzw. mittels `NO_ERRORS_SCHEMA` unbekannte Eigenschaften an Elementen zu erlauben. Da es sich bei Softwaretests um ein anspruchsvolles Thema handelt, widmen wir uns in einem dedizierten Abschnitt den Unit-Tests (ab Seite 457). Dort stellen wir die verschiedenen Testing-Strategien ausgiebig vor. Zusätzlich können Sie die mit dem QR-Code markierten Demos des BookMonkeys studieren. In den Repositorys werden Sie viele zusätzliche Unit-Tests, Integrations- und Oberflächentests finden, auf die wir im Buch nicht eingegangen sind.

6.2 Property Bindings: mit Komponenten kommunizieren

Im vorhergehenden Abschnitt haben wir eine erste Komponente eingeführt, mit der wir eine Listenansicht für unsere Buchbibliothek erstellt haben. Ihre wahre Stärke zeigen Komponenten allerdings dann, wenn sie verschachtelt werden. Wir wollen eine weitere Komponente einführen, die ein Element der Buchliste repräsentiert. Dabei werden wir das Prinzip der Property Bindings in der Praxis anwenden und lernen, wie Daten in eine Komponente hineinfließen können.

6.2.1 Komponenten verschachteln

Im ersten Teil dieser Iteration haben wir bereits gelernt, dass wir Komponenten über ihren Selektor an HTML-Elemente im Template binden können. Verwenden wir das Element `<my-component>`, so wird an dieser Stelle die Komponente mit ihrer Logik und ihrem Template eingesetzt.

Auf diese Weise können wir Komponenten beliebig tief verschachteln. Im Template der Komponente `MyComponent` können weitere Komponenten an DOM-Elemente gebunden werden usw. Die Komponenten unserer Anwendung referenzieren sich damit untereinander und bilden eine Baumstruktur (engl. *Component Tree*), wie sie beispielhaft in Abbildung 6–3 dargestellt ist.

Komponentenbaum aus verschachtelten Komponenten

Die allererste Komponente der Anwendung ist die *Hauptkomponente* (engl. *Root Component*). Sie wird beim Bootstrapping der Anwendung geladen. Alle darunterliegenden, eingebundenen Komponenten werden *Kindkomponenten* (engl. *Child Components*) genannt.

Durch die Verschachtelung können wir unsere Anwendung modular gestalten. Wir können einzelne Teile der Anwendung in Komponenten auslagern, die einzeln wartbar, wiederverwendbar und testbar sind.

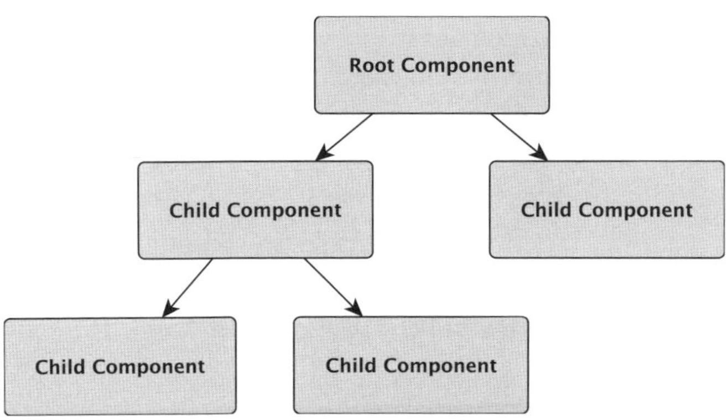

Abb. 6–3 *Schema eines Komponentenbaums*

6.2.2 Eingehender Datenfluss mit Property Bindings

Wenn wir eine Anwendung aus verschachtelten Komponenten aufbauen, müssen die Komponenten miteinander kommunizieren können. Die Übertragung von Daten in eine Komponente hinein funktioniert über Property Bindings. Damit können wir Daten im Komponentenbaum nach unten übertragen. Der grundsätzliche Weg ist dieser: Über HTML-Attribute des Host-Elements setzen wir Eigenschaften der angebundenen Komponente. Innerhalb der Komponente können wir diese Eigenschaften auslesen.

Das Beispiel zeigt, wie Daten an Eigenschaften gebunden werden.

```
<my-component [property]="expression"></my-component>
```

Die Propertys werden wie Attribute im HTML angegeben. Wir verwenden hier die Notation mit eckigen Klammern, die wir schon in der Einführung kennengelernt haben. Angular setzt diese Schreibweise automatisch in ein Binding um. Der Ausdruck `expression` wird ausgewertet, und die Daten fließen über die Eigenschaft `property` in die Komponente hinein. Ändern sich die Daten, wird das Binding automatisch aktualisiert.

Tatsächlich sind Property Bindings gar nicht auf Komponenten beschränkt, sondern jedes Element des DOM-Baums besitzt Propertys, die sich mit Property Bindings schreiben lassen.

Abb. 6–4
Datenfluss von Eltern zu Kind mit Property Bindings

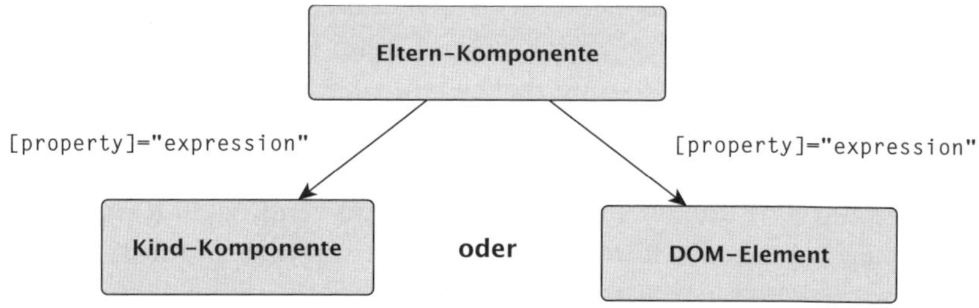

DOM-Eigenschaften

Dazu schauen wir uns zunächst an, was DOM-Propertys sind. Jeder Knoten im DOM-Baum ist ein Objekt. Wie jedes andere JavaScript-Objekt kann auch ein DOM-Element Eigenschaften und Methoden besitzen. Diese Eigenschaften können wir mit JavaScript auslesen und verändern:

Listing 6–18
DOM-Eigenschaften mit JavaScript schreiben

```
const myImg = document.getElementById('myImg');
myImg.src = 'angular.png';
myImg.style.border = '1px solid black';
```

Wir können nicht nur die nativen Propertys verwenden, sondern beliebige eigene Eigenschaften in ein DOM-Element schreiben, denn es ist ja ein einfaches JavaScript-Objekt.

DOM-Eigenschaften haben aber keine Auswirkung auf das HTML. Das bedeutet, dass der HTML-Quelltext sich nicht verändert, wenn wir ein DOM-Property ändern. Darin unterscheiden sie sich von Attributen: Attribute werden im HTML notiert und liegen immer als Text vor. Sie werden einmal festgelegt und ändern sich dann während der Laufzeit nicht. In den meisten Fällen schreiben Attribute aber einen Wert in ein DOM-Property.

Unterschied zwischen Attributen und DOM-Propertys

```
<img src="angular.png" title="Angular">
```

Listing 6–19
HTML-Element mit Attributen

Im Beispiel sind auf dem Element `img` die Attribute `src` und `title` gesetzt. Dadurch werden die gleichnamigen DOM-Propertys mit den angegebenen Daten gefüllt. Die Propertys können wir über das JavaScript-Objekt ändern. Das ändert aber die Attribute im HTML-Quellcode nicht, sie bleiben immer gleich.

Propertys ohne Attribute

Es ist nicht immer der Fall, dass ein Attribut ein Property mit demselben Namen beeinflusst. Es gibt auch Propertys, die nicht von einem Attribut geschrieben werden, sondern nativ auf dem Element existieren. Zum Beispiel besitzt das Element `<p>` die Eigenschaften `textContent` und `innerHTML`, die sich auf den Inhalt des Elements beziehen, aber nicht im HTML als Attribute gesetzt werden können. Andersherum gibt es Attribute, die keine Auswirkung auf ein Property haben.

Obwohl sie eng miteinander verzahnt sind, ist es wichtig, zwischen Attributen und Propertys eines Elements zu unterscheiden. Property Bindings werden eingesetzt, um die DOM-Propertys eines Elements zu ändern.

Zwischen den eckigen Klammern geben wir den Namen der Eigenschaft an, die wir setzen wollen. Als Wert für dieses »Attribut« wird immer ein Ausdruck angegeben. Für Property Bindings gibt es verschiedene Notationen, die im Wesentlichen alle dasselbe tun:

```
<element [property]="expression"></element>
```

Der Ausdruck `expression` wird ausgewertet, und der Rückgabewert in die DOM-Eigenschaft `property` geschrieben.

Attributschreibweise

Wollen wir einen String in eine Eigenschaft schreiben, können wir auch die Attributschreibweise verwenden. Es wird dann automatisch eine gleichnamige Eigenschaft angelegt.

```
<element property="value"></element>
```

Attribut und Interpolation

Für beide Schreibweisen gibt es alternative Formen. Wir können die beiden oben genannten Notationen mischen und einen Ausdruck mit der Interpolation in ein Attribut schreiben. Dieser Weg ist identisch zu dem ersten Beispiel.

```
<element property="{{ expression }}"></element>
```

Genauso können wir auch Strings als Ausdruck angeben, indem wir sie in Anführungszeichen setzen. Diese Form ist äquivalent zum zweiten Beispiel.

```
<element [property]="'value'"></element>
```

Beispiele für Property Bindings

Zur Veranschaulichung gibt es hier einige Beispiele:

```
<img [src]="myUrl" [title]="myTitle">
```

Quelle und Titel für das Bild werden aus den Eigenschaften `myUrl` und `myTitle` der Komponente bezogen.

```
<button [disabled]="isDisabled">MyButton</button>
```

Der Button wird deaktiviert, wenn die Eigenschaft `isDisabled` der Komponente wahr ist.

```
<p [textContent]="'Foobar'"></p>
```

Der Text des `<p>`-Elements wird auf den Wert `FooBar` gesetzt.

```
<my-component [foo]="1+1"></my-component>
```

Die Eigenschaft `foo` der Komponente `MyComponent` wird auf Wert `2` gesetzt. Der Ausdruck `1+1` wird vor der Übergabe ausgewertet.

Grundsätzlich möchten wir Ihnen empfehlen, für reine Strings immer die Attributschreibweise zu verwenden und für Ausdrücke die Variante mit eckigen Klammern.

Propertys, Propertys, Propertys, ...

Die Begriffe *Property* und *Eigenschaft* werden synonym verwendet. Es ist allerdings Vorsicht geboten, denn wir haben es in diesem Buch mit zwei Arten von Eigenschaften zu tun:

DOM-Propertys sind Eigenschaften, die einem DOM-Element angehören. Sie sind Bestandteile des DOM-Baums und damit jeder HTML-Seite. Mit Property Bindings können wir in diese Eigenschaften schreiben.

Komponenten-Propertys sind alle Eigenschaften, die innerhalb der TypeScript-Klasse einer Komponente deklariert sind. Im Template der Komponente können wir diese Propertys in Ausdrücken verwenden, z. B. mit der Interpolation: `{{ myProperty }}`. Es sind damit immer die Eigenschaften der Komponente gemeint, in deren Template wir uns befinden.

Wir sprechen in diesem Buch in beiden Fällen von Propertys/Eigenschaften. Hier müssen wir Acht geben, um die beiden Konzepte nicht zu verwechseln!

6.2.3 Andere Arten von Property Bindings

Property Bindings können wir für noch viel mehr verwenden, als nur einfache Eigenschaften auf Elementen zu setzen. Es existieren drei Sonderformen, mit denen wir Elemente manipulieren können. Alle drei funktionieren wie Property Bindings, wir fügen allerdings ein Präfix an.

- **Attribute Bindings**: Setzen von Attributwerten `[attr.colspan]`
- **Class Bindings:** Zuweisen von CSS-Klassen `[class.myCssClass]`
- **Style Bindings:** Hinzufügen von CSS-Stilen `[style.color]`

Attribute Bindings

Attribute ohne Propertys

Wir haben gelernt, dass wir den Wert von Attributen nicht ändern können. Es gibt allerdings Attribute, die keine zugehörige DOM-Eigenschaft haben. Dazu gehören zum Beispiel alle `aria`-Attribute für Barrierefreiheit und auch die Attribute `colspan` und `rowspan`.

Hier können wir also keine normalen Property Bindings einsetzen, um die Werte zu verändern und dynamisch zu setzen, denn es gibt ja kein Property, das wir verändern können. Stattdessen gibt es die Attribute Bindings, mit denen wir die Attribute schreiben können. Wir verwenden das Präfix `attr.` und können den Wert eines Attributs direkt im HTML verändern.

```
<td [attr.colspan]="myColspan"></td>
<a [attr.role]="myRole">Link</a>
```

Listing 6–20
Attribute Binding

Class Bindings

Mit Class Bindings können wir CSS-Klassen auf ein Element anwenden. Die Zuweisung wird an eine Bedingung geknüpft: Nur wenn der angegebene Ausdruck wahr ist, wird die Klasse überhaupt angewendet.

Wir schreiben das Präfix `class.` gefolgt vom Klassennamen und geben den Ausdruck an, der geprüft wird.

```
<element [class.myClass]="hasMyClass"></element>
```

Listing 6–21
Class Binding

Im Beispiel wird dem Element `element` die CSS-Klasse `myClass` zugewiesen, falls die Komponenteneigenschaft `hasMyClass` wahr ist.

Die Direktive ngClass

Um CSS-Klassen auf ein Element anzuwenden, können wir auch die Direktive `ngClass` einsetzen. Welchen Weg wir wählen, hängt vom Kontext ab. `ngClass` empfiehlt sich dann, wenn wir mehrere CSS-Klassen zuweisen wollen. Wir können dann in einem einzigen Ausdruck alle Klassen und ihre jeweiligen Bedingungen angeben:

Listing 6–22
Mehrere CSS-Klassen setzen mit der Direktive ngClass

```
<div [ngClass]="{ active: isActive, 'has-error': hasError,
  ↪ disabled: isDisabled, myClass: hasMyClass }"></div>
```

Dieses Snippet können wir auch mit Class Bindings notieren. Der Code wird dann allerdings länger und unübersichtlicher. `ngClass` ist dafür also die bessere Wahl. Class Bindings sollten wir nur dann verwenden, wenn wir einzelne CSS-Klassen zuweisen möchten.

Listing 6–23
Mehrere CSS-Klassen setzen mit Class Bindings

```
<div [class.active]="isActive" [class.has-error]="hasError"
  ↪ [class.disabled]="isDisabled"
  ↪ [class.myClass]="hasMyClass"></div>
```

Style Bindings

Wenn wir einem Element einen CSS-Stil zuweisen wollen, können wir das Attribut `style` verwenden und das CSS inline notieren. Wenn wir den Wert für eine Style-Definition dynamisch wählen wollen, scheint die folgende Idee plausibel zu sein:

Listing 6–24
Ansatz zum Setzen von CSS-Eigenschaften (funktioniert nicht)

```
<!-- Achtung: funktioniert nicht! -->
<element style="color: {{ myColor }}"></element>
```

Dieser Weg funktioniert allerdings nicht, denn es wird aus Sicherheitsgründen verboten, in dieses Attribut zu schreiben. An dieser Stelle helfen uns die Style Bindings. Wir setzen das Präfix `style.` ein und können mit einem Property Binding auf Style-Eigenschaften des Elements zugreifen:

Listing 6–25
Style Binding

```
<element [style.color]="myColor"></element>
```

Genau genommen handelt es sich hierbei gar nicht um einen Sonderfall der Property Bindings, denn `style` ist tatsächlich eine native Eigenschaft eines jeden HTML-Elements. Das zeigt sich, wenn wir die Eigenschaft einmal auf der Konsole ausgeben (Abbildung 6–5). Hier sind die aktiven Style-Eigenschaften des Elements in einem Objekt hinterlegt. Die Werte setzen sich aus allen Styles zusammen, die auf das Element wirken, also Stylesheets, Inline-Styles und eigene Anpassungen über JavaScript. Mit einem Property Binding können wir diese Eigenschaften direkt überschreiben.

Die Direktive ngStyle

Für die Zuweisung von CSS-Eigenschaften zu einem Element können wir auch die Direktive `ngStyle` verwenden. Dabei übergeben wir der Direktive ein Objekt mit den zuzuweisenden CSS-Eigenschaften. Das Objekt kann direkt im Template angegeben werden oder auch in der Komponente hinterlegt sein:

Abb. 6–5
CSSStyleDeclaration *eines DOM-Elements*

```
<div [ngStyle]="{ 'color': myColor, 'padding': '10px' }"></div>
<div [ngStyle]="myStyles"></div>
```

Listing 6–26
Die Direktive ngStyle *verwenden*

Ob wir Style Bindings oder `ngStyle` verwenden, hängt wieder vom Kontext und persönlichen Stil ab. Für einzelne Zuweisungen empfiehlt es sich, Style Bindings einzusetzen. Für komplexere Styles ist die Verwendung der Direktive übersichtlicher.

6.2.4 DOM-Propertys in Komponenten auslesen

Wir können nun Daten an Eigenschaften von DOM-Elementen binden. Das funktioniert auch für Host-Elemente von Komponenten:

```
<my-component [myProperty]="'foo'"></my-component>
```

Listing 6–27
Property Binding auf dem Host-Element einer Komponente

Mit dem Property Binding schreiben wir den String `foo` in die DOM-Eigenschaft `myProperty`. Praktisch sinnvoll wird das Ganze dann, wenn wir die übergebenen Daten in der verknüpften Komponente `MyComponent` auslesen und verarbeiten können. Damit können wir Daten an Komponenten übermitteln, die im Komponentenbaum weiter unten liegen.

Wir schauen uns die Komponente `MyComponent` genauer an. Hier sehen wir, wie die DOM-Eigenschaft `myProperty` ausgelesen wird.

```
import { Component, Input } from '@angular/core';

@Component({
  selector: 'my-component',
  templateUrl: './my.component.html'
})
export class MyComponent {
  @Input() myProperty: string;

  constructor() { }
}
```

Listing 6–28
Propertys auslesen mit dem @Input()*-Decorator*

Input-Propertys mit dem Decorator @Input()

Wir importieren zunächst den Decorator `@Input()` und versehen die Eigenschaft `myProperty` unserer Komponente damit. Das führt dazu, dass das gleichnamige DOM-Property mit der Komponenteneigenschaft verknüpft wird. Die Daten (String `foo`), die wir mit dem Property Binding an das DOM-Property übergeben haben, werden automatisch in die Komponenteneigenschaft überführt.

Input-Propertys umbenennen

Die Komponenteneigenschaft muss immer denselben Namen tragen wie das DOM-Property. In manchen Fällen ist es allerdings sinnvoll, nicht denselben Namen verwenden zu müssen. Wir können dem `@Input()`-Decorator als Argument deshalb den Namen des DOM-Propertys übergeben, an das wir binden wollen. Die Komponenteneigenschaft kann dann einen beliebigen Namen tragen.

Listing 6–29 *Input-Propertys umbenennen*

```
@Input('myProperty') myProp: string;
```

Umbenennung vermeiden

Aber Achtung: Wenn wir die Bindings umbenennen, kann das Verwirrung stiften, weil die Namen unterschiedlich sind. Wir sollten diesen Weg also möglichst vermeiden und immer dieselben Namen verwenden. Das empfiehlt auch der Angular-Styleguide.

Achten Sie bitte darauf, die Input-Propertys immer korrekt zu typisieren. Geben wir keinen Typen an, wird dem Property implizit der Typ `any` zugewiesen, und wir können das Property dann nicht mehr typsicher verwenden.

6.2.5 Den BookMonkey erweitern

Refactoring – Property Bindings

Um die Komplexität der Listenansicht zu verringern, soll eine Komponente geschaffen werden, die ein einzelnes Buch repräsentiert.

- Jeder Listeneintrag der Bücherliste soll durch eine eigene Komponente repräsentiert werden.
- Jedem Listenelement sollen die Daten eines Buchs übermittelt werden.

Im vorhergehenden Abschnitt haben wir ein Element der Listenansicht direkt im Template der Buchliste definiert. Das Listenelement war ein Link-Element `<a>`[8], in dem die Buchinfos angezeigt wurden. Dieses Template war relativ komplex, deshalb ist es sinnvoll, dafür eine eigene Komponente zu verwenden.

Wir wollen in diesem Schritt das Listenelement aus der Buchliste in eine separate Komponente auslagern. Das Template der neuen

[8] Wir haben hier einen Link gewählt, weil die Einträge der Listenansicht später klickbar sein sollen.

Komponente entspricht einem Listenelement, wie es zuvor in der `BookListComponent` definiert war. Dadurch wenden wir das Prinzip der Verschachtelung von Komponenten an und erreichen eine bessere Modularität der Anwendung.

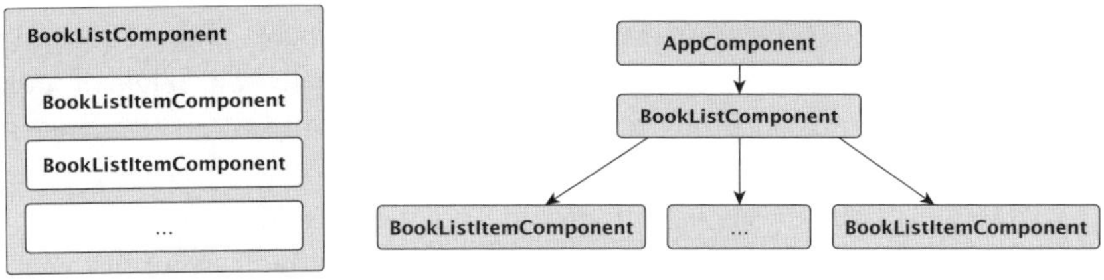

Abb. 6–6
Die neue Item-Komponente in der Buchliste

Wir rufen uns zuvor noch einmal die Template-Struktur der Buchliste ins Gedächtnis, die wir schon im ersten Schritt verwendet haben:

Listing 6–30
Template-Struktur der Buchliste

```
<div class="ui middle aligned selection divided list">
  <a class="item">
    ... Buch 1 ...
  </a>
  <a class="item">
    ... Buch 2 ...
  </a>
  ...
</div>
```

Die grundlegende Struktur soll hier erhalten bleiben, nur wollen wir den Style und den Aufbau der Listenitems über eine separate Komponente definieren.

Dazu erstellen wir zunächst die neue Komponente `BookListItemComponent` für die Detailansicht der Bücher. Zur Unterstützung können wir wieder die Angular CLI verwenden:

Listing 6–31
Komponente BookListItem *mit der Angular CLI anlegen*

```
$ ng g component book-list-item
```

Es ergibt sich die folgende Dateistruktur:

```
src
└─ app
   ├─ book-list
   │  └─ ...
   ├─ book-list-item
   │  ├─ book-list-item.component.html
   │  ├─ book-list-item.component.ts
   │  └─ ...
   ├─ shared
   │  └─ ...
   └─ ...
```

Um den Inhalt der Item-Komponente kümmern wir uns später und schauen uns zunächst die `BookListComponent` an.

BookListItem *in die* BookList *einbauen*

Hier verwenden wir nun die `BookListItemComponent` für die Darstellung der Listenelemente. Der bisherige Teil im Template soll durch die neue Komponente ersetzt werden. Wir setzen also statt des Link-Elements ein neues Element mit dem Namen `<bm-book-list-item>` ein. Dieser Elementname passt zum automatisch festgelegten Selektor der zuvor generierten Komponente. Da es sich weiterhin um ein Listenelement handelt, das über die CSS-Klasse `item` sein Aussehen erhält, muss die Klasse nun auf dieses neue Element angewendet werden.

Um der Item-Komponente mitzuteilen, welches Buch angezeigt werden soll, kommen Property Bindings zum Einsatz. Im »Attribut« `[book]` übergeben wir dazu das jeweilige Buch-Objekt. Mit `ngFor` durchlaufen wir alle Bücher und erzeugen dadurch für jedes Buch ein neues `<a>`-Element. Das anzuzeigende Buch liegt durch die Schleife dann jeweils in der Variable `b` vor. Dieses Objekt schreiben wir in das DOM-Property `book`. Damit fließen die Buchdaten in die Item-Komponente hinein und wir können sie innerhalb der Komponente wieder auslesen.

Listing 6–32 *Template der Komponente* BookListComponent (book-list .component.html)

```
<div class="ui middle aligned selection divided list">
  <bm-book-list-item class="item"
    *ngFor="let b of books"
    [book]="b"></bm-book-list-item>
</div>
```

Item-Komponente mit Leben füllen

Als Nächstes kümmern wir uns um die Komponente `BookListItemComponent`, die jetzt ein einzelnes Buch in der Liste darstellen soll. Die Komponente soll zunächst keine Logik implementieren, deswegen bleibt die Klasse leer. Sie ist eine sogenannte *Presentational Component*, denn sie ist nur für die Anzeige von Daten verantwortlich.

In der Klasse legen wir mit dem Decorator `@Input()` fest, welche Daten in die Komponente hineinfließen. Im DOM-Property `book` vom Host-Element liegt jeweils ein Buch-Objekt vor, das wir mit dem Property Binding im letzten Schritt übergeben haben. Wir erstellen dazu die passende gleichnamige Komponenteneigenschaft und versehen sie mit dem Decorator. Mit der Typbindung wird sichergestellt, dass hier tatsächlich `Book`-Objekte verarbeitet werden.

Listing 6–33
Komponente
BookListItem-Component (book-list-item .component.ts)

```
import { Component, OnInit, Input } from '@angular/core';

import { Book } from '../shared/book';

@Component({
  selector: 'bm-book-list-item',
  templateUrl: './book-list-item.component.html',
  styleUrls: ['./book-list-item.component.css']
})
export class BookListItemComponent implements OnInit {
  @Input() book: Book;

  ngOnInit() {
  }
}
```

Das Template der Komponente zeigt das jeweilige Buch an. Es entspricht im Wesentlichen dem HTML, das vorher in der `BookListComponent` vorlag, um die Bücher anzuzeigen. Wir haben diesen Teil nur an eine andere Stelle ausgelagert.

Listing 6–34
Template der Komponente
BookListItem-Component (book-list-item .component.html)

```
<img class="ui tiny image"
     *ngIf="book.thumbnails && book.thumbnails[0] && book.
     ↪ thumbnails[0].url"
     [src]="book.thumbnails[0].url">
<div class="content">
  <div class="header">{{ book.title }}</div>
  <div *ngIf="book.subtitle" class="description">{{ book.subtitle
    ↪ }}</div>
  <div class="metadata">
    <span *ngFor="let author of book.authors; last as l">
      {{ author }}<span *ngIf="!l">, </span>
    </span>
    <br>
    ISBN {{ book.isbn }}
  </div>
</div>
```

Das war's auch schon! Die Buchdaten fließen nun in die Item-Komponente hinein und werden dort angezeigt. Das Ergebnis hat sich für den Nutzer nicht verändert. Für den Entwickler ist diese Unterteilung der Komponenten aber ein wichtiger Schritt, um die Anwendung zu modularisieren. Das Listen-Item ist ab sofort unabhängig von der Liste und kann einzeln gewartet, wiederverwendet oder ausgetauscht werden.

Was haben wir gelernt?

- Komponenten können verschachtelt werden und bilden eine Baumstruktur.
- DOM-Propertys sind native Eigenschaften eines Elements, Attribute sind Bestandteile von HTML.
- Property Bindings verändern die DOM-Eigenschaften eines Elements.
- Bindings werden immer automatisch aktualisiert, wenn sich die Daten ändern.
- Es wird in der Regel die Notation mit eckigen Klammern verwendet: <element [prop]="exp"></element>.
- Innerhalb einer Komponente können wir DOM-Propertys des Host-Elements mit dem Decorator @Input() auslesen.
- Damit können Daten in der Baumstruktur nach unten gereicht werden.

Demo und Quelltext:
https://ng-buch.de/bm3-it1-prop

6.3 Event Bindings: auf Ereignisse in Komponenten reagieren

Im vorangegangenen Abschnitt haben wir gelernt, wie wir mit Property Bindings die Eigenschaften von DOM-Elementen manipulieren können. Wir können damit unter anderem Daten in eine Komponente hineingeben und dort verarbeiten. Auf diese Weise können wir Informationen im Komponentenbaum nach unten reichen.

Um Informationen durch die gesamte Baumstruktur hindurch austauschen zu können, brauchen wir noch ein Gegenstück dazu: Mit den sogenannten *Event Bindings* können wir Ereignisse auf einem DOM-Element abfangen und verarbeiten.

Listing 6–35
Event Binding

```
<element (myEvent)="myHandler()"></element>
```

Diese Ereignisse sind entweder native DOM-Events oder werden innerhalb einer Komponente getriggert.

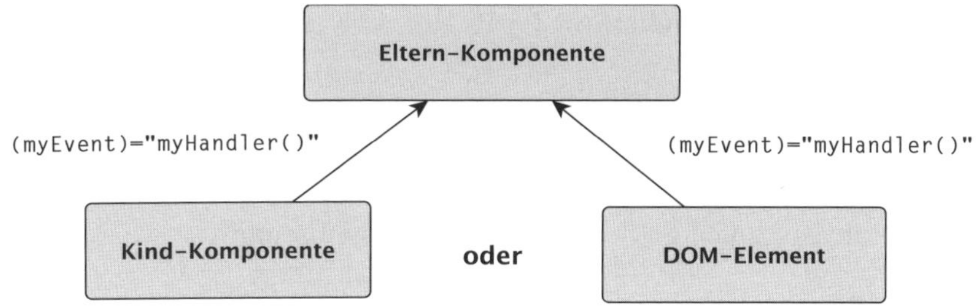

Abb. 6–7
Datenfluss von Kind zu Eltern mit Event Bindings

6.3.1 Native DOM-Events

Wir schauen uns zunächst die nativen DOM-Events an. Es handelt sich dabei um alle Ereignisse, die auf einem DOM-Element ausgelöst werden können, entweder durch Benutzeraktionen oder durch Statusänderungen im Browser. Wenn wir kein Webframework einsetzen, würden wir DOM-Ereignisse mit Event-Handlern in JavaScript abfangen. Über `on`-Attribute auf einem HTML-Element geben wir eine Handler-Funktion an, die ausgeführt wird, wenn ein bestimmtes Ereignis eintritt. In diesem Beispiel wird die Funktion `myClickHandler()` aufgerufen, wenn der Benutzer auf den Button klickt:

Event Handler in JavaScript

```
<button onClick="myClickHandler()">My Button</button>
```

Listing 6–36
Event Handler in JavaScript

Nach dem gleichen Prinzip funktionieren auch die Event Bindings in Angular. Wir verwenden hier die Syntax mit runden Klammern, die wir im Kapitel zur Template-Syntax schon kennengelernt haben. Die angegebene Handler-Funktion ist eine Methode der Komponente, in deren Template wir uns befinden:

```
<!-- Template -->
<button (click)="myClickHandler()">My Button</button>

// Klasse
@Component({ /* ... */ })
export class MyComponent {
  myClickHandler() {
    console.log('Button geklickt');
  }
}
```

Listing 6–37
Event Bindings in Angular

Klickt der Benutzer auf den Button, wird die Methode `myClickHandler()` aus der Klasse `MyComponent` ausgeführt. Häufig werden zu einem Event weitere Informationen mitgeliefert. Diesen sogenannten *Payload* können wir an die Handler-Funktion übergeben und verarbeiten. Mit

Payload übergeben

klassischen Event-Handlern in JavaScript verwenden wir die Variable `event`:

Listing 6–38
Event-Payload übergeben (JavaScript)

```
<input onKeyUp="myKeyHandler(event)" type="text">
```

In Angular wird dafür die Variable `$event` eingesetzt. Sie beinhaltet immer automatisch den Payload für das jeweilige Ereignis.

Listing 6–39
Event-Payload übergeben (Angular)

```
<!-- Template -->
<input (keyup)="myKeyHandler($event)" type="text">

// Klasse
@Component({ /* ... */ })
export class MyComponent {
  myKeyHandler(e: KeyboardEvent) {
    console.log(e);
  }
}
```

Geben wir, wie im Beispiel, den Event-Payload auf der Konsole aus, erhalten wir die Ausgabe, die in der Abbildung 6–8 dargestellt ist.

Der Payload ist ein Objekt vom Typ `KeyboardEvent`. Es handelt sich um ein natives DOM-Ereignis, das vom W3C spezifiziert ist.[9] Das Objekt enthält viele Informationen, unter anderem, welche Taste gedrückt wurde, um das Event auszulösen. Im Beispiel wurde auf der Tastatur die Taste [A] ohne Verwendung der [⇧]-Taste gedrückt.

Mit dem Wissen, welchen Typ das Event hat, können wir die Handler-Methode typisieren, wie wir es im Beispiel oben schon getan haben. So können wir sicherstellen, dass der Handler wirklich nur Events vom Typ `KeyboardEvent` verarbeitet.

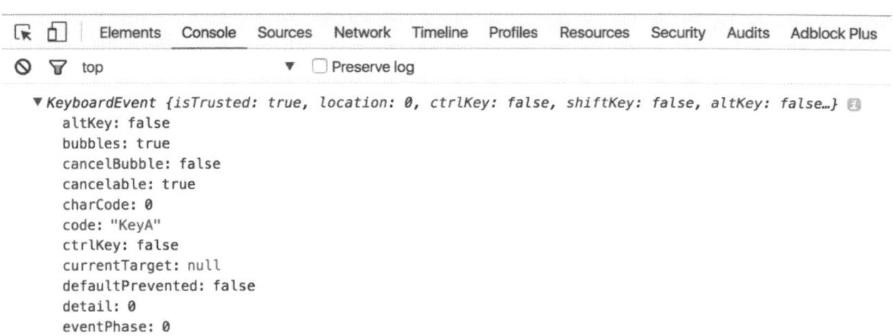

Abb. 6–8
Ausgabe des Payloads für das KeyboardEvent

[9] https://ng-buch.de/a/38 – W3C: UI Events

Alle nativen DOM-Events[10] können mit Event Bindings abgefangen und verarbeitet werden. Die Tabelle 6–3 zeigt die wichtigsten Events und wann sie ausgelöst werden.

Tab. 6–3
Native DOM-Events (Auswahl)

Event	wird ausgelöst beim ...
`click`	Klick auf das Element
`change`	Ändern des Werts eines Formularfelds
`dblclick`	Doppelklick auf das Element
`focus`	Fokussieren des Elements durch Auswählen (Maus oder Tastatur)
`blur`	Verlassen des Elements (z. B. Klick außerhalb)
`keydown`	Drücken einer Taste
`keyup`	Loslassen einer Taste
`mouseover`	Überfahren mit der Maus
`mouseout`	Verlassen mit der Maus
`contextmenu`	Aufrufen des Kontextmenüs
`select`	Auswählen von Text
`copy`, `paste`	Kopieren/Einfügen von Text
`submit`	Abschicken eines Formulars

Warum die Angular-Syntax verwenden?

Als Grundlage haben wir in der Einführung gezeigt, wie Event Handler in JavaScript eingesetzt werden, um native DOM-Events abzufangen. Aus Gewohnheit liegt es nahe, diesen Weg zu verwenden, anstatt die Angular-Syntax mit runden Klammern einzusetzen. **Leider funktioniert das nicht!** Nur wenn wir die eingebaute Angular-Syntax verwenden, wird die Handler-Funktion als Methode der Komponentenklasse angesehen. Würden wir Event Handler von JavaScript einsetzen, würde der Browser versuchen, die Methode im Gültigkeitsbereich des Fensters zu suchen – wo sie nicht existiert.

Es muss deshalb für Events *immer* die Angular-Syntax geschrieben werden. Das hat aber den Vorteil, dass wir uns grundsätzlich nur einen Weg merken müssen, egal ob für native oder selbst definierte Ereignisse.

[10] https://ng-buch.de/a/39 – w3schools.com: HTML DOM Event Object

6.3.2 Eigene Events definieren

Wenn wir eine Komponente an ein DOM-Element binden, können wir aus der Komponente heraus Ereignisse triggern. Diese Ereignisse können wir auf dem Element abfangen und verarbeiten, wie wir es gerade gelernt haben.

Dazu denken wir uns zunächst eine neue Komponente `EventComponent`. Wir wollen in dieser Komponente das Event `foo` triggern und aus der Komponente herausgeben. In der Klasse legen wir deshalb eine Eigenschaft `foo` an und initialisieren sie mit einem sogenannten `EventEmitter`. Dieses Objekt brauchen wir, um ein Ereignis auszulösen. Mit dem Typparameter in spitzen Klammern geben wir an, von welchem Typ der zurückgegebene Payload ist. Im Zweifel sollte hier `any` eingetragen werden.

EventEmitter

Der Decorator @Output()

Um anzuzeigen, dass die Eigenschaft `foo` Ereignisse aus der Komponente herausgeben kann, verwenden wir den Decorator `@Output()`. Analog zum Decorator `@Input()` definieren wir damit die öffentliche Schnittstelle unserer Komponente und legen genau fest, welche Daten herein- und hinausfließen.

Die Methode emit()

Zum Auslösen von Events verfügt der `EventEmitter` über die Methode `emit(value)`. Das Argument `value` ist der Event-Payload und muss immer angegeben werden. Sollen keine zusätzlichen Daten übertragen werden, können wir z. B. `null` angeben.

Im Template unserer `EventComponent` legen wir einen Button an. Das `click`-Event binden wir an eine Handler-Methode, die das Event `foo` auslöst und aus der Komponente »hinauswirft«.

```
<!-- Template -->
<button (click)="handleClick()">foo auslösen</button>
```

Listing 6–40
Eigene Events für eine Komponente definieren

```
import { Component, EventEmitter, Output } from '@angular/core';

@Component({ /* ... */ })
export class EventComponent {
  @Output() fooEvent = new EventEmitter<any>();

  handleClick() {
    this.fooEvent.emit();
  }
}
```

Innerhalb unserer Hauptkomponente `MyComponent` binden wir die `EventComponent` ins Template ein. Damit verschachteln wir die Komponenten, und es entsteht ein Komponentenbaum.

Auf dem DOM-Element können wir jetzt mit einem Event Binding das Ereignis `foo` abfangen und eine Handler-Methode aufrufen:

Eigenes Event abonnieren

```
<event-component (fooEvent)="handleFoo()">
</event-component>
```

Listing 6–41
Eigenes Event abonnieren mit Event Binding

Wenn wir beim Auslösen des Events in der `EventComponent` einen Payload übergeben haben, können wir diese Daten mit an die Handler-Methode übergeben:

```
<event-component (fooEvent)="handleFoo($event)">
</event-component>
```

Listing 6–42
Payload an die Handler-Methode übergeben

Die Kommunikation zwischen den verschachtelten Komponenten ist in der Abbildung 6–9 skizziert. Das Event `fooEvent` fließt aus der `EventComponent` in die Hauptkomponente `MyComponent` und wird dort abgefangen und verarbeitet.

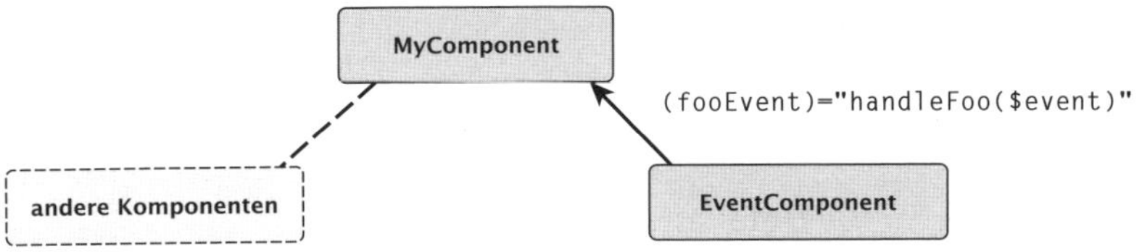

Abb. 6–9
Kommunikation zwischen EventComponent *und* MyComponent

Wenn wir den Button in der `EventComponent` anklicken, wird in `MyComponent` die Methode `handleFoo()` ausgelöst.

6.3.3 Den BookMonkey erweitern

Story – Event Bindings

Als Leser möchte ich Details eines Buchs abrufen können, um zu entscheiden, ob der Inhalt für mich von Interesse ist.

- Bei Auswahl eines Listeneintrags soll die Bücherliste ausgeblendet und stattdessen eine Detailansicht mit Büchern angezeigt werden.
- Es soll ein Button in der Detailansicht existieren, der dafür sorgt, dass die Detailansicht ausgeblendet und die Liste der Bücher wieder eingeblendet wird.

Die gelernte Theorie der Event Bindings wollen wir jetzt praktisch am BookMonkey anwenden. Bisher hat die Anwendung eine Listenansicht für die Bücher. Zusätzlich soll jetzt eine Detailansicht angelegt werden, in der man ein einzelnes Buch betrachten kann.

Buchliste und Detailseite sind jeweils eigenständige Komponenten, die in die Hauptkomponente `AppComponent` eingebunden sind. Damit nur immer eine der beiden Komponenten angezeigt wird, wollen wir die jeweils andere mit der Direktive `ngIf` ausblenden.

Beide Komponenten können ein Event an die Hauptkomponente übermitteln, um die jeweils andere Ansicht anzuzeigen. Damit kann man dann zwischen den beiden Ansichten umschalten. Das einzelne anzuzeigende Buch wird mit einem Property Binding an die Detailansicht übergeben.

Damit sieht die geplante Kommunikation im Komponentenbaum so aus:

Abb. 6–10 *Kommunikation zwischen Komponenten im BookMonkey*

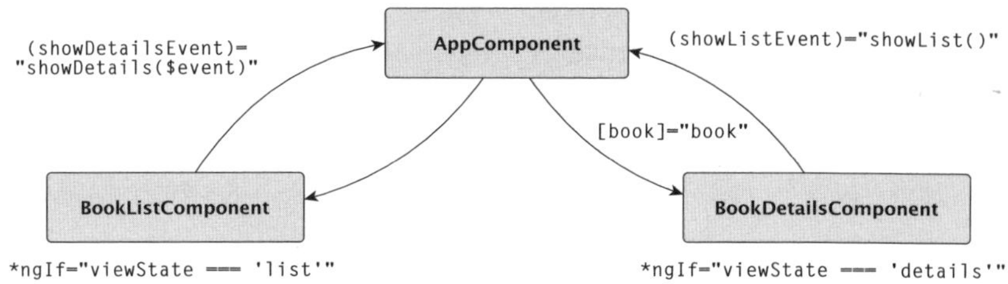

Komponente für die Detailansicht anlegen

Als Erstes legen wir die Komponente für die Detailansicht an. Für das Grundgerüst verwenden wir wieder die Angular CLI. Die neue Komponente soll `BookDetailsComponent` heißen.

Listing 6–43 *Komponente* BookDetailsComponent *mit der Angular CLI anlegen*

```
$ ng g component book-details
```

Es ergibt sich die folgende Ordnerstruktur im Projekt:

```
src
└─ app
   ├─ book-details
   │  ├─ book-details.component.html
   │  ├─ book-details.component.ts
   │  └─ ...
   ├─ book-list
   │  └─ ...
   ├─ book-list-item
   │  └─ ...
   ├─ shared
   │  └─ ...
   └─ ...
```

Um die Implementierung der Komponente kümmern wir uns später.

Datenfluss in der `AppComponent`

Zunächst widmen wir uns der Hauptkomponente `AppComponent` und implementieren den geplanten Datenfluss, wie er in der Abbildung 6–10 dargestellt ist. In der Komponentenklasse führen wir den Status `viewState` ein. Dieses Property soll entweder den String `list` oder `details` enthalten. Um sicherzustellen, dass kein falscher Wert gesetzt werden kann, definieren wir uns einen TypeScript-Typen, der alle möglichen Zustände beinhaltet. Der neue Typ trägt den Namen `ViewState` und hat die möglichen Werte `list` und `details`.[11] Die Buchliste soll nur angezeigt werden, wenn die Eigenschaft `viewState` auf `list` gesetzt ist, die Detailkomponente nur dann, wenn der Wert `details` lautet. Da beim Laden der Anwendung noch keine Aktion durchgeführt wurde, setzen wir als Standardwert `list` ein.

Die Detailkomponente muss später immer über das anzuzeigende Buch verfügen. Wir legen deshalb in der `AppComponent` zusätzlich das Property `book` an. Hier wird ein `Book` abgelegt, das später über ein Property Binding an die Detailkomponente übergeben wird.

Um zwischen den beiden Zuständen `list` und `details` zu wechseln, sollen die beiden Kindkomponenten später ein Event werfen. Um auf diese Events zu reagieren, führen wir in der `AppComponent` die zwei Methoden `showList()` und `showDetails()` ein. Sie sollen den Wert im `viewState` ändern, sodass die passende Komponente angezeigt wird. Die Methode `showDetails()` empfängt außerdem ein Buch-Objekt als Event-Payload und schreibt es in die Eigenschaft `book` der Komponentenklasse.

Listing 6–44
AppComponent (app.component.ts)

```
import { Component } from '@angular/core';

import { Book } from './shared/book';

type ViewState = 'list' | 'details';

@Component({
  selector: 'bm-root',
  templateUrl: './app.component.html',
  styleUrls: ['./app.component.css']
})
export class AppComponent {
  book: Book;
  viewState: ViewState = 'list';
```

[11] Idealerweise legen wir alle möglichen Zustände in einem *Enum* ab, damit wir keine »Magic Strings« in unserem Code haben. Damit das Beispiel einfach bleibt, verzichten wir hier aber darauf.

```
  showList() {
    this.viewState = 'list';
  }

  showDetails(book: Book) {
    this.book = book;
    this.viewState = 'details';
  }
}
```

Buchliste und Detailansicht in Hauptkomponente einbinden

Im Template der AppComponent binden wir nun die beiden Kindkomponenten ein. Wir setzen beide Komponenten direkt untereinander, denn es wird ohnehin nur jeweils eine der beiden angezeigt. Um das zu erreichen, werden beide Elemente mit der Direktive ngIf ausgestattet. Die Bedingungen knüpfen wir an den jeweiligen Wert aus dem Property viewState. Außerdem abonnieren wir die geplanten Events showDetailsEvent und showListEvent aus den Kindkomponenten.

Das Event showDetailsEvent übermittelt in seinem Event-Payload das ausgewählte Buch. Wir haben schon dafür gesorgt, dass dieses Buch im Property book gespeichert wird. Von dort aus übergeben wir das Objekt an die BookDetailsComponent.

Listing 6–45 *Template der* AppComponent (app.component.html)

```
<bm-book-list
  *ngIf="viewState === 'list'"
  (showDetailsEvent)="showDetails($event)"></bm-book-list>

<bm-book-details
  *ngIf="viewState === 'details'"
  (showListEvent)="showList()"
  [book]="book"></bm-book-details>

<router-outlet></router-outlet>
```

Der Build schlägt fehl.

Der Build der Anwendung wird jetzt fehlschlagen, denn wir haben Events abonniert, die wir noch nicht implementiert haben. Darum kümmern wir uns im nächsten Schritt.

Event aus der `BookListComponent` werfen

Die Buchliste erweitern

Zum Wechseln der Ansichten müssen wir die Kommunikation zwischen den Komponenten herstellen. Wir kümmern uns zunächst um die Buchliste. Wird ein Buch in der Liste angeklickt, soll ein Event nach oben zur Hauptkomponente gereicht werden.

In der Listenkomponente erstellen wir dazu die Eigenschaft `showDetailsEvent`, die wir mit dem Decorator `@Output()` versehen. Der Name des Propertys ist automatisch der Name des Events. Um das Event auslösen zu können, erzeugen wir einen `EventEmitter`. Die Methode `showDetails()` sorgt schließlich dafür, dass ein konkretes Buch-Objekt zusammen mit dem Event auf die Reise geschickt wird.

Listing 6–46
Ausschnitt aus der Komponente BookListComponent (book-list .component.ts)

```
import { Component, OnInit, Output, EventEmitter } from '@angular/
    ↪ core';
import { Book } from '../shared/book';

@Component({ /* ... */ })
export class BookListComponent implements OnInit {
  books: Book[];
  @Output() showDetailsEvent = new EventEmitter<Book>();

  ngOnInit() {  /* ... */  }

  showDetails(book: Book) {
    this.showDetailsEvent.emit(book);
  }
}
```

Im Template der Buchliste fügen wir ein Event Binding für den Klick auf ein Buch hinzu. Wird ein Buch angeklickt, wird die Methode `showDetails()` aufgerufen und als Payload das jeweilige Buch aus der Liste übergeben. Dieses Buch-Objekt wird in der Hauptkomponente gespeichert und von dort an die Detailkomponente übergeben.

Listing 6–47
Template der BookListComponent (book-list .component.html)

```
<div class="ui middle aligned selection divided list">
  <bm-book-list-item class="item"
    *ngFor="let b of books"
    [book]="b"
    (click)="showDetails(b)"></bm-book-list-item>
</div>
```

Detailansicht implementieren

Im letzten Schritt widmen wir uns der `BookDetailsComponent`, die derzeit nur aus einem Grundgerüst besteht. Wir müssen die Komponente mit Leben füllen und das übermittelte Buch darstellen. Außerdem müssen wir das Event `showListEvent` aus der Komponente werfen, wenn der Nutzer die Ansicht wechseln möchte.

Wir legen als Erstes die Eigenschaft `book` an. Sie wird über ein Property Binding mit einem `Book`-Objekt gefüllt, wie wir es schon von der Item-Komponente aus dem vorherigen Kapitel kennen. Für die Bewertung des Buchs sollen im Template Sterne angezeigt werden. Die Methode `getRating(num)` gibt dazu ein Array mit leeren Elementen zurück. Es wird als Basis genutzt, um die Sterne mit `ngFor` mehrfach anzuzeigen.

Für das Event `showListEvent` legen wir ein passendes Property an. Es trägt den Decorator `@Output()` und wird mit einem `EventEmitter` initialisiert. Die neue Methode `showBookList()` löst dieses Event schließlich aus, um damit der Elternkomponente mitzuteilen, dass die Ansicht gewechselt werden soll. Um die Methode auszuführen, legen wir gleich einen Button im Template an.

Listing 6–48 BookDetails-Component (book-details.component.ts)

```
import { Component, OnInit, Input, Output, EventEmitter } from
    ↪ '@angular/core';

import { Book } from '../shared/book';

@Component({
  selector: 'bm-book-details',
  templateUrl: './book-details.component.html',
  styleUrls: ['./book-details.component.css']
})
export class BookDetailsComponent implements OnInit {
  @Input() book: Book;
  @Output() showListEvent = new EventEmitter<any>();

  ngOnInit() {
  }

  getRating(num: number) {
    return new Array(num);
  }

  showBookList() {
    this.showListEvent.emit();
  }
}
```

Template für die Detailansicht

Das zugehörige Template stellt die Buchinfos ansprechend dar. Die Thumbnails werden am unteren Seitenrand klein dargestellt. Die Liste der Autoren und Thumbnails durchlaufen wir mit der Direktive `ngFor`, ebenso das generierte Array für die Sternanzeige. Bei der Autorenliste verwenden wir das besondere Containerelement <ng-container>, siehe Kasten auf Seite 120. Außerdem integrieren wir einen Button, der die Methode showBookList() auslöst und damit zur Listenansicht wechselt.

Listing 6–49 *Template der* BookDetails-Component (book-details .component.html)

```
<div *ngIf="book">
  <h1>{{ book.title }}</h1>
  <h3 *ngIf="book.subtitle">{{ book.subtitle }}</h3>
  <div class="ui divider"></div>
  <div class="ui grid">
    <div class="four wide column">
      <h4>Autoren</h4>
      <ng-container *ngFor="let author of book.authors">
        {{ author }}<br>
      </ng-container>
    </div>
    <div class="four wide column">
      <h4>ISBN</h4>
      {{ book.isbn }}
    </div>
    <div class="four wide column">
      <h4>Erschienen</h4>
      {{ book.published }}
    </div>
    <div class="four wide column">
      <h4>Rating</h4>
      <i class="yellow star icon"
        *ngFor="let r of getRating(book.rating)"></i>
    </div>
  </div>
  <h4>Beschreibung</h4>
  <p>{{ book.description }}</p>
  <div class="ui small images">
    <img *ngFor="let thumbnail of book.thumbnails"
      [src]="thumbnail.url">
  </div>
  <button class="ui red button"
    (click)="showBookList()">
    Zurück zur Buchliste
  </button>
</div>
```

Der `<ng-container>`

Wenn wir eine Direktive wie `ngFor` nutzen, so binden wir diese an ein Element im Template. Mit `ngFor` wird das Element dann so oft vervielfältigt, wie Items in dem Array existieren – auch wenn wir eigentlich kein DOM-Element für diese Inhalte benötigen. Auch mit `ngIf` haben wir diese Situation: Wir wollen eigentlich nur Teile des Templates zu einem logischen Block zusammenfassen und müssen dafür unnötige DOM-Elemente einfügen.

Um diese Unschönheit zu lösen, stellt Angular ein passendes Hilfsmittel bereit: den `<ng-container>`. Dieses Element erzeugt kein DOM-Element, sondern wird direkt durch seinen Inhalt ersetzt. Der Container wird hauptsächlich verwendet, um darauf eine Direktive wie `ngFor` oder `ngIf` anzuwenden.

```
<span *ngFor="let item of ['a', 'b', 'c']">
  {{ item }},
</span>
<!-- Resultat: -->
<!-- <span>a,</span><span>b,</span><span>c,</span> -->

<ng-container *ngFor="let item of ['a', 'b', 'c']">
  {{ item }},
</ng-container>
<!-- Resultat: -->
<!-- a, b, c, -->
```

Die Implementierung ist damit vollständig: Wir können nun zwischen den beiden Komponenten unserer Anwendung wechseln. Klicken wir ein Buch in der Listenansicht an, werden wir zur Detailansicht geleitet. Von dort aus gelangen wir mit einem Klick auf den Button wieder zurück zur Buchliste.

Code Review

Die Lösung ist nicht optimal.

In diesem Kapitel haben wir im BookMonkey zwei wechselbare Ansichten implementiert. Dazu haben wir zwei Komponenten angelegt, von denen jeweils nur eine angezeigt wird. Die Kommunikation zwischen den beiden Komponenten haben wir mit Events organisiert. Zugegeben, dieser Weg ist sehr umständlich und nicht gut in der Praxis einsetzbar. Das Prinzip hat noch ein paar Schwächen:

- keine URLs für Seiten, beim Neuladen wird immer die Buchliste angezeigt
- keine Navigation im Browser mit Vor/Zurück
- für mehrere Komponenten sehr aufwendig
- tiefere Verschachtelung von Komponenten sehr kompliziert

Abb. 6–11
Detailansicht

- nicht modular, weil Komponenten intern voneinander abhängen
- keine echten Links, sondern nur `click`-Events, dadurch keine Navigation mit der Tastatur möglich

Im Einzelfall mag diese Lösung einsetzbar sein, sie ist für mehr als zwei Komponenten aber viel zu umständlich. Es muss eine robustere Lösung her. Ab Seite 141 widmen wir uns deshalb ausführlich dem Prinzip des Routings, mit dem wir diese Probleme gezielt angehen können.

Was haben wir gelernt?

- Mit Event Bindings können Ereignisse auf DOM-Elementen abgefangen werden.
- Es wird die Syntax mit runden Klammern verwendet: <element (event)="handler($event)"></element>.
- Es gibt native Events, die durch Benutzeraktionen oder Statusänderungen ausgelöst werden, z. B. click oder mouseover.
- Ist eine Komponente an ein Element gebunden, können Ereignisse aus der Komponente heraus getriggert werden.
- Dazu werden in der Komponente ein EventEmitter und der Decorator @Output() eingesetzt.
- Mit Event Bindings können wir Daten im Komponentenbaum nach oben übermitteln.

Demo und Quelltext:
https://ng-buch.de/bm3-it1-evt

7 Powertipp: Styleguide

Verschiedene Entwickler bringen oft verschiedene Stile in ein Projekt. Dabei geht es häufig um syntaktische Fragen (»Einrücken mit Leerzeichen oder Tab?«), aber auch zu Softwarestruktur und Codestil muss man Einigungen finden. Bei der Arbeit mit einem Framework wie Angular kommen außerdem die plattformspezifischen Eigenschaften hinzu.

Offizielle Empfehlung zum Codestil

Um den Einstieg zu vereinfachen, bringt Angular eine offizielle Empfehlung zum Stil mit: den Styleguide.[1] In diesem Dokument sind Hinweise und Regeln zusammengefasst, die sich als Best Practice erwiesen haben. Alle Empfehlungen sind begründet, sodass der Leser sich mit den Argumenten auseinandersetzen kann.

Wir arbeiten in diesem Buch nach den Empfehlungen des Styleguides. Viele Hinweise, vor allem zur Benennung von Klassen und Dateien, verfolgt die Angular CLI schon automatisch für uns. Der Styleguide ist ein wertvolles Mittel, um bei der Arbeit mit Angular eine klare stilistische Linie zu verfolgen.

Codelyzer

In diesem Zusammenhang ist das Projekt *Codelyzer* interessant.[2] Codelyzer führt eine syntaktische und semantische Prüfung des Codes durch, die sich nach dem Styleguide richtet. Das Tool wird automatisch von der Angular CLI installiert und integriert sich nahtlos mit TSLint. Ist also das Plug-in für TSLint im Editor aktiviert, wird geprüft, ob der Code den Richtlinien des Styleguides entspricht. Visual Studio Code zeigt mit passenden Markierungen an, wenn eine Regel nicht eingehalten wurde.

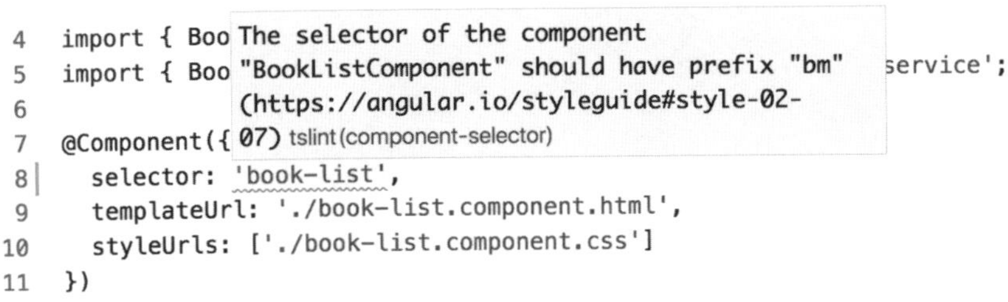

Abb. 7–1 *TSLint mit Codelyzer zeigt an, wenn die Regeln aus dem Styleguide verletzt werden.*

[1] https://ng-buch.de/a/37 – Angular Docs: Style Guide

[2] https://ng-buch.de/a/40 – GitHub: Codelyzer

8 Services & Routing: Iteration II

»Dependency Injection allows us to inject dependencies in different components across our applications, without needing to know how those dependencies are created, or what dependencies they need themselves.«

Pascal Precht
(Google Developer Expert und Gründer von Thoughtram)

8.1 Dependency Injection: Code in Services auslagern

In der ersten Iteration haben wir das Konzept der Komponenten kennengelernt und eine Listenansicht mit verschachtelten Komponenten erstellt. Bislang ist die komplette Buchliste statisch in der Komponente `BookListComponent` hinterlegt. Diese Herangehensweise ist natürlich keine gute Praxis, denn aktuell gibt es keine (saubere) Möglichkeit, auf die Bücherdaten von einer anderen Stelle aus zuzugreifen. Es wird Zeit, dass wir die Daten in einen eigenen Service auslagern!

Klärung des Begriffs »Service«

Eine Funktion oder Klasse, die eine Funktionalität für eine andere Funktion oder Klasse bereitstellt, wollen wir als »Service« bezeichnen. Der Begriff wird sehr häufig in der Softwareentwicklung verwendet. Der »Service« ist zum Beispiel auch ein Baustein des *Domain Driven Designs*. Ein Service kann auch sehr viel technischen Code und wenig fachliche Aspekte beinhalten. Wir wollen daher mit dem Begriff ausschließlich verdeutlichen, dass es sich um mehrfach verwendbaren Code handelt.

Ein Service in Angular ist eine einfache TypeScript-Klasse, in der Logik und Werte untergebracht sind. Die Komponenten und Services unserer Anwendung können diese Funktionalitäten nutzen. Die Idee von Services in Angular geht allerdings noch viel weiter, als nur Funktionen in einer Klasse abzulegen. Hier kommen zwei wichtige Entwurfsmuster ins Spiel: das Prinzip des Inversion of Control (IoC) und das Entwurfsmuster Dependency Injection (DI).

Inversion of Control: Zuständigkeit umkehren

Wir gehen davon aus, dass eine Serviceklasse mit dem Namen `MyDependency` existiert und unsere Komponenten eine Instanz dieser Klasse verwenden möchten. Für diese Aufgabe liegt es nahe, diese Klasse an Ort und Stelle zu initialisieren. Dieser Ansatz kann zum Beispiel wie folgt aussehen:

Listing 8–1
Instanz einer Klasse direkt erzeugen

```
@Component({ /* ... */ })
export class MyComponent {
  private myDep: MyDependency;

  constructor() {
    this.myDep = new MyDependency();
  }
}
```

Schlecht wartbarer Code

Nun steht man vor einem Dilemma: Das direkte Erzeugen von Abhängigkeiten verursacht zunehmend unübersichtlichen und schwer wartbaren Code. Das äußert sich unter anderem darin, dass kleine Anpassungen am Konstruktor der Klasse `MyDependency` weitreichende Änderungen in der ganzen Anwendung nach sich ziehen. Ein weiteres Anzeichen für unsauberen Code ist der Aufwand, den man für das Aufsetzen eines Unit-Tests benötigt. Es liegt etwas im Argen, wenn ein beachtlicher Anteil der Entwicklungstätigkeit durch das Aufsetzen von Abhängigkeiten blockiert wird.

Abhängigkeiten vom Framework erzeugen lassen

Das Problem lässt sich von Beginn an vermeiden, indem man die Verantwortung für die Erzeugung von Abhängigkeiten an eine übergeordnete Stelle abgibt. Dafür müssen wir eine wichtige Regel definieren: Keine unserer Komponenten darf mit dem Schlüsselwort `new` (oder einer ähnlichen Operation) eine Abhängigkeit erzeugen. Stattdessen wird jede Abhängigkeit von einer übergeordneten Instanz erstellt und an die Komponente übermittelt. Genau das ist die Idee hinter dem Prinzip des *Inversion of Control (IoC)*: Die Verantwortlichkeit zum Erzeugen eines Objekts wird umgekehrt. Die Komponenten fordern eine Abhängigkeit an, die dann automatisch von Angular bereitgestellt wird. Angular verwendet für dieses Modell das Entwurfsmuster *Dependency Injection (DI)*. Alle Abhängigkeiten werden also in die Komponenten »injiziert«, sodass die Komponente sich nicht selbst um die Erzeugung der Abhängigkeit kümmern muss. Wer mehr zu IoC-Containern und

Inversion of Control und Dependency Injection

dem DI-Entwurfsmuster erfahren will, dem empfehlen wir die exzellente Erläuterung von Martin Fowler.[1]

8.1.1 Abhängigkeiten anfordern

Um aus einer Komponente heraus eine Abhängigkeit anzufordern, nutzen wir die sogenannte *Constructor Injection*. Wir müssen dazu die benötigte Klasse als Argument im Konstruktor der Komponente angeben. Angular befüllt dieses Argument bei der Initialisierung automatisch mit einer Instanz der angeforderten Klasse:

Listing 8–2
Constructor Injection mit TypeScript

```
@Component({ /* ... */ })
export class MyComponent {
  private myDep: MyDependency;

  constructor(myDep: MyDependency) {
    this.myDep = myDep;
  }
}
```

Der TypeScript-Typ `MyDependency` ist hierbei das Merkmal, anhand dessen Angular erkennt, welche Klasse benötigt wird. Damit wir die Instanz von `MyDependency` in der gesamten Komponente nutzen können, müssen wir dafür ein passendes Property anlegen und den übergebenen Wert zuweisen, so wie wir es im letzten Beispiel getan haben. Dieses Muster wiederholt sich in jeder Komponente, die Services anfordert. Gerade bei vielen Abhängigkeiten führt das zu unnötiger Tipparbeit und erzeugt unübersichtlichen Code.

Kurzform für Property-Initialisierung

TypeScript bietet deshalb eine praktische Kurzform, die uns besonders bei der Dependency Injection zugute kommt. Geben wir einen Zugriffsmodifizierer wie `private` oder `public` vor einem Argument des Konstruktors an, so wird das zugehörige Property automatisch angelegt und zugewiesen. Der folgende Code führt zum selben Ergebnis wie das vorherige Beispiel – ist aber wesentlich kürzer:

Listing 8–3
Kurzform für Constructor Injection

```
@Component({ /* ... */ })
export class MyComponent {
  constructor(private myDep: MyDependency) {}
}
```

[1] https://ng-buch.de/a/41 – Martin Fowler: »Inversion of Control Containers and the Dependency Injection pattern«

8.1.2 Services in Angular

Ein Service in der Angular-Welt ist eine einfache Klasse, die Methoden und Propertys beinhaltet, die von anderen Services und Komponenten genutzt werden können. Häufig kommt es vor, dass ein Service nicht eigenständig arbeitet, sondern wiederum Abhängigkeiten benötigt. Die Constructor Injection, die wir eben kennengelernt haben, funktioniert allerdings nur für die Klassen, die einen Decorator von Angular besitzen, also z. B. Komponenten mit dem Decorator `@Component()`. Möchte ein Service eine weitere Abhängigkeit anfordern, so stehen wir vor einem Problem: Eine einfache Klasse besitzt keinen Decorator, die Constructor Injection funktioniert also nicht. Ein Service wird deshalb standardmäßig immer mit dem speziellen Decorator `@Injectable()` versehen. Der Service kann dann auch über den Konstruktor Abhängigkeiten anfordern.

Services mit @Injectable() *dekorieren*

Listing 8–4
Service mit Decorator Injectable()

```
import { Injectable } from '@angular/core';

@Injectable()
export class MyService {
  constructor(private myDep: MyDependency) {}
}
```

@Injectable() *sollte immer angegeben werden.*

Bitte beachten Sie, dass der Decorator immer angegeben werden sollte, auch wenn der Service keine Abhängigkeiten benötigt. Das liegt daran, dass wir den Decorator auch für andere Zwecke benötigen, wie wir im nächsten Abschnitt sehen werden.

8.1.3 Abhängigkeiten registrieren

Damit die Dependency Injection über den Konstruktor funktioniert, muss Angular wissen, welche Klassen zur Verfügung stehen und wo sie zu finden sind. Für jede Abhängigkeit muss deshalb eine »Bauanleitung« registriert werden, nach der Angular dann eine Instanz erzeugen kann. Diese Bauanleitung wird *Provider* genannt.

Um eine Abhängigkeit zu registrieren, existieren zwei Wege:

- Der Service wird *explizit* in einem Modul registriert.
- Der Service registriert sich *eigenständig* (Tree-Shakable Providers).

Wir wollen beide Wege erläutern und dabei vor allem die Unterschiede betrachten.

Abhängigkeiten explizit registrieren mit `providers`

Um eine Abhängigkeit in der Anwendung bekannt zu machen, können wir die Klasse in einem Modul registrieren. Dafür bietet der Decorator `@NgModule()` die Eigenschaft `providers` an. Das Prinzip funktioniert wie bei den Komponenten: Jede Komponente muss in einem Modul unter `declarations` eingetragen werden, damit sie verwendet werden kann.

Listing 8–5
Abhängigkeit über @NgModule() bereitstellen

```
// ...
import { MyService } from './my.service';

@NgModule({
  declarations: [AppComponent],
  imports:      [BrowserModule],
  providers:    [MyService],
  bootstrap:    [AppComponent]
})
export class AppModule { }
```

Ist eine Klasse auf diese Weise registriert, so kann sie von anderen Klassen über den Konstruktor angefordert werden. Wir sprechen von *expliziter Registrierung*, weil wir die Klasse selbst in ein Modul eintragen müssen, bevor sie verwendet werden kann.

In der Abbildung 8–1 haben wir alle Importbeziehungen grafisch dargestellt. Ein Pfeil beschreibt dabei einen Import:

- Alle Komponenten müssen in den `declarations` eines Moduls eingetragen werden.
- Damit die Komponenten den Service über den Konstruktor anfordern können, muss die Klasse dort importiert werden.
- Außerdem wird der Service unter `providers` im Modul registriert.

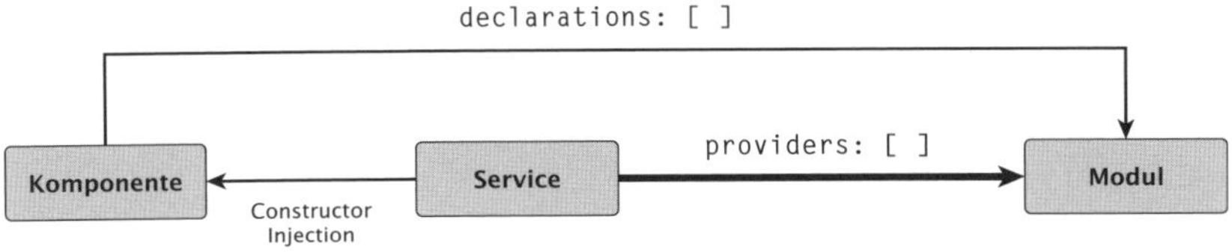

Abb. 8–1
Abhängigkeit explizit bereitstellen mit providers

Tree-Shakable Providers mit `providedIn`

Der eben beschriebene explizite Weg zur Registrierung von Providern existiert schon seit Angular 2. Obwohl sich diese Variante stark etabliert hat, kommt dabei ein technisches Problem zutage. Dafür müssen wir einen kleinen Exkurs in die Welt des Build-Prozesses ma-

Die Anwendung wird beim Build in Bundles verpackt.

chen: Nachdem die TypeScript-Dateien zu JavaScript kompiliert wurden, wird die gesamte Anwendung in einige wenige Dateien verpackt (sogenannte Bundles). Das ist sinnvoll, damit der Browser nur wenige HTTP-Requests ausführen muss, wenn er die Anwendung beim Start herunterlädt.

Tree Shaking

Alle Bestandteile der Anwendung, die niemals benötigt werden, werden entfernt oder gar nicht erst in das Bundle eingebaut. Dieser Prozess nennt sich *Tree Shaking* und kann die Größe der Anwendung reduzieren. Um festzustellen, ob eine Abhängigkeit verwendet wird oder nicht, läuft das Build-Tool durch den gesamten Baum von Imports: Ausgehend von der Datei `main.ts` werden alle Klassen »eingesammelt«, die in der Anwendung referenziert sind.

Betrachten wir mit diesem Hintergrundwissen noch einmal die Importstruktur mit den expliziten Providern, so fällt Folgendes auf: Wenn ein Service existiert, aber niemals von einer Komponente angefordert wird, so ist er trotzdem weiterhin im Modul unter `providers` referenziert. Der Bundler kann also nicht herausfinden, ob der Service niemals verwendet wird – und er wird mit in das Bundle übernommen.

Tree-Shakable Providers

Hier besteht Optimierungsbedarf, allerdings erfordert dieser Schritt auch eine veränderte Architektur: Ein Service darf nur dann eine Referenz in der Anwendung besitzen, wenn er wirklich verwendet wird. Mit Angular 6 wurde deshalb das Konzept der *Tree-Shakable Providers* eingeführt. Die Idee ist, die Importbeziehung zwischen Service und Modul umzukehren. Der Service wird nicht mehr explizit im Modul registriert, sondern meldet sich eigenständig in einem Modul an.

Abb. 8–2
Abhängigkeit implizit bereitstellen mit providedIn

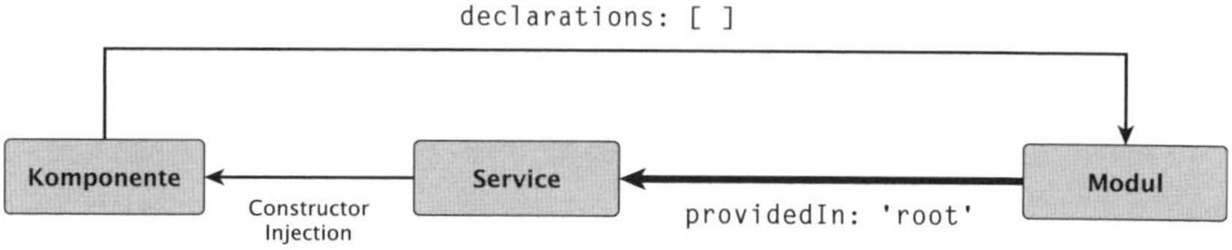

Wenn ein Service nun von keiner Komponente angefordert wird, so besitzt er auch keine Referenz in der Anwendung und wird beim Build nicht in das Bundle eingebaut.

Damit ein Service sich selbst in einem Modul anmeldet, müssen wir den Decorator `@Injectable()` ergänzen. Er erhält ein Objekt mit der Eigenschaft `providedIn`. Hier geben wir an, in welches Modul der Provider eingetragen werden soll. So gut wie immer wird hier der Wert `root` verwendet, der eine Referenz auf den Root-Injector der Anwendung ist.

```
import { Injectable } from '@angular/core';

@Injectable({
  providedIn: 'root'
})
export class MyService {
  constructor() {}
}
```

Listing 8–6
Tree-Shakable Provider mit providedIn

Dieser Service kann ohne weitere Schritte von einer Komponente angefordert werden. Tree-Shakable Providers sind heute der standardmäßige Weg zur Bereitstellung von Services. Es gibt allerdings Fälle, in denen wir Abhängigkeiten trotzdem explizit im Modul angeben müssen. Diese Fälle werden wir nun betrachten.

8.1.4 Abhängigkeiten ersetzen

Ihre wahre Stärke entfaltet die Dependency Injection, wenn es darum geht, Abhängigkeiten global zu ersetzen. Stellen Sie sich einmal vor, Sie wollen eine andere Variante eines Service in der Anwendung verwenden. Sie müssen dann entweder manuell den alten Service austauschen oder alle Stellen anpassen, an denen der Service eingesetzt wird. Eine ähnliche Situation haben wir, wenn wir Abhängigkeiten für unsere Softwaretests durch einen Mock ersetzen wollen.

Angular kümmert sich um die Bereitstellung aller Abhängigkeiten, und wir können in diesen Prozess einhaken. Wir teilen dazu dem Injector mit: *Wenn die Klasse* Foo *angefordert wird, soll stattdessen die Klasse* Bar *genutzt werden.*

Eine solche Bauanleitung muss immer explizit im Modul angegeben werden. Dazu schauen wir uns noch einmal die Syntax an, die wir schon kennengelernt haben:

```
@NgModule({
  // ...
  providers: [MyService],
})
export class AppModule { }
```

Listing 8–7
Abhängigkeit explizit bereitstellen (Kurzform)

Der Service `MyService` wird im Modul als Provider registriert. Diese Schreibweise lässt sich auch in einer längeren Syntax ausdrücken:

Listing 8–8 useClass *verwenden*

```
@NgModule({
  // ...
  providers: [
    { provide: MyService, useClass: MyService }
  ]
})
export class AppModule { }
```

Diese beiden Wege führen zum selben Ergebnis, allerdings sehen wir in der langen Schreibweise, welches Prinzip dahintersteckt. Mit `provide` wird ein sogenanntes Token registriert, also eine abstrakte Abhängigkeit, die der Injector bereitstellen kann. Mit `useClass` wird angegeben, welche konkrete Klasse dafür eingesetzt werden soll.

Wollen wir also eine Abhängigkeit ersetzen, können wir dort eine andere Klasse angeben. Immer wenn `MyService` angefordert wird, so wird eine Instanz der Klasse `MyReplaceService` geliefert.

Listing 8–9 useClass *verwenden und Abhängigkeit ersetzen*

```
@NgModule({
  // ...
  providers: [
    { provide: MyService, useClass: MyReplaceService }
  ]
})
export class AppModule { }
```

Ein Token kann auch zu einem konkreten Wert aufgelöst werden, indem wir `useValue` einsetzen. Dieser Wert kann ein String sein (wie im folgenden Beispiel), aber auch ein Objekt.

Listing 8–10 useValue *verwenden*

```
providers: [
  { provide: MyConfigToken, useValue: 'Configuration Value' }
]
```

Weiterhin kann mit `useFactory` eine Factory-Methode angegeben werden. Solche Fabriken bieten sich an, wenn das Objekt eine komplexere Initialisierung verlangt.

Listing 8–11 useFactory *verwenden*

```
providers: [
  {
    provide: MyService,
    useFactory: (otherDependency: OtherDependency) => {
      return new MyService(otherDependency);
    },
```

```
    deps: [OtherDependency]
  }
]
```

Das Beispiel zeigt eine Factory, die wiederum eine weitere Abhängigkeit anfordert. Werden keine weiteren Abhängigkeiten für die Fabrik benötigt, so kann das Property deps weggelassen werden.

Abhängigkeiten für Unit-Testing ersetzen

Die verschiedenen Provider sind vor allem für das Aufsetzen von Unit-Tests von Bedeutung. Mehr dazu erfahren Sie im Abschnitt »Tests mit Karma« ab Seite 470.

Eingebaute Abhängigkeit `ErrorHandler` ersetzen

Angular wird bereits mit einer Reihe von »Injectables« ausgeliefert. Sehr häufig werden die injizierbaren Services Router (ab Seite 141) und HttpClient (ab Seite 181) eingesetzt. Andere Injectables sind eher für Spezialfälle[2] gedacht und werden nicht so häufig im Programmieralltag benötigt.

ErrorHandler *ersetzen*

Einige Services können wir gezielt ersetzen, um damit das Verhalten von Angular zu ändern. Ein Beispiel dafür ist der ErrorHandler. Dieser Service ist dafür gedacht, unbehandelte Exceptions zu verarbeiten. In der Standardimplementierung gibt er lediglich den übergebenen Wert mit console.error() aus. Wenn uns die übliche Ausgabe auf der Konsole nicht genügt, so können wir einen alternativen Handler anstelle der ursprünglichen Implementierung einsetzen.

Wir legen dafür eine eigene Klasse MyErrorHandler an. Die Methode handleError() empfängt schließlich die Exceptions und verarbeitet sie.

Listing 8–12
Eigenen ErrorHandler implementieren

```
import { ErrorHandler } from '@angular/core';

export class MyErrorHandler implements ErrorHandler {
  handleError(error) {
    // TODO: hier die Exception weiter behandeln
  }
}
```

Nun können wir die Abhängigkeit ersetzen, sodass Angular nur noch unseren eigenen ErrorHandler nutzt anstatt des eingebauten.

[2] etwa ViewUtils, ChangeDetectorRef, Renderer2, NgZone usw.

Listing 8–13
ErrorHandler ersetzen

```
@NgModule({
  providers: [
    { provide: ErrorHandler, useClass: MyErrorHandler }
  ]
})
export class AppModule { }
```

Wir könnten damit z. B. auf der Oberfläche einen sichtbaren Text anzeigen oder den Fehler über eine API in eine Logdatei speichern – die Möglichkeiten sind vielfältig.

8.1.5 Abhängigkeiten anfordern mit `@Inject()`

Alle Abhängigkeiten, die wir bisher betrachtet haben, basieren auf TypeScript-Klassen. Angular identifiziert eine Abhängigkeit immer anhand ihres Typen, deshalb ist eine Klasse ein passendes Konstrukt. Primitive Datentypen wie Strings, Zahlen oder boolesche Werte können wir allerdings nicht auf dieselbe Art verwenden. Der Typ aller Strings ist `string`, und so könnte der Injector keine zwei Strings voneinander unterscheiden. Dennoch lässt sich ein Token auch wie folgt als String bereitstellen:

Listing 8–14
Token als String providen

```
providers: [
  { provide: 'myConfig', useValue: '1234567890' }
]
```

Um ein solches Token in einer Komponente anzufordern, nutzen wir den Decorator `@Inject()`:

Listing 8–15
Constructor Injection mit primitiven Datentypen

```
import { Inject } from '@angular/core';

@Component({ /* ... */ })
export class MyComponent {
  constructor(@Inject('myConfig') private myConfig: string) { }
}
```

Diese Schreibweise eignet sich sehr gut dazu, Konfigurationswerte in die Anwendung zu bringen. Im Kapitel zum Deployment ab Seite 518 zeigen wir dazu eine konkrete Umsetzung für den BookMonkey.

8.1.6 Eigene Tokens definieren mit `InjectionToken`

Wir haben im vorhergehenden Beispiel gesehen, dass ein Token nicht nur ein TypeScript-Typ, sondern auch ein String sein kann. Das kann allerdings zu Namenskollisionen bei gleichlautenden Strings führen.

Diesen Umstand muss man vor allem dann beachten, wenn der Code als wiederverwendbare Bibliothek zur Verfügung gestellt werden soll. Um Kollisionen zu verhindern, können wir die Klasse `InjectionToken` einsetzen. Wir müssen dazu eine Instanz erzeugen, und schon ist das Token eindeutig und wir können es in unserer Anwendung einsetzen:

Listing 8–16 InjectionToken *bereitstellen*

```
import { InjectionToken } from '@angular/core';
// ...

export const MY_CONFIG_TOKEN
  = new InjectionToken<string>('myConfig');

@NgModule({
  // ...
  providers: [
    { provide: MY_CONFIG_TOKEN, useValue: '1234567890' }
  ]
})
export class AppModule { }
```

Idealerweise sollten wir solche Tokens in einer separaten Datei ablegen und von dort exportieren, so wie wir es mit Services auch tun. Ein `InjectionToken` wird in der Komponente ebenfalls mithilfe von `@Inject()` angefordert:

Listing 8–17 *Eigenes Token anfordern mit* @Inject()

```
import { MY_CONFIG_TOKEN } from '../app.module';

@Component({
  // ...
})
export class MyComponent {
  constructor(@Inject(MY_CONFIG_TOKEN) token: string) {
    console.log(token);
  }
}
```

Das Token `MY_CONFIG_TOKEN` kann also anstelle eines »magischen Strings« verwendet werden. Durch den Typparameter `T` erhalten wir ein zusätzliches Level an Typsicherheit.

8.1.7 Multiprovider: mehrere Abhängigkeiten im selben Token

Bisher haben wir für ein Token immer genau eine Abhängigkeit registriert. Angular bietet allerdings auch die Möglichkeit, mehrere Abhängigkeiten unter demselben Token zu registrieren. Wir werden später im Kapitel zu HTTP-Interceptoren ab Seite 245 einen Anwendungsfall dafür kennenlernen. Diese sogenannten *Multiprovider* werden mit dem Property `multi: true` angegeben. Fordert man einen Multiprovider an, so erhält man ein Array mit allen registrierten Werten.

Listing 8–18 *Multiprovider registrieren*

```
@NgModule({
  // ...
  providers: [
    { provide: MY_TOKEN, useValue: '123', multi: true },
    { provide: MY_TOKEN, useValue: '456', multi: true },
    { provide: MY_TOKEN, useValue: '789', multi: true },
  ]
})
export class AppModule { }
```

8.1.8 Zirkuläre Abhängigkeiten auflösen mit `forwardRef`

Baum von Abhängigkeiten

Der große Vorteil des DI-Containers ist seine Fähigkeit, alle Abhängigkeiten als Baumstruktur aufzulösen. Hat unser Code weitere Abhängigkeiten und diese Abhängigkeiten haben wiederum Abhängigkeiten, so kümmert sich Angular problemlos um die Bereitstellung aller benötigten Teile. Sogar zirkuläre Abhängigkeiten und Vorwärtsreferenzen werden unterstützt (Klasse *A* benötigt Klasse *B* und *B* benötigt *A*). Für den seltenen Fall, dass eine solche zirkuläre Abhängigkeit nicht vermieden werden kann, hilft die Funktion `forwardRef()`[3] aus `@angular/core`.

8.1.9 Provider in Komponenten registrieren

Für die explizite Registrierung haben wir die Provider bisher immer unter `providers` im `@NgModule()` eingetragen. Möchte man allerdings eine spezielle Komponente (und die im Abhängigkeitsbaum darunter liegenden Komponenten) mit einer anderen Dependency versorgen, so kann man eine Bauanleitung auch direkt bei der Komponente angeben.

---

[3] https://ng-buch.de/a/42 – Angular Docs: API Reference: forwardRef

```
@Component({
  // ...
  providers: [MyService]
})
class MyComponent {
  constructor(private service: MyService) {
    // ...
  }
}
```

Listing 8–19
Provider direkt in der Komponente angeben

Sie sollten dieses Konstrukt nur dann verwenden, wenn Sie einen guten Grund dafür haben, z. B. wenn Sie nur für einen Teil der Anwendung einen anderen Provider benötigen. Normalerweise sollten Services als Tree-Shakable Provider definiert werden, und alle anderen Bauanleitungen werden in Modulen untergebracht.

8.1.10 Den BookMonkey erweitern

Refactoring – Codekapselung mit Services

Um die Komplexität der `BookListComponent` zu verringern, soll die Bereitstellung der Daten ausgelagert werden. Dadurch erreichen wir Code, der besser lesbar und wartbar ist. Außerdem sind wir künftig in der Lage, die Datenbereitstellung auszutauschen, ohne dass in der `BookListComponent` eine Änderung vorgenommen werden muss.

- Daten eines Buchs sollen aus einer zentralen Quelle geladen werden.
- Buchinformationen, die an unterschiedlichen Stellen in der Benutzeroberfläche dargestellt werden, sollen stets konsistent zueinander sein.

Es geht in diesem Kapitel darum, ein wenig aufzuräumen. Die Komponente `BookListComponent` hat zu viele Aufgaben. Sie zeigt zum einen eine Liste von Büchern an, zum anderen verwaltet sie auch das Bücher-Array. Dies entspricht nicht dem Prinzip des »Separation of Concerns«. Wir wollen daher den Code mit dem Bücher-Array in die Klasse `BookStoreService` auslagern. Spätere Änderungen müssen dann lediglich an einer einzigen Stelle im Code durchgeführt werden. Dadurch wird ein höherer Grad an Abstraktion erreicht und eine Unabhängigkeit von der tatsächlichen Datenquelle geschaffen. Über den neuen Service können wir dann später Daten von einer HTTP-Schnittstelle beziehen. Vorerst genügt es uns jedoch, die Daten statisch in den Service einzubetten.

Beispielbücher in Service auslagern

Service generieren

Um einen Service anzulegen, stellt uns die Angular CLI eine entsprechende Vorlage zur Verfügung:

Listing 8–20
Service anlegen mit der Angular CLI

```
$ ng g service shared/book-store
```

Es ergibt sich die folgende Dateistruktur:

```
src
└─ app
   ├─ book-details
   │  └─ ...
   ├─ book-list
   │  └─ ...
   ├─ book-list-item
   │  └─ ...
   ├─ shared
   │  ├─ book-store.service.ts
   │  └─ ...
   └─ ...
```

Methode getAll()

Der Service wurde bereits automatisch mit dem Decorator `@Injectable()` versehen. Außerdem trägt er die Einstellung `providedIn: root` und wird damit automatisch im Root-Modul registriert. Wir benötigen für den Service zunächst nur eine Methode: `getAll()`. Wie der Name vermuten lässt, soll die Methode alle Bücher zurückgeben. Die Buchdaten hinterlegen wir in einem separaten Property `books` in der Klasse und geben sie aus der neuen Methode zurück.

Listing 8–21
Methode getAll() *im* BookStoreService (book-store.service.ts)

```
import { Injectable } from '@angular/core';

import { Book } from './book';

@Injectable({
  providedIn: 'root'
})
export class BookStoreService {
  books: Book[];

  constructor() {
    this.books = [
      {
        isbn: '9783864906466',
        title: 'Angular',
        authors: ['Ferdinand Malcher', 'Johannes Hoppe', 'Danny
    ↪ Koppenhagen'],
```

```
        published: new Date(2019, 4, 30),
        subtitle: 'Grundlagen, fortgeschrittene Themen und Best
    ↪ Practices - mit NativeScript und NgRx',
        rating: 5,
        thumbnails: [{
          url: 'https://ng-buch.de/buch1.jpg',
          title: 'Buchcover'
        }],
        description: 'Die Autoren führen Sie mit einem
    ↪ anspruchsvollen Beispielprojekt durch die Welt von
    ↪ Angular...'
      }
      // ...weitere Einträge
    ];
  }

  getAll(): Book[] {
    return this.books;
  }
}
```

Lifecycle-Hooks funktionieren nur in Komponenten und Direktiven

Die Initialisierungslogik für unsere Komponenten haben wir immer im Lifecycle-Hook `ngOnInit()` definiert. Wir haben dafür nicht den Konstruktor verwendet. In einem Service stehen uns die Lifecycle-Hooks allerdings nicht zur Verfügung, sie gelten nur für Komponenten und Direktiven. Für die Initialisierung müssen wir also den Konstruktor verwenden.

Service verwenden

Nun können wir den Service in der Komponente `BookListComponent` verwenden. Wir fordern die Abhängigkeit über den Konstruktor an und rufen die Methode `getAll()` auf, um das Property `books` mit der Buchliste zu befüllen. Bei der Constructor Injection kommt uns die Kurzform von TypeScript zugute: Wir nutzen den Zugriffsmodifizierer `private`, und das Property `bs` wird automatisch deklariert und initialisiert.

Listing 8–22 *Service verwenden in der* BookListComponent (book-list .component.ts)

```
import { Component, OnInit, Output, EventEmitter } from
    ↪ '@angular/core';

import { Book } from '../shared/book';
import { BookStoreService } from '../shared/book-store.service';
```

```
@Component({
  selector: 'bm-book-list',
  templateUrl: './book-list.component.html',
  styleUrls: ['./book-list.component.css']
})
export class BookListComponent implements OnInit {
  books: Book[];
  @Output() showDetailsEvent = new EventEmitter<Book>();

  constructor(private bs: BookStoreService) { }

  ngOnInit() {
    this.books = this.bs.getAll();
  }

  showDetails(book: Book) {
    this.showDetailsEvent.emit(book);
  }
}
```

Die Komponente `BookListComponent` ist durch dieses Refactoring viel kürzer und übersichtlicher geworden. Die Daten werden aus dem Service bezogen, und die Komponente hat nur noch eine einzige klar definierte Aufgabe.

Was haben wir gelernt?

- Ein Service in der Angular-Welt ist eine Klasse mit dem Decorator `@Injectable()`.
- Mit Services kann man Code in eigenständige Klassen auslagern. Jegliche Logik, die die Komplexität unserer Komponenten zu sehr erhöht, sollte in Services ausgelagert werden. Redundanter Code sollte immer in Services untergebracht werden, um wiederverwendet werden zu können.
- Angular setzt auf das Entwurfsmuster »Dependency Injection«, um Abhängigkeiten anzufordern.
- Abhängigkeiten können über den Konstruktor einer Komponente oder eines Service angefordert werden. Das Framework kümmert sich automatisch darum, die Abhängigkeiten bereitzustellen.
- Damit ein Service verwendet werden kann, muss er in der Anwendung über einen Provider registriert werden.
- Services können über das Property `providers` in den Metadaten von `@NgModule()` explizit registriert werden.

- Tree-Shakable Providers registrieren sich selbst in der Anwendung. Dazu muss der Decorator `@Injectable()` das Property `providedIn` mit dem Wert `root` tragen. Dieser Weg führt zu einer besseren Optimierbarkeit der Anwendung.
- Wir können ein Token mit einem anderen Wert belegen und so Abhängigkeiten auf globaler Ebene ersetzen. Dabei helfen uns die Eigenschaften `useClass`, `useValue` und `useFactory`. Solche Bauanleitungen werden als Objekt notiert und müssen immer explizit registriert werden.
- Ein DI-Token ist meist ein TypeScript-Typ, wir können aber auch Strings als Tokens verwenden.
- Um ein Token ohne einen konkreten Typen trotzdem eindeutig zu machen, können wir ein `InjectionToken<T>` nutzen.
- `InjectionToken` und Strings müssen mit dem Decorator `@Inject()` in eine Klasse injiziert werden.

Demo und Quelltext:
https://ng-buch.de/bm3-it2-di

8.2 Routing: durch die Anwendung navigieren

»Managing state transitions is one of the hardest parts of building applications.«

Victor Savkin
(ehemaliges Mitglied des Angular-Teams
und Mitgründer von Nrwl.io)

Wir haben für unseren BookMonkey einzelne Komponenten für die Listenansicht und die Detailansicht entwickelt. Im letzten Abschnitt haben wir die Buchdatensätze aus der Listenkomponente in einen Service ausgelagert. Das ist der Grundstein dafür, die Daten in verschiedenen Komponenten zur Verfügung zu haben.

Um beide Ansichten in der Anwendung sehen zu können, haben wir die beiden Komponenten gegeneinander ausgetauscht. Das Prinzip hatte seine Schwächen, vor allem wegen der Komplexität und weil der Zustand nicht persistiert werden kann.

Komponenten nach Zustand austauschen

An dieser Stelle kommt das Prinzip des *Routings* ins Spiel. Als Routing bezeichnen wir das Laden von Bereichen der Anwendung abhängig vom Zustand. Der Dienst, der den Zustand der Angular-Anwendung verwaltet, nennt sich *Router*. Er tauscht automatisch die geladene Komponente aus und ermöglicht uns damit die Navigation zwischen verschiedenen Bereichen.

Mittels Routing wollen wir nun eine Detailansicht und die Listenansicht gleichzeitig verfügbar machen. Alle Ansichten sollen vom Nutzer über URLs aufrufbar sein, wie wir es von herkömmlichen Webanwendungen kennen. Über klickbare Links wollen wir durch die Anwendung navigieren.

Warum Routing?

Mit Angular entwickeln wir Single-Page-Applikationen. Dieses Konzept besagt, dass es nur eine einzige HTML-Seite gibt, deren tatsächliche Inhalte zur Laufzeit mithilfe von JavaScript in diese Seite geladen werden. Bei einem Seitenwechsel in der Anwendung findet in der Regel gar kein »hartes« Neuladen der Seite statt. Das bedeutet: Die `index.html` wird zum Anfang der Sitzung geöffnet und danach nie neu geladen. Das hat den Vorteil, dass wir Daten und Objekte über die Seitenwechsel hinweg erhalten können. Gleichzeitig führt diese Idee aber zu neuen Herausforderungen bei der Navigation mit dem Browser. Wie sollen einzelne Komponenten der Applikation verlinkt werden? Wie kann man die Navigation mit dem Vor-/Zurück-Knopf mit dem Zustand der Anwendung synchronisieren?

HTML5 History API

Die HTML5 History API, die in allen modernen Browsern implementiert ist, liefert die technische Grundlage, um diese Fragen adäquat anzugehen. Damit ist es möglich, den Browserverlauf per JavaScript zu verändern, ohne die Seite neu zu laden. Der Benutzer sieht das gewohnte Verhalten einer klassischen Website, doch hinter den Kulissen wird eine Single-Page-Applikation ausgeführt. Der Angular-Router interagiert mit der HTML5 History API und verwendet URL-Pfade, um einzelne Zustände zu identifizieren. Wir als Entwickler müssen uns mit der Technik im Hintergrund nur wenig auseinandersetzen – darum kümmert sich der Router.

Zustände werden auf URLs abgebildet.

Vorausgesetzt, es ist bereits eine Grundstruktur der Anwendung mit mehreren Komponenten vorhanden, sind drei Schritte nötig, um den Router zu verwenden:

- **Routen konfigurieren:** Wir weisen einem URL-Pfad eine zu ladende Komponente zu.

- **Routing-Modul einbauen:** Wir binden das Routing in unsere Anwendung ein.
- **Komponenten anzeigen:** Wir legen fest, wo die Komponente in das Template geladen wird.

8.2.1 Routen konfigurieren

Routendefinitionen

In unserer Anwendung möchten wir beim Aufruf einer URL eine bestimmte Komponente anzeigen. Diese Zuordnung von URL zu Komponente erledigen wir mit sogenannten *Routendefinitionen*. Die URL beschreibt den Anwendungszustand, und für jeden Zustand wird angegeben, welche Komponente geladen werden soll.

Eine solche Route wird als Objekt notiert und ist folgendermaßen aufgebaut:

Listing 8–23
Eine Routendefinition

```
{ path: 'mypath', component: MyComponent }
```

Im Objekt geben wir den URL-Pfad an (`path`) und die Komponente, die durch diese Route geladen werden soll (`component`). Wichtig ist, dass die Pfade in einer Route niemals einen Slash vorangestellt haben!

Übersetzt bedeutet diese Route also: Wird der Pfad `/mypath` aufgerufen, dann wird die Komponente `MyComponent` geladen.

Damit wir hier den Namen der Komponente direkt verwenden können, müssen wir den Typ aus der jeweiligen Datei importieren.

Array von Routen

Außerdem befinden sich in einer Anwendung immer mehrere Routen. All diese Routendefinitionen legen wir deshalb in einem Array ab. Für das Array legen wir den Typ `Routes` fest, der aus dem Modul `@angular/router` importiert wird. Durch diese Typbindung wird sichergestellt, dass sich in dem Array nur wohlgeformte Routendefinitionen befinden.

Im Listing 8–24 ist eine vollständige Konfiguration mit zwei Routen zu sehen.

Listing 8–24
Mehrere Routendefinitionen mit Imports

```
import { Routes } from '@angular/router';

import { FirstComponent } from './first.component';
import { SecondComponent } from './second.component';

const routes: Routes = [
  { path: 'first', component: FirstComponent },
  { path: 'second', component: SecondComponent }
];
```

8.2.2 Routing-Modul einbauen

Das Array mit den Routen müssen wir nun an geeigneter Stelle in unserer Anwendung unterbringen. Routen werden immer zentral definiert und gelten dann für ein Feature der Anwendung. Im Moment besitzt die Anwendung nur ein einziges Feature. Wie wir die Routendefinitionen nach Features aufteilen, schauen wir uns in der Iteration 6 ab Seite 387 noch genauer an.

Wenn wir die Angular CLI verwenden, um unser Projekt aufzusetzen, können wir das Grundgerüst für die Routing-Konfiguration automatisch anlegen lassen. Dazu beantworten wir beim Anlegen des Projekts die Frage *Would you like to generate a routing module? (y/N)* mit [y] und bestätigen mit [↵] (Enter). Alternativ können Sie auch die Option `--routing` verwenden.

Listing 8–25 *Neues Projekt mit Routing-Konfiguration anlegen*

```
$ ng new my-project
$ ? Would you like to generate a routing module? (y/N) y
```

oder

```
$ ng new my-project --routing
```

Damit wird automatisch die Datei `app-routing.module.ts` erstellt. Diese Klasse `AppRoutingModule` ist auch mit `@NgModule()` dekoriert, es handelt sich also um ein eigenständiges Angular-Modul. Im oberen Teil der Datei fügen wir unsere Routendefinitionen in das Array `routes` ein, sodass der Inhalt so aussieht:

Listing 8–26 *Routing-Modul mit zwei Routen*

```
import { NgModule } from '@angular/core';
import { Routes, RouterModule } from '@angular/router';

import { FirstComponent } from './first.component';
import { SecondComponent } from './second.component';

const routes: Routes = [
  { path: 'first', component: FirstComponent },
  { path: 'second', component: SecondComponent }
];

@NgModule({
  imports: [RouterModule.forRoot(routes)],
  exports: [RouterModule]
})
export class AppRoutingModule { }
```

Dieses »Mini-Modul« erfüllt nur wenige Aufgaben. Zunächst wird im oberen Teil der Typ `RouterModule` importiert. Damit machen wir die Schnittstelle zum Angular-Router in unserer Anwendung verfügbar.

RouterModule *initialisieren*

Auf dem `RouterModule` rufen wir die Methode `forRoot()` auf und übergeben als Argument das Array mit den Routendefinitionen. Als Rückgabewert erhalten wir wiederum ein Modul, das mit unseren Routen initialisiert wurde. Weil unser Mini-Modul `AppRoutingModule` allerdings alleinstehend keine Funktion hat, exportieren wir das `RouterModule` im gleichen Schritt wieder aus dem Modul.

RouterModule *aus dem »Mini-Modul« exportieren*

Das sieht zunächst etwas umständlich aus, ist aber auf den zweiten Blick einleuchtend: Das Mini-Modul `AppRoutingModule` erstellt ein »fertiges Routing« mit unseren selbst definierten Routen und stellt dieses Modul nach außen zur Verfügung. Das hat den Vorteil, dass wir das Modul im nächsten Schritt in unser zentrales App-Modul importieren können. Die gesamte Konfiguration des Routings mit allen nötigen Abhängigkeiten ist in das Mini-Modul gekapselt.

»Mini-Modul« in die Anwendung importieren

Wir öffnen also als Nächstes das `AppModule` in `app.module.ts` und prüfen, ob das `AppRoutingModule` tatsächlich in unsere Anwendung importiert ist. Die Angular CLI sollte diesen Schritt bereits für uns erledigt haben:

```
import { AppRoutingModule } from './app-routing.module';
// ...

@NgModule({
  declarations: [
    AppComponent,
    FirstComponent,
    SecondComponent
  ],
  imports: [
    BrowserModule,
    AppRoutingModule
  ],
  bootstrap: [AppComponent]
})
export class AppModule { }
```

Listing 8–27 *Das zentrale* AppModule *importiert das* AppRoutingModule (app.module.ts).

Es ist zu beachten, dass alle Komponenten weiterhin in den `declarations` unseres App-Moduls angegeben werden müssen. Dieser Schritt ist damit geschafft. Wir haben das Routing in der Anwendung aktiviert und können nun zum nächsten Teil übergehen: die geladenen Komponenten in unserer Anwendung anzeigen.

Geroutete Komponenten müssen auch deklariert werden.

8.2.3 Komponenten anzeigen

Mit den Routendefinitionen haben wir festgelegt, welche Komponente beim Aufruf welcher URL geladen werden soll. Wir erinnern uns an die Iteration I. Hier haben wir jeder Komponente einen Selektor gegeben, um sie an bestimmte DOM-Elemente zu binden. Wir konnten also z. B. `<bm-book-list></bm-book-list>` ins Template einsetzen, um die Buchliste an dieser Stelle einzubinden.

Durch das Routing werden die Komponenten nun allerdings dynamisch geladen. Wir müssen deshalb eine Stelle im Template festlegen, an der die geladene Komponente eingesetzt wird.

Platzhalter RouterOutlet

Zu diesem Zweck existiert die Direktive `RouterOutlet`. Sie ist ein Platzhalter und wird vom Router dynamisch durch die geladene Komponente ersetzt.

Dieser Platzhalter ist am besten im Template unserer Hauptkomponente `AppComponent` aufgehoben:

Listing 8–28 *Template der Komponente* AppComponent

```
<!-- app.component.html -->
<h1>My App</h1>
<router-outlet></router-outlet>
```

Die Überschrift bleibt permanent sichtbar. Darunter wird die jeweils angeforderte Komponente eingebunden.

Geschafft! Sind alle drei Schritte vollständig – es wurden Routen definiert, das `RouterModule` wurde in die Anwendung importiert und das RouterOutlet wurde ins Template eingebunden –, ist das Routing grundsätzlich funktionsfähig. Die Anwendung reagiert nun, wenn wir eine URL eingeben, und lädt die entsprechende Komponente in den Platzhalter `<router-outlet>`.

Rufen wir im Browser z. B. die URL `http://localhost:4200/first` auf, wird die `AppComponent` mit der Überschrift *My App* geladen. Direkt darunter ist die `FirstComponent` zu sehen.

8.2.4 Root-Route

Die Anwendung aus unserem Beispiel besitzt zwei Routen: `first` und `second`. Rufen wir einen der beiden Pfade auf, wird die jeweilige Komponente in das RouterOutlet eingesetzt. Wenn ein Nutzer die Anwendung startet, also ohne einen konkreten Pfad, meldet Angular, dass für den Pfad keine Route vorhanden sei!

Bei genauem Hinschauen ist das Problem naheliegend: Wir haben ein RouterOutlet angelegt und definiert, dass für zwei Routen eine Komponente in den Platzhalter geladen wird. Welche Komponente wird nun aber beim Aufruf der Root-URL / geladen? Um die Anwendung mit dieser Info zu versorgen, müssen wir für eben diese URL eine Route anlegen, denn ein RouterOutlet sollte nie leer sein.

Wir können also z. B. eine neue Komponente `StartComponent` anlegen, die für die Root-URL / in das Outlet geladen werden soll. Dafür definieren wir eine weitere Route:

```
import { StartComponent } from './start.component';
import { FirstComponent } from './first.component';
import { SecondComponent } from './second.component';

const routes: Routes = [
  { path: '', component: StartComponent, pathMatch: 'full' },
  { path: 'first', component: FirstComponent },
  { path: 'second', component: SecondComponent }
])
```

Listing 8–29 StartComponent *als Standardroute festlegen*

Der angegebene Pfad ist leer, denn es ist ja die Root-URL / gemeint, und wir haben gelernt, dass Routenpfade stets ohne führenden Slash angegeben werden. Außerdem ist die Eigenschaft `pathMatch: 'full'` hinzugekommen. Damit legen wir fest, dass diese Route wirklich nur dann gilt, wenn / aufgerufen wird, nicht aber dann, wenn diese URL nur ein Präfix einer anderen ist.

pathMatch

Jetzt funktioniert das Routing wie erwartet: Beim Aufruf von `http://localhost:4200` wird die Komponente `StartComponent` geladen. Wir betrachten in diesem Kapitel ab Seite 154 auch noch, wie wir Redirect-Routen festlegen können, um z. B. vom Root-Pfad immer zu einer anderen Route weiterzuleiten.

8.2.5 Routen verlinken

Der Router verarbeitet nun eine aufgerufene URL und lädt entsprechend eine Komponente. Gut benutzbar wird das Routing allerdings erst mit klickbaren Links innerhalb der Anwendung.

Keine href-*Attribute für Links auf Routen verwenden!*

Als Webentwickler kommt man schnell auf die Idee, dafür `<a>`-Tags mit dem üblichen `href`-Attribut zu verwenden. Das führt allerdings zu einem ungewollten Verhalten: Beim Klick auf einen normalen Link wird die gesamte Seite neu geladen. Diese Eigenschaft kann man dem Browser auch gar nicht übel nehmen, denn es bildet die Basis des WWW: Folgt man einem Link, wird ein HTTP-Request an die dahinterliegende URL gestellt. Das entspricht allerdings nicht dem Prinzip der Single-Page-Applikation, denn wir wollen ja immer nur die jeweils neue Komponente darstellen, ohne die Seite neuzuladen.

Die Direktive RouterLink

Angular bringt deshalb für Verlinkungen ein eigenes Werkzeug mit: die Direktive `RouterLink`. Damit wird beim Klick auf einen Link automatisch der Router informiert, eine neue Route zu laden. Der übrige Teil der Anwendung bleibt bestehen.

Wir können wie gewohnt Anker-Tags anlegen, versehen diese aber mit der neuen Direktive `RouterLink`, anstatt das `href`-Attribut zu verwenden. Hierfür gibt es zwei Schreibweisen, die beide gleichbedeutend sind: als String in einem Attribut oder als Array mit einem einzigen Element, das über ein Property Binding übergeben wird.

Wann welche Schreibweise verwendet wird, ist zum großen Teil Geschmackssache. Die Attributschreibweise ist immer dann praktisch, wenn wirklich nur ein String übergeben werden soll. Wollen wir allerdings Parameter dynamisch befüllen, dann ist die Array-Variante ein wenig eleganter.

Listing 8–30
Mit RouterLink *zu Routen verlinken*

```
<a routerLink="/first>Erster Link</a>
<a [routerLink]="['/second']">Zweiter Link</a>
```

In den meisten Fällen werden Sie den `RouterLink` auf einem Anker-Tag einsetzen, um einen echten Link zu erzeugen. Tatsächlich funktioniert diese Direktive aber auch auf jedem anderen Element. Handelt es sich nicht um einen Link, bindet sich der Router automatisch an das `click`-Event des Elements. `RouterLink` funktioniert also auch auf `<button>`, `<div>` und vielen anderen. Praktisch sollten Sie dieses Wissen aber mit Vorsicht anwenden: Für echte Links zwischen den Seiten sollten Sie auch echte Anker-Tags verwenden.

`RouterLink` nur für interne Links

Bitte beachten Sie, dass wir den `RouterLink` nur für Links einsetzen können, die auf die Routen unserer Anwendung zeigen. Für externe Verlinkungen müssen wir weiterhin das `href`-Attribut verwenden, denn der Browser soll den Link wie gewöhnlich behandeln.

Das war's auch schon – wir haben zwei Links konfiguriert, mit denen wir zwischen den Komponenten wechseln können. Jetzt ist auch gut erkennbar, was eine Single-Page-Applikation ausmacht: Die Anwendung wird einmalig geladen, und beim Wechsel der Route wird nur jeweils die zu ladende Komponente ausgetauscht. Die `AppComponent` mit der Überschrift bleibt die ganze Zeit bestehen!

Pfade in Single-Page-Applikationen

Eine wichtige Eigenschaft der Single-Page-Applikationen ist, dass die Seite nach dem ersten Download nie neu vom Server abgerufen wird, sondern die Komponenten zur Laufzeit in die Anwendung geladen werden. Die URL wird mithilfe der HTML5 History API in der Adresszeile des Browsers umgeschrieben. Das passiert im Hintergrund und verursacht kein Neuladen der Seite. Es ist also »egal«, was dort eingetragen wird – der Pfad muss nicht einmal im Dateisystem vorhanden sein!

Interessant wird diese Eigenschaft dann, wenn wir die Seite mit dem geänderten Pfad tatsächlich neu laden. Der Webserver wird versuchen, die Anwendung unter dem angegebenen Pfad – der inzwischen mit der History API umgeschrieben wurde – im Dateisystem aufzurufen. Die Angular-Anwendung befindet sich allerdings im Webroot des Servers mit der Datei `index.html` als Einstiegspunkt.

Wir müssen den Webserver also so konfigurieren, dass alle Anfragen auf den Webroot der Anwendung geleitet werden. In Apache kann man dieses Verhalten mit dem Modul `mod_rewrite` steuern. Wichtig ist, dabei die Pfade auszuschließen, die tatsächlich Ordner sind, z. B. Medien und die Anwendung selbst.

Wir wollen an dieser Stelle vor allem für diese Eigenschaft sensibilisieren. Die Angular CLI übernimmt die Konfiguration mit dem eingebauten Entwicklungsserver nämlich bereits für uns. Im Abschnitt zum Deployment ab Seite 526 gehen wir noch genauer darauf ein, wie andere Webserver konfiguriert werden müssen, um die Anwendung auch beim direkten Aufruf einer Route richtig anzuzeigen.

8.2.6 Routenparameter

Bis hierhin haben wir alle Routen statisch festgelegt und über Links aufgerufen. Häufig wollen wir aber in der URL noch Werte übergeben, die wir in der Komponente verarbeiten wollen, z. B. die ID eines Eintrags. Um das zu erreichen, verwenden wir Routenparameter: Das sind Segmente in der URL, die einen generischen Platzhalter besitzen, der beim Aufruf mit einem beliebigen Wert belegt werden kann.

Die Einrichtung nehmen wir wieder in drei Schritten vor:

- Parameterübergabe in der Route konfigurieren
- Parameter beim Routenaufruf übergeben
- Parameter in der Komponente auslesen

Routen für Parameterübergabe konfigurieren

Wir passen zunächst unsere Routen an, denn wir müssen festlegen, dass dort Parameter übergeben werden. Dazu erweitern wir den Pfad und fügen einen Platzhalter für unseren Parameter hinzu. Der Name kann frei gewählt werden, z. B. `id`. Damit Angular erkennt, dass es sich um einen

Parameter handelt, muss der String mit einem Doppelpunkt eingeleitet werden. Dieser Platzhalter teilt nun dem Router mit, dass an dieser Stelle im URL-Pfad ein Parameter übergeben wird.

Listing 8–31 *Routenparameter konfigurieren*

```
{ path: 'mypath/:id', component: MyComponent }
```

Die konfigurierte Route können wir verwenden und mit einem Link darauf verweisen. Hier ist es sinnvoll, die Array-Notation zu verwenden, denn wir können einen dynamischen Parameter einfach in einem weiteren Array-Element angeben.

Listing 8–32 *Routenparameter übergeben*

```
<a routerLink="/myPath/42">Link auf 42</a>
<a [routerLink]="['/mypath', myData.id]">Dynamische ID</a>
```

Keine optionalen Parameter

Aber Achtung: Diese Route funktioniert jetzt nur noch mit dem neuen Parameter. Möchten wir die Komponente also auch ohne Parameter aufrufen, müssen wir eine neue Route definieren, denn optionale Parameter gibt es nicht.

Beim Aufruf der URL `/myPath/42`, z. B. durch einen Klick auf den Link, wird jetzt entsprechend der Routendefinition die Komponente `MyComponent` geladen. Im nächsten Schritt können wir innerhalb dieser Komponente den übergebenen Parameter abrufen und verarbeiten.

Parameter in der Komponente auslesen

Dazu nehmen wir uns die Komponente `MyComponent` vor. Zunächst importieren wir die Klasse `ActivatedRoute` und erzeugen über DI eine neue Instanz, die wir innerhalb unserer Komponente verwenden können.

ActivatedRoute

Mithilfe von `ActivatedRoute` können wir nun den aktuellen Zustand des Routers abfragen. Nachdem wir diesen Service über den Konstruktor in die Komponente injiziert haben, können wir Informationen über die aktive Route abrufen: Die Eigenschaft `this.route.snapshot.paramMap` ist ein Objekt, das alle Parameter der Route liefert. Hier können wir auch unseren Parameter `id` auslesen und weiterverarbeiten. Der Name entspricht dem Namen, den wir in der Routendefinition mit dem Doppelpunkt festgelegt haben. Die `ParamMap` bietet zum Auslesen des Parameters die Methode `get()`.

Listing 8–33 *Routenparameter auslesen*

```
import { Component, OnInit } from '@angular/core';
import { ActivatedRoute } from '@angular/router';

@Component({ /* ... */ })
export class MyComponent implements OnInit {
  id: number;

  constructor(private route: ActivatedRoute) { }
```

```
  ngOnInit() {
    this.id = this.route.snapshot.paramMap.get('id');
  }
}
```

Snapshot

Schnappschuss (Snapshot) bedeutet in diesem Zusammenhang, dass der aktuelle Zustand der aktiven Route abgefragt wird. Ändern sich die Parameter zur Laufzeit der Komponente, wird der ausgelesene Zustand allerdings nicht aktualisiert.

Routen auf dieselbe Komponente

Stellen Sie sich einmal den folgenden Anwendungsfall vor: Auf der Detailseite eines Buchs befindet sich ein Link zur Detailseite eines *anderen* Buchs. Folgt der Nutzer diesem Link, behält der Router die aktive Komponente mit der Detailseite bei. Sie wird also nicht beendet und anschließend neu instanziiert, sondern bleibt bestehen. Es ändert sich lediglich der Routenparameter. Auch `ngOnInit()` wird nicht erneut aufgerufen, die Komponente erfährt also nichts vom aktualisierten Parameter.

Observables

Um dieser Herausforderung zu begegnen, existiert ein zweiter Weg, um Routenparameter auszulesen. Das Objekt `this.route.paramMap` (ohne `snapshot`) ist ein sogenanntes *Observable*. Wir werden uns später noch sehr ausführlich mit diesem Datentyp beschäftigen. Einfach erklärt ist ein Observable ein Objekt, das über die Zeit einen Datenstrom liefert. In unserem Fall sind das die veränderten Parameter.

Um die Daten aus einem Observable zu erhalten, müssen wir den Datenstrom abonnieren. Dafür nutzen wir die Methode `subscribe()`. Als Argument übergeben wir eine Callback-Funktion, die immer dann ausgeführt wird, wenn sich ein Parameter ändert. Innerhalb der Funktion rufen wir den Parameter ab und schreiben ihn in das passende Property unserer Komponente.

Listing 8–34
Routenparameter auslesen (asynchron)

```
import { Component, OnInit } from '@angular/core';
import { ActivatedRoute } from '@angular/router';

@Component({ /* ... */ })
export class MyComponent implements OnInit {
  id: number;

  ngOnInit() {
    this.route.paramMap.subscribe(
        paramMap => this.id = paramMap.get('id');
    );
  }
}
```

Welche der beiden Varianten Sie einsetzen, hängt vom Geschmack und vom Fall ab. Führt eine Route auf dieselbe Komponente, ist das Observable die einzige Möglichkeit, auf Routenwechsel zu reagieren. In der Praxis werden Sie vermutlich öfter das Observable nutzen, sobald Sie mit den Ideen dieses Datentyps richtig warm geworden sind. Bis dahin wählen Sie am besten den Weg, der Ihnen gut passt.

Was ist mit `this.route.params`?

Vielleicht haben Sie entdeckt, dass neben `paramMap` auch ein Objekt `params` in `ActivatedRoute` existiert. Dieses Objekt bietet einen direkten Zugriff auf die Routenparameter. `params` gilt allerdings als *deprecated* und sollte nicht mehr verwendet werden. Setzen Sie stattdessen nur `paramMap` ein.

Zusammenfassung

Fassen wir also zusammen: Wir haben in der Routendefinition einen Platzhalter für den Parameter festgelegt. In unseren Templates haben wir Links festgelegt, die die Route mit Parameter aufrufen. In der gerouteten Komponente haben wir schließlich mit `ActivatedRoute` den Parameter wieder ausgelesen. Damit können wir jetzt mit einer einzigen Komponente verschiedene Inhalte darstellen, z. B. Einträge, die durch eine ID identifiziert werden.

8.2.7 Verschachtelung von Routen

Bisher sind unsere drei definierten Routen allesamt auf einer Ebene. In einer komplexeren Anwendung gibt es allerdings logische Bereiche mit Unterseiten und Untermenüs. Dabei tauchen dann z. B. solche URLs auf:

- `/user/list`
- `/user/add`
- `/user/edit`
- `/settings/general`
- `/settings/advanced`
- `/books`
- `...`

Die beiden Bereiche `user` und `settings` haben jeweils ein eigenes Untermenü. Wir könnten nun beginnen, für jede dieser URLs eine Route in unserem Array zu definieren. Der Router bringt für diesen Anwendungsfall allerdings schon etwas mit: Wir können Routen verschachteln.

Kind-Routen

Dazu kann eine Route mit Kind-Routen versehen werden. Es entsteht in unserer Anwendung eine Baumstruktur, wie sie in Abbildung 8–3 skizziert ist.

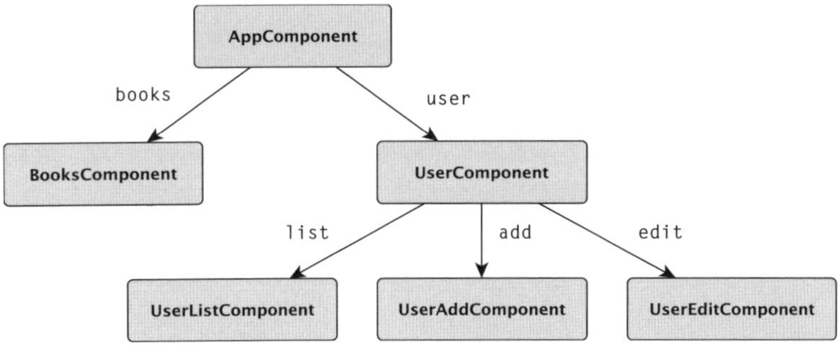

Abb. 8–3
Routenhierarchie

Jede Kante des Graphen entspricht hier einem URL-Segment. Eine Route wird dann aufgelöst, wenn die URL einem Pfad von der Wurzel bis zu einem Blatt entspricht. Im Beispiel trifft das also für die Pfade `/books`, `/user/list`, `/user/add` und `/user/edit` zu.

Das Kind einer Route wird dabei jeweils in das RouterOutlet seiner Elternkomponente eingesetzt. Das bedeutet, dass in unserem Beispiel die `UserComponent` und die `AppComponent` über ein RouterOutlet verfügen müssen, denn beide haben Kinder.

Für die URL `/user/add` werden die Komponenten demnach folgendermaßen verschachtelt:

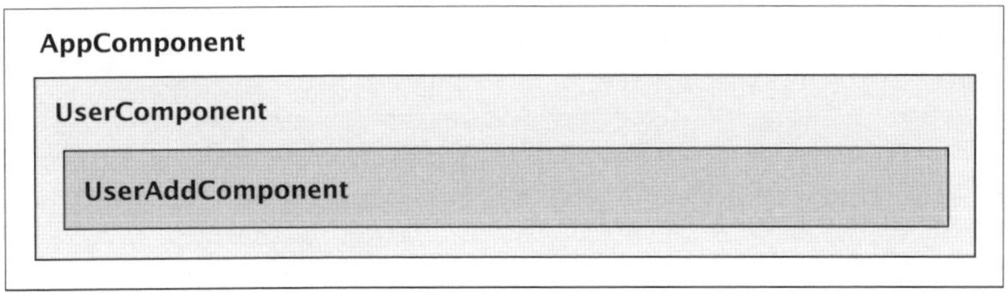

Abb. 8–4
Verschachtelte RouterOutlets für den Pfad /user/add

children

Diesen Baum bilden wir in unseren Routendefinitionen ab. Dazu verwenden wir die Eigenschaft `children`, in der wir die Kinder einer Route angeben. Dort erstellen wir einfach ein Array mit weiteren Routendefinitionen. Diese Kind-Routen können übrigens selbst auch wieder Kinder haben usw.

Im Beispiel wird die Route für den Pfad `user` um die entsprechenden Kinder ergänzt:

Listing 8–35
Route mit Kind-Routen

```
const routes: Routes = [
  {
    path: 'books',
    component: BooksComponent
  },
```

```
  {
    path: 'user',
    component: UserComponent,
    children: [
      {
        path: 'list',
        component: UserListComponent
      },
      {
        path: 'add',
        component: UserAddComponent
      },
      // ...
    ]
  }
];
```

Anschließend können wir in der Anwendung die Links aktualisieren. Wie gewohnt können wir dabei absolute und relative Pfade verwenden, um die Routen zu adressieren. Im Listing 8–36 sind einige Beispiele für Querverlinkungen gezeigt.

Listing 8–36
Beispiele für Links auf verschachtelte Routen

```
// von UserComponent zu UserListComponent
<a routerLink="list">...</a>

// von UserListComponent zu BooksComponent
<a routerLink="/books">...</a>
<a routerLink="../../books">...</a>

// von UserAddComponent zu UserListComponent
<a routerLink="../list">...</a>
<a routerLink="/user/list">...</a>

// von AppComponent zu BooksComponent
<a routerLink="/books">...</a>
<a routerLink="books">...</a>
```

8.2.8 Routenweiterleitung

Wie eben skizziert, wird eine URL nur dann zu einer Route aufgelöst, wenn sie bei einem Blatt im Routing-Baum endet. Mit der bisher verwendeten Konfiguration führt das zu einem Problem: Die URL `/user` ist aktuell nicht mehr aufrufbar, denn sie ist nur ein Zwischenknoten auf dem Weg zu den Blättern.

Eine mögliche Lösung wäre, eine weitere Komponente einzufügen, die auf den leeren Pfad matcht – so wie wir es einige Seiten zuvor schon für die `StartComponent` getan haben.

Für den Fall gibt es aber auch eine elegantere Lösung. Anstatt eine weitere Komponente einzuführen, können wir eine Weiterleitung auf eine andere Route definieren. Dazu verwenden wir die Eigenschaft `redirectTo` und geben einen Pfad zur Weiterleitung an. Der Pfad wird genau so notiert, wie wir es im `RouterLink` tun würden. Die Eigenschaft `component` wird natürlich entfernt, denn es soll ja keine Komponente geladen werden. Die neue Route ist lediglich eine Weiterleitung auf eine andere.

redirectTo

Listing 8–37
Route mit Weiterleitung

```
const routes: Routes = [
  {
    path: 'books',
    component: BooksComponent
  },
  {
    path: 'user',
    component: UserComponent,
    children: [
      {
        path: '',
        redirectTo: 'list',
        pathMatch: 'full'
      },
      // ...
    ]
  }
];
```

Beim Aufruf von `/user` leitet die Anwendung nun automatisch weiter zu `/user/list`.

Achtung: Redirects mit absoluten Pfaden können nicht verkettet werden!

Vorsicht ist geboten, wenn wir mit einer Redirect-Route auf eine andere Redirect-Route verweisen, also Weiterleitungen verketten. Verwenden wir für die Weiterleitung absolute Pfade (also mit einem führenden Slash), wird der Router nur die erste Weiterleitung ausführen und dann einen Fehler generieren.

8.2.9 Aktive Links stylen

In einer Webanwendung werden Links vor allem verwendet, um eine Navigationsleiste zu entwickeln. Für die Usability ist es sinnvoll, wenn das jeweils aktive Element hervorgehoben wird.

CSS-Klasse angeben mit RouterLinkActive

Angular bringt auch dafür schon die nötigen Hilfsmittel mit. Mit der Direktive `RouterLinkActive` können wir angeben, welche CSS-Klassen auf das Element angewendet werden sollen, wenn der Link aktiv ist. Wir können damit unsere Links individuell stylen – um die Verwaltung des Zustands kümmert sich Angular.

Mehrere Klassen können entweder hintereinander in einem String oder als Array angegeben werden.

Listing 8–38 RouterLinkActive*: CSS-Klassen auf aktive Links setzen*

```
<a routerLink="/user" routerLinkActive="myactiveclass">...</a>
<a routerLink="/books" routerLinkActive="cls1 cls2">...</a>
<a routerLink="/" [routerLinkActive]="['cls1','cls2']">...</a>
```

Die Direktive funktioniert auch auf einem Elternelement. Die CSS-Klassen werden dann auf den Container angewendet, sobald einer der beinhalteten Links aktiv ist.

Listing 8–39 RouterLinkActive *auf einem Elternelement*

```
<div routerLinkActive="myActiveClass">
  <a routerLink="/user">User</a>
  <a routerLink="/books">Books</a>
</div>
```

Abb. 8–5 *Ein aktiver Link erhält automatisch die festgelegte CSS-Klasse* .myActiveClass.

8.2.10 Route programmatisch wechseln

Bisher haben wir alle Links auf andere Routen in den Templates definiert und dabei die Direktive `RouterLink` verwendet. Manchmal ist es allerdings nötig, aus einer Komponente heraus programmatisch auf eine andere Route zu leiten, z. B. nachdem eine Aktion erfolgreich ausgeführt wurde.

Router.navigate()

Dazu stellt der Service `Router` die Methode `navigate()` zur Verfügung. Eine Instanz dieser Klasse erzeugen wir wieder, indem wir `Router` in den Konstruktor injizieren. Wir können dann die Methode nutzen, um zu einer anderen Route zu wechseln, wie in Listing 8–40 zu sehen ist. Als Argument wird immer ein Array mit Routensegmenten für die Ziel-URL angegeben – genau so, wie wir es vom RouterLink kennen. Wollen wir eine URL als String angeben, so können Sie die Methode navigateByUrl() einsetzen. Diese Methoden können wir ebenso nur für Routen in der Anwendung verwenden, nicht für Links auf externe Seiten.

Router.navigateByUrl()

```
import { Router } from '@angular/router';

@Component({ /* ... */ })
export class MyComponent {
  constructor(private router: Router) { }

  changeTheRoute() {
    this.router.navigate(['/user', 'list']);
    // oder
    this.router.navigateByUrl('/user/list');
  }
}
```

Listing 8–40
Router.navigate() *verwenden, um die Route aus der Komponente heraus zu wechseln*

Relative Pfade

Eine Besonderheit ist bei relativen Pfaden zu beachten. Im RouterLink werden solche Pfade immer ausgehend von der aktuellen Komponente aufgelöst, siehe dazu auch den Kasten auf Seite 164. Verwenden wir die Methoden navigate() oder navigateByUrl(), müssen wir den Kontext des relativen Pfads manuell angeben. Wir übergeben dazu die aktuelle Route (ein Objekt von ActivatedRoute) als Argument an die Methode. Dazu dient das Property relativeTo.

```
import { Router, ActivatedRoute } from '@angular/router';

// ...
export class MyComponent {
  constructor(
    private router: Router,
    private route: ActivatedRoute
  ) { }

  changeTheRoute() {
    this.router.navigate(
      ['foo'],
      { relativeTo: this.route }
    );
  }
}
```

Listing 8–41
Relative Pfade mit Router.navigate()

RouterLink *statt* (click)-*Event verwenden*

Die Methode `changeTheRoute()` können wir zum Beispiel ausführen, indem wir das `click`-Event binden. Hier ist allerdings Vorsicht geboten, denn das Klick-Event ist nicht das Gleiche wie ein »echter« Link. In diesem Fall reagiert der Button z. B. nicht auf Auslösen mit der Tastatur, und auch Screenreader und Suchmaschinen können an dieser Stelle keinem Link folgen. Wir sollten also, wenn auf eine Benutzeraktion reagiert wird, wenn möglich immer einen `RouterLink` einsetzen, anstatt den Zustand des Routers programmatisch zu ändern. Die vorgestellten Methoden `navigate()` und `navigateByUrl()` sind immer nur dann empfehlenswert, wenn Sie innerhalb einer Programmroutine eine Navigation auslösen möchten. Ein Beispiel für einen solchen Fall ist eine erfolgreich abgeschlossene Operation wie ein HTTP-Request.

8.2.11 Den BookMonkey erweitern

Story – Navigation

Als Leser möchte ich mithilfe eines Menüs durch die Anwendung geleitet werden, um zwischen Inhalten wechseln zu können.

- Es soll ein Menü im oberen Bereich der Anwendung existieren.
- Es soll eine Startseite existieren, die beim Aufruf der Anwendung angezeigt wird.
- Es soll ein Menüpunkt existieren, der nach Aufruf die Liste aller Bücher anzeigt.
- Es soll möglich sein, aus der Listenansicht zur Ansicht mit detaillierten Informationen zu einem speziellen Buch zu wechseln.
- Jede einzelne Ansicht wird durch eine eindeutige URL repräsentiert.

Routing-Struktur der Anwendung

Für eine bessere Übersicht planen wir die Struktur unserer Anwendung zunächst auf dem Papier. Die Listen- und die Detailansicht für die Bücher haben wir schon in der ersten Iteration entwickelt. Zusätzlich soll jetzt eine Komponente für die Startseite angelegt werden, die `HomeComponent`. Dadurch entsteht der folgende Komponentenbaum für das Routing. An den Kanten ist jeweils die URL notiert, die auf diese Komponente verweist.

In der Komponente `AppComponent` soll eine Navigationsleiste angelegt werden, mit der der Nutzer zwischen den Ansichten umschalten kann. Außerdem soll hier ein RouterOutlet platziert werden, in dem die jeweils geladene Komponente angezeigt wird.

Damit wir in der Komponente `BookDetailsComponent` die Infos zu einem Buch abrufen können, soll die ISBN als Parameter in der URL übergeben werden.

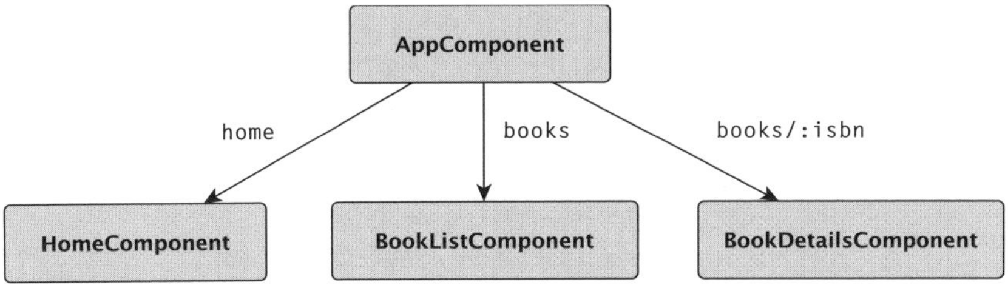

Abb. 8–6
Routenhierarchie im BookMonkey

Komponente für die Startseite anlegen

Wir widmen uns zunächst dem einfachsten Schritt und legen eine neue Komponente für die Startseite an:

```
$ ng g component home
```

Listing 8–42 HomeComponent *anlegen mit der Angular CLI*

Es ergibt sich die folgende Dateistruktur:

```
src
└── app
    ├── book-details
    │   └── ...
    ├── book-list
    │   └── ...
    ├── book-list-item
    │   └── ...
    ├── shared
    │   └── ...
    ├── home
    │   ├── home.component.html
    │   ├── home.component.ts
    │   └── ...
    └── ...
```

Diese Komponente soll ganz einfach gehalten sein und nur einen Begrüßungstext anzeigen. Um die Implementierung kümmern wir uns später.

Routing aufsetzen

Wir rufen uns zum Anfang wieder die drei Schritte ins Gedächtnis, in denen wir das Routing aufsetzen:

- Routen konfigurieren
- `RouterModule` einbinden
- RouterOutlet platzieren

Routen konfigurieren

Für die Routendefinitionen nehmen wir uns das Schema aus Abbildung 8–6 zu Hilfe. Wir benötigen drei Routen, die auf die drei verschiedenen Komponenten verweisen.

Die Route zur Detailseite enthält außerdem den Platzhalter `:isbn`, in dem die ISBN für ein Buch übergeben wird. Diesen Parameter lesen wir später in der Komponente aus, um ein Buch anzuzeigen.

Listing 8–43
Routen auf die drei Komponenten

```
{ path: 'home', component: HomeComponent },
{ path: 'books', component: BookListComponent },
{ path: 'books/:isbn', component: BookDetailsComponent }
```

In dieser Konfiguration ist noch nicht berücksichtigt, dass der Nutzer beim Start der Anwendung leer ausgehen wird, denn die Start-Komponente wird für den Pfad `/home` geladen, und für / ist keine Route vorhanden. Wir legen deshalb fest, dass der Root-Pfad auf die URL `/home` weiterleiten soll, damit der Nutzer sofort zur Startseite gelangt. Hierbei dürfen wir die Angabe `pathMatch: 'full'` nicht vergessen, damit die Route auch wirklich greift und nicht als Präfix einer anderen interpretiert wird. Unsere vollständige Routenkonfiguration sieht damit so aus:

Listing 8–44
Komplette Routenkonfiguration mit Redirect
(app-routing .module.ts)

```
import { HomeComponent } from './home/home.component';
import { BookListComponent } from './book-list/book-list.component';
import { BookDetailsComponent } from './book-details/book-details
        ↪ .component';
const routes: Routes = [
  {
    path: '',
    redirectTo: 'home',
    pathMatch: 'full'
  },
  {
    path: 'home',
    component: HomeComponent
  },
  {
    path: 'books',
    component: BookListComponent
  },
  {
    path: 'books/:isbn',
    component: BookDetailsComponent
  }
];
```

Routendefinitionen einbinden

Alle Komponenten, auf die wir in den Routen verweisen, müssen im Kopf der Datei importiert werden! Das Array mit den Routendefinitionen binden wir jetzt in unsere Anwendung ein. Der passende Ort dafür ist die Datei `app-routing.module.ts`. Diese Datei existiert bereits, weil wir schon beim Anlegen des Projekts festgelegt haben, dass wir Routing nutzen wollen. Sollten Sie diesen Schritt vergessen haben, müssen Sie die Datei manuell anlegen.

Routing-Modul in Anwendung importieren

Damit die Anwendung von unseren Routen weiß, muss das `AppRoutingModule` in das zentrale `AppModule` importiert werden. Diesen Schritt sollte jedoch bereits die Angular CLI beim Anlegen der Anwendung für uns übernommen haben.

RouterOutlet *einbinden*

Um sicherzustellen, dass das Routing korrekt funktioniert, prüfen wir schlussendlich noch, ob sich das RouterOutlet an der richtigen Stelle befindet. Auch hier hat die Angular CLI bereits vorgearbeitet und den Platzhalter im Template der `AppComponent` eingefügt. Das Outlet ersetzt jetzt den Code, mit dem wir zuvor die beiden Komponenten manuell ausgetauscht haben, denn diese Komponenten sollen ja nun vom Router geladen werden. Bis auf das Outlet befindet sich zunächst auch kein weiterer Code in diesem Template.

```
<router-outlet></router-outlet>
```

Listing 8–45
RouterOutlet in der AppComponent (app.component.html)

Die ersten Schritte sind damit erledigt! Starten wir jetzt unsere Anwendung im Browser, leitet die Seite automatisch weiter zu unserer Start-Komponente unter dem Pfad `/home`. Rufen wir manuell die Pfade `/books` und `/books/9783864906466` auf, so werden Listen- und Detailansicht angezeigt.

Parameter in Detailansicht auslesen

Wenn wir die Detailseite aufrufen, fällt auf, dass gar kein Buch angezeigt wird. Die Ursache ist einfach: Bisher haben wir ein Buch-Objekt über ein Property Binding in die Detailkomponente hineingegeben. Jetzt, wo wir die Komponenten automatisch durch den Router verwalten lassen, funktioniert dieser Weg natürlich nicht mehr.

Die ISBN soll in der URL stehen.

Wichtig ist dabei die Anforderung, dass die Detailseite auch dann aufgerufen werden können soll, wenn nur die URL bekannt ist. Das bedeutet, dass das angezeigte Buch durch einen Teil der URL beschrieben werden muss.

Dazu haben wir bereits im ersten Schritt in der URL für die Detailroute einen Platzhalter für die ISBN angelegt. Die ISBN wird also immer in der URL mitgeliefert, und wir können das zugehörige Buch über einen Service abrufen.

Den Service erweitern

Wir erweitern als Nächstes unseren Service `BookStoreService`, sodass wir ein Buch anhand seiner ISBN abrufen können. Die passende Methode ist schnell implementiert:

Listing 8–46 *Die Methode* getSingle() *im* BookStoreService (book-store.service.ts)

```
// ...
@Injectable({ /* ... */ })
export class BookStoreService {
  // ...

  getSingle(isbn: string): Book {
    return this.books.find(book => book.isbn === isbn);
  }
}
```

Anschließend können wir den Service in der Detailkomponente nutzen. Wie üblich wird mittels DI in den Konstruktor eine neue Instanz erzeugt.

Routenparameter auslesen

Zunächst benötigen wir aber Zugriff auf die ISBN, die in der URL übermittelt wurde. Dazu importieren wir die Klasse `ActivatedRoute` und injizieren sie ebenso in den Konstruktor. Schließlich verwenden wir das Objekt `route.snapshot.paramMap`, um den aktuellen Wert des übergebenen Parameters abzufragen. Mit der ISBN können wir nun unsere Servicemethode aufrufen, um das zugehörige Buch zu erhalten. Diese Schritte bringen wir in der Methode `ngOnInit()` unter.

Service verwenden

Aufräumen

Einige Teile der Komponente fallen an dieser Stelle weg: Wir können das Output-Property `showListEvent` und die Methode `showBookList()` entfernen, weil sich nun der Router um den Komponentenwechsel kümmern soll. Der Rückgabewert der Servicemethode ist ein Buch-Objekt, das in die Eigenschaft `this.book` geschrieben wird. Das aktuelle Buch gelangt nun also nicht mehr über ein Property Binding in die Komponente, sondern wird aus dem Service abgerufen. Wir können demnach den Decorator `@Input()` von der Eigenschaft `book` entfernen.

Listing 8–47 BookDetails-Component *verwendet die Servicemethode* (book-details .component.ts).

```
import { Component, OnInit } from '@angular/core';
import { ActivatedRoute } from '@angular/router';
// ...
import { BookStoreService } from '../shared/book-store.service';

@Component({ /* ... */ })
export class BookDetailsComponent implements OnInit {
  book: Book;
```

```
  constructor(
    private bs: BookStoreService,
    private route: ActivatedRoute
  ) { }

  ngOnInit() {
    const params = this.route.snapshot.paramMap;
    this.book = this.bs.getSingle(params.get('isbn'));
  }
  // ...
}
```

Button aus dem Template entfernen

Im Template der Komponente entfernen wir den Button *Zurück zur Buchliste*, denn wir legen im nächsten Schritt eine Navigationsleiste an. Der Rest des Templates bleibt unverändert, denn es wird nach wie vor ein einzelnes Buch dargestellt, das in der Eigenschaft `book` vorliegt.

Rufen wir jetzt die Detailseite auf, z. B. mit der URL `/books/9783864903571`, so wird die Komponente mit Leben gefüllt und ein Buch aus der Liste angezeigt.

Links setzen

Das Routing ist an dieser Stelle schon vollständig funktionsfähig. Wir können alle unsere Komponenten über URLs erreichen. Wirklich benutzbar wird die Anwendung allerdings erst, wenn wir mit klickbaren Links zwischen den Ansichten umschalten können.

Navigationsleiste anlegen

Auf oberster logischer Ebene hat unsere Anwendung zwei Ansichten: die Startseite und die Buchliste. Diese beiden Seiten sollen über eine Navigationsleiste erreichbar sein, die immer sichtbar ist. Der richtige Platz dafür ist die `AppComponent`, denn diese Komponente ist während der gesamten Laufzeit sichtbar. Unter der Menüleiste befindet sich das RouterOutlet, in das die geroutete Komponente geladen wird. Um das Linkziel festzulegen, verwenden wir nicht das Attribut `href`, sondern setzen die Direktive `RouterLink` ein. Wir können hier die Attributschreibweise verwenden, weil der Pfad nur ein String ist.

```
<div class="ui menu">
  <a routerLink="home" class="item">Home</a>
  <a routerLink="books" class="item">Bücher</a>
</div>
<router-outlet></router-outlet>
```

Listing 8–48
Navigationsleiste in der AppComponent (app.component.html)

Jetzt können wir die Menüleiste verwenden, um zwischen der Startseite und der Buchliste umzuschalten. Es ist auch sichtbar, was eine Single-

Page-Applikation ausmacht: Der »Rahmen« der Anwendung bleibt bestehen, und nur die Ansicht im RouterOutlet wird neu geladen.

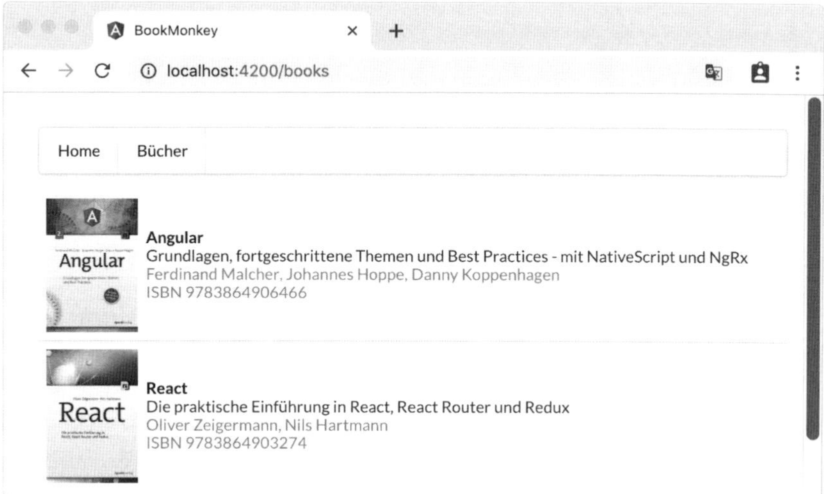

Abb. 8–7
Route /books mit Menüleiste

Relative oder absolute Pfade?

Sie haben sicher bemerkt, dass wir für die Menüleiste relative Pfade eingesetzt haben. Ob und warum relative oder absolute Pfade verwendet werden sollen, lässt sich meist nicht pauschal beantworten, sondern ist eine Frage der Gesamtstruktur. Wir hätten in unserer Menüleiste genauso gut absolute Pfade einsetzen können: `/home` und `/books`. Dabei ist zu beachten, dass die Anwendung dann immer im Webroot eines Hosts laufen muss und nicht in einem Unterordner.

Durch die komponentenbasierte Entwicklung hat der Router allerdings eine besondere Eigenschaft: Der Pfad im `RouterLink` bezieht sich nicht auf die aktuell geladene URL, sondern auf die Komponente, aus der er aufgerufen wird. Das wollen wir an einem Beispiel erklären: Die aktuelle URL sei z. B. `/books/123456789/foo`. Wird von hier aus auf den Pfad `bar` verlinkt, geht man davon aus, dass dadurch die URL `/books/123456789/bar` geladen wird, weil es sich um einen relativen Pfad handelt. Tatsächlich hängt das allerdings davon ab, in welcher Komponente der Link definiert wird. Befindet er sich in der `AppComponent`, also auf höchster Ebene, führt der Link zur URL `/bar`. Steht der Link in der Komponente, die durch `/books/:isbn/foo` geladen wurde, wird beim Klick der Pfad `/books/123456789/bar` aufgerufen.

Aufgrund dieser Eigenschaft funktionieren in unserer Menüleiste auch relative Pfade, denn sie befindet sich auf höchster Ebene der Anwendung in `AppComponent`. Es ist ganz egal, in welcher Verschachtelungstiefe sich der Rest der Anwendung befindet.

Im nächsten Schritt soll der Nutzer die Detailansicht eines Buchs erreichen können, wenn er ein Buch in der Listenansicht anklickt. Dazu passen wir das Template der Komponente `BookListComponent` an und legen das Linkziel für die Einträge der Buchliste fest.

Link von der Buchliste zur Detailseite

```
<div class="ui middle aligned selection divided list">
  <bm-book-list-item class="item"
    *ngFor="let b of books"
    [book]="b"
    [routerLink]="b.isbn"></bm-book-list-item>
</div>
```

Listing 8–49
Buchliste in der BookListComponent *mit Link zur Detailseite* (book-list .component.html)

Hier müssen wir wieder über die Pfade nachdenken. Die Buchliste wird durch den Pfad `/books` geladen. Um von hier aus auf `/books/123456789` zu gelangen, reicht es aus, einen Link zum relativen Pfad `123456789` zu setzen.

Die ISBN liegt in der Eigenschaft `b.isbn` vor. Wichtig ist, dass wir die Direktive `RouterLink` als Property Binding verwenden, denn wir übergeben ja keinen String, sondern einen Ausdruck. Für einen relativen Pfad ist es ausreichend, wenn wir `b.isbn` übergeben. Wollen wir einen absoluten Pfad verwenden, sollten wir die Array-Schreibweise wählen: `[routerLink]="['/books', b.isbn]"`.

Klicken wir in der Buchliste nun einen Eintrag an, navigiert die Anwendung zur Detailseite des ausgewählten Buchs.

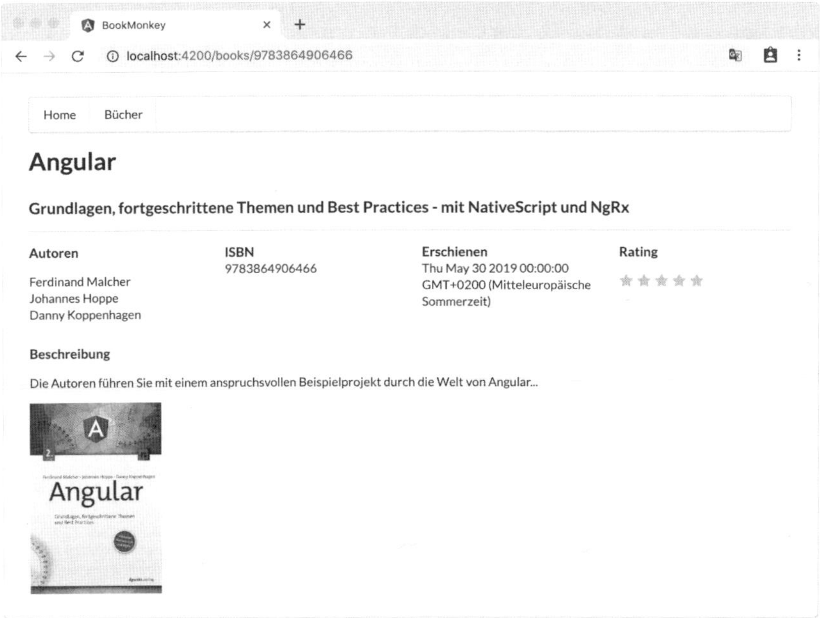

Abb. 8–8
Route /books/ 9783864903571 *mit Menüleiste*

Button auf der Startseite

Zuletzt kümmern wir uns noch um den Button auf der Startseite, der auf die Buchliste verweisen soll. Die `HomeComponent` wird für den Pfad `/home` geladen. Der relative Pfad zu `/books` lautet deshalb `../books`.

Listing 8–50
Link im Template der HomeComponent (home.component .html)

```
<h1>Home</h1>
<p>Das ist der BookMonkey.</p>
<a routerLink="../books" class="ui red button">
  Buchliste ansehen
  <i class="right arrow icon"></i>
</a>
```

Abb. 8–9
Startseite

Aktive Links stylen

Zuletzt wollen wir noch eine Verbesserung der Oberfläche vornehmen. Damit wir wissen, wo wir uns in der Anwendung befinden, soll der jeweils aktive Menüpunkt farblich hervorgehoben werden.

Semantic UI bringt dafür schon die CSS-Klasse `active` mit. Dadurch wird die Schaltfläche grau hinterlegt. Um die Klasse anzuwenden, setzen wir die Direktive `RouterLinkActive` ein und erweitern die Links in unserer Menüleiste. Als Argument übergeben wir jeweils den Namen der anzuwendenden CSS-Klasse. Wir müssen die Links einzeln mit der Direktive versehen, denn jeder einzelne Link soll die passende CSS-Klasse erhalten.

Listing 8–51
Navigationsleiste in der AppComponent *mit* RouterLinkActive (app.component.html)

```
<div class="ui menu">
  <a routerLink="home"  routerLinkActive="active"
    ↪ class="item">Home</a>
  <a routerLink="books" routerLinkActive="active"
    ↪ class="item">Bücher</a>
</div>
<router-outlet></router-outlet>
```

Nun ist auch optisch erkennbar, welcher Menüpunkt momentan aktiv ist.

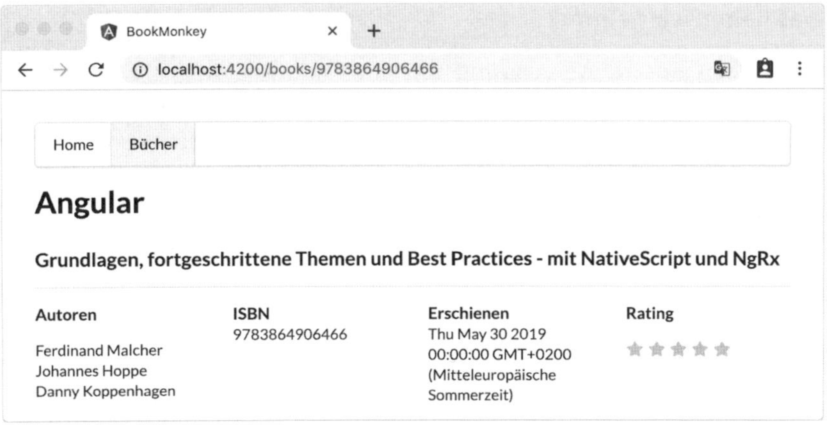

Abb. 8–10
Aktiver Menüpunkt mit CSS-Klasse .active

Komponenten aufräumen

Der Seitenwechsel im BookMonkey wird nun vollständig durch den Router übernommen. Wir können deshalb unsere Komponenten etwas aufräumen und die Altlasten beseitigen. Folgende Teile können entfernt werden:

- `BookDetailsComponent` *(bereits erledigt)*
  - Eigenschaft `showListEvent`
  - Methode `showBookList()`
  - `@Input()`-Decorator der Eigenschaft `book`
  - Imports für `Input`, `Output` und `EventEmitter`
- `BookListComponent`
  - Eigenschaft `showDetailsEvent`
  - Methode `showDetails()`
  - Imports für `Output` und `EventEmitter`
- `AppComponent`
  - alle Bestandteile der Klasse, also:
    - Eigenschaften `book` und `viewState`
    - Methoden `showList()` und `showDetails()`
    - Typdefinition für `ViewState`
    - Import für `Book`

Was haben wir gelernt?

Wir haben unsere Anwendung um ein funktionsfähiges Routing ergänzt, sodass wir ab sofort zwischen mehreren Ansichten mit Links hin- und herschalten können. Der Angular-Router greift uns dabei mit seinen Möglichkeiten unter die Arme, und wir brauchen uns als Entwickler nur um das Wesentliche zu kümmern.

Mehr zum Routing in der Iteration VI

Wir haben in diesem Kapitel zunächst nur eine Einführung in das Routing gegeben. Zum Beispiel haben wir im BookMonkey keine Routen verschachtelt, denn für diesen Anwendungsfall eignet sich die aktuelle Struktur der Anwendung nicht. Im Kapitel »Module & fortgeschrittenes Routing: Iteration VI« ab Seite 387 widmen wir uns spezielleren Anwendungsfällen und zeigen weitere interessante Features des Routers.

- Der Router verwaltet die Zustände der Angular-Anwendung.
- Zustände werden auf gut lesbare URL-Pfade abgebildet.
- Die Routendefinitionen legen fest, für welche URL welche Komponente geladen wird.
- Pfade in Routendefinitionen tragen niemals einen führenden Slash.
- RouterOutlets sind Platzhalter für die geladenen Komponenten.
- Die Direktive `RouterLink` hilft uns beim Erstellen von Links im Template. Wir sollten niemals das Attribut `href` verwenden.
- Aktive Links können automatisch mit einer CSS-Klasse versehen werden. Das erledigt die Direktive `RouterLinkActive` für uns.
- Die HTML-Seite wird bei der Navigation nie neu geladen, sondern es werden nur die Seiteninhalte aktualisiert.
- Wir können Routenparameter übergeben, die in der Zielkomponente verarbeitet werden. Dazu wird im URL-Pfad ein Platzhalter festgelegt.
- Mit der Eigenschaft `redirectTo` leitet eine Route auf eine andere weiter.
- Routen können verschachtelt werden, indem man Kinder definiert. Dabei wird ein Kind immer in das RouterOutlet seiner Elternkomponente eingesetzt.

Demo und Quelltext:
https://ng-buch.de/bm3-it2-routing

9 Powertipp: Chrome Developer Tools

Als Entwickler wollen wir vor allem eines: produktiv arbeiten. Der Fokus soll stets auf die Entwicklung neuer Funktionen gerichtet sein. Dazu gehören die Analyse und Behebung von Fehlern, die in unserer Software auftreten. Ebenso kommt es immer wieder vor, dass wir die Website manipulieren wollen, um etwa Design-Änderungen sofort sichtbar zu haben. Diese Arbeit möchten wir möglichst schnell abschließen, um uns auf die Weiterentwicklung konzentrieren zu können. Die *Chrome Developer Tools* unterstützen uns bei vielen Aufgaben, vor allem – aber nicht nur – bei der Analyse und der Bereinigung von Bugs. Dabei erlangen wir selbst auch ein solides Verständnis unseres Systems, weil wir in die Lage versetzt werden, zur Laufzeit durch unsere Anwendung zu navigieren.

Fehler effizient analysieren und beheben

Die Chrome Developer Tools starten

Die Chrome Developer Tools müssen geöffnet sein, damit wir unsere Anwendung analysieren, manipulieren oder debuggen können. Dafür können wir folgende Tastaturkürzel nutzen:

- **Windows/Linux:** Strg+⇧+I oder F12
- **macOS:** ⌘+⌥+I

Elements: den DOM inspizieren

Über die Ansicht *Elements* der Developer Tools können wir die Elemente des DOM inspizieren. Wenn wir mit der Maus über ein Element fahren, so wird dieses links in der Ansicht der offenen App optisch hervorgehoben (Abbildung 9–1). Rufen wir das Kontextmenü auf einem Element auf, stehen uns weitere Optionen zur Verfügung. So können wir zum Beispiel temporär den Inhalt eines DOM-Elements verändern, um uns anzuschauen, was dies für Auswirkungen hat. Über die rechte Spalte erhalten wir weitere Informationen. Es werden beispielsweise

DOM-Elemente und CSS live verändern

im Reiter *Styles* Informationen zu den gesetzten CSS-Klassen angezeigt. Alle CSS-Angaben lassen sich direkt editieren oder deaktivieren, sodass man Änderungen am Design schnell ausprobieren kann.

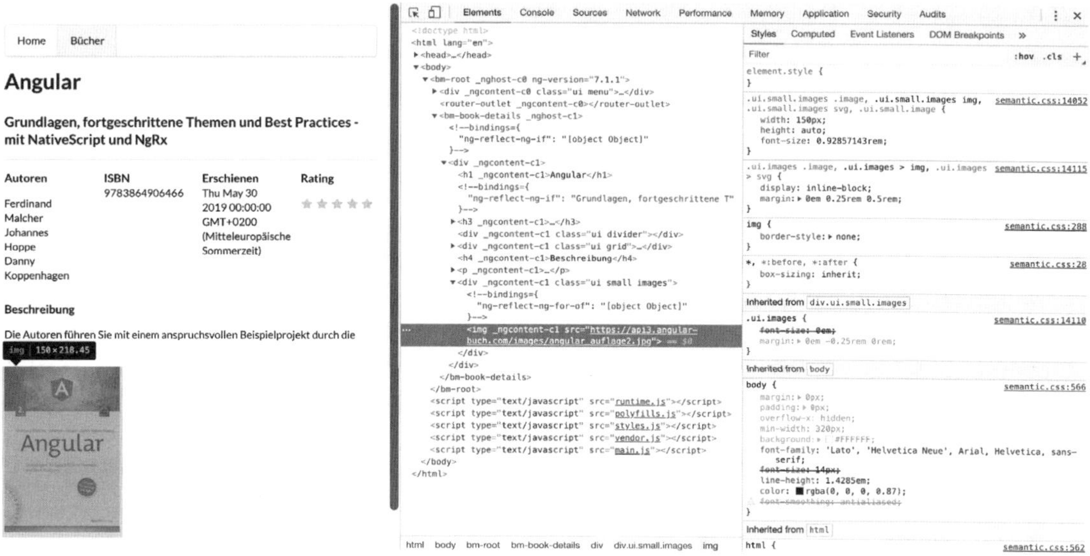

Abb. 9–1
Den DOM untersuchen

Mobilgeräte simulieren

Über den Button oben links mit dem Smartphone/Tablet-Symbol können wir uns die aktuelle Seite so präsentieren lassen, als würden wir sie auf einem Mobilgerät aufrufen (Abbildung 9–2). Dabei können wir aus einer Reihe aktueller Geräte auswählen oder auch eigene Gerätetypen oder Auflösungen angeben.

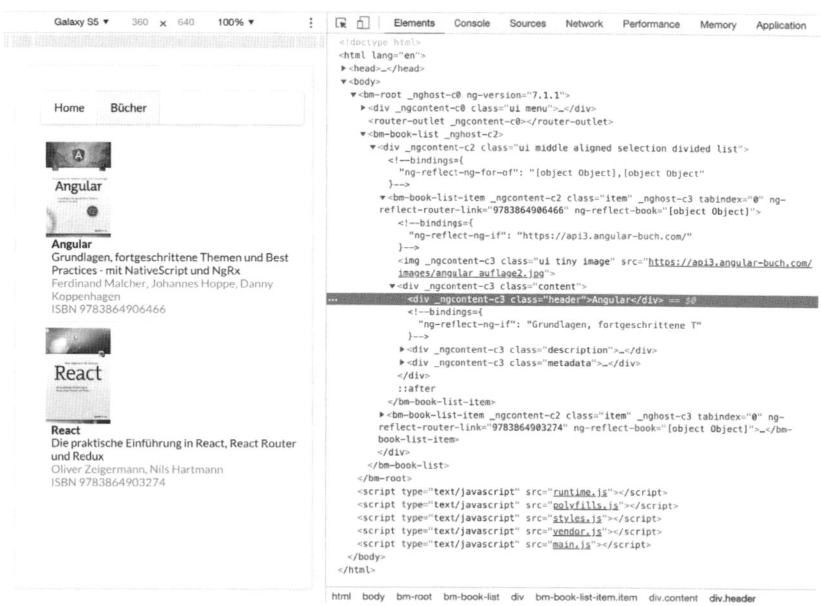

Abb. 9–2
Vorschau der Anzeige auf Mobilgeräten

Console: Befehle ausführen

Log-Ausgaben im Browser

Die Konsole erfüllt zwei Hauptaufgaben: Sie zeigt zum einen Fehler und Logging-Ausgaben an, zum anderen erlaubt sie uns, JavaScript-Befehle direkt auszuführen.

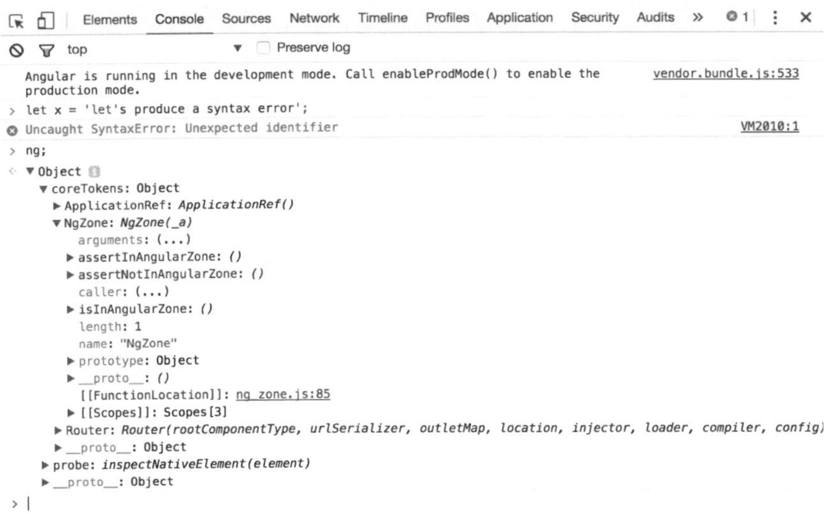

Abb. 9–3
Die Konsole verwenden

Wenn wir folgende Befehle in die Konsole eingeben, so erhalten wir die in Abbildung 9–4 gezeigte hilfreiche Ausgabe.

```
console.log('Hallo', 'Welt')
console.info('Eine Info-Meldung')
console.error('Fehler', { wirklich: 'wichtig' })
```

Console-Ausgaben im Produktivbetrieb entfernen!

Natürlich können die `console`-Befehle auch direkt im Quelltext platziert werden. Wir dürfen aber nicht vergessen, die Befehle später wieder zu entfernen. Ansonsten sind Benutzer der Anwendung gegebenenfalls später irritiert. Neuere, noch nicht standardisierte Befehle wie `console.profile()` werden auch gar nicht von allen Browsern unterstützt. Vergessen wir diese im Quelltext, so wird es zu unerwarteten Fehlern kommen!

Tabellen ausgeben mit console.table()

Kaum bekannt ist der Befehl `console.table()`, der Objekte und Arrays als Tabelle darstellt. Ergänzen wir etwa den `BookStoreService` um folgende Zeile, so erhalten wir eine übersichtliche Darstellung der Daten. Eine vollständige Liste aller Befehle erhalten wir im Mozilla Developer Network (MDN).[1]

[1] https://ng-buch.de/a/43 – Mozilla Developer Network: Console

Abb. 9–4
Den Befehl console.log() *verwenden*

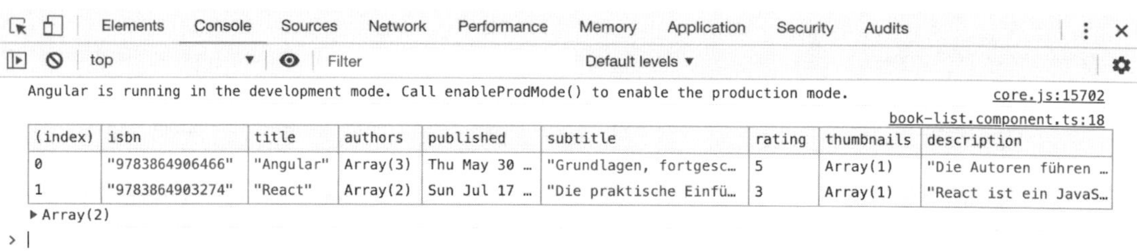

Abb. 9–5
Den Befehl console.table() *verwenden*

```
getAll(): Book[] {
  console.table(this.books);
  return this.books;
}
```

Network & Timeline: geladene Dateien analysieren

Network

Die Ansicht *Network* hilft uns dabei einzusehen, welche Dateien zu welchem Zeitpunkt geladen werden (Abbildung 9–6). Außerdem können wir in dieser Ansicht feststellen, ob es zu Fehlern bei den HTTP-Anfragen zum Laden der Dateien gekommen ist.

Einträge filtern

Um nur relevante Dateien zu sehen, steht uns im oberen Bereich eine Auswahl von Filtern zur Verfügung. Es lassen sich zum Beispiel über den Schnellfilter *XHR* nur asynchrone Ressourcenzugriffe anzeigen. Damit können wir sehen, welche Daten beispielsweise von einer HTTP-API abgerufen werden.

Details zu den Einträgen

Wählen wir einen Eintrag aus der Liste aus, werden weitere Details angezeigt. Wir können sehen, welche Anfrage mit welchen Optionen verschickt wurde und welche Antwort wir erhalten haben. Es lassen sich so z. B. Fehler eingrenzen, denn wir erhalten Informationen darüber, ob ein Fehler beim entfernten Server vorliegt oder ob womöglich die HTTP-Anfrage falsch formuliert wurde.

Langsame Internetverbindung simulieren

Über die Einstellung *Offline* und das Menü *Online* lässt sich ein Ausfall der Netzwerkverbindung oder eine verlangsamte Internetverbindung simulieren. Diese Funktion ist sehr hilfreich, wenn wir die Ladezeit einer Applikation optimieren wollen. Wir können direkt das Gefühl eines Nutzers nachempfinden, der die Seite beispielsweise mit einer sehr langsamen mobilen Internetanbindung aufruft.

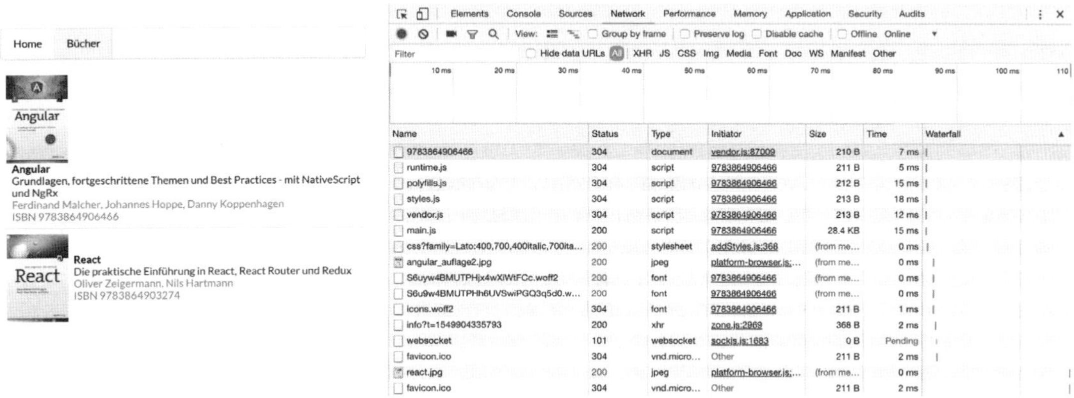

Abb. 9–6
Die Netzwerkansicht

Performance

Den Call Stack untersuchen

Der Reiter *Performance* zeigt uns eine zeitliche Analyse der Seite (Abbildung 9–7). Wir haben die Möglichkeit, das Ladeverhalten der Anwendung auf einem Zeitstrahl zu untersuchen. Jede geladene Datei und alle Ressourcenzugriffe werden im zeitlichen Verlauf dargestellt. Wir können in den Zeitstrahl hinein- und herauszoomen. Außerdem können wir den kompletten Call Stack verfolgen und sehen somit, zu welchem Zeitpunkt welche Funktionen aufgerufen wurden und wie viel Zeit bis zur vollständigen Abarbeitung vergangen ist. Über die Screenshot-Funktion lässt sich erwirken, dass beim Laden Aufzeichnungen der Anwendung gemacht werden. Damit können wir untersuchen, welche

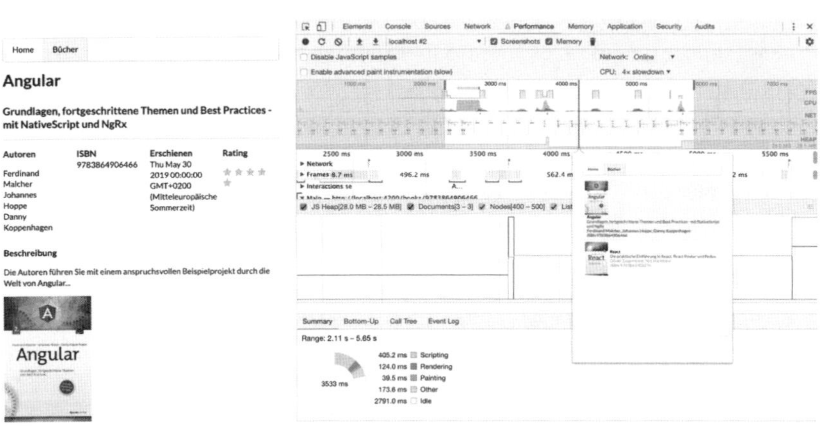

Abb. 9–7
Performance-Analyse

Langsame CPU simulieren

DOM-Elemente zu einem Zeitpunkt vollständig gerendert und dargestellt wurden. Zusätzlich können wir auch hier die Performance künstlich beeinflussen und prüfen, wie sich unsere Anwendung auf Geräten mit schlechteren Prozessoren verhält. Dafür kann die Einstellung *CPU* genutzt werden. In dieser Simulationseinstellung wird ein Faktor angegeben, um den die CPU-Leistung des aktuell verwendeten Geräts heruntergesetzt wird.

Debugging: Fehler im Quellcode aufspüren

Traditionell verwendet man bei der Entwicklung von JavaScript-Anwendungen die Anweisungen `console.log()` oder `alert()`. Im Fehlerfall erhält man so grundlegende Informationen über das Problem. In vielen Fällen ist das Debugging mit den Chrome Developer Tools jedoch viel komfortabler und intuitiver. Wir stellen hier eine Auswahl an hilfreichen Funktionen vor.

Mit Breakpoints arbeiten

Die `debugger`-Anweisung einsetzen

Breakpoints im Quellcode setzen

Das Debugging können wir bereits von unserem Editor aus steuern. Wir können einen Haltepunkt, auch Breakpoint genannt, in unserem Quellcode platzieren. Hierzu fügen wir an der gewünschten Stelle die Anweisung `debugger;` ein. Sobald wir die Anwendung bei geöffneten Developer Tools ausführen, wird die App an dieser Stelle pausiert (siehe Abbildung 9–8).

Listing 9–1
Die Anweisung debugger

```
@Component({ /* ... */ })
export class BookListComponent implements OnInit {
  books: Book[];

  constructor(private bs: BookStoreService) { }

  ngOnInit() {
    this.books = this.bs.getAll();
    debugger;
  }
}
```

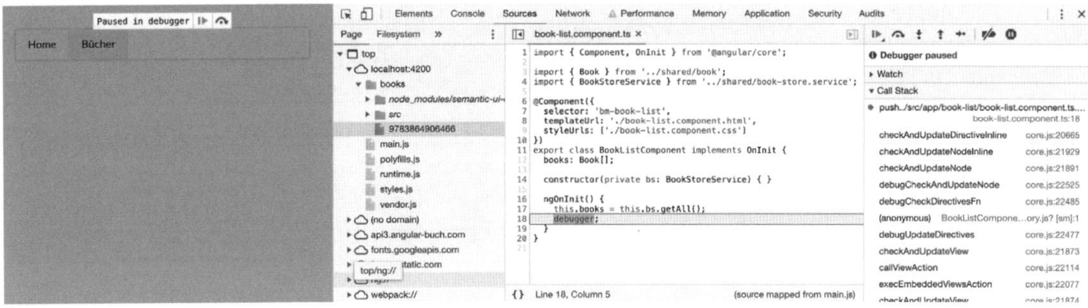

Abb. 9–8
Die Anwendung wird durch Einsatz der debugger*-Anweisung pausiert.*

Achtung: Debugger und Console wieder entfernen

Statements wie `debugger` oder der Befehl `console.log()` dienen ausschließlich der Entwicklung. Sie dürfen nicht versehentlich in einem produktiven System veröffentlicht werden. Wir sollten den Quelltext daher vor der Veröffentlichung immer mit TSLint prüfen.

Dass die Anwendung angehalten wurde, erkennen wir daran, dass die Seite mit einer grauen Box überlegt wurde. Eine Interaktion mit der Webseite ist möglich, sobald wir den Play-Button betätigen oder auf der Tastatur die Taste F8 drücken. In den Developer Tools wurde der Reiter *Sources* aktiviert und die Datei geöffnet, in der wir die Anweisung `debugger` eingefügt haben.

Haltepunkte in den Developer Tools setzen

Neben der `debugger`-Anweisung können Haltepunkte direkt in den Developer Tools verwaltet werden. Durch einen Klick auf die Zeilennummer wird ein Haltepunkt erzeugt. Die Zeile erhält ein blaues Label (siehe Abbildung 9–9). Alternativ kann dazu auch die Tastenkombination Strg+B beziehungsweise ⌘+B verwendet werden, um für die aktuelle Zeile einen Breakpoint zu setzen.

Für den Fall, dass sehr viele Breakpoints in der Anwendung existieren, werden diese im Bereich *Breakpoints* angezeigt. Dort können sie auch deaktiviert oder gelöscht werden, sobald sie nicht mehr gebraucht werden.

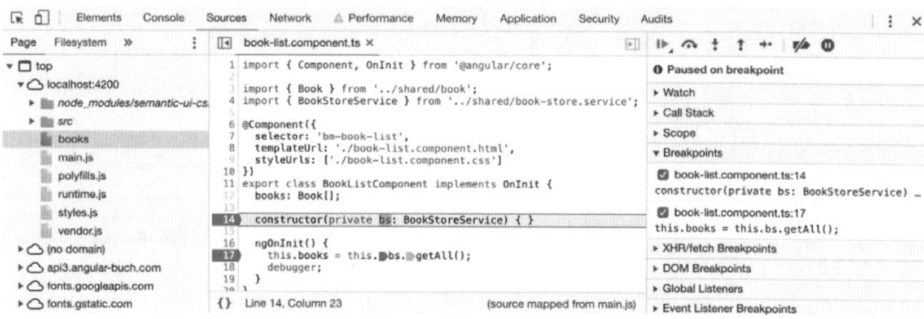

Abb. 9–9
Haltepunkte (Breakpoints) setzen

Während des Debuggings navigieren

Zwischen Dateien navigieren

Wenn wir uns im Debug-Modus befinden, können wir die App schrittweise durchgehen. Wir können von einem Breakpoint zum nächsten springen. Es ist möglich, die Anwendung zeilenweise zu durchschreiten. Darüber hinaus ist es auch möglich, in Methodenaufrufe hineinzuspringen. Dabei kann es passieren, dass man in eine andere Datei wechselt. Dazu gibt es eine entgegengesetzte Operation: das Herausspringen aus einer Methode. So gelangen wir zu der Stelle, an welcher der Methodenaufruf stattfindet. Es ist empfehlenswert, alle Navigationsmöglichkeiten auszuprobieren, um ein Gefühl für das Debugging zu bekommen. In Tabelle 9–1 sind alle eben erwähnten Navigationsarten mit den dazugehörigen Tastaturbefehlen aufgeführt.

Tab. 9–1
Innerhalb einer Datei navigieren

Aktion	Tastenkombination
Zum nächsten Breakpoint springen	F8
In die nächste Zeile springen	F10
In die nächste Methode hineinspringen	F11
Aus der aktuellen Methode herausspringen	⇧+F11

Werte von Objekten inspizieren

Solange die Anwendung angehalten ist, können wir Werte von Objekten inspizieren. Dazu muss man den Mauszeiger über das jeweilige Property bewegen. Alternativ dazu kann eine Liste aller Variablen im Bereich *Scope* eingesehen werden (siehe Abbildung 9–10).

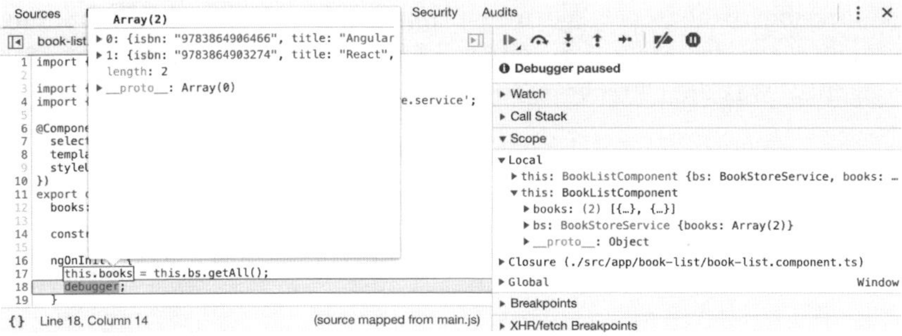

Abb. 9–10
Werte mit dem Debugger auswerten

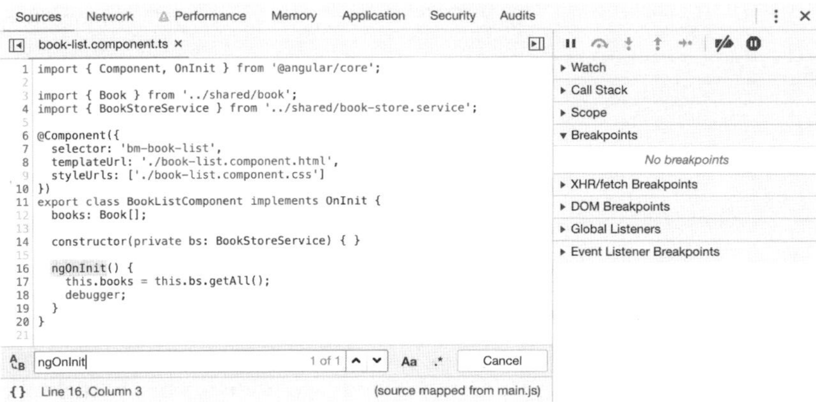

Abb. 9–11
Eine Datei durchsuchen

Tab. 9–2
Innerhalb einer Datei navigieren

Aktion	Windows	macOS
In Datei suchen	Strg + F	⌘ + F
Zu Zeile springen	Strg + G	⌘ + G

Eine Quellcodedatei durchsuchen

Unabhängig davon, ob die Anwendung durch den Debugger gestoppt wurde, können wir im Reiter *Sources* mit jeglichen Quellcodedateien arbeiten. Durch Drücken der richtigen Tastenkombinationen kann eine Datei durchsucht (siehe Abbildung 9–11) oder zu einer bestimmten Zeile gesprungen werden. Eine Übersicht finden Sie in der Tabelle 9–2.

Zwischen mehreren Dateien navigieren

Nach Dateinamen suchen

Es ist möglich, sich in allen Dateien des Webprojekts zu bewegen. Dazu bieten die Chrome Developer Tools eine Schnellsuche, die über die Tastaturkombination Strg + P beziehungsweise ⌘ + P genutzt werden kann. Es öffnet sich ein Suchfeld, in dem nach Dateinamen gesucht werden kann (siehe Abbildung 9–10). Ebenso ist es möglich, nur die

Anfangsbuchstaben der Wörter zu tippen. Statt, wie in der Abbildung gezeigt, `book-details` zu schreiben, können wir auch einfach nur `bdts` eingeben, was die Datei **b**ook-**d**etai**l**s.component.**ts** auswählen wird.

Abb. 9–12 *Die Schnellsuche für Dateien verwenden*

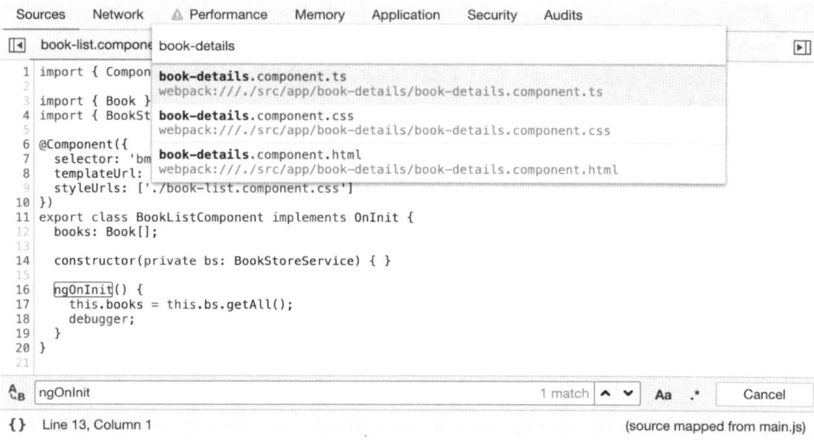

In Dateien suchen

Außerdem können wir auch dateiübergreifend nach für uns interessanten Stellen im Code suchen. Hierfür dienen die Tastenkürzel Strg+⇧+F unter Windows und ⌘+⌥+F für macOS. In Abbildung 9–13 wird beispielsweise nach einem Methodennamen gesucht. Es wird deutlich, dass dieser an vielen Stellen der Anwendung verwendet wird.

Den Call Stack inspizieren

Methodenaufrufe verfolgen

Im Tab *Source* befindet sich ein weiterer Bereich, der sich in einigen Fällen für die App-Analyse eignet. Besonders für komplexe Fälle, an denen zahlreiche Komponenten beteiligt sind, kann der *Call Stack* hilfreich sein. Er zeigt eine Liste an, in der alle Methodenaufrufe (Calls) enthalten sind, die bis zum Erreichen des Haltepunkts gemacht wurden (siehe Abbildung 9–14). Mit einem Klick auf den jeweiligen Eintrag des Call Stacks springt man zur entsprechenden Stelle im Quellcode.

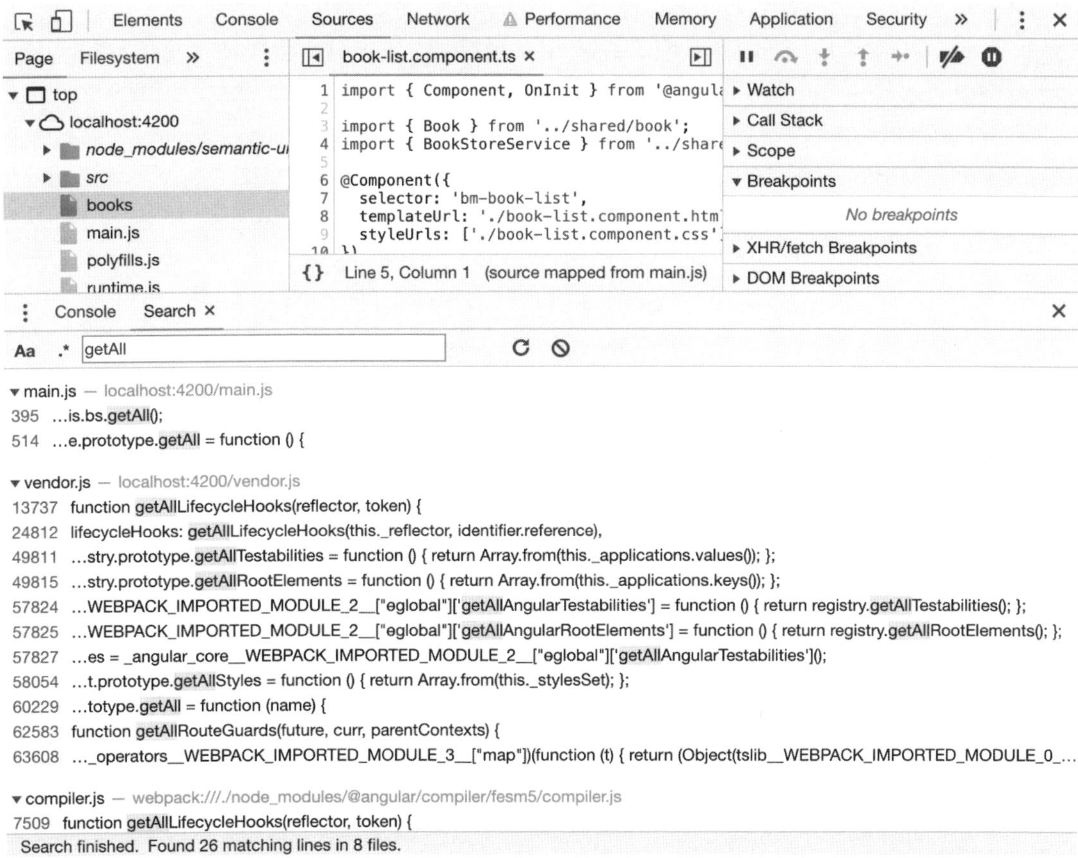

Abb. 9–13
Die dateiübergreifende Suche einsetzen

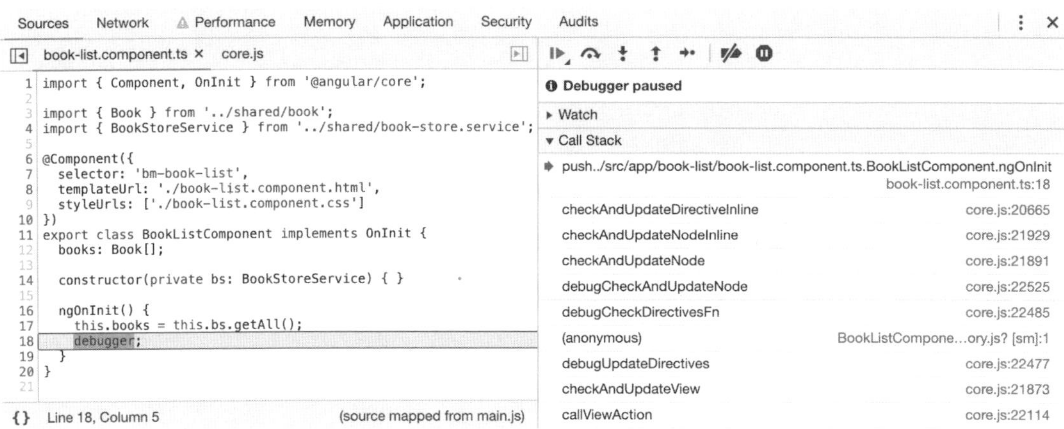

Abb. 9–14
Den Call Stack überprüfen

10 HTTP & reaktive Programmierung: Iteration III

10.1 HTTP-Kommunikation: ein Server-Backend anbinden

In den vorherigen Kapiteln haben wir alle notwendigen Voraussetzungen geschaffen, um die Bücher unserer BookMonkey-App darzustellen. Wir haben die Einträge in einer Liste und in einer Detailansicht dargestellt und damit Einzelheiten zu jedem Buch angezeigt. Dabei haben wir bisher nur mit statischen Daten gearbeitet, die wir in einem Service hinterlegt haben. In der Praxis führt uns dieser Weg nicht besonders weit, weil stets dieselben Daten verarbeitet werden. Stattdessen erfolgt der Austausch dieser Daten meist über eine serverbasierte Schnittstelle (z. B. basierend auf REST) mittels CRUD-Operationen.

CRUD

Das Akronym *CRUD* steht für die vier am häufigsten verwendeten Operationen gegen eine Datenquelle:

- **Create** – Neuen Datensatz anlegen
- **Read** – Datensatz abrufen
- **Update** – Datensatz aktualisieren
- **Delete** – Datensatz löschen

Auch wir wollen in unserem Projekt auf eine HTTP-Schnittstelle zurückgreifen, die es uns ermöglicht, Daten abzurufen, hinzuzufügen, zu verändern oder zu löschen. Für die Realisierung dieser Zugriffe stellt Angular den `HttpClient` bereit.

Die alte HTTP-Klasse von Angular

Der HTTP-Client von Angular wurde mit Version 4.3 vollständig überarbeitet. Die Klasse `HttpClient`, mit der wir auch in diesem Kapitel arbeiten werden, löst den alten Service `Http` ab, den wir in der ersten Auflage dieses Buchs hier noch verwendet haben. Auch wenn die Verwendung ähnlich ist, gibt es doch deutliche Unterschiede zwischen den beiden Clients. Der alte Client wird nicht mehr unterstützt, deshalb sollten Sie nur noch den neuen `HttpClient` einsetzen.

Der `HttpClient` von Angular

Eine Kernidee von Single-Page-Anwendungen ist es, Daten zur Laufzeit nachzuladen. Beim ersten Aufruf der Anwendung erhalten wir zunächst den reinen Anwendungscode. Die darzustellenden Daten, z. B. die Liste von Buch-Objekten, müssen später nachgeladen werden.

XMLHttpRequest

Um im Browser zur Laufzeit asynchrone HTTP-Requests durchzuführen, greifen wir auf AJAX zurück. Hinter diesem weit verbreiteten Konzept steckt die Klasse `XMLHttpRequest`, die wir verwenden können, um aus dem JavaScript-Code heraus einen HTTP-Request auszulösen und die empfangenen Daten weiterzuverarbeiten. Angular abstrahiert diese Schnittstelle und stellt für die HTTP-Kommunikation das eigene Modul `HttpClient` bereit.

Damit wird die Komplexität versteckt, die nötig ist, um den `XMLHttpRequest` richtig und sicher zu verwenden. Außerdem arbeitet der `HttpClient` mit einem besonderen Datentyp, mit dem sich asynchrone Operationen gut abbilden lassen: dem *Observable*.

Reaktive Datenströme mit Observables

Ein Observable ist ein Objekt, das einen Datenstrom von einer Quelle liefert. Jeder, der an den Daten interessiert ist, kann den Datenstrom abonnieren und so die Daten erhalten.

Der Datentyp des Observables stammt aus der populären Bibliothek »Reactive Extensions for JavaScript«, kurz *RxJS*. Angular nutzt intern an vielen verschiedenen Stellen die Funktionalitäten von RxJS. Auch der `HttpClient` ist mit RxJS verzahnt, sodass wir in unserer Anwendung alle eventgetriebenen Aufgaben mit Observables realisieren können.

Wir haben dem Thema RxJS und Observables ein umfangreiches Kapitel gewidmet, das Sie ab Seite 198 finden.

10.1.1 Modul einbinden

Um die Klasse `HttpClient` nutzen zu können, benötigen wir zunächst das `HttpClientModule`, das als Abhängigkeit in unser `AppModule` importiert wird.

Listing 10–1 *Das* HttpClientModule *importieren*

```
import { HttpClientModule } from '@angular/common/http';
// ...

@NgModule({
  // ...
  imports: [
    // ...
    HttpClientModule
  ],
})
export class AppModule { }
```

HttpClientModule *nur einmal importieren*

Wichtig ist hier, dass dieses `HttpClientModule` nur ein einziges Mal in die gesamte Anwendung eingebunden wird. Das erscheint zunächst offensichtlich – sobald unsere Anwendung aber aus mehreren Feature-Modulen besteht, werden wir auf das Thema zurückkommen.

10.1.2 Requests mit dem `HttpClient` durchführen

Nachdem das `HttpClientModule` integriert wurde, können wir in den Komponenten oder Services mit dem Client arbeiten. Dazu wird die Klasse `HttpClient` importiert und über den Konstruktor injiziert – so wie wir es bereits von anderen Services kennen. Die Klasse stellt verschiedene Methoden bereit, die dieselben Namen tragen wie die HTTP-Methoden.

- `get(url: string, options: { ... })`
- `post(url: string, body: any | null, options: { ... })`
- `put(url: string, body: any | null, options: { ... })`
- `delete(url: string, options: { ... })`
- `patch(url: string, body: any | null, options: { ... })`
- `head(url: string, options: { ... })`

Parameter der Methoden

Der Parameter `url` erwartet jeweils einen String mit der abzufragenden URL. Im Parameter `body` können die Daten übergeben werden, die in der Anfrage als Payload übermittelt werden sollen. Der Parameter `options` ist ein optionales Objekt mit weiteren Parametern (z. B. benutzerdefinierten Header-Feldern).

Rückgabetyp

Alle Methoden liefern als Rückgabewert ein Objekt vom Typ `Observable<T>`. Der generische Typ `T` bezieht sich auf den HTTP-Body und gibt an, wie die empfangenen Nutzdaten strukturiert sind. Das erleichtert uns die Verarbeitung der Daten. Wir können also beispielsweise ein Interface definieren, das die erwarteten Daten näher beschreibt.

Listing 10–2 zeigt exemplarisch den Aufruf einer HTTP-Schnittstelle mit der Methode *GET*. Wir sehen hier den generischen Typ `Item[]`. Damit wird definiert, dass der Rückgabewert im Body ein Array vom Typ `Item` ist. Lassen wir diese Angabe weg, so wird der Inhalt des Bodys standardmäßig als ein Plain Object vom Typ `Object` interpretiert. Beachten Sie also: HTTP definiert keinen strikten Vertrag zwischen Client und Server. Welche Daten der Server liefert, kann nur durch eine separate Vereinbarung sichergestellt werden. Wir als Angular-Entwickler müssen diesen Typ also immer selbst angeben und uns auf den Server verlassen.

Observables abonnieren

Nachdem nun die Daten in einem geeigneten Format abgefragt werden können, müssen wir das Observable abonnieren, um die Daten zu empfangen. Dazu besitzt ein Observable die Methode `subscribe()`. Das ist wichtig, denn der HTTP-Client und das Observable sind faul: Es werden erst dann Daten geliefert, wenn sich jemand dafür interessiert. Vergessen Sie also das `subscribe()`, so wird nie ein HTTP-Request ausgeführt.

Listing 10–2
HTTP-Daten mit der get()*-Methode abrufen*

```
import { HttpClient } from '@angular/common/http';

interface Item {
  id: number;
  name: string;
}

@Component({ /* ... */ })
export class MyComponent {
  myItems: Item[];

  constructor(private http: HttpClient) { }

  ngOnInit() {
    this.http.get<Item[]>('http://example.org/api/items')
      .subscribe(items => this.myItems = items);
  }
}
```

10.1.3 Optionen für den `HttpClient`

Im letzten Argument einer jeden Abfrage können wir ein Objekt mit Optionen übergeben. Drei dieser Optionen möchten wir uns an dieser Stelle genauer anschauen.

Die gesamte `HttpResponse` abonnieren

In unserem ersten Beispiel sind wir davon ausgegangen, dass wir nur am Payload der HTTP-Anfrage interessiert sind. In einigen Fällen ist es jedoch notwendig, mehr Informationen aus der Antwort abzurufen, z. B. den Status der gesamten Anfrage oder einzelne HTTP-Headerfelder.

Dazu können wir das gesamte Antwortobjekt abonnieren, in dem nicht nur der Body der Antwort enthalten ist. Wir müssen dazu bei der Anfrage im Argument `options` die Einstellung `observe` mit dem Wert `response` übergeben. Als Rückgabewert erhalten wir nun ein `Observable<HttpResponse<Item[]>>`, also ein Observable, das eine `HttpResponse` liefert, die `Item[]` enthält. Der von uns festgelegte Typ `Item[]` bezieht sich nun nicht mehr auf den gesamten Rückgabewert, sondern auf den Wert des Propertys `body`.

Listing 10–3
Abonnieren von Daten mittels get()*-Methode des* HttpClients

```
// ...
export class MyComponent {
  myResponse: HttpResponse<Item[]>;

  // ...
  ngOnInit() {
    this.http.get<Item[]>(
      'http://example.org/api/items',
      { observe: 'response' }
    ).subscribe(res => this.myResponse = res);
  }
}
```

Das Property `myResponse` enthält schließlich ein Objekt vom Typ `HttpResponse<Item[]>`. Daraus können wir unter anderem die folgenden Informationen abrufen:

`status`	Statuscode der Antwort, z. B. `200`
`statusText`	Beschreibung des Statuscodes in Textform, z. B. `OK`
`url`	Die angefragte URL
`headers`	Die HTTP-Header der Antwort als Objekt
`body`	Die Nutzdaten aus dem Body der Antwort vom Typ `Item[]`

Zusätzliche Request-Header setzen

Mit der Eigenschaft `headers` können wir dem Request zusätzliche HTTP-Header mit auf den Weg geben. Damit wir beim Zusammenbauen der Header keine Fehler machen, hilft uns Angular dabei: Alle Headerfelder werden in einem Objekt notiert, das mit der Klasse `HttpHeaders` initialisiert wird. Angular wandelt dieses Objekt automatisch in richtige Header um.

Listing 10–4
Request-Header setzen

```
import { HttpHeaders, /* ... */ } from '@angular/common/http';
// ...
export class MyComponent {
  // ...

  ngOnInit() {
    const headers = new HttpHeaders({
      'My-Header': 'my-header-value'
    });

    this.http.get(
      'http://example.org/api/items',
      { headers }
    ).subscribe(res => console.log(res));
  }
}
```

Query-Parameter übermitteln

Häufig ist es notwendig, bei der HTTP-Anfrage bestimmte Werte innerhalb der URL zu übermitteln. Dazu können wir z. B. Query-Parameter verwenden:

```
http://example.org/api/items?orderBy=date&orderDirection=ASC
```

Anstatt die URL manuell in dieser Form zu notieren, können wir die Parameter automatisch einfügen. Dazu setzen wir die Option `params` und übergeben ein Objekt vom Typ `HttpParams`. Dieses Objekt verwaltet die einzelnen Query-Parameter. Der Konstruktor von `HttpParams` nimmt mit der Eigenschaft `fromObject` ein Objekt mit allen Parametern entgegen.

Mit den Methoden `set()` und `append()` können wir auch danach noch neue Parameter hinzufügen. Wichtig dabei ist allerdings, dass das `HttpParams`-Objekt jeweils nicht verändert wird, sondern dass beide Methoden immer eine Kopie mit den Änderungen zurückgeben. Die Methode `set()` sorgt dafür, dass ein Query-Parameter gesetzt bzw. überschrieben wird. `append()` fügt einen Query-Parameter hinzu. Dabei wird allerdings ein existierender Parameter mit dem angegebenen Namen nicht überschrieben, sondern mehrfach angefügt.

Listing 10–5 Query-Parameter hinzufügen

```
import { HttpClient, HttpParams } from '@angular/common/http';
// ...
export class MyComponent {
  constructor(private http: HttpClient) { }

  ngOnInit() {
    const baseParams = new HttpParams({
      fromObject: {
        orderBy: 'date',
        orderDirection: 'ASC'
      }
    });

    // zusätzliche Parameter
    const params = baseParams
      .set('orderDirection', 'DESC')
      .append('filter', 'Suchbegriff')
      .append('filter', 'Suchbegriff2');

    this.http.get(
      'http://example.org/api/items',
      { params }
    ).subscribe(res => console.log(res));
  }
}
```

Das Beispiel erzeugt die folgende Request-URL:

```
http://example.org/api/items?orderBy=date&orderDirection=DESC&
    ↪ filter=Suchbegriff&filter=Suchbegriff2
```

Die Länge der URL ist limitiert.

Bitte beachten Sie, dass die unterschiedlichen Browser unterschiedliche Limits bei der Länge einer URL haben. Die Anzahl an Daten, die wir im Query-Parameter übertragen können, ist limitiert. Wir empfehlen Ihnen daher, mit Query-Parametern sparsam umzugehen.

Antwort ohne JSON verarbeiten

Der `HttpClient` geht davon aus, dass die Antwortdaten immer im JSON-Format vorliegen. Angular sorgt automatisch dafür, dieses JSON in echte JavaScript-Objekte umzuwandeln. Wir müssen uns also nicht um diese Umwandlung kümmern, sondern können direkt mit den richtigen Daten weiterarbeiten.

Problematisch wird dieser »Luxus« allerdings dann, wenn eine HTTP-Schnittstelle kein JSON liefert. Das passiert dann, wenn Plaintext, Binärdaten oder XML abgerufen werden – aber auch, wenn die Antwort leer ist!

Immer dann, wenn die Antwort also kein standardkonformes JSON enthält, müssen wir den `HttpClient` manuell darauf vorbereiten, sonst erhalten wir einen Fehler. Die Lösung für das Problem ist die Option `responseType`. Sie kann die Werte `text`, `blob` und `json` annehmen, wobei `json` der Defaultwert ist.

Listing 10–6
Response-Typ setzen

```
// ...
export class MyComponent {
  constructor(private http: HttpClient) { }

  ngOnInit() {
    this.http.get(
      'http://example.org/foo.txt',
      { responseType: 'text' }
    ).subscribe(res => console.log(res));

    this.http.get(
      'http://example.org/bar.jpg',
      { responseType: 'blob' }
    ).subscribe(res => console.log(res));
  }
}
```

10.1.4 Den BookMonkey erweitern

Story – HTTP

Als Leser möchte ich auf die neuesten verfügbaren Buchinformationen zugreifen, um mich über neue Inhalte oder Aktualisierungen auf dem Laufenden zu halten.

- Buchinformationen sollen von einer zentralen Datenquelle bezogen werden.
- Ändern sich Daten der zentralen Quelle, so werden die Änderungen nach dem Neuladen in der BookMonkey-Anwendung sichtbar.

Bisher waren die Daten statisch in der Angular-Anwendung hinterlegt und damit nur lokal beim jeweiligen Nutzer gültig. Das ist natürlich für eine produktive Anwendung nicht besonders praktisch.

BookMonkey-API

Wir wollen deshalb den Service, der die Bücher liefert, so umbauen, dass die Daten von einer HTTP-Schnittstelle bezogen werden. Als serverseitigen Endpunkt wollen wir die *BookMonkey-API* verwenden, die wir für dieses Buch vorbereitet haben. Die Schnittstelle inklusive einer API-Dokumentation kann unter der unten genannten URL aufgerufen werden. Die Software ist außerdem auf GitHub[1] verfügbar, damit Sie die API auch lokal auf Ihrem eigenen Rechner ausführen können.

Die API aufrufen

https://api3.angular-buch.com

Die API liefert alle nötigen Funktionen, die wir für die Darstellung und Verwaltung unserer Daten benötigen:

- alle Bücher als Liste abrufen
- ein einzelnes Buch abrufen
- ein neues Buch hinzufügen
- ein bereits existierendes Buch bearbeiten
- ein Buch aus dem Bestand löschen
- nach Büchern in der Liste suchen
- prüfen, ob eine ISBN bereits in der Liste existiert

Im Kapitel zu Dependency Injection (Seite 125) haben wir bereits dafür gesorgt, dass unsere Komponenten die Daten zur Darstellung über einen Service beziehen. Dieser `BookStoreService` soll nun umgebaut werden, sodass die Daten nicht mehr statisch hinterlegt sind, sondern von der API bezogen werden.

Das `HttpClientModule` nutzen

Im ersten Schritt benötigen wir das `HttpClientModule`. Wir fügen es in den `imports` im zentralen `AppModule` hinzu.

[1] https://ng-buch.de/api3 – GitHub: BookMonkey 3 API

Listing 10–7
HttpClientModule *importieren* (app.module.ts)

```
// ...
import { HttpClientModule } from '@angular/common/http';

@NgModule({
  imports: [
    HttpClientModule,
    // ...
  ],
  // ...
})
export class AppModule { }
```

Den `BookStoreService` anpassen

Anschließend passen wir die Klasse `BookStoreService` an. Wir importieren zunächst alle notwendigen Abhängigkeiten: die Klasse `HttpClient` von Angular sowie das `Observable` für die Typisierung und Verarbeitung von Observables.

Service anpassen

Jetzt können wir damit beginnen, die Logik in den Servicemethoden auszutauschen. Wir entfernen zunächst die statisch hinterlegten Bücher aus dem Service, also die Eigenschaft `books` und auch die konkreten Bücher aus dem Konstruktor.

In den Konstruktor können wir nun die Klasse `HttpClient` injizieren.

Wir werden im Laufe des Kapitels nacheinander verschiedene Servicemethoden anlegen, um mit dem HTTP-Server zu kommunizieren. Alle verwendeten URLs haben gemeinsam, dass sie unter demselben Hostnamen abgefragt werden. Es ist deshalb sinnvoll, diese API-URL auch an einer zentralen Stelle zu speichern, damit wir sie ohne viel Aufwand jederzeit ändern können. Dazu legen wir die Eigenschaft `api` an, in der die Basis-URL der API als String hinterlegt ist.

Listing 10–8
Die HttpClient-*Klasse importieren und in den Konstruktor injizieren* (book-store.service.ts)

```
// ...
import { HttpClient } from '@angular/common/http';
import { Observable } from 'rxjs';

// ...
export class BookStoreService {
  private api = 'https://api3.angular-buch.com';

  constructor(private http: HttpClient) {}
  // ...
}
```

`getAll()`: alle Bücher abrufen

Die Methode `getAll()` soll uns eine Liste aller Bücher liefern. Dazu setzen wir `this.http.get()` ein und greifen auf die Ressource unter dem Pfad `/books` zu. Wir verwenden an dieser Stelle den Template-String `` `${this.api}/books` ``, um die URL zu notieren. Diese Schreibweise ist gleichbedeutend zu `this.api + '/book'`.Gerade dann, wenn wir Parameter in die URL einbetten wollen, sind Template-Strings allerdings die bessere Wahl.

Template-String für die URL

Den Payload der Antwort typisieren wir zunächst mit `any[]`. Es handelt sich also um ein Array von Objekten, wir kennen allerdings die Struktur der Objekte nicht. Bitte beachten Sie: In der Praxis sollten Sie kein `any` verwenden, sondern einen konkreten Typen, damit wir von der Typprüfung profitieren und auch die Mechanismen der Entwicklungsumgebung nutzen können, z. B. Autovervollständigung. Für den Moment ist dieses Vorgehen in Ordnung, aber wir werden uns später noch darum kümmern, einen richtigen Typen anzugeben, damit wir nicht `any` verwenden müssen.

Payload typisieren mit any

Wie wir bereits wissen, liefert der `HttpClient` aus jeder Methode ein Observable zurück. Dieses Observable müssen wir immer dort auflösen, wo wir die Daten benötigen. Dieser Ort ist nicht der Service, sondern die Komponente. Das ist nicht nur eine architektonische Entscheidung, sondern tatsächlich gibt es keine Möglichkeit, die Daten aus dem Observable im Service aufzulösen und »unverpackt« an die Komponente weiterzugeben. Der Rückgabewert der Methode ist also immer ein Observable und wird deshalb mit `Observable<Book[]>` typisiert. Damit ist die Schnittstelle der Servicemethode klar beschrieben, und wir wissen immer genau, welche Daten wir erwarten.

Observable zur Komponente durchreichen

```
getAll(): Observable<Book[]> {
  return this.http.get<any[]>(`${this.api}/books`);
}
```

Listing 10–9
Die Methode getAll() (book-store.service.ts)

`getSingle()`: ein einzelnes Buch abrufen

In der Detailansicht wollen wir durch Aufrufen der Methode `getSingle()` detaillierte Informationen zu einem bestimmten Buch erhalten. Die API bietet dafür die Ressource `/book/<isbn>` an. Ein Buch muss durch seine ISBN in der URL identifiziert werden.

Wir verwenden den `HttpClient` mit der Methode `get()`, um einen *GET*-Request an die URL zu stellen. Der Rückgabewert von `getSingle()` ist wieder ein Observable, das diesmal ein einzelnes Buch-Objekt `Book` liefert.

Listing 10–10
Die Methode getSingle() (book-store.service.ts)

```
getSingle(isbn: string): Observable<Book> {
  return this.http.get<any>(
    `${this.api}/book/${isbn}`
  );
}
```

`remove()`: ein Buch löschen

Die letzte unserer Servicemethoden ist die Löschfunktion `remove()`. Sie führt einen *DELETE*-Request auf die Ressource `/book/<isbn>` aus. Auch hier wird wieder ein Observable zurückgeliefert, und wir müssen die Servicemethode entsprechend typisieren. Tatsächlich liefert der Server in seiner Antwort auf die Löschanfrage einen leeren Body. Da wir diesen Payload nicht weiterverarbeiten wollen, verwenden wir an dieser Stelle `any` als Payload-Typ. Wir müssen außerdem angeben, dass wir die Antwort als Text erwarten und interpretieren wollen. Andernfalls würde der `HttpClient` einen Fehler werfen, denn eine leere Antwort ist kein valides JSON.

Listing 10–11
Die Methode remove() (book-store.service.ts)

```
remove(isbn: string): Observable<any> {
  return this.http.delete(
    `${this.api}/book/${isbn}`,
    { responseType: 'text' }
  );
}
```

Wir haben nun alle nötigen Methoden im Service so weit umgebaut, dass sie auf die HTTP-Schnittstelle zugreifen. Jetzt müssen wir noch einige Änderungen in den Komponenten vornehmen, die den Service aufrufen.

Daten aus dem Service abonnieren

Wir haben die Methoden in unserem Service angepasst und deren Schnittstelle geändert. Alle Methoden liefern nun ein Observable zurück. Wir müssen also als Nächstes unsere Komponenten aktualisieren, sodass sie die Observables abonnieren, um die Daten zu erhalten.

Kein Abonnent = keine Aktion

Auch wenn der Rückgabewert einiger Methoden nicht weiterverarbeitet werden soll, müssen die Observables aus dem `HttpClient` immer einen Abonnenten haben, um ausgeführt zu werden. Der HTTP-Request wird demnach nur ausgeführt, wenn es einen Abonnenten gibt, der Interesse an den Daten zeigt, indem er mit `subscribe()` eine *Subscription* erstellt.

Wir nehmen uns zunächst die Komponente der Listenansicht vor. Dort rufen wir die Servicemethode `getAll()` auf, abonnieren das Observable und speichern die empfangenen Daten in der Eigenschaft `this.books`.

Servicemethode in der Listenansicht verwenden

```
// ...
@Component({ /* ... */ })
export class BookListComponent implements OnInit {
  books: Book[];

  constructor(private bs: BookStoreService) { }

  ngOnInit() {
    this.bs.getAll().subscribe(res => this.books = res);
  }
}
```

Listing 10–12
Die Komponente BookListComponent *(book-list .component.ts, Ausschnitt)*

Im Template der Komponente wird die Buchliste `books` schließlich mit der Direktive `ngFor` verarbeitet: Das `BookListItem` wird für jedes Buch einmal angezeigt. Diese Implementierung haben wir schon in der ersten Iteration erledigt.

Bitte bedenken Sie, dass die Eigenschaft `books` beim Start der Komponente den Wert `undefined` besitzt. Der HTTP-Request arbeitet asynchron, die Buchdaten vom Server treffen also erst später ein. Diesen Umstand müssen Sie bei der Arbeit mit HTTP berücksichtigen. Die Direktive `ngFor` ignoriert den Eingabewert `undefined`, deswegen haben wir mit der aktuellen Implementierung keine Probleme. Es schadet aber auch nicht, die Buchliste mit einem leeren Array zu initialisieren.

Die Buchliste ist beim Start leer.

Die Detailansicht anpassen

Als Nächstes kümmern wir uns um die Detailansicht. Hier sind zwei Aufgaben zu erledigen: Zum einen müssen wir die neue Servicemethode nutzen, um ein Buch abzurufen. Zum anderen wollen wir zusätzlich einen Button zum Löschen des Buchs hinzufügen.

Servicemethode in der Detailansicht verwenden

Wir kümmern uns zunächst darum, das Buch-Objekt abzurufen. Anstatt `this.book` direkt zu überschreiben, abonnieren wir das Observable. In der Callback-Funktion im `subscribe()` empfangen wir die Daten und schreiben sie in das Property `this.book`.

Listing 10–13 *Service für die Detailansicht anfragen* (book-details .component.ts)

```
// ...
@Component({ /* ... */ })
export class BookDetailsComponent implements OnInit {
  book: Book;

  constructor(
    private bs: BookStoreService,
    private route: ActivatedRoute
  ) { }

  ngOnInit() {
    const params = this.route.snapshot.paramMap;
    this.bs.getSingle(params.get('isbn'))
      .subscribe(b => this.book = b);
  }
  // ...
}
```

Buch löschen

Als Nächstes entwickeln wir die geplante Löschfunktion. Dafür implementieren wir in der Komponente eine Methode `removeBook()`. Der Nutzer soll vor dem Löschen zunächst gefragt werden, ob er die Aktion wirklich durchführen möchte. Dazu verwenden wir die native JavaScript-Methode `confirm()`. Sie erzeugt einen Bestätigungsdialog und liefert (synchron) ein `boolean` zurück, je nachdem, wie der Benutzer sich entscheidet. Wird der Dialog positiv bestätigt, wird die Servicemethode `remove()` aufgerufen, und das Buch wird vom Server gelöscht.

Bestätigungsdialog

Zur Listenansicht umleiten

Wenn die Aktion erfolgreich war, soll der Nutzer direkt zurück zur Listenansicht geleitet werden. Dazu müssen wir eine Navigation aus der Komponente heraus anstoßen. Die Klasse `Router` bringt dafür das passende Werkzeug mit. Nach dem Import muss der Router zunächst per DI in die Komponente injiziert werden. Danach rufen wir die Methode `Router.navigate()` auf, um zur Listenansicht zu navigieren.

Listing 10–14
Die Löschmethode removeBook() (book-details.component.ts)

```
// ...
import { ActivatedRoute, Router } from '@angular/router';

@Component({ /* ... */ })
export class BookDetailsComponent implements OnInit {

  constructor(
    private bs: BookStoreService,
    private router: Router,
    private route: ActivatedRoute
  ) { }

  // ...
  removeBook() {
    if (confirm('Buch wirklich löschen?')) {
      this.bs.remove(this.book.isbn)
        .subscribe(
          res => this.router.navigate(
            ['../'],
            { relativeTo: this.route }
          )
        );
    }
  }
}
```

Button in der Detailansicht

Wir nehmen uns nun das Template der Detailansicht vor und fügen unter der Bildanzeige einen Button ein. Beim Klick soll die zuvor implementierte Methode `removeBook()` aus der Komponente aufgerufen werden.

Ladeanzeige

Im letzten Schritt wollen wir einen Ladeindikator in der Komponente anzeigen, solange noch kein Buch vorliegt. Dazu prüfen wir mit `ngIf`, ob das Property `book` einen Inhalt besitzt. An dieser Stelle lernen wir ein weiteres Feature von `ngIf` kennen, denn: Wo ein *if* ist, da ist auch ein *else*. Mehr zum `else`-Zweig für `ngIf` erfahren Sie im Kapitel »Wissenswertes« ab Seite 645.

Für den Fall, dass das Property `book` keinen Wert besitzt, greift der `else`-Zweig. Anstatt die Buchinformationen auszugeben, wird das Template angezeigt, das über die lokale Template-Variable `loading` referenziert wird. Für den Ladeindikator reicht praktisch ein kurzer Text, aber wir können auch eine Ladeanimation anzeigen. Das Style-Framework Semantic UI stellt eine solche passende Animation bereit.[2]

[2] https://ng-buch.de/a/44 – Semantic UI: Loader

Listing 10–15
Lösch-Button in der Komponente BookDetailsComponent *(*book-details.component.html*, Ausschnitt)*

```
<div *ngIf="book; else loading">
  <!-- ... -->
  <button class="ui tiny red labeled icon button"
          (click)="removeBook()">
    <i class="remove icon"></i> Buch löschen
  </button>
</div>

<ng-template #loading>
  <div class="ui active centered inline loader"></div>
</ng-template>
```

Die Listenansicht auf vorhandene Einträge prüfen

Da wir nun die Buchdaten asynchron laden, sind sie nicht mehr sofort beim Start der Komponente verfügbar, sondern treffen erst kurze Zeit später ein. Außerdem wissen wir nicht, ob wirklich Bücher in der Datenbank gespeichert sind. Für diese beiden Fälle wollen wir entsprechende Nachrichten für den Nutzer anzeigen.

Hinweismeldungen im Template

Dazu erweitern wir das Template der Listenansicht und fügen zwei Elemente mit Nachrichten ein. Die erste Nachricht soll dem Nutzer signalisieren, dass die Daten gerade geladen werden. Dazu können wir wieder eine Ladeanimation verwenden.

Die zweite Nachricht zeigt an, dass die Buchliste geladen werden konnte, jedoch keine Einträge in der Liste vorhanden sind. Wir verwenden `ngIf`, um die Nachrichten je nach Zustand ein- und auszublenden.

Listing 10–16
Nachrichten in der Bücherliste anzeigen (book-list.component.html)

```
<div class="ui middle aligned selection divided list">
  <bm-book-list-item class="item"
    *ngFor="let b of books"
    [book]="b"
    [routerLink]="b.isbn"></bm-book-list-item>

  <div *ngIf="!books" class="ui active dimmer">
    <div class="ui large text loader">Daten werden geladen...</div>
  </div>

  <p *ngIf="books && !books.length">
    Es wurden noch keine Bücher eingetragen.
  </p>
</div>
```

Code Review

Wir haben unsere Anwendung erweitert, sodass die Daten aus einer zentralen Datenquelle abgefragt werden. Dazu war es nötig, dass wir die Servicemethoden neu definieren und den `HttpClient` von Angular verwenden, um eine HTTP-Schnittstelle anzufragen. Wir können nun die Buchliste und Details zu Büchern vom Server abrufen. Außerdem können wir Bücher aus dem Datenbestand löschen.

Obwohl alle diese Features gut funktionieren, haben wir zwei wichtige Themen unbeachtet gelassen:

- **Fehlerbehandlung:** Wie reagieren wir auf Fehler bei der HTTP-Kommunikation? Wie können wir auftretende Fehler »vorsortieren«, damit die Komponenten nicht zu viele Details über den Fehler erhalten?
- **Typisierung und Transformation des Payloads:** Wie können wir den Payload passend typisieren? Wie gehen wir damit um, wenn die Daten vom Server anders strukturiert sind als das lokale Datenmodell?

All diese Fragestellungen werden wir ausführlich klären. Dazu benötigen wir allerdings ein wenig mehr Grundlagenwissen zu RxJS, das wir uns im folgenden großen Kapitel ansehen werden.

Was haben wir gelernt?

- Der integrierte `HttpClient` abstrahiert und vereinfacht den Zugriff auf externe Serverschnittstellen.
- Zur Nutzung muss das `HttpClientModule` geladen und ins Root-Modul (`AppModule`) eingebunden werden. Das Modul sollte nur ein einziges Mal in die Anwendung importiert werden.
- Über Dependency Injection erhalten wir Zugriff auf den `HttpClient`.
- Die Klasse stellt die Methoden `get()`, `post()`, `put()`, `delete()`, `patch()`, `head()` und `request()` bereit, mit denen wir HTTP-Requests ausführen können.
- Alle Methoden geben ein Observable zurück, das wir mit `subscribe()` abonnieren müssen, um die Daten zu erhalten.
- Die Aufrufe des `HttpClient` sollten in einem Service untergebracht werden. Das Observable wird allerdings nicht im Service aufgelöst, sondern bis zur Komponente durchgereicht.
- Requests mit dem `HttpClient` können mit Optionen gesteuert werden. Damit können wir z. B. Headerfelder und Query-Parameter setzen.

Demo und Quelltext:
https://ng-buch.de/bm3-it3-http

10.2 Reaktive Programmierung mit RxJS

»RxJS is one of the best ways to utilize reactive programming practices within your codebase. By starting to think reactively and treating everything as sets of values, you'll start to find new possibilities of how to interact with your data within your application.«

Tracy Lee
(Google Developer Expert und Mitglied im RxJS Core Team)

Reaktive Programmierung ist ein Programmierparadigma, das in den letzten Jahren verstärkt Einzug in die Welt der Frontend-Entwicklung gehalten hat. Die mächtige Bibliothek *Reactive Extensions für JavaScript (RxJS)* greift diese Ideen auf und implementiert sie. Der wichtigste Datentyp von RxJS ist das Observable – ein Objekt, das einen Datenstrom liefert. Tatsächlich dreht sich die Idee der reaktiven Programmierung im Wesentlichen darum, Datenströme zu verarbeiten und auf Veränderungen zu reagieren. Wir haben in diesem Buch bereits mit Observables gearbeitet, ohne näher darauf einzugehen. Da Angular an vielen Stellen auf RxJS setzt, wollen wir einen genaueren Blick auf das Framework und die ihm zugrunde liegenden Prinzipien werfen.

10.2.1 Alles ist ein Datenstrom

Bevor wir damit anfangen, uns mit den technischen Details von RxJS auseinanderzusetzen, wollen wir uns mit der Grundidee der reaktiven Programmierung befassen: *Datenströme*. Wenn wir diesen Begriff ganz untechnisch betrachten, so können wir das Modell leicht auf die alltägliche Welt übertragen. Unsere gesamte Interaktion und Kommunikation mit der Umwelt basiert auf Informationsströmen.

Der Wecker klingelt.

Das beginnt bereits morgens vor dem Aufstehen: Der Wecker klingelt (Ereignis), Sie reagieren darauf und drücken die Schlummertaste. Nach 10 Minuten klingelt der Wecker wieder, und Sie stehen auf.[3]

[3] Wir gehen natürlich davon aus, dass Sie die Schlummerfunktion mehr als einmal benutzen, aber für das Beispiel soll es so genügen.

Sie haben einen Strom von wiederkehrenden Ereignissen abonniert und verändern den Datenstrom mithilfe von Aktionen. Schon dieser Ablauf ist von vielen Variablen und Entscheidungen geprägt: Wie viel Zeit habe ich noch? Was muss ich noch erledigen? Fühle ich mich wach oder möchte ich weiterschlafen?

Warten auf den Bus

Sie gehen aus dem Haus und warten auf den Bus. Damit Sie in den richtigen Bus steigen, ignorieren Sie zunächst alle anderen Verkehrsmittel, bis der Bus auf der Straße erscheint – Sie haben also einen Strom von Verkehrsmitteln beobachtet, das passende herausgesucht und damit interagiert. Dafür haben Sie eine konkrete Regel angewendet: Ich benötige den Bus der Linie 70.

Telefonieren und Chatten

Im Bus klingelt das Telefon, Sie heben ab und sprechen mit dem Anrufer. Beide Teilnehmer erzeugen einen Informationsstrom und reagieren auf die ankommenden Informationen. Aus einigen Teilen des Gesprächs leiten Sie konkrete Aktionen ab (z. B. antworten oder etwas erledigen), andere Teile sind unwichtig. Während Sie telefonieren, vibriert das Handy, denn Sie haben eine Chatnachricht erhalten. Und noch eine. Und noch eine. Die Nachrichten treffen nacheinander ein – Sie ignorieren die Ereignisse allerdings, denn das Chatprogramm puffert die Nachrichten, sodass Sie den Text auch später lesen können. Später sehen Sie, dass die Nachrichten von verschiedenen Personen stammen: Einzelne Menschen haben Nachrichten erzeugt, die bei Ihnen in einem großen Datenstrom eingetroffen sind.

Frühstück kaufen

Nach dem Aussteigen holen Sie sich beim Bäcker etwas zu essen: Sie gehen in den Laden, beobachten den Datenstrom von Angeboten in der Theke, wählen ein Angebot aus und starten den Kaufvorgang. Schließlich verlassen Sie das Geschäft mit einem Brötchen. Was ist passiert? Ein Strom von eingehenden Kunden, die Geld besitzen, wurde umgewandelt in einen Strom von ausgehenden Kunden, die nun Brötchen haben. Der Angestellte beim Bäcker hat den Kundenstrom abonniert und die einzelnen Elemente mit Backwaren versorgt.

Wir könnten dieses Beispiel beliebig weiterführen, aber der Kern der Idee ist bereits erkennbar: Das komplexe System in unserer Welt basiert darauf, dass Ereignisse auftreten, auf die wir reagieren können. Durch unsere Erfahrung wissen wir, wie mit bestimmten Ereignissen umzugehen ist, z. B. wissen wir, wie man ein Telefon bedient, ein Gespräch führt oder ein Brötchen kauft. Manche Ereignisse treten nur für uns und als Folge anderer Aktionen auf: Das Brötchen wird erst eingepackt, wenn wir es kaufen. Lösen wir die Aktion nicht aus, so findet kein Ereignis statt. Andere Ereignisse hingegen passieren auch ohne dass wir darauf einen Einfluss haben, z. B. der Straßenverkehr oder das Wetter. Unsere Aufgabe ist es, diese Ereignisse zu beobachten und passend darauf zu reagieren. Sind wir nicht an den Ereignissen interessiert, passieren sie trotzdem.

Ereignisse in der Software

Die Aufgabe von Software ist es, Menschen in ihren Aufgaben und Abläufen zu unterstützen. Daher finden wir viele Ansätze aus der echten Welt eben auch in der Softwareentwicklung wieder. Unsere Anwendungen sind von einer Vielzahl von Ereignissen und Einflüssen geprägt: Der Nutzer interagiert mit der Anwendung, klickt auf Buttons und füllt Formulare aus. API-Requests kommen vom Server zurück und Timer laufen ab. Wir möchten auf all diese Ereignisse passend reagieren und weitere Aktionen anstoßen. Wenn Sie einmal an eine interaktive Anwendung wie Tabellenkalkulation denken, wird dieses Prinzip deutlich: Sie füllen ein Feld aus, das Teil einer komplexen Formel ist, und alle zugehörigen Felder werden automatisch aktualisiert.

Alles ist ein Datenstrom.

Datenströme verarbeiten, zusammenführen, transformieren und filtern – das ist die Grundidee der reaktiven Programmierung. Das Modell geht davon aus, dass sich alles als ein Datenstrom auffassen lässt: nicht nur Ereignisse, sondern auch Variablen, statische Werte, Nutzereingaben und vieles mehr. Zusammen mit den Ideen aus der funktionalen Programmierung ergibt sich aus dieser Denkweise eine Vielzahl von Möglichkeiten, um Programmabläufe und und Veränderungen an Daten *deklarativ* zu modellieren.

10.2.2 Observables sind Funktionen

Um die Idee der allgegenwärtigen Datenströme in unserer Software aufzugreifen, benötigen wir zuerst ein Konstrukt, mit dem sich ein Datenstrom abbilden lässt. Wir wollen ein Objekt entwerfen, das über die Zeit nacheinander mehrere Werte ausgibt. Jeder, der an den Werten interessiert ist, kann den Datenstrom abonnieren. Dabei soll es drei Arten von Ereignissen geben:

- Ein neues Element trifft ein (`next`).
- Ein Fehler tritt auf (`error`).
- Der Datenstrom ist planmäßig zu Ende (`complete`).

Wir erstellen dazu eine einfache JavaScript-Funktion mit dem Namen `observable()`, die wir im weiteren Verlauf als *Producer*-Funktion bezeichnen wollen. Als Argument erhält diese Funktion ein Objekt, das drei Eigenschaften mit *Callback*-Funktionen besitzt: `next`, `error` und `complete`. Dieses Objekt nennen wir *Observer*. Im Körper der Producer-Funktion führen wir nun beliebige Aktionen aus, so wie es eben für eine Funktion üblich ist. Immer wenn etwas passiert, rufen wir eins der drei Callbacks aus dem Observer auf: Wenn ein neuer Wert ausgegeben werden soll, wird `next()` gerufen, sind alle Aktionen abgeschlossen, rufen wir `complete()` auf, und tritt ein Fehler in der Verarbeitung auf, so nutzen wir `error()`. Diese Aufrufe können synchron oder zeitversetzt erfolgen. Welche Aktionen wir hier ausführen, ist ganz unserer konkreten Implementierung überlassen.

Listing 10–17
Producer-Funktion

```
function observable(observer) {
  setTimeout(() => {
    observer.next(1);
  }, 1000);

  observer.next(2);

  setTimeout(() => {
    observer.next(3)
    observer.complete();
  }, 2000);
}
```

Damit in unserem Programm auch tatsächlich etwas passiert, rufen wir die Producer-Funktion `observable()` auf und übergeben als Argument einen konkreten Observer, also ein Objekt mit den drei Callbacks `next`, `error` und `complete`.

Listing 10–18
Funktion mit Observer aufrufen

```
const myObserver = {
  next:  value => console.log('NEXT:', value),
  error: err => console.log('ERROR:', err),
  complete: () => console.log('COMPLETE')
};

observable(myObserver);
```

Das Programm erzeugt die folgende zeitversetzte Ausgabe, die sich auch auf einem Zeitstrahl darstellen lässt.

Listing 10–19
Ausgabe des Programms

```
NEXT: 2
NEXT: 1
NEXT: 3
COMPLETE
```

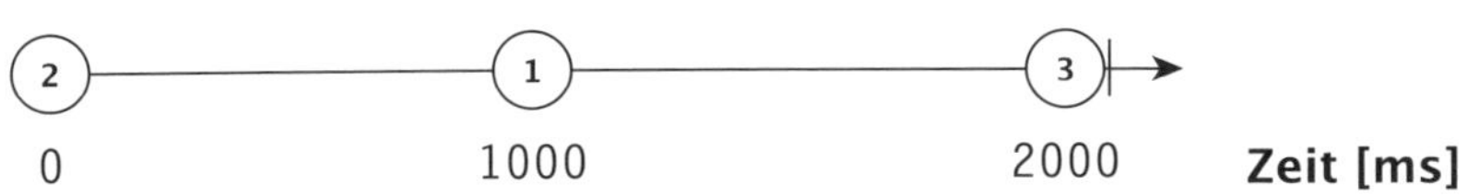

Abb. 10–1
Grafische Darstellung der Ausgabe

Reduzieren wir diese Idee auf das Wesentliche, so lässt sie sich wie folgt zusammenfassen: Wir haben eine Funktion entwickelt, die Befehle ausführt und ein Objekt entgegennimmt, das drei Callback-Funktionen enthält. Wenn im Programmablauf etwas passiert (synchron oder asynchron), wird eines dieser drei Callbacks aufgerufen. Die Producer-Funktion emittiert also nacheinander verschiedene Werte an den Observer.

Immer wenn die Funktion `observable()` aufgerufen wird, startet das Programm. Daraus folgt, dass nichts passiert, wenn niemand die Funktion aufruft. Starten wir die Funktion hingegen mehrfach, so werden die Routinen auch mehrfach ausgeführt. Was zunächst ganz offensichtlich klingt, ist eine wichtige Eigenschaft, auf die wir später noch zurückkommen werden.

An dieser Stelle möchten wir Sie aber zunächst beglückwünschen! Wir haben gemeinsam unser erstes *Observable* entwickelt und haben dabei gesehen: Ein Observable ist nichts anderes als eine Funktion.

10.2.3 Das Observable aus RxJS

ReactiveX, auch *Reactive Extensions* oder kurz *Rx* genannt, ist ein reaktives Programmiermodell, das ursprünglich von Microsoft für das .NET-Framework entwickelt wurde. Die Implementierung ist sehr gut durchdacht und verständlich dokumentiert. Die Idee erfreut sich großer Beliebtheit, und so sind sehr viele Portierungen für die verschiedensten Programmiersprachen entstanden. Der wichtigste Datentyp von Rx, das *Observable*, ist sogar mittlerweile ein Vorschlag für ECMAScript[4] geworden. RxJS ist der Name der JavaScript-Implementierung von ReactiveX.

Angular setzt intern stark auf die Möglichkeiten von RxJS, einige haben wir sogar schon kennengelernt: Der `EventEmitter` ist ein Observable, der `HttpClient` gibt Observables zurück und auch Formulare und der Router propagieren Änderungen mit Observables.

Die Observable-Implementierung von RxJS folgt genau der Idee, die wir im letzten Abschnitt an unserem Funktionsbeispiel entwickelt haben: Wir rufen eine Funktion auf, übergeben einen Observer, und die Funktion ruft die Callbacks aus dem Observer auf, sobald etwas passiert. RxJS bringt für sein Observable allerdings zusätzlich einen wohldefinierten Rahmen mit und befolgt einige Regeln. Dazu gehören unter anderem folgende Punkte:

[4] https://ng-buch.de/a/45 – GitHub: TC39 Observables for ECMAScript

- Der Datenstrom ist zu Ende, sobald error() oder complete() gerufen wurden. Es ist also nicht möglich, danach noch einmal reguläre Werte mit next() auszugeben.
- Das Observable besitzt die Methode subscribe(), mit der wir den Datenstrom abonnieren können. Abonnierte Daten können außerdem wieder abbestellt werden.
- Ein Observable besitzt die Methode pipe(). Damit können wir sogenannte Operatoren an das Observable anhängen, um den Datenstrom zu verändern.
- Der fest definierte Datentyp Observable sorgt dafür, dass Observables aus verschiedenen Quellen miteinander kompatibel sind.

Wir werden den Aufbau und die Funktionsweise eines solchen Observables in den folgenden Abschnitten genauer betrachten. Behalten Sie dabei das Funktionsbeispiel im Hinterkopf, denn Sie werden einige Dinge wiedererkennen.

10.2.4 Observables abonnieren

Um die Daten aus einem Observable zu erhalten, müssen wir den Datenstrom abonnieren. Da wir nun ein »echtes« Observable nutzen, funktioniert dieser Aufruf ein wenig anders als in unserem einfachen Funktionsbeispiel – hat aber starke Ähnlichkeiten. Jedes Observable besitzt eine Methode mit dem Namen subscribe(). Rufen wir sie auf, wird die Routine im Observable gestartet und das Objekt kann Werte ausgeben.

Als Argument übergeben wir ein Objekt mit drei Callback-Funktionen next, error und complete. Erkennen Sie die Parallelen? Diesen Observer haben wir im vorherigen Beispiel bereits verwendet. Das Observable ruft die drei Callbacks aus dem Observer auf und liefert auf diesem Weg Daten an den Aufrufer.

Listing 10–20
Observable abonnieren mit Observer

```
const myObserver = {
  next:  value => console.log('NEXT:', value),
  error: err => console.error('ERROR:', err),
  complete: () => console.log('COMPLETE')
};

myObservable$.subscribe(myObserver);
```

Neben dieser etwas aufwendigen Schreibweise gibt es noch einen anderen Weg. Anstatt ein Objekt mit drei Funktionen zu notieren, können wir die drei Callbacks auch einzeln nacheinander als Argumente von subscribe() angeben. Das hat den Vorteil, dass wir nicht immer alle drei Funktionen übergeben müssen: Sind wir nur an den regulären Werten aus dem Observable interessiert, so reicht es aus, wenn wir das erste Callback notieren. Diese Schreibweise ist auch der normale und empfohlene Weg, den wir bereits im Kapitel zu HTTP verwendet haben.

Listing 10–21
Observable abonnieren mit Callbacks

```
// mit drei Callbacks
myObservable$.subscribe(
  value => console.log('NEXT:', value),
  err => console.error('ERROR:', err),
  () => console.log('COMPLETE')
);

// mit einem Callback
myObservable$
  .subscribe(value => console.log('NEXT:', value));
```

Subscriptions beenden

Sobald wir Daten von einem Observable abonnieren, gehen wir einen Vertrag ein: Das Observable liefert Daten, wir nehmen die Daten entgegen. Wie bei einem ordentlichen Vertrag üblich, lässt sich auch dieser von beiden Seiten kündigen. Beendet das Observable den Datenstrom (also durch `error` oder `complete`), so wird auch die Subscription automatisch beendet.

Aber auch der Programmablauf außerhalb des Observables kann das Abonnement kündigen. Die Methode `subscribe()` gibt dazu ein Objekt vom Typ `Subscription` zurück. Dieses Objekt wiederum besitzt eine Methode `unsubscribe()`, mit der wir das Abonnement beenden können.

Listing 10–22
Subscription beenden mit unsubscribe()

```
const subscription = myObservable$
  .subscribe(myObserver);

setTimeout(() => {
  subscription.unsubscribe();
}, 3000);
```

Memory Leaks vermeiden

Das Observable liefert danach keine Daten mehr, und der Speicher wird wieder freigegeben. Das ist besonders wichtig, um Memory Leaks zu vermeiden, bei denen Speicher länger reserviert wird als nötig. Mit diesem Thema werden wir uns demnächst noch beschäftigen.

Observables und das Suffix $

Es ist eine gängige Konvention, ein Observable mit dem Suffix $ zu notieren. Dadurch wird auf den ersten Blick klar, dass es sich bei dieser Variable um ein Observable handelt. Diese Schreibweise wird *Finnische Notation* genannt.

10.2.5 Observables erzeugen

Wir haben gelernt, wie wir die Daten aus einem Observable abonnieren. Damit es aber überhaupt so weit kommen kann, benötigen wir erst einmal ein Observable. Wenn wir mit Angular arbeiten, kommen wir an vielen Stellen mit Observables in Berührung, die vom Framework angeboten werden. In manchen Situationen müssen wir aber trotzdem eigene Observables erstellen.

Konstruktor von Observable

Um ein Observable zu erstellen, können wir den Konstruktor der Klasse `Observable` verwenden. Das ist der flexibelste Weg zur Erzeugung eines Observables, aber gleichzeitig auch der umständlichste.

Producer-Funktion

Als Argument für `new Observable()` setzen wir eine Funktion ein. Diese Funktion erhält einen Observer, führt beliebige Operationen aus und ruft die Callbacks des Observers auf, um Daten an den Abonnenten zurückzuspielen. Kommt Ihnen diese Funktion bekannt vor? Richtig, es handelt sich um eine Producer-Funktion, wie wir sie im einführenden Beispiel im Listing 10–17 auf Seite 201 selbst entwickelt haben! Unsere eigene Implementierung war also bereits im richtigen Format, um sie so oder so ähnlich im Observable-Konstruktor einsetzen zu können.

Listing 10–23
Observable erzeugen mit Konstruktor

```
import { Observable } from 'rxjs';

const myObservable$ = new Observable(observer => {
  observer.next(1);
  observer.next(2);
  observer.complete();
});

myObservable$.subscribe(myObserver);
```

Der Observer `myObserver`, den wir in `subscribe()` angeben, wird als Argument `observer` an die Producer-Funktion durchgereicht.

Creation Functions

Obwohl der eben gezeigte Weg sehr flexibel für alle Szenarien geeignet ist, ist der Code unnötig lang, wenn es um einfache Fälle oder wiederkehrende Aufgaben geht. RxJS bringt deshalb eine Reihe von Funktionen mit, mit denen wir ohne viel Code eigene Observables erstellen können.

Wir beginnen mit dem einfachsten Vertreter dieser Creation Functions. Die Funktion `of()` nimmt eine Reihe von Werten als Argumente entgegen und erzeugt ein Observable, das diese Werte unmittelbar nacheinander emittiert und schließlich completet, also den Datenstrom beendet.

Listing 10–24
Observable erzeugen mit of()

```
import { of } from 'rxjs';

const obs$ = of(1, 2, 3);
```

Benötigen wir ein Observable aus einigen wenigen Werten, so ist `of()` die richtige Wahl. Ein möglicher Anwendungsfall für `of()` ist, das Verhalten von Methoden in unseren HTTP-Services für Tests nachzubilden. Anstatt `http.get(url)` zurückzugeben, nutzen wir dann `of(exampleData)`. Die Komponenten erhalten dann die richtigen Daten und den korrekten Datentyp, im Hintergrund wird aber kein HTTP-Request ausgeführt. Im Kapitel zu Softwaretests ab Seite 457 werden wir diese Strategie verwenden.

Liegen die zu liefernden Daten bereits als Array vor, so ist der Einsatz von `from()` sinnvoll. Ähnlich wie `of()` erzeugt auch `from()` ein Observable, das die Eingabewerte nacheinander ausgibt und dann den Datenstrom beendet. Als Grundlage werden aber die Elemente eines Arrays verwendet. Das folgende Beispiel erzeugt also ein Observable, das sich genauso verhält wie das, das wir zuvor mit `of()` erzeugt haben.

from() *verarbeitet auch Promises, Collections oder Strings.*

Listing 10–25
Observable erzeugen mit from()

```
import { from } from 'rxjs';

const myArray = [1, 2, 3];
const obs$ = from(myArray);
```

Zwei weitere Funktionen zur Erzeugung von Observables sind `timer()` und `interval()`. Wir können damit ein Observable erzeugen, das nach Ablauf einer bestimmten Zeit Werte ausgibt. Die Zeit wird in Millisekunden angegeben.

Nutzen wir `timer()` mit *einem* Argument, so emittiert das Observable ein einziges Element nach Ablauf der angegebenen Zeit und ruft danach `complete()` auf. Geben wir ein *zweites* Argument an, so gibt das Observable nach dem ersten Element periodisch weitere Elemente mit dem angegebenen Zeitabstand aus. Der Aufruf `timer(0, 1000)` gibt also ein Observable zurück, das bei 0 ms mit dem ersten Wert beginnt und dann im Sekundentakt weitere Werte ausgibt.

Ähnlich, aber mit einem subtilen Unterschied verhält sich `interval()`. Diese Funktion erhält nur ein einziges Argument. Sie erzeugt ebenfalls ein Observable, das periodisch Werte emittiert – allerdings wird der erste Wert erst nach Ablauf der angegebenen Zeit ausgegeben. Der Aufruf `interval(1000)` entspricht also funktional dem Aufruf `timer(1000, 1000)`.

Die emittierten Werte aus beiden Funktionen sind vom Typ `number`. Die Zählung beginnt bei 0 und wird in ganzzahligen Schritten fortgesetzt. Die Observables laufen unendlich lange – ihre Ausführung wird nur dadurch angehalten, dass der Abonnent die Subscription beendet.

Listing 10–26 *Observable erzeugen mit* timer() *und* interval()

```
import { timer, interval } from 'rxjs';

const timer1$ = timer(500);      // ----1|
const timer2$ = timer(0, 500); // 1----2----3----...
const timer3$ = interval(500); // ----1----2----3----...
```

Observables und Promises

Asynchrone Aufgaben werden in JavaScript häufig mit Promises abgebildet. Promises sind ein hervorragendes Entwurfsmuster, es gibt aber auch eine Reihe technischer Nachteile. Eine Promise feuert nur ein einziges Mal, liefert also nur *einen* Wert anstatt eines Datenstroms. Außerdem kann man Promises nicht abbrechen und man kann die Wiederholung einer fehlgeschlagenen Aktion nur schwer implementieren. Ein weiterer großer Nachteil besteht darin, dass eine Promise nicht »lazy« arbeitet: Sobald ein Promise-Objekt erzeugt wurde, wird die dahinterliegende Aktion bereits ausgeführt. Observables hingegen sind immer faul und liefern erst dann Daten, wenn sich jemand dafür interessiert. Weil Observables wesentlich leichtgewichtiger und einfacher einzusetzen sind als Promises, werden in Angular durchgängig Observables für alle asynchronen Aufgaben eingesetzt – auch dann, wenn sie nur einen einzigen Wert liefern.

10.2.6 Operatoren: Datenströme modellieren

Wir haben gelernt, wie wir Datenströme mit Observables erzeugen und abonnieren können. Seine große Stärke entfaltet RxJS allerdings erst dann, wenn es darum geht, Datenströme zu transformieren, zusammenzuführen oder zu filtern und daraus neue Datenströme zu erzeugen.

Für diesen Zweck bringt RxJS eine Vielzahl von Operatoren mit. Technisch ist ein Operator eine Funktion, die

- ein Observable entgegennimmt,
- den Datenstrom verarbeitet/verändert und
- ein neues Observable mit dem geänderten Datenstrom zurückgibt.

Über 100 Operatoren sind in RxJS eingebaut, doch keine Angst: Sie müssen diese Operatoren nicht auswendig lernen. Wir möchten Ihnen aber die wichtigsten Operatoren an Beispielen zeigen und später natürlich auch in den BookMonkey einbauen. Im Anhang ab Seite 691 finden Sie außerdem eine Tabelle mit einer Auswahl von Operatoren, die Sie im täglichen Leben gebrauchen können.

Damit wir einen Operator auf ein Observable anwenden können, benutzen wir die Methode `pipe()`. Als Arguments können wir einen oder mehrere Operatoren verwenden, die der Reihe nach durchlaufen werden. Am Ende des Aufrufs erhalten wir wieder ein Observable, das wir wie gewohnt abonnieren können.

Listing 10–27
Operatoren verwenden

```
myObservable$.pipe(
  myOperator(),
  anotherOperator(arg)
).subscribe( /* ... */ );
```

Sie können sich eine solche Observable-Pipeline also vorstellen wie einen Sickerfilter mit verschiedenen Schichten: Sie kippen Wasser hinein, das durch die Membranen und Aktivkohleschichten sickert. Einige Bestandteile bleiben zurück, andere werden hinzugefügt oder es bleibt Wasser im Filter zurück, das erst später heraussickert. Hier können Sie auch schon erahnen, dass die Reihenfolge der Operatoren eine wichtige Rolle spielt.

Marble-Diagramme

Gerade bei komplexen Kombinationen von Operatoren kann es schwierig sein, den Überblick zu behalten. Es gibt deshalb eine gängige Darstellungsform für Observables, Operatoren und die Veränderung von Datenströmen: die sogenannten Marble-Diagramme. Ein Marble-Diagramm basiert auf einer Zeitachse, auf der die Elemente aus dem Datenstrom aufgetragen sind. Diese Darstellung ist intuitiv, und wir haben sie in diesem Kapitel bereits ohne zusätzliche Erläuterung genutzt.

Das geplante Ende eines Datenstroms (`complete`) wird durch einen senkrechten Strich notiert, der Fehlerfall (`error`) wird mit einem Kreuz angegeben.

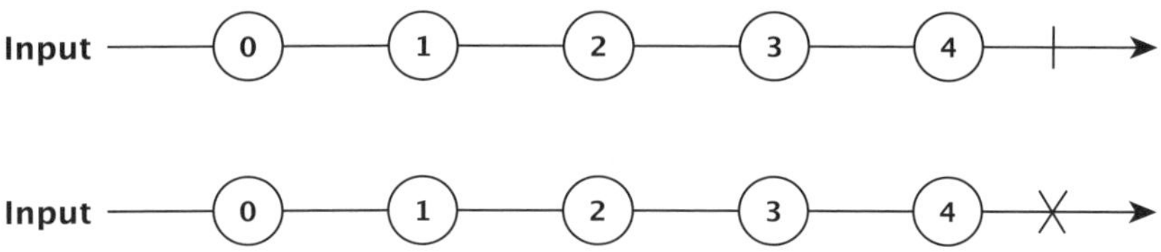

Abb. 10–2
complete *und* error *im Marble-Diagramm*

Ein Operator, der auf ein Observable angewendet wird, wird unter dem Datenstrom ausgeschrieben. Darunter wird der veränderte Datenstrom angegeben. Der Datenstrom wird also von links nach rechts gelesen, die Veränderungen an den Daten durch Operatoren sind von oben nach unten zu lesen.

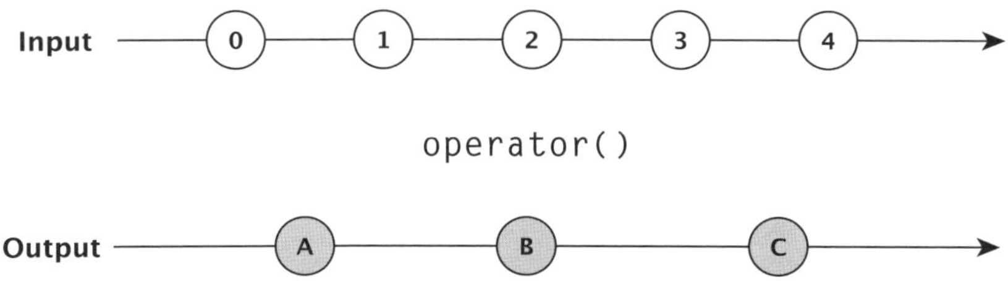

Abb. 10–3
Anwendung eines Operators im Marble-Diagramm

Suchen Sie nach bestimmten Operatoren, so finden Sie neben einer textuellen Beschreibung häufig auch eine Visualisierung als Marble-Diagramm. Das Projekt RxMarbles[5] bietet für viele gebräuchliche Operatoren interaktive Marbles an. Das hilft oft ungemein, um die grundsätzliche Funktionsweise der Operatoren zu verstehen und den richtigen Operator für eine Fragestellung zu finden.

Die wichtigsten Operatoren: `map()`, `filter()` und `scan()`

Wir möchten Ihnen zum Einstieg in die Welt der Operatoren drei grundlegende Vertreter vorstellen, die wir in verschiedenen Situationen gebrauchen können.

Der Operator `map()` transformiert die Werte eines Datenstroms, indem eine Funktion auf jedes Element angewendet wird. Wenn Sie die native JavaScript-Methode `Array.map()`[6] kennen, so erkennen Sie die Grundidee wieder. Wir übergeben eine sogenannte Projektions-

[5] https://ng-buch.de/a/46 – RxMarbles: Interactive diagrams of Rx Observables

[6] Es handelt sich nicht um eine statische Methode, sondern `map()` existiert auf dem Prototypen von Array und wird bei instanziierten Arrays verwendet. Die korrekte Schreibweise müsste also eigentlich `Array.prototype.map()` lauten. Wir verzichten allerdings in diesem Buch generell auf die lange, fachlich korrekte Form und schreiben nur `Array.map()`.

funktion, die für jedes Element aufgerufen wird, das Element verändert und schließlich zurückgibt. Beispielsweise können wir damit einen Strom von Zahlen so verändern, dass jedes Element mit 3 multipliziert wird. Für die Notation der Projektionsfunktion nutzen wir wieder die Schreibweise als Arrow-Funktion. Im Beispiel ist das also eine Funktion, die ein Argument `value` erhält und das Ergebnis der Operation `value * 3` zurückgibt.

Listing 10–28
Transformation mit map()

```
import { map } from 'rxjs/operators';

numbers$.pipe(
  map(value => value * 3)
);
```

Abb. 10–4
Visualisierung des map()*-Operators*

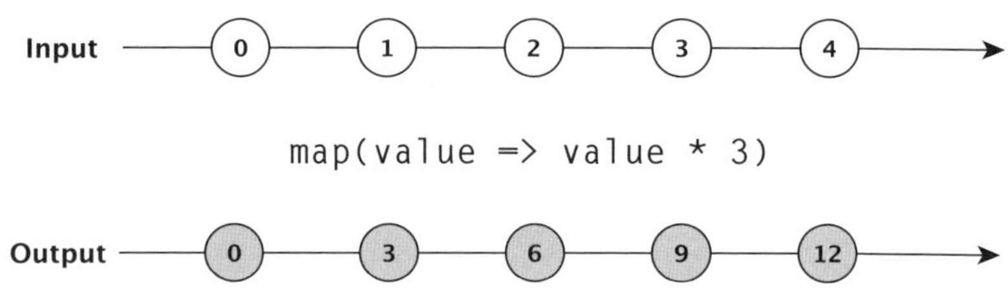

Der Operator `filter()` ist das Pendant zum nativen `Array.filter()`. Mit diesem Operator können wir die Elemente eines Datenstroms nach bestimmten Kriterien aussortieren. Das Ergebnis ist also ein neuer Datenstrom, der nur die Elemente beinhaltet, die die Prüfung bestanden haben. Die Filterkriterien werden in einer sogenannten Prädikatsfunktion notiert, die als Argument an den Operator übergeben wird. Die Funktion wird für jedes Element des Datenstroms aufgerufen. Gibt die Funktion `true` zurück, wird das Element in den neuen Datenstrom übernommen, ansonsten wird es verworfen. Im Beispiel filtern wir den Datenstrom nach geraden Zahlen.

Listing 10–29
Filtern mit filter()

```
import { map, filter } from 'rxjs/operators';

numbers$.pipe(
  map(value => value * 3),
  filter(value => value % 2 === 0)
);
```

Der dritte Operator im Bunde ist `scan()`, sein Kollege aus der Welt der Arrays ist `Array.reduce()`. Mit `scan()` können wir die Elemente des Datenstroms zu einem einzigen Ergebnis zusammenfassen. Der bekannteste Fall einer solchen Reduktion ist die Summe. Wir können den Opera-

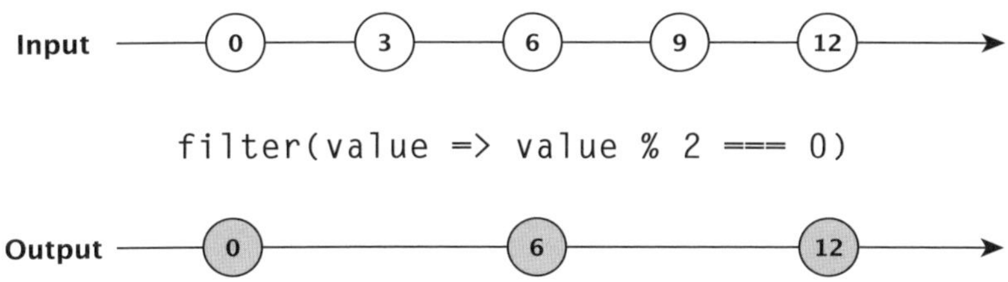

Abb. 10–5
Visualisierung des filter()*-Operators*

tor also einsetzen, um alle Zahlen aus dem Datenstrom zu kumulieren und jeweils das Zwischenergebnis auszugeben.

Punkte zählen in einem Jump-and-run-Spiel

Stellen Sie sich vor, wir entwickeln ein Jump-and-run-Spiel, bei dem wir für bestimmte Items Punkte erhalten, während bei Kollision mit Gegnern Punkte abgezogen werden. Die einzelnen gewonnenen Punkte (auch Negativpunkte) werden in einem Datenstrom ausgegeben. Sie möchten stets den aktuellen Gesamtpunktestand anzeigen. Dazu müssen Sie alle Punkte aufsummieren – ein idealer Anwendungsfall für den Operator `scan()`. Als erstes Argument erhält der Operator eine Akkumulator-Funktion, in der die Vorschrift für die Summenbildung untergebracht ist. Das zweite Argument ist der Startwert der Summe, also hier 0, weil das Spiel mit einem Punktestand von 0 beginnt.

Listing 10–30
Punkte kumulieren mit scan()

```
import { scan } from 'rxjs/operators';

score$.pipe(
  scan((acc, score) => acc + score, 0)
);
```

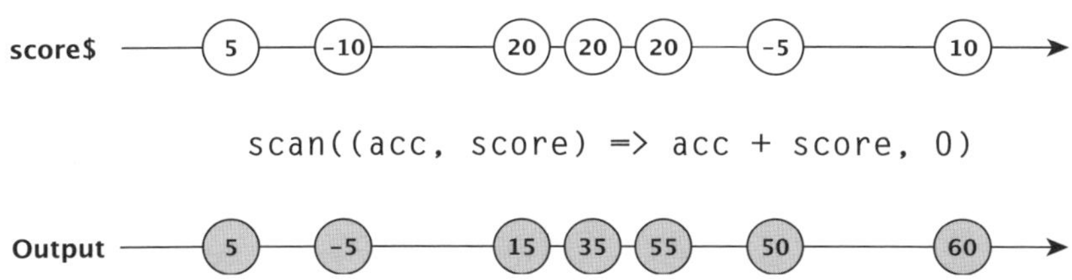

Abb. 10–6
Visualisierung des scan()*-Operators*

Der Operator `reduce()` arbeitet übrigens ähnlich. Er wird auf dieselbe Weise eingesetzt wie `scan()`, gibt aber nur ein einziges Element aus, sobald der Quelldatenstrom zu Ende ist (`complete`).

Pipeable Operators vs. Dot-Chaining

In einer früheren Version von RxJS wurden alle Operatoren als Methoden auf dem Prototypen des `Observable` ausgeliefert. Wir konnten die Operatoren also mit einem Punkt hintereinander hängen, das sogenannte *Dot-Chaining*:

```
myObservable$
  .map(e => e * 3)
  .filter(e => e % 2 === 0);
```

Obwohl diese Variante schönen Code ergibt, hat sie wesentliche praktische Nachteile: Für jeden Operator musste der Prototyp von `Observable` erweitert werden. Dadurch war die Anwendung nicht automatisch optimierbar, weil der Compiler nicht feststellen konnte, welche Methoden tatsächlich genutzt werden. Die Entwicklung eigener Operatoren war außerdem mühsam, weil auch diese stets an die Klasse `Observable` angehängt werden mussten.

Seit RxJS 5.5 gilt daher die neue Form der Operatoren, die wir auch in diesem Buch verwenden: *Pipeable Operators*. Sie folgt den Prinzipien der funktionalen Programmierung: Jeder Operator ist eine einzelne, unabhängige Funktion, die an die Methode `pipe()` übergeben wird. Ob eine einzeln importierte Funktion verwendet wird oder nicht, kann vom Compiler einfach analysiert werden. Außerdem können wir ohne viel Aufwand eigene Operator-Funktionen entwickeln und in die Pipelines einfügen.[7]

```
myObservable$.pipe(
  map(e => e * 3),
  filter(e => e % 2 === 0)
);
```

Bitte nutzen Sie nur noch Pipeable Operators, denn das Dot-Chaining wird ab RxJS 6 nicht mehr unterstützt.

Imports von RxJS

RxJS verfügt über zwei verschiedene Module für alle Imports. Alle Operatoren werden aus `rxjs/operators` importiert. Die Basisklassen wie `Observable`, `Subscription` und `Subject` sowie alle einfachen Funktionen (`of()`, `timer()` usw.) stammen aus dem Modul `rxjs`. Achten Sie bitte darauf, dass der Auto-Importer Ihrer Entwicklungsumgebung die Imports korrekt erstellt. Andere Pfade als die beiden genannten werden im Angular-Code nur sehr selten verwendet.

[7] Falls Sie neugierig sind, wie Sie eigene Operatoren implementieren können, möchten wir Sie auf einen Artikel in unserem Blog verweisen: https://ng-buch.de/a/47 – Angular.Schule: Build your own RxJS logging operator.

10.2.7 Heiße Observables, Multicasting und Subjects

Observables sind »faul«.

Alle Observables, die wir bis hierhin kennengelernt haben, haben eine wichtige Eigenschaft: Sie sind »faul« und führen ihren Code erst aus, wenn sich ein Subscriber anmeldet. Subscriben wir aber mehrfach darauf, so wird die darunterliegende Routine auch mehrfach ausgeführt. Das ist das normale Verhalten eines Observables, denn ein Observable ist nur eine Funktion.

Problematisch wird diese Eigenschaft, wenn wir Aktionen mit Seiteneffekten ausführen, z. B. HTTP-Kommunikation: Mit jedem `subscribe()` wird ein neuer HTTP-Request gestellt. Wir dürfen also nur ein einziges Mal subscriben, oder wir müssen einen Weg finden, die Elemente eines Datenstroms mit mehreren Abonnenten zu teilen, ohne die Quelle neu zu triggern. Ein solches *Multicasting* lässt sich mit Observables umsetzen.

Kalte und heiße Observables

Kalte Observables

Zur Unterscheidung der beiden Verhaltensweisen hat sich die Bezeichnung »*kalte* und *heiße* Observables« etabliert. Ein Observable ist standardmäßig *kalt* und verhält sich damit wie eben beschrieben: Es liefert erst dann Werte, wenn ein Abonnent existiert. Die Routine im Observable wird aber für jeden Abonnenten auch neu ausgeführt, also z. B. wird für jeden Subscriber ein neuer HTTP-Request ausgeführt. Neben den Methoden des `HttpClient` gehören auch `timer()`, `interval()` und `of()` in die Kategorie der kalten Observables.

Heiße Observables

Wenn wir dieses Modell mit der echten Welt vergleichen, so lassen sich damit viele Anwendungsfälle abdecken – viele aber auch nicht. Was fehlt, sind Datenströme, die auch dann Werte emittieren, wenn sie niemand abonniert hat. Denken Sie beispielsweise an das Wetter, Konzerte, Kino oder Rundfunk: Diese Datenströme entstehen unabhängig davon, ob jemand zuhört oder nicht, und sie liefern allen Zuhörern dieselben Ergebnisse. Solche Datenströme werden von *heißen* Observables ausgegeben. Ein gutes Beispiel für ein heißes Observable ist ein Strom von Maus-Events oder Tastatureingaben. Auch der *EventEmitter*, den wir zur Kommunikation zwischen Komponenten in Angular verwenden, ist ein heißes Observable.

Man sieht einem Observable von außen nicht an, ob es kalt oder heiß ist. Diese Eigenschaft ergibt sich nur aus dem Kontext und mit etwas Vorwissen. Im Zweifel können Sie jedoch davon ausgehen, dass Sie es mit einem kalten Observable zu tun haben.

Durchlauferhitzer: kalte Datenströme teilen mit `share()`

Wir wollen zunächst einen sehr naheliegenden Anwendungsfall betrachten: Wir haben ein kaltes Observable (z. B. aus dem `HttpClient`) und möchten mehrfach darauf subscriben. Damit trotzdem nur ein einziger HTTP-Request ausgeführt wird, wollen wir das kalte Observable in ein heißes umwandeln. Dafür existiert ein passender Operator: `share()`.

Setzen wir den Operator ein, so erhalten wir ein heißes Observable, das die eingehenden Werte an alle Subscriber verteilt. Erst dann, wenn sich alle Subscriber abgemeldet haben, wird auch die Subscription auf die Datenquelle beendet.

Listing 10–31
Datenstrom teilen mit share()

```
import { share } from 'rxjs/operators';

const http$ = this.http.get(url);

http$.subscribe(e => console.log(e));
http$.subscribe(e => console.log(e));

const httpShared$ = http$.pipe(share());

httpShared$.subscribe(e => console.log(e));
httpShared$.subscribe(e => console.log(e));
```

Im Codebeispiel sehen Sie die ersten beiden Subscriptions, die direkt auf `http$` gehen: Sie erzeugen jeweils einen HTTP-Request. Schließlich nutzen wir den Operator `share()`. Subscriben wir nun mehrfach auf `httpShared$`, so wird trotzdem nur ein einziger HTTP-Request ausgeführt, aber alle Subscriber erhalten das Ergebnis.

Multicasting mit Subjects

Publish-Subscribe-Pattern

Wollen wir Ereignisse oder Nachrichten aus einer externen Quelle mit einem Observable abbilden, so hilft uns der Operator `share()` nicht weiter, denn er benötigt als Grundlage immer ein existierendes Observable. Stattdessen wollen wir von außen Werte in ein Observable hineingeben, die dann an alle Zuhörer verteilt werden. Mit dieser Idee haben wir einen klassischen Ereignisbus modelliert, der dem Publish-Subscribe-Pattern folgt: Aus beliebigen Quellen können Ereignisse an ein Subjekt gesendet werden, das die Werte an alle Abonnenten weitergibt.

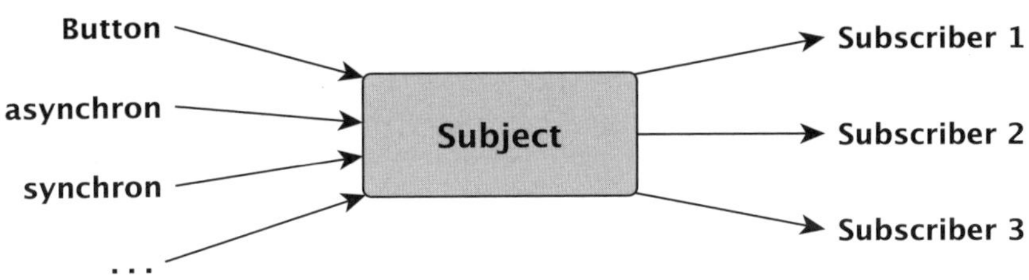

Abb. 10–7
Funktionsweise eines Subjects

Subject: Kombination von Observable und Observer

RxJS bringt eine passende Klasse mit, um dieses Modell abzubilden: das `Subject`. Technisch ist ein Subject eine Kombination von Observable und Observer – es vereinigt also das Beste aus beiden Welten. Was das bedeutet, sehen Sie anhand der Struktur der Klasse `Subject`:

Listing 10–32
Struktur von Subject

```
class Subject<T> extends Observable {
  next(value?: T)        // Observer
  error(err: any)
  complete()
  subscribe(/* ... */) // Observable
  pipe(/* ... */)
  // ...
}
```

Das `Subject` besitzt die drei Methoden `next()`, `error()` und `complete()` und ist damit ein Observer. Außerdem gibt es aber die Methoden `subscribe()` und `pipe()`, womit dieses Objekt gleichzeitig auch ein Observable ist. Tatsächlich erbt das `Subject` von `Observable`, wodurch diese Verwandtschaft auch vertraglich besiegelt ist.

Die drei Observer-Methoden können wir nutzen, um Daten von außen an das Subject zu übergeben. Das Subject können wir außerdem als ein normales Observable verwenden, also darauf subscriben oder Operatoren anhängen.

Listing 10–33
Subject verwenden

```
import { Subject } from 'rxjs';

const mySubject$ = new Subject<string>();

mySubject$.next('Hallo?');

mySubject$.subscribe(e => console.log(e));
mySubject$.subscribe(e => console.log(e));

mySubject$.next('Hallo');
setTimeout(() => mySubject$.next('Welt'), 1000);
setTimeout(() => mySubject$.complete(), 2000);
```

In diesem Beispiel erstellen wir zunächst ein Subject, das Werte vom Typ `string` liefert. Der erste Wert `Hallo?` wird von keinem Abonnenten empfangen, weil bis hierhin noch niemand den Datenstrom abonniert hat. Schließlich melden sich zwei Subscriber an, die die folgenden beiden Werte `Hallo` und `Welt` erhalten, bevor das Observable schließlich completet.

Da das Subject wie ein Observer aussieht, können wir es auch wie einen Observer verwenden, nämlich als Argument für `subscribe()`. Mit dieser Idee können wir das HTTP-Beispiel aus Listing 10–31 mit einem Subject nachbauen. Jeder Subscriber von `httpSubject$` erhält exakt dieselben Daten, aber auf das Quell-Observable `http$` gibt es nur eine einzige Subscription.

Listing 10–34 *Subscriben in ein Subject*

```
const http$ = this.http.get(url);
const httpSubject$ = new Subject();

http$.subscribe(httpSubject$);

httpSubject$.subscribe(e => console.log(e));
httpSubject$.subscribe(e => console.log(e));
```

Im Listing 10–33 haben wir gesehen, dass jeder Subscriber die Werte erst ab dem Zeitpunkt erhält, zu dem er den Datenstrom abonniert hat. Denken Sie an ein Konzert oder einen Kinofilm: Kommen Sie zu spät, so haben Sie einen Teil der Show verpasst. Genau dasselbe ist auch hier passiert: Der erste Wert `Hallo?` ging verloren, weil noch kein Subscriber angemeldet war.

Um dieses Problem zu umgehen, gibt es zwei weitere Varianten von Subjects. Das `BehaviorSubject` repräsentiert einen Wert, der sich im Laufe der Zeit ändert. Es muss immer mit einem Startwert initialisiert werden, und jeder Aufruf von `next()` verändert den Wert. Daraus folgt, dass der aktuelle Wert immer an jeden neuen Subscriber ausgegeben wird.

Listing 10–35 BehaviorSubject *verwenden*

```
import { BehaviorSubject } from 'rxjs';

const bs$ = new BehaviorSubject<string>('Initial value');
```

Einen Schritt weiter geht das `ReplaySubject`. Es puffert eine angegebene Anzahl von Elementen und liefert sie an jeden neuen Subscriber aus. Das können Sie sich praktisch in etwa so vorstellen: Sie kommen zu spät in den Kinofilm, aber Ihr Sitznachbar erzählt Ihnen die verpasste Handlung aus den letzten 10 Minuten, sodass Sie der Story folgen können.

```
import { ReplaySubject } from 'rxjs';

const bufferSize = 5;
const subject$ = new ReplaySubject<string>(bufferSize);
```

Listing 10–36
ReplaySubject *verwenden*

Für das Replay-Szenario gibt es auch einen passenden Operator: `shareReplay()`. Dafür stellen wir Ihnen in Abschnitt 14.4.1 ab Seite 430 einen Anwendungsfall vor.

10.2.8 Subscriptions verwalten & Memory Leaks vermeiden

Bei der Arbeit mit Observables erstellen wir Subscriptions, um die Daten zu erhalten. Eine solche Subscription ist ein Vertrag zwischen Observable und Abonnent, um Daten auszutauschen und zu verarbeiten. Wir haben in Abschnitt 10.2.4 ab Seite 204 bereits erfahren, dass wir eine solche Subscription mit der Methode `unsubscribe()` wieder beenden können.

Memory Leak erzeugen

In der Praxis mit Angular ist es essenziell, dass wir alle Subscriptions ordentlich aufräumen, sobald wir sie nicht mehr benötigen. Tun wir das nicht, so erzeugen wir Memory Leaks, die zu einem Fehlverhalten der Anwendung führen können. Sie können dazu einen kleinen praktischen Versuch machen: Nehmen Sie eine Angular-Anwendung, z. B. den BookMonkey, und erzeugen Sie im `ngOnInit()` einer Komponente eine Subscription auf ein langlaufendes Observable. Dafür eignet sich ein `interval()`.

```
import { interval } from 'rxjs';
// ...
export class MyComponent implements OnInit {
  ngOnInit() {
    interval(1000).subscribe(e => console.log(e));
  }
}
```

Listing 10–37
Subscription mit Memory Leak erzeugen

Sie sehen nun in der Browserkonsole die Ausgabe als fortlaufende Zahl im Sekundentakt. Navigieren Sie jetzt auf eine andere Unterseite der Anwendung, so sehen Sie den Effekt: Die Komponente ist zwar beendet, aber die Subscription ist noch immer aktiv und gibt Zahlen auf der Konsole aus. Wir haben einen Memory Leak erzeugt! Verheerender wird es, wenn Sie die Komponente wieder aufrufen. Damit erzeugen Sie eine zweite Subscription, und beide geben nun Werte aus. Die Subscriptions bleiben aktiv, wenn wir sie nicht beenden!

Strategien zum Beenden von Subscriptions

Unsere Aufgabe ist es also, alle Subscriptions abzumelden, sobald die Komponente beendet wird. Übertragen wir diese Idee wieder auf die Kino-Analogie, so können wir uns überlegen, in welchen Situationen die Zuschauer den Kinosaal verlassen:

1. Der Film ist vorbei.
2. Die Filmrolle reißt[8], der Film hält an und wird nicht fortgesetzt.
3. Der Film ist nicht gut, und der Zuschauer möchte nicht weiterschauen.

Subscription manuell beenden

Den Fall 3 haben wir bereits betrachtet: Der Subscriber entscheidet sich selbst, den Datenstrom nicht weiter erhalten zu wollen, und bestellt ihn ab – er ruft `unsubscribe()` auf. Um diesen Aufruf zu starten, wenn die Komponente beendet wird, können wir einen der Lifecycle-Hooks von Angular verwenden: `ngOnDestroy()` wird immer dann ausgeführt, wenn die Komponente zerstört wird. Damit die Methode korrekt implementiert wird, sollten wir zusätzlich das Interface `OnDestroy` einbinden. Wir speichern also die Subscription in ein Property der Klasse und rufen im `ngOnDestroy()` die Methode `unsubscribe()` auf.

Listing 10–38 unsubscribe() *beim Beenden der Komponente*

```
import { Component, OnInit, OnDestroy } from '@angular/core';
import { Subscription } from 'rxjs';
// ...

@Component({ /* ... */ })
export class MyComponent implements OnInit, OnDestroy {
  sub: Subscription;

  ngOnInit() {
    this.sub = myObservable$
      .subscribe(e => console.log(e));
  }

  ngOnDestroy() {
    sub.unsubscribe();
  }
}
```

Dieser Weg funktioniert, hat aber leider einen entscheidenden Nachteil: Er skaliert nicht gut für viele Subscriptions. Jede Subscription benötigt ein eigenes Property und muss manuell im `ngOnDestroy()` beendet werden – ganz schön aufwendig. Ein zweiter Nachteil ergibt sich aus der Struktur des Codes: Mit RxJS wollen wir weitgehend deklarativ entwi-

[8] Es ist ein älteres Kino ohne Digitaltechnik...

ckeln, also mit dem Code ausdrücken, *was* passiert, und nicht, *wie* es implementiert ist. Der Aufruf von `unsubscribe()` ist allerdings imperativ und passt nicht gut in die Welt von RxJS.

Datenstrom beenden

Es gibt deshalb einen besseren Weg, die Subscriptions zu beenden; dazu werfen wir einen Blick auf die Fälle 1 und 2. Beide haben gemeinsam, dass der Zuschauer nicht selbst entscheidet, dass er das Kino verlässt. Stattdessen wird er dazu »gezwungen«, weil der Film vorbei ist – entweder planmäßig oder durch einen Fehler. Übertragen auf ein Observable bedeutet das: Ist der Datenstrom zu Ende, so werden auch alle Subscriber abgemeldet. Das passiert bei `complete` und auch bei `error`.

Die elegantere Lösung ist also: Um die Subscriptions zu beenden, beenden wir einfach den Datenstrom. Einige Observables tun das übrigens bereits von selbst. Die Observables aus dem `HttpClient` von Angular feuern genau einmal und sind dann zu Ende. Sie müssen ein HTTP-Observable also niemals manuell beenden. Dasselbe gilt für die Observables aus `ActivatedRoute`, mit denen wir Routenparameter abfragen können – sie werden automatisch vom Router beendet.

Haben wir ein Observable, das länger läuft, so müssen wir selbst dafür sorgen, dass es keine Daten mehr liefert. Dazu können wir den Operator `takeUntil()` verwenden. Er nimmt ein Signal aus einem anderen Observable entgegen (hier `destroy$`) und beendet den Datenstrom, sobald er dieses Signal erhält.

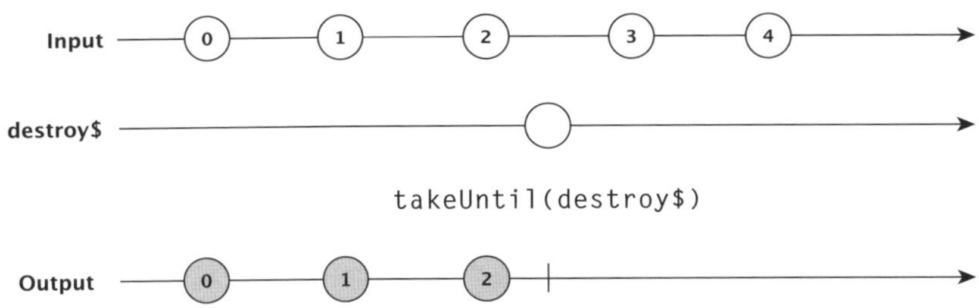

Abb. 10–8
Visualisierung des takeUntil()*-Operators*

Um ein solches Signal-Observable zu erstellen, eignet sich ein Subject, das wir in der Komponente ablegen. Sobald die Komponente zerstört wird, feuern wir das Subject ein einziges Mal, und dieser Wert dient als Signal für `takeUntil()`.

Listing 10–39
Datenstrom beenden mit takeUntil()

```
import { Subject } from 'rxjs';
import { takeUntil } from 'rxjs/operators';

@Component({ /* ... */ })
export class MyComponent implements OnInit, OnDestroy {

  private destroy$ = new Subject();
```

```
  ngOnInit() {
    myObservable$.pipe(
      takeUntil(this.destroy$)
    ).subscribe(e => console.log(e));
  }

  ngOnDestroy() {
    this.destroy$.next();
  }
}
```

Tatsächlich ist der Aufwand für diesen Code ebenfalls relativ hoch. Bezahlt macht sich diese Strategie allerdings bei vielen Subscriptions: Jedes weitere Observable benötigt lediglich den Operator `takeUntil()` in seiner Pipeline. Dieser Weg ist deklarativ, und wir können beim Blick auf den Code sofort erkennen, was hier passieren wird.

Zusammenfassung

Zusammengefasst bedeutet das also: Sorgen Sie immer dafür, dass die Subscriptions abgemeldet werden, wenn eine Komponente beendet wird. Gute Praxis ist es, die Subscriptions nicht selbst abzubestellen, sondern den zugrunde liegenden Datenstrom zu beenden. Das liegt entweder bereits in der Anatomie des speziellen Datenstroms verankert, oder wir helfen mit dem Operator `takeUntil()` nach.

AsyncPipe

Wir lernen später in diesem Buch noch einen Weg kennen, um Subscriptions zu beenden: die AsyncPipe. Damit können wir ein Observable direkt im Template auflösen. Dieser kleine Helfer kümmert sich dann automatisch darum, die Subscription zu beenden, sobald die Komponente beendet wird. Mehr dazu erfahren Sie im Kapitel zu Pipes ab Seite 350.

10.2.9 Flattening-Strategien für Higher-Order Observables

Zum Abschluss dieses Kapitels wollen wir uns einem Thema widmen, das sich hinter dem akademisch anmutenden Begriff der *Higher-Order Observables* versteckt. Dazu modellieren wir einen kleinen Anwendungsfall: Wir haben ein Observable, das einen HTTP-Request ausführt, z. B. mit dem `HttpClient` von Angular. Wir wollen darauf allerdings nicht nur einmal subscriben, sondern immer dann, wenn ein anderes Observable uns dafür ein Signal gibt. Stellen Sie sich vor, Sie wollen die Daten vom HTTP-Server periodisch abfragen, oder Sie horchen auf ein Event und wollen zu jedem Event einen Request ausführen.

Subscriptions verschachteln

Die einfachste Lösung für dieses Problem ist es, mehrere Subscriptions zu verschachteln: Immer wenn der Trigger feuert, subscriben wir auf das HTTP-Observable und fangen die Daten ab. Wir können Ihnen an dieser Stelle jedoch schon verraten, dass Sie diesen Code nicht in Ihr Projekt übernehmen sollten:

Listing 10–40 *Verschachteltes Subscribe*

```
// Achtung: Antipattern!
timer$.subscribe(() => {
  http$.subscribe(data => console.log(data));
});
```

Verschachtelte Subscriptions sind keine gute Praxis. Der entstehende Code lässt sich schlecht warten, und spätestens dann, wenn Sie die Reihenfolge von zwei Operationen tauschen wollen, blicken Sie im Dschungel der Klammern nicht mehr durch. Außerdem können Sie die Subscriptions nicht mehr gut kontrollieren: Stellen Sie sich einmal vor, Sie wollen eine alte Subscription beenden, sobald Sie einen neuen Request gestellt haben. Das ist mit diesem Code nur sehr schwer umsetzbar.

Wir wollen uns also an eine Lösung herantasten, die vollständig deklarativ arbeitet: mit Operatoren. Formuliert man die Problemstellung anders, so könnte sie lauten: Jedes Element des Triggers soll umgewandelt werden in einen HTTP-Request. Hier sollte Ihnen schon der richtige Operator auf der Zunge liegen: `map()`.

Listing 10–41 *Mappen auf ein anderes Observable*

```
trigger$.pipe(
  map(() => http$)
)
```

Warum dieser Ansatz noch nicht vollständig ist, zeigt ein Blick auf die Signatur des erzeugten Objekts. Das Objekt ist ein `Observable<Observable<T>>` – also ein Observable, das Observables liefert. Wir haben damit ein Higher-Order Observable erzeugt!

Um diese Verschachtelung aufzulösen und das Observable wieder »flach« zu machen, bringt RxJS einen passenden Operator mit. Der Operator `mergeMap()` arbeitet wie folgt:

- Er mappt die Werte eines Observables (`trigger$`) auf ein anderes Observable (`http$`),
- erstellt Subscriptions auf die inneren Observables (`http$`) und
- führt die empfangenen Daten zurück in den Hauptdatenstrom, in der Reihenfolge ihres Eintreffens.

Vereinfacht ausgedrückt bedeutet das: Für jedes Signal aus dem Trigger wird ein HTTP-Request ausgeführt. Als Ausgabe erhalten wir ein Observable, das die Ergebnisse aller dieser HTTP-Requests beinhaltet. Wichtig dabei ist, dass die Ergebnisse so ausgegeben werden, wie sie eintreffen. Braucht eine Antwort länger als eine andere, so kann sich die Reihenfolge ändern.

Listing 10–42 mergeMap() *verwenden*

```
import { mergeMap } from 'rxjs/operators';

trigger$.pipe(
  mergeMap(() => http$)
)
```

Verschiedene Flattening-Operatoren

Um diesen Sachverhalt noch ein wenig komplizierter zu machen, gibt es drei weitere Operatoren, die sich sehr ähnlich verhalten, aber subtile Unterschiede haben. Alle vier Kandidaten – `mergeMap()`, `concatMap()`, `switchMap()` und `exhaustMap()` – haben gemeinsam, dass sie einen Datenstrom auf ein anderes Observable abbilden, Subscriptions auf die inneren Observables erstellen und die Ergebnisse zusammenführen. Die Unterschiede liegen in der Frage, ob und wann diese Subscriptions erzeugt werden. Jeder Operator setzt eine andere *Flattening-Strategie* um.

- `mergeMap`: Verwaltet alle Subscriptions parallel und führt die Ergebnisse in der Reihenfolge ihres Auftretens zusammen. Die Reihenfolge kann sich ändern.
- `concatMap`: Erzeugt die nächste Subscription erst dann, sobald das vorherige Observable completet ist. Die Reihenfolge bleibt erhalten, weil die Observables nacheinander abgearbeitet werden.
- `switchMap`: Beendet die laufende Subscription, sobald ein neuer Wert im Quelldatenstrom erscheint. Nur das zuletzt angefragte Observable ist interessant.
- `exhaustMap`: Ignoriert alle Werte aus dem Quelldatenstrom, solange noch eine Subscription läuft. Erst wenn die »Leitung« wieder frei ist, werden neue eingehende Werte bearbeitet.

Um diese vier Operatoren korrekt einsetzen zu können, braucht es ein wenig Übung und Erfahrung. Im Zweifel sind Sie aber gut beraten, wenn Sie zunächst `concatMap()` verwenden, es sei denn, Sie haben einen guten Grund für einen der anderen Operatoren. Der Operator `mergeMap()` ist übrigens in manchen Veröffentlichungen auch unter seinem Alias `flatMap()` zu finden.

Beispiel: Sushi-Restaurant

Damit Sie diese Thematik besser verinnerlichen können, wollen wir wieder ein Beispiel aus dem echten Leben heranziehen. Sicher kennen Sie das Running Deck im Sushi-Restaurant, wo Teller mit kleinen Portionen vorbeifahren. Dieses Laufband ist ein (heißes) Observable (`sushiBelt$`), das einen Strom von Tellern liefert, die unterschiedliche Inhalte haben.

Auswahl treffen

Unsere Aufgabe ist es zunächst, aus diesem Strom von Tellern eine gute Auswahl zu treffen. Der Operator `filter()` entscheidet also mithilfe der Funktion `iWantThis(plate)`, ob wir einen Teller haben wollen oder nicht. Wir erzeugen damit einen Strom von Tellern, die wir tatsächlich vom Band nehmen.

Teller verarbeiten

Sobald die Teller auf dem Tisch stehen, müssen die Sushi-Röllchen verarbeitet werden. Da die Nahrungsaufnahme nicht synchron funktioniert, sondern Zeit benötigt, wollen wir diese Aktion wieder in einem Observable abbilden. Die Funktion `getSushiFromPlate(plate)` nimmt einen Teller entgegen und erzeugt ein (kaltes) Observable, das die enthaltenen Sushi-Röllchen nacheinander ausgibt.

Diese beiden Bausteine müssen wir nun zusammenfügen und verwenden dafür einen Flattening-Operator. Jeder vom Band genommene Teller wird also umgewandelt in einen kurzen Strom von einzelnen Sushi-Röllchen. Alle diese Teilströme werden in einem einzigen großen Sushi-Strom zusammengeführt – lecker!

Sojasauce verwenden

Damit es realistisch wird, fehlt schließlich noch die Sojasauce. Das Observable `soja$` ist ein niemals versiegender Fluss von Sojasauce, dem wir etwas entnehmen können, um das Sushi damit zu würzen. Der Operator `withLatestFrom()` verändert einen Datenstrom, indem er an jedes Element den letzten Wert eines anderen Observables anfügt. Praktisch bedeutet das also, dass wir unseren Strom von Sushi mit Sojasauce anreichern.

Listing 10–43
Sushi essen mit Observables

```
import { filter, concatMap, withLatestFrom } from 'rxjs/operators';

sushiBelt$: Observable<Plate> = // ...
soja$: Observable<Soja> = // ...

function getSushiFromPlate(plate: Plate):
  Observable<Sushi> { /* ... */ }

function iWantThis(plate: Plate): boolean { /* ... */ }

const sushi$: Observable<SushiWithSoja> =
  sushiBelt$.pipe(
    filter(plate => iWantThis(plate)),
    concatMap(plate => getSushiFromPlate(plate).pipe(
      withLatestFrom(soja$)
    ))
  );

sushi$.subscribe(sushi => console.log(sushi));
```

Wir möchten Ihnen an diesem Beispiel vor allem die Unterschiede zwischen den Operatoren erläutern:

- `concatMap` – *gierig, aber ruhig:* Wir nehmen neue Teller, essen aber zunächst den aktuellen Teller leer, dann widmen wir uns dem nächsten.
- `mergeMap` – *alles durcheinander:* Wir essen sofort vom neu geholten Teller. Haben wir noch einen Teller vor uns, so essen wir von mehreren parallel, bis sie leer sind.
- `switchMap` – *verschwenderisch:* Wir nehmen einen Teller, werfen den alten Teller weg und widmen uns sofort dem neuen.
- `exhaustMap` – *bescheiden und ruhig:* Wir nehmen keine Teller vom Band, solange wir noch einen anderen vor uns haben.

Damit Sie das Verhalten der Operatoren am echten Beispiel ausprobieren können, haben wir Ihnen etwas Sushi in einem StackBlitz-Projekt verpackt:

Demo und Quelltext:
https://ng-buch.de/rxjs-sushi

Haben Sie Appetit bekommen? Falls Sie demnächst in ein Sushi-Restaurant gehen, empfehlen wir Ihnen, nicht die `switchMap`-Strategie zu verwenden – eventuell machen Sie sich damit etwas unbeliebt. Wenn Sie jetzt genauso begeistert von RxJS sind wie wir, erfahren Sie im nächsten Kapitel, wie wir die Operatoren praktisch in der BookMonkey-Anwendung einsetzen.

10.2.10 Den BookMonkey erweitern: Daten vom Server typisieren und umwandeln

Refactoring – Daten vom Server typisieren und umwandeln

Um im Client mit den korrekten Daten zu arbeiten, sollen die Daten aus der HTTP-Schnittstelle transformiert werden, bevor sie im Client verwendet werden. Diese Umwandlung soll im Service stattfinden, um sie vor den Komponenten zu verstecken.

Wir haben im Kapitel zu HTTP ab Seite 188 gelernt, wie wir den `HttpClient` von Angular im BookMonkey einsetzen können, um Bücher vom Server abzurufen. Die Methode `getAll()` aus dem `BookStoreService` sieht aktuell so aus:

```
getAll(): Observable<Book[]> {
  return this.http.get<any[]>(`${this.api}/books`);
}
```

Listing 10–44
Die Methode getAll()
(book-store.service.ts)

Typ any *vermeiden*

Zur Typisierung des Payloads haben wir hier den Typ `any` verwendet. Wir haben bereits im Code Review festgestellt, dass das keine gute Idee sein kann. Wenn möglich, sollten Sie `any` vermeiden, weil es Ungewissheit über die Typisierung ausdrückt.

Wir wollen deshalb in diesem Abschnitt einen konkreten Typen für die HTTP-Antwort verwenden. Dabei werden wir auch sehen, wie wir den Payload in ein anderes Format transformieren können.

Ein konkreter Typ für die HTTP-Antwort

Vertrag zwischen Server und Client

Den Typ der HTTP-Antwort können wir als generischen Typparameter an den `HttpClient` übergeben. Diese Angabe sagt allerdings noch nichts darüber aus, wie die Daten vom Server *tatsächlich* strukturiert sind. Der Vertrag mit dem Server ist sehr locker: Wir können niemals zu 100 % sicherstellen, dass die gelieferten Daten wirklich dem entsprechen, was wir erwarten. Dieses Thema ist in verteilten Anwendungen mit HTTP allgegenwärtig. Wir können mit guter Disziplin und Dokumentation allerdings sehr nah an das Ziel herankommen.

Das bedeutet, dass wir im Typparameter für den `HttpClient` jeden beliebigen Typ angeben können! TypeScript kennt die Serverantwort zur Build-Zeit noch nicht und kann den Typ deshalb nicht prüfen. Die Typangabe ist trotzdem sinnvoll und wichtig: Wenn wir wissen, wie die Daten *wahrscheinlich* aussehen, so können wir sie in der Anwendung passend weiterverarbeiten.

Wir wollen also für die HTTP-Antwort einen Typen angeben, der nicht `any` ist. Hier kann man schnell auf die Idee kommen, das schon existierende Interface `Book` zu verwenden. Das funktioniert gut, solange die Datenmodelle exakt dieselbe Struktur haben wie die Daten vom Server.

Unterschied zwischen Server- und Client-Model

Schauen Sie sich noch einmal die Antwort vom Server und das Model `Book` genau an. Auf den ersten Blick sind beide identisch, aber der Teufel liegt im Detail – in der Eigenschaft `published`. Der Server liefert das Veröffentlichungsdatum als `string`, das Model `Book` hingegen speichert das Datum als `Date`.

Dieser kleine Unterschied kann bereits zu Problemen führen: Unsere Anwendung nimmt momentan an, das Datum sei ein `Date`, wird aber immer einen `string` vorfinden. In der Praxis kann der Unterschied zwischen den beiden Modellen noch viel drastischer sein. Insbesondere dann, wenn Sie die HTTP-Schnittstelle nicht selbst entwickeln, kann es sein, dass das Datenmodell vom Server ganz anders aussieht als Ihre lokalen Models.

Wir legen also im ersten Schritt ein neues Interface an, das die Daten vom Server beschreibt: `BookRaw`.

Listing 10–45 *Interface* BookRaw *anlegen*

```
$ ng g interface shared/book-raw
```

Die Datei `book-raw.ts` wird im Ordner `shared` abgelegt:

```
src
└── app
    ├── shared
    │   ├── book-raw.ts
    │   ├── book.ts
    │   └── ...
    └── ...
```

Nun füllen wir das neue Interface mit Leben. Sie können dafür die Datei `book.ts` als Grundlage nehmen – der wichtigste Unterschied ist das Property `published`. Für die Thumbnails legen wir ebenfalls einen neuen Typen `ThumbnailRaw` an, den wir aber in dieselbe Datei schreiben.

Listing 10–46 *Die neuen Interfaces* BookRaw *und* ThumbnailRaw (book-raw.ts)

```
export interface BookRaw {
  isbn: string;
  title: string;
  authors: string[];
  published: string;
  subtitle?: string;
  rating?: number;
  thumbnails?: ThumbnailRaw[];
  description?: string;
}

export interface ThumbnailRaw {
  url: string;
  title?: string;
}
```

OpenAPI Generator: Interfaces und Services automatisch generieren

Wir haben das Interface `BookRaw` hier manuell angelegt. Das ist für kleine Projekte mit wenigen Modellen in Ordnung, in der Praxis gerät man damit allerdings schnell an Grenzen. Jede Änderung an der HTTP-Schnittstelle muss auch in den Datenmodellen im Client angepasst werden. Die Interfaces aktuell zu halten ist bei vielen Datenmodellen kein Kinderspiel. Sie können deshalb die Models der HTTP-Schnittstelle automatisiert erstellen. Verfügt Ihre Schnittstelle über eine Beschreibung im *OpenAPI*-Format (ehemals *Swagger*), so können Sie die Typen mit dem *OpenAPI Generator* generieren. Das Tool erstellt übrigens auf Wunsch nicht nur Interfaces, sondern auch ganze Services mit passenden Methoden. Wir haben unsere Erkenntnisse dazu in einem Blogartikel[9] zusammengefasst.

Daten transformieren

Bevor wir die neuen Typen verwenden, müssen wir festlegen, wie die Daten zwischen den beiden Modellen `BookRaw` und `Book` umgewandelt werden. Praktisch sind die beiden Modelle fast gleich, wir müssen lediglich die Eigenschaft `published` von `string` nach `Date` konvertieren.

Für diese Transformation definieren wir eine Methode in einer separaten Klasse `BookFactory`, damit wir sie mehrfach verwenden können.

```
$ ng g class shared/book-factory
```

Listing 10–47
Klasse BookFactory *anlegen*

```
src
└── app
    ├── shared
    │   ├── book-factory.ts
    │   ├── book-raw.ts
    │   ├── book.ts
    │   └── ...
    └── ...
```

Die Methode `fromRaw()` erhält ein Objekt vom Typ `BookRaw` und wandelt die Daten in den Typ `Book` um. Wir definieren die Methode als statisches Member, damit wir sie später als `BookFactory.fromRaw()` aufrufen können.

In der Methode nutzen wir den Spread-Operator, um alle Eigenschaften von `b` in das neue Objekt zu kopieren. Nur das `published`-Datum überschreiben wir manuell mit einem neuen `Date`-Objekt.

---

[9] https://ng-buch.de/a/48 – Angular.Schule: Generating Angular API clients with Swagger

Listing 10–48
BookFactory *zur Transformation der Daten* (book-factory.ts)

```
import { Book } from './book';
import { BookRaw } from './book-raw';

export class BookFactory {
  static fromRaw(b: BookRaw): Book {
    return {
      ...b,
      published: new Date(b.published)
    };
  }
}
```

Factory im Service verwenden

Wir wollen die neu angelegte Factory-Methode nun im `BookStoreService` verwenden – und dabei kommen endlich die Operatoren von RxJS ins Spiel. Wir beginnen mit der Methode `getSingle()`: Zunächst ändern wir den generischen Typen des HTTP-Aufrufs auf `BookRaw`. Wir erhalten also ein Observable, das Objekte vom Typ `BookRaw` ausgibt. Diesen Datenstrom wandeln wir um in einen Strom von `Book`, so wie es die Signatur der Servicemethode verlangt. Wir setzen dazu den Operator `map()` ein und verwenden die Factory-Methode `BookFactory.fromRaw()`, um das Objekt zu transformieren.

Listing 10–49
Methode getSingle() *im* BookStoreService (book-store.service.ts)

```
// ...
import { map } from 'rxjs/operators';

import { Book } from './book';
import { BookRaw } from './book-raw';
import { BookFactory } from './book-factory';

@Injectable({ providedIn: 'root' })
export class BookStoreService {
  // ...
  getSingle(isbn: string): Observable<Book> {
    return this.http.get<BookRaw>(
      `${this.api}/book/${isbn}`
    ).pipe(
      map(b => BookFactory.fromRaw(b))
    );
  }
  // ...
}
```

Für `getAll()` funktioniert das Refactoring ähnlich, wir müssen aber einen zusätzlichen Schritt gehen. Das Observable liefert ein Array von `BookRaw`. Das bedeutet, der Operator `map()` transformiert ein Array von Objekten, kein einzelnes Buch. Um diese einzelnen Objekte umzuwandeln, müssen wir zusätzlich durch das Array laufen. Ein Array bietet dazu die Methode `map()`, die genauso funktioniert wie der RxJS-Operator – wir können also die Factory-Methode auf dieselbe Weise verwenden. Beachten Sie im folgenden Code bitte:

- `map(booksRaw => ...)` ist der Operator.
- `booksRaw.map(b => ...)` ist die native Array-Methode.

```
getAll(): Observable<Book[]> {
  return this.http.get<BookRaw[]>(`${this.api}/books`)
    .pipe(
      map(booksRaw =>
        booksRaw.map(b => BookFactory.fromRaw(b)),
      )
    );
}
```

Listing 10–50
Methode getAll() *im* BookStoreService (book-store.service.ts)

Probieren Sie die Anwendung aus: Sie wird funktionieren wie zuvor, allerdings liegen die Buchdaten jetzt im richtigen Format vor. Geben Sie z. B. einmal ein Buch auf der Konsole aus und überprüfen Sie, was im Property `published` steckt.

10.2.11 Den BookMonkey erweitern: Fehlerbehandlung

Refactoring – Fehlerbehandlung

Um auftretende Fehler bei der HTTP-Kommunikation abzupuffern, soll eine Fehlerbehandlung integriert werden.

- Im Fehlerfall soll ein neuer Request gestellt werden.
- Auftretende Fehler sollen im Service abgefangen und geloggt werden.

Menschen machen Fehler – Maschinen auch. Es ist vollkommen normal, dass im Programmablauf Fehler auftreten. Damit der Nutzer aber nicht im Dunkeln steht, müssen wir diese Fehler angemessen behandeln. Wir wollen deshalb in diesem Kapitel die Fehlerbehandlung mit RxJS genauer unter die Lupe nehmen und auch den BookMonkey entsprechend erweitern.

Neues Spiel, neues Glück: bei Fehlern neu versuchen

retry(): Neu subscriben im Fehlerfall

Häufig kann ein auftretender Fehler schon damit aufgelöst werden, dass wir einen neuen Versuch starten. Meldet der Server beim HTTP-Request also einen Fehlercode zurück, so starten wir den Request noch einmal. Diese Strategie hilft natürlich nur bei technisch bedingten Fehlern und nicht, wenn der gestellte Request bereits inhaltlich falsch war. Im Kontext von Observables bedeutet »noch einmal ausführen«, dass wir erneut auf das Observable subscriben. Wir könnten diese Aufgabe imperativ lösen, aber es gibt für diesen Fall auch einen Operator: `retry()`.

Tritt im Observable ein Fehler auf, so erstellt der Operator automatisch eine neue Subscription. Dieser Ablauf wird bis zu n Mal wiederholt, wobei n die Zahl ist, die wir als Argument an den Operator übergeben. Das daraus entstehende Observable liefert also nur dann einen Fehler, wenn auch der letzte Versuch fehlgeschlagen ist.

Das folgende Codebeispiel zeigt den Operator exemplarisch an der Methode `getSingle()` aus dem `BookStoreService`. Sie können den Operator auch für alle anderen Methoden übernehmen.

Listing 10–51 *Operator* retry() *im* BookStoreService *verwenden* (book-store.service.ts)

```
import { retry, map } from 'rxjs/operators';
// ...

@Injectable({ providedIn: 'root' })
export class BookStoreService {
  // ...
  getSingle(isbn: string): Observable<Book> {
    return this.http.get<BookRaw>(
      `${this.api}/book/${isbn}`
    ).pipe(
      retry(3),
      map(b => BookFactory.fromRaw(b))
    );
  }
  // ...
}
```

Zum Testen können Sie übrigens gut einen Fehler provozieren, indem Sie die URL der Anfrage ändern, sodass der Server mit einem *404 Not Found* antwortet. Hier können wir erkennen, dass die neuen Versuche unmittelbar nacheinander ausgeführt werden. Möchten wir bis zum nächsten Versuch einen Moment warten, so ist der Operator `retry()` nicht das richtige Werkzeug. Zum Ausblick in diese Thematik möch-

Exponential Backoff

ten wir Ihnen einen Blogartikel[10] empfehlen, in dem die Umsetzung eines »Exponential Backoff« beschrieben wird. Dort wird ein Operator entwickelt, der die Wartezeit bis zum nächsten Versuch exponentiell verlängert.

Eine andere Strategie lässt sich mit dem Operator `retryWhen()` umsetzen. Der Neuversuch wird damit erst ausgeführt, wenn ein anderes Observable dafür ein Signal gibt. Das Signal kann von einem Timer stammen oder sogar vom Browser-Event `online`, sobald der Client wieder eine Internetverbindung hat. Zu diesem Thema empfehlen wir einen weiteren Blogartikel.[11]

retryWhen()

Fehler abfangen und behandeln

Wenn in einem Observable ein Fehler auftritt, so können wir diesen Fehler in der Subscription abfangen, denn es wird automatisch das `error`-Callback des Observers aufgerufen. Das bedeutet allerdings, dass der Fehler immer bis zur Komponente durchgereicht wird und erst dort behandelt werden kann. Dieser Weg birgt zwei Nachteile:

- Die Komponenten müssen sich um die Fehlerbehandlung kümmern. Soll der Fehler gar nicht in der Komponente auftauchen, sondern nur geloggt oder verschluckt werden, so muss diese Logik trotzdem in jeder Komponente untergebracht werden.
- Das Fehlerobjekt ist nicht spezifisch für die Komponente und die View, sondern kann technischer Natur sein (z. B. ein HTTP-Fehler). Die Komponente muss also fachliche Logik besitzen, um den Fehler auszuwerten.

Im besten Fall sollte die Fehlerbehandlung also schon im Service stattfinden und nicht erst in der Komponente. RxJS bringt dafür den Operator `catchError()` mit. Fügen wir den Operator in eine Pipeline ein, wird er immer dann ausgeführt, wenn ein Fehler auftritt. Dann können wir mit dem Fehler arbeiten: Wir können ihn loggen, transformieren, einen spezifischen Fehlertext einfügen, den Fehler weiterwerfen oder ihn verschlucken.

Fehlerbehandlung im Service

catchError(): Fehler abfangen und behandeln

Die Funktion, die wir an den Operator übergeben, erhält das Fehlerobjekt als Argument und muss immer ein neues Observable zurückgeben. Die Werte dieses Observables werden in den Datenstrom zurückgeführt. Wollen wir den Fehler verschlucken, so erstellen wir mit `of()` ein neues Observable und geben es aus der Funktion zurück:

[10] https://ng-buch.de/a/49 – Angular In Depth: Power of RxJS when using exponential backoff

[11] https://ng-buch.de/a/50 – StrongBrew: Safe HTTP calls with RxJS

Listing 10–52
Fehler abfangen und verschlucken

```
import { of } from 'rxjs';
import { catchError } from 'rxjs/operators';

myObservable$.pipe(
  catchError(error => of('Fehler verschluckt!'))
)
```

Fehler weiterwerfen

Dieses Observable gibt niemals einen Fehler aus, sondern wandelt alle Fehler um in den Text »`Fehler verschluckt!`«. Wollen wir den Fehler weiterwerfen, so müssen wir ein Observable erzeugen, das einen Fehler generiert. Dafür gibt es eine Creation Function mit dem Namen `throwError()`. Ähnlich wie `of()` erzeugt sie ein Observable aus einem Wert, wirft aber sofort einen Fehler.

Diese Variante wollen wir auch für den BookMonkey umsetzen. Alle auftretenden Fehler werden geloggt und anschließend (unverändert) an die Komponente weitergegeben. Diese Fehlerbehandlung soll vollständig im `BookStoreService` untergebracht werden.

Da wir die Funktion zur Fehlerbehandlung mehrfach nutzen wollen, lagern wir sie in eine Methode im Service aus. Sie trägt den Namen `errorHandler()` und erhält als Argument ein Fehlerobjekt. Alle Fehler in unserem Service stammen vom `HttpClient`. Wir können deshalb für die Typisierung den korrekten Typen für einen HTTP-Fehler verwenden: `HttpErrorResponse`. Nachdem wir den Fehler geloggt haben, werfen wir ihn mithilfe von `throwError()` weiter.

Listing 10–53
Methode errorHandler() *im* BookStoreService (book-store.service.ts)

```
import { HttpClient, HttpErrorResponse } from
    ↪ '@angular/common/http';
import { throwError, Observable } from 'rxjs';
// ...

@Injectable({ providedIn: 'root' })
export class BookStoreService {
  // ...
  private errorHandler(error: HttpErrorResponse): Observable<any> {
    console.error('Fehler aufgetreten!');
    return throwError(error);
  }
}
```

Im letzten Schritt bauen wir die Fehlerbehandlung in unsere Observable-Pipelines ein. Dazu nutzen wir den Operator `catchError()` und übergeben als Argument die neue Methode `errorHandler()`. Wir zeigen Ihnen die Verwendung wieder am Beispiel von `getSingle()`, Sie können die Zeile allerdings auch für alle anderen Servicemethoden übernehmen.

Listing 10–54
Fehler abfangen mit catchError() (book-store.service.ts)

```
import { retry, map, catchError } from 'rxjs/operators';
// ...

@Injectable({ providedIn: 'root' })
export class BookStoreService {
  // ...
  getSingle(isbn: string): Observable<Book> {
    return this.http.get<BookRaw>(
      `${this.api}/book/${isbn}`
    ).pipe(
      retry(3),
      map(b => BookFactory.fromRaw(b)),
      catchError(this.errorHandler)
    );
  }
  // ...
}
```

Zum Ausprobieren können Sie wieder einen Fehler generieren, indem Sie die URL ändern. Tritt ein Fehler auf, so wird die Methode `errorHandler()` aus dem `BookStoreService` ausgeführt. Der weitergeworfene Fehler landet schließlich in der Komponente und könnte dort von uns verarbeitet werden, z. B. mit einer Fehlernachricht in der UI.

10.2.12 Den BookMonkey erweitern: Typeahead-Suche

Story – Typeahead-Suche

Als Leser möchte ich nach einem Buch auf dem Server suchen können, um schneller zu den Details dieses Buchs zu navigieren.

- Die Ergebnisse sollen live während der Eingabe anzeigt werden.
- Die Suche wird nur zum Server geschickt, wenn der Suchbegriff mindestens 3 Zeichen lang ist.
- Die Suche wird erst abgeschickt, wenn der Nutzer nicht mehr tippt.
- Es dürfen nicht zwei gleiche Suchbegriffe nacheinander abgeschickt werden.
- Es soll eine Ladeanzeige integriert werden.

Im letzten Teil dieses Kapitels wollen wir das erlernte Wissen nutzen und ein komplexes Beispiel betrachten. Dafür wollen wir eine wiederverwendbare Komponente mit einer Suchfunktion anlegen: Sie soll ein Eingabefeld bereitstellen, in das wir einen Suchbegriff eintippen können. Werden Ergebnisse gefunden, so werden sie unter dem Feld angezeigt. Für das Design bedienen wir uns der CSS-Klassen von Semantic UI, die Logik wird mit RxJS realisiert.

Für die Suche nach Büchern bietet unsere HTTP-Schnittstelle *BookMonkey3-API* eine passende Ressource an. Gesucht werden kann in allen Eigenschaften der Buch-Entität, als Ergebnis erhalten wir ein Array aus passenden Büchern.

`https://api3.angular-buch.com/books/search/`**`suchText`**

Den BookStoreService erweitern

Die Methode getAllSearch()

Um eine Suche auszuführen, benötigen wir eine weitere Methode für den `BookStoreService`. Wir können zum großen Teil die Implementierung von `getAll()` wiederverwenden:

Listing 10–55
Die neue Methode getAllSearch() (book-store.service.ts)

```
getAllSearch(searchTerm: string): Observable<Book[]> {
  return this.http.get<BookRaw[]>(
    `${this.api}/books/search/${searchTerm}`
  ).pipe(
    retry(3),
    map(booksRaw =>
      booksRaw.map(b => BookFactory.fromRaw(b)),
    ),
    catchError(this.errorHandler)
  );
}
```

Das einzige Argument ist der zu suchende Text. Als Ergebnis erhalten wir ein Array aus Büchern bzw. ein leeres Array, falls es keine Treffer gibt.

Eine neue Komponente erstellen

Als Nächstes erstellen wir eine neue Komponente für die Suchfunktion. Wir haben uns für den Namen `SearchComponent` entschieden:

```
$ ng g component search
```

Listing 10–56
Komponente SearchComponent *anlegen mit der Angular CLI*

Damit ergibt sich die folgende Dateistruktur:

```
src
└── app
    ├── book-details
    │   └── ...
    ├── book-list
    │   └── ...
    ├── book-list-item
    │   └── ...
    ├── shared
    │   └── ...
    ├── home
    │   └── ...
    ├── search
    │   ├── search.component.html
    │   ├── search.component.ts
    │   └── ...
    └── ...
```

Komponente einbinden

Das Suchfeld soll auf der Startseite unserer Anwendung zu sehen sein. Wir binden die neue Komponente sofort ein, damit wir während der Entwicklung schon das Verhalten beobachten können. Im Template der `HomeComponent` erzeugen wir dazu ein Element `<bm-search>`, das zum Selektor der `SearchComponent` passt.

Listing 10–57
Die SearchComponent *in die Startseite einbauen* (home.component.html)

```
<h1>Home</h1>
<p>Das ist der BookMonkey.</p>
<a routerLink="../books" class="ui red button">
  Buchliste ansehen
  <i class="right arrow icon"></i>
</a>

<h2>Suche</h2>
<bm-search></bm-search>
```

Eingaben als Datenstrom erfassen

Der Kern der Komponente ist ein Eingabefeld für den Suchbegriff. Die eingegebenen Begriffe sollen als reaktiver Datenstrom erfasst werden, den wir mithilfe von RxJS weiterverarbeiten können.

Wir legen also im ersten Schritt ein Observable an, das die Daten aus dem Formular als Datenstrom liefert. Weil wir die Daten von *außen* an dieses Observable übergeben wollen, verwenden wir dafür ein Subject.

Listing 10–58
Komponente mit dem Subject keyUp$ (search.component.ts)

```
import { Subject } from 'rxjs';
// ...

@Component({ /* ... */ })
export class SearchComponent implements OnInit {

  keyUp$ = new Subject<string>();
  // ...
}
```

Eingabefeld anlegen

Dann widmen wir uns dem Template der Komponente und legen dort ein Eingabefeld an. Nachdem wir das Feld mithilfe von Semantic UI gestylt haben, übergeben wir die Eingaben an unser Subject: Wir abonnieren dazu das native Event `keyup` und rufen als Aktion die Methode `next()` auf dem Subject auf. Zugriff auf den Wert des Eingabefelds erhalten wir über den Event-Payload mit `$event.target.value`.

Listing 10–59
Eingabefeld mit Event Binding auf keyup (search .component.html)

```
<div class="ui search">
  <div class="ui icon input">
    <input type="text" class="prompt"
      (keyup)="keyUp$.next($event.target.value)">
    <i class="search icon"></i>
  </div>
</div>
```

Um sicherzustellen, dass alles korrekt funktioniert, erstellen wir eine Subscription auf das Subject und geben die Werte auf der Konsole aus. Bei jedem Tastendruck sollten Sie den aktuellen Wert des Eingabefelds auf der Konsole sehen – wir haben also einen Strom von Tastatureingaben erzeugt.

Listing 10–60
Datenstrom ausgeben (search.component.ts)

```
// ...
@Component({ /* ... */ })
export class SearchComponent implements OnInit {

  keyUp$ = new Subject<string>();

  ngOnInit() {
    this.keyUp$
      .subscribe(e => console.log(e));
  }
}
```

Wir werden uns nun nacheinander den Anforderungen widmen, die wir vollständig mit RxJS implementieren wollen. In den Codebeispielen zeigen wir Ihnen nur die wichtigsten Teile der Pipeline, die wir im `ngOnInit()` der `SearchComponent` konstruieren.

Mindestlänge für den Suchbegriff

Die erste Anforderung ist, dass der gesendete Suchbegriff mindestens 3 Zeichen lang sein muss, bevor er zum Server gesendet wird. Den passenden Operator dafür haben wir schon kennengelernt: Wir wollen den Datenstrom filtern und nur die Suchbegriffe hindurchlassen, die ein bestimmtes Kriterium erfüllen.

```
import { filter } from 'rxjs/operators';

this.keyUp$.pipe(
  filter(term => term.length >= 3)
)
.subscribe(e => console.log(e));
```

Listing 10–61
Suchbegriffe nach der Länge filtern
(search.component.ts)

Datenstrom entprellen

Wenn wir die Ausgabe auf der Konsole näher betrachten, so fällt auf, dass jeder Tastenanschlag sofort ausgegeben wird. Das ist sehr unpraktisch, weil so auch ständig Aufrufe gegen unseren HTTP-Service durchgeführt werden. Wir müssen die Daten in unserer Pipeline ein wenig bremsen. Dafür gibt es den Operator `debounceTime()`. Hinter dem »Debouncing« steckt folgende Idee: Der Operator verwirft so lange alle Werte, bis für eine angegebene Zeitspanne keine Werte eingegangen sind. Für Tastatureingaben bedeutet das also, dass der letzte Wert erst dann ausgegeben wird, wenn der Nutzer für eine bestimmte Zeit keine Taste gedrückt hat.

Entprellen mit debounceTime()

```
import { filter, debounceTime } from 'rxjs/operators';

this.keyUp$.pipe(
  filter(term => term.length >= 3),
  debounceTime(500)
)
.subscribe(e => console.log(e));
```

Listing 10–62
Datenstrom entprellen mit debounceTime()
(search.component.ts)

Wir haben also nun einen Datenstrom, der nur einen Wert ausgibt, wenn seit der letzten Eingabe 500 ms vergangen sind. Alle ausgegebenen Werte sind mindestens 3 Zeichen lang.

Gleiche Suchbegriffe vermeiden

Mit dem gebremsten Datenstrom kann sich der Nutzer innerhalb der Zeitspanne entscheiden, denselben Begriff noch einmal zu suchen. Diese Suche liefert wahrscheinlich dieselben Ergebnisse wie zuvor. Wir wollen deshalb den Suchbegriff nur abschicken, wenn er sich von der letzten Suche unterscheidet.

Denken Sie kurz darüber nach, wie Sie diese Aufgabe mit imperativer Programmierung umsetzen würden. In der Zwischenzeit verraten wir Ihnen schon den passenden RxJS-Operator dafür: `distinctUntilChanged()`. Der Operator sorgt dafür, dass keine zwei gleichen Elemente im Datenstrom direkt hintereinander ausgegeben werden.

Listing 10–63
Gleiche Begriffe vermeiden mit distinctUntilChanged() (search.component.ts)

```
import { filter, debounceTime, distinctUntilChanged } from
    ↪ 'rxjs/operators';

this.keyUp$.pipe(
  filter(term => term.length >= 3),
  debounceTime(500),
  distinctUntilChanged()
)
.subscribe(e => console.log(e));
```

Suchbegriff zum Server schicken

Der Datenstrom von Suchbegriffen ist nun so weit vorbereitet, dass wir ihn zum Server schicken können. Dazu benötigen wir als Erstes eine Instanz des `BookStoreService` in der Komponente. Wir importieren den Service also und injizieren ihn in den Konstruktor:

Listing 10–64
BookStoreService *in die Komponente injizieren* (search.component.ts)

```
import { BookStoreService } from '../shared/book-store.service';
// ...

@Component({ /* ... */ })
export class SearchComponent implements OnInit {

  constructor(private bs: BookStoreService) { }
  // ...
}
```

Der Service besitzt die Methode `getAllSearch()`, an die wir einen Suchbegriff übergeben können. Als Rückgabewert erhalten wir ein Observable, das den HTTP-Request kapselt.

Flattening-Operator auswählen

Wir wollen nun den Strom von Suchbegriffen umwandeln in einen Strom von Ergebnissen. Dazu benötigen wir einen der vier Flattening-

Operatoren – `concatMap()`, `mergeMap()`, `switchMap()`, `exhaustMap()` – doch welcher Operator ist der richtige? Denken wir kurz über diese Frage nach. Für die Suchfunktion ist es sinnvoll, wenn die laufende Suche beendet wird, sobald man einen neuen Begriff eingibt. Der richtige Operator ist also ... `switchMap()`!

Der Operator `switchMap()` erstellt für jeden Suchbegriff einen HTTP-Request und führt die Ergebnisse wieder im Datenstrom zusammen. Zusätzlich werden ausstehende Netzwerkanfragen abgebrochen, sobald ein neuer Suchbegriff durch das äußere Observable hineinkommt. Das innere Observable ist der Rückgabewert der Methode `getAllSearch()` vom `BookStoreService`. Das Ergebnis ist ein neues Observable, das für jeden neuen Suchbegriff aus dem äußeren Observable eine Liste von Büchern (die Suchergebnisse) emittiert.

Die Lösung entspricht genau dem, was wir für die Typeahead-Suche benötigen: Sobald wir nach einer halben Sekunde nicht mehr tippen und der Suchbegriff ein neuer ist, versenden wir eine HTTP-Anfrage an den Server. Die API antwortet mit einer Liste von Büchern.

Ergebnisse speichern

Diese Bücher wollen wir direkt in der Komponente ablegen, damit wir sie von dort aus im Template anzeigen können. Dafür legen wir die neue Eigenschaft `foundBooks` an und speichern die Suchergebnisse darin.

Listing 10–65
Ergebnisse abrufen und speichern
(search.component.ts)

```
import { filter, debounceTime, distinctUntilChanged, switchMap }
    ↪ from 'rxjs/operators';
// ...
import { Book } from '../shared/book';

@Component({ /* ... */ })
export class SearchComponent implements OnInit {
  // ...
  foundBooks: Book[] = [];

  ngOnInit() {
    this.keyUp$.pipe(
      filter(term => term.length >= 3),
      debounceTime(500),
      distinctUntilChanged(),
      switchMap(searchTerm => this.bs.getAllSearch(searchTerm))
    )
    .subscribe(books => this.foundBooks = books);
  }
}
```

Seiteneffekte nutzen

Eine HTTP-Anfrage kann eine kleine Weile in Anspruch nehmen, bis die Ergebnisse zurückkommen. Wir müssen dem Nutzer unserer Software solange ein visuelles Feedback geben, zum Beispiel in Form einer Ladeanimation. Vorher wollen wir allerdings eine Warnung aussprechen: Seiteneffekte sind gefährlich!

Seiteneffekte sind gefährlich!

Wenn eine Funktion Einfluss auf einen Scope (Gültigkeitsbereich) außerhalb ihres eigenen Scopes hat, so sprechen wir von einem Seiteneffekt. Einen typischen Seiteneffekt haben wir dann, wenn wir eine Variable lesen oder schreiben, die außerhalb unseres Gültigkeitsbereichs liegt. Verlassen wir den eigenen Gültigkeitsbereich, so dürfen wir uns nicht auf den Status bzw. Wert der Variable verlassen und ihn ungeprüft für Kalkulationen innerhalb der RxJS-Pipeline verwenden. Zu jedem Zeitpunkt könnte ein anderer Programmteil den Wert der Variable unerwartet verändert haben. Das führt dazu, dass wir Gültigkeitsprüfungen und Fallunterscheidungen einführen müssten, die den Quellcode unnötig kompliziert machen. Die Eleganz und Leichtigkeit von RxJS sind dann nicht mehr gegeben. Setzen wir auf Seiteneffekte, so haben wir entweder viel irrelevanten Code oder viele potenzielle Fehlerquellen. Unser Ziel sollte es also sein, so weit wie möglich auf Seiteneffekte zu verzichten! Im Folgenden ändern wir einen externen Wert ab, berücksichtigen diesen aber nicht im Programmfluss – das ist eine vertretbare Ausnahme.

tap()*: Seiteneffekte in der Pipeline ausführen*

Es gibt einen Operator, der genau für solche »Schandtaten« gedacht ist: `tap()`. Er erlaubt es uns, jede Art von Code auszuführen, wobei der Datenstrom nicht geändert wird. Wir nutzen `tap()`, um vor und nach dem HTTP-Aufruf die neue Eigenschaft `isLoading` zu setzen. Diese Information wollen wir gleich nutzen, um eine Ladeanimation im Template anzuzeigen. Die vollständige Klasse der `SearchComponent` sieht danach so aus:

Listing 10–66 *Vollständige Implementierung der* SearchComponent (search.component.ts)

```
import { Component, OnInit } from '@angular/core';
import { Subject } from 'rxjs';
import { debounceTime, distinctUntilChanged, tap, switchMap, filter
    ↪ } from 'rxjs/operators';
import { Book } from '../shared/book';
import { BookStoreService } from '../shared/book-store.service';

@Component({
  selector: 'bm-search',
  templateUrl: './search.component.html',
  styleUrls: ['./search.component.css']
})
```

```
export class SearchComponent implements OnInit {

  keyUp$ = new Subject<string>();
  isLoading = false;
  foundBooks: Book[] = [];

  constructor(private bs: BookStoreService) { }

  ngOnInit() {
    this.keyUp$.pipe(
      filter(term => term.length >= 3),
      debounceTime(500),
      distinctUntilChanged(),
      tap(() => this.isLoading = true),
      switchMap(searchTerm => this.bs.getAllSearch(searchTerm)),
      tap(() => this.isLoading = false)
    )
    .subscribe(books => this.foundBooks = books);
  }
}
```

Ergebnisse und Ladestatus anzeigen

Template für die SearchComponent *erweitern*

Im letzten Schritt müssen wir das Template erweitern und dort die Liste der gefundenen Bücher anzeigen. Wir beginnen mit der Ladeanimation: Semantic UI bringt die CSS-Klasse `loading` mit, die wir auf dem äußeren Container setzen können. Wir verwenden ein Class Binding, um die Klasse immer dann anzuwenden, wenn `isLoading` positiv ist.

Für die Buchliste verwenden wir ein `<div>`-Element, das wir nur anzeigen, wenn Suchergebnisse vorhanden sind. Darin iterieren wir mit `ngFor` über alle Suchergebnisse, um Links zu erstellen. Auf diesen Anker-Tags nutzen wir die Direktive RouterLink, um zur Detailseite des Buchs zu verlinken.

Listing 10–67
HTML-Template für die SearchComponent (search.component .html)

```
<div class="ui search" [class.loading]="isLoading">
  <div class="ui icon input">
    <input type="text" class="prompt"
      (keyup)="keyUp$.next($event.target.value)">
    <i class="search icon"></i>
  </div>

  <div class="results transition visible"
    *ngIf="foundBooks.length">
```

```
      <a class="result"
        *ngFor="let book of foundBooks"
        [routerLink]="['..', 'books', book.isbn]">
        {{ book.title }}
        <p class="description">{{ book.subtitle }}</p>
      </a>
    </div>
  </div>
```

Die Implementierung ist damit vollständig, und das Ergebnis kann sich sehen lassen: Tippen wir einen Suchbegriff in das Eingabefeld, so werden immer die aktuellen Ergebnisse unter dem Feld angezeigt. Wählen wir ein Ergebnis aus, so gelangen wir zur Detailseite dieses Buchs.

Abb. 10–9
Die fertige Suche

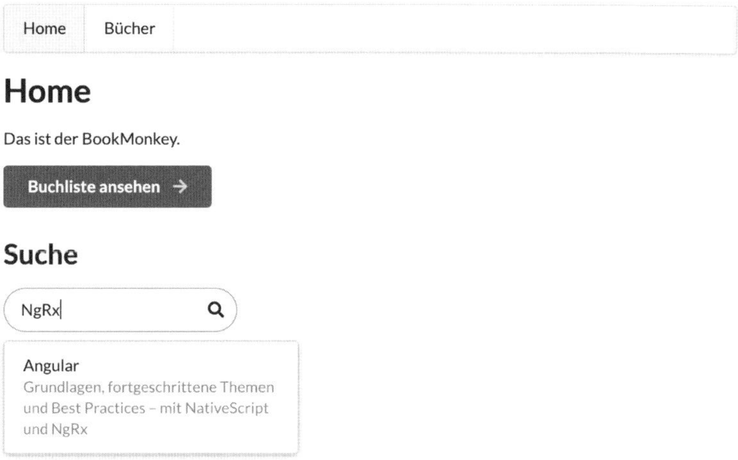

Wie geht's weiter?

Reaktive Programmierung ist ein mächtiges Modell, um Datenflüsse zu modellieren und auf Änderungen zu reagieren. Wir haben in diesem Kapitel die Grundlagen der Reactive Extensions for JavaScript (RxJS) kennengelernt und mit Datenströmen gearbeitet, die durch Observables repräsentiert werden. Das war nur ein kleiner Ausflug in die Welt von RxJS. Für weitere Inspiration möchten wir Ihnen einige weiterführende Ressourcen empfehlen:

- Offizielle Dokumentation von RxJS: https://ng-buch.de/a/51
- Operatoren erklärt mit Animationen: https://ng-buch.de/a/52
- »The introduction to Reactive Programming you've been missing« (André Staltz): https://ng-buch.de/a/53

- Rx Visualizer – Animated playground for Rx Observables: https://ng-buch.de/a/54
- Launchpad for RxJS: https://ng-buch.de/a/55
- Pentacle – Einführung in reaktive Programmierung: https://ng-buch.de/a/56

Reaktive Programmierung mit RxJS ist ein komplexes Thema, und der Einstieg ist nicht einfach. Mit etwas Übung erschließt sich aber schnell die Magie der Datenströme und Operatoren!

Was haben wir gelernt?

- Die Idee der Reaktiven Programmierung basiert auf der Modellierung von Datenströmen und ihren Veränderungen.
- Die Reactive Extensions for JavaScript (RxJS) sind eine mächtige Bibliothek, um JavaScript-Anwendungen reaktiv zu entwickeln.
- Angular setzt selbst an vielen Stellen auf RxJS, unter anderem für HTTP, Router, Formulare und den `EventEmitter`. Deshalb ist das Thema für Angular-Entwickler unvermeidbar.
- Der wichtigste Datentyp von RxJS ist das *Observable*.
- Ein Observable kapselt eine *Producer-Funktion*, die Aktionen ausführt und Ergebnisse als Datenstrom zurück an den Aufrufer liefert (`next`).
- Ein Datenstrom kann planmäßig beendet werden (`complete`) oder durch einen Fehler (`error`).
- Wir können den Datenstrom abonnieren, indem wir die Methode `subscribe()` auf einem Observable verwenden. Dort übergeben wir entweder einzelne Callback-Funktionen oder ein Observer-Objekt, das alle drei Callbacks enthält.
- Standardmäßig ist ein Observable faul: Es liefert erst Daten, wenn sich ein Subscriber angemeldet hat. Es verhält sich also wie eine normale Funktion.
- Zur Erstellung von Observables können wir den Konstruktur `new Observable()` nutzen und selbst eine Producer-Funktion übergeben. Mehr Komfort bieten die Creation Functions, z. B. `of()`, `from()`, `throwError()`, `timer()` und `interval()`.
- Mittels der zahlreichen Operatoren können wir komfortabel die Werte transformieren und kombinieren. Operatoren werden mithilfe der Methode `pipe()` an ein Observable angehängt. Das Ergebnis ist ein neues Observable mit dem veränderten Datenstrom.
- Datenflüsse und ihre Veränderung durch Operatoren können mit Marble-Diagrammen dargestellt werden.
- Die wichtigsten Basisoperatoren sind `map()`, `filter()` und `scan()`.

- Man unterscheidet kalte und heiße Observables:
  - *Kalte Observables* liefern erst dann Daten, wenn sich jemand dafür interessiert. Für jeden Subscriber werden die Aktionen neu ausgeführt.
  - *Heiße Observables* liefern bereits Daten, wenn noch niemand zuhört. Alle Subscriber erhalten die exakt selben Daten (Multicasting).
- Das Subject ist ein Baustein, der die Ideen von Observable und Observer vereint. Wir können von außen Daten an das Subject übergeben, die dann an alle Subscriber verteilt werden. Ein Subject ist ein heißes Observable.
- Beim Beenden einer Komponente müssen wir die Subscriptions auf Observables beenden, um Memory Leaks zu vermeiden. Dazu muss der Subscriber sich entweder selbst abmelden oder der Datenstrom muss beendet werden. Zum Abmelden dient die Methode `unsubscribe()` auf dem `Subscription`-Objekt. Den Datenstrom können wir mit dem Operator `takeUntil()` beenden, sobald ein anderes Observable dafür ein Signal gibt. Manche Datenströme beenden sich auch eigenständig, z. B. aus dem `HttpClient` oder dem Router.
- Um für jedes Element aus einem Datenstrom die Daten aus einem anderen Observable zu abonnieren, benötigen wir einen Flattening-Operator. Er abonniert ein anderes Observable und führt die Ergebnisse in einem einzigen Datenstrom zusammen. Es gibt vier verschiedene Flattening-Operatoren, die sich darin unterscheiden, ob und wann die Subscriptions erstellt werden:
  `concatMap()`, `mergeMap()`, `switchMap()` und `exhaustMap()`.
- Der Operator `retry()` erstellt bei einem Fehler im Datenstrom eine neue Subscription auf die Quelle, es werden also neue Versuche gestartet.
- Mit `catchError()` können wir einen Fehler im Datenstrom abfangen und behandeln. Die Funktion im Operator muss immer ein neues Observable zurückgeben.
- Der Operator `debounceTime()` »entprellt« einen Datenstrom: Treffen zu viele Werte innerhalb kurzer Zeit ein, so wird der nächste Wert erst ausgegeben, sobald eine bestimmte Zeitspanne überschritten ist.
- `distinctUntilChanged()` vermeidet, dass zwei gleiche Werte im Datenstrom direkt hintereinander ausgegeben werden.

Demo und Quelltext:
https://ng-buch.de/bm3-it3-rxjs

10.3 Interceptoren: HTTP-Requests abfangen und transformieren

Middleware für alle HTTP-Aufrufe

Mit dem neuen `HttpClient` kam ein weiteres nützliches Feature in das Angular-Framework: die sogenannten *Interceptoren*. Interceptoren fungieren als Middleware für die gesamte HTTP-Kommunikation. Das bedeutet, dass ein Interceptor für alle HTTP-Abfragen und -Antworten ausgeführt wird und damit an globaler Stelle Entscheidungen und Umwandlungen vornehmen kann. Mithilfe von Interceptoren können wir zum Beispiel zusätzliche HTTP-Header setzen oder Funktionen ausführen, ohne sie für jeden HTTP-Aufruf separat implementieren zu müssen.

10.3.1 Warum HTTP-Interceptoren nutzen?

Interceptoren sind immer dann ein nützliches Werkzeug, wenn wir bestimmte Funktionalitäten global für mehrere HTTP-Requests ausführen wollen. Diese Funktionen können unter anderem sein:

- Sicherheitsfunktonen, z. B. Authentifizierung über ein Token, das mit jedem Request im Header übermittelt werden muss
- Hinzufügen zusätzlicher Headerfelder, z. B. für Caching
- Logging von Request und Response
- Anzeige von Zustandsinformationen zum Request (z. B., ob eine HTTP-Anfrage noch aktiv ist oder nicht)
- globales Abfangen und Behandeln von Fehlern bei einer HTTP-Anfrage, z. B. mit `retry()` oder `catchError()`

10.3.2 Funktionsweise der Interceptoren

Haben wir Interceptoren in die Anwendung eingebunden, so werden diese bei jedem HTTP-Aufruf aktiv: Alle Interceptoren werden automatisch vor dem Versenden eines HTTP-Requests ausgeführt. Die HTTP-Kommunikation wird an dieser Stelle als Observable repräsentiert. Dadurch haben wir die Möglichkeit, auch dann Aktionen auszuführen,

Ablauf bei Verwendung mehrerer Interceptoren

wenn die Antwort vom Server eintrifft. In einer Anwendung kann es nicht nur einen, sondern mehrere Interceptoren geben. Alle Interceptoren sind als ein Array hinterlegt, also mit einer definierten Reihenfolge. Bei einem HTTP-Request werden die Interceptoren von vorn nach hinten abgearbeitet, bei der HTTP-Response umgekehrt – von hinten nach vorn.

Abb. 10–10 *Abarbeitung von Interceptoren*

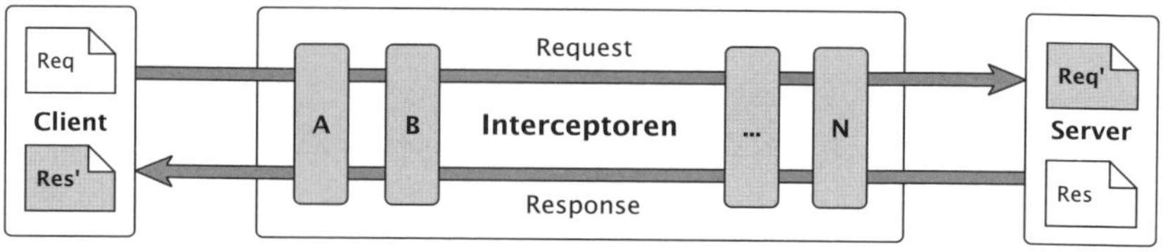

10.3.3 Interceptoren anlegen

Das passende Interface

Jeder Interceptor wird in einer eigenen Klasse untergebracht. Diese Klasse muss immer das Interface `HttpInterceptor` implementieren. Dieses stellt sicher, dass die zugehörige Methode `intercept()` in der Klasse vorhanden ist.

Decorator @Injectable() für die Interceptor-Klasse

Technisch ist ein Interceptor ein Service, der über Dependency Injection in die Anwendung integriert wird. Die Interceptor-Klasse benötigt also den Decorator `@Injectable()`. Das Property `providedIn` benötigen wir hier nicht, weil wir Interceptoren immer explizit als Provider registrieren müssen – dazu gleich mehr.

Die Methode intercept()

Die Methode `intercept()` ist der Kern der Interceptor-Funktionalität. Angular sorgt dafür, dass der HTTP-Request dort als ein Observable vorliegt, das ein `HttpEvent` mit der Antwort des Servers ausgibt. Das erste Argument der Methode beinhaltet die HTTP-Anfrage, die verarbeitet werden soll. Im zweiten Argument erhalten wir den nächsten HTTP-Handler der Pipeline vor dem Absenden der HTTP-Anfrage. Die Aufgabe unseres Interceptors ist es, den HTTP-Request an den Handler zu übergeben. Auf dem Weg dorthin können wir beliebige Aktionen ausführen oder die Anfrage verändern.

Um die Bausteine zusammenzubauen, rufen wir die Methode `handle()` auf dem HTTP-Handler auf und verarbeiten damit den Request. Der Aufruf liefert uns ein Observable, das ein `HttpEvent` ausgibt. Darin steckt die Antwort vom Server, die wir ebenfalls verarbeiten können.

Im folgenden Beispiel wird der originale Request zum nächsten Handler durchgereicht und das Observable mit der Server-Response ohne weitere Verarbeitung zurückgeliefert. Dieser Interceptor verarbeitet den HTTP-Request korrekt, hat jedoch noch keinerlei weitere Funktionalität.

Listing 10–68
Der Grundaufbau eines Interceptors

```
import {
  HttpEvent, HttpInterceptor, HttpHandler, HttpRequest
} from '@angular/common/http';
// ...

@Injectable()
export class MyInterceptor implements HttpInterceptor {

  intercept(
    request: HttpRequest<any>,
    next: HttpHandler
  ): Observable<HttpEvent<any>> {

    // HTTP-Request verarbeiten
    const response$ = next.handle(request);

    return response$.pipe(
      // HTTP-Response verarbeiten
    );
  }
}
```

Ablauf mit mehreren Interceptoren

Hat die Anwendung mehrere Interceptoren, so wird der ursprüngliche HTTP-Request zunächst im ersten Interceptor verarbeitet. Der Aufruf von `next.handle(request)` sorgt anschließend dafür, dass der neue HTTP-Request an den zweiten Interceptor übergeben wird. Dieser Ablauf setzt sich bis zum letzten Interceptor fort, der Request wird also durch die gesamte Kette von Interceptoren gereicht, bis der Request schließlich auf die Reise geht und über das Netzwerk übertragen wird. Sobald die Antwort vom Server kommt, werden die Interceptoren in umgekehrter Reihenfolge durchlaufen, indem die Observables `response$` ein `HttpEvent` emittieren.

Beispiel: ein Interceptor zum Loggen

Um das Prinzip etwas besser zu veranschaulichen, wollen wir das Grundgerüst des Interceptors so ergänzen, dass der Interceptor den gesamten HTTP-Request und auch die Serverantwort loggt. Dafür fügen wir ein `console.log()` vor der Übergabe an den `next`-Handler hinzu. Zur Ausgabe der Antwort verwenden wir den `tap()`-Operator. Dieser lässt den Inhalt des Observables unverändert, und wir können sowohl die erfolgreiche Serverantwort als auch fehlgeschlagene Requests loggen.

Listing 10–69
Interceptor zum Loggen von HTTP-Anfragen verwenden

```
// ...
import { tap } from 'rxjs/operators';

@Injectable()
export class MyInterceptor implements HttpInterceptor {
  intercept(
    request: HttpRequest<any>,
    next: HttpHandler
  ): Observable<HttpEvent<any>> {

    console.log('request:', request);

    return next.handle(request).pipe(
      tap(
        event => console.log('response success:', event),
        error => console.error('response error:', error)
      )
    );
  }
}
```

10.3.4 Interceptoren einbinden

Das richtige Modul zum Bereitstellen von Interceptoren

Interceptoren werden über die Dependency Injection von Angular als Provider bereitgestellt (siehe das Kapitel ab Seite 128). Der richtige Ort dafür ist das Hauptmodul der Anwendung. Wir werden später erfahren, wie wir eine Anwendung in mehrere Module strukturieren können. Haben wir mehr als ein Modul, so müssen Interceptoren immer in dem Modul definiert werden, in dem auch das `HttpClientModule` importiert wird. In der Regel ist das das `AppModule`.

Interceptor-Klasse registrieren

Damit der `HttpClient` weiß, welche Interceptoren ausgeführt werden sollen, müssen wir das DI-Token mit dem Namen `HTTP_INTERCEPTORS` überladen. Dabei handelt es sich um einen *Multiprovider*: Anstatt nur einen einzelnen Wert aufzunehmen, besteht ein solcher Provider aus einem Array von Werten. Diese Eigenschaft ist hier sinnvoll, damit wir mehrere Interceptoren registrieren können.

Listing 10–70
Interceptor im AppModule registrieren

```
import { HTTP_INTERCEPTORS } from '@angular/common/http';
import { MyInterceptor } from './my-interceptor';
// ...

@NgModule({
  providers: [
```

```
    {
      provide: HTTP_INTERCEPTORS,
      useClass: MyInterceptor,
      multi: true
    }
  ]
  // ...
})
export class AppModule { }
```

Interceptoren in einer Datei zusammenfassen

Damit das AppModule bei vielen Interceptoren nicht unübersichtlich wird, kann es sinnvoll sein, die Provider in einer separaten Datei unterzubringen. Diese Datei beinhaltet und exportiert das Array der Provider:

Listing 10–71 *Separate Datei für die Provider der Interceptoren anlegen*

```
import { HTTP_INTERCEPTORS } from '@angular/common/http';
import { MyInterceptor } from './my-interceptor';

export const httpInterceptors = [
  {
    provide: HTTP_INTERCEPTORS,
    useClass: MyInterceptor,
    multi: true
  },
  // ... weitere Interceptoren
];
```

Dieses exportierte Array können wir anschließend im AppModule nutzen, um die Interceptoren einzubinden. Hier empfiehlt es sich, den Spread-Operator einzusetzen, um die Interceptoren in das existierende Array einzufügen. Das ist nötig, damit wir später weitere einzelne Provider hinzufügen können.

Listing 10–72 *Interceptoren aus separater Datei importieren*

```
import { httpInterceptors } from './http-interceptors';
// ...
@NgModule({
  providers: [...httpInterceptors]
  // ...
})
export class AppModule { }
```

Diese Optimierung ist nicht zwingend notwendig – aber sinnvoll, um den Überblick zu behalten, wenn die Anwendung mehrere Interceptoren besitzt.

10.3.5 Den BookMonkey erweitern

Refactoring – Abgesicherte API verwenden

Um sicherzustellen, dass ein Nutzer berechtigt ist, Daten von der API zu lesen und später auch zu bearbeiten, soll eine Authentifizierung mit jedem Request erfolgen.

- Die Anwendung greift nur noch auf gesicherte Ressourcen zu.
- Bei jedem Versand eines HTTP-Requests wird ein Token zur Authentifizierung mitgesendet.
- Das Token wird durch einen Interceptor hinzugefügt.

Aktuell gibt es keine Authentifizierung.

Für den Zugriff auf die Buchdaten haben wir die BookMonkey-API verwendet. Diese Schnittstelle ist öffentlich und kann von jedem genutzt werden. In der Praxis sind solche Backends natürlich selten offen verfügbar, sondern erfordern in der Regel eine Authentifizierung.

Verfahren zur Authentifizierung

Die Authentifizierungsverfahren können dabei ganz unterschiedlich ausfallen, unter anderem:

- native HTTP-Authentifizierung (Basic/Digest)
- Verwendung von Cookies
- Token-basierte Authentifizierung (z. B. Bearer-Token mit und ohne JWT)
- OAuth 2.0/OpenID Connect (verwendet ebenso ein Bearer-Token)

Wir wollen an dieser Stelle nicht auf die Details der einzelnen Verfahren eingehen. Eines haben aber alle Methoden gemeinsam: Sie erfordern, dass spezielle Informationen in jedem HTTP-Request mitgeliefert werden, um sich gegenüber dem Backend auszuweisen.

Das abgesicherte Backend nutzen

Gesicherte Ressource

Die BookMonkey-API verfügt ebenfalls über gesicherte Ressourcen, die wir als neue Endpunkte zum Abrufen der Buchdaten verwenden wollen. Alle schon bekannten Pfade erhalten zusätzlich das Pfad-Präfix `/secure`, also z. B. https://api3.angular-buch.com/secure/books – und schon haben wir eine Ressource an der Hand, die eine Authentifizierung erwartet, bevor sie die Daten preisgibt.

Wir passen zunächst den `BookStoreService` an, um fortan die gesicherten Ressourcen zu verwenden. Wir haben dafür schon die passende Vorarbeit geleistet und müssen lediglich das Property `api` bearbeiten, in dem die Basis-URL der API notiert ist.

```
@Injectable({ /* ... */ })
export class BookStoreService {
  private api = 'https://api3.angular-buch.com/secure';

  // ...
}
```

Listing 10–73
Basis-URL im BookStoreService *anpassen* (book-store.service.ts)

Fehlgeschlagenen Request untersuchen

Starten wir nun unsere Anwendung, so werden keine Bücher mehr in der Buchliste angezeigt. Auch die Konsole zeigt in roter Schrift einen Fehler an. Zum Debuggen können wir die Developer Tools des Browsers verwenden: Im Network-Tab sehen wir, dass eine entsprechende Fehlermeldung vom Server gesendet wird.

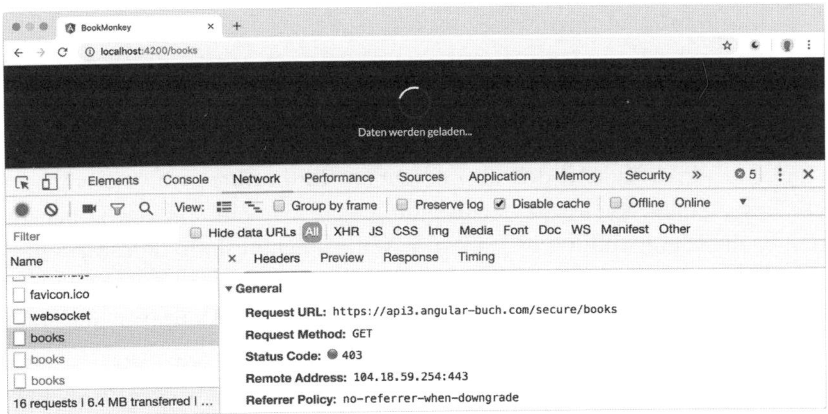

Abb. 10–11
Fehler im Netzwerk-Tab

Der Fehlercode *403 Forbidden* weist bereits darauf hin, wo das Problem liegt. Im Gegensatz zu einem realen Backend ist unsere BookMonkey-API sogar besonders auskunftsfreudig. Im Payload der Antwort finden Sie einen konkreten Hinweis: Um auf die gesicherte Ressource zuzugreifen, müssen wir ein Token im Header der Anfrage übermitteln.

Den Token-Interceptor implementieren

Interceptor zum Senden eines Authentifizierungstokens

Um in jede API-Anfrage ein Token zur Authentifizierung einzubauen, wollen wir einen Interceptor nutzen. Das hat den Vorteil, dass wir nicht bei jedem einzelnen HTTP-Request einen entsprechenden Header mit dem Token setzen müssen. Sobald der Interceptor aktiv ist, wird er auf alle HTTP-Requests angewendet.

Wir erstellen uns zunächst eine neue Klasse für den Interceptor mithilfe der Angular CLI. Aktuell existiert für Interceptoren keine eigene Vorlage, das kann sich aber in der Zukunft ändern. Bis dahin verwenden wir die Vorlage für `class` und ergänzen die restlichen Teile selbst.

Listing 10–74
Interceptor anlegen mit der Angular CLI

```
$ ng g class shared/token-interceptor
```

Grundgerüst vorbereiten

Die neue Klasse benötigt zuerst den Decorator `@Injectable()`. Außerdem implementieren wir das Interface `HttpInterceptor`, damit die notwendige Methode vorgegeben wird. Das Grundgerüst sieht damit wie folgt aus:

Listing 10–75
Grundgerüst für den TokenInterceptor

```
import { Injectable } from '@angular/core';
import { HttpInterceptor } from '@angular/common/http';

@Injectable()
export class TokenInterceptor implements HttpInterceptor {
}
```

Fest eingebautes Token

Zur Authentifizierung am Server wollen wir ein Bearer-Token einsetzen. Ein solches Token muss üblicherweise zuvor von einem Authentifizierungsserver ausgestellt werden. Die konkrete Implementierung hängt stark vom Projekt und den zu nutzenden Endpunkten ab. Uns geht es an dieser Stelle vor allem darum, zu zeigen, wie ein solches Token in den Request eingebaut werden kann. Wir nutzen deshalb den statischen String `1234567890`, den wir als Bearer-Token senden. Das bedeutet, dass das Token im Headerfeld `Authorization` mit dem Präfix `Bearer` übermittelt werden muss.

Den Originalrequest klonen

Um ein Headerfeld im Request zu setzen, müssen wir den originalen Request zunächst klonen. Dieser Schritt ist wichtig, denn der Request ist unveränderlich: Wir können nicht direkt darauf schreiben, sondern müssen immer eine Kopie mit den Änderungen erzeugen.

Zum Klonen des Requests nutzen wir die Methode `clone()`. Dabei können wir direkt die gewünschten Änderungen übergeben. In unserem Fall nutzen wir `setHeaders`, um ein neues HTTP-Headerfeld hinzuzufügen. Zum Schluss rufen wir `next.handle()` auf und übermitteln den neuen, veränderten Request an den nächsten HTTP-Handler.

Listing 10–76
TokenInterceptor *implementieren*

```
import { Injectable } from '@angular/core';
import { HttpInterceptor, HttpHandler, HttpRequest, HttpEvent }
    ↪ from '@angular/common/http';
import { Observable } from 'rxjs';

@Injectable()
export class TokenInterceptor implements HttpInterceptor {
  private authToken = '1234567890';
```

```
  intercept(
    request: HttpRequest<any>,
    next: HttpHandler
  ): Observable<HttpEvent<any>> {
    const newRequest = request.clone({
      setHeaders: {
        Authorization: `Bearer ${this.authToken}`
      }
    });
    return next.handle(newRequest);
  }
}
```

Den Token-Interceptor registrieren

Bevor der Token-Interceptor genutzt werden kann, müssen wir die Klasse noch in unserem `AppModule` bekannt machen. Dafür nutzen wir das DI-Token `HTTP_INTERCEPTORS` und fügen mit einer Provider-Bauanleitung den neu gebauten `TokenInterceptor` hinzu. Wir dürfen dabei nicht die Angabe `multi: true` für den Multiprovider vergessen, denn sonst kann nur ein einziger Interceptor in der Anwendung registriert werden.

Listing 10–77 TokenInterceptor *als Provider registrieren*

```
// ...
import { HttpClientModule, HTTP_INTERCEPTORS } from
    ↪ '@angular/common/http';

import { TokenInterceptor } from './shared/token-interceptor';

@NgModule({
  // ...
  providers: [
    {
      provide: HTTP_INTERCEPTORS,
      useClass: TokenInterceptor,
      multi: true
    }
  ],
  // ...
})
export class AppModule { }
```

Nun sollte die Anwendung wieder wie gewohnt funktionieren – sie ruft nun aber die Bücher von der gesicherten Ressource ab. Schauen Sie sich im Network-Tab der Developer Tools noch einmal die Requests an: Hier werden Sie das Headerfeld mit dem Bearer-Token finden.

Wir haben damit einen Interceptor zur Authentifizierung gegen ein Server-Backend implementiert. Unsere Anwendung sendet bei jedem Zugriff auf das Backend das Authentifizierungstoken. Damit erhalten wir Zugriff auf die gesicherten Ressourcen und können die Buchdaten abrufen.

Authentifizierung und Autorisierung: Wie geht es weiter?

Für die Authentifizierung haben wir das Token fest in die Anwendung eingebaut. Das sollten Sie in der Praxis natürlich nicht tun! Stattdessen wird das Token von einem Authentifizierungsserver angefordert, nachdem der Nutzer sich authentifiziert hat. Dafür gibt es verschiedene Verfahren, die wir zu Beginn dieses Kapitels skizziert haben.

Wenn Sie eine standardisierte Methode zur Authentifizierung und Autorisierung verwenden, sollten Sie auf eine Bibliothek zurückgreifen, damit Sie den Signalisierungsflow nicht selbst implementieren müssen. Für OAuth 2.0 und OpenID Connect können wir Ihnen die Bibliothek `angular-oauth2-oidc` empfehlen.[12]

Einen umfassenden Einstieg in die Authentifizierung und Autorisierung mit Angular gibt das E-Book »Securing Angular Applications« von Ryan Chenkie, das wir auch im Literaturverzeichnis auf Seite 715 aufgeführt haben.

Was haben wir gelernt?

- Interceptoren modifizieren HTTP-Anfragen auf globaler Ebene und requestübergreifend.
- Mit Interceptoren können wir auch die Antworten vom Server verarbeiten, bevor sie in unserem Service eintreffen.
- Ein Interceptor wird in einer eigenen Klasse untergebracht, die das Interface `HttpInterceptor` implementiert und damit die Methode `intercept()` besitzt.
- Die Methode `intercept()` erhält als Argumente den Request und den HTTP-Handler, an den der Request übergeben werden muss.
- Interceptoren werden als Provider im Anwendungsmodul zur Verfügung gestellt. Dazu wird das DI-Token `HTTP_INTERCEPTORS` verwendet.

[12] https://ng-buch.de/a/57 – GitHub: angular-oauth2-oidc – Support for OAuth 2 and OpenId Connect (OIDC) in Angular

- Mehrere Interceptoren werden beim Request nach dem Muster A → B → C abgearbeitet. Bei der Serverantwort werden die Observables in umgekehrter Reihenfolge durchlaufen (C → B → A).
- Interceptoren sollten nur genutzt werden, wenn Sie für *alle* Requests bestimmte Aktionen durchführen wollen. Verwenden Sie Interceptoren nicht, wenn Sie für einen *einzelnen* Request spezielle Header oder andere Optionen setzen möchten.

Demo und Quelltext:
https://ng-buch.de/bm3-it3-interceptors

11 Powertipp: Augury

Bei der Entwicklung mit Angular ist es oft hilfreich, Informationen über den aktuellen Status unserer Anwendung zu erhalten. Augury[1] ist ein nützliches Werkzeug, mit dem wir die Anwendung zur Laufzeit untersuchen und debuggen können.

Die wichtigsten Funktionen von Augury sind:

- Beziehungen zwischen Komponenten darstellen (Komponentenhierarchie)
- detaillierte Informationen zu Komponenten anzeigen
- Abhängigkeiten darstellen (Injector Graph)
- Informationen zur Change Detection anzeigen
- den gesamten Routenbaum darstellen
- Zustände und Werte anzeigen und modifizieren
- Events auslösen

Installation

Das Tool ist als Erweiterung für Google Chrome verfügbar und kann über den Extension Manager des Browsers installiert werden.[2]

Abb. 11–1
Erweiterung Augury in Google Chrome

Nach der Installation taucht das Tool als zusätzlicher Reiter in den Chrome Developer Tools auf.

---

[1] https://ng-buch.de/a/15 – Angular Augury

[2] https://ng-buch.de/a/58 – Chrome Web Store: Augury

Der Component Tree

Beim ersten Aufruf von Augury gelangt man direkt zur Ansicht *Component Tree* (Abbildung 11–2). Diese Ansicht stellt eine Übersicht der Komponenten und deren Verschachtelung dar. Wenn wir mit dem Mauszeiger über einen Eintrag im *Component Tree* fahren, wird die entsprechende Komponente im Browser hervorgehoben. Wählen wir eine Komponente aus, so erscheinen im rechten Bereich weitere Details dieser Komponente. Es werden gesetzte *Propertys* und ggf. abhängige Provider dargestellt.

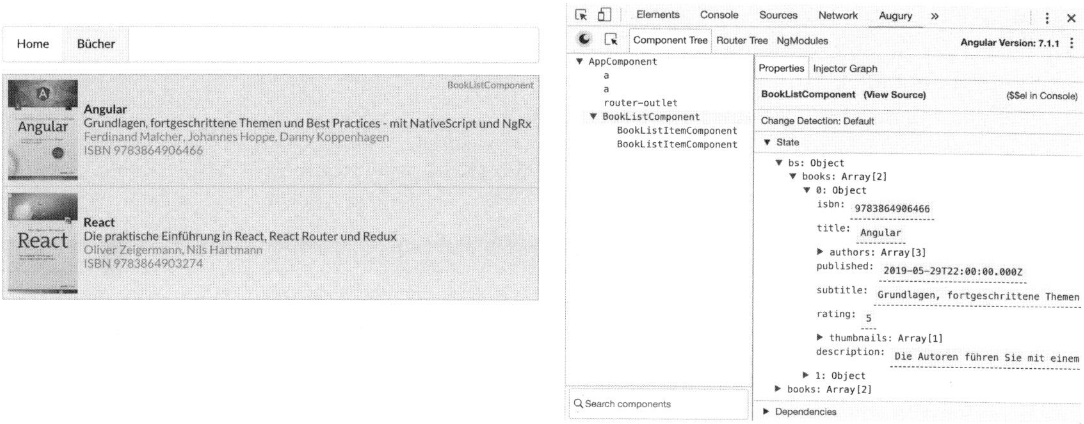

Abb. 11–2 *Eigenschaften einer Komponente mit Augury untersuchen*

Auf der rechten Seite ist außerdem der Reiter *Injector Graph* zu sehen. Hier werden die Abhängigkeiten einer Komponente grafisch dargestellt. Die Propertys lassen sich direkt über Augury editieren. Ändern wir einen Wert, so sehen wir sofort die Auswirkungen der Änderung. Ebenso können wir Events über eine entsprechende Eingabe und Betätigung des Buttons *Emit* auslösen.

Führen wir in der Anwendung eine Aktion aus (z. B. durch Klicken eines Buttons), hebt Augury alle betreffenden Komponenten farblich hervor, in denen der Change-Detection-Prozess angestoßen wird.

Im unteren Teil des Tools befindet sich ein Suchfeld, mit dem wir den gesamten Komponentenbaum nach einer bestimmten Komponente oder Attributen durchsuchen können.

Der Router Tree

Das zweite große Feature von Augury ist der Reiter *Router Tree*. Hier werden alle verfügbaren Routen und deren zugehörige Komponenten grafisch dargestellt. Es ist direkt ersichtlich, an welcher Stelle innerhalb des *Router Trees* die Anwendung sich gerade befindet und welche Routen von dort aus erreichbar sind.

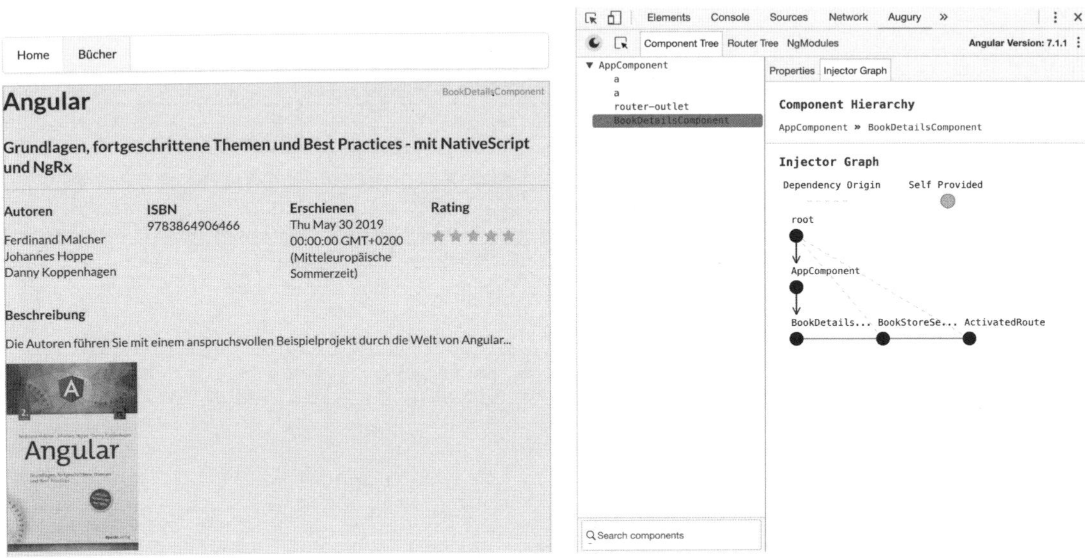

Abb. 11–3
Der Injector Graph von Augury

Wählen wir einen Knoten im Baum aus, werden der Pfad, die zugehörige Komponente und ggf. übergebene Daten angezeigt. Auch der Router Tree lässt sich nach Inhalten durchsuchen.

Zusammenfassung

Wir können mithilfe von Augury einen Überblick über unsere Komponenten, Services und Routen erlangen. Wir sehen, welche Abhängigkeiten diese zueinander haben, und können das Zusammenspiel bei Statusänderungen verfolgen. Augury kann beim Debugging einer Angular-Anwendung helfen. Wir können direkt im Tool Werte manipulieren, Events auslösen und sehen, wie unsere Anwendung darauf reagiert.

12 Formularverarbeitung & Validierung: Iteration IV

»It's just a text box, what could go wrong?«

Deborah Kurata
(Google Developer Expert)

Als Webentwickler haben wir regelmäßig mit Formularen zu tun. Sie dienen der strukturierten Verarbeitung von Benutzereingaben und sind ein wichtiger Baustein für die Gewinnung und Auswertung von Daten. Dabei haben Webformulare weitaus mehr Anforderungen, als nur Textfelder bereitzustellen. Wir werden in diesem Kapitel lernen, welche Werkzeuge Angular zur Formularverarbeitung mitbringt und wie wir sie effizient einsetzen können. Schließlich wollen wir ein Formular in den BookMonkey integrieren.

Warum soll ich meine Formulare mit Angular bauen?

Theoretisch können wir jedes Eingabefeld eines Formulars einzeln verarbeiten. Vielen Entwicklern ist das durch die Arbeit mit jQuery oder ähnlichen Frameworks bekannt. Ein weit verbreitetes Beispiel ist die Prüfung der Passwortsicherheit bei einem Formular für die Registrierung eines Neukunden. Verwenden wir herkömmliche Frontend-Frameworks, wird der JavaScript-Code mit wachsenden Anforderungen immer komplexer. Jedes Element muss selektiert, verarbeitet, überprüft und ggf. zurückgesetzt werden. Neben der Eingabe der Daten spielt es eine wichtige Rolle, ein passendes visuelles Feedback an den Nutzer zu geben. Fehleingaben sollen frühzeitig signalisiert werden. Auf Änderungen der Eingabedaten muss ein Formular schnell reagieren können.

Formularverarbeitung ist oft sehr umständlich.

Angular bietet hierfür eine komfortable Schnittstelle, mit der die Eingabedaten zentral ausgewertet und verarbeitet werden können. So sind wir in der Lage, Wert- und Zustandsänderungen zu überwachen und auf Änderungen im Formular zu reagieren. Zum Beispiel kann das Versenden des Formulars automatisch blockiert werden, sobald ungültige Eingaben getätigt wurden. Dazu können wir Hinweise anzeigen, wie die Fehler zu beseitigen sind. Im Vergleich zu anderen Frameworks können wir all diese Features mit Angular in wenigen Codezeilen realisieren.

12.1 Angulars Ansätze für Formulare

Grundsätzlich existieren in Angular zwei verschiedene Ansätze zum Erstellen und Verarbeiten von Formularen:

- Template-Driven Forms
- Reactive Forms

Dass es zwei Ansätze gibt, ist historisch bedingt – dennoch haben beide Varianten ihre Berechtigung. Die Wahl des passenden Konzepts hängt vor allem davon ab, welcher Stil im Team bevorzugt wird und für welchen Anwendungsfall das Formular genutzt werden soll.

In den folgenden Kapiteln demonstrieren wir beide Ansätze und werden jeweils die Vor- und Nachteile erläutern. Wir werden zunächst Template-Driven Forms in den BookMonkey implementieren. Dabei werden wir konkreter auf die Möglichkeiten eingehen, die uns Angular zur Validierung und Auswertung bietet. Anschließend passen wir die Anwendung so an, dass wir die Reactive Forms verwenden können. Im dritten Teil dieser Iteration werden wir erfahren, wie wir eigene Validatoren entwickeln, um Formulareingaben zu prüfen.

Im Anschluss ab Seite 336 diskutieren wir schließlich die Möglichkeiten der beiden Ansätze, um Ihnen eine praktische Empfehlung für den Projektalltag zu geben.

12.2 Template-Driven Forms

Warum Template-Driven Forms?

Template-Driven Forms bieten uns eine einfache Möglichkeit, Formulare mit Angular zu initialisieren und auszuwerten. Dabei bindet sich Angular an die Eingabefelder, Radio-Buttons und Checkboxen in unseren Templates. Die Formulareingaben werden automatisch mit den Daten in der Komponentenklasse synchronisiert. Außerdem können wir Informationen zum Status der Kontrollelemente abrufen und die Eingaben validieren.

Wir können also mit nur wenig zusätzlichem Markup im HTML-Template ein Eingabeformular entwerfen, das sich automatisch um Validierung und die Anzeige von Meldungen kümmert.

12.2.1 FormsModule einbinden

Angular bündelt alle nötigen Bestandteile für Template-Driven Forms in einem gemeinsamen Modul mit dem Namen `FormsModule`. Darin befinden sich unter anderem die Direktiven, die wir später in den Templates einsetzen. Um Template-Driven Forms nutzen zu können, müssen wir also das `FormsModule` in der Anwendung bekannt machen und importieren es deshalb in unser zentrales `AppModule`.

FormsModule *importieren*

Listing 12–1
Das FormsModule *in die Anwendung importieren* (app.module.ts)

```
import { FormsModule } from '@angular/forms';
// ...

@NgModule({
  imports: [
    FormsModule,
    // ...
  ],
  // ...
})
export class AppModule { }
```

12.2.2 Datenmodell in der Komponente

Bevor wir das Markup für das Formular bauen, planen wir zunächst, welche Daten erfasst werden müssen. Diese Daten müssen in der Komponentenklasse vorliegen, am besten als zusammenhängendes Objekt in einem Property der Klasse. Das Objekt enthält immer konkrete Daten: Bei der Initialisierung sind das die Default-Werte; sobald der Nutzer etwas eintippt, finden wir diese Eingaben in dem Objekt.

Listing 12–2
Datenmodell in der Komponente initialisieren

```
@Component({ /* ... */ })
export class MyFormComponent {

  formData = {
    username: '',
    password: ''
  }
}
```

12.2.3 Template mit Two-Way Binding und ngModel

Formular im HTML anlegen

Im Template der Komponente legen wir uns nun ein einfaches HTML-Formular mit einem <form>-Tag an. Die Formularfelder sollten zu dem Datenmodell aus der Komponente passen. Es ist aber egal, ob es sich um Textfelder, Dropdowns, Checkboxen oder andere Eingabefelder handelt. Außerdem ist ein Submit-Button nötig, um das Formular abzusenden.

Jedes Formularfeld sollte ein name-Attribut besitzen, damit Angular die Felder identifizieren kann.

Listing 12–3 *Ein einfaches HTML-Formular*

```
<form>
  <label>Benutzername</label>
  <input type="text" name="username">

  <label>Passwort</label>
  <input type="password" name="password">

  <button type="submit">Login</button>
</form>
```

Formular und Datenmodell verknüpfen

Jetzt kommt der interessante Schritt: Wir verknüpfen die Formularfelder mit dem Datenmodell aus der Komponente. Dabei hilft uns die Direktive ngModel und ein Two-Way Binding, das wir auf Seite 79 schon kurz betrachtet haben. Dieses Binding ist eine Kombination von zwei »alten Bekannten«: Property Binding und Event Binding. Gibt der Nutzer etwas in das Formular ein, werden die Eingaben über ein Event in die Komponente gesendet. Ändern sich die Daten in der Komponente, werden die Formularfelder automatisch aktualisiert.

Auch wenn das zunächst etwas kompliziert klingt, ist die Verwendung denkbar einfach: Wir setzen ngModel ein und verknüpfen jedes unserer Formularfelder im Template mit einer Eigenschaft unseres Datenmodells.

Listing 12–4 *Two-Way Binding mit ngModel*

```
<form>
  <label>Benutzername</label>
  <input [(ngModel)]="formData.username"
    type="text" name="username">

  <label>Passwort</label>
  <input [(ngModel)]="formData.password"
    type="password" name="password">

  <button type="submit">Login</button>
</form>
```

Die Daten zwischen Formularfeldern und Komponente sind nun stets synchron, ohne dass wir dafür besonders viel tun mussten.

12.2.4 Formularzustand verarbeiten

Wir haben auf jedem Formularfeld die Direktive `ngModel` verwendet. Was trivial aussieht, erledigt im Hintergrund eine Menge wichtiger Schritte, um das Formular effizient zu verwalten. Für jedes Feld wird automatisch ein *FormControl* initialisiert. Dieses Objekt kontrolliert den Zustand der Formularfelder und liefert uns eine Schnittstelle, um mit diesem Zustand zu arbeiten.

Ein Control hat verschiedene Zustände.

Ein FormControl kennt sechs verschiedene Zustände, die Auskunft darüber geben, in welcher Weise der Nutzer bereits mit dem Formular interagiert hat. Je nach Zustand werden automatisch bestimmte CSS-Klassen für das Formularfeld gesetzt.

Tab. 12–1
Zustände eines Controls

Status	CSS-Klasse	Beschreibung
dirty	`ng-dirty`	Der Wert wurde bearbeitet.
pristine	`ng-pristine`	Der Wert ist unberührt.
valid	`ng-valid`	Der Wert ist gültig.
invalid	`ng-valid`	Der Wert ist gültig.
touched	`ng-touched`	Das Control wurde verwendet/bedient.
untouched	`ng-untouched`	Das Control wurde noch nicht verwendet.

CSS-Klassen für die Zustände

Wir können diese CSS-Klassen nutzen, um die Eingabefelder passend zum Zustand zu stylen. Zum Beispiel können wir die Felder rot hervorheben, wenn kein Wert eingegeben wurde, oder ein Feld grün unterlegen, sobald der Nutzer eine Eingabe vorgenommen hat. Die CSS-Klassen können wir in unseren Stylesheets definieren, wie das Listing 12–5 zeigt.

Listing 12–5
CSS-Klassen der Controls für visuelles Feedback einsetzen

```
.ng-dirty {
  border: 2px dashed green;
}

.ng-untouched {
  border: 2px solid red;
}
```

Direktzugriff auf das FormControl

Für komplexere Reaktionen auf den Zustand können wir direkt auf das Control zugreifen, denn alle Zustände werden auch als Propertys auf dem Objekt repräsentiert. Um Zugriff auf dieses Objekt zu erhalten, verwenden wir im Template eine Elementreferenz, die auf die Instanz von ngModel verweist. Mit diesem Objekt können wir schließlich direkt weiterarbeiten und z. B. eine Meldung abhängig vom Formularzustand anzeigen.

Listing 12–6
Zugriff auf den Formularzustand

```
<form>
  <label>Benutzername</label>
  <input [(ngModel)]="formData.username"
    #usernameInput="ngModel"
    type="text" name="username">

  <div *ngIf="usernameInput.untouched">
    Das Feld ist unberührt.
  </div>

  <!-- ... -->
</form>
```

12.2.5 Eingaben validieren

Wie bereits die Zustände valid und invalid vermuten lassen, können wir die Eingaben unserer Eingabefelder validieren. Das ist wichtig, damit der Nutzer sofort Feedback darüber erhält, ob die Eingaben gültig sind oder nicht. Für diesen Zweck stellt uns Angular eine Reihe von eingebauten Validatoren zur Verfügung, die wir direkt im Template verwenden können. Alle diese Validatoren werden als Attribute auf den Formularfeldern eingesetzt.

Setzen wir diese Validatoren ein, kümmert sich Angular automatisch im Hintergrund darum, den eingegebenen Wert gegen diese Regeln zu prüfen. Die beiden Zustände valid und invalid werden stets aktualisiert, sodass wir dem Nutzer sofort ein Feedback zur Eingabe

Tab. 12–2
Eingebaute Validatoren für Template-Driven Forms

Angabe	Prüfung
`required`	Das Feld muss ausgefüllt sein.
`requiredTrue`	Das betreffende Feld muss den Wert `true` enthalten (z. B. eine Checkbox, die angekreuzt sein muss).
`minlength="6"`	Es müssen mindestens 6 Zeichen angegeben werden.
`maxlength="8"`	Es dürfen höchstens 8 Zeichen angegeben werden.
`pattern="[a-z]"`	Der Wert des Eingabefelds wird auf den angegebenen regulären Ausdruck geprüft. In diesem Fall werden nur Eingaben von Kleinbuchstaben (a–z) akzeptiert.
`email`	Das Feld muss eine gültige E-Mail-Adresse beinhalten.

geben können. Wie schon beschrieben, können wir die Zustände entweder mit den CSS-Klassen visualisieren oder wir lesen den Status aus, indem wir direkt auf das FormControl zugreifen.

Mehrere Validatoren für ein Feld

Häufig sind die Regeln für die Validierung komplexer und lassen sich nicht mit einem einzigen Validator abdecken. Tatsächlich kann auf einem Formularfeld nicht nur ein einziger Validator aktiv sein, sondern beliebig viele. Das Passwortfeld aus unserem Beispiel könnte beispielsweise folgende Regeln besitzen:

- muss ausgefüllt sein
- muss mindestens 8 Zeichen enthalten
- muss eine Zahl enthalten

Im Code lassen sich diese Anforderungen wie folgt umsetzen:

Listing 12–7 *Mehrere Validatoren*

```
<input [(ngModel)]="formData.password"
  required
  minlength="8"
  pattern=".*\d.*"
  #passwordInput="ngModel"
  type="password" name="password"

<div *ngIf="passwordInput.invalid">
  Das Passwort ist ungültig.
</div>
```

12.2.6 Formular abschicken

Mit dem erlernten Wissen können wir ein vollständiges Formular erstellen, das die Eingaben vom Nutzer erfasst, validiert und passende Meldungen anzeigt. Sobald der Nutzer das Formular mit dem Submit-Button abschickt, wollen wir die Eingaben schließlich verarbeiten und z. B. zum Server schicken.

Dazu benötigen wir als Erstes eine Methode in der Komponente, die ausgeführt wird, sobald das Formular abgeschickt wird. Der Name ist natürlich frei wählbar. Hier können wir auf das Objekt `formData` zugreifen und diese Werte weiterverarbeiten, denn Angular hat durch das Two-Way Binding stets das Formular und das Datenmodell synchron gehalten.

Listing 12–8 *Methode zur Verarbeitung der Eingaben*

```
@Component({ /* ... */ })
export class MyFormComponent {
  formData = { /* ... */ }

  submitForm() {
    console.log(this.formData);
  }

}
```

Weil eine Methode allein noch nichts tut, müssen wir im zweiten Schritt das Formular mit dieser Methode verknüpfen. Dazu bietet Angular das passende Event `ngSubmit` an, das wir direkt auf dem Formularelement mit einem Event Binding abonnieren können.

Listing 12–9 *Submit-Event abfangen*

```
<form (ngSubmit)="submitForm()">
  <!-- ... -->
  <button type="submit">Login</button>
</form>
```

12.2.7 Formular zurücksetzen

Nachdem die Daten abgeschickt wurden, fehlt noch ein wichtiger Schritt im Lebenszyklus unseres Formulars: Wir müssen alle Zustände zurücksetzen, damit das Formular bereit ist für die nächste Eingabe.

Die Direktive NgForm

Dazu müssen wir ein wenig weiter ausholen. Angular initialisiert auf jedem `<form>`-Tag eine Direktive mit dem Namen `NgForm`. Das passiert vollautomatisch, ohne dass wir im Template zusätzlichen Code schreiben müssen.

Zugriff auf dieses `NgForm` erhalten wir wieder mit einer Elementreferenz, die diesmal allerdings auf `ngForm` verweist.

Listing 12–10 *Zugriff auf* NgForm

```
<form #myForm="ngForm">
  <!-- ... -->
</form>
```

Auf diesem Objekt existiert unter anderem die Methode `reset()`. Damit wir diese Methode aufrufen können, benötigen wir allerdings in der Komponentenklasse Zugriff auf diese Elementreferenz. An dieser Stelle lernen wir einen neuen Decorator kennen: `@ViewChild()`. Damit können wir aus der Komponentenklasse heraus auf eine Elementreferenz im Template zugreifen.

ViewChild *zum Zugriff auf Elementreferenzen*

Das Argument für den Decorator ist dabei der Name der Elementreferenz aus dem Template. In unserem Fall verwenden wir außerdem den Typen `NgForm`, damit TypeScript mit der Referenz korrekt umgehen kann. Mit dieser Instanz von `NgForm` in der Hand können wir schließlich die Methode `reset()` aufrufen, sobald das Formular abgeschickt wurde.

```
import { Component, ViewChild } from '@angular/core';
import { NgForm } from '@angular/forms';

@Component({ /* ... */ })
export class MyFormComponent {
  // ...
  @ViewChild('myForm') myForm: NgForm;

  submitForm() {
    // ...
    this.myForm.reset();
  }
}
```

Listing 12–11
Formular zurücksetzen

Das `NgForm`-Objekt können wir übrigens für viele weitere Zwecke verwenden. Beispielsweise kennt das Objekt immer alle Zustände seiner Formularfelder, sodass wir komplexere Validierungsregeln umsetzen können.

12.2.8 Den BookMonkey erweitern

Story – Neue Bücher hinzufügen

Als Leser möchte ich neue Bücher hinzufügen, um interessante Lesetipps mit anderen Lesern zu teilen.

Als Leser möchte ich Hinweise zu erforderlichen und fehlerhaften Eingaben erhalten, um qualitativ gute Inhalte zu pflegen.

- Es soll ein Formular zum Hinzufügen eines Buchs zum Datenbestand existieren.
- Das Hinzufügen eines Buchs soll nur mit gültigen Eingaben möglich sein.
- Der *Titel* darf nicht leer sein.
- Die *ISBN* darf nicht leer sein.
- Die *ISBN* darf nicht weniger als 10 Zeichen haben.
- Die *ISBN* darf nicht mehr als 13 Zeichen haben.
- Das *Erscheinungsdatum* muss dem Muster `dd.MM.YYYY` entsprechen.
- Es muss ein *Autor* angegeben werden.

Wir wollen das zuvor erlernte Wissen nutzen und unseren BookMonkey um ein Formular mit Template-Driven Forms erweitern.

Das `FormsModule` einbinden

DateValueAccessor *installieren*

Da wir Template-Driven Forms verwenden möchten, benötigen wir das `FormsModule` aus `@angular/forms`. Außerdem denken wir jetzt schon einen Schritt weiter: Wir wollen später ein Eingabefeld vom Typ `date` nutzen, um das Erscheinungsdatum eines Buchs einzutragen. Leider funktioniert der direkte Zugriff auf das Date-Objekt mit `ngModel` nicht. Wir müssen deshalb ein Zusatzmodul installieren, das `DateValueAccessorModule`[1], das uns diesen Zugriff ermöglicht:

```
$ npm install --save angular-date-value-accessor
```

`FormsModule` und `DateValueAccessorModule` müssen in unser zentrales `AppModule` importiert werden:

Listing 12–12 DateValueAccessorModule *importieren* (app.module.ts)

```
// ...
import { FormsModule } from '@angular/forms';
import { DateValueAccessorModule } from
    ↪ 'angular-date-value-accessor';

@NgModule({
  imports: [
    // ...
    FormsModule,
    DateValueAccessorModule
  ],
  // ...
})
export class AppModule { }
```

Damit haben wir alle nötigen Direktiven zur Hand und können mit der Implementierung starten.

Die Komponentenstruktur

Damit wir neue Bücher in den Bestand aufnehmen können, sind zwei Schritte nötig: Zuerst benötigen wir ein Formular, mit dem wir die Eingaben des Nutzers erfassen können. Im zweiten Schritt müssen die Daten zum Server gesendet werden, sobald der Nutzer das Formular abschickt.

[1] https://ng-buch.de/a/59 – NPM: angular-date-value-accessor

Es ist gute Praxis, diese beiden Aufgaben auch im Code klar voneinander zu trennen. Wir wollen dafür die beiden folgenden Komponenten anlegen:

- **`BookFormComponent`** enthält das Formular und löst ein Event aus, wenn ein Nutzer das Formular absendet.
- **`CreateBookComponent`** bindet das Buchformular ein, abonniert das Event und sendet das neue Buch zum Server.

Mit dieser Architektur erreichen wir ein wichtiges Ziel: Wiederverwendbarkeit. Im nächsten Kapitel werden wir dasselbe Formular noch einmal verwenden, um ein Buch zu bearbeiten. Dafür legen wir später eine weitere Containerkomponente `EditBookComponent` an, die ebenfalls die `BookFormComponent` nutzt, aber die Daten anders verarbeitet. Die geplante Komponentenstruktur sieht also wie folgt aus:

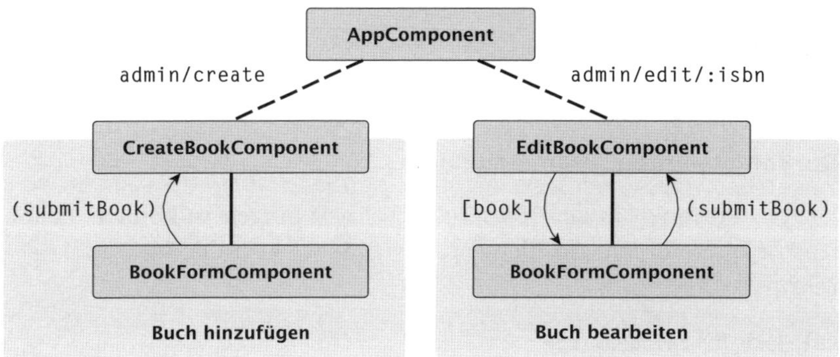

Abb. 12–1
Komponentenbaum für das Buchformular

Wir konzentrieren uns zunächst darauf, ein Buch hinzuzufügen. Dazu legen wir als Erstes mit der Angular CLI die beiden geplanten Komponenten an:

Listing 12–13
Die Komponenten BookForm *und* CreateBook *mit der Angular CLI anlegen*

```
$ ng g c book-form
$ ng g c create-book
```

Es ergibt sich die folgende Dateistruktur:

```
src
└─ app
   ├─ book-details
   ├─ book-form
   │  ├─ book-form.component.html
   │  ├─ book-form.component.ts
   │  └─ ...
   ├─ book-list
   ├─ book-list-item
   ├─ create-book
   │  ├─ create-book.component.html
   │  ├─ create-book.component.ts
   │  └─ ...
   ├─ shared
   ├─ home
   ├─ search
   └─ ...
```

Die Komponenten zusammenbauen

Um das Formular in der `CreateBookComponent` nutzen zu können, erstellen wir im Template ein Element, das zum Selektor der `BookFormComponent` passt.

Listing 12–14 *Das Buchformular in die* CreateBookComponent *einbinden*

```
<h1>Buch hinzufügen</h1>
<bm-book-form></bm-book-form>
```

Vorbereitungen für Routen und Funktionen

Routen für das Formular anlegen

Die `CreateBookComponent` soll als eine eigene Seite in unserer Anwendung sichtbar sein. Wir legen also eine passende Route an, die auf den Pfad `admin/create` matcht. Damit wir beim Aufruf des Admin-Bereichs mit der URL `/admin` sofort zum neuen Buchformular geleitet werden, erstellen wir eine weitere Route mit einem Redirect:

Listing 12–15 *Route für das Formular hinzufügen* (app-routing.module.ts)

```
// ...
import { CreateBookComponent } from
    ↪ './create-book/create-book.component';

export const routes: Routes = [
  // ...
  {
    path: 'admin',
```

```
    redirectTo: 'admin/create',
    pathMatch: 'full'
  },
  {
    path: 'admin/create',
    component: CreateBookComponent
  }
];
// ...
```

Menüpunkt hinzufügen

Damit der Nutzer zur neuen Seite findet, benötigen wir einen zusätzlichen Menüpunkt in der Navigation. Der richtige Ort dafür ist die Datei `app.component.html`.

Listing 12–16
Menüpunkt für die Administration hinzufügen

```
<div class="ui menu">
  <a routerLink="home"  routerLinkActive="active"
    ↪ class="item">Home</a>
  <a routerLink="books" routerLinkActive="active"
    ↪ class="item">Bücher</a>
  <a routerLink="admin" routerLinkActive="active"
    ↪ class="item">Administration</a>
</div>
<router-outlet></router-outlet>
```

Wir haben nun alle wichtigen Vorbereitungen getroffen. Wenn wir die Anwendung mit dem Pfad `/admin` aufrufen, wird die `CreateBookComponent` angezeigt und es sollten die Überschrift und der Standardtext aus der `BookFormComponent` zu sehen sein. Jetzt wollen wir uns mit dem Formular in der `BookFormComponent` beschäftigen.

Factory-Methode für ein leeres Buch

Bevor wir das Datenmodell in der Komponente initialisieren, leisten wir ein wenig Vorarbeit: In der schon existierenden `BookFactory` legen wir eine Methode `empty()` an, die ein leeres Buch-Objekt zurückliefert. Wir werden diese Methode im nächsten Schritt nutzen.

Listing 12–17
Die BookFactory *um die* empty()*-Methode erweitern* (book-factory.ts)

```
// ...

export class BookFactory {

  static empty(): Book {
    return {
      isbn: '',
      title: '',
```

```
      authors: [''],
      published: new Date(),
      subtitle: '',
      rating: 0,
      thumbnails: [
        { url: '', title: '' }
      ],
      description: ''
    };
  }

  // ...
}
```

Datenmodell in der BookFormComponent

Die BookFormComponent soll das gesamte Formular beherbergen und ein Event auslösen, sobald der Nutzer das Formular abschickt.

Als Erstes initialisieren wir das Datenmodell für das Formular. Diese Aufgabe ist jetzt sehr einfach, denn wir haben schon alle Hilfsmittel parat: Wir wollen ein Buch erfassen und können dafür das existierende Buch-Modell und die BookFactory verwenden.

Im Property book der Komponente initialisieren wir ein leeres Book-Objekt und nutzen dafür die neu angelegte Methode BookFactory .empty().

Listing 12–18 *Die Komponente* BookFormComponent *anlegen* (book-form .component.ts)

```
import { BookFactory } from '../shared/book-factory';
// ...

@Component({ /* ... */ })
export class BookFormComponent implements OnInit {

  book = BookFactory.empty();
  // ...
}
```

Das Formular-Template anlegen

Als Nächstes wenden wir uns dem Template unseres Formulars zu; die passende Datei dafür ist book-form.component.html. Den gesamten Code haben wir auf Seite 276 (Listing 12–19) abgedruckt.

Wie für ein HTML-Formular üblich, werden alle Felder von einem `<form>`-Element umschlossen. Nachdem wir die einzelnen Formularfelder angelegt haben, verknüpfen wir sie mit den Propertys unseres Datenmodells und nutzen dafür `ngModel` mit einem Two-Way Binding. Wichtig ist hier wieder, dass jedes Eingabefeld ein `name`-Attribut erhält.

ngModel

Im Datenmodell werden die Autoren und Coverbilder in einem Array gespeichert. Unser Formular besitzt allerdings nur ein einziges Eingabefeld für den Autor. Wir müssen dieses Feld deshalb gegen das erste Element des Arrays binden, also gegen `book.authors[0]`.

Autoren und Bilder als Array

Alle Formularfelder erhalten gleich die passenden Validatoren, sodass die Eingaben geprüft werden. Für die Felder *Titel*, *ISBN*, *Erscheinungsdatum* und *Autor* setzen wir das Attribut `required` ein, damit das Formular erst gültig ist, wenn diese Felder ausgefüllt sind. Die ISBN soll zwischen 10 und 13 Zeichen besitzen, deshalb verwenden wir hier die Validatoren `minlength="10"` und `maxlength="13"`, um den gültigen Wertebereich weiter einzuschränken.

Validatoren

Unter den Formularfeldern legen wir außerdem einen Submit-Button an. Beim Klick wird das Event `ngSubmit` ausgelöst, das wir mit einem Event Binding auf dem `<form>`-Element abfangen und die Methode `submitForm()` aus der Komponentenklasse auslösen. Diese Methode existiert noch nicht, aber wir werden sie im nächsten Schritt anlegen.

Submit-Button und ngSubmit

Damit der Nutzer das Formular nicht abschicken kann, ohne alle Felder ausgefüllt zu haben, soll der Button so lange deaktiviert bleiben, bis das Formular komplett gültig ist. Für diesen Zweck können wir den Zustand des gesamten Formulars auslesen, indem wir auf das `NgForm` zugreifen, das automatisch auf dem `<form>`-Element initialisiert wird. Dazu setzen wir eine Elementreferenz mit dem Namen `bookForm` und lesen damit die Instanz von `NgForm` aus. Um den Button zu deaktivieren, binden wir schließlich das Property `disabled` an den Formularzustand `invalid`. Der Button ist also deaktiviert, wenn das Formular ungültig ist.

Button deaktivieren

Für das Feld *Erscheinungsdatum* haben wir den Inputtypen `date` verwendet. In den aktuellen Browsern wird damit automatisch ein Datepicker angeboten, sodass wir das Datum komfortabel auswählen können. Leider kann `ngModel` aus diesem Feld kein komplettes Date-Objekt auslesen, sondern nur einen Datumsstring. Um diese Unschönheit zu beheben, nutzen wir die Direktive `useValueAsDate` aus dem `DateValueAccessorModule`. Mit `ngModel` erhalten wir jetzt immer ein echtes Date-Objekt, das wir bequem weiterverarbeiten können.

useValueAsDate *für das Datumsfeld*

Damit ist das Formulartemplate zunächst vollständig. Schauen Sie sich den Code noch einmal in Ruhe an.

Listing 12–19
Template des Formulars
(book-form.component.html)

```
<form class="ui form"
      #bookForm="ngForm"
      (ngSubmit)="submitForm()">

  <label>Buchtitel</label>
  <input
    name="title"
    [(ngModel)]="book.title"
    required>

  <label>Untertitel</label>
  <input
    name="subtitle"
    [(ngModel)]="book.subtitle">

  <label>ISBN</label>
  <input
    name="isbn"
    [(ngModel)]="book.isbn"
    required
    minlength="10"
    maxlength="13">

  <label>Erscheinungsdatum</label>
  <input
    type="date"
    name="published"
    [(ngModel)]="book.published"
    useValueAsDate
    required>

  <label>Autor</label>
  <input
    name="authors"
    [(ngModel)]="book.authors[0]"
    required>

  <label>Beschreibung</label>
  <textarea
    name="description"
    [(ngModel)]="book.description"></textarea>
```

```
  <label>Bild</label>
  <div class="two fields">
    <div class="field">
      <input
        name="url"
        [(ngModel)]="book.thumbnails[0].url"
        placeholder="URL">
    </div>
    <div class="field">
      <input
        name="title"
        [(ngModel)]="book.thumbnails[0].title"
        placeholder="Titel">
    </div>
  </div>

  <button class="ui button" type="submit"
    [disabled]="bookForm.invalid">
    Speichern
  </button>
</form>
```

Das Formular abschicken

Als Nächstes implementieren wir in der Komponentenklasse (`book-form.component.ts`) die Methode `submitForm()`. Diese Methode wird immer dann ausgeführt, wenn der Nutzer das Formular abschickt, denn wir haben die Methode ja an das Event `ngSubmit` gebunden.

Die Aufgabe dieser Komponente ist es, ein Event auszulösen, wenn das Formular abgeschickt wird. Dieses Event `submitBook` soll das neu erfasste Buch beinhalten. Die Containerkomponente kann das Event später abonnieren und das Buch verarbeiten.

EventEmitter submitBook

Um ein Event aus der `BookFormComponent` herauszuwerfen, gehen wir den Weg, den wir in der Iteration II kennengelernt haben: Im Property `submitBook` initialisieren wir einen `EventEmitter` mit dem generischen Typen `Book`. Das Property wird mit dem Decorator `@Output()` versehen, damit das Event publiziert wird.

In der Methode `submitForm()` können wir das Event schließlich auslösen und schicken das neu erfasste Buch aus `this.book` auf die Reise.

Formular zurücksetzen

Nachdem das Formular abgeschickt wurde, müssen wir noch ein wenig aufräumen: Das Formular muss zurückgesetzt werden und wir müssen auch das Datenmodell leeren.

Für den Reset legen wir uns ein Property `bookForm` an, das mit dem Decorator `@ViewChild()` die Referenz auf das `NgForm` erhält. Auf diesem Objekt können wir jetzt die Methode `reset()` verwenden, um den Formularstatus zurückzusetzen. Zum Zurücksetzen der Daten nutzen wir wieder die Factory-Methode `BookFactory.empty()` und überschreiben das Property `book` mit einem neuen leeren Buchdatensatz.

Listing 12–20
Die Komponente BookFormComponent *fertigstellen* (book-form .component.ts)

```
import { Component, ViewChild, OnInit, Output, EventEmitter } from
    ↪ '@angular/core';
import { NgForm } from '@angular/forms';

import { Book } from '../shared/book';
import { BookFactory } from '../shared/book-factory';

@Component({
  selector: 'bm-book-form',
  templateUrl: './book-form.component.html',
  styleUrls: ['./book-form.component.css']
})
export class BookFormComponent implements OnInit {

  book = BookFactory.empty();

  @Output() submitBook = new EventEmitter<Book>();
  @ViewChild('bookForm') bookForm: NgForm;


  submitForm() {
    this.submitBook.emit(this.book);

    this.book = BookFactory.empty();
    this.bookForm.reset();
  }

  ngOnInit() {
  }
}
```

Damit ist die Implementierung für diese Komponente komplett: Wir haben ein vollständiges Formular, das einen Buchdatensatz erfasst und die Daten mit einem Event auf die Reise schickt. Nach dem Abschicken wird das Formular auf seinen Ausgangszustand zurückgesetzt, damit es bereit für die nächste Eingabe ist.

Als Nächstes kümmern wir uns darum, das Event `submitBook` zu abonnieren und das neu erfasste Buch zum Server zu schicken.

Die Methode `create()` im `BookStoreService`

Damit wir das Buch zum Server schicken können, müssen wir eine passende Methode `create()` in unseren `BookStoreService` einbauen. Die Methode erhält als Argument ein `Book`-Objekt und liefert ein Observable zurück. Die API liefert übrigens keine Daten in der Antwort, deswegen können wir das Observable mit `any` typisieren. Wir müssen außerdem angeben, dass wir die Antwort vom Server als Text erwarten, denn ein leerer String ist kein gültiges JSON, und der `HttpClient` würde an dieser Stelle einen Fehler werfen. Für den Fall, dass bei der Übertragung etwas schiefgeht, fangen wir den Fehler wieder mit dem Operator `catchError()` ab.

Listing 12–21
Den BookStoreService *um die Methode* create() *erweitern* (book-store.service.ts)

```
// ...

@Injectable({ /* ... */ })
export class BookStoreService {
  // ...

  create(book: Book): Observable<any> {
    return this.http.post(
      `${this.api}/book`,
      book,
      { responseType: 'text' }
    ).pipe(
      catchError(this.errorHandler)
    );
  }

  // ...
}
```

Daten verarbeiten in der `CreateBookComponent`

Das Formular in der `BookFormComponent` weiß nicht, was mit dem neu erfassten Buch passiert – die Komponente löst lediglich ein Event mit dem Namen `submitBook` aus. Im Payload dieses Events befindet sich das neue Buch-Objekt.

Die Elternkomponente dieses Formulars kann das Event abonnieren und das Buch verarbeiten. Für diese Aufgabe wenden wir uns der `CreateBookComponent` zu: Sie ist der Container, der das Formular enthält.

Auf dem Host-Element der Formularkomponente können wir nun das Event `submitBook` abonnieren. Wird das Event ausgelöst, soll die Methode `createBook()` aus der Komponentenklasse ausgeführt werden. Die Methode existiert noch nicht, aber wir werden sie gleich implementieren. Als Argument übergeben wir den Event-Payload aus der Variable `$event`.

Listing 12–22 *Das Event im Template der* CreateBook-Component *verarbeiten* (create-book .component.ts)

```
<h1>Buch hinzufügen</h1>
<bm-book-form (submitBook)="createBook($event)">
</bm-book-form>
```

Die Implementierung geht für uns nun in der Datei `create-book .component.ts` weiter. Wir planen als Erstes die nötigen Schritte, die erledigt werden müssen, sobald ein neues Buch vom Formular eintrifft:

- den `BookStoreService` verwenden und das neue Buch zum Server schicken
- zur Listenansicht aller Bücher wechseln

Wir injizieren zunächst alle Abhängigkeiten in unsere Komponente, die wir für die Implementierung benötigen: den `BookStoreService`, den `Router` und die Klasse `ActivatedRoute` für die Referenz auf die aktuelle Route.

Als Nächstes implementieren wir die Methode `createBook()`. Die Methode erhält als Argument den Payload des Events vom Typ `Book`.

Mit diesem Buchobjekt rufen wir die neue Methode `create()` aus dem `BookStoreService` auf. Der dahinterliegende HTTP-Aufruf gibt ein Observable zurück, das wir subscriben müssen, damit der HTTP-Request tatsächlich ausgeführt wird. Wenn die HTTP-Kommunikation erfolgreich war, nutzen wir nun den Router und navigieren zur Listenansicht der Bücher.

Listing 12–23 *Die empfangenen Formulardaten in der* CreateBook-Component *versenden* (create-book .component.ts)

```
import { Component, OnInit } from '@angular/core';
import { ActivatedRoute, Router } from '@angular/router';

import { Book } from '../shared/book';
import { BookStoreService } from '../shared/book-store.service';

@Component({
  selector: 'bm-create-book',
  templateUrl: './create-book.component.html',
  styleUrls: ['./create-book.component.css']
})
```

```
export class CreateBookComponent implements OnInit {

  constructor(
    private bs: BookStoreService,
    private route: ActivatedRoute,
    private router: Router
  ) { }

  ngOnInit() {
  }

  createBook(book: Book) {
    this.bs.create(book).subscribe(() => {
      this.router.navigate(['../..', 'books'], { relativeTo:
    ↪ this.route });
    });
  }

}
```

Formular zurücksetzen trotz Routing?

Sicher ist Ihnen aufgefallen, dass wir das Formular in der `BookFormComponent` zurücksetzen *und* die Route wechseln, sobald das Buch auf dem Server angelegt wurde. In der Praxis ist es gar nicht nötig, das Formular zurückzusetzen, weil die Komponente durch das Routing ohnehin beendet wird. Aus der Perspektive der `BookFormComponent` ist das aber trotzdem sinnvoll: Diese Komponente weiß nicht, was ihr Container tut oder nicht tut. Wir gehen deshalb auf Nummer sicher und setzen das Formular trotzdem zurück.

Wir haben jetzt ein funktionsfähiges Formular entwickelt, mit dem der Nutzer ein neues Buch auf dem Server erstellen kann. Das Formular arbeitet dynamisch: Es kann erst dann abgeschickt werden, wenn die eingegebenen Daten gültig sind. Lassen wir zum Beispiel den Titel oder die ISBN im Formular leer, so wird der Button zum Absenden deaktiviert und ist nicht anklickbar.

Review

Obwohl dieses Formular schon sehr gut ist, gibt es noch eine Menge Verbesserungspotenzial: Befüllt ein Nutzer das Formular wie in Abbildung 12–2, kann es nicht abgeschickt werden – es ist aber nicht deutlich sichtbar, warum. Haben Sie den Fehler gesehen? Das Formular kann nicht verschickt werden, weil die ISBN nur neun Zeichen enthält. Damit wir unsere Nutzer nicht im Regen stehen lassen, wollen wir passende Hinweise bei fehlenden oder falschen Eingaben anzeigen.

Abb. 12–2
Buchformular mit Template-Driven Forms

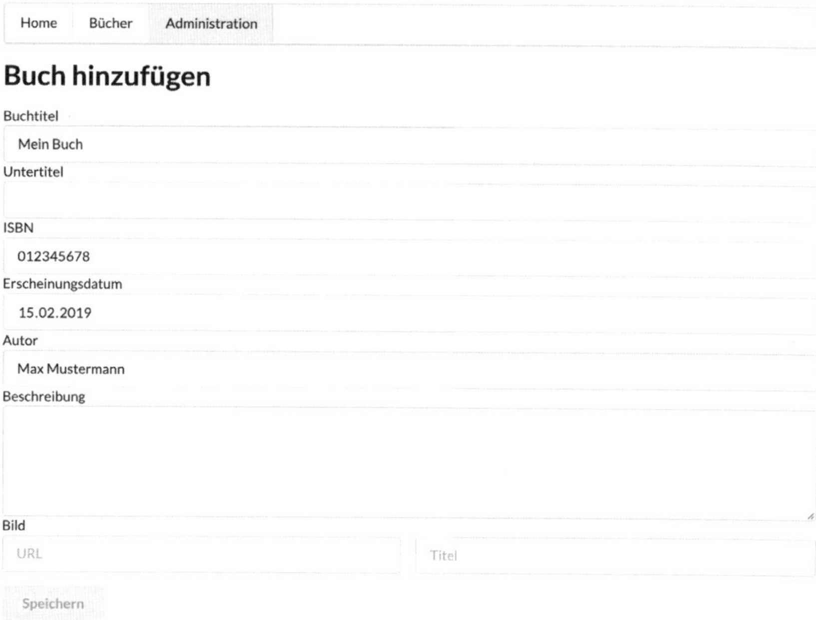

Fehlernachrichten anzeigen

Wir haben Validatoren auf unsere Formularfelder gesetzt, sodass die Eingaben geprüft werden. Nun sollen passende Fehlermeldungen angezeigt werden, damit der Nutzer weiß, was schiefgelaufen ist.

Die Anzeige von Fehlernachrichten könnten wir direkt im Template unseres Buchformulars vornehmen. Dadurch wird das Template aber schnell komplex und unübersichtlich, denn wir müssen für jedes Feld eine eigene Nachricht anzeigen.

Diese Aufgabe klingt nach Wiederverwendbarkeit: Deshalb wollen wir die Anzeige von Fehlernachrichten in eine separate Komponente auslagern. Die Komponente füttern wir von außen mit dem Control, und sie entscheidet eigenständig, welche Fehlermeldungen angezeigt werden müssen, abhängig vom Zustand des Controls.

Als Erstes nutzen wir die Angular CLI, um die `FormMessagesComponent` zu erstellen:

Listing 12–24
Die Komponente FormMessages *mit der Angular CLI anlegen*

```
$ ng g c form-messages
```

Es ergibt sich somit die folgende Dateistruktur:

```
src
└── app
    ├── book-details
    ├── book-form
    ├── book-list
    ├── book-list-item
    ├── create-book
    ├── form-messages
    │   ├── form-messages.component.html
    │   ├── form-messages.component.ts
    │   └── ...
    ├── shared
    ├── home
    ├── search
    └── ...
```

Aufgabe dieser neuen Komponente ist es, ein FormControl zu empfangen und den Zustand auszuwerten. Abhängig vom Zustand sollen dann die passenden Fehlermeldungen ausgegeben werden.

Die Input-Propertys control *und* controlName

In der `FormMessagesComponent` legen wir dafür passende Input-Propertys an: `control` erhält eine Referenz auf das Control, dessen Zustand ausgewertet werden soll. Das Property hat den Typen `AbstractControl`, damit es für jedes beliebige Control geeignet ist. Wir werden später sehen, dass wir diese Komponente auch für Reactive Forms nutzen können, denn `AbstractControl` ist universell einsetzbar.

Als zweites Input-Property erwarten wir die Bezeichnung des Kontrollelementes in `controlName`. Das ist nötig, damit wir die passende Meldung auswählen können, denn für den Titel gibt es einen anderen Text als für die ISBN.

Bevor wir alle Bestandteile zusammenbauen, müssen wir die Texte für die Fehlernachrichten definieren. Dazu eignet sich ein großes verschachteltes Objekt, das in zwei Ebenen untergliedert ist:

1. Bezeichnung des Formularfelds, auf das sich die Meldung bezieht
2. der Fehler mit dem zugehörigen Fehlertext

Nun gilt es, der Komponente Leben einzuhauchen. Die Methode `errorsForControl()` liest alle vorhandenen Fehler aus dem Control aus. Anschließend werden aus dem Nachrichtenobjekt die passenden Meldungen herausgesucht und ein Array mit allen passenden Meldungen wird für dieses konkrete Control zurückgeliefert – aber nur, wenn sich das Control im Zustand `dirty` befindet. Das ist sinnvoll für die User Experience, damit nicht sofort beim Start des Formulars alle Fehlermeldungen angezeigt werden.

Listing 12–25
Die Komponente FormMessages *implementieren* (form-messages .component.ts)

```
import { Component, OnInit, Input } from '@angular/core';
import { AbstractControl } from '@angular/forms';

@Component({
  selector: 'bm-form-messages',
  templateUrl: './form-messages.component.html',
  styleUrls: ['./form-messages.component.css']
})
export class FormMessagesComponent implements OnInit {

  @Input() control: AbstractControl;
  @Input() controlName: string;

  private allMessages = {
    title: {
      required: 'Ein Buchtitel muss angegeben werden.'
    },
    isbn: {
      required: 'Es muss eine ISBN angegeben werden.',
      minlength: 'Die ISBN muss mindestens 10 Zeichen haben.',
      maxlength: 'Die ISBN darf höchstens 13 Zeichen haben.'
    },
    published: {
      required: 'Es muss ein Erscheinungsdatum angegeben werden.'
    },
    authors: {
      required: 'Es muss ein Autor angegeben werden.'
    }
  };

  constructor() { }

  ngOnInit() {
  }

  errorsForControl(): string[] {
    const messages = this.allMessages[this.controlName];
```

```
    if (
      !this.control ||
      !this.control.errors ||
      !messages ||
      !this.control.dirty
    ) { return null; }

    return Object.keys(this.control.errors)
      .map(err => messages[err]);
  }

}
```

Im zugehörigen Template `form-messages.component.html` durchlaufen wir mit `ngFor` alle Fehlernachrichten und zeigen die Texte einzeln an.

```
<div class="ui negative message"
  *ngFor="let msg of errorsForControl()">
  {{ msg }}
</div>
```

Listing 12–26
Das Template der Komponente FormMessages (form-messages .component.ts)

Die `FormMessagesComponent` verwenden

Die `FormMessagesComponent` ist vollständig und kann jetzt verwendet werden. Dazu führt die Reise zurück zum Buchformular in der Datei `book-form.component.html`.

Um Zugriff auf die FormControls zu erhalten, legen wir Elementreferenzen an für alle Felder, die validiert werden: *Titel*, *ISBN*, *Erscheinungsdatum* und *Autor*. Alle Referenzen müssen auf die Instanz von `ngModel` zeigen.

Schließlich binden wir unter jedem Feld eine Instanz der `FormMessagesComponent` ein und füllen die Property Bindings mit passenden Werten: `control` erhält die Instanz von `ngModel` aus der jeweiligen Elementreferenz. Als Wert für `controlName` verwenden wir jeweils den Namen des Formularfelds, damit die passende Nachricht aus dem Nachrichtenobjekt extrahiert werden kann.

```
<!-- ... -->

<label>Buchtitel</label>
<input name="title" ... #titleInput="ngModel">
<bm-form-messages
  [control]="titleInput"
  controlName="title">
</bm-form-messages>
```

Listing 12–27
Die Komponente FormMessages *in der* BookFormComponent *einbinden* (book-form .component.html)

```
<!-- ... -->

<label>ISBN</label>
<input name="isbn" ... #isbnInput="ngModel">
<bm-form-messages
  [control]="isbnInput"
  controlName="isbn">
</bm-form-messages>

<label>Erscheinungsdatum</label>
<input name="published" ... #dateInput="ngModel">
<bm-form-messages
  [control]="dateInput"
  controlName="date">
</bm-form-messages>

<label>Autor</label>
<input name="authors" ... #authorInput="ngModel">
<bm-form-messages
  [control]="authorInput"
  controlName="author">
</bm-form-messages>

<!-- ... -->
```

Geschafft! Rufen wir nun die Seite mit unserem Formular im Browser auf und machen Fehleingaben, so werden entsprechende Fehlernachrichten angezeigt!

Zusammenfassung

Wir haben in diesem Kapitel gelernt, wie wir die Felder eines Formulars mithilfe von Template-Driven Forms verarbeiten und überprüfen können. Wir sind in der Lage, fehlgeschlagene Validierungen zu interpretieren und passende Fehlernachrichten anzuzeigen. Durch den Zugriff auf die HTTP-API werden die Daten gespeichert und beim nächsten Abruf wieder im User-Interface angezeigt. Wir haben unsere Komponenten so strukturiert, dass das Formular über eine klar definierte Schnittstelle verfügt und wiederverwendbar ist.

In den nachfolgenden Abschnitten wollen wir das Eingabeformular weiter verbessern, denn einige Dinge sind noch nicht optimal. Zum Beispiel soll es möglich sein, Formularfelder dynamisch hinzuzufügen, damit wir mehrere Autoren und Coverbilder erfassen können. Außer-

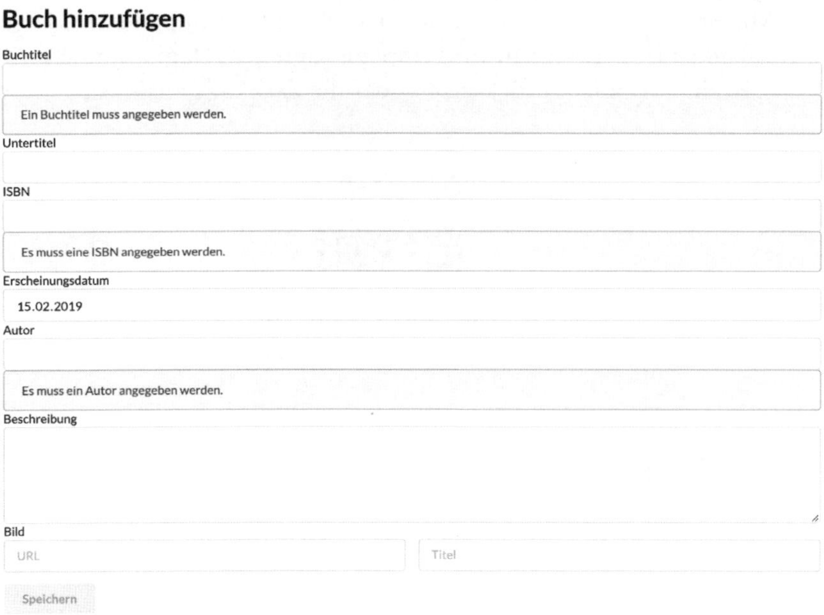

Abb. 12–3
Buchformular mit Template-Driven Forms

dem wollen wir individuell angepasste Validierungen vornehmen. Dazu werden wir im nächsten Kapitel von den Template-Driven Forms hin zu Reactive Forms wechseln.

Was haben wir gelernt?

- Template-Driven Forms ist einer von zwei Ansätzen zur Formularverarbeitung.
- Zur Verwendung müssen wir das `FormsModule` importieren.
- Das Two-Way Binding mit `[(ngModel)]` bindet ein Formularfeld an ein Property der Komponente. Die Daten werden in beide Richtungen synchronisiert.
- Wird das Formular mit einem Submit-Button abgeschickt, wird das Event `ngSubmit` ausgelöst. Wir können das Event auf dem `<form>`-Element abonnieren: `(ngSubmit)="submitForm()"`.
- Angular bringt einige eingebaute Validatoren mit: `required`, `requiredTrue`, `minlength`, `maxlength` und `pattern`. Sie werden als Attribute auf den Formularfeldern eingesetzt.
- Für die sechs Zustände eines Formulars werden automatisch CSS-Klassen gesetzt.
- Mit Elementreferenzen können wir auf die Instanzen von `ngModel` und `ngForm` zugreifen, um die Zustände direkt auszulesen.

- Mit `@ViewChild('myForm')` können wir in der Komponentenklasse auf eine Elementreferenz im Template zugreifen. Damit können wir z. B. ein Formular zurücksetzen oder die Zustände auslesen.

Demo und Quelltext:
https://ng-buch.de/bm3-it4-forms

12.3 Reactive Forms

»If you need Template-Driven Forms with Observables, be sure to check out Reactive forms!«

Bonnie Brennan
(Google Developer Expert und Gründer von ngHouston)

Nachdem wir die Template-Driven Forms kennengelernt haben, legen wir das erlernte Wissen zur Seite, um uns den zweiten Ansatz zur Formularverarbeitung ausführlich anzusehen: *Reactive Forms*. Obwohl viele Ideen ganz anders funktionieren, werden Sie doch einige Konzepte wiedererkennen. Welcher der beiden Ansätze in der Praxis der »bessere« ist, diskutieren wir im Anschluss in einem separaten Abschnitt.

12.3.1 Warum ein zweiter Ansatz für Formulare?

Die Template-Driven Forms sind in gewisser Weise ein Erbe aus der Vorgängerversion AngularJS. Alle FormControls werden automatisch an den Elementen in den Templates initialisiert, sobald wir die Direktive `ngModel` verwenden. Auch die Validierungsregeln haben wir mit Template-Driven Forms direkt im Template notiert – in der Komponente befand sich nur unser reines Datenmodell.

Diese deklarative Art und Weise, ein Formular zu bauen, ist gut und hat sich über viele Jahre bewährt. Werden die Anwendungsfälle allerdings komplexer, so kommen Template-Driven Forms schnell an ihre Grenzen. Komplexe Validierungen, Wechselwirkungen von Zuständen, Reaktion auf Eingaben und dynamische Formulare: All diese Fragestellungen suchen nach einer flexiblen Antwort, die sich mit Template-Driven Forms nur schwer finden lässt. Reactive Forms gehen deshalb einen anderen Weg, damit wir als Entwickler auch komplexe Formulare mit hoher Dynamik weiterhin gut beherrschen können.

12.3.2 Modul einbinden

Um die Reactive Forms verwenden zu können, benötigen wir das `ReactiveFormsModule` aus `@angular/forms`. Das Modul muss in die Anwendung importiert werden, also in unserem Fall in das `AppModule`.

ReactiveFormsModule *importieren*

```
import { ReactiveFormsModule } from '@angular/forms';
// ...

@NgModule({
  imports: [
    ReactiveFormsModule,
    // ...
  ],
  // ...
})
export class AppModule { }
```

Listing 12–28
Das ReactiveFormsModule *importieren* (app.module.ts)

12.3.3 Formularmodell in der Komponente

Die Grundidee der Reactive Forms ist, dass das komplette Modell des Formulars in der Komponentenklasse angesiedelt wird. Das bedeutet, dass nicht mehr nur die reinen Eingabedaten in einem Objekt in der Klasse gespeichert sind, sondern alle logischen FormControls mit ihren Zuständen, Validierungsregeln und Werten. Diese Idee gibt uns die nötige Flexibilität für große Formularanwendungen.

Im ersten Schritt überlegen wir uns also, wie das Formular strukturiert ist. Um diese Struktur aufzubauen, stehen uns drei Klassen zur Verfügung: `FormControl`, `FormGroup` und `FormArray`.

FormControl

Jedes Formularfeld erhält ein FormControl.

Jedes Feld unseres Formulars erhält zunächst eine Instanz von `FormControl`. Dabei ist es vollkommen egal, ob es sich um ein Textfeld, ein Dropdown, eine Checkbox oder ein anderes Eingabefeld handelt – jedes unserer Formularfelder wird durch ein `FormControl` repräsentiert. Bei der Initialisierung können wir direkt einen Startwert für das Control angeben. Geben wir keinen Wert an, werden die Felder mit `null` initialisiert. In der Praxis sollten wir immer einen Startwert übergeben, sodass wir genau wissen, wie das Control initialisiert wird. Dieser Startwert kann auch ein leerer String sein.

```
new FormControl();
new FormControl('Startwert');
```

FormGroup

Controls in einem Objekt zusammenfassen

Da ein Formular nur selten aus einem einzigen Feld besteht, können wir eine Menge von FormControls in einem *Objekt* zusammenfassen: einer FormGroup. Tatsächlich übergeben wir bei der Initialisierung ein Objekt an die FormGroup. Jedes Control erhält in diesem Objekt einen Namen, anhand dessen wir das Feld später identifizieren können.

Ein Formular sollte auf oberster Ebene immer aus einer FormGroup bestehen. Übrigens können Sie in einer solchen FormGroup nicht nur Controls zusammenfassen, sondern auch weitere FormGroups (und FormArrays). Sie können Ihre Formulare also hierarchisch aufbauen – so wie es eben in komplexen Anwendungen nötig ist. Die Blätter dieses Baums sind allerdings immer einzelne FormControls.

```
new FormGroup({
  username: new FormControl(''),
  name: new FormGroup({
    firstname: new FormControl(''),
    lastname:  new FormControl('')
  })
});
```

FormArray

Controls in einer Liste zusammenfassen

Der dritte Baustein für Reactive Forms ist das FormArray. Anstatt ein Objekt zu verwenden, können wir damit mehrere Teile des Formulars in einer *Liste* zusammenfassen. Absichtlich verwenden wir hier das Wort »Teile«, denn ein FormArray kann nicht nur FormControls, sondern auch FormGroups und FormArrays zusammenfassen.

```
new FormArray([
  new FormControl(''),
  new FormControl(''),
  new FormControl('')
]);
```

Übrigens ist das FormArray einem echten Array aus JavaScript sehr ähnlich. Das Objekt besitzt eine Methode push(), um weitere Controls am Ende anzufügen. Mit dem Property length können Sie die Anzahl der Elemente herausfinden, und das Property controls liefert Ihnen ein Array mit allen Controls, über das Sie nach Belieben mit den bekannten Bordmitteln iterieren können.

Komplexes Formularmodell

Mit diesen drei Bausteinen können wir in der Komponente ein komplexes Formularmodell definieren. Wir wollen wieder das Beispiel aufgreifen, das wir schon für die Template-Driven Forms verwendet haben. Zusätzlich wollen wir aber

- den Namen des Nutzers zusammenhängend in einer Gruppe abfragen und
- mehrere E-Mail-Adressen in einer Liste erfassen.

Die Reise beginnt immer mit einer `FormGroup`, unter der sich das gesamte Formular aufspannt. Diese `FormGroup` legen wir in einem Property der Komponentenklasse ab. In der Methode `ngOnInit()` kümmern wir uns schließlich um die Initialisierung.

Listing 12–29
Das Datenmodell in der Komponente

```
// ...
import { FormGroup, FormArray, FormControl } from '@angular/forms';

@Component({ /* ... */ })
export class MyFormComponent implements OnInit {
  myForm: FormGroup;

  ngOnInit() {
    this.myForm = new FormGroup({
      username: new FormControl(''),
      password: new FormControl(''),

      name: new FormGroup({
        firstname: new FormControl(''),
        lastname: new FormControl('')
      }),

      email: new FormArray([
        new FormControl(''),
        new FormControl(''),
        new FormControl('')
      ])
    });
  }
}
```

12.3.4 Template mit dem Modell verknüpfen

Im Template der Komponente entwickeln wir das passende Markup für unser Formular. Anschließend müssen wir die Formularfelder aus dem Template mit den Controls aus dem Modell verknüpfen.

Im ersten Schritt definieren wir auf dem umschließenden `<form>`-Element, für welche `FormGroup` dieses Formular verantwortlich ist. Dafür existiert die Direktive `formGroup`, an die wir direkt unser Formularmodell übergeben können.

Listing 12–30 *Formular mit dem Modell verknüpfen*

```
<form [formGroup]="myForm">
  <!-- ... -->
</form>
```

Innerhalb des Formulars verwenden wir jetzt drei weitere Direktiven, um die Formularfelder mit den Controls zu verknüpfen: `formControlName`, `formGroupName` und `formArrayName`. Im Unterschied zur Direktive `formGroup`, die wir eben auf dem `<form>` eingesetzt haben, erhalten diese drei Direktiven immer nur den *Namen* eines Controls, nicht das Control selbst.

formControlName

Für die einfachen Felder für Benutzername und Passwort nutzen wir `formControlName`. Weil wir nur einen Feldnamen als String übergeben wollen, reicht hier die Attributschreibweise ohne eckige Klammern aus.

Listing 12–31 *Formularfelder mit* formControlName

```
<form [formGroup]="myForm">
  <label>Benutzername:</label>
  <input formControlName="username" type="text">

  <label>Passwort:</label>
  <input formControlName="password" type="password">
  <!-- ... -->
</form>
```

formGroupName

Die `FormGroup` für den Namen des Nutzers verknüpfen wir mit `formGroupName` auf einem umschließenden Element (z. B. `<fieldset>`). Innerhalb dieses Elements sprechen wir mit `formControlName` die Controls aus dieser `FormGroup` an. Die hierarchische Struktur des Formularmodells findet sich auch in der Hierarchie des Templates wieder.

Listing 12–32 *Mehrere Formularfelder mit* formGroupName

```
<form [formGroup]="myForm">
  <!-- ... -->
  <fieldset formGroupName="name">
    <label>Vorname:</label>
    <input formControlName="firstname" type="text">
```

```
    <label>Nachname:</label>
    <input formControlName="lastname" type="text">
  </fieldset>

  <!-- ... -->
</form>
```

formArrayName

Für die Liste der E-Mail-Adressen wird es etwas komplizierter. Zunächst benötigen wir ein umschließendes Element (hier wieder `<fieldset>`), mit dem wir auf das `FormArray` zugreifen können. Dazu setzen wir die Direktive `formArrayName` ein. Damit das Formular dynamisch erweiterbar bleibt, legen wir die passenden Input-Felder nicht per Hand an. Stattdessen nutzen wir `ngFor` und iterieren über die Controls aus dem `FormArray`, um stets die passende Anzahl Formularfelder zu erstellen.

Zugriff auf das `FormArray`-Objekt erhalten wir mit der Methode `get()` auf der äußeren `FormGroup`. Das Property `controls` liefert uns schließlich ein Array mit allen Controls. Die einzelnen Controls im `FormArray` werden über ihren Index identifiziert, wie es bei einem Array üblich ist. Den Index der jeweiligen Iteration erhalten wir aus dem `ngFor` und können ihn direkt als `formControlName` einsetzen. Wichtig ist hier, dass wir eckige Klammern für die Direktive einsetzen, weil wir nun ja keinen String übergeben möchten, sondern den Ausdruck `i`.

Listing 12–33
Dynamische Formularfelder mit formArrayName

```
<form [formGroup]="myForm">
  <!-- ... -->
  <fieldset formArrayName="email">
    <label>E-Mail-Adressen:</label>
    <input
      type="text"
      *ngFor="let c of myForm.get('email').controls; index as i"
      [formControlName]="i">
  </fieldset>
</form>
```

Dynamische Formulare

Sie sehen hier, dass wir bereits den Weg geebnet haben für ein hochdynamisches Formular. Mit der Methode `push()` auf dem `FormArray` könnten wir nun zur Laufzeit weitere E-Mail-Felder hinzufügen – das Template wird dank `ngFor` automatisch aktualisiert.

12.3.5 Formularzustand verarbeiten

Mit den Template-Driven Forms haben wir im vorherigen Kapitel die sechs Zustände kennengelernt, die ein Control annehmen kann: `untouched`, `touched`, `pristine`, `dirty`, `invalid` und `valid`. Falls Ihnen diese Zustände nicht mehr bekannt sind, blättern Sie ruhig noch einmal zurück zur Seite 265.

CSS-Klassen für den Formularzustand

Diese Formularzustände existieren auch mit Reactive Forms und werden automatisch als CSS-Klassen auf die Formularfelder angewendet. Sie können also hier in der gleichen Weise die CSS-Klassen definieren und so die Felder passend zu ihrem Zustand stylen.

Zustand aus den Controls auslesen

Um den Formularzustand programmatisch zu verarbeiten, benötigen wir wieder direkten Zugriff auf die FormControls. Dadurch dass das Formularmodell direkt in der Komponentenklasse liegt, ist kein zusätzlicher Aufwand nötig: In der Klasse und im Template können wir direkt mit den Controls interagieren. Um das passende Control auszuwählen, hilft die Methode `get()`, die sich auf jeder `FormGroup` befindet, bzw. die äquivalente Methode `at()`, mit der wir ein Control aus einem `FormArray` auswählen können. Sie müssen also keine Akrobatik mit `ViewChild` und Elementreferenzen unternehmen.

Um z. B. im Template eine Meldung abhängig vom Zustand anzuzeigen, können wir so vorgehen:

Listing 12–34 *Zugriff auf den Formularzustand*

```
<form [formGroup]="myForm">
  <label>Benutzername:</label>
  <input formControlName="username" type="text">

  <div *ngIf="myForm.get('username').untouched">
    Das Feld ist unberührt.
  </div>
  <!-- ... -->
</form>
```

Übrigens werden alle diese Zustände auch auf `FormGroup` und `FormArray` zur Verfügung gestellt. Wie in einer guten Familie kennen also die Elternelemente immer den Zustand ihrer Kinder.

12.3.6 Eingebaute Validatoren nutzen

Die Klasse Validators

Wie auch bei Template-Driven Forms stellt Angular einige grundlegende Funktionen bereit, um die Formulareingaben zu validieren. Diese eingebauten Validatoren sind in der Klasse `Validators` untergebracht. Die Klasse müssen wir in die Formularkomponente importieren:

```
import { Validators } from '@angular/forms';
```

Tab. 12–3
Eingebaute Validatoren für Reactive Forms

Angabe	Prüfung
`Validators.required`	Das betreffende Feld muss ausgefüllt sein.
`Validators.requiredTrue`	Das betreffende Feld muss den Wert `true` enthalten (z. B. eine Checkbox, die angekreuzt sein muss).
`Validators.min(3)`	Der Zahlenwert muss mindestens 3 sein.
`Validators.max(3)`	Der Zahlenwert darf maximal 3 sein.
`Validators.minLength(6)`	Es müssen mindestens 6 Zeichen angegeben werden.
`Validators.maxLength(8)`	Es dürfen höchstens 8 Zeichen angegeben werden.
`Validators.pattern('[a-z]')`	Der Wert des Eingabefelds wird auf den angegebenen regulären Ausdruck geprüft. In diesem Fall werden nur Eingaben von Kleinbuchstaben (a–z) akzeptiert.
`Validators.email`	Das Feld muss eine gültige E-Mail-Adresse beinhalten.

Die verfügbaren Validatoren sind in der Tabelle 12–3 aufgelistet.

Der richtige Ort, um die Controls mit den Validatoren zu verheiraten, ist das zweite Argument von `FormControl`. Hier können wir entweder einen einzigen Validator angeben oder ein Array von Validatorfunktionen übergeben. Die Validatoren werden dann in der angegebenen Reihenfolge ausgeführt.

Bitte beachten Sie, dass `Validators.required` direkt eine Referenz auf die Validatorfunktion ist und deshalb ohne Funktionsklammern angegeben wird. `minLength` und `maxLength` hingegen sind Factory-Funktionen, die erst nach dem Aufruf eine Validatorfunktion zurückgeben. Das klingt kompliziert, macht es aber erst möglich, dass wir Argumente an einen Validator übergeben können.

Listing 12–35
Validatoren in Reactive Forms verwenden

```
myForm = new FormGroup({
  // ein einfacher Validator
  email: new FormControl('', Validators.email)

  // mehrere Validatoren
  password: new FormControl('', [
    Validators.required,
    Validators.minLength(6)
  ],
  // ...
});
```

Im nächsten Kapitel ab Seite 320 betrachten wir, wie wir eigene Funktionen zur Validierung entwickeln können. Das ist besonders dann sinnvoll, wenn die eingebauten Validatoren nicht für komplexe Anwendungsfälle ausreichen.

12.3.7 Formular abschicken

Um das Formular abzuschicken, benötigen wir zunächst einen Button vom Typ `submit`. Wird das Formular schließlich vom Nutzer abgeschickt, so wird ein passendes Event ausgelöst: `ngSubmit`. Dieses Event können wir abonnieren und eine Methode ausführen:

Listing 12–36
Event abonnieren und Formular abschicken

```
<form [formGroup]="myForm" (ngSubmit)="submitForm()">
  <!-- ... -->
  <button type="submit">Register</button>
</form>
```

Zurück in der Komponentenklasse müssen wir die Eingabewerte aus dem Formular weiterverarbeiten. Jede `FormGroup`, `FormArray` und `FormControl` bietet dazu das passende Property `value`.

Mit dem Ausdruck `this.myForm.value` erhalten wir also ein Objekt mit allen Eingaben aus dem gesamten Formular.

Listing 12–37
Formularwerte weiterverarbeiten

```
@Component({ /* ... */ })
export class MyFormComponent implements OnInit {
  myForm: FormGroup;
  // ...

  submitForm() {
    console.log(this.myForm.value);
  }
}
```

12.3.8 Formular zurücksetzen

Die Methode reset()

Nachdem das Formular erfolgreich abgeschickt wurde, müssen wir alle Felder auf ihren Ausgangszustand zurücksetzen. Das betrifft nicht nur die Formularwerte, sondern auch die Zustände des Formulars und die Validatoren. Die drei Bausteine `FormGroup`, `FormArray` und `FormControl` besitzen dazu eine passende Methode `reset()`. Sollen die Formularfelder nicht auf leere Werte zurückgesetzt werden, so können wir als Argument auch die neuen Startwerte übergeben.

Listing 12–38
Formular zurücksetzen

```
@Component({ /* ... */ })
export class MyFormComponent implements OnInit {
  myForm: FormGroup;
  // ...

  submitForm() {
    // ...
    this.myForm.reset();
  }
}
```

12.3.9 Formularwerte setzen

Mit Template-Driven Forms wurden Änderungen an den Daten durch das Two-Way Binding automatisch in das Formular übernommen. Mit Reactive Forms haben wir nur Zugriff auf das Formularmodell, die eingegebenen Werte sind direkt in den Controls verankert. Um also den Wert eines Controls programmatisch zu ändern, ist ein anderer Weg nötig.

`FormGroup`, `FormArray` und `FormControl` besitzen dafür zwei Methoden: `setValue()` und `patchValue()`. Diese beiden Helfer klingen zunächst ähnlich, haben aber einen subtilen Unterschied.

Gesamtes Formular überschreiben

Mit `setValue()` können wir die Werte des *gesamten* Formulars neu setzen. Wenden wir diese Methode also auf einer `FormGroup` oder einem `FormArray` an, so müssen wir als Argument immer die vollständige Struktur übergeben – andernfalls wird ein Fehler geworfen. Das klingt sehr strikt, sorgt aber dafür, dass wirklich alle Felder nach der Intention des Entwicklers neu gesetzt werden.

Einzelne Felder überschreiben

Möchten Sie nicht das gesamte Formular überschreiben, sondern nur *einzelne* Felder, ist die Methode `patchValue()` die richtige Wahl. Das übergebene Objekt kann eine Auswahl von Feldern enthalten, deren Werte im Formular überschrieben werden.

Listing 12–39
Werte im Formular überschreiben

```
const myForm = new FormGroup(
    username: new FormControl(''),
    password: new FormControl('')
);

myForm.setValue({
    username: 'john',
    password: ''
});
```

```
myForm.patchValue({ username: 'john' });

// FEHLER
myForm.setValue({ username: 'john' });
```

12.3.10 `FormBuilder` verwenden

Wenn wir das Formularmodell in der Komponente definieren, ist sehr viel Tipparbeit nötig. Gerade bei komplexen Formularen mit vielen Feldern müssen wir viele Aufrufe von `new FormControl()`, `new FormArray()` und `new FormGroup()` schreiben.

Der FormBuilder *vereinfacht die Initialisierung des Formulars.*

Um die Initialisierung zu vereinfachen, stellt Angular ein Tool bereit, das die Funktionen der Reactive Forms weiter abstrahiert: der `FormBuilder`.

FormBuilder *importieren und injizieren*

Um den `FormBuilder` einzusetzen, müssen wir lediglich Änderungen an der Komponentenklasse vornehmen. Das Template bleibt davon unberührt. Der `FormBuilder` wird zunächst importiert und über den Konstruktor in die Klasse injiziert, z. B. als Property `fb`.

Anstatt den Konstruktor von `FormGroup` und `FormArray` direkt zu verwenden, setzen wir an dieser Stelle die Methoden `fb.group()` und `fb.array()` ein. Einzelne Controls innerhalb einer `FormGroup` oder eines `FormArrays` werden jetzt nur durch einen String angegeben, anstatt den Konstruktor aufzurufen. Wollen wir Validatoren für ein `FormControl` angeben, notieren wir den Eintrag als Array, wie Sie beim Feld `username` sehen können.

Listing 12–40 FormBuilder *verwenden*

```
// ...
import { FormBuilder, FormGroup, Validators } from '@angular/forms';

@Component({ /* ... */ })
export class MyFormComponent implements OnInit {
  myForm: FormGroup;

  constructor(private fb: FormBuilder) { }

  ngOnInit() {
    this.myForm = this.fb.group({
      username: ['', Validators.required],
      password: '',
      name: this.fb.group({
        firstname: '',
        lastname: ''
      }),
```

```
      email: this.fb.array(['', '', ''])
    });
  }
}
```

Der nötige Code wird also wesentlich kürzer, und wir notieren nur eine abstrakte Datenstruktur. Das ist besonders praktisch, wenn wir ein Formular anhand einer Vorschrift automatisch aufbauen wollen. Ob Sie den `FormBuilder` verwenden oder die Controls selbst zusammenbauen, ist Ihnen überlassen. Beide Wege führen zum selben Ergebnis.

12.3.11 Änderungen überwachen

Stellen Sie sich einmal einen komplexen Anwendungsfall vor: Sie möchten anhand der Formulareingaben Berechnungen durchführen und die Ergebnisse live anzeigen. Abstrakt formuliert möchten Sie also Änderungen an den Formularwerten überwachen und mit Aktionen darauf reagieren. Die Bezeichnung *Reactive Forms* kommt nicht von ungefähr: Die reaktive Denkweise versteckt sich auch in unseren Formularelementen und erlaubt es uns, flexibel mit den Eingaben umzugehen.

Jedes `FormControl`, `FormGroup` und `FormArray` besitzt dafür zwei besondere Propertys: `valueChanges` und `statusChanges`. Dahinter verstecken sich Observables, die sich immer dann melden, wenn sich der Formularwert ändert (`valueChanges`) oder der Formularzustand (`statusChanges`). Wie jedes Observable können wir diese Änderungen abonnieren und weiterverarbeiten. Mit den Möglichkeiten von RxJS lassen sich so komplexe Use Cases umsetzen.

Listing 12–41
Änderungen an den Formularwerten überwachen und weiterverarbeiten

```
// Formularwerte ausgeben
this.myForm.valueChanges
  .subscribe(groupValue => console.log(groupValue));

// HTTP-Request für jede Eingabe triggern
this.myForm.get('username').valueChanges.pipe(
  debounceTime(300),
  switchMap(username => this.service.getUser(username))
).subscribe(user => console.log(user));
```

12.3.12 Den BookMonkey erweitern

Story – Das Buchformular erweitern

Als Leser möchte ich alle Bücher bearbeiten können, um Informationen zu aktualisieren und zu korrigieren.

- Das vorhandene Formular soll zum Bearbeiten und Neuanlegen von Büchern dienen.
- Es soll möglich sein, weitere Eingabefelder für Autoren hinzuzufügen.
- Zu jedem Buch sollen mehrere Bilder hinzugefügt werden können.
- Beim Bearbeiten eines Buchs soll die ISBN nicht verändert werden können.

In diesem Kapitel wollen wir das Formular zum Anlegen von Büchern auf Reactive Forms umbauen. Dieser Weg bietet uns einen entscheidenden Vorteil für unseren Anwendungsfall: Mit dem `FormArray` können wir nun Listen von Autoren und Bildern pflegen. Der Nutzer kann über einen Button dynamisch neue Eingabeelemente hinzufügen.

Für den Umbau auf Reactive Forms müssen wir lediglich die `BookFormComponent` austauschen. Solange die Komponente dasselbe Event publiziert, müssen wir keinerlei Änderungen an der `CreateBookComponent` oder am Service vornehmen. Im zweiten Schritt können wir das bestehende Formular wiederverwenden, damit der Nutzer ein Buch bearbeiten kann.

Modul importieren

Um die Reactive Forms verwenden zu können, müssen wir zunächst in der Datei `app.module.ts` den vorhandenen Import `FormsModule` durch das `ReactiveFormsModule` ersetzen.

Listing 12–42 FormsModule *durch das* ReactiveFormsModule *ersetzen* (app.module.ts)

```
import { ReactiveFormsModule } from '@angular/forms';
// ...

@NgModule({
  imports: [
    // ...
    ReactiveFormsModule
  ],
  // ...
})
export class AppModule { }
```

Sehr wahrscheinlich erhalten Sie nach diesem Schritt einen Fehler beim Kompilieren. Keine Panik – Sie haben bis hierhin alles richtig gemacht, allerdings befindet sich noch alter Code in der Komponente, den wir entfernen müssen. Sobald wir alles korrekt zusammengebaut haben, wird die Anwendung wieder wie gewohnt kompilieren.

Formularmodell definieren

Aufräumen

Als Nächstes passen wir die Logik der Komponente in der Datei `book-form.component.ts` an. Wir nehmen uns zuerst die Zeit zum Aufräumen und entfernen alle Bestandteile, die wir mit Reactive Forms nicht mehr benötigen: Sie können das Property `book` entfernen, und auch `bookForm` mit dem `@ViewChild()` wird nicht mehr gebraucht. In der Methode `submitForm()` können wir außerdem die Zeile entfernen, in der das Property `book` mit leeren Buchdaten neu initialisiert wird.

FormBuilder *einbinden*

Um das Formularmodell zu definieren, wollen wir den `FormBuilder` verwenden. Dieser Ansatz hilft uns, den Code kurz und übersichtlich zu halten. Die Klasse `FormBuilder` muss in den Konstruktor injiziert werden, sodass im Property `fb` eine Instanz des Tools zur Verfügung steht.

Außerdem benötigen wir ein Property vom Typ `FormGroup`, in dem das Formularmodell gespeichert wird. Das Property soll den Namen `bookForm` tragen.

```
import { FormBuilder, FormGroup } from '@angular/forms';
// ...

@Component({ /* ... */ })
export class BookFormComponent implements OnInit {
  bookForm: FormGroup;
  @Output() submitBook = new EventEmitter<Book>();

  constructor(private fb: FormBuilder) { }
}
```

Listing 12–43
Die neuen Abhängigkeiten und Propertys in der Komponente (book-form .component.ts)

Separate Methode für die Initialisierung

Anstatt das Formular in der Methode `ngOnInit()` zu initialisieren, lagern wir diesen Schritt in eine zusätzliche Methode aus. Wir werden später sehen, dass es praktisch ist, die Logik jederzeit wiederverwenden zu können.

In der neuen Methode `initForm()` prüfen wir zunächst, ob das Formular bereits erstellt wurde. Damit stellen wir sicher, dass das existierende Formular nicht versehentlich später überschrieben wird. Außerdem rufen wir in `ngOnInit()` die neue Methode einmal auf, damit das Formular initialisiert wird, sobald die Komponente startet.

Listing 12–44
Die neue Methode initForm() *(Grundgerüst)* (book-form .component.ts)

```
// ...
@Component({ /* ... */ })
export class BookFormComponent implements OnInit {
  // ...

  ngOnInit() {
    this.initForm();
  }

  private initForm() {
    if (this.bookForm) { return; }
  }
}
```

FormArrays *für Autoren und Thumbnails*

Die Formularfelder `authors` und `thumbnails` wollen wir mit einem `FormArray` abbilden, damit mehrere Autoren und Bilder eingetragen werden können. Die Logik zum Erstellen dieser `FormArrays` wollen wir ebenfalls auslagern, denn wir werden diese Funktionalität später noch brauchen. Dazu erstellen wir die Methoden `buildAuthorsArray()` und `buildThumbnailsArray()`. Sie erhalten als Argument jeweils ein Array mit der passenden Datenstruktur und liefern ein `FormArray` zurück.

Die Methode `buildAuthorsArray()` nutzt den `FormBuilder`, um ein `FormArray` aus einer Liste von Autoren zu erstellen. Außerdem setzen wir den Validator `required` für das gesamte `FormArray`, sodass mindestens eines der Felder ausgefüllt werden muss.

Die Methode `buildThumbnailsArray()` folgt demselben Prinzip: Das `FormArray` soll allerdings Elemente vom Typ `FormGroup` enthalten, denn ein Thumbnail besitzt eine URL und einen Bildtitel. Die Liste von `Thumbnail`-Objekten wandeln wir also in einzelne `FormGroups` um, die wir in ein `FormArray` verpacken. An dieser Stelle ist es praktisch, dass wir keine einzelnen `FormControls` für die Felder des Thumbnails generieren müssen. Der `FormBuilder` erledigt diesen Schritt automatisch: Er nimmt das gesamte `Thumbnail`-Objekt entgegen und liefert eine fertige `FormGroup` mit einzelnen `FormControls` zurück.

Listing 12–45
Methoden zum Erzeugen der FormArrays (book-form .component.ts)

```
// ...
@Component({ /* ... */ })
export class BookFormComponent implements OnInit {
  // ...

  private buildAuthorsArray(values: string[]): FormArray {
    return this.fb.array(values, Validators.required);
  }
```

```
  private buildThumbnailsArray(values: Thumbnail[]): FormArray {
    return this.fb.array(
      values.map(t => this.fb.group(t))
    );
  }
}
```

Formularmodell definieren

Nachdem wir diese Vorbereitung abgeschlossen haben, können wir das Formularmodell in der Methode `initForm()` zusammenbauen. Sofern das Formular noch nicht existiert, legen wir das Modell mit leeren Startwerten an. Wir setzen hier auch gleich die notwendigen Validatoren für den Titel und die ISBN ein. Für `authors` und `thumbnails` nutzen wir die beiden neuen Methoden, um das `FormArray` mit leeren Werten anzulegen.

Listing 12–46
Das vollständige Formularmodell
(book-form .component.ts)

```
// ...
@Component({ /* ... */ })
export class BookFormComponent implements OnInit {
  // ...

  private initForm() {
    if (this.bookForm) { return; }

    this.bookForm = this.fb.group({
      title: ['', Validators.required],
      subtitle: [''],
      isbn: ['', [
        Validators.required,
        Validators.minLength(10),
        Validators.maxLength(13)
      ]],
      description: [''],
      authors: this.buildAuthorsArray(['']),
      thumbnails: this.buildThumbnailsArray([
        { title: '', url: '' }
      ]),
      published: []
    });
  }
}
```

Getter für Autoren und Thumbnails

Damit wir später komfortabler auf die FormArrays zugreifen können, legen wir zwei Getter-Methoden an. Diese Methoden kapseln den Aufruf von this.bookForm.get(), sodass wir die FormArrays verwenden können, als wären sie Propertys in der Komponente.

Da TypeScript beim Aufruf von this.bookForm.get('authors') nicht weiß, dass es sich tatsächlich um ein FormArray handelt, müssen wir den Typen manuell zuweisen. Mit dem Schlüsselwort as machen wir eine sogenannte *Type Assertion*. Bitte verwenden Sie dieses Feature mit Vorsicht: Eine Type Assertion gaukelt dem Compiler vor, dass ein bestimmter Typ erfüllt wird – auch wenn das gar nicht so ist. Wir können den Compiler mit diesem Trick also sehr einfach überlisten. Praktisch sollten wir das nur tun, wenn wir genau wissen, dass der angegebene Typ wirklich existiert. Die Typprüfung wird an der Stelle komplett ausgeschaltet.

Vorsicht mit Type Assertions!

Da wir wissen, dass der Aufruf this.bookForm.get('authors') tatsächlich ein FormArray liefert, ist eine Type Assertion hier kein Problem.

Listing 12–47
Die Getter authors *und* thumbnails (book-form.component.ts)

```
// ...
@Component({ /* ... */ })
export class BookFormComponent implements OnInit {
  // ...

  get authors(): FormArray {
    return this.bookForm.get('authors') as FormArray;
  }

  get thumbnails(): FormArray {
    return this.bookForm.get('thumbnails') as FormArray;
  }
}
```

Das Template anlegen

Aufräumen

Im Template der Komponente müssen wir nun auch einige Anpassungen vornehmen, denn aktuell verwenden wir dort ja noch Template-Driven Forms. Dazu bearbeiten wir die Datei book-form.component.html. Bevor wir starten, räumen wir den Code auf und entfernen alle Spuren der Template-Driven Forms: Sie können alle Elementreferenzen löschen, und auch ngModel wird nicht mehr benötigt.

Formularmodell an das Formular binden

Im ersten Schritt müssen wir das <form>-Element mit dem Formularmodell aus der Komponente verknüpfen. Dafür setzen wir die Direktive formGroup ein.

Felder mit dem Modell verknüpfen

Für *Titel*, *Untertitel*, *Erscheinungsdatum*, *ISBN* und *Beschreibung* verwenden wir einfache Textfelder. Mithilfe der Direktive `formControlName` verknüpfen wir die Felder mit den passenden Controls aus dem Formularmodell.

Für die Autoren wählen wir einen dynamischen Ansatz, damit der Nutzer zur Laufzeit neue Formularfelder hinzufügen kann. Auf dem umgebenden Containerelement verwenden wir zunächst die Direktive `formArrayName`, um das `FormArray` mit dem Template zu verknüpfen. Der Name `authors` verweist hier auf den Namen in der `FormGroup`, den wir im Formularmodell verwendet haben.

Felder für Autoren und Bilder dynamisch erzeugen

Schließlich nutzen wir die Direktive `ngFor`, um über alle Controls aus dem `FormArray` zu iterieren und entsprechend viele Formularfelder darzustellen. Zugriff auf das `FormArray` erhalten wir über die Getter-Methode mit dem Namen `authors`. Um ein bestimmtes Control aus diesem Array zu identifizieren, verwenden wir den Iterationsindex und setzen diesen Wert direkt als `formControlName` für die Formularfelder ein.

Bei den Eingabefeldern für die Thumbnails verfahren wir ähnlich, hier ist das Formular allerdings tiefer verschachtelt: Wir iterieren mit `ngFor` über die Controls aus dem Array `thumbnails` (unsere Getter-Methode). Damit erhalten wir Zugriff auf einzelne `FormGroups`, die wir mit `formGroupName` und dem Iterationsindex an das Template binden. Innerhalb dieser `FormGroup` nutzen wir `formControlName` wieder mit konkreten Namen.

Komponente zur Fehleranzeige

Im letzten Schritt müssen wir die Fehlerkomponente noch mit den passenden `FormControls` bedienen. Diese Aufgabe ist mit Reactive Forms vergleichsweise einfach: Mit `bookForm.get()` erhalten wir direkten Zugriff auf ein `FormControl`. Dieses Control können wir an das Property `control` übergeben, sodass die `FormMessagesComponent` die passenden Fehlermeldungen anzeigen kann. Bei den Autoren übergeben wir das gesamte `FormArray` mit dem Aufruf `bookForm.get('authors')`.

Button deaktivieren

Zu guter Letzt werfen wir noch einen Blick auf den deaktivierten Button. Den Ausdruck `bookForm.invalid` können wir hier weiterhin verwenden. `bookForm` verweist auf die `FormGroup`, in der das gesamte Formular untergebracht ist. Diese `FormGroup` besitzt ebenfalls ein Property `invalid`.

Wir sind nun viele Schritte schnell nacheinander gegangen. Schauen Sie sich den Code in Ruhe an und gehen Sie alle Schritte noch einmal durch, bevor Sie fortfahren.

Listing 12–48 *Das Template des Formulars* (book-form .component.html)

```
<form class="ui form"
  [formGroup]="bookForm"
  (ngSubmit)="submitForm()">
```

```
<label>Buchtitel</label>
<input formControlName="title">
<bm-form-messages
  [control]="bookForm.get('title')"
  controlName="title">
</bm-form-messages>

<label>Untertitel</label>
<input formControlName="subtitle">

<label>ISBN</label>
<input formControlName="isbn">
<bm-form-messages
  [control]="bookForm.get('isbn')"
  controlName="isbn">
</bm-form-messages>

<label>Erscheinungsdatum</label>
<input type="date"
  useValueAsDate
  formControlName="published">
<bm-form-messages
  [control]="bookForm.get('published')"
  controlName="published">
</bm-form-messages>

<label>Autoren</label>
<div class="fields" formArrayName="authors">
  <div class="sixteen wide field"
    *ngFor="let c of authors.controls; index as i">
    <input placeholder="Autor"
      [formControlName]="i" >
  </div>
</div>
<bm-form-messages
  [control]="bookForm.get('authors')"
  controlName="authors">
</bm-form-messages>

<label>Beschreibung</label>
<textarea formControlName="description"></textarea>
```

```
  <label>Bilder</label>
  <div formArrayName="thumbnails">
    <div class="fields"
      *ngFor="let c of thumbnails.controls; index as i"
      [formGroupName]="i">
      <div class="nine wide field">
        <input placeholder="URL"
          formControlName="url">
      </div>
      <div class="seven wide field">
        <input placeholder="Titel"
          formControlName="title">
      </div>
    </div>
  </div>

  <button class="ui button" type="submit"
    [disabled]="bookForm.invalid">
    Speichern
  </button>
</form>
```

An dieser Stelle ist unser Buchformular bereits grundlegend funktionsfähig, und wir haben erfolgreich von Template-Driven Forms zu Reactive Forms migriert. Einige Punkte fehlen allerdings noch, bis das Formular vollständig einsatzbereit ist.

Formularfelder für Autoren und Bilder dynamisch hinzufügen

In der aktuellen Version unseres Formulars können wir lediglich einen einzigen Autor eintragen. Wir wollen die Komponente nun so erweitern, dass wir dynamisch Formularfelder für die Eingabe von Autoren und Bildern hinzufügen können.

FormArray.push()

Beide Felder sind bereits als `FormArrays` angelegt. Das `FormArray` besitzt eine Methode `push()`, mit der wir ein neues Control am Ende der Liste einfügen können.

Für diese Aufgabe fügen wir zunächst zwei neue Methoden in der Datei `book-form.component.ts` ein. Die Methode `addAuthorControl()` fügt ein neues `FormControl` in die Liste der Autoren ein. In der Methode `addThumbnailControl()` gehen wir ähnlich vor: Wir nutzen den `FormBuilder`, um eine neue `FormGroup` in der Liste der Thumbnails zu erzeugen. In beiden Fällen verwenden wir wieder die Getter-Methoden für `authors` und `thumbnails`.

Listing 12–49 *Neue Formularfelder in das* FormArray *einfügen* (book-form .component.ts)

```
// ...
@Component({ /* ... */ })
export class BookFormComponent implements OnInit {
  // ...

  addAuthorControl() {
    this.authors.push(this.fb.control(''));
  }

  addThumbnailControl() {
    this.thumbnails.push(
      this.fb.group({ url: '', title: '' })
    );
  }
}
```

Button zum Hinzufügen von Feldern

Um die neuen Methoden auszulösen, fügen wir im Template zwei Buttons ein und binden die Methoden an das `click`-Event. Das Template reagiert dank der `ngFor`-Direktive automatisch auf die Änderungen und erstellt dynamisch neue Formularfelder, sobald man den Button anklickt.

Listing 12–50 *Plus-Button im Template des Formulars* (book-form .component.html)

```
<label>Autoren</label>
<button type="button" class="ui mini button"
  (click)="addAuthorControl()">
  + Autor
</button>
<div class="fields" formArrayName="authors">
  <!-- ... -->
</div>

<!-- ... -->

<label>Bilder</label>
<button type="button" class="ui mini button"
  (click)="addThumbnailControl()">
  + Bild
</button>
<div formArrayName="thumbnails">
  <!-- ... -->
</div>

<!-- ... -->
```

Formular abschicken

Event ngSubmit

Schickt der Nutzer das Formular ab, so wird das Event `ngSubmit` und damit unsere Methode `submitForm()` ausgelöst. Dafür ist der Teil `(ngSubmit)="submitForm()"` im Template des Formulars verantwortlich. In der Methode müssen wir die Daten aus dem Formular so verarbeiten, dass wir sie mit dem Event `submitBook` an die Elternkomponente senden können.

Leere Autoren und Bilder herausfiltern

Buchobjekt zusammenbauen

Zunächst speichern wir die Formularwerte in einer neuen Variable `formValue`. Das erspart uns in den folgenden Schritten ein wenig Tipparbeit. Im nächsten Schritt filtern wir die Arrays für Autoren und Thumbnails, sodass sie keine leeren Einträge enthalten. Anschließend nutzen wir den Spread-Operator, um ein neues Buch-Objekt aus den Formularwerten zusammenzubauen: Wir übernehmen alle Eigenschaften aus dem Formular (`...formValue`), überschreiben aber `authors` und `thumbnails` mit den gefilterten Listen.

Das neue Objekt in der Variable `newBook` können wir schließlich mit dem Event auf die Reise schicken. Außerdem müssen wir das Formular zurücksetzen, damit es bereit für die nächste Eingabe ist.

Listing 12–51
Das Event mit den Formulardaten auslösen

```
// ...
@Component({ /* ... */ })
export class BookFormComponent implements OnInit {
  // ...

  submitForm() {
    const formValue = this.bookForm.value;

    const authors = formValue.authors
                .filter(author => author);
    const thumbnails = formValue.thumbnails
                .filter(thumbnail => thumbnail.url);

    const newBook: Book = {
      ...formValue,
      authors,
      thumbnails
    };

    this.submitBook.emit(newBook);
    this.bookForm.reset();
  }
}
```

Vorbereitung zum Bearbeiten von Büchern

Mit der aktuellen Implementierung können wir lediglich *neue Bücher* in die Datenbank aufnehmen. Zusätzlich wollen wir nun auch die Möglichkeit erhalten, *vorhandene Bücher* zu bearbeiten.

Die geplante Komponentenstruktur für diese Aufgabe haben wir schon am Anfang des Kapitels auf Seite 271 besprochen: Wir wollen das bestehende Formular wiederverwenden und lediglich die Containerkomponente austauschen, die sich um die Kommunikation mit dem Service kümmert. Diese `EditBookComponent` muss nicht nur die Formulardaten verarbeiten, sondern dem Formular auch das Buchobjekt übermitteln, das bearbeitet werden soll.

Wir erzeugen zunächst die neue Komponente:

Listing 12–52 *Die Komponente* EditBook *mit der Angular CLI anlegen*

```
$ ng g c edit-book
```

Daraus ergibt sich die folgende Dateistruktur:

```
src
└─ app
   ├─ book-details
   ├─ book-form
   ├─ book-list
   ├─ book-list-item
   ├─ create-book
   ├─ edit-book
   │  ├─ edit-book.component.html
   │  ├─ edit-book.component.ts
   │  └─ ...
   ├─ form-messages
   ├─ shared
   ├─ home
   ├─ search
   └─ ...
```

Route zum Bearbeiten eines Buchs

Bevor wir uns um die Implementierung kümmern, legen wir eine neue Route für die Seite an: Das Bearbeitungsformular soll unter dem Pfad `admin/edit/:isbn` erreichbar sein. Der Platzhalter `:isbn` steht für die ISBN des Buchs, das bearbeitet wird. Diese neue Route fügen wir in die Routenkonfiguration in der Datei `app-routing.module.ts` ein.

Listing 12–53
Die Route admin/edit/:isbn *hinzufügen* (app-routing .module.ts)

```
// ...
import { EditBookComponent } from
    ↪ './edit-book/edit-book.component';

export const routes: Routes = [
  // ...
  {
    path: 'admin/edit/:isbn',
    component: EditBookComponent
  }
];
// ...
```

Von der Detailansicht eines Buchs soll ein passender Link zum Bearbeitungsformular führen. Das Routensegment für die ISBN befüllen wir aus dem aktuellen Buch von der Detailseite.

Listing 12–54
Das Template der BookDetailsComponent *anpassen* (book-details .component.html)

```
<div *ngIf="book; else loading">
  <!-- ... -->
  <button class="ui tiny red labeled icon button"
          (click)="removeBook()">
    <i class="remove icon"></i> Buch löschen
  </button>
  <a class="ui tiny yellow labeled icon button"
    [routerLink]="['../../admin/edit', book.isbn]">
    <i class="write icon"></i> Buch bearbeiten
  </a>
</div>
<!-- ... -->
```

Klicken wir nun auf den Button, so wird die (noch leere) `EditBookComponent` angezeigt. In der URL sollte außerdem die ISBN des Buchs untergebracht sein, das bearbeitet werden soll.

Den `BookStoreService` anpassen

Damit wir einen veränderten Buchdatensatz zum Server schicken können, müssen wir den `BookStoreService` erweitern. Die neue Methode `update()` erhält ein `Book` und führt einen `PUT`-Request aus, um die Ressource im Backend zu ändern. Wichtig ist, dass wir als Option beim HTTP-Aufruf wieder die Einstellung `{ responseType: 'text' }` setzen, denn die API liefert als Antwort eine leere Nachricht mit dem passenden Statuscode. Wir müssen also dem `HttpClient` manuell mitteilen, dass wir als Antwort reinen Text erwarten und kein JSON.

Listing 12–55
Die Methode update()
(book-store.service.ts)

```
// ...
@Injectable({ /* ... */ })
export class BookStoreService {
  // ...
  update(book: Book): Observable<any> {
    return this.http.put(
      `${this.api}/book/${book.isbn}`,
      book,
      { responseType: 'text' }
    ).pipe(
      catchError(this.errorHandler)
    );
  }
}
```

Das Formular in der `BookFormComponent` anpassen

Input-Propertys für Informationen zum Bearbeiten

Als Nächstes nehmen wir uns das Buchformular vor. Die Komponente muss so erweitert werden, dass sie auch zum Bearbeiten eines Buchs geeignet ist. Dazu soll die Komponente über ein Property Binding einen Buchdatensatz erhalten, wir legen also ein Input-Property `book` an. Außerdem erstellen wir das Property `editing`, das angibt, ob das Formular gerade zum Bearbeiten oder Neuanlegen verwendet wird. Diese Information benötigen wir später noch, um Felder zu deaktivieren, die nicht bearbeitet werden dürfen.

Listing 12–56
Input-Propertys anlegen (book-form .component.ts)

```
import { Component, OnInit, Input } from '@angular/core';
// ...
@Component({ /* ... */ })
export class BookFormComponent implements OnInit {

  @Input() book: Book;
  @Input() editing = false;

  // ...
}
```

Planung

Wir unternehmen zunächst ein wenig Planungsarbeit. Wenn ein Buchdatensatz im Property `book` vorliegt, müssen wir das Formular mit diesen Werten initialisieren. Dabei müssen wir allerdings bedenken, dass die Daten sich zur Laufzeit der Anwendung ändern können.

ngOnChanges

Die Methode `ngOnInit()` ist also nicht der richtige Ort für diese Aufgabe. Stattdessen lernen wir einen weiteren Lifecycle-Hook von Angular kennen: `ngOnChanges()`. Diese Methode einer Komponente wird immer dann aufgerufen, wenn ein Input-Property gesetzt oder verändert wird. Hier ist der richtige Ort, um auf Änderungen an den Property Bindings zu reagieren. Zusätzlich zur Methode sollte die Klasse auch das passende Interface OnChanges implementieren.

Reihenfolge der Hooks

Im Lebenszyklus einer Komponente wird ngOnChanges() übrigens zuerst ausgeführt, erst dann folgt ngOnInit(). Diese Eigenheiten kann man nicht erraten, sondern muss sie kennen. Wir haben deshalb dem Lebenszyklus einer Komponente ab Seite 656 ein eigenes Kapitel gewidmet.

Da also ngOnInit() noch nicht aufgerufen wurde, sobald ngOnChanges() zum ersten Mal ausgeführt wird, müssen wir die Initialisierung des Formulars in *beiden* Methoden vornehmen. An dieser Stelle erklärt sich auch, warum wir in der Methode initForm() zuerst prüfen, ob das Formular bereits initialisiert wurde: Damit vermeiden wir, dass das Formular später wieder überschrieben wird.

Nachdem die FormGroup mit initForm() angelegt wurde, sind die Werte der Controls allerdings leer. Wir müssen also nun die Werte aus dem Objekt this.book in das Formular einbauen. Diese Aufgabe delegieren wir an die Methode setFormValues(), die wir im nächsten Schritt entwickeln.

Listing 12–57
Formular in ngOnChanges() *initialisieren* (book-form.component.ts)

```
import { /* ... */, OnChanges } from '@angular/core';
// ...
@Component({ /* ... */ })
export class BookFormComponent implements OnInit, OnChanges {
  // ...

  ngOnChanges() {
    this.initForm();
    this.setFormValues(this.book);
  }
}
```

Formularwerte überschreiben

Die neue Methode setFormValues() greift auf das Formular zu und nutzt patchValue(), um die Werte zu überschreiben. Da das Formular fast genauso strukturiert ist wie das Datenmodell Book, können wir das Objekt direkt in patchValue() einsetzen.

Controls ersetzen mit setControl()

Dieser Ansatz funktioniert allerdings nicht einfach so bei den FormArrays für Autoren und Bilder. Das Problem ist hier, dass in den Arrays nach der Initialisierung nicht genügend FormControls vorhanden sind, um mit den Daten aus dem Datenmodell befüllt zu werden. Wir gehen deshalb einen anderen Weg: Anstatt nur die Werte zu überschreiben, ersetzen wir das gesamte FormArray durch eines, das bereits vollständig mit allen Daten gefüllt ist. Zum Erzeugen dieser Arrays haben wir sogar schon die passenden Methoden parat: `buildAuthorsArray()` und `buildThumbnailsArray()`. Um die Arrays schließlich in der `FormGroup` zu ersetzen, können wir die Methode `setControl()` nutzen.

Zusammengefasst bedeutet das also: Zuerst überschreiben wir die Formularwerte mit den Werten aus `this.book`. Weil das für Autoren und Bilder nicht funktioniert, generieren wir neue `FormArrays` mit den richtigen Controls und tauschen die Arrays in unserem Formular aus.

Listing 12–58 *Vorhandene Buchdaten ins Formular laden* (book-form .component.ts)

```
// ...
@Component({ /* ... */ })
export class BookFormComponent implements OnInit, OnChanges {
  // ...

  private setFormValues(book: Book) {
    this.bookForm.patchValue(book);

    this.bookForm.setControl(
      'authors',
      this.buildAuthorsArray(book.authors)
    );

    this.bookForm.setControl(
      'thumbnails',
      this.buildThumbnailsArray(book.thumbnails)
    );
  }
}
```

ISBN-Feld beim Bearbeiten deaktivieren

Im letzten Schritt wollen wir verhindern, dass die ISBN eines Buchs bearbeitet wird. Das entsprechende Feld soll deaktiviert werden, wenn das Formular im Bearbeitungsmodus ist. So wird zwar die ISBN in dem Feld angezeigt, der Nutzer kann sie jedoch nicht verändern.

Um ein Feld im Template zu deaktivieren, nutzen wir üblicherweise das Property `disabled`, wie wir es schon für den Button getan haben. Weil diese Information für die Formularfelder allerdings auch Teil der Formularlogik ist, gehört sie genauso in das Formularmodell – und damit in die Komponentenklasse.

Im Formularmodell in der Methode `initForm()` notieren wir also, dass das ISBN-Feld immer dann deaktiviert sein soll, wenn das Property `editing` auf `true` gesetzt ist. Dafür ist eine besondere Syntax nötig.

Listing 12–59
Feld im Modell deaktivieren (book-form .component.ts)

```
// ...
@Component({ /* ... */ })
export class BookFormComponent implements OnInit, OnChanges {
  // ...
  private initForm() {
    if (this.bookForm) { return; }

    this.bookForm = this.fb.group({
      // ...
      isbn: [{ value: '', disabled: this.editing }, [
        Validators.required,
        Validators.minLength(10),
        Validators.maxLength(13)
      ]],
      // ...
    });
}
```

Deaktivierte Felder werden nicht erfasst.

Dabei stoßen wir auf eine wichtige Eigenschaft: Ist ein Feld deaktiviert, so taucht es nicht in den Formularwerten `bookForm.value` auf! Schicken wir also das Formular ab, so wird die ISBN nicht übermittelt, und wir können das Buch nicht aktualisieren. Wir müssen also zusätzlich dafür sorgen, dass die `BookFormComponent` in jedem Fall ein vollständiges Buch mit ISBN ausgibt – auch wenn das Feld deaktiviert ist.

Dazu ergänzen wir die Methode `submitForm()` und fügen die ISBN manuell in das neue Objekt `newBook` ein. Befindet sich das Formular im Bearbeitungsmodus, so wird die ISBN aus dem übergebenen Buch gelesen, andernfalls kommt sie aus dem Formularwert.

Listing 12–60
ISBN nachträglich hinzufügen (book-form .component.ts)

```
submitForm() {
  // ...
  const isbn = this.editing ? this.book.isbn : formValue.isbn;

  const newBook: Book = {
    ...formValue,
    isbn,
    authors,
    thumbnails
  };
  // ...
}
```

Der Container `EditBookComponent`

Rufen wir die Anwendung jetzt auf, sehen wir noch immer die leere `EditBookComponent`. Wir müssen also noch diese Elternkomponente fertigstellen, bevor das Formular korrekt funktioniert.

Zu bearbeitendes Buch abrufen

Wir widmen uns zuerst der Komponentenlogik. Damit überhaupt ein Buch bearbeitet werden kann, müssen wir anhand der ISBN aus dem Routenparameter das passende Buch vom Server abrufen. Dazu benötigen wir als Erstes die beiden Services `ActivatedRoute` und `BookStoreService`, die wir in den Konstruktor injizieren. Zur Implementierung wollen wir RxJS nutzen. Ausgehend von `this.route.paramMap` nutzen wir als Erstes den `map()`-Operator, um den einzelnen Parameter `isbn` aus dem großen Parameter-Objekt zu extrahieren. Anschließend rufen wir für jeden Parameterwechsel den `BookStoreService` auf, der das passende Buch vom Server holt. Um diese beiden Observables miteinander zu kombinieren, hilft uns der Operator `switchMap()`.[2] Wir erhalten also ein Observable, das uns immer das aktuell zu bearbeitende Buch liefert. Wie üblich subscriben wir auf das Observable und speichern die erhaltenen Daten im Property `book`, damit wir sie später im Template verwenden können.

Listing 12–61
Routenparameter und Buch abrufen
(edit-book.component.ts)

```
// ...
import { ActivatedRoute } from '@angular/router';
import { map, switchMap } from 'rxjs/operators';

import { Book } from '../shared/book';
import { BookStoreService } from '../shared/book-store.service';

@Component({ /* ... */ })
export class EditBookComponent implements OnInit {

  book: Book;

  constructor(
    private bs: BookStoreService,
    private route: ActivatedRoute
  ) { }
```

[2] `switchMap()` ist deshalb der passende Flattening-Operator, weil wir nach einem Routenwechsel nicht mehr an einem alten Buch interessiert sind – sondern nur an dem jeweils aktuellen.

```
  ngOnInit() {
    this.route.paramMap.pipe(
      map(params => params.get('isbn')),
      switchMap((isbn: string) => this.bs.getSingle(isbn))
    )
    .subscribe(book => this.book = book);
  }

  // ...
}
```

Buch zum Server schicken

Um die Formulareingaben zu speichern, legen wir die Methode `updateBook()` an. Sie erhält ein `Book` als Argument und ruft die Methode `update()` aus dem `BookStoreService` auf. Sobald wir eine positive Rückmeldung vom Server erhalten, nutzen wir den `Router`, um zur Detailansicht zu navigieren.

Listing 12–62 *Die Methoden* ngOnInit *und* updateBook *der* EditBookComponent (edit-book .component.ts)

```
import { ActivatedRoute, Router } from '@angular/router';
// ...

@Component({ /* ... */ })
export class EditBookComponent implements OnInit {

  constructor(
    private bs: BookStoreService,
    private route: ActivatedRoute,
    private router: Router
  ) { }

  updateBook(book: Book) {
    this.bs.update(book).subscribe(() => {
      this.router.navigate(
        ['../../..', 'books', book.isbn],
        { relativeTo: this.route }
      );
    });
  }
  // ...
}
```

Template zusammenbauen

Im Template fügen wir jetzt alle Puzzleteile zusammen. Als Erstes binden wir die `BookFormComponent` ein, dann setzen wir die Property Bindings: Das Property `book` erhält das Buch-Objekt `book`, das wir vom Service abgerufen haben. `editing` setzen wir statisch auf `true`, denn in diesem Kontext wird das Formular ausschließlich zum Bearbeiten genutzt. Damit die Formularkomponente niemals startet, ohne dass ein Buch übergeben wird, greifen wir auf einen Trick zurück: Mit `ngIf` blenden wir die Komponente erst ein, sobald Buchdaten vorliegen. Zuletzt abonnieren wir das Event `submitBook` und binden es an die Methode `updateBook()`.

Listing 12–63 *Buchdatensatz bearbeiten* (edit-book.component.html)

```
<h1>Buch bearbeiten</h1>

<bm-book-form
  *ngIf="book"
  (submitBook)="updateBook($event)"
  [book]="book"
  [editing]="true"
  ></bm-book-form>
```

Abb. 12–4 *Buchformular mit Reactive Forms*

Und damit haben wir die lange Reise durch unser Formular abgeschlossen: Wir können nun mit demselben Formular Bücher hinzufügen und bearbeiten. Die Formularkomponente wird wiederverwendet und in unterschiedlichen Containern eingesetzt. Zum Bearbeiten wird das passende Buch vom Server abrufen und in das Formular eingefügt. Dabei haben wir den Lifecycle-Hook `ngOnChanges()` kennengelernt, mit dem wir auf geänderte Input-Propertys reagieren können. Außerdem haben wir gelernt, wie wir einzelne Felder im Formularmodell deaktivieren können.

Was haben wir gelernt?

Wir haben uns ausführlich mit Reactive Forms beschäftigt. Die drei Bausteine `FormControl`, `FormGroup` und `FormArray` ermöglichen uns, komplexe Strukturen sicher zu beherrschen. Dadurch dass das Formularmodell vollständig in der Komponentenklasse liegt, können wir das Formular einfach verwalten und z. B. auch dynamisch Felder hinzufügen. Außerdem haben wir den `FormBuilder` kennengelernt, um das Formularmodell anhand einer einfachen Datenstruktur aufzubauen.

- Um Reactive Forms zu verwenden, müssen wir das `ReactiveFormsModule` importieren.
- Das Formularmodell wird in der Komponentenklasse erstellt. Wir verwenden dazu die drei Bausteine `FormControl`, `FormGroup` und `FormArray`.
- Die Bausteine können verschachtelt werden. Am Anfang steht fast immer eine `FormGroup`, jedes logische Formularfeld erhält ein `FormControl`.
- Um das Template mit dem Formularmodell zu verknüpfen, setzen wir die Direktive `[formGroup]="myForm"` ein.
- Die Direktiven `formControlName`, `formGroupName` und `formArrayName` stellen die Verknüpfung zu Elementen des Formularmodells her. Wir verwenden dabei stets nur den *Namen* eines Controls.
- Validatoren werden bei der Initialisierung von `FormControl`, `FormArray` und `FormGroup` angegeben.
- Die Klasse `Validators` stellt die eingebauten Validatoren `required`, `requiredTrue`, `min`, `max`, `minLength`, `maxLength`, `pattern` und `email` bereit.
- Der `FormBuilder` vereinfacht die Implementierung von Reactive Forms. Er generiert ein Formularmodell anhand einer einfachen Datenstruktur.
- Die Propertys `valueChanges` und `statusChanges` auf jedem Control geben Auskunft über Wert- und Statusänderungen.

Demo und Quelltext:
https://ng-buch.de/bm3-it4-reactive-forms

12.4 Eigene Validatoren entwickeln

»Form validation and input parsing is one of the things that saves your users' time and provides a seamless UX. But keep in mind it does not secure your application, backend validation is most important.«

Michael Hladky
(Google Developer Expert, Trainer und Consultant für Angular)

Warum benötigen wir eigene Validatoren?

Die eingebauten Validatoren von Angular decken bereits einen großen Teil der Anforderungen ab, die man im Allgemeinen an die Validierung von Formularen stellen kann. In der Praxis gelten jedoch häufig spezielle Formate und Regeln. Viele dieser Regeln lassen sich zwar auch durch den Pattern-Validator mittels regulärem Ausdruck überprüfen, allerdings kann der Code damit schnell sehr unübersichtlich werden. Außerdem beschränkt sich eine solche Regel immer nur auf ein einzelnes Feld und lässt sich nicht auf eine Gruppe von Formularfeldern anwenden.

Benötigen wir spezielle Validierungsregeln für mehrere Formulare, so lassen sich selbst entwickelte Validatoren schnell und einfach integrieren. Ein weiterer Anwendungsfall ist die Nutzung von asynchronen Validatoren: Mit ihnen können wir Eingabedaten während der Eingabe zum Beispiel gegen eine API prüfen. Außerdem lassen sich Validatoren für Formulargruppen und -Arrays integrieren, bei denen Abhängigkeiten zwischen den einzelnen Eingabefeldern bestehen.

12.4.1 Validatoren für einzelne Formularfelder

Use Cases für eigene Validatoren

Spezielle Regeln für Eingaben gibt es reichlich, denken Sie z. B. an Kfz-Kennzeichen, Telefonnummern, ISBN oder Postleitzahlen. Für diese speziellen Anwendungsfälle können wir eigene Validierungsregeln implementieren. Ein Validator ist eine Funktion, die nach einem bestimmten Schema aufgebaut ist und entscheidet, ob ein Feld (oder eine Gruppe von Feldern) gültig ist. Eine solche Funktion lässt sich z. B. als statische Methode in einer Klasse implementieren, kann aber auch in einem Service untergebracht werden.

Eigenen Validator implementieren

Die Validierungsfunktion erhält als Argument ein `AbstractControl`. Der Typ `AbstractControl` vereint alle möglichen Arten von Controls, also `FormControl`, `FormGroup` und `FormArray`. Die Signatur der Funktion können wir also konkreter angeben, je nachdem, für welche Art von Control der Validator zuständig sein soll.

Der Rückgabewert der Funktion kann folgende Typen annehmen:

- `ValidationErrors`: wenn das Control *ungültig* ist
- `null`: wenn das Control *gültig* ist

Die beiden Rückgabetypen sind festgelegt, denn nur so kann Angular den Validator in den Lebenszyklus des Formulars einbinden. Die Validierung können wir dann später auswerten, wie wir es bereits kennengelernt haben. Hinter `ValidationErrors` verbirgt sich ein Objekt, das weitere Informationen zum Fehler enthält. In dem Objekt können wir beliebige Eigenschaften unterbringen, die für die Auswertung des Fehlers nützlich sein können.

```
import { FormControl, ValidationErrors } from '@angular/forms';

export class MyValidators {
  static foo(control: FormControl): ValidationErrors | null {
    // Validierungslogik
  }
}
```

Listing 12–64
Grundlegender Aufbau einer Validierungsfunktion

Beispiel: Postleitzahl validieren

Wir schauen uns die Validierung an einem Beispiel an. Wir wollen wissen, ob eine eingegebene Postleitzahl in einem validen Format vorliegt. Eine Postleitzahl in Deutschland hat immer die folgenden Merkmale:

- Sie besteht aus fünf Ziffern.
- Steht an erster Stelle eine 0, muss an zweiter Stelle eine Zahl zwischen 1 und 9 stehen.
- Steht an erster Stelle eine Zahl zwischen 1 und 9, muss an zweiter Stelle eine Zahl zwischen 0 und 9 stehen.
- An den letzten drei Stellen steht eine Zahl zwischen 0 und 9.

Zur Überprüfung der Postleitzahl verwenden wir einen regulären Ausdruck und prüfen, ob der Wert des Formularfelds mit dem Muster übereinstimmt. Sofern keine Übereinstimmung gefunden wurde, wird das Fehlerobjekt zurückgeliefert. Hier geben wir an, dass ein Fehler bei der Formatüberprüfung aufgetreten ist. Die Funktion bringen wir als statische Methode in einer eigenen Klasse unter, die in einer separaten Datei liegt. So ist der Validator über mehrere Formulare hinweg wiederverwendbar.

Listing 12–65
Format einer Postleitzahl validieren

```
import { FormControl, ValidationErrors } from '@angular/forms';
export class AddressValidators {
  static plzFormat(control: FormControl): ValidationErrors | null {
    const plzPattern =
    ↪ /^([0]{1}[1-9]{1}|[1-9]{1}[0-9]{1})[0-9]{3}/g;
    return plzPattern.test(control.value) ? null : {
      plzFormat: { valid: false }
    };
  }
}
```

Zugegeben, diese Überprüfung hätte man auch mit dem Pattern-Validator direkt im Template oder in der Komponente erledigen können. Die Auslagerung in einen eigenen Validator hat jedoch den Vorteil, dass wir den Code schnell und einfach wiederverwenden können. Außerdem wird die Logik im Formular verständlicher und der Code ist besser wartbar.

Den Validator verwenden

Um den eigenen Validator in ein bestehendes Formular zu integrieren, gehen wir denselben Weg wie für die eingebauten Validatoren. Wir müssen zuerst die Klasse importieren, in der der Validator untergebracht ist. Anschließend greifen wir über den Klassennamen auf die statische Methode zu und übergeben sie an das `FormControl`.

Listing 12–66
Eigene Validatoren in Reactive Forms nutzen

```
import { Component, OnInit } from '@angular/core';
import { FormBuilder, FormGroup, Validators } from '@angular/forms';
import { AddressValidators } from './my-validators';

@Component({
  selector: 'address-form',
  templateUrl: './address-form.component.html'
})
export class PlzFormComponent implements OnInit {
  myForm: FormGroup;

  constructor(private fb: FormBuilder) { }

  ngOnInit() {
    this.myForm = this.fb.group({
      street: [ '', Validators.required ],
      city:   [ '', Validators.required ],
      plz:    [ '', AddressValidators.plzFormat ]
    });
  }
}
```

Eigene Validatoren lassen sich auch in Template-Driven Forms integrieren. Dazu benötigen wir eine selbst entwickelte Direktive, die das Kontrollelement um die Validierungsfunktion erweitert. Das ist vergleichsweise kompliziert, deswegen empfehlen wir Ihnen, Reactive Forms zu nutzen, sobald die Validierungsregeln komplexer werden.

Eigene Validatoren für Template-Driven Forms

12.4.2 Validatoren für Formulargruppen und -Arrays

Im vorherigen Beispiel haben wir erfahren, wie wir ein einzelnes Formularfeld mit einer eigenen Funktion validieren können. Oft besteht jedoch ein Zusammenhang zwischen verschiedenen Formularfeldern. Wir können deshalb auch ganze `FormGroups` oder `FormArrays` validieren.

Diese Vorgehensweise sehen wir uns wieder an einem Beispiel an. Wir haben ein Eingabeformular mit einem `FormArray`, in dem bis zu drei E-Mail-Adressen angegeben werden. Wir wollen, dass mindestens eine E-Mail-Adresse angegeben werden muss. Es soll aber keine Rolle spielen, welches der drei Felder ausgefüllt wird. Würden wir eine Validierung auf allen Feldern einzeln ausführen, so könnten wir dieses Ziel nicht erreichen. Stattdessen validieren wir das gesamte `FormArray` als logische Einheit von `FormControls`.

Validator für ein FormArray *implementieren*

Der Aufbau des Validators ist ähnlich dem Aufbau von Validatoren für einzelne Formularfelder. Der Unterschied besteht darin, dass wir dem Validator das gesamte `FormArray` übergeben. Anschließend greifen wir auf die Werte der einzelnen Felder zu und prüfen, ob in mindestens einem der Felder eine Eingabe vorgenommen wurde. Dazu verwenden wir die native Methode `Array.some()`. Sie liefert `true` zurück, wenn eine Bedingung für mindestens ein Array-Element erfüllt ist. Die Bedingung wird als Callback-Funktion definiert, die einen Wahrheitswert zurückliefert. Hier ist es ausreichend, wenn wir `el.value` direkt zurückgeben, denn ein eingegebener String wird in einer Bedingung automatisch als *truthy* evaluiert.

Listing 12–67
Ein Validator für ein FormArray

```
import { FormArray, ValidationErrors } from '@angular/forms';

export class EmailValidators {
  static atLeastOneEmail(controlArray: FormArray): ValidationErrors
    ↪ | null {
    const containsEmail = controlArray.controls
      .some(el => el.value);

    if (containsEmail) {
      return null;
    } else {
```

```
      return {
        atLeastOneEmail: { valid: false }
      };
    }
  }
}
```

Validatoren für FormArrays *verwenden*

Bei der Verwendung des Validators müssen wir lediglich darauf achten, dass dieser nun nicht an ein einzelnes `FormControl`, sondern an das gesamte `FormArray` übergeben wird.

Listing 12–68
Validator für ein FormArray *einbinden*

```
this.myForm = this.fb.array(
  ['','',''],
  EmailValidators.atLeastOneEmail
);
```

Validator für eine FormGroup *implementieren*

Nach demselben Prinzip können wir auch Formulargruppen validieren, z. B. zur Prüfung einer doppelten Passworteingabe. Das Formular soll zwei Felder zur Eingabe eines Passworts besitzen, die in einer `FormGroup` zusammengefasst werden. Die `FormGroup` soll nur valide sein, wenn in beiden Feldern das gleiche Passwort eingegeben wurde.

Die Signatur der Validator-Funktion erhält als Argument nun eine `FormGroup`. In der Funktion können wir die Felder in der `FormGroup` über ihren Namen identifizieren, um den Wert auszulesen.

Listing 12–69
Ein Validator für eine FormGroup

```
import { FormGroup, ValidationErrors } from '@angular/forms';

export class PasswordValidators {
  static passwordEquality(controlGroup: FormGroup):
    ↪ ValidationErrors | null {
    const pwd1 = controlGroup.get('password').value;
    const pwd2 = controlGroup.get('passwordRepeat').value;

    if (pwd1 === pwd2) {
      return null;
    } else {
      return {
        passwordEquality: { valid: false }
      };
    }
  }
}
```

Bitte beachten Sie, dass wir in diesem Beispiel die Namen der Felder fest in den Validator einbauen. Die Felder im Formular müssen also auch immer genau diese festgelegten Namen tragen, sonst fällt der Fehler erst zur Laufzeit auf. Eine Möglichkeit zur Optimierung ist, die Feldnamen als Argumente zu übergeben. Dazu müssen wir die Validator-Funktion in eine weitere Funktion kapseln, die Argumente entgegennimmt und die Validator-Funktion mit den korrekt eingebauten Werten zurückliefert.[3] Nach diesem Prinzip arbeiten auch die eingebauten Validatoren `minLength` und `maxLength`, denen wir als Argument die Länge übergeben können.

Die Feldnamen sind fest eingebaut.

Den Validator setzen wir schließlich auf einer `FormGroup` ein. Die Schnittstelle des `FormBuilder` ist hier ein wenig anders als für das `FormArray`. Im zweiten Argument der Methode notieren wir ein Objekt mit dem Schlüssel `validator`, wo wir die Validatorfunktion angeben.

Den FormGroup-*Validator verwenden*

Listing 12–70
Validator für eine FormGroup *einbinden*

```
this.myForm = this.fb.group({
  password: '',
  passwordRepeat: ''
}, { validator: PasswordValidators.passwordEquality });
```

12.4.3 Asynchrone Validatoren

Um die Validität von Eingaben zu prüfen, muss häufig ein externer Dienst angefragt werden. Damit können wir z. B. prüfen, ob ein Benutzername noch frei ist. Im weiter vorn gezeigten Listing 12–65 haben wir die Postleitzahl nur anhand ihres Formats überprüft. Es kann in diesem Fall nicht sichergestellt werden, dass die Nummer wirklich exisiert. Um das zu überprüfen, können wir einen asynchronen Validator verwenden. Dabei fragen wir eine HTTP-API an, die uns Informationen über Postleitzahlen und deren Existenz liefert.[4]

Asynchroner Validator für die Postleitzahl

Da asynchrone Validatoren zusätzliche Abhängigkeiten benötigen (nämlich den Service zur HTTP-Kommunikation), werden sie ebenfalls als Service implementiert. Dieser Service muss das Interface `AsyncValidator` implementieren. Daraus ergibt sich die Methode `validate()`, die unsere Validator-Funktion ist. Als Argument erhält diese Methode wieder ein `AbstractControl`, passt also gleichermaßen für `FormControl`, `FormGroup` und `FormArray`. Der Rückgabewert des Validators ist außerdem in ein Observable gekapselt, denn wir führen ja eine asynchrone Validierung aus. Angular löst dieses Observable automatisch auf und führt das Ergebnis der Validierung zurück in das Formular.

[3] Wir erstellen also eine Factory-Funktion, die den Validator als Closure zurückgibt.

[4] API für Postleitzahlen: http://api.zippopotam.us

Um die Abfrage zu starten, benötigen wir den `HttpClient`, der über den Konstruktor injiziert wird. Inneralb der Methode `validate()` rufen wir nun die Daten über HTTP ab. Die Validierung schlägt fehl, sofern wir keine Daten von der API erhalten. In diesem Fall liefern wir ein Objekt vom Typen `ValidationErrors` zurück, andernfalls den Wert `null`. Die Rückgabewerte sind also genauso wie bei synchronen Validatoren, sie werden jetzt allerdings von einem Observable geliefert.

Listing 12–71
Service für die Abfrage der PLZ-API

```
import { Injectable } from '@angular/core';
import { AbstractControl, AsyncValidator, ValidationErrors } from
    ↪ '@angular/forms';
import { HttpClient } from '@angular/common/http';
import { Observable, of } from 'rxjs';
import { map, catchError } from 'rxjs/operators';

@Injectable({
  providedIn: 'root'
})
export class AddressValidatorService implements AsyncValidator {
  private api = 'http://api.zippopotam.us/de/';

  constructor(private http: HttpClient) { }

  validate(
    control: AbstractControl
  ): Observable<ValidationErrors | null> {
    return this.http.get(this.api + control.value).pipe(
      map(data => data ? null : {
        plzExists: { valid: false }
      }),
      catchError(() => of(null))
    );
  }
}
```

Validator im Formular verwenden

Im nächsten Schritt injizieren wir den Service in die Formularkomponente, denn wir benötigen ja eine Instanz der Serviceklasse. Als Validator setzen wir nun nicht die Servicemethode ein, sondern den gesamten Service, der in unserem Beispiel im Property `avs` untergebracht ist. Asynchrone Validatoren werden beim Initialisieren eines `FormControls` übrigens immer als letzter Parameter angegeben.

Listing 12–72 Den asynchronen Validator in ein Formular einbinden

```
import { Component, OnInit } from '@angular/core';
import { FormBuilder, FormGroup, Validators } from
    ↪ '@angular/forms';
import { AddressValidatorService } from
    ↪ './address-validator.service';

@Component({ /* ... */ })
export class FormComponent implements OnInit {
  myForm: FormGroup;

  constructor(
    private fb: FormBuilder,
    private avs: AddressValidatorService
  ) { }

  ngOnInit() {
    this.myForm = this.fb.group({
      plz: [null, Validators.required, this.avs]
    });
  }
}
```

Mehrere Validatoren

Asynchrone Validatoren lassen sich ebenfalls wie normale Validatoren in einem Array kombinieren. Verwendet man eine Kombination aus synchronen und asynchronen Validatoren, so wird die asynchrone Validierung erst gestartet, nachdem alle synchronen Validierungen erfolgreich waren. Im vorliegenden Fall würde also der externe Dienst zur Überprüfung der Postleitzahl erst dann angefragt werden, wenn überhaupt eine Eingabe gemacht wurde.

Verarbeitung anzeigen

Asynchrone Validatoren bieten eine komfortable Hilfe, um den Status der Validierung zu verarbeiten. Solange die Validierung läuft, wird im Control die Eigenschaft `pending` auf `true` gesetzt. Das ermöglicht visuelles Feedback für den Benutzer des Formulars und signalisiert, dass die Verarbeitung läuft.

Listing 12–73 *Status* pending *visualisieren*

```
<form [formGroup]="myForm">
  <input formControlName="plz" type="text">

  Validator: {{ myForm.get('plz').valid }},
  Pending: {{ myForm.get('plz').pending }}
</form>
```

Asynchrone Validatoren für FormGroup *und* FormArray

Wie bei den synchronen Validatoren können wir mit asynchronen Validatoren auch Gruppen von Formularfeldern als Ganzes validieren. Dazu übergeben wir der Funktion innerhalb des Validators je nach Anwendungsfall eine `FormGroup` oder das `FormArray`.

12.4.4 Den BookMonkey erweitern

Story – Formularvalidierung

Als Leser möchte ich auf das Fehlen des Buchautors hingewiesen werden, wenn ich diesen beim Anlegen eines neuen Buchs vergessen habe, um sicherzustellen, dass mindestens ein Autor zu jedem Buch gepflegt ist.

Als Leser möchte ich auf eine falsch eingegebene ISBN hingewiesen werden, um eine ungültige Eingabe zu verbessern.

- Die ISBN muss dem Standard ISBN-10 oder ISBN-13 entsprechen.
- Bindestriche sollen bei der Eingabe ignoriert werden.
- Es soll ein Fehler angezeigt werden, wenn die Eingabe nicht dem verlangten Format entspricht.
- Es soll ein Fehler angezeigt werden, wenn die ISBN-Nummer bereits in der Buchdatenbank vorhanden ist.
- Die Validierung der Autorenfelder soll nur fehlschlagen, wenn keines der Felder mit Inhalt gefüllt ist.
- Sofern die Eingabe nicht valide ist, soll das Absenden der Daten nicht möglich sein.

Wir wollen das zuvor erlernte Wissen nutzen und eigene Methoden zur Formularvalidierung in unseren BookMonkey implementieren. Ein zusätzlicher Service soll asynchron die BookMonkey-API anfragen, um sicherzustellen, dass die eingegebene ISBN-Nummer noch nicht existiert.

Im Moment können wir mit einem Button im Formular beliebig viele Autorenfelder hinzufügen. Wir wollen mit der Methode überprüfen, ob mindestens eines der Autorenfelder mit Inhalt gefüllt ist. Sind alle Autorenfelder ohne Inhalt, so soll die Validierung fehlschlagen. Die zweite Methode soll das Eingabeformat der ISBN überprüfen. Diese Überprüfung kann synchron erfolgen, indem gegen einen regulären Ausdruck geprüft wird.

BookStoreService *erweitern*

Um eine asynchrone Abfrage für die ISBN durchführen zu können, erweitern wir den `BookStoreService` um die Methode `check()`. Sie ruft vom Server die Info ab, ob eine bestimmte ISBN bereits existiert.

```
// ...

@Injectable({ /* ... */ })
export class BookStoreService {
  // ...

  check(isbn: string): Observable<boolean> {
    return this.http.get(
      `${this.api}/book/${isbn}/check`
    ).pipe(
      catchError(this.errorHandler)
    );
  }

  // ...
}
```

Listing 12–74
Die Methode check() *zur Überprüfung, ob eine ISBN bereits vorhanden ist* (book-store.service.ts)

Wir können nun eine neue Klasse anlegen, in der wir alle selbst implementierten synchronen Validatoren unterbringen. Weiterhin benötigen wir für die asynchrone Validierung einen separaten Service.

```
$ ng g class shared/book.validators
$ ng g service shared/book-exists-validator
```

Listing 12–75
Neue Klasse für die Validatoren anlegen

Es ergibt sich somit die folgende Struktur im Verzeichnis `shared`:

```
src
└── app
    ├── shared
    │   ├── book-exists-validator.service.ts
    │   ├── ...
    │   ├── book-validators.ts
    │   └── ...
    └── ...
```

Die synchronen Validatoren implementieren

Die synchronen Validatoren wollen wir als statische Methoden in der Klasse `BookValidators` unterbringen. Dazu nehmen wir uns zuerst die neue Datei `shared/book.validators.ts` vor. Hier benötigen wir außerdem die Imports für die Typen `FormControl`, `FormArray` und `ValidationErrors`.

Listing 12–76
Grundgerüst der Validierungsfunktionen
(book.validators.ts)

```
import { FormControl, FormArray, ValidationErrors }
        ↪ from '@angular/forms';

export class BookValidators {
  static isbnFormat() { }
  static atLeastOneAuthor() { }
}
```

`isbnFormat()`: die ISBN validieren

In der Methode `isbnFormat()` wollen wir prüfen, ob die eingegebene ISBN das richtige Format aufweist. Als Argument erhält die Methode das `FormControl`, aus dem wir die Benutzereingabe auslesen können. Wir entfernen zunächst alle Bindestriche aus der Eingabe, denn wir wollen nur prüfen, ob eine zehn- oder dreizehnstellige ISBN eingegeben wurde. Die tatsächliche Überprüfung erfolgt durch einen regulären Ausdruck. Entspricht die Nummer nicht dem gewünschten Format, geben wir ein Fehlerobjekt mit dem Verweis auf den Validator zurück. Der Aufbau des Objekts folgt dem Interface `ValidationErrors`.

Prüfen mit regulärem Ausdruck

```
static isbnFormat(control: FormControl): ValidationErrors | null {
  if (!control.value) { return null; }

  const numbers = control.value.replace(/-/g, '');
  const isbnPattern = /(^\d{10}$)|(^\d{13}$)/;

  if (isbnPattern.test(numbers)) {
    return null;
  } else {
    return {
      isbnFormat: { valid: false }
    };
  }
}
```

`atLeastOneAuthor()`: Liste der Autoren validieren

Mindestens ein Autorenfeld muss ausgefüllt werden.

Mit diesem Validator soll geprüft werden, ob mindestens eines der Autorenfelder ausgefüllt wurde. Dazu verwenden wir wieder die Methode `Array.some()`, die wir schon im Grundlagenkapitel zu Validatoren kennengelernt haben.

Der Ausdruck in der if-Verzweigung ist also *true*, wenn mindestens eines der Autorenfelder einen Inhalt hat. Wenn nicht, geben wir ein Fehlerobjekt zurück.

```
static atLeastOneAuthor(controlArray: FormArray): ValidationErrors
    ↪ | null {
  if (controlArray.controls.some(el => el.value)) {
    return null;
  } else {
    return {
      atLeastOneAuthor: { valid: false }
    };
  }
}
```

Der asynchrone Validator `BookExistsValidatorService`

Asynchroner Validator

Die Implementierung des asynchronen Validators bringen wir wieder in einem eigenen Service unter. Das hat den Vorteil, dass wir weitere Abhängigkeiten wie den `BookStoreService` injizieren können. Die Implementierung nehmen wir in der Datei `shared/book-exists-validator.service.ts` vor, die wir am Anfang dieses Kapitels bereits angelegt haben.

Da wir unseren `BookStoreService` zur Abfrage der API nutzen wollen, importieren wir ihn und injizieren ihn in den Konstruktor der Klasse. Um aus diesem Service nun einen asynchronen Validator zu machen, implementieren wir das Interface `AsyncValidator`. Dieses erwartet, dass die Klasse die Methode `validate()` besitzt. Das Argument der Methode ist in unserem Fall ein `FormControl`, denn wir wollen ja ein einfaches Textfeld validieren. Der Rückgabewert ist ein Observable, das entweder `null` oder ein Objekt vom Typ `ValidationErrors` zurückgibt – je nachdem, wie die Überprüfung ausfällt.

Innerhalb der Methode rufen wir nun den `BookStoreService` mit der Methode `check()` auf und übergeben die zu prüfende ISBN. Diese ISBN stammt aus dem Formular, wir übergeben also den Wert des Formularfelds. Die Antwort der API ist ein Objekt mit einer Eigenschaft `exists`, die einen booleschen Wert beinhaltet. Enthält das Ergebnis den Wert `false`, so existiert das Buch noch nicht, und die Validierung fällt positiv aus. Existiert die ISBN bereits, soll der Validator ein Fehlerobjekt zurückgeben. Diese Umwandlung von API-Antwort zum geplanten Rückgabewert erledigen wir mit dem `map()`-Operator. Außerdem wollen wir die Validierung als positiv werten, wenn ein Fehler bei der Abfrage auftritt. Dazu setzen wir `catchError()` ein und transformieren einen auftretenden Fehler zum Wert `null`.

```
import { Injectable } from '@angular/core';
import { FormControl, AsyncValidator, ValidationErrors }
    ↪ from '@angular/forms';
import { Observable, of } from 'rxjs';
import { map, catchError } from 'rxjs/operators';

import { BookStoreService } from './book-store.service';

@Injectable({
  providedIn: 'root'
})
export class BookExistsValidatorService implements AsyncValidator {

  constructor(private bs: BookStoreService) { }

  validate(
    control: FormControl
  ): Observable<ValidationErrors | null> {
    return this.bs.check(control.value).pipe(
      map(exists => (exists === false) ? null : {
          isbnExists: { valid: false }
      }),
      catchError(() => of(null))
    );
  }
}
```

Die eigenen Validatoren verwenden

Nachdem wir unsere Validatoren implementiert haben, können wir sie in der Formularkomponente verwenden. Auf die synchronen Validatoren können wir nach dem Import direkt zugreifen, denn die Methoden sind ja statisch. Den asynchronen Validator-Service injizieren wir in den Konstruktor.

Das Control für die ISBN wird in der Methode `initForm()` initialisiert. Das Feld erhält zwei synchrone Validatoren, die zusammen in einem Array notiert werden: `BookValidators.isbnFormat` und `Validators.required`. Die asynchrone Validierung hingegen soll nur ausgeführt werden, wenn wir ein neues Buch hinzufügen, aber nicht, wenn wir ein Buch bearbeiten. Wir fügen den dritten Validator also abhängig davon ein, ob wir ein Buch bearbeiten oder nicht.

Für die Autorenfelder bearbeiten wir die Methode `buildAuthorsArray()`, denn hier wird ja das `FormArray` initialisiert. Hier fügen wir unseren Validator `BookValidators.atLeastOneAuthor` als zweites Argument ein, um sicherzustellen, dass mindestens ein Autor angegeben wird.

Listing 12–77
Eigene Validatoren im Bücherformular nutzen
(book-form .component.ts)

```
// ...
import { BookValidators } from '../shared/book.validators';
import { BookExistsValidatorService } from '../shared/book-exists-
    ↪ validator.service';

@Component({ /* ... */ })
export class BookFormComponent implements OnInit, OnChanges {

  constructor(
    private fb: FormBuilder,
    private bookExistsValidator: BookExistsValidatorService
  ) { }

  // ...

  private initForm() {
    if (this.bookForm) { return; }

    this.bookForm = this.fb.group({
      // ...
      isbn: [
        { value: '', disabled: this.editing },
        [
          Validators.required,
          BookValidators.isbnFormat
        ],
        this.editing ? null : [this.bookExistsValidator]
      ],
      description: [''],
      // ...
    });
  }

  // ...
```

```
  private buildAuthorsArray(values: string[]): FormArray {
    return this.fb.array(
      values,
      BookValidators.atLeastOneAuthor
    );
  }

  // ...
}
```

Fehler anzeigen

Um die entsprechenden Fehler auch angezeigt zu bekommen, müssen wir letztendlich noch die `FormMessagesComponent` erweitern, indem wir die passenden Fehlernachrichten eintragen. Wir verwenden dabei den festgelegten Schlüssel der Fehlerobjekte, die von den jeweiligen Validatoren zurückgegeben werden.

Für das Feld `authors` können wir die Fehlernachricht für `required` entfernen, denn wir nutzen jetzt unseren eigenen Validator.

Listing 12–78 *Fehlermeldungen hinzufügen* (form-messages .component.ts)

```
// ...
@Component({ /* ... */ })
export class FormMessagesComponent implements OnInit {
  // ...

  private allMessages = {
    // ...
    isbn: {
      required: 'Es muss eine ISBN angegeben werden.',
      isbnFormat: 'Die ISBN muss aus 10 oder 13 Zeichen bestehen.',
      isbnExists: 'Die ISBN existiert bereits.'
    },
    // ...
    authors: {
      atLeastOneAuthor: 'Es muss ein Autor angegeben werden.'
    }
  };

  // ...
}
```

Geschafft! Wir haben nun erfolgreich eigene Validatoren zur Überprüfung der ISBN und für die Autorenfelder implementiert. Es wird eine Fehlermeldung angezeigt, sobald eine ISBN nicht das richtige Format besitzt. Außerdem wird durch eine Abfrage an die BookMonkey-API geprüft, ob die ISBN bereits vorhanden ist. Damit wird sichergestellt, dass kein Buch doppelt in der Datenbank landet. Mit dem Validator für das `FormArray` können wir außerdem prüfen, ob mindestens eins der Felder ausgefüllt wurde.

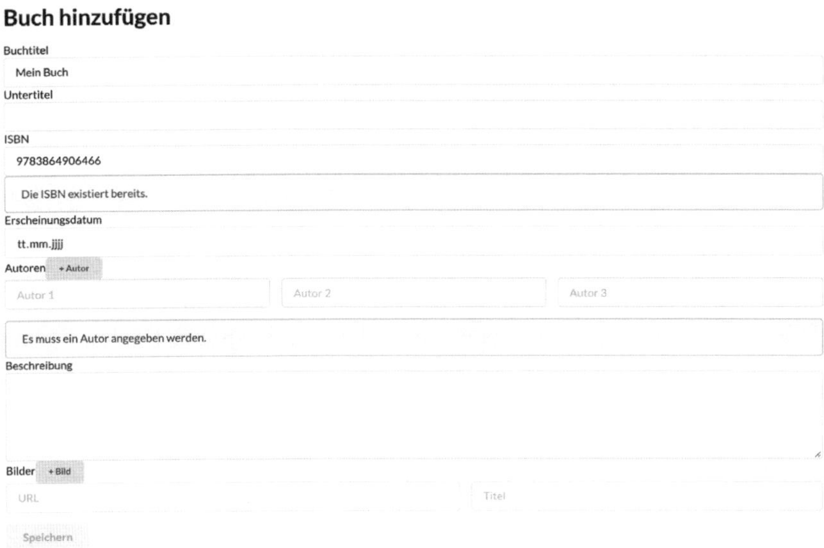

Abb. 12–5
Buchformular mit eigenen Validatoren

Was haben wir gelernt?

Wir haben unsere Anwendung um eigene Validatoren ergänzt, um die Formularfelder auf spezielle, selbst definierte Bedingungen zu prüfen. Dabei haben wir synchrone und asynchrone Validatoren kennengelernt und in das Buchformular integriert.

- Eigene Validatoren überprüfen anhand einer selbst implementierten Logik die Eingabe eines Formularfelds, einer Formulargruppe oder eines Formular-Arrays.
- Ein Validator ist eine Funktion/Methode, die das Ergebnis der Validierung zurückgibt als:
  - `null` : Die Überprüfung war positiv.
  - `ValidationErrors` : Die Überprüfung war negativ.
- Normale Validatoren liefern das Ergebnis synchron zurück.
- Asynchrone Validatoren werden als Service implementiert und liefern ein Observable zurück. Der Service implementiert das Interface `AsyncValidators`.

Demo und Quelltext:
https://ng-buch.de/bm3-it4-validation

12.5 Welcher Ansatz ist der richtige?

Die Qual der Wahl

Sie haben in dieser Iteration die beiden Ansätze kennengelernt, die Angular für die Formularverarbeitung mitbringt: Template-Driven Forms und Reactive Forms. Beide Varianten haben gemeinsam, dass wir ohne viel Code schnell ein umfangreiches Formular aufsetzen können. Beide Ansätze haben ihre Berechtigung; wenn es aber um ein konkretes Projekt geht, haben Sie die Qual der Wahl: Welcher der beiden Ansätze ist nun der richtige?

Template-Driven Forms

Mit Template-Driven Forms lebt das Formular vollständig im Template der Komponente. Der Kern des Geschehens ist das Two-Way Binding mit `[(ngModel)]`, aber auch Validatoren werden als Attribute auf den Formularfeldern angegeben. In der Komponentenklasse sind lediglich die Daten untergebracht – das Formular greift direkt auf das Datenobjekt zu und hält die Eingaben aktuell. Dieser Ansatz ist einfach zu erlernen: Wir benötigen Daten und Formularfelder und verknüpfen die beiden Welten mit `ngModel` – fertig. Wir haben bei der Implementierung allerdings schon gesehen, dass Template-Driven Forms schnell an ihre Grenzen kommen, wenn es um komplexe und dynamische Formulare geht.

Reactive Forms

Reactive Forms arbeiten vollständig datengetrieben: Zuerst wird die gesamte Formularlogik definiert, dann wird das Template damit verbunden. Das Formularmodell wird in der Komponentenklasse definiert und beinhaltet auch alle Validierungsregeln und Statusinformationen. Das Template ist bei Reactive Forms verhältnismäßig schlank, weil hier nur das reine Markup untergebracht wird. Die relevante Logik befindet sich gesammelt an einem Ort. Dadurch dass das Formularmodell in der Klasse untergebracht ist, können wir ohne zusätzlichen Code darauf zugreifen und mit den Zuständen interagieren. Auch die dynamische Erweiterung zur Laufzeit ist mit wenig Aufwand möglich. Wir haben außerdem gesehen, dass wir sehr einfach eigene Regeln für die Validierung in die Formulare integrieren können.

Dabei ist es auch möglich, Teile des Formulars gemeinsam zu validieren, z. B. eine vollständige Adresse, ein doppeltes Passwortfeld oder eine Liste von Autoren.

Welchen der beiden Ansätze Sie wählen, ist vor allem eine Geschmacksfrage und hängt vom Anwendungsfall ab. Grundsätzlich sollten Sie sich in einer Anwendung für eine der Varianten entscheiden und nicht beide parallel einsetzen. Besitzt Ihre Anwendung nur wenige und sehr kleine Formulare, so ist Template-Driven Forms eine passende Wahl. Für größere Anwendungen sind Reactive Forms besser geeignet. Sollte also absehbar sein, dass Ihre Applikation wächst, sollten Sie von vornherein auf Reactive Forms setzen.

Unsere Empfehlung: Reactive Forms

Unsere Erfahrungen aus der Praxis zeigen, dass Reactive Forms wesentlich verbreiteter und für die meisten Anwendungen die richtige Wahl sind. Mit Reactive Forms machen Sie also nichts falsch und sind ausreichend gerüstet, um Ihr Wissen auch in komplexen Anwendungsfällen einzusetzen.

Tab. 12–4 *Vergleich zwischen Template-Driven und Reactive Forms*

	Template-Driven Forms	**Reactive Forms**
Formularmodell	im Template	in der Komponente
Befehlssatz	`ngModel`	`FormGroup`, `FormControl`, `FormArray`
Inputs binden an	Datenmodell	Formularmodell
Verhalten der Direktiven	erstellt automatisch neue Controls (implizit)	bindet sich an bestehende Controls (explizit)
Validatoren	Direktiven im Template	Teil des Formularmodells
Bindings	Two-Way Binding	One-Way und `setValue()`/`patchValue()`

13 Pipes & Direktiven: Iteration V

»Pipes and directives take our components to the next level, whether it comes to performing transformations, dealing with async code or augmenting the capabilities of existing elements.«

Juri Strumpflohner
(Google Developer Expert, Blogger und Trainer für Angular)

13.1 Pipes: Daten im Template formatieren

Nicht immer liegen die Daten, die wir im Template darstellen wollen, im gewünschten Format vor. Pipes ermöglichen es uns, Daten direkt bei der Einbindung ins Template zu transformieren und damit in das richtige Anzeigeformat zu bringen. Angular verfügt über eine Reihe von eingebauten Pipes. Beispielsweise transformiert die Pipe `uppercase` eine Zeichenkette in Großbuchstaben. Wir können aber auch selbst Pipes erstellen und damit eigene Vorschriften zur Datenumwandlung definieren.

In diesem Abschnitt geben wir einen Überblick über die Funktionsweise von Pipes. Wir stellen die vordefinierten Pipes vor und erläutern, wie eigene Pipes implementiert werden.

13.1.1 Pipes verwenden

Pipe-Symbol

Pipes werden in den Templates unserer Anwendung eingesetzt und mit dem Pipe-Symbol | eingeleitet. Wir können Pipes überall dort verwenden, wo im Template ein Ausdruck eingesetzt wird: bei der Interpolation, in Property Bindings und auch in komplexeren Ausdrücken zusammen mit Direktiven. Der Ausdruck `myValue` in Tabelle 13–1 wird von der Pipe `myPipe` verarbeitet und das Endergebnis wird verwendet.

Tab. 13–1 *Einsatz von Pipes*

`{{ myValue | myPipe }}`	Interpolation
`<input [value]="myValue | myPipe">`	Property Binding
`<div *ngFor="let foo of myArr | myPipe"></div>`	mit Direktive

Pipes haben ihren Ursprung in der Unix-Welt.

Das Konzept von Pipes geht auf die Unix-Welt zurück. Hier spielt die Pipe eine zentrale Rolle beim Austausch von Daten zwischen zwei Prozessen. Wir können damit die Ausgabe eines Prozesses an die Eingabe eines anderen Prozesses weiterleiten. Analog dazu funktionieren auch Pipes in Angular: Mit Pipes können wir Daten direkt im Template an eine Funktion übergeben, die wiederverwendet werden kann.

Eine Pipe kann Argumente erhalten.

Wir können einer Pipe beim Aufruf Argumente übergeben, mit denen wir das Verhalten – je nach Implementierung – steuern können. Die Argumente werden mit einem Doppelpunkt an den Pipe-Aufruf angehängt:

Listing 13–1 *Pipe mit Argument*

```
{{ myDate | date:'longDate' }}
```

Pipes können verkettet werden.

Wir können nicht nur eine einzelne Pipe anwenden, sondern Pipes können beliebig verkettet werden. Das Ergebnis einer Berechnung wird dann nach rechts zur nächsten Pipe bis zum Ende durchgereicht – und der letzte resultierende Wert wird ins Template eingesetzt. Beispielsweise können wir ein Datum formatieren und die Zeichenkette danach in Großbuchstaben konvertieren.

Listing 13–2 *Pipes verketten*

```
{{ myDate | date:'longDate' | uppercase }}
```

13.1.2 Die Sprache fest einstellen

Einige der eingebauten Pipes liefern Daten in einem Format, das sich regional unterscheidet: Für Datumsangaben, Zahlenformate und Währungsformate gibt es unterschiedliche Konventionen. Zum Beispiel wird als Dezimaltrennzeichen im deutschsprachigen Raum ein Komma verwendet, im Englischen hingegen ein Punkt.

LOCALE_ID

Ist die Anwendung nur für einen Sprachraum bestimmt, z. B. nur innerhalb eines national agierenden Unternehmens, können wir die Sprache fest einstellen. Ohne weitere Konfiguration ist automatisch das Locale `en_US` gesetzt, also US-amerikanisches Englisch. Für den deutschen Sprachraum empfiehlt es sich, das Locale auf `de` zu stellen.

Internationalisierung

Für das folgende Kapitel zu Pipes reicht eine feste Spracheinstellung vollkommen aus. Mehrere Sprachen in einer Anwendung umzusetzen ist allerdings kein triviales Thema. Deshalb haben wir der Internationalisierung ein ganzes Kapitel gewidmet, das Sie ab Seite 433 finden.

Um die Sprache fest einzustellen, müssen wir im `AppModule` das Token `LOCALE_ID` überschreiben. Außerdem muss eine konkrete Datei mit einer Sprachdefinition geladen werden. Dafür setzen wir die Funktion `registerLocaleData()` ein und führen sie an einem zentralen Ort aus, z. B. im Konstruktor des `AppModule`:

```
import { LOCALE_ID } from '@angular/core';
import { registerLocaleData } from '@angular/common';
import localeDe from '@angular/common/locales/de';

@NgModule({
  // ...
  providers: [
    { provide: LOCALE_ID, useValue: 'de' }
  ]
})
export class AppModule {
  constructor() {
    registerLocaleData(localeDe);
  }
}
```

Default Export

Beachten Sie bitte die »fehlenden« Klammern beim Import der Sprachdefinition `localeDe`. Es handelt sich um einen sogenannten *Default Export* ohne Namen. Beim Import müssen wir deshalb den Namen selbst vergeben.

Die Locale und die Sprachdefinition bilden eine Einheit. Mit der Locale legen wir fest, welche spezifischen Formatierungsoptionen wir für Datumsangaben, Zahlenformate und Währungsformate wünschen. In der Sprachdefinition sind alle Informationen vorhanden, die dafür notwending sind. So finden wir unter anderem in der deutschen Sprachdefinition die Namen für die Wochentage (alle sieben Tage von »Sonntag« bis »Samstag« bzw. auch »So« bis »Sa«), das Komma als Dezimaltrennzeichen und den Euro als unsere Währung. In einer Angular-Anwendung können beliebig viele Sprachdefinition registriert werden, es kann aber nur eine Locale aktiv sein.

Achtung: Breaking Changes mit Angular 5

Mit Angular 5.0.0 hat sich das Verhalten der lokalisierten Pipes geändert. Das liegt daran, dass seitdem nicht mehr die native Intl-API des Browsers verwendet wird, für die stets ein aufwendiger Polyfill notwendig war. Die Lokalisierungsinformationen basieren seit Angular 5.0.0 auf den Definitionen des Unicode Common Locale Data Repository (CLDR). Sollten Sie Angular in einer älteren Version nutzen, beachten Sie bitte die geänderte Signatur der DatePipe, CurrencyPipe und PercentPipe.

13.1.3 Eingebaute Pipes für den sofortigen Einsatz

Angular verfügt über eine Reihe von vordefinierten Pipes für grundlegende Aufgaben. Diese Standard-Pipes sind in Tabelle 13–2 aufgeführt und werden in den folgenden Abschnitten erläutert. Die Pipes werden mit ihrem Namen im Template eingesetzt, der in der zweiten Spalte der Tabelle notiert ist.

Tab. 13–2
Vordefinierte Pipes

Pipe	Name	Beschreibung	Seite
UpperCasePipe LowerCasePipe	`uppercase` `lowercase`	transformiert eine Zeichenkette in Groß-/Kleinbuchstaben	342
TitleCasePipe	`titlecase`	transformiert eine Zeichenkette und setzt den ersten Buchstaben aller Wörter groß, den Rest klein	343
DatePipe	`date`	Formatierung von Datums- und Zeitangaben	343
DecimalPipe	`number`	Formatierung von Dezimalzahlen	345
PercentPipe	`percent`	Formatierung von Prozentangaben	345
CurrencyPipe	`currency`	Formatierung von Währungsangaben	346
SlicePipe	`slice`	liefert Teile eines Arrays/Strings zurück	347
KeyValuePipe	`keyvalue`	wandelt ein Objekt in ein Array um	348
JsonPipe	`json`	verarbeitet den Eingabewert mit `JSON.stringify()`	349
AsyncPipe	`async`	liefert die Ergebnisse eines Observables oder einer Promise zurück	350
I18nSelectPipe	`i18nSelect`	liefert aus einer Hashtabelle die zugehörige Zeichenkette zum eingegebenen Wert	351
I18nPluralPipe	`i18nPlural`	liefert die Plural- oder Singularform, je nach Anzahl der Elemente (0, 1, n)	352

UpperCasePipe (`uppercase`) und LowerCasePipe (`lowercase`)

`uppercase` und `lowercase` transformieren einen String in Groß- bzw. Kleinbuchstaben. Unter der Haube werden die nativen Funktionen `String.toUpperCase()` und `String.toLowerCase()` von JavaScript verwendet.

```
<p>{{ 'Angular' | uppercase }}</p>
<p>{{ 'Angular' | lowercase }}</p>
```

Listing 13–3
UpperCasePipe und LowerCasePipe

```
ANGULAR
angular
```

Listing 13–4
Ausgabe von Listing 13–3

TitleCasePipe (`titlecase`)

Die Pipe `titlecase` formatiert einen String so, dass der jeweils erste Buchstabe eines Worts großgeschrieben ist. Die übrigen Buchstaben werden kleingeschrieben. Diese Pipe ist im deutschen Sprachraum nur wenig relevant, wird der Vollständigkeit halber aber hier erwähnt.

```
<p>{{ 'Lorem ipsum dolor sit amet' | titlecase }}</p>
```

Listing 13–5
TitleCasePipe

```
Lorem Ipsum Dolor Sit Amet
```

Listing 13–6
Ausgabe von Listing 13–5

DatePipe (`date`)

Die DatePipe formatiert ein Datum in ein festgelegtes Format. Als Eingabe erwartet die Pipe ein `Date`-Objekt, einen numerischen Wert oder einen nach ISO 8601 formatierten String.[1]

```
expression | date [:format[:timezone[:locale]]] }}
```

Listing 13–7
Verwendung der DatePipe

Das Argument `format` wird verwendet, um das gewünschte Ausgabeformat anzugeben. Dazu existiert eine Reihe von Platzhaltern, die beliebig kombiniert werden können. Die Tabelle 13–3 zeigt die wichtigsten Platzhalter, eine vollständige Auflistung finden Sie in der Dokumentation.

Platzhalter für häufige Datumsformate

Für häufig verwendete Kombinationen, z. B. das komplette Datum oder die Uhrzeit, gibt es bereits vordefinierte Aliase, die wir anstelle des Formatstrings angeben können. Wichtig dabei ist, dass jedes Locale eine eigene Definition dieser Aliase bereitstellt. Die Einstellung `medium` bedeutet also ein mittellanges Datum und Uhrzeit, wie es nach den Normen des deutschen Locales formatiert wird. In Tabelle 13–4 sind die wichtigsten Aliase und Beispiele nach deutschem Locale aufgeführt.

[1] Format: `YYYY-MM-DDTHH:mm:ss.sssZ`

Tab. 13–3 Platzhalter für das Datumsformat

Symbol	Bezeichnung	Symbol	Bezeichnung
yy	Jahr, zweistellig (19)	dd	Tag, mit führender Null (07)
yyyy	Jahr, vierstellig (2019)	EE	Wochentag, abgekürzt (So.)
M	Monat, ohne führende Null (4)	EEEE	Wochentag, ausgeschrieben (Sonntag)
MM	Monat, mit führender Null (04)	hh	Stunden, mit führender Null, 12 Stunden (08)
MMM	Monat, abgekürzt (Apr.)	HH	Stunden, mit führender Null, 24 Stunden (20)
MMMM	Monat, ausgeschrieben (April)	mm	Minuten, mit führender Null (45)
d	Tag, ohne führende Null (7)	ss	Sekunden, mit führender Null (03)

Tab. 13–4 Aliase für das Datumsformat

Alias	Beispiel
medium	07.04.2019, 08:45:03
short	07.04.19, 08:45
fullDate	Sonntag, 7. April 2019
longDate	7. April 2019
mediumDate	07.04.2019
shortDate	07.04.19
mediumTime	08:45:03
shortTime	08:45

Die beiden verbleibenden Argumente der DatePipe, `timezone` und `locale`, sind optional und können wie folgt verwendet werden:

- `timezone`: Angabe einer Zeitzone, z. B. `-0700` oder `MST`
- `locale`: Angabe eines spezifischen Locales, in dem das Datum dargestellt werden soll (unabhängig vom global eingestellten Locale)

Achtung: Änderung nur bei neuer Referenz

Eine wichtige Besonderheit der DatePipe ist, dass sie ihre Ausgabe nur aktualisiert, wenn das Eingabeobjekt seine Referenz ändert, also ein komplett neues Objekt übergeben wird. Wird also z. B. nur die Uhrzeit innerhalb des Objekts geändert, wird die Pipe nicht aktualisiert! Das liegt daran, dass die Aktualisierung aufwendig ist und deshalb nur mit Intention des Entwicklers ausgeführt werden soll.

DecimalPipe (number)

Mit der DecimalPipe können Zahlen formatiert werden. Die Formatierung erfolgt abhängig vom eingestellten Locale. Dabei werden regionale Unterschiede bei der Zahlformatierung berücksichtigt, zum Beispiel unterschiedliche Dezimaltrennzeichen bei Deutsch und Englisch.

```
expression | number[:digitsInfo[:locale]]
```

Listing 13–8
Verwendung der DecimalPipe

Mit dem optionalen Argument `digitsInfo` kann die Länge der Stellen definiert werden. Das Argument ist ein String mit dem folgenden Aufbau:

```
{minIntegerDigits}.{minFractionDigits}-{maxFractionDigits}
```

Listing 13–9
Aufbau der digitsInfo *für die DecimalPipe*

- `minIntegerDigits`: Anzahl Vorkommastellen mindestens
- `minFractionDigits`: Anzahl Nachkommastellen mindestens
- `maxFractionDigits`: Anzahl Nachkommastellen höchstens

Der Standardwert ist `1.0-3`, also mindestens eine Vorkommastelle und keine bis maximal drei Nachkommastellen. Abgeschnittene Nachkommastellen werden gerundet. Sind nicht genug Stellen vorhanden, um das Minimum zu erreichen, werden die Stellen mit Nullen aufgefüllt. Im zweiten Argument `locale` kann ein spezifisches Locale angegeben werden, in dem die Zahl dargestellt werden soll. Das global eingestellte Locale aus dem Token `LOCALE_ID` wird dabei ignoriert. Das Listing 13–10 zeigt einige Beispiele zur Verwendung der DecimalPipe.

```
<p>{{ 3.14159 | number }}</p>
<p>{{ 3.14159 | number:'1.2-2' }}</p>
<p>{{ 13.37 | number:'4.4-5' }}</p>
<p>{{ 3.14159 | number:'1.2-2':'en-US' }}</p>
```

Listing 13–10
DecimalPipe

```
3,142
3,14
0.013,3700
3.14
```

Listing 13–11
Ausgabe von Listing 13–10

PercentPipe (percent)

Mit der PercentPipe können Prozentangaben formatiert werden. Eine gebrochene Dezimalzahl wird in den äquivalenten Prozentwert umgewandelt und das Prozentzeichen % wird angehängt. Die Funktionsweise und Syntax ist die gleiche wie bei der schon vorgestellten DecimalPipe:

Listing 13–12 Verwendung der PercentPipe

```
expression | percent[:digitsInfo[:locale]]
```

Im Listing 13–13 sind einige Beispiele mit der PercentPipe aufgeführt.

Listing 13–13 PercentPipe

```
<p>{{ 0.42 | percent }}</p>
<p>{{ 0.42 | percent:'1.1' }}</p>
<p>{{ 0.314159 | percent:'1.0-2' }}</p>
<p>{{ 3.14 | percent }}</p>
```

Listing 13–14 Ausgabe von Listing 13–13

```
42 %
42,0 %
31,42 %
314 %
```

CurrencyPipe (currency)

Die CurrencyPipe ist zur Formatierung von Währungsangaben gedacht. Damit werden spezifische Eigenheiten unterschiedlicher Währungen berücksichtigt.

Listing 13–15 Verwendung der CurrencyPipe

```
exp | currency[:currencyCode[:display[:digitsInfo[:locale]]]]
```

- `currencyCode`: Währungskürzel nach ISO 4217, z. B. *EUR* oder *USD*
- `display`: legt fest, mit welchem Kürzel die Währung angezeigt wird
  - `code`: zeigt den Währungscode an, z. B. *EUR*
  - `symbol`: zeigt das Währungssymbol an, z. B. €
  - `symbol-narrow`: zeigt ein abgekürztes Währungssymbol an, relevant für zusammengesetzte Währungen, z. B. wird für australische Dollar nur *$* angezeigt statt *AU$*
  - andere Strings: werden direkt als Währungssymbol übernommen
- `digitsInfo`: Anzahl der Stellen, identisch zur DecimalPipe. Ohne manuelle Angabe wird die Anzahl Stellen verwendet, die für die eingestellte Währung passend ist.
- `locale`: Angabe eines spezifischen Locales, in dem die Zahl dargestellt werden soll (unabhängig vom global eingestellten Locale)

Listing 13–16 CurrencyPipe

```
<p>{{ 3.14159 | currency:'EUR' }}</p>
<p>{{ 3.14159 | currency:'USD':'code' }}</p>
<p>{{ 3.14159 | currency:'AUD':'symbol' }}</p>
<p>{{ 3.14159 | currency:'AUD':'symbol-narrow' }}</p>
<p>{{ 3.14159 | currency:'EUR':'Euro' }}</p>
```

```
3,14 €
3,14 AU$
3,14 $
3,14 Euro
```

Listing 13–17
Ausgabe von Listing 13–16

SlicePipe (`slice`)

Die `SlicePipe` liefert einen Teil eines Strings oder Arrays zurück. Das Verhalten ähnelt der JavaScript-Methode `slice()` aus `String` und `Array`.

```
expression | slice:start[:end]
```

Listing 13–18
Verwendung der SlicePipe

Durch die Argumente `start` und `end` wird das Ergebnis eingegrenzt. `start` ist der Index des ersten Elements des gewünschten Teils. `end` ist optional und gibt den Index des letzten Elements an. Aber Achtung: `end` ist exklusiv, das bedeutet, der String/das Array wird *vor* diesem Element abgeschnitten. Wird `end` weggelassen, werden alle Elemente bis zum tatsächlichen Ende zurückgegeben.

Liegt die Startposition rechts von der Endposition, wird eine leere Menge zurückgegeben (siehe Beispiel 6 im Listing 13–19).

- Positive Werte zählen vom Anfang des Strings/Arrays nach rechts (beginnend bei 0).
- Negative Werte werden vom Ende rückwärts gezählt (beginnend bei −1).

SlicePipe für Strings

Für die nachfolgenden Beispiele betrachten wir die Abbildung 13–1.

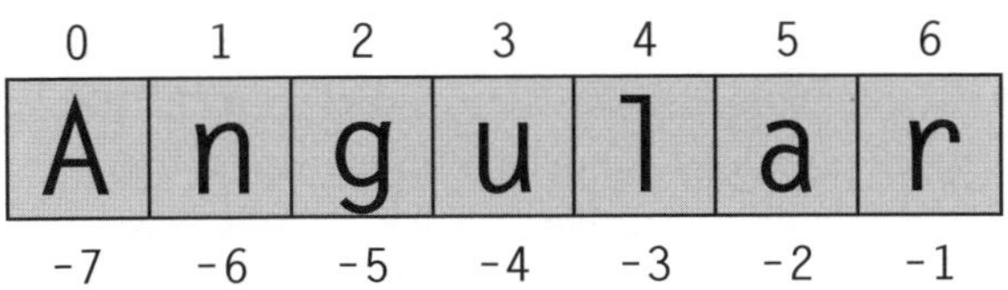

Abb. 13–1
SlicePipe: Index-Beispiel

```
<p>1) {{ 'Angular' | slice:2 }}</p>
<p>2) {{ 'Angular' | slice:-2 }}</p>
<p>3) {{ 'Angular' | slice:0:3 }}</p>
<p>4) {{ 'Angular' | slice:1:-1 }}</p>
<p>5) {{ 'Angular' | slice:-5:5 }}</p>
<p>6) {{ 'Angular' | slice:-2:3 }}</p>
<p>7) {{ 'Angular' | slice:-100 }}</p>
```

Listing 13–19
SlicePipe

Listing 13–20
Ausgabe von Listing 13–19

```
1) gular
2) ar
3) Ang
4) ngula
5) gul
6)
7) Angular
```

SlicePipe für Arrays

Gleichermaßen kann man `slice` auch für Arrays einsetzen. Die Pipe gibt ein neues Array mit der angegebenen Untermenge von Elementen zurück. Dieses neue Array können wir direkt in `ngFor` verwenden und damit z. B. nur die ersten drei Elemente einer Liste anzeigen.

Listing 13–21
SlicePipe *mit* ngFor

```
@Component({
  template: `
    <p *ngFor="let name of (names | slice:0:3)">
      {{ name }}
    </p>
  `
})
export class MyComponent {
  names = ['Johannes', 'Ferdinand', 'Danny', 'Theodor',
    ↪ 'Christina', 'Lisa', 'Jana', 'Michael'];
}
```

Listing 13–22
Ausgabe von Listing 13–21

```
Johannes
Ferdinand
Danny
```

Die Argumente `start` und `end` müssen natürlich nicht statisch ins Template geschrieben werden, sondern können auch dynamisch aus der Komponentenklasse eingebunden werden. Damit lässt sich eine einfache lokale Paging-Funktionalität effizient umsetzen.

KeyValuePipe (`keyvalue`)

Mit `keyvalue` können wir ein Objekt in ein Array umwandeln. Das Array enthält nach der Transformation Objekte mit den Eigenschaften `key` und `value`. Der Haupteinsatzzweck dieser Pipe ist, alle Propertys eines Objekts einfach im Template aufzulisten. Die KeyValuePipe ist übrigens eine der neueren Pipes, denn sie wurde erst mit Angular 6.1 eingeführt.

```
{ name: 'Angular', year: 2016, rating: 5 }
```

Listing 13–23
Eingabe: Objekt

```
[
  { "key": "name", "value": "Angular" },
  { "key": "rating", "value": 5 },
  { "key": "year", "value": 2016 }
]
```

Listing 13–24
Ausgabe: Array

Setzen wir `keyvalue` zusammen mit `ngFor` im Template ein, so können wir alle Propertys eines Objekts und ihre Werte als Liste anzeigen:

```
<p *ngFor="let obj of myObject | keyvalue">
  {{ obj.key }}: {{ obj.value }}
</p>
```

Listing 13–25
KeyValuePipe mit ngFor

```
name: Angular
rating: 5
year: 2016
```

Listing 13–26
Ausgabe von Listing 13–25

JsonPipe (`json`)

Die JsonPipe wandelt den Eingabewert in einen JSON-String um. Dazu wird die native JavaScript-Funktion `JSON.stringify()` auf den Eingabewert angewendet. Die JsonPipe ist vor allem zum Debugging interessant, weil JavaScript-Objekte mit der Interpolation nicht direkt im Template angezeigt werden können (siehe zweites Beispiel im Listing 13–27). Mit der Pipe sehen wir den Inhalt eines Objekts auch im Template.

```
@Component({
  template: `
    <p>{{ myObject | json }}</p>
    <p>{{ myObject }}</p>
  `
})
export class MyComponent {
  myObject = { foo: 'bar', baz: 42 };
}
```

Listing 13–27
JsonPipe

```
{ "foo": "bar", "baz": 42 }
[object Object]
```

Listing 13–28
Ausgabe von Listing 13–27

AsyncPipe (async)

Diese Pipe ist die vermutlich mächtigste in dieser Auflistung: Mit async können wir Werte aus einem Observable oder einer Promise auflösen – direkt im Template. Das ist zunächst nicht der typische Anwendungsfall für eine Pipe, bringt aber viele Vorteile bei der Arbeit mit asynchronen Operationen.

Dazu schauen wir einmal, wie wir Observables bisher aufgelöst haben, z. B. Servicemethoden in einer Komponente:

```
this.service.getFoobar().subscribe(
  res => this.foobar = res
);
```

Um den Wert zu verarbeiten, erstellen wir auf dem Observable immer manuell eine Subscription. Das Callback kümmert sich dann lediglich darum, den Rückgabewert in ein Property der Klasse zu schreiben, das dann im Template verwendet werden kann. Ganz schön umständlich!

Observable mit der AsyncPipe

Um diese Struktur zu vereinfachen, können wir die AsyncPipe einsetzen. Dazu schreiben wir das Observable direkt in ein Property der Klasse, sodass wir aus dem Template darauf zugreifen können. Den Rest erledigt die Pipe für uns: Sie erstellt eine Subscription und liefert die empfangenen Werte direkt ins Template.

```
@Component({
  template: '{{ fooBar$ | async }}'
})
export class MyComponent implements OnInit {
  fooBar$: Observable<any>;

  ngOnInit() {
    this.fooBar$ = this.service.getFoobar();
  }
}
```

Wenn wir async einsetzen, müssen wir übrigens auch keine Subscription mehr manuell beenden: Die Pipe meldet automatisch ihre Subscription ab, sobald die Komponente beendet wird, z. B. durch Routing. Sie ist also immer das erste Mittel der Wahl, wenn es darum geht, Observables in Komponenten aufzulösen. Nutzen Sie also möglichst keine manuellen Subscriptions in der Komponentenklasse, sondern immer die AsyncPipe.

Achtung: Jeder Aufruf erstellt eine Subscription!

Jedes Mal, wenn die AsyncPipe verwendet wird, wird eine *neue* Subscription erstellt. Das ist besonders bei *kalten* Observables wichtig: Stammt das Observable z. B aus einem Aufruf des `HttpClient`, wird jedes Mal ein neuer Request gesendet. Nutzen Sie deshalb die AsyncPipe bewusst und sparsam, wenn Sie Daten über HTTP abfragen. Ein Lösungsansatz ist der Operator `share()` von RxJS, mit dem wir denselben Datenstrom für mehrere Subscriber zur Verfügung stellen können. Bei der Umsetzung der Pipes im BookMonkey auf Seite 359 zeigen wir Ihnen eine weitere elegante Lösung für dieses Problem.

Promise mit der AsyncPipe

Auf die gleiche Weise arbeitet die AsyncPipe übrigens auch mit einer Promise. Dieser Weg sei vor allem der Vollständigkeit halber erwähnt, denn üblicherweise nutzen wir keine Promises in unseren Angular-Anwendungen, sondern ausschließlich Observables.

I18nSelectPipe (`i18nSelect`)

Mit der Pipe `i18nSelect` wird der Eingabewert als Schlüssel einer Hashtabelle interpretiert, und der zugehörige Wert wird zurückgeliefert. Die Pipe eignet sich dazu, sprachliche Unterscheidungen *anhand eines angegebenen Schlüssels* zu treffen. Denkbare Anwendungsfälle sind die Lokalisierung der Anwendung oder Unterscheidung zwischen Geschlechtern.

Als einziges Argument wird die Hashtabelle übergeben, aus der der Wert gelesen wird. Als Hashtabelle dient ein eindimensionales JavaScript-Objekt. Im Listing 13–29 werden die Schlüssel `de` und `en` in der Hashtabelle `selectMap` gesucht und der entsprechende Wert »`Ich mag`« bzw. »`I love`« wird zurückgegeben.

Listing 13–29
I18nSelectPipe

```
@Component({
  template: `
    <p>{{ 'de' | i18nSelect:selectMap }} Angular</p>
    <p>{{ 'en' | i18nSelect:selectMap }} Angular</p>
  `
})
export class MyComponent {
  selectMap = {
    'de': 'Ich mag',
    'en': 'I love',
    'fr': 'J\'adore',
    'es': 'Me encanta'
  };
}
```

Listing 13–30
Ausgabe von Listing 13–29

```
Ich mag Angular
I love Angular
```

I18nPluralPipe (`i18nPlural`)

Die Pipe `i18nPlural` eignet sich dazu, sprachliche Unterscheidungen *anhand einer Anzahl* zu treffen. Das Listing 13–31 zeigt ein klassisches Beispiel für eine solche Unterscheidung: Wir wollen die Anzahl der Nachrichten in einem Postfach als Text angeben und benötigen dabei die Unterscheidung zwischen *keine*, *eine* und *mehr als eine* Nachricht.

Die I18nPluralPipe ist genau für diesen Einsatzzweck gemacht. Die Pipe akzeptiert eine Zahl als Eingabewert. Als Argument wird eine Hashtabelle (JavaScript-Objekt) übergeben, in der die verschiedenen Fälle definiert sind:

- `=0`: kein Element
- `=1`: genau ein Element
- `other`: alle anderen Fälle

Die Werte der Tabelle sind die jeweils zu verwendenden Strings. Der Platzhalter `#` kann eingesetzt werden, um die eingegebene Zahl zu verwenden.

Listing 13–31
I18nPluralPipe

```
@Component({
  template: `
    <p>{{ 0 | i18nPlural:pluralMap }}</p>
    <p>{{ 1 | i18nPlural:pluralMap }}</p>
    <p>{{ 9 | i18nPlural:pluralMap }}</p>
  `
})
export class MyComponent {
  pluralMap = {
    '=0': 'Keine neuen Nachrichten',
    '=1': 'Eine neue Nachricht',
    'other': '# neue Nachrichten'
  };
}
```

Listing 13–32
Ausgabe von Listing 13–31

```
Keine neuen Nachrichten
Eine neue Nachricht
9 neue Nachrichten
```

13.1.4 Eigene Pipes entwickeln

Bei der Entwicklung einer komplexen Anwendung werden uns Fälle begegnen, in denen die eingebauten Pipes nicht mehr ausreichen. Wir können deshalb beliebige eigene Pipes entwickeln, die wir in unseren Templates einsetzen können, um Daten zu transformieren. Im Angular-Jargon sprechen wir von *Custom Pipes*. Das Prinzip kennen wir von den eingebauten Pipes: Wir geben Daten und ggf. Argumente in die Pipe hinein und erhalten einen transformierten Wert zurück.

Eine Pipe besteht im Wesentlichen aus einer Klasse mit nur einer Methode `transform()`. Diese Methode nimmt einen Wert `value` und optional eine beliebige Anzahl Argumente entgegen und liefert den transformierten Wert zurück. Angular sorgt automatisch dafür, dass diese Methode mit allen Argumenten aufgerufen wird, wenn wir die Pipe verwenden. Damit die Methode korrekt implementiert wird, sollte das Interface `PipeTransform` verwendet werden.

Der Decorator @Pipe()

Eine Pipe muss außerdem immer mit dem Decorator `@Pipe()` ausgestattet sein. Dadurch wird dem Framework mitgeteilt, dass es sich bei der Klasse um eine Pipe handelt. Außerdem müssen wir ein Objekt mit Metadaten übergeben:

- `name`: Name der Pipe, damit wird die Pipe später eingesetzt
- `pure`: (optional) wenn *false*, wird die Ausgabe bei jedem Durchlauf der Change Detection ausgewertet. Standard: *true*. Siehe Kasten auf Seite 355.

Der komplette Grundaufbau einer Custom Pipe ist in Listing 13–33 zu sehen.

Listing 13–33
Grundaufbau einer Custom Pipe

```
import { Pipe, PipeTransform } from '@angular/core';

@Pipe({ name: 'myPipe' })
export class MyPipe implements PipeTransform {

  transform(value, arg0, arg1) {
    // ...
    return transformedValue;
  }
}
```

Pipe-Argumente als Array erhalten mit der Rest-Syntax

Angular verarbeitet den Pipe-Aufruf `foo | myPipe:arg0:arg1` aus dem Template und ruft im Hintergrund die Methode `transform()` aus der Pipe-Klasse auf. Dabei wird jedes Argument der Pipe als ein Argument der Methode betrachtet. Soll die Pipe eine unbestimmte Zahl von Argumenten erhalten, ist es allerdings unmöglich, die Methodensignatur genau anzugeben.

An dieser Stelle hilft die Rest-Syntax weiter, die wir schon im Grundlagenkapitel zu TypeScript auf Seite 41 betrachtet haben. Die Syntax erinnert an den Spread-Operator, funktioniert aber genau andersherum: Wir können damit die Argumente einer Funktion in einem Array zusammenfassen. Nach außen funktioniert die Methode weiterhin wie mit einzelnen Argumenten, nach innen greifen wir über das Array darauf zu.

Wir können die Pipe-Methode also auch wie folgt definieren:

```
transform(value, ...args) {
  // args[0], args[1] usw.
  return transformedValue;
}
```

Egal wie viele Argumente wir der Pipe übergeben – sie werden alle im Array `args` gespeichert.

Pipe im Template verwenden

Pipes müssen im Modul deklariert werden.

Die neue Pipe können wir jetzt in unseren Templates einsetzen. Dafür verwenden wir den Namen, den wir in den Metadaten im `@Pipe()`-Decorator angegeben haben. Wichtig ist außerdem, dass wir die Pipe im Modul deklarieren. Dazu tragen wir die Klasse in den Abschnitt `declarations` in den Modulmetadaten ein, so wie wir es auch von den Komponenten kennen.

Im Listing 13–34 wird die Pipe einmal ohne und einmal mit Argumenten verwendet. Die Argumente werden in der angegebenen Reihenfolge an die Methode `transform()` weitergereicht.

Listing 13–34
Einsatz der neuen Pipe MyPipe

```
<div>
  {{ 'test' | myPipe }}
  {{ 'test' | myPipe:true:'foo' }}
</div>
```

Pipes und das Attribut `pure`

Der Begriff *pure* im Zusammenhang mit einer Transformationsfunktion erinnert schnell an *Pure Functions* aus dem Gebiet der funktionalen Programmierung. Hier beschreibt der Begriff eine Funktion, die für den gleichen Eingabewert immer den gleichen Rückgabewert liefert und ohne Seiteneffekte arbeitet, d. h. ohne Daten zu verändern oder einzubeziehen, die außerhalb dieser Funktion liegen.

Tatsächlich hat dieses Konzept nur am Rande mit dem Begriff *pure* zu tun, den wir bei Pipes verwenden. Mit der Angabe in den Pipe-Metadaten steuern wir, wann und wie oft der Rückgabewert von Angular ausgewertet und aktualisiert wird.

Eine Pipe, die mit `pure: true` (oder keine Angabe) markiert ist, wird nur aktualisiert, wenn sich der Eingabewert ändert. Pipes mit der Angabe `pure: false` werden hingegen bei jedem Durchlauf der Change Detection aktualisiert. Dieses Verhalten eignet sich dann für Pipes, die ihre Ausgabe unabhängig von der Eingabe ändern. *pure* bezieht sich hier also auf die »Reinheit« des Eingabewerts und das Verhalten der Change Detection.[a]

Hier ist allerdings Vorsicht geboten: Verwenden wir ein Array oder Objekt als Eingabeparameter, so ändert sich die Referenz nicht, wenn wir den Inhalt direkt verändern. Wir müssen das Array/Objekt entweder komplett überschreiben oder die Pipe als *impure* markieren, damit sie bei jedem Durchlauf der Change Detection aktualisiert wird. Auf diese Eigenschaft haben wir bereits im Abschnitt zur DatePipe auf Seite 344 hingewiesen.

[a] Mehr zur Change Detection finden Sie ab Seite 661.

13.1.5 Pipes in Komponenten nutzen

Bisher haben wir Pipes so eingesetzt, wie es ursprünglich gedacht ist: Wir haben die Pipe im Template verwendet und mit dem Pipe-Symbol | an einen Ausdruck angehängt.

In manchen Situationen kann es sinnvoll sein, die Transformationsfunktion einer Pipe auch in der Komponentenklasse zu nutzen. Die Funktion muss dafür nicht neu definiert werden, sondern es gibt zwei Möglichkeiten, direkt auf die Pipe zuzugreifen.

Die Methode transform() *direkt aufrufen*

Wir erinnern uns, dass eine Pipe nur eine Methode in einer Klasse ist. Wir können diese Methode `transform()` also auch von außerhalb aufrufen. Dazu benötigen wir eine Instanz der Pipe-Klasse. Die beste Variante, um eine solche Instanz zu erzeugen, ist Dependency Injection: Wir injizieren also eine beliebige Pipe-Klasse in den Konstruktor der Komponente. Die Pipe muss dazu zusätzlich als Provider registriert werden, z. B. im `AppModule` unter `providers`.

Listing 13–35
Pipes in Komponentenklassen nutzen

```
@Component({ /* ... */ })
export class MyComponent {
  myDate = new Date();

  constructor(private dp: DatePipe) {
    const formattedDate =
      this.dp.transform(this.myDate, 'longDate');
  }
}
```

Dieser Aufruf transformiert das Property `myDate` mit dem Argument `longDate`. Das entspricht der folgenden Verwendung der Pipe im Template:

Listing 13–36
Äquivalente Verwendung der Pipe im Template

```
{{ myDate | date:'longDate' }}
```

Die zweite Variante ist etwas einfacher: Für Zahlen- und Datumsformatierung stellt Angular nämlich die passenden Funktionen direkt zur Verfügung. Den oben beschriebenen Weg müssen wir also nur gehen, wenn wir eine eigene Pipe in der Komponentenklasse nutzen wollen.

Funktionen von Angular nutzen

Wir können die Funktionen `formatDate()`, `formatNumber()`, `formatCurrency()` und `formatPercent()` direkt importieren und nutzen. Alle Funktionen erwarten als Argument unter anderem einen Locale-String. Hier können Sie entweder manuell ein Locale angeben (z. B. `de`), oder Sie nutzen die globale Einstellung aus dem Injector-Token `LOCALE_ID`, wie das folgende Beispiel zeigt.

Listing 13–37
Format-Funktionen von Angular direkt nutzen

```
import { Component, Inject, LOCALE_ID } from '@angular/core';
import { formatDate, formatCurrency,
  formatPercent, formatNumber } from '@angular/common';

@Component({ /* ... */ })
export class AppComponent  {
  myDate = new Date();

  constructor(@Inject(LOCALE_ID) private locale: string) { }

  ngOnInit() {
    formatDate(this.myDate, 'longDate', this.locale);
    formatNumber(13.674566, this.locale, '1.2-3');
    formatCurrency(2.4567, this.locale, 'EUR', 'EUR');
    formatPercent(0.77, this.locale);
  }
}
```

Mit dem erlernten Grundwissen über Pipes wollen wir nun im BookMonkey auch Pipes verwenden. Zur Formatierung des Buchdatums soll die `DatePipe` eingesetzt werden. Außerdem soll die Buchliste mit der `AsyncPipe` abgerufen werden. Schließlich wollen wir eine eigene Pipe implementieren, mit der die ISBN formatiert wird.

13.1.6 Den BookMonkey erweitern: Datum formatieren mit der DatePipe

Story – DatePipe

Als Leser möchte ich das Datum in einem deutschen Format angezeigt bekommen, damit ich das Veröffentlichungsdatum eines Buchs schneller erfassen und verstehen kann.

Werfen wir einen Blick in die Detailansicht eines Buchs, so fällt ein kleines unschönes Detail auf. Das Erscheinungsdatum wird in der Form `2019-04-30T00:00:00.000Z` formatiert. Das kommt daher, dass wir hier einfach das `Date`-Objekt aus dem `Book`-Objekt verwendet haben, um das Datum im Template anzuzeigen.

Das können wir keinem Nutzer zumuten. Um die Datumsausgabe leserlicher zu machen, können wir die DatePipe einsetzen. Als Datumsformat eignet sich `longDate`, denn wir wollen ja nur Tag, Monat und Jahr darstellen, keine Uhrzeit.

```
{{ book.published | date:'longDate' }}
```

Listing 13–38
DatePipe *verwenden in der* BookDetailsComponent (book-details.component.html)

Damit das Datum in deutscher Form angezeigt wird, müssen wir anschließend die Sprache in unserer Anwendung festlegen. Dazu nehmen wir uns die Datei `app.module.ts` vor und überschreiben hier das Injector-Token `LOCALE_ID` mit dem Wert `de`. Zusätzlich müssen wir die passende Sprachdefinition registrieren.

```
import { NgModule, LOCALE_ID } from '@angular/core';
import { registerLocaleData } from '@angular/common';
import localeDe from '@angular/common/locales/de';
// ...

@NgModule({
  // ...
  providers: [
    // ...
    { provide: LOCALE_ID, useValue: 'de' }
  ]
```

Listing 13–39
LOCALE_ID *im* AppModule *setzen, um deutsche Sprache einzustellen* (app.module.ts)

```
  // ...
})
export class AppModule {
  constructor() {
    registerLocaleData(localeDe);
  }
}
```

Jetzt wird das Erscheinungsdatum in der Detailansicht gut leserlich angezeigt!

Abb. 13–2 *Formatiertes Datum in der Detailansicht*

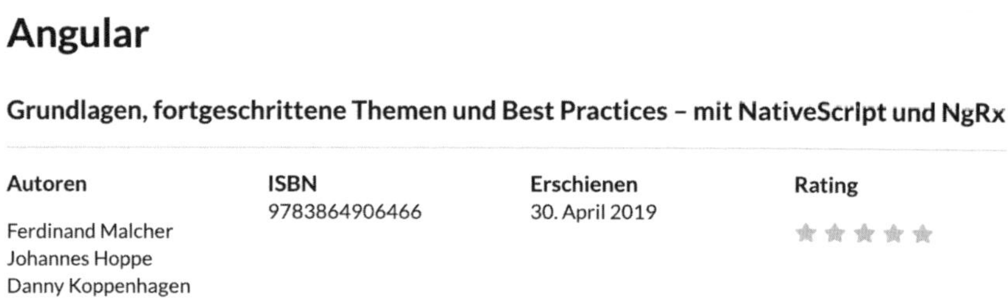

13.1.7 Den BookMonkey erweitern: Observable mit der AsyncPipe auflösen

Refactoring – AsyncPipe

Um die Lesbarkeit des Codes zu vereinfachen, sollen Observables mithilfe der Pipe `async` direkt im Template abonniert werden.

Die Bücher der Buchliste werden per HTTP vom Server abgerufen. Die Methode `getAll()` in unserem `BookStoreService` liefert ein Observable zurück, für das wir in der Komponentenklasse eine Subscription erstellen. Um die Bücher im Template anzuzeigen, wird das Ergebnis vom Subscribe-Callback in das Property `books` geschrieben. Stark vereinfacht sieht das im Moment so aus:

Listing 13–40 *Bücher für die Buchliste abrufen: gewöhnlicher Weg mit Subscribe-Callback (stark vereinfacht)* (book-list .component.ts)

```
@Component({ /* ... */ })
export class BookListComponent implements OnInit {
  books: Book[];

  constructor(private bs: BookStoreService) { }

  ngOnInit() {
    this.bs.getAll().subscribe(res => this.books = res);
  }
}
```

Das Callback für die Subscription erfüllt keinen anderen Zweck, als den Ergebniswert in der Komponente bekannt zu machen. Das ist ein idealer Anwendungsfall für die AsyncPipe, die diese Aufgabe automatisch für uns erledigen kann.

Observable in der Komponente speichern

Dazu strukturieren wir den Code etwas um und entfernen zunächst die Subscription und das Property `books`. Stattdessen führen wir die Eigenschaft `books$` ein. Das Observable, das wir aus dem Service erhalten, schreiben wir direkt in die neue Eigenschaft. Damit ist die Komponentenklasse auch schon vollständig und wesentlich übersichtlicher.

Listing 13–41 BookListComponent *ohne direkte Subscription auf das Observable* (book-list .component.ts)

```
import { Observable } from 'rxjs';
// ...

@Component({ /* ... */ })
export class BookListComponent implements OnInit {
  books$: Observable<Book[]>;

  constructor(private bs: BookStoreService) { }

  ngOnInit() {
    this.books$ = this.bs.getAll();
  }
}
```

AsyncPipe im Template einsetzen

Im Template setzen wir jetzt die Pipe `async` ein, um das Observable `books$` aufzulösen. Aber Vorsicht: Das Property `books` wird hier dreimal verwendet – für die Buch-Items und für zwei Hinweistexte. Wenn wir an diesen drei Stellen nun die AsyncPipe verwenden, so rufen wir die Daten dreimal vom Server ab. Für die Performance der Anwendung ist das eine denkbar schlechte Idee, wir brauchen also eine Alternative.

Exkurs: `ngIf` mit dem Schlüsselwort `as`

Wir zeigen Ihnen deshalb an dieser Stelle eine weitere Funktionalität von `ngIf`: das Schlüsselwort `as`. Wir wollen dieses Feature zunächst an einem »trockenen« Beispiel erläutern. Ausgangspunkt ist das folgende einfache Template, in dem mehrfach die Eigenschaft `data` verwendet wird:

```
<div *ngIf="data">Daten vorhanden</div>
<p *ngFor="let d of data">
  {{ d.name }}
</p>
Anzahl: {{ data.length }}
```

Diese Eigenschaft `data` soll durch ein Observable `data$` ersetzt werden, das mit der AsyncPipe im Template aufgelöst wird. Wenn wir nun alle drei Stellen durch `data$ | async` ersetzen, so werden drei Subscriptions erzeugt, also drei HTTP-Requests ausgeführt. Um das zu vermeiden, legen wir ein neues HTML-Element um das gesamte Template, das `data` verwendet. Damit wir dafür keinen `<div>`-Container verwenden müssen, bietet Angular das Element `<ng-container>` an. Dieser Container ist nur ein Hilfselement und ist im Browser später nicht mehr sichtbar.

Auf diesem Container können wir die Strukturdirektive `ngIf` verwenden. Als Bedingung setzen wir das Observable `data$` mit der AsyncPipe. Dieser Container wird also erst dann angezeigt, wenn Daten vorhanden sind. Dann nutzen wir das Schlüsselwort `as` und speichern damit das Ergebnis in der lokalen Variable `data`. Innerhalb dieses Blocks können wir jetzt auf die Daten aus der Variable zugreifen. Das innere Template bleibt also unverändert, und der umgebende Container löst die Daten mit der AsyncPipe für uns auf.

```
<ng-container *ngIf="data$ | async as data">
  <div>Daten vorhanden</div>
  <p *ngFor="let d of data">
    {{ d.name }}
  </p>
  Anzahl: {{ data.length }}
</ng-container>
```

Template für die `BookListComponent` umbauen

Mit diesem Grundwissen können wir uns nun das Template der `BookListComponent` vornehmen. Das Template besteht aus drei Blöcken:

1. die eingebundene `BookListItemComponent` mit `ngFor`,
2. der Hinweis, dass keine Bücher vorhanden sind, und
3. der Hinweis, dass die Liste noch geladen wird.

Die Item-Komponente (1) und der Hinweis zur leeren Liste (2) benötigen beide eine vollständig geladene Buchliste, um sinnvoll zu funktionieren – auch wenn die Liste leer ist. Die Ladeanzeige (3) hingegen soll immer dann eingeblendet werden, wenn die Buchliste nicht geladen ist.

Wir kapseln also die Item-Komponente und den Hinweis (2) in einen `<ng-container>`. Auf diesem Container setzen wir `ngIf` mit der AsyncPipe und dem Schlüsselwort `as` ein: Das Observable `books$` wird aufgelöst, und innerhalb des Containers sind die Daten in der Variable `books` verfügbar. Weil der Container ohnehin nur angezeigt wird, wenn eine Buchliste vorhanden ist, können wir die Bedingung für den Hinweis zur leeren Liste entsprechend anpassen.

Um den Ladeindikator anzuzeigen, nutzen wir wieder den `else`-Zweig von `ngIf` – so wie wir es schon in der `BookDetailsComponent` getan haben. Der Ladeindikator wird in einem `<ng-template>` untergebracht. Wir können in dem Zuge auch das `ngIf` von dem `<div>`-Container entfernen. Das Element wird schließlich über die lokale Referenz `#loading` adressiert und im `else`-Zweig angegeben.

Listing 13–42
Template der BookListComponent *mit* AsyncPipe (book-list .component.html)

```
<div class="ui middle aligned selection divided list">

  <ng-container *ngIf="books$ | async as books; else loading">
    <bm-book-list-item class="item"
      *ngFor="let b of books"
      [book]="b"
      [routerLink]="b.isbn"></bm-book-list-item>

    <p *ngIf="!books.length">Es wurden noch keine Bücher
    ↪ eingetragen.</p>
  </ng-container>

  <ng-template #loading>
    <div class="ui active dimmer">
      <div class="ui large text loader">Daten werden
    ↪ geladen...</div>
    </div>
  </ng-template>

</div>
```

Damit ist das Refactoring auch schon vollständig. Wir haben gesehen, dass wir die manuelle Subscription auf das Observable einsparen können, wenn wir die AsyncPipe nutzen. Im Template speichern wir die empfangenen Daten in einer lokalen Variable, damit wir die Pipe nur ein einziges Mal einsetzen müssen. Die AsyncPipe beendet außerdem alle Subscriptions, wenn die Komponente beendet wird.

Weitere Komponenten umbauen

Wir haben in diesem Kapitel lediglich die `BookListComponent` umgebaut. In einigen anderen Komponenten werden Sie allerdings auch noch manuelle Subscriptions finden. Probieren Sie doch einmal selbst aus, die `BookDetailsComponent` und die `EditBookComponent` so zu verändern, dass sie ebenfalls die AsyncPipe für die Subscriptions nutzen, um Bücher abzurufen.

13.1.8 Den BookMonkey erweitern: eigene Pipe für die ISBN implementieren

Story – ISBN-Pipe

Als Leser möchte ich, dass die ISBN-Nummer passend formatiert wird, um sie leichter visuell erfassen zu können.

- Die ersten drei Zeichen der ISBN sollen durch einen Bindestrich vom restlichen Teil der Nummer getrennt werden.

Die ISBN eines Buchs wird im Moment nur als Folge von Zahlen angezeigt. Es ist üblich, die Nummer durch Bindestriche zu gliedern, damit sie besser lesbar ist. Deshalb soll eine Pipe entwickelt werden, die die ISBN entsprechend unterteilt. Als Eingabewert wird eine unformatierte ISBN als Folge von Ziffern erwartet.

Listing 13–43 *Verwendung der* IsbnPipe

```
{{ '9781234567890' | isbn }}
```

Listing 13–44 *Erwartete Ausgabe*

```
978-1234567890
```

Grundgerüst anlegen

Wir legen zunächst das Grundgerüst der Pipe an. Alle Custom Pipes der Anwendung sollen ebenfalls im Unterverzeichnis `shared` abgelegt werden, damit sie global genutzt werden können. Dazu können wir wieder die Angular CLI verwenden:

```
$ ng g pipe shared/isbn
```

Wir erhalten somit die folgende Dateistruktur:

```
src
└─ app
   ├─ book-details
   │  └─ ...
   ├─ book-form
   │  └─ ...
   ├─ book-list
   │  └─ ...
   ├─ book-list-item
   │  └─ ...
   ├─ shared
   │  ├─ isbn.pipe.ts
   │  └─ ...
   ├─ home
   │  └─ ...
   ├─ search
   │  └─ ...
   └─ ...
```

Das letzte Argument ist die Pfadangabe und gleichzeitig der Name für die Klasse und die Pipe. Der Klassenname wird automatisch in CamelCase konvertiert. In den Metadaten des Decorators steht der Name, mit dem wir die Pipe im Template verwenden können.

Das erzeugte Grundgerüst sieht wie folgt aus:[2]

Listing 13–45
Grundgerüst der IsbnPipe

```
import { Pipe, PipeTransform } from '@angular/core';

@Pipe({
  name: 'isbn'
})
export class IsbnPipe implements PipeTransform {

  transform(value: any, args?: any): any {
    return null;
  }

}
```

Funktionsweise der IsbnPipe

In das Grundgerüst können wir die Transformationsfunktion für die ISBN-Formatierung einbauen. Die Pipe soll wie folgt funktionieren:

- Es wird eine unformatierte ISBN als String übergeben.
- Nach der dritten Ziffer wird ein Bindestrich eingefügt.
- Ist der Eingabewert leer, so wird `null` zurückgegeben.

IsbnPipe *implementieren*

Die Funktionalität ist schnell implementiert. Als Erstes geben wir in der Methodensignatur an, dass die Pipe als Rückgabewert einen `string` liefert. Außerdem typisieren wir das erste Argument für den Eingabewert und geben ihm den Namen `value`. Das zweite Argument können wir entfernen, da die Pipe außer dem Eingabewert keine weiteren Argumente erhalten soll. Schließlich können wir die ISBN mithilfe von `substr()` in Teile schneiden und den Bindestrich einfügen. Den fertig transformierten Wert geben wir mit `return` aus der Funktion zurück.

Listing 13–46
Komplette Implementierung der IsbnPipe

```
import { Pipe, PipeTransform } from '@angular/core';

@Pipe({
  name: 'isbn'
})
```

[2] Lassen Sie sich nicht verwirren: Obwohl das zweite Argument den Namen `args` trägt, wird dort nur *ein einziger* Wert übergeben. Benötigen wir weitere Argumente, können wir die Methodensignatur einfach erweitern.

```
export class IsbnPipe implements PipeTransform {
  transform(value: string): string {
    if (!value) { return null; }
    return `${value.substr(0, 3)}-${value.substr(3)}`;
  }
}
```

IsbnPipe *im Template verwenden*

Wir können die neue Pipe jetzt in unseren Templates verwenden, um die ISBN zu formatieren. Dazu müssen wir die Templates für die Detailansicht und das Listenelement bearbeiten:

Listing 13–47 *Ausschnitt aus* book-details .component.html *mit* IsbnPipe

```
<div class="four wide column">
  <h4>ISBN</h4>
  {{ book.isbn | isbn }}
</div>
```

Listing 13–48 *Ausschnitt aus* book-list-item .component.html *mit* IsbnPipe

```
<div class="metadata">
  <!-- ... -->
  ISBN {{ book.isbn | isbn }}
</div>
```

Der BookMonkey zeigt die ISBN zu einem Buch jetzt formatiert an.

Abb. 13–3 *Formatierte ISBN in der Detailansicht*

Was haben wir gelernt?

- Pipes werden eingesetzt, um Daten im Template zu transformieren.
- Eine Pipe wird mit dem Pipe-Symbol | an einen Template-Ausdruck angehängt.
- Mehrere Pipes können verkettet werden. Das Ergebnis einer Pipe wird an die nächste weitergegeben.
- Pipes können Parameter verarbeiten. Sie werden mit Doppelpunkten an die Pipe angehängt.
- Angular bringt eine Reihe von eingebauten Pipes mit.
- Die Darstellung einiger Pipe-Resultate ist abhängig von der gesetzten `LOCALE_ID`.

- Es können eigene Pipes entwickelt werden. Dazu wird eine Klasse angelegt, die das Interface `PipeTransform` implementiert und den Decorator `@Pipe()` trägt.
- Die AsyncPipe ist ein nützlicher Helfer, um Observables im Template aufzulösen. Die Pipe beendet automatisch die aktiven Subscriptions, sobald die Komponente verlassen wird.
- Mit dem Schlüsselwort `as` von `ngIf` können wir die Daten zwischenspeichern, die von der AsyncPipe aufgelöst wurden. Damit vermeiden wir doppelte Subscriptions auf dasselbe Observable.

Demo und Quelltext:
https://ng-buch.de/bm3-it5-pipes

13.2 Direktiven: das Vokabular von HTML erweitern

Mit den Pipes, die wir im vergangenen Abschnitt kennengelernt haben, können wir eine Ausgabe im Template in eine andere Form transformieren. In diesem Abschnitt lernen wir einen weiteren Baustein kennen, der bei der Arbeit mit Angular wichtig ist: Direktiven. Mit Direktiven können wir das Verhalten von DOM-Elementen steuern. Wir betrachten die Eigenschaften der verschiedenen Direktivenarten und lernen, wie wir eigene Direktiven entwickeln können.

13.2.1 Was sind Direktiven?

Direktiven sind Klassen, die einem DOM-Element eine zusätzliche Logik zuordnen. Zur Verdrahtung besitzt jede Direktive einen Selektor, mit dem sie an konkrete DOM-Elemente gebunden wird, z. B. durch einen spezifischen Elementnamen oder ein Attribut eines Elements. Beinhaltet ein Template ein Element, das zu diesem Selektor passt, wird die Direktive angewendet und steuert das Verhalten des Elements. Ein solches Element, auf dem eine Direktive aktiv ist, nennt sich *Host-Element*. Wir erweitern also mit Direktiven das Vokabular von HTML, indem wir eigene Namen einführen, die mit einer Logik behaftet sind.

Host-Element

Komponenten sind auch Direktiven.

Die bekannteste Form der Direktiven haben wir übrigens schon kennengelernt: die Komponenten. Komponenten sind Direktiven mit einem *eigenen* Template. Sie haben die wichtige Aufgabe, Inhalt und Logik zu verbinden, und sind die Grundbausteine einer Angular-Anwendung.

Neben Komponenten unterscheiden wir zwei weitere Arten von Direktiven:

- Attributdirektiven
- Strukturdirektiven

Attributdirektiven

Attributdirektiven werden eingesetzt, um das Aussehen oder das Verhalten eines DOM-Elements zu verändern, also die »inneren« Eigenschaften. Man nennt sie Attributdirektiven, weil sie immer über ein HTML-Attribut getriggert werden und sich nur auf das Element selbst auswirken:

```
<div [ngClass]="myClass">Text</div>
```

Strukturdirektiven

Strukturdirektiven hingegen verändern die Struktur des DOM-Baums, indem sie Elemente hinzufügen oder entfernen. Das eigene Verhalten des Elements ändert sich nicht, sondern die Position im DOM kann verändert werden. Bekannte Vertreter sind `ngIf`, `ngFor` und `ngSwitch`.

```
<div *ngIf="showText">Mein Text</div>
```

13.2.2 Eigene Direktiven entwickeln

Wir wollen eine erste kleine eigene Direktive entwickeln. Der Grundaufbau ist grundsätzlich gleich, egal ob wir eine Attribut- oder Strukturdirektive bauen. Der Unterschied besteht in ihrer konkreten Implementierung: Steuert die Direktive das Verhalten des Host-Elements oder manipuliert sie den DOM-Baum?

Der Decorator @Directive()

Eine Direktive besteht aus einer TypeScript-Klasse, die mit Metadaten versehen wird. Das geschieht mit dem Decorator `@Directive()` aus dem Paket `@angular/core`.

Die Metadaten werden als Objekt in den Decorator hineingegeben, wie wir es schon von den Pipes und Komponenten kennen. Der wichtigste Schlüssel ist der `selector`. Hier geben wir einen CSS-Selektor an, der definiert, an welches Host-Element die Direktive gebunden werden soll. Dieses Grundprinzip kennen wir schon von den Komponenten, allerdings wählen wir bei Direktiven das Host-Element meist anhand eines Attributs aus.

Attributselektoren werden in eckigen Klammern notiert.

Wenn wir an ein Attribut binden wollen, müssen wir den Attributnamen immer in eckigen Klammern notieren, denn das ist der Weg, Attributnamen mit CSS-Selektoren zu matchen.

Dabei ist es egal, ob wir die Direktive im Template als `myDirective`, `[myDirective]` oder `*myDirective`[3] nutzen wollen. Wie bei allen anderen Direktiven auch, sollte man den Namen in *camelCase* angeben (Listing13–49). Versehen wir ein DOM-Element mit diesem Attribut, wird die Direktive für das Element aktiviert (Listing 13–50). Bevor wir Direktiven verwenden können, müssen wir sie allerdings noch im Modul deklarieren. Dazu importieren wir die Direktivenklasse und fügen sie im Abschnitt `declarations` im `AppModule` ein, siehe Listing 13–51.

Direktiven müssen im Modul deklariert werden.

Listing 13–49 *Grundgerüst einer Direktivenklasse*

```
import { Directive } from '@angular/core';

@Directive({ selector: '[myDirective]' })
export class MyDirective { }
```

Listing 13–50 MyDirective *im Template verwenden*

```
<div myDirective>Lorem ipsum</div>
```

Listing 13–51 *Direktive in das* AppModule *einbinden*

```
// ...
import { MyDirective } from './shared/my.directive';

@NgModule({
  declarations: [
    AppComponent,
    MyDirective
  ],
  // ...
})
export class AppModule { }
```

Im Beispiel wird das Attribut unserer Direktive ohne Wert angegeben. In vielen Fällen wollen wir allerdings Daten in eine Direktive hineingeben, mit denen wir das Verhalten steuern können. Wir können das Attribut der Direktive direkt verwenden, um einen Wert oder Ausdruck zu übergeben:

Werte an Direktiven übergeben

Listing 13–52 *Werte an die Direktive übergeben*

```
<div myDirective="value">Angular</div>
<div [myDirective]="expression">Lorem ipsum</div>
<div *myDirective="expression">Foobar</div>
```

[3] Zur Erinnerung: `myDirective`: Attributdirektive in Attribut-Schreibweise, `[myDirective]`: Attributdirektive als Property Binding, `*myDirective`: Strukturdirektive. Mehr dazu gleich!

Ausdrücke werden vor der Übergabe ausgewertet.

Hier sei noch einmal hervorgehoben, dass der Ausdruck immer ausgewertet wird, bevor er an die Direktive übergeben wird. Das ist das Prinzip, das wir von den Property Bindings kennen. Im Listing 13–52 würde der Ausdruck `expression` z. B. ein Property der Komponente meinen, in deren Template wir uns befinden. Wollen wir einen String als Wert übergeben, müssen wir das Attribut ohne Klammern oder Stern angeben (siehe Zeile 1 in Listing 13–52), oder wir notieren das Literal als Ausdruck: `[myDirective]="'foobar'"`.

Werte in der Direktive auslesen

Innerhalb der Direktive können wir den angegebenen Wert über den `@Input()`-Decorator auslesen, wie wir es schon von den Komponenten kennen. Das Input-Property hört dabei immer auf den Namen der Direktive, denn so lautet ja auch der Name des Attributs, dessen Wert wir auslesen wollen. Technisch gesehen verwenden wir also ein Property Binding.

Listing 13–53 *Attributwerte innerhalb der Direktive auslesen*

```
import { Directive, Input } from '@angular/core';

@Directive({ selector: '[myDirective]' })
export class MyDirective {
  @Input() myDirective: string;
}
```

Werte aus anderen Propertys auslesen

Tatsächlich können wir auf diese Weise auch alle anderen Propertys des Host-Elements auslesen, auch wenn sie nichts mit der Direktive zu tun haben. Damit ist es möglich, weitere Daten in die Direktive hineinzugeben (`anotherProp`) oder den Wert anderer Direktiven oder nativer Propertys (`class`) auszulesen (Listings 13–54 und 13–55). Dahinter steckt das schon bekannte Konzept der Property Bindings.

Listing 13–54 *Propertys auf dem Host-Element*

```
<div [myDirective]="expression" anotherProp="loremipsum"
    ↪ class="myclass"></div>
```

Listing 13–55 *Propertys auslesen*

```
@Input() myDirective: string;
@Input() anotherProp: string;
@Input() class: string;
```

13.2.3 Attributdirektiven

Das Host-Element verändern

Die wichtigste Eigenschaft einer Attributdirektive ist die, dass sie nur ihr eigenes Host-Element verändert. Damit wir dieses Verhalten implementieren können, müssen wir auf das Host-Element zugreifen können.

Dafür gibt es zwei mögliche Wege:

- über *Host Bindings*
- mit Direktzugriff auf das Element mit der Klasse `ElementRef`

Mit Host Bindings auf Eigenschaften zugreifen

Mit Host Bindings können wir *Propertys* des Host-Elements setzen. Das grundsätzliche Prinzip der Bindings ist uns schon aus der ersten Iteration bekannt. Die wichtigsten Bindings sind noch einmal in Tabelle 13–5 aufgelistet.

Tab. 13–5
Übersicht Bindings

Binding	Art	Verwendung
`[foobar]`	**Property Binding**	Zugriff auf eine Eigenschaft des Elements mit einem Template-Ausdruck
`[style.color]`	**Style Binding**	Setzen einer CSS-Eigenschaft
`[class.myclass]`	**Class Binding**	Setzen einer CSS-Klasse
`[attr.colspan]`	**Attribute Binding**	Zugriff auf den Wert eines nativen Attributs

Der Decorator @HostBinding()

Um ein Host Binding auszuführen, verwenden wir den Decorator `@HostBinding()` aus dem Modul `@angular/core`. Wir dekorieren damit eine Eigenschaft oder eine Getter-Methode in der Direktivenklasse.

Als Bezeichner für das Binding wird der Name der Eigenschaft/Methode verwendet. Das funktioniert für einfache Namen wie `class` oder `title` gut, kann aber nicht für Bindings wie `class.myclass` eingesetzt werden, weil `class.myclass` kein gültiger Name für eine Klasseneigenschaft oder Variable ist. Wir können deshalb als Argument für den Decorator einen Bezeichner für das Binding angeben. Der Name der Eigenschaft/Methode hat dann keine Auswirkung. Wichtig ist, dass wir keine eckigen Klammern setzen, wie wir es im HTML tun würden, sondern nur den einfachen Attributnamen verwenden.

Als Wert für das Binding wird der Rückgabewert der Methode bzw. der Wert der Eigenschaft verwendet. Einige Beispiele sind im Listing 13–56 zu sehen.

Listing 13–56
Beispiele für Host Bindings

```
import { Directive, HostBinding } from '@angular/core';

@Directive({ selector: '[myDirective]' })
```

```
export class MyDirective {
  // Eigenschaft 'class' auf 'active' setzen
  @HostBinding() class: string = 'active';

  // Eigenschaft 'title' auf 'Mein Titel' setzen
  @HostBinding() get title(): string { return 'Mein Titel'; }

  // CSS-Klasse 'active' anwenden
  @HostBinding('class.active') isActive: boolean = true;

  // CSS-Eigenschaft 'color' auf 'red' setzen
  @HostBinding('style.color') get foo(): string { return 'red'; }
}
```

Direktzugriff auf das Element mit `ElementRef`

In den meisten Fällen reichen die Host Bindings aus, um die Eigenschaften des Host-Elements aus der Direktive heraus zu ändern. Bindings erlauben allerdings keinen direkten Zugriff auf das DOM-Element.

Hier hilft die Klasse `ElementRef` aus dem Paket `@angular/core`. Die Eigenschaft `nativeElement` ist eine Referenz auf das tatsächliche DOM-Element, als hätten wir es mit `document.getElementById()` angesprochen. Wir können sie wie das Element selbst behandeln und z. B. Style-Eigenschaften setzen (Listing 13–57). `ElementRef` muss mittels Dependency Injection in der Direktive bekannt gemacht werden.

Listing 13–57 *Direktzugriff mit* ElementRef

```
import { Directive, ElementRef } from '@angular/core';

@Directive({ selector: '[myDirective]' })

export class MyDirective {
  constructor(el: ElementRef) {
    el.nativeElement.style.color = 'red';
  }
}
```

Vorsicht mit ElementRef

Die meisten Anwendungsfälle können mit Host Bindings abgedeckt werden. Sie bieten uns eine Schnittstelle, die im Lebenszyklus von Angular arbeitet und die verwendete Plattform abstrahiert. Wenn möglich, sollte *immer* ein Binding verwendet werden, anstatt das DOM-Element über `ElementRef` direkt zu manipulieren.

Mit dem Host Listener auf Events eines Host-Elements reagieren

Der Decorator @HostListener()

Häufig verwendet man Attributdirektiven, um auf Ereignisse zu reagieren, die auf dem Host-Element auftreten. Diese Events lassen sich durch den Decorator `@HostListener()` abfangen, sodass wir in der Attributdirektive darauf reagieren können. Dekorieren wir eine Methode mit einem Host Listener, wird sie immer dann automatisch ausgeführt, wenn das zugehörige Event auf dem Host-Element auftritt.

Im Listing 13–58 wird die Methode `myClickHandler()` immer dann ausgeführt, wenn das Host-Element ein `click`-Event emittiert.

Listing 13–58 *Host Listener verwenden, um auf Events auf dem Host-Element zu reagieren*

```
import { Directive, HostListener } from '@angular/core';

@Directive({ selector: '[myDirective]' })

export class MyDirective {
  @HostListener('click') myClickHandler() {
    // auf Klick reagieren
  }
}
```

Eigene Direktive mit Host Listener

Wir möchten dazu gern noch ein komplexeres Beispiel zeigen: Wir wollen eine Direktive bauen, mit der ein Element beim Mouseover hervorgehoben wird. Sobald der Mauszeiger über das Host-Element fährt, soll eine CSS-Klasse hinzugefügt werden. Verlässt der Zeiger den Bereich des Host-Elements, soll die Klasse wieder entfernt werden.

Wir benötigen dafür zwei Host Listener, die anschlagen, wenn die Maus das Element berührt oder wieder verlässt.

Listing 13–59 *Grundgerüst für eine Highlight-Direktive*

```
import { Directive, HostBinding, HostListener } from
    ↪ '@angular/core';

@Directive({
  selector: '[myHighlight]'
})
export class MyHighlightDirective {
  @HostListener('mouseenter') highlightOn() { }
  @HostListener('mouseleave') highlightOff() { }
}
```

Um die CSS-Klasse zu setzen, gibt es zwei Wege, die wir beide aufzeigen möchten.

CSS-Klasse mit Host Bindings setzen

Wir schauen uns zunächst den eleganteren Weg mit Host Bindings an. Mit einem Class Binding können wir eine CSS-Klasse hinzufügen, wenn der angegebene Ausdruck wahr ist. Genauso gehen wir auch vor, wenn wir CSS-Klassen mit Host Bindings verarbeiten wollen. Wir legen dazu eine Eigenschaft (highlightActive) vom Typ boolean an und binden sie an die CSS-Klasse .highlight. Ist die Eigenschaft *true*, wird die Klasse auf das Host-Element gesetzt, andernfalls wird sie entfernt.

Listing 13–60
Highlight-Direktive mit Host Binding

```
import { Directive, HostBinding, HostListener }
        ↪ from '@angular/core';

@Directive({
  selector: '[myHighlight]'
})
export class MyHighlightDirective {

  @HostBinding('class.highlight') highlightActive = false;

  @HostListener('mouseenter') highlightOn() {
    this.highlightActive = true;
  }

  @HostListener('mouseleave') highlightOff() {
    this.highlightActive = false;
  }
}
```

CSS-Klasse mit dem Renderer setzen

Den zweiten, umständlicheren und nicht empfehlenswerten Weg wollen wir der Vollständigkeit halber ebenfalls zeigen. Mittels ElementRef erhalten wir direkten Zugriff auf das Host-Element und können es nach Belieben manipulieren.

Die Klasse Renderer2 stellt uns dazu nützliche Methoden bereit, mit denen wir unter anderem CSS-Klassen und Attribute hinzufügen oder entfernen können. Die Methode addClass() fügt dem Element eine Klasse hinzu, während removeClass() eine Klasse des Elements entfernt. Beide Methoden erwarten im ersten Argument eine Referenz auf das Element. Das zweite Argument beinhaltet den CSS-Klassennamen.

Listing 13–61
Highlight-Direktive mit ElementRef *und* Renderer2

```
import { Directive, ElementRef, HostListener, Renderer2 }
        ↪ from '@angular/core';

@Directive({
  selector: '[myHighlight]'
})
```

```
export class MyHighlightDirective {

  constructor(
    private el: ElementRef,
    private renderer: Renderer2
  ) { }

  @HostListener('mouseenter') highlightOn() {
    this.renderer.addClass(
      this.el.nativeElement,
      'highlight'
    );
  }

  @HostListener('mouseleave') highlightOff() {
    this.renderer.removeClass(
      this.el.nativeElement,
      'highlight'
    );
  }
}
```

Warum die erste Variante mit Host Bindings diesem zweiten Weg vorzuziehen ist, ist schnell erkennbar. Die zweite Variante ...

- hat Abhängigkeiten, die initialisiert werden müssen,
- ist länger und unübersichtlicher und
- greift direkt auf das DOM-Element zu, anstatt die Abstraktion von Angular zu nutzen. Dadurch ist die Anwendung nicht mehr plattformunabhängig.

Vermeiden Sie also, wenn möglich, das `ElementRef` und nutzen Sie die Schnittstellen von Angular.

13.2.4 Strukturdirektiven

Attributdirektiven, wie wir sie im vorangegangenen Beispiel kennengelernt haben, ändern immer das Verhalten eines Elements. Im Gegensatz dazu sorgen Strukturdirektiven dafür, dass die Struktur des DOM verändert wird, während das Element selbst unverändert bleibt. Strukturdirektiven fügen also neue Elemente zum DOM hinzu oder entfernen existierende.

Eingebaute Strukturdirektiven

Wir haben in diesem Buch bereits einige eingebaute Strukturdirektiven kennengelernt. Sie sind in Tabelle 13–6 noch einmal mit ihrer jeweiligen Funktion aufgeführt.

Tab. 13–6 *Eingebaute Strukturdirektiven*

Binding	Verwendung
`*ngFor="let e of items"`	Wiederholt das DOM-Element für jedes Element des Arrays `items`
`*ngIf="condition"`	Fügt ein Element zum DOM hinzu, wenn der Ausdruck `condition` wahr ist. Ist das Ergebnis der Prüfung unwahr, kann ein alternatives Template angezeigt werden (*else*-Zweig, siehe Abschnitt 24.2 ab Seite 645).
`[ngSwitch]="switch"`, `*ngSwitchCase="match"`, `*ngSwitchDefault`	Prüft den Ausdruck `switch` auf dem Elternelement auf Übereinstimmung mit den Fällen `match`. Es werden die Elemente in den DOM eingefügt, deren `match` dem `switch` entspricht. Trifft das auf kein Element zu, wird (sofern vorhanden) das Element hinzugefügt, das die Direktive `ngSwitchDefault` trägt.

Strukturdirektiven sind immer dann sinnvoll, wenn Elemente in Abhängigkeit von bestimmten Faktoren ein- und ausgeblendet werden sollen. Die Möglichkeiten sind sehr vielfältig: Denken Sie beispielsweise an Feature-Toggles, zeitliche Verzögerung oder Sichtbarkeit abhängig von Berechtigungen:

```
<div *featureToggle="'books'">Bücher</div>
<p *delay="500">Ich bin verzögert</p>
<button *hasPermission="'admin'">Do admin stuff</button>
```

All diese Strukturdirektiven aus dem Beispiel existieren natürlich nicht, solange wir sie nicht selbst entwickeln – sollen aber die praktischen Möglichkeiten aufzeigen.

Kurz- und Langform

Strukturdirektiven werden immer mit dem Stern-Symbol (`*`) eingeleitet. Diese andere Syntax ist nicht nur dazu gedacht, sich von den Attributdirektiven zu unterscheiden, sondern hat auch einen technischen Hintergrund: Angular wandelt diese Kurzschreibweise in eine Langform um und verwendet dabei das Element `<ng-template> </ng-template>`. Sehen wir uns beide Schreibweisen einmal im Vergleich am Beispiel von `ngIf` an. Wir übergeben an die Direktive einen Ausdruck. Ist der Wert des Ausdrucks *wahr*, wird das Element in den DOM-Baum eingefügt, andernfalls wird es entfernt.

Im Listing 13–62 sind für dieses Beispiel die Kurz- und die Langform aufgeführt. Die Syntax mit dem Stern `*ngIf` wird umgewandelt in ein `<ng-template>`, das die Attributdirektive `[ngIf]` trägt. In diesem Template-Element befindet sich das eigentliche HTML-Element, auf dem vorher die Strukturdirektive zu finden war.

Listing 13–62 Alternativer Aufruf von ngIf

```
<!-- Kurzform -->
<p *ngIf="myValue">Ein Text</p>

<!-- Langform -->
<ng-template [ngIf]="myValue">
  <p>Ein Text</p>
</ng-template>
```

Für die konkrete Verwendung der Strukturdirektiven ist es gar nicht wichtig, dass Sie die Langform kennen. Mit dem Wissen darüber, wie Direktiven funktionieren, fällt die Implementierung allerdings viel leichter. Es ist also vollkommen egal, ob Sie die Schreibweise mit dem Stern verwenden oder selbst ein `<ng-template>` bauen und die Direktive wie gewöhnlich einsetzen.

ng-template

`<ng-template>` ist unsichtbar. Tatsächlich gibt es einen wichtigen Unterschied zwischen Entfernen und Ausblenden, siehe dazu den Kasten auf Seite 375. Alle Template-Tags werden grundsätzlich aus dem DOM entfernt und werden nicht gerendert. Doch keine Angst, das Template ist nicht endgültig verschwunden, sondern wir können es bei Bedarf manuell wieder anzeigen – mit einer Strukturdirektive.

```
<div>Lorem</div>                            <div>Lorem</div>
<ng-template>ipsum</ng-template>            <!---->
<div>dolor</div>                            <div>dolor</div>
```

Abb. 13–4 *Auswertung von* <ng-template> *im Browser*

Der Unterschied zwischen Entfernen und Ausblenden

Strukturdirektiven können Elemente aus dem DOM entfernen. Macht es nun einen Unterschied, ob wir ein Element mit CSS-Eigenschaften unsichtbar machen oder es tatsächlich aus dem DOM entfernen? Beide Varianten sorgen dafür, dass ein Element im Browser nicht mehr sichtbar ist. Blenden wir Elemente jedoch lediglich aus, so sind sie tatsächlich noch vorhanden und werden verarbeitet. Es werden also auftretende Events behandelt, Bindings aktualisiert, und die Change Detection von Angular ist aktiv, um Änderungen in den Daten festzustellen. Bei größeren Datenmengen oder vielen Kindkomponenten und Abhängigkeiten kann das zu Einbußen in der Performance führen. Wird ein Element hingegen aus dem DOM entfernt, so ist es tatsächlich nicht vorhanden und muss auch nicht gerendert werden.

Eigene Strukturdirektiven entwickeln

Strukturdirektiven haben denselben Grundaufbau wie Attributdirektiven. Der wichtige Unterschied ist, dass Strukturdirektiven immer auf ein Template-Element angewendet werden und demnach nur dieses Template verarbeiten.

View Container

Jedes Element hat einen sogenannten *View Container*, in den Templates eingebettet werden können. Nach genau diesem Prinzip gehen Komponenten vor, wenn sie ein eigenes Template in ihr Host-Element einfügen. Mit Strukturdirektiven können wir den View Container steuern und Templates einbetten. Dadurch können wir selbst entscheiden, unter welchen Umständen wir das Element anzeigen möchten.

Angular bietet uns zwei Schnittstellen, um Templates und View Container verwalten zu können: `ViewContainerRef` liefert eine Referenz auf den View Container des Host-Elements, `TemplateRef` ermöglicht den Zugriff auf das Template.

Beispiel: ngIf *nachbauen*

Wir wollen die Konzepte wieder an einem Beispiel erläutern und werden deshalb nun die Direktive `ngIf` nachbauen. Sie soll den Namen `myIf` tragen und grundlegend die gleiche Funktionalität haben.[4]

Das Grundgerüst der Direktive ist genauso wie für eine Attributdirektive. Wir injizieren zunächst die Klassen `ViewContainerRef` und `TemplateRef` in den Konstruktor. Da die Direktive für jedes Template funktionieren soll, geben wir für den Inhalt des Templates den Typ `any` an. Außerdem müssen wir den Wert auslesen, der als Bedingung an die Direktive übergeben wird: Das funktioniert mit einem Input-Property. Wir müssen nun in der Direktive prüfen, ob die angegebene Bedingung wahr ist. Wenn ja, soll das Template angezeigt werden, wenn nicht, wird es entfernt. Das Input-Property deklarieren wir als Setter-Methode, denn so wird die Methode immer dann ausgeführt, wenn sich der Wert des Bindings ändert. Das ist ideal, weil die Direktive so auf Änderungen der Bedingung sofort reagieren kann.

ViewContainerRef

Die Klasse `ViewContainerRef` verfügt über die Methode `createEmbeddedView()`. Damit können wir ein Template in den View Container einbetten. Das Gegenstück ist die Methode `clear()`, mit der das Template wieder entfernt wird.

Im Listing 13–63 ist eine mögliche Implementierung für die `myIf`-Direktive zu sehen.

Listing 13–63 *Die neue Strukturdirektive* myIf

```
import { Directive, Input, TemplateRef, ViewContainerRef }
    ↪ from '@angular/core';
@Directive({ selector: '[myIf]' })
```

[4] Tatsächlich kann `ngIf` noch viel mehr, als nur Elemente ein- und auszublenden. Auf diese Funktionalitäten wollen wir hier allerdings verzichten.

```
export class MyIfDirective {
  constructor(
    private templateRef: TemplateRef<any>,
    private viewContainerRef: ViewContainerRef
  ) { }

  @Input() set myIf(condition: boolean) {
    if (condition) {
      this.viewContainerRef
        .createEmbeddedView(this.templateRef);
    } else {
      this.viewContainerRef.clear();
    }
  }
}
```

Damit haben wir eine kleine eigene Strukturdirektive entwickelt, die das grundsätzliche Verhalten von `ngIf` nachstellt. Wenn Sie möchten, schauen Sie sich doch einmal die tatsächliche Implementierung von `ngIf` im GitHub-Repo von Angular an.[5] Sie ist ein wenig komplexer, setzt aber die gleichen Schnittstellen ein.

Mehrere Strukturdirektiven auf einem Element

Wir können grundsätzlich mehrere Attributdirektiven auf einem Element verwenden. Bei Strukturdirektiven verhält sich das anders: Es ist nur eine einzige Strukturdirektive pro Element gültig. Das liegt zum einen daran, dass die Kurz- in die Langform umgesetzt werden muss, hat aber noch einen anderen Grund: HTML-Attribute haben keine Reihenfolge. Angular kann also nicht wissen, in welcher Reihenfolge die Direktiven ausgeführt werden sollen. Erst das `ngIf` und dann das `ngFor` oder doch andersherum? Möchten Sie eine Hierarchie einführen, müssen Sie mehrere Elemente verschachteln. Dafür können Sie übrigens auch das Element `<ng-container>` verwenden:

```
<!-- funktioniert nicht -->
<div *ngIf="isValid" *ngFor="let e of items">...</div>

<!-- stattdessen -->
<ng-container *ngIf="isValid">
  <div *ngFor="let e of items">...</div>
</ng-container>
```

Diesen Container haben wir schon im Kapitel zu Pipes kennengelernt. Wir erinnern uns: `<ng-container>` ist ein Hilfselement von Angular und ist im Browser nicht sichtbar.

[5] https://ng-buch.de/a/60 – GitHub: Quelltext von `ng_if.ts`

Zusammenfassung

Wir haben auf den vorangegangenen Seiten gelernt, wie wir mit Attributdirektiven das Verhalten von Elementen verändern können. Außerdem haben wir Strukturdirektiven kennengelernt, mit denen wir Templates in den View Container eines Elements einbetten oder daraus entfernen können. Auf den nachfolgenden Seiten wollen wir das erlernte Wissen nutzen, um eine Attribut- und eine Strukturdirektive für den BookMonkey zu entwickeln.

13.2.5 Den BookMonkey erweitern: Attributdirektive für vergrößerte Darstellung

Story – Attributdirektiven

Als Leser möchte ich eine vergrößerte Darstellung des Buchcovers sehen, um Details der Gestaltung und sonstige Besonderheiten zu erkennen.

- Das dargestellte Buchcover soll beim Darüberfahren mit dem Mauszeiger vergrößert werden.

In der Listenansicht werden aktuell nur kleine Vorschaubilder angezeigt. Oft können beim ersten Blick nur wenig Details auf dem Buchcover erfasst werden. Wir wollen im BookMonkey daher eine eigene Attributdirektive implementieren, die das Vorschaubild in der Listenansicht vergrößert darstellt, sobald man mit dem Mauszeiger darüberfährt. Diese Anforderung lässt sich auch mit reinem CSS lösen, wir wollen hier aber dafür einmal Angular einsetzen.

Das Framework Semantic UI bringt schon einige CSS-Klassen mit, mit denen wir die Größe eines Bilds verändern können. Aufgabe der Direktive soll also sein, beim Mouseover eine CSS-Klasse auf das Element zu setzen und sie beim Mouseout wieder zu entfernen. Wir nennen die neue Direktive also `Zoom`.

Wir legen zunächst das Grundgerüst an und nutzen dafür wieder die Angular CLI:

Listing 13–64
Direktive anlegen mit der Angular CLI

```
$ ng g directive shared/zoom
```

Wir erhalten somit die folgende Dateistruktur:

```
src
└─ app
   ├─ book-details
   ├─ book-form
   ├─ book-list
   ├─ book-list-item
   ├─ create-book
   ├─ edit-book
   ├─ form-messages
   ├─ shared
   │  ├─ zoom.directive.ts
   │  └─ ...
   ├─ home
   ├─ search
   └─ ...
```

Die neue Direktive wird automatisch zum `AppModule` im Abschnitt `declarations` hinzugefügt:

Listing 13–65 *Die neue Direktive im* AppModule *bekannt machen* (app.module.ts)

```
// ...
import { ZoomDirective } from './shared/zoom.directive';

@NgModule({
  declarations: [
    // ...
    ZoomDirective
  ],
  // ...
})
export class AppModule {
  // ...
}
```

Die Direktivenklasse hat den Namen `ZoomDirective` und trägt den Decorator `@Directive()`. In den Metadaten ist der CSS-Selektor angegeben, denn die Direktive soll an das Attribut `bmZoom` binden.

CSS-Klasse mit Host Bindings setzen

Semantic UI bringt für die Bildgröße bereits die CSS-Klasse `small` mit.[6] Wir nutzen innerhalb der Direktive deshalb ein Host Binding, um die Klasse zu setzen. Das Binding knüpfen wir an die Eigenschaft `isZoomed`, sodass die Klasse gesetzt wird, wenn die Eigenschaft den Wert `true` annimmt.

[6] https://ng-buch.de/a/61 – Semantic UI: Image

Events mit Host-Listenern abfangen

Über zwei Host Listener fangen wir nun die Events ab, die auftreten, sobald sich der Mauspfeil über dem Bild befindet bzw. sobald er den Bereich des Bilds verlässt. In den beiden zugehörigen Methoden setzen wir die Eigenschaft `isZoomed` auf `true` bzw. `false`. Dadurch wird das Binding aktualisiert und die CSS-Klasse auf das Host-Element angewendet bzw. entfernt.

Listing 13–66
Die Implementierung der ZoomDirective (zoom.directive.ts)

```
import { Directive, HostBinding, HostListener } from
    ↪ '@angular/core';

@Directive({
  selector: '[bmZoom]'
})
export class ZoomDirective {
  @HostBinding('class.small') isZoomed: boolean;

  @HostListener('mouseenter') onMouseEnter() {
    this.isZoomed = true;
  }
  @HostListener('mouseleave') onMouseLeave() {
    this.isZoomed = false;
  }
}
```

Direktive im Template verwenden

Wir können unsere neue Direktive jetzt verwenden und in unsere Listenansicht in der Datei `book-list-item.component.html` integrieren.

Listing 13–67
Die Direktive ins Template einbinden (book-list-item .component.html)

```
<img class="ui tiny image"
     *ngIf="book.thumbnails && book.thumbnails[0] &&
        ↪ book.thumbnails[0].url"
     [src]="book.thumbnails[0].url"
     bmZoom>
```

Ein Bild wird jetzt in der Listenansicht vergrößert dargestellt, sobald mit dem Mauszeiger darübergefahren wird (Abbildung 13–5). Nachdem der Mauszeiger den Bildbereich verlässt, wird das Bild wieder in der normalen Miniaturansicht angezeigt.

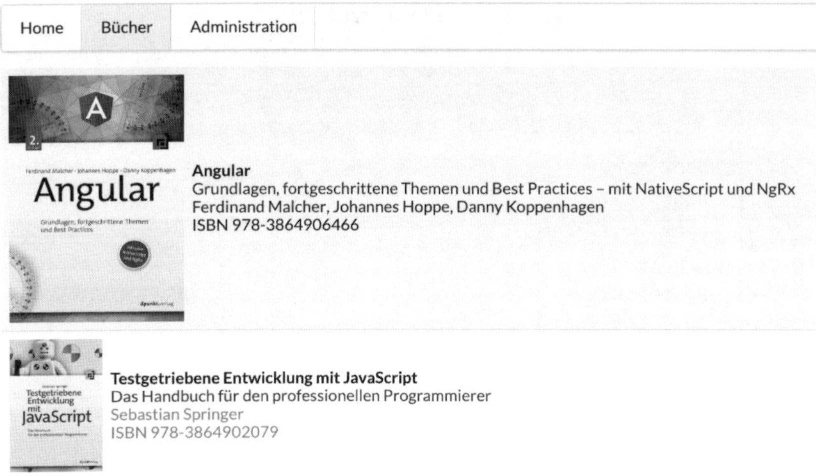

Abb. 13–5
Vergrößertes Bild in der Listenansicht

13.2.6 Den BookMonkey erweitern: Strukturdirektive für zeitverzögerte Sterne

Story – Strukturdirektiven

Als Leser möchte ich auf die Bewertung eines Buchs aufmerksam gemacht werden, um sie in meinen Entscheidungsprozess einzubeziehen, ob und wann ich das Buch lese.

- Die Bewertungssterne sollen zeitverzögert nacheinander eingeblendet werden.

Ist man auf der Suche nach einem guten Buch, so ist oft die Bewertung ein ausschlaggebendes Kriterium für den Kauf. Aus diesem Grund wollen wir die Bewertung eines Buchs in der Detailansicht optisch ein wenig hervorheben. Nach Aufrufen der Detailansicht sollen die Bewertungssterne nacheinander zeitlich gestaffelt erscheinen und damit die Aufmerksamkeit des Betrachtenden auf sich lenken.

Dieses Verhalten lässt sich sehr gut mit einer Strukturdirektive implementieren. Es soll eine `DelayDirective` entstehen, die ein Element erst nach einer festgelegten Zeit in den DOM einfügt. Sie soll wie folgt eingesetzt werden, um ein Element 500 ms verzögert anzuzeigen: <span *bmDelay="500"></span>.

Wir legen zunächst das Grundgerüst mithilfe der Angular CLI an:

```
$ ng g directive shared/delay
```

Listing 13–68
Direktive anlegen mit der Angular CLI

Wir erhalten damit die folgende Dateistruktur:

```
src
└── app
    ├── book-details
    ├── book-form
    ├── book-list
    ├── book-list-item
    ├── create-book
    ├── edit-book
    ├── form-messages
    ├── shared
    │   ├── delay.directive.ts
    │   └── ...
    ├── home
    ├── search
    └── ...
```

Die neue Direktive wurde wieder automatisch in unserem Modul deklariert:

Listing 13–69
Die neue Direktive im AppModule *deklarieren* (app.module.ts)

```
// ...
import { DelayDirective } from './shared/delay.directive';

@NgModule({
  declarations: [
    // ...
    DelayDirective
  ],
  // ...
})
export class AppModule {
  // ...
}
```

Die Direktive implementieren

Das Grundgerüst ist wieder wie gewohnt: Wir erhalten eine Klasse mit dem `@Directive()`-Decorator. Hier ist bereits der Selektor angegeben, und wir können die Direktive später im Template als `*bmDelay` einsetzen.

Einblendzeit über ein Input-Property auslesen

Damit wir die Einblendzeit als Argument an die Direktive übergeben können, legen wir ein Input-Property fest, über das wir den Wert empfangen. Der Name der Eigenschaft muss dem Selektor der Direktive entsprechen, denn wir wollen den Wert ja direkt an das Attribut übergeben.

Listing 13–70
Input-Propertys verwenden

```
import { Directive, Input } from '@angular/core';

@Directive({
  selector: '[bmDelay]'
})
export class DelayDirective {
  @Input() bmDelay;
  // ...
}
```

Anschließend injizieren wir im Konstruktor der Klasse die Abhängigkeiten `TemplateRef` und `ViewContainerRef`, denn diese beiden Klassen benötigen wir, um das Template im Host-Element anzuzeigen.

Listing 13–71
Abhängigkeiten in die Direktive injizieren

```
import { /* ... */, TemplateRef, ViewContainerRef }
        ↪ from '@angular/core';

@Directive({ /* ... */ })
export class DelayDirective {
  @Input() bmDelay;

  constructor(
    private templateRef: TemplateRef<any>,
    private viewContainerRef: ViewContainerRef
  ) { }
}
```

Timer für die Verzögerung

Die Verzögerung soll ablaufen, sobald das Element initialisiert wurde. Der Lifecycle-Hook `ngOnInit()` ist also der passende Ort, um einen Timer zu starten. Wir verwenden das native `setTimeout()` und setzen die angegebene Verzögerung `this.bmDelay` als Ablaufzeit. In der Callback-Funktion fügen wir das Template mittels `createEmbeddedView()` in den übergeordneten Container ein.

Listing 13–72
Das Template nach Ablauf der Zeit in den View Container einbetten

```
import { OnInit, /* ... */ } from '@angular/core';

@Directive({ /* ... */ })
export class DelayDirective implements OnInit {
  // ...
  ngOnInit() {
    setTimeout(() => {
      this.viewContainerRef.createEmbeddedView(this.templateRef);
    }, this.bmDelay);
  }
}
```

Unsere Direktive zum verzögerten Einblenden von Elementen ist damit schon vollständig. Die Direktive ist so konzipiert, dass wir die Dauer der Verzögerung von außen selbst bestimmen können. Wir wollen uns die fertige Direktive noch einmal als Ganzes ansehen:

Listing 13–73 *Die gesamte Strukturdirektive* (delay.directive.ts)

```
import { Directive, OnInit, Input, TemplateRef, ViewContainerRef }
    ↪ from '@angular/core';

@Directive({
  selector: '[bmDelay]'
})
export class DelayDirective implements OnInit {
  @Input() bmDelay;

  constructor(
    private templateRef: TemplateRef<any>,
    private viewContainerRef: ViewContainerRef
  ) { }

  ngOnInit() {
    setTimeout(() => {
      this.viewContainerRef.createEmbeddedView(this.templateRef);
    }, this.bmDelay);
  }

}
```

Die Direktive im Template verwenden

Im letzten Schritt verwenden wir die Direktive in der Anwendung. Der passende Ort ist das Template der Detailansicht in der `BookDetailsComponent`. Die Sterne sollen gestaffelt nacheinander eingeblendet werden, die Verzögerung muss also von Stern zu Stern höher sein. Da die Stern-Elemente in einer Schleife erzeugt werden, können wir den Rundenindex als Parameter verwenden, um die Verzögerung dynamisch auszurechnen.

Sterne nacheinander einblenden

Der erste Stern wird also nach 700 ms eingeblendet, der zweite nach 900, der dritte nach 1100 usw.

```
<div class="four wide column">
  <h4>Rating</h4>
  <ng-container
    *ngFor="let r of getRating(book.rating);
    index as i">
    <i class="yellow star icon"
      *bmDelay="500 + i * 200"></i>
  </ng-container>
</div>
```

Listing 13–74
Strukturdirektive in der Detailansicht verwenden
(book-details .component.html)

Zusammenfassung

Wir haben in diesem Kapitel gelernt, wie wir Direktiven entwickeln. Wir wissen, dass wir Direktiven in zwei verschiedene Arten einteilen können und wie wir sie einsetzen. Der Grundaufbau jeder Direktive ist dabei derselbe: eine Klasse mit dem Decorator `@Directive()`.

Der BookMonkey wurde von uns um zwei Direktiven erweitert. Die Attributdirektive `bmZoom` sorgt dafür, dass ein Bild vergrößert wird, wenn wir mit dem Mauspfeil darüberfahren. Die Strukturdirektive `bmDelay` sorgt dafür, dass in der Detailansicht zu jedem Buch die Bewertungsanzeige Stern für Stern gestaffelt eingeblendet wird, und lenkt somit die Aufmerksamkeit des Betrachters darauf.

Was haben wir gelernt?

- Direktiven ordnen einem DOM-Element zusätzliche Logik zu.
- Eine Direktive wird über ein Attribut an ein Element gebunden. In der Direktive ist dafür ein Selektor festgelegt.
- Eine Direktive wird in einer eigenen Klasse untergebracht, die mit dem Decorator `@Directive()` versehen ist.
- Komponenten sind Direktiven, die ein eigenes Template besitzen.
- Attributdirektiven ändern das innere Verhalten ihres Host-Elements.
  - Aus einer Attributdirektive heraus können wir auf das Host-Element zugreifen.
  - Dazu verwenden wir Host Bindings oder die Klasse `ElementRef`.
  - Mit einem Host Listener können wir Events auf dem Host-Element abfangen.

- Strukturdirektiven fügen Elemente in den DOM-Baum ein oder entfernen sie.
  - Strukturdirektiven werden im Template mit einem Sternchen (`*`) notiert. Diese Syntax wird in ein Template-Element `<ng-template></ng-template>` umgesetzt.
  - Damit das Host-Element angezeigt wird, müssen wir das Template in den View Container des Elements einbetten.
  - Dafür stehen die injizierbaren Klassen `TemplateRef` und `ViewContainerRef` zur Verfügung.
- Angular bringt einige eingebaute Direktiven mit, z. B. `ngIf`, `ngFor` oder `ngSwitch`.

Demo und Quelltext:
https://ng-buch.de/bm3-it5-directives

14 Module & fortgeschrittenes Routing: Iteration VI

»Modules are not what you think they are! They are probably one of the most underestimated features of Angular.«

Max Koretskyi
(Google Developer Expert und Gründer von AngularInDepth)

14.1 Die Anwendung modularisieren: Das Modulkonzept von Angular

Im Verlauf dieses Buchs haben wir immer wieder Module verwendet, sind aber bisher nicht näher darauf eingegangen. Wir haben für unsere Anwendung ein `AppModule` angelegt und haben die Routing-Konfigurationen in einem eigenen Modul verpackt. Für verschiedene Kernfeatures haben wir ebenfalls Module importiert, z. B. für Formularverarbeitung und HTTP.

Das Modulkonzept von Angular bietet allerdings noch viel mehr Möglichkeiten. In diesem Kapitel wollen wir den Hintergrund der Angular-Module beleuchten und auch betrachten, wie wir unsere Anwendung in mehrere Module aufteilen können.

14.1.1 Module in Angular

Eine Anwendung besteht aus Modulen.

Module sind die gröbsten Bausteine einer Angular-Anwendung. Sie unterteilen die Bestandteile einer Anwendung – Komponenten, Pipes und Direktiven – in logische Gruppen und stellen die Teile nach außen zur Verfügung. Module können außerdem Provider in der Anwendung registrieren, die dann im Root-Injector zur Verfügung stehen.

Eine normale Angular-Anwendung ist in der Regel aus Modulen zusammengesetzt. Der Einstiegspunkt ist das zentrale *Root-Modul* der Anwendung, das mit `AppModule` bezeichnet wird. Mit diesem Modul wird in der Datei `main.ts` das Bootstrapping angestoßen, also die Anwendung gestartet.

Darüber hinaus kann und sollte eine Anwendung noch viel mehr Module beinhalten. Einzeln abgrenzbare Features sollten in Feature-Module ausgelagert werden. Wiederverwendbare Bestandteile der Anwendung können in gemeinsam genutzten Modulen gesammelt werden. Wenn möglich, sollte eine Anwendung immer aus mehreren Modulen bestehen, die jeweils einen spezifischen Zweck verfolgen.

Achtung: Modul ist nicht gleich Modul!

Bei der Verwendung des Modul-Begriffs müssen wir aufpassen, nicht zwei Konzepte miteinander zu vermischen. Angular-Module, um die es in diesem Kapitel geht, sind ein internes Konzept des Frameworks. Mit ihnen definieren und steuern wir den inneren logischen Aufbau der Angular-Anwendung. Sie sind nicht zu verwechseln mit modularem JavaScript-Code nach dem ECMAScript-2015-Standard. Letzteres ist das Modulformat, das wir für die Strukturierung unseres Codes verwenden. Ist von modularem JavaScript die Rede, verwenden wir die Bezeichnung *JavaScript-Modul*.

14.1.2 Grundaufbau eines Moduls

Ein Modul besteht immer aus einer TypeScript-Klasse, die mit Metadaten versehen ist. Der Modulname wird durch den Klassennamen definiert. Module sollten immer das Suffix `Module` im Namen tragen. Die Klasse bleibt in den meisten Fällen leer, weil die gesamte Moduldefinition deklarativ erfolgt.

Der Decorator @NgModule()

Die Metadaten werden mit dem Decorator `@NgModule()` an die Klasse angehängt. In der Eigenschaft `bootstrap` wird zum Beispiel im Root-Modul angegeben, welche Komponente beim Bootstrapping geladen werden soll.

Listing 14–1 *Grundaufbau eines Moduls*

```
import { NgModule } from '@angular/core';

@NgModule({
  // ...
  bootstrap: [AppComponent]
})
export class MyModule { }
```

14.1.3 Bestandteile eines Moduls deklarieren

Module enthalten u. a. Komponenten, Pipes und Direktiven.

Um ein Modul »mit Leben zu erfüllen«, müssen wir angeben, aus welchen Bestandteilen es zusammengesetzt ist. Diese Bestandteile sind Komponenten, Direktiven, Pipes und Provider für Services, Werte und Funktionen. Ein Modul mit all seinen Teilen sollte immer in einem eigenen Ordner organisiert werden.

Alle Direktiven bzw. Komponenten sowie Pipes eines Moduls werden in der Eigenschaft `declarations` im Decorator `@NgModule()` angegeben. Hier wird ein Array von Klassen übergeben. Damit die Typen verfügbar sind, müssen sie vorher importiert werden.

Listing 14–2 *Modulbestandteile deklarieren*

```
import { NgModule } from '@angular/core';
import { MyComponent } from './my-component/my.component';
// ...

@NgModule({
  declarations: [MyComponent, FooComponent, AwesomePipe]
})
export class MyModule { }
```

Bestandteile dürfen nur zu einem Modul gehören.

Die so deklarierten Bestandteile sind ausschließlich innerhalb des Moduls verwendbar. Aber Achtung: Teile, die in einem Modul deklariert sind, dürfen nicht mehr Teil eines anderen Moduls sein. Vor diesem Hintergrund ist es umso sinnvoller, ein Modul mit all seinen Bestandteilen in einen eigenen Ordner auszulagern. Eine Direktive oder Pipe gehört immer zu genau einem Modul. Missachten wir diese Regel, so kompiliert der Code nicht.

Wollen wir bestimmte Bestandteile in mehreren Modulen nutzen, müssen wir sie in einem gemeinsam genutzten Modul unterbringen – dazu später mehr.

Provider in Modulen

Im Kapitel zu Dependency Injection und Services ab Seite 125 haben wir die zwei Wege kennengelernt, über die ein Service in der Anwendung bekannt gemacht werden kann. Den üblichen Weg haben wir bisher auch für alle Services in der Anwendung genutzt: Der Decorator `@Injectable()` trägt dafür das Property `providedIn` mit dem Wert `root`. Damit registriert sich der Service eigenständig im Root-Injector und kann von überall aus der Anwendung genutzt werden. Ein alternativer Weg ist es, die Bausteine explizit zu registrieren – und an dieser Stelle kommen die Module ins Spiel: In der Eigenschaft `providers` im Decorator `@NgModule()` können wir Provider registrieren, z. B. für Services, Werte oder Funktionen. Diese Variante haben wir gewählt, um den `TokenInterceptor` einzubinden und die `LOCALE_ID` festzulegen.

Services und andere Provider haben einen deutlichen Unterschied zu den `declarations`: Während Komponenten, Pipes und Direktiven nur innerhalb des Moduls gültig sind, in dem sie deklariert wurden, sind Services in der gesamten Anwendung gültig.

Listing 14–3
Provider im Modul definieren

```
import { NgModule, LOCALE_ID } from '@angular/core';
// ...

@NgModule({
  declarations: [MyComponent, FooComponent, AwesomePipe],
  providers: [
    { provide: LOCALE_ID, useValue: 'de' }
  ]
})
export class MyModule { }
```

Module importieren

In der Eigenschaft `imports` können wir weitere Module auflisten, deren Bestandteile wir in unserem Modul verwenden wollen. Diese Bestandteile sind dann innerhalb des Moduls verfügbar, allerdings auch nur hier. Wir müssen die Imports also für jedes Modul separat angeben. Damit wird sichergestellt, dass uns in einem Modul nur die Klassen zur Verfügung stehen, die wir dort tatsächlich benötigen.

Eingebaute Module

Ein typischer Fall für Module Imports sind die eingebauten Angular-Module für frameworkeigene Features. Das `HttpClientModule` stellt die Funktionalität für HTTP-Kommunikation bereit, das `ReactiveFormsModule` bringt die Direktiven und Provider für Reactive Forms mit. Das `CommonModule` beinhaltet die Standarddirektiven wie `ngIf` und `ngFor`. Dieses Modul wird wiederum von `BrowserModule` importiert, daher reicht es aus, wenn wir im `AppModule` das `BrowserModule` importieren und auf das `CommonModule` verzichten.

Listing 14–4
Bestandteile aus anderen Modulen importieren

```
import { NgModule } from '@angular/core';
import { BrowserModule } from '@angular/platform-browser';
import { ReactiveFormsModule } from '@angular/forms'
import { HttpClientModule } from '@angular/common/http';
// ...

@NgModule({
  imports: [BrowserModule, ReactiveFormsModule, HttpClientModule],
  declarations: [MyComponent, FooComponent, AwesomePipe],
  providers: [ /* ... */ ]
})
export class MyModule { }
```

Achtung: `HttpClientModule` nur einmal einbinden

Das `HttpClientModule` beinhaltet ausschließlich Provider, die ohnehin in der gesamten Anwendung verfügbar sind. Wir sollten das Modul deshalb nur ein einziges Mal einbinden, z. B. im `AppModule`. Ein mehrfacher Import des `HttpClientModule` kann dazu führen, dass die Interceptoren von einem Feature-Modul überschrieben werden und dann nicht mehr korrekt funktionieren.

14.1.4 Anwendung in Feature-Module aufteilen

Bisher haben wir unsere gesamte Anwendung in einem großen zentralen Modul organisiert. Es ist allerdings gute Praxis, abgrenzbare Bereiche der Anwendung in eigene Feature-Module auszulagern. Dadurch erreichen wir eine saubere Trennung der Zuständigkeiten und bessere Wartbarkeit bei großen Anwendungen.

Module verschachteln

Module können beliebig verschachtelt werden, sodass wir ein Feature wiederum in weitere Features aufteilen können. Die Kind-Module werden dabei jeweils in das Elternmodul importiert, wie die Abbildung 14–1 veranschaulicht.

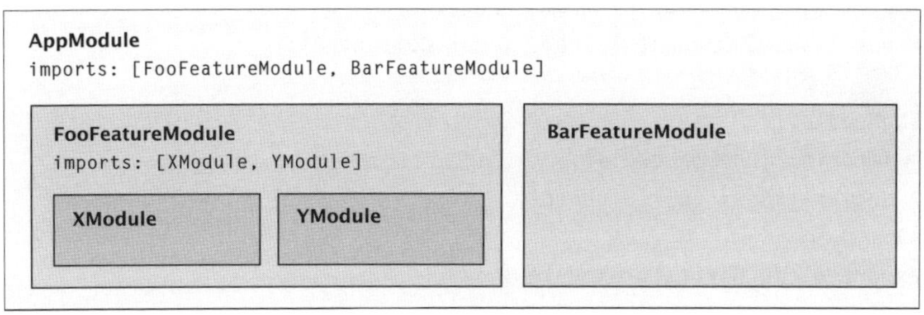

Abb. 14–1
Feature-Module in einer Anwendung

Root-Modul

Das `AppModule` ist dabei das sogenannte *Root-Modul* unserer Anwendung. Es wird beim Start der Anwendung in der Datei `main.ts` für das Bootstrapping verwendet. Das Root-Modul trägt als einziges die Eigenschaft `bootstrap` in den Metadaten. Damit wird angegeben, welche Komponente beim Bootstrapping zuerst geladen wird.

Als einziges von allen Modulen importiert das Root-Modul auch die Bestandteile aus dem `BrowserModule`. Dabei handelt es sich um Teile, die für die Darstellung der Anwendung im Browser nötig sind. Sie müssen und dürfen nur einmal in der Anwendung vorkommen und werden daher ausschließlich im Root-Modul importiert.

Listing 14–5
Grundaufbau des Root-Moduls AppModule

```
import { NgModule } from '@angular/core';
import { BrowserModule } from '@angular/platform-browser';
import { AppComponent } from './app.component';
// ...
```

```
@NgModule({
  imports: [
    BrowserModule,
    FooFeatureModule,
    BarFeatureModule
  ],
  declarations: [AppComponent],
  bootstrap: [AppComponent]
})
export class AppModule { }
```

Kind-Module

Die Kind-Module sind ähnlich aufgebaut. Damit uns auch hier die Standarddirektiven zur Verfügung stehen, müssen wir nun das CommonModule statt dem BrowserModule importieren. Das BrowserModule darf schließlich nur einmal in der gesamten Anwendung vorkommen. Je nachdem, welche Features außerdem in dem Modul benötigt werden, müssen ebenso weitere Module wie ReactiveFormsModule oder HttpClientModule importiert werden.

Listing 14–6
Grundaufbau eines Kind-Moduls

```
import { NgModule } from '@angular/core';
import { CommonModule } from '@angular/common';
import { BarComponent } from './bar.component';

@NgModule({
  imports: [CommonModule],
  declarations: [BarComponent]
})
export class BarFeatureModule { }
```

Kind-Modul importieren

Um ein Kind-Modul in der Anwendung bekannt zu machen, muss es von einem anderen Modul importiert werden. Jedes Modul muss also auf irgendeinem Weg eine Referenz zum Root-Modul haben, denn von hier aus wird ja unsere Anwendung gestartet.

Routenkonfiguration

Jedes Modul kann eigene Routenkonfigurationen besitzen. Dazu kann je Modul eine Datei <feature>-routing.module.ts angelegt werden, in der ein RouterModule mit der konkreten Routenkonfiguration erzeugt wird (siehe Kapitel zum Routing ab Seite 144). Für das Root-Modul trägt diese Datei das Präfix app-, die Klasse heißt demnach AppRoutingModule. Für Feature-Module wird stattdessen das jeweilige Präfix des Moduls eingesetzt, also z. B. bar-feature-routing.module.ts und BarFeatureRoutingModule.

Bei der Erzeugung der RouterModules muss wieder zwischen Root- und Kind-Modul unterschieden werden. Für das Root-Modul wird immer die Methode RouterModule.forRoot() verwendet, um die Routenkonfigurationen an den Router zu übergeben. Das erzeugte Modul enthält dabei auch Provider, die nur ein einziges Mal in der Anwendung registriert werden dürfen.

Für Kind-Module müssen wir deshalb die Methode `RouterModule.forChild()` einsetzen. Rufen wir versehentlich zweimal `RouterModule.forRoot()` in einer Anwendung auf, so haben wir einen Fehler gemacht, und das Routing wird nicht funktionieren.

Listing 14–7
Routing-Modul für ein Kind-Modul

```
import { NgModule } from '@angular/core';
import { Routes, RouterModule } from '@angular/router';
import { BarComponent } from './bar.component';

const routes: Routes = [
  { path: 'bar', component: BarComponent }
  // ...
];

@NgModule({
  imports: [RouterModule.forChild(routes)],
  exports: [RouterModule]
})
export class BarFeatureRoutingModule { }
```

Routen werden »nebeneinander« registriert.

Beim Routing in Kind-Modulen gilt eine wichtige Eigenschaft: Obwohl wir die Feature-Module verschachteln können, werden alle Routen immer »nebeneinander« von der Wurzel aus registriert. Das wollen wir an einem Beispiel erläutern. Wir betrachten noch einmal die Feature-Module aus Abbildung 14–1. Die Module haben die folgende Routenkonfiguration:

Listing 14–8
Beispiel: Routenkonfiguration für Feature-Module

```
// AppModule
{ path: 'home', ... },
{ path: 'legal', ... }

// BarFeatureModule
{ path: 'bar', ... },
{ path: 'bar-feature/:id', ... }

// XModule
{ path: 'x-feature', ... }
```

Die Angular-Module sind verschachtelt, allerdings sind unabhängig davon alle Routen gleichberechtigt und nicht verschachtelt. Alle Pfade sind gleichermaßen von der Wurzel aus gültig. Die folgenden Routen sind also gültig für unsere Anwendung:

- /home
- /legal
- /bar
- /bar/123
- /x-feature

Diese Eigenschaft müssen wir bei der Entwicklung immer im Hinterkopf behalten, um Konflikte zwischen mehreren Modulen zu vermeiden. Haben zwei Feature-Module Routen mit demselben Pfad, so gewinnt die Route aus dem Modul, das zuerst eingebunden wurde.

14.1.5 Aus Modulen exportieren: Shared Module

In einer großen Anwendung mit mehreren Modulen gibt es oft Bestandteile, die über mehrere Module hinweg gemeinsam genutzt werden sollen. Eine Komponente, Pipe oder Direktive kann allerdings immer nur in genau einem Modul deklariert werden.

Wir können deshalb Bestandteile aus einem Modul exportieren, um sie in anderen Modulen nutzbar zu machen. Häufig bietet es sich an, alle gemeinsam genutzten Teile in einem eigenen Modul zu sammeln, das von allen anderen Modulen importiert wird. Dieses Konzept wird *Shared Module* genannt.

Um Bestandteile aus einem Modul zu exportieren, verwenden wir die Eigenschaft `exports` in den Metadaten. Hier können wir alle Teile angeben, die wir über `declarations` oder `imports` in diesem Modul bekannt gemacht haben.

Damit können wir also nicht nur selbst deklarierte Bestandteile exportieren, sondern auch die exportierten Elemente anderer Module mit anbieten.

Listing 14–9
Bestandteile aus Modulen exportieren

```
import { NgModule } from '@angular/core';
import { CommonModule } from '@angular/common';
import { ReactiveFormsModule } from '@angular/forms';

import { AwesomePipe } from './awesome.pipe';
FOOpagebreak
@NgModule({
  imports: [CommonModule, ReactiveFormsModule],
  declarations: [AwesomePipe],
  exports: [CommonModule, ReactiveFormsModule, AwesomePipe]
})
export class MySharedModule { }
```

Dieses Modul mit definierten Exports können wir nun in andere Module importieren. Die exportierten Bestandteile können wir dort nutzen, als hätten wir sie in unserem Zielmodul deklariert oder importiert.

Listing 14–10
Shared Module importieren

```
import { NgModule } from '@angular/core';

import { MySharedModule } from
    ↪ './my-shared-module/my-shared.module';

@NgModule({
  imports: [MySharedModule],
  // ...
})
export class MyModule { }
```

Tipp: Spread-Syntax verwenden

Wenn wir Bestandteile eines Moduls exportieren, müssen wir sie in den Metadaten immer doppelt angeben: in den `declarations` und in den `exports`. Das führt gerade bei vielen Elementen dazu, dass die Moduldeklaration unübersichtlich wird.

Wir können deshalb die Liste von Bestandteilen in eine Variable auslagern und mit der Spread-Syntax in die Metadaten einfügen:

```
const parts = [FooComponent, AwesomePipe];

@NgModule({
  declarations: [...parts],
  exports: [CommonModule, ...parts]
})
export class MyModule { }
```

14.1.6 Den BookMonkey erweitern

Refactoring – Feature-Module

Um funktionale Teile der Anwendung besser voneinander zu trennen, soll sie in Feature-Module unterteilt werden:

- Die Buchliste und die Detailansicht sollen in ein *Books*-Modul ausgelagert werden.
- Der Administrationsbereich mit dem Formular soll in einem neuen *Admin*-Modul untergebracht werden.

Der BookMonkey besteht im Moment aus einem großen Modul, in dem alle Teile der Anwendung untergebracht sind. In diesem Abschnitt werden wir den BookMonkey weiter modularisieren. Für diese Umstellung ist gar nicht viel Programmieraufwand nötig. Stattdessen müssen wir uns konzentrieren, um bei der Refaktorisierung nicht den Überblick zu verlieren. Wir gehen deshalb bei der Umstellung strukturiert in fünf Schritten vor:

1. Module anlegen
2. Bestandteile in die Module verschieben
3. Verweise anpassen
4. Routing konfigurieren
5. Module ins Root-Modul einbinden

Module anlegen

Im ersten Schritt legen wir in unserer Anwendung zwei neue Module an. Die Angular CLI hilft uns bei der Erstellung, denn sie bringt auch einen Generator für Module mit. Der Schalter `--routing` bewirkt dabei, dass innerhalb des neuen Moduls schon die Datei `<feature>-routing.module.ts` mit einer leeren Routenkonfiguraton angelegt wird. Für Feature-Module ist diese Einstellung sinnvoll, für ein Shared Module benötigen wir hingegen kein Routing.

Listing 14–11
Neue Module anlegen mit der Angular CLI

```
$ ng g module books --routing
$ ng g module admin --routing
```

Die beiden neuen Module werden jeweils in eigenen Unterordnern abgelegt. Die Ordnerstruktur sieht nun wie folgt aus:

```
src
└─ app
   ├─ books
   │  ├─ books.module.ts
   │  └─ books-routing.module.ts
   ├─ admin
   │  ├─ admin.module.ts
   │  └─ admin-routing.module.ts
   ├─ book-list
   │  └─ ...
   ├─ ...
   ├─ app.module.ts
   └─ ...
```

Es sind die beiden Modulordner hinzugekommen, die jeweils zwei Dateien beinhalten. Unsere beiden Module `BooksModule` und `AdminModule` sind jetzt vorbereitet, um mit Inhalt gefüllt zu werden.

Bestandteile in die Module verschieben

Bevor wir alle Bestandteile auf die Module aufteilen, überlegen wir uns zunächst, welche Teile der Anwendung in welches Modul gehören:

- **`BooksModule`**
  - `BookListComponent`
  - `BookListItemComponent`
  - `BookDetailsComponent`
  - `IsbnPipe`
  - `ZoomDirective`
  - `DelayDirective`
- **`AdminModule`**
  - `BookExistsValidatorService`
  - `BookFormComponent`
  - `BookValidators`
  - `CreateBookComponent`
  - `EditBookComponent`
  - `FormMessagesComponent`
- **`AppModule`**
  - `AppComponent`
  - `HomeComponent`
  - `SearchComponent`

Die Models `Book` und `Thumbnail` der Dateien `book.ts` und `book-raw.ts` sowie die Factory in der Datei `book-factory.ts` sind nicht Bestandteil eines Moduls und bleiben deshalb im 🗀`shared`-Ordner des Root-Moduls. Diese beiden Modelle werden auch in beiden Feature-Modulen genutzt und sollten deshalb auf oberster Ebene verfügbar sein. Außerdem wollen wir den `BookStoreService` sowie den `TokenInterceptor` modulübergreifend nutzen. Wir belassen die beiden Klassen deshalb auch im 🗀`shared`-Ordner des Root-Moduls.

Mit dieser Planung im Hinterkopf können wir alle Bestandteile in die beiden Modulordner verschieben. Die von mehreren Komponenten gemeinsam genutzten Teile (Pipes, Direktiven und Services) werden wieder in einem 🗀`shared`-Ordner abgelegt, nur diesmal innerhalb des jeweiligen Moduls. Vergessen Sie beim Verschieben auch die Dateien mit der Endung `.spec.ts` nicht, die jeweils neben den Hauptdateien liegen.

Die Ordnerstruktur sieht nach dem Umbau wie folgt aus:

```
src
└─ app
   ├─ admin
   │  ├─ book-form
   │  ├─ create-book
   │  ├─ edit-book
   │  ├─ form-messages
   │  ├─ shared
   │  │  ├─ book-exists-validator.service.ts
   │  │  └─ book.validators.ts
   │  ├─ admin.module.ts
   │  └─ admin-routing.module.ts
   ├─ book
   │  ├─ book-details
   │  ├─ book-list
   │  ├─ book-list-item
   │  ├─ shared
   │  │  ├─ delay.directive.ts
   │  │  ├─ isbn.pipe.ts
   │  │  └─ zoom.directive.ts
   │  ├─ books.module.ts
   │  └─ books-routing.module.ts
   ├─ home
   ├─ search
   ├─ shared
   │  ├─ book.ts
   │  ├─ book-raw.ts
   │  ├─ book-factory.ts
   │  ├─ book-store.service.ts
   │  └─ token-interceptor.ts
   ├─ app.components.ts
   ├─ app.component.html
   ├─ app.module.ts
   └─ app-routing.module.ts
```

Verweise anpassen

Bis hierhin war die Umstellung auf die Feature-Module noch relativ einfach. Die eigentliche Arbeit beginnt jetzt: Wir müssen alle Verweise und Deklarationen anpassen, denn durch das Verschieben haben sich natürlich einige Pfade geändert.

Deklarationen auf die Module verteilen

Wir beginnen mit den Moduldeklarationen in der Datei `app.module.ts`. Hier müssen wir die Bestandteile, die unter `declarations` aufgelistet sind, auf die beiden neuen Module verteilen. Dazu gehören jeweils auch die Imports im Kopf der Datei. Der Editor greift uns bei der Arbeit unter die Arme und markiert die Pfade rot, die nicht gefunden werden können.

Das `AppModule` beinhaltet anschließend nur noch die `AppComponent`, die `HomeComponent` und die `SearchComponent`. Außerdem sind unter `providers` das Token `LOCALE_ID` und der Interceptor gelistet. Alle anderen Komponenten, Pipes und Direktiven werden jetzt in den beiden neuen Modulen deklariert.

Imports anpassen

Im nächsten Schritt müssen wir die Pfade der Imports anpassen. Glücklicherweise stimmen die meisten Abhängigkeiten immer noch, denn wir haben die Komponenten ordnerweise verschoben, und die relativen Pfade haben sich nicht geändert. Nur der `BookStoreService` und die Models `Book` und `Thumbnail` der Datei `book.ts` befinden sich aus Sicht der Komponenten nun eine Ebene höher. Wir müssen also durch alle Komponenten gehen und die Pfade ergänzen. Der Editor wird uns auch hier helfen, indem er falsche Pfade rot hervorhebt.

Schließlich müssen wir noch überlegen, welche zusätzlichen Module an welcher Stelle benötigt werden. Hier hat sich an unserer Struktur nur geändert, dass das Buchformular in ein anderes Modul gezogen ist. Die Imports für `ReactiveFormsModule` und `DateValueAccessorModule` müssen wir also aus dem `AppModule` ebenfalls ins `AdminModule` verschieben. Das `HttpClientModule` hingegen bleibt als Import im `AppModule` bestehen, denn wir sollten dieses Modul nur ein einziges Mal in der Anwendung importieren.

Die Refaktorisierung erfordert ein wenig Konzentration. Damit Sie nicht durcheinanderkommen, sind hier noch einmal die Hauptdateien der drei Module aufgeführt.

Listing 14–12
AppModule (app.module.ts)

```
import { BrowserModule } from '@angular/platform-browser';
import { NgModule, LOCALE_ID } from '@angular/core';
import { HttpClientModule, HTTP_INTERCEPTORS } from
    ↪ '@angular/common/http';
import { registerLocaleData } from '@angular/common';
import localeDe from '@angular/common/locales/de';

import { AppRoutingModule } from './app-routing.module';
import { AppComponent } from './app.component';
import { HomeComponent } from './home/home.component';
import { SearchComponent } from './search/search.component';
import { TokenInterceptor } from './shared/token-interceptor';
```

```
@NgModule({
  declarations: [
    AppComponent,
    HomeComponent,
    SearchComponent
  ],
  imports: [
    BrowserModule,
    HttpClientModule,
    AppRoutingModule
  ],
  providers: [
    { provide: HTTP_INTERCEPTORS, useClass: TokenInterceptor,
    ↪ multi: true },
    { provide: LOCALE_ID, useValue: 'de' }
  ],
  bootstrap: [AppComponent]
})
export class AppModule {
  constructor() {
    registerLocaleData(localeDe);
  }
}
```

Listing 14–13
BooksModule
(books.module.ts)

```
import { DelayDirective } from './shared/delay.directive';
import { NgModule } from '@angular/core';
import { CommonModule } from '@angular/common';
import { BooksRoutingModule } from './books-routing.module';

import { BookListComponent } from
    ↪ './book-list/book-list.component';
import { BookListItemComponent } from
    ↪ './book-list-item/book-list-item.component';
import { BookDetailsComponent } from
    ↪ './book-details/book-details.component';
import { IsbnPipe } from './shared/isbn.pipe';
import { ZoomDirective } from './shared/zoom.directive';

@NgModule({
  imports: [
    CommonModule,
    BooksRoutingModule
  ],
```

```
  declarations: [
    BookListComponent,
    BookListItemComponent,
    BookDetailsComponent,
    IsbnPipe,
    ZoomDirective,
    DelayDirective
  ]
})
export class BooksModule { }
```

Listing 14–14
AdminModule
(admin.module.ts)

```
import { NgModule } from '@angular/core';
import { CommonModule } from '@angular/common';
import { ReactiveFormsModule } from '@angular/forms';
import { DateValueAccessorModule } from
    ↪ 'angular-date-value-accessor';

import { AdminRoutingModule } from './admin-routing.module';
import { BookFormComponent } from
    ↪ './book-form/book-form.component';
import { CreateBookComponent } from
    ↪ './create-book/create-book.component';
import { FormMessagesComponent } from
    ↪ './form-messages/form-messages.component';
import { EditBookComponent } from
    ↪ './edit-book/edit-book.component';

@NgModule({
  imports: [
    CommonModule,
    AdminRoutingModule,
    ReactiveFormsModule,
    DateValueAccessorModule
  ],
  declarations: [
    BookFormComponent,
    CreateBookComponent,
    EditBookComponent,
    FormMessagesComponent
  ]
})
export class AdminModule { }
```

Routing konfigurieren

Der Großteil ist geschafft! Wir haben alle Bestandteile der Anwendung in unsere neuen Module verschoben. Wir müssen uns nur noch um das Routing kümmern, denn die Routenkonfiguration liegt im Moment noch zentral im `AppModule`. Routen auf Komponenten sollten allerdings immer in dem Modul angegeben werden, in dem sie auch deklariert sind. Wir müssen also auch die Routendefinitionen auf die drei Module aufteilen.

Routen auf die Module verteilen

Die Angular CLI hat bereits automatisch für die beiden neuen Module eine Routenkonfiguration angelegt. Wir öffnen also die Datei `app-routing.module.ts` und verschieben die Routen in die Module. Die beiden Routen, deren Pfad mit `books` beginnt, gehören in das `BooksModule`. Die Routen mit dem Pfad `admin` werden ins `AdminModule` verschoben. Die Standardroute und die Route auf die Home-Komponente verbleiben im `AppModule`.

Die drei Listings 14–15, 14–16 und 14–17 zeigen, wie die Routenkonfigurationen nun aussehen sollten.

Listing 14–15
app-routing.module.ts *(Ausschnitt)*

```
const routes: Routes = [
  {
    path: '',
    redirectTo: 'home',
    pathMatch: 'full'
  },
  {
    path: 'home',
    component: HomeComponent
  }
];
```

Listing 14–16
books/books-routing .module.ts *(Ausschnitt)*

```
const routes: Routes = [
  {
    path: 'books',
    component: BookListComponent
  },
  {
    path: 'books/:isbn',
    component: BookDetailsComponent
  }
];
```

Listing 14–17 admin/admin-routing .module.ts *(Ausschnitt)*

```
const routes: Routes = [
  {
    path: 'admin',
    redirectTo: 'admin/create',
    pathMatch: 'full'
  },
  {
    path: 'admin/create',
    component: CreateBookComponent
  },
  {
    path: 'admin/edit/:isbn',
    component: EditBookComponent
  }
];
```

Die Pfade ändern sich nicht, denn alle Routen werden ja auf gleicher Ebene registriert. Wir müssen die Routen also nur auf die Module verteilen.

Module einbinden

Feature-Module ins Root-Modul importieren

Damit ist unsere große Umstrukturierung fast geschafft. Im letzten Schritt müssen wir die beiden neuen Module noch in das Root-Modul importieren, damit sie beim Start der Anwendung auch geladen werden.

Dazu fügen wir in der Datei `app.module.ts` im `@NgModule()` im Abschnitt `imports` zwei neue Einträge hinzu: `BooksModule` und `AdminModule`. Die beiden Typen müssen wir zuvor aus ihren Dateien importieren.

Listing 14–18 app.module.ts *(Ausschnitt)*

```
// ...
import { BooksModule } from './book/books.module';
import { AdminModule } from './admin/admin.module';

@NgModule({
  imports: [
    // ...
    BooksModule,
    AdminModule
  ],
  // ...
})
export class AppModule {
  // ...
}
```

Das Refactoring haben wir erfolgreich hinter uns gebracht! Die Anwendung funktioniert nun wieder wie gewohnt, ist nun aber sauber in Feature-Module gegliedert.

Was haben wir gelernt?

Mit Angular-Modulen können wir unsere Anwendung in logische Bereiche untergliedern. Die Moduldefinition erfolgt deklarativ, indem wir eine Klasse mit dem Decorator `@NgModule()` versehen. In der Tabelle 14–1 sind alle besprochenen Eigenschaften der Modulmetadaten noch einmal zur Übersicht dargestellt.

Tab. 14–1 *Metadaten in @NgModule()*

Eigenschaft	Bedeutung
`declarations`	gibt alle Komponenten, Direktiven, Pipes an, die Bestandteile dieses Moduls sind
`imports`	importiert andere Module mit ihren Bestandteilen in dieses Modul
`exports`	exportiert deklarierte Bestandteile und importierte Module aus diesem Modul
`providers`	registriert Provider für Services, Werte und Funktionen (Dependency Injection)
`bootstrap`	gibt im *Root-Modul* die Komponente an, die durch das Bootstrapping geladen wird. Achtung: Array!

- Module sind die größten Bausteine der Anwendung.
- Ein Modul ist eine Klasse, die durch den Decorator `@NgModule()` mit Metadaten versehen wird.
- Der Klassenname trägt immer das Suffix `Module`.
- Module können Komponenten, Direktiven und Pipes enthalten. Diese Bestandteile werden in der Eigenschaft `declarations` in den Metadaten angegeben. Eine Komponente/Direktive/Pipe kann nur Bestandteil eines einzigen Moduls sein.
- Deklarierte Bestandteile sind nur innerhalb des Moduls verfügbar.
- Services und andere Provider können über die Eigenschaft `providers` explizit registriert werden. Sie sind dann in der *gesamten Anwendung* verfügbar. Meist nutzen wir aber die implizite Variante mit `providedIn` direkt im Service.
- Module können Bestandteile aus anderen Modulen importieren. Dafür wird die Eigenschaft `imports` verwendet.
- Ein Modul mit all seinen Bestandteilen sollte in einem eigenen Ordner abgelegt werden.

- Abgrenzbare Bereiche einer Anwendung werden in Feature-Module ausgelagert. Module können beliebig tief verschachtelt werden.
- Das zentrale Root-Modul ist der Einstiegspunkt der Anwendung. Es wird in der Regel `AppModule` genannt.
- Für die Darstellung im Browser importiert das Root-Modul das `BrowserModule`. Kind-Module müssen stattdessen das `CommonModule` einbinden.
- Jedes Modul kann Routenkonfigurationen besitzen. Unabhängig von der Verschachtelung werden aber alle Routen »nebeneinander« registriert, es gibt also keine Hierarchie.
- Im Root-Modul werden die Routen mit `RouterModule.forRoot()` registriert, in allen anderen Modulen wird `RouterModule.forChild()` verwendet.
- Deklarierte oder importierte Bestandteile können über die Eigenschaft `exports` aus dem Modul exportiert werden. Andere Module können dieses Modul importieren und die exportierten Bestandteile nutzen.

Demo und Quelltext:
https://ng-buch.de/bm3-it6-modules

14.2 Lazy Loading: Angular-Module asynchron laden

»Lazy Loading ist ein schönes Beispiel dafür, dass sich Faulheit auch bezahlt machen kann.«

Manfred Steyer
(Google Developer Expert, Berater und Trainer für Angular)

Unsere Anwendung ist in Modulen organisiert. Jedes Feature ist in einem eigenen Angular-Modul untergebracht, sodass die Zuständigkeiten klar geregelt sind.
Lassen Sie uns nun ein wenig größer denken: Wir stellen uns vor, dass die Anwendung nicht aus drei, sondern aus 30 Modulen besteht. Beim Start wird immer die *komplette* Anwendung mit *allen* Modulen vom

Server geladen, und das, obwohl der Nutzer in einer Sitzung wahrscheinlich gar nicht alle Features nutzen wird!

Wir lernen deshalb in diesem Kapitel, wie wir die Module unserer Anwendung zur Laufzeit nachladen können – nämlich erst dann, wenn sie auch benötigt werden.

14.2.1 Warum Module asynchron laden?

Die Anwendung wird beim Build in Bundles gepackt.

Verwenden wir Module so, wie wir es bisher gelernt haben, werden alle Teile der Anwendung in ein großes gemeinsames Bundle gepackt. Beim Start wird dieses Bundle vom Server geladen, und die Anwendung liegt im Client komplett vor.[1] Bei komplexen Anwendungen kann dieses Verhalten allerdings zu einer hohen Ladezeit führen. Außerdem werden immer alle Module geladen, obwohl der Nutzer einen Teil der Features wahrscheinlich gar nicht verwenden wird!

Die Ursache für dieses Verhalten liegt in der Struktur unseres Codes: Die Anwendung startet in der Datei `main.ts` aus und spannt von dort aus einen Baum von Abhängigkeiten auf. Wird eine Datei importiert, ist sie Teil der Anwendung. Im `AppModule` werden schließlich die Feature-Module importiert. Beim Verpacken der Bundles werden alle Bestandteile der Anwendung mit in das Main-Bundle aufgenommen, also auch die Feature-Module.

Lange Wartezeit

Im Sinne der User-Experience ist es unschön, wenn der Nutzer warten muss, bis die komplette Anwendung heruntergeladen ist. Besonders bei einer langsamen Internetverbindung kann das mehrere Sekunden ausmachen, die das Usability-Erlebnis trüben.

Es ist also wünschenswert, beim Start nur die wichtigsten Teile der Anwendung zu laden. Alle weiteren Features sollen erst dann vom Server abgerufen werden, wenn sie benötigt werden. Dadurch müssen Features, die nicht verwendet werden, auch gar nicht erst heruntergeladen werden.

14.2.2 Lazy Loading verwenden

Bundles für einzelne Module

Angular bringt uns zum asynchronen Laden von Modulen ein passendes Werkzeug mit: *Lazy Loading*. Das Prinzip ist einfach: Anstatt alle Module in ein großes Bundle zu packen, werden einzelne Bundles angelegt, die erst zur Laufzeit vom Server geladen werden. Unsere Anwendung geht also »faul« mit ihren Modulen um und lädt zunächst nur das Nötigste vom Server herunter.

---

[1] Wie das Bundling funktioniert, schauen wir uns im Kapitel zum Deployment ab Seite 513 noch genauer an.

Obwohl hinter den Kulissen eine Menge passiert, ist die Umsetzung für den Angular-Entwickler denkbar einfach, denn Lazy Loading funktioniert ohne viel Mehraufwand. Alles, was wir brauchen, ist die Eigenschaft `loadChildren` in unseren Routenkonfigurationen. Hier wird der Pfad zu dem Modul angegeben, das durch die Route geladen werden soll.

loadChildren

Wie der Name `loadChildren` suggeriert, werden für den angegebenen Pfad Kind-Routen nachgeladen. Die Routen, die im angegebenen Modul deklariert sind, werden an den Pfad angehängt. Die Route definiert also ein Präfix für die Routen aus dem Kind-Modul. Das Modul wird bereits beim Build kompiliert, so wie der restliche Code auch – wird dabei aber in ein eigenes Bundle verpackt. Dieses Bundle wird erst dann asynchron vom Server geladen, wenn eine der Routen angefragt wird.

```
const routes: Routes = [
  {
    path: 'sub',
    loadChildren: './submodule/sub.module#SubModule'
  }
];
```

Listing 14–19
Lazy Loading verwenden mit der Eigenschaft loadChildren

Diese Definition kann man wie folgt lesen: Für alle Pfade, die mit `sub` beginnen, wird das Modul `SubModule` aus der Datei `./submodule/sub.module.ts` geladen. Die Pfade der Routen aus dem `SubModule` werden an den Pfad `sub` angehängt.

Angenommen, im `SubModule` sind zwei Routen mit den Pfaden `foo` und `bar` definiert, so gibt es folgende gültige Pfade in unserer Anwendung:

- `/sub/foo`
- `/sub/bar`

Mit TypeScript 2.4 wurde das Feature der *Dynamic Imports* eingeführt. Mit dem Statement `import()` lassen sich Module programmatisch zur Laufzeit importieren, sodass man im Code Entscheidungen treffen kann, welche Module wann geladen werden. Dieses Verfahren lässt sich auch für Lazy Loading in einer Angular-Anwendung einsetzen. Damit werden die »Magic Strings« vermieden, die wir im Listing 14–19 gesehen haben, und es werden Bordmittel eingesetzt, um Module nachzuladen.

Dynamische Imports

Das folgende Beispiel nutzt dynamische TypeScript-Imports und führt zum selben Ergebnis wie zuvor:

Listing 14–20
Lazy Loading mit dynamischen Imports

```
const routes: Routes = [
  {
    path: 'sub',
    loadChildren: () => import('./sub/sub.module')
      .then(m => m.SubModule)
  }
];
```

Mit dem Release des neuen Angular-Compilers *Ivy*[2] werden künftig nur noch dynamische Imports für Lazy Loading verwendet. Zum Redaktionsschluss dieses Buchs wurde dieser Weg noch nicht unterstützt, weshalb wir hier auf die »alte« Variante zurückgreifen. Sobald das Verfahren umgestellt wurde, wird es ein offizielles Migrationswerkzeug geben. Wir informieren Sie darüber wie üblich auf der Website zum Buch.[3]

Lazy geladene Module nicht direkt importieren

Unabhängig davon, wie Sie die lazy geladene Route definieren – wichtig ist, dass das Modul (hier: `SubModule`) an keiner Stelle direkt in die Anwendung importiert werden darf! Es darf also nicht in den `imports` im `AppModule` auftauchen, wie es sonst für Feature-Module üblich war. Nur so wird sichergestellt, dass das Modul nicht in das Main-Bundle aufgenommen, sondern in ein eigenes Bundle verpackt wird.

Für die Auflösung von `loadChildren` ist der Module Loader verantwortlich. Wenn wir die Angular CLI verwenden, müssen wir uns über die Hintergründe keine Gedanken machen, denn das Bundling wird automatisch erledigt.

Achtung bei Lazy Loading und Shared Modules

Wir haben im letzten Abschnitt gelernt, dass wir gemeinsam genutzte Teile unserer Anwendung in ein Shared Module auslagern können. Dieses Modul wird dann von anderen Modulen eingebunden, sodass die Bestandteile auch dort verfügbar sind.

Über ein solches Shared Module können wir auch Provider in der Anwendung registrieren. Hier ist allerdings Vorsicht geboten, wenn die Module asynchron geladen werden! Befinden sich Provider in einem asynchron geladenen Modul (oder in dessen Abhängigkeiten), wird immer eine neue Instanz des Providers erstellt! Es kann also sein, dass mehrere Instanzen eines Providers in unserer Anwendung existieren. Das kann zu unerwünschtem Verhalten führen, denn ansonsten verhalten sich Serviceklassen wie Singletons.

Wir sollten deshalb *gemeinsam* genutzte Provider in einem *synchron* geladenen Modul unterbringen, z. B. im Root-Modul `AppModule` oder in einem nur einmalig importierten `CoreModule`.

[2] Mehr zu Ivy erfahren Sie unter »Wissenswertes« ab Seite 673.

[3] https://ng-buch.de/a/31 – Angular Buch: Blog

Wir wollen zum Schluss dieses Abschnitts noch beleuchten, wie sich Lazy Loading in der Praxis bemerkbar macht. Dazu machen wir einen kleinen Vorgriff auf den nächsten Abschnitt. Dort werden wir die beiden Feature-Module der BookMonkey-Anwendung (`BooksModule` und `AdminModule`) asynchron nachladen, sobald sie benötigt werden.

Lazy Loading in der Praxis

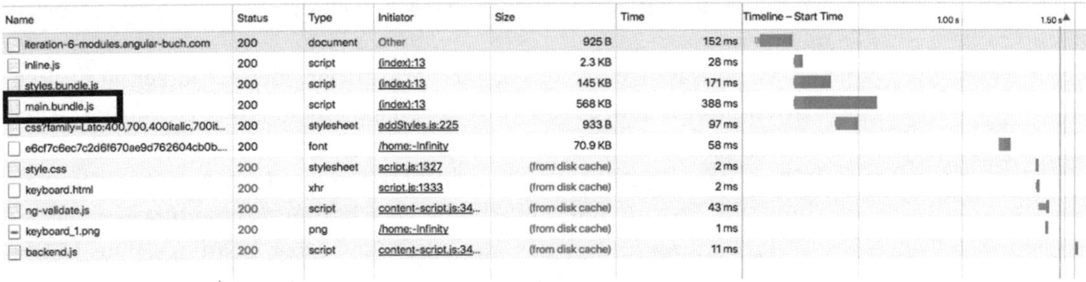

Name	Status	Type	Initiator	Size	Time	Timeline – Start Time 1.00 s 1.50 s
iteration-6-modules.angular-buch.com	200	document	Other	925 B	152 ms	
inline.js	200	script	(index):13	2.3 KB	28 ms	
styles.bundle.js	200	script	(index):13	145 KB	171 ms	
main.bundle.js	200	script	(index):13	568 KB	388 ms	
css?family=Lato:400,700,400italic,700it...	200	stylesheet	addStyles.js:225	933 B	97 ms	
e6cf7c6ec7c2d6f670ae9d762604cb0b...	200	font	/home:-Infinity	70.9 KB	58 ms	
style.css	200	stylesheet	script.js:1327	(from disk cache)	2 ms	
keyboard.html	200	xhr	script.js:1333	(from disk cache)	2 ms	
ng-validate.js	200	script	content-script.js:34...	(from disk cache)	43 ms	
keyboard_1.png	200	png	/home:-Infinity	(from disk cache)	1 ms	
backend.js	200	script	content-script.js:34...	(from disk cache)	11 ms	

Abb. 14–2
Netzwerkaktivität ohne Lazy Loading

Wir schauen uns zunächst an, welche Dateien vom Server abgerufen werden, wenn alle Module synchron geladen werden. In der Abbildung 14–2 ist der Network Graph aus den Chrome Developer Tools dargestellt. Hier ist gut sichtbar, dass ein einziges Bundle vom Server geladen wird. Es enthält alle Abhängigkeiten der Anwendung inklusive aller Module.

Im Vergleich dazu ist in Abbildung 14–3 die Netzwerkaktivität der Anwendung zu sehen, in der die beiden Module über Lazy Loading eingebunden werden. Es ist deutlich zu erkennen, dass zunächst das (etwas kleinere) Main-Bundle geladen wird. Erst beim Aufruf der Buch- und Admin-Routen werden die anderen Module als sogenannte *Chunks* asynchron nachgeladen.

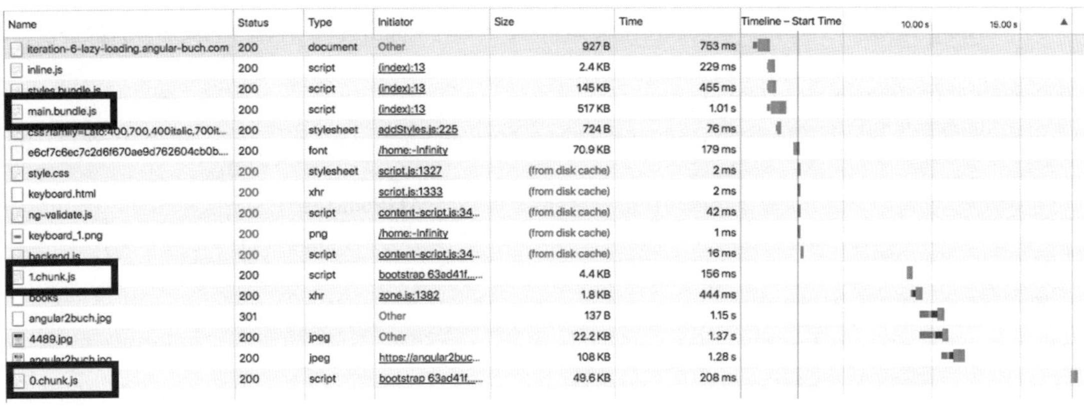

Name	Status	Type	Initiator	Size	Time	Timeline – Start Time 10.00 s 15.00 s
iteration-6-lazy-loading.angular-buch.com	200	document	Other	927 B	753 ms	
inline.js	200	script	(index):13	2.4 KB	229 ms	
styles.bundle.js	200	script	(index):13	145 KB	455 ms	
main.bundle.js	200	script	(index):13	517 KB	1.01 s	
css?family=Lato:400,700,400italic,700it...	200	stylesheet	addStyles.js:225	724 B	76 ms	
e6cf7c6ec7c2d6f670ae9d762604cb0b...	200	font	/home:-Infinity	70.9 KB	179 ms	
style.css	200	stylesheet	script.js:1327	(from disk cache)	2 ms	
keyboard.html	200	xhr	script.js:1333	(from disk cache)	2 ms	
ng-validate.js	200	script	content-script.js:34...	(from disk cache)	42 ms	
keyboard_1.png	200	png	/home:-Infinity	(from disk cache)	1 ms	
backend.js	200	script	content-script.js:34...	(from disk cache)	16 ms	
1.chunk.js	200	script	bootstrap 63ad41f....	4.4 KB	156 ms	
books	200	xhr	zone.js:1382	1.8 KB	444 ms	
angular2buch.jpg	301		Other	137 B	1.15 s	
4489.jpg	200	jpeg	Other	22.2 KB	1.37 s	
angular2buch.jpg	200	jpeg	https://angular2buc...	108 KB	1.28 s	
0.chunk.js	200	script	bootstrap 63ad41f....	49.6 KB	208 ms	

Abb. 14–3
Netzwerkaktivität mit Lazy Loading

14.2.3 Module asynchron vorladen: Preloading

Wenn wir die Module unserer Anwendung erst dann vom Server laden, wenn sie benötigt werden, ergibt sich ein konzeptionelles Problem: Der Nutzer muss nach dem Klick auf einen Link eine Wartezeit hinnehmen, bis das Modul geladen ist. Das kann je nach Größe des Moduls und Qualität der Internetverbindung auch mehrere Sekunden in Anspruch nehmen.

Grundsätzlich ist das zwar verkraftbar, denn Nutzer von Webanwendungen sind daran gewöhnt, nach einem Klick zu warten. Allerdings geht so auch der Charme einer Single-Page-Applikation verloren. Wir wollen diesen Umstand nicht hinnehmen, denn Angular bringt ein sinnvolles Feature mit, um Abhilfe zu schaffen: *Preloading*.

Preloading ändert das Verhalten des Lazy Loadings. Die Module werden nicht erst dann geladen, wenn sie angefragt werden, sondern direkt nach dem Start der Anwendung. Zuvor wird allerdings das Main-Bundle geladen, sodass die Anwendung bereits verfügbar und bedienbar ist. Die übrigen Module werden im Hintergrund abgerufen, sodass sie mit hoher Wahrscheinlichkeit verfügbar sind, sobald der Nutzer einen Link anklickt.

Damit vereinen wir Vorteile von Lazy Loading mit denen eines allumfassenden Main-Bundles: Die Anwendung wird schnell geladen, der Nutzer muss aber beim Klick auf einen Link (wahrscheinlich) keine Wartezeit für den Download einplanen.

PreloadingStrategy

Das Preloading wird global für die Anwendung aktiviert. Dazu wird in der Datei `app-routing-module.ts` beim Aufruf von `RouterModule.forRoot()` im zweiten Parameter eine sogenannte `PreloadingStrategy` übergeben.

Listing 14–21 *Preloading in der Anwendung aktivieren* (app-routing.module.ts)

```
import { RouterModule, PreloadAllModules } from '@angular/router';

@NgModule({
  imports: [RouterModule.forRoot(
    routes,
    { preloadingStrategy: PreloadAllModules }
  )],
  exports: [RouterModule],
})
export class AppRoutingModule { }
```

Die Strategie `PreloadAllModules` bewirkt, dass alle »lazy« geladenen Module durch das Preloading vorgeladen werden. Hier sei auf einen Nachteil dieser Strategie verwiesen: Es werden *alle* Module geladen, auch diese, die der Nutzer gar nicht verwendet. Das führt zu höherem Traffic und muss abhängig vom Projekt entschieden werden.

Eigene Strategien für Preloading

Es ist möglich, eigene Preloading-Strategien zu definieren, sodass z. B. nur ausgewählte Module vorgeladen werden. Darauf wollen wir allerdings in diesem Buch nicht eingehen. Stattdessen sei an dieser Stelle ein Blog-Artikel von Victor Savkin empfohlen.[4] Einen interessanten Einsatz für eine Preloading-Strategie bietet das Projekt *ngx-quicklink*.[5] Damit werden nur die Module vorgeladen, die auf der aktuell sichtbaren Seite verlinkt sind. Das bedeutet, dass wir nicht mehr alle Module vorladen müssen, sondern nur die, die der Nutzer potenziell als Nächstes aufruft.

14.2.4 Den BookMonkey erweitern

Story – Lazy Loading

Als Leser möchte ich schneller mit dem Durchstöbern der Bücher beginnen, ohne lange auf das Laden der Seite warten zu müssen, damit ich schneller zu meinen anderen Aufgaben zurückkehren kann.

- Es soll beim Aufruf der Anwendung zunächst nur das Hauptmodul mit der Startseite geladen werden.
- Die Feature-Module `BooksModule` und `AdminModule` sollen asynchron vorgeladen werden.

Der BookMonkey verfügt über zwei Feature-Module, `BooksModule` und `AdminModule`, die allerdings synchron mit dem Main-Bundle geladen werden. Das wollen wir in diesem Abschnitt ändern, sodass die beiden Module asynchron vom Server abgerufen werden. Es soll außerdem das Preloading aktiviert werden, damit die Module schon nach dem Start der Anwendung vorgeladen werden und nicht erst, wenn der Nutzer auf einen Link klickt.

Für die Umstellung gehen wir wieder schrittweise vor:

1. Lazy Loading in den Routen verwenden
2. Routenpfade in den Modulen anpassen
3. Module Imports aus dem `AppModule` entfernen
4. Preloading in der Anwendung aktivieren

Auf geht's! Da das Lazy Loading transparent funktioniert, ist nur wenig Refaktorisierung nötig, um dieses Feature zu aktivieren.

[4] https://ng-buch.de/a/62 – Victor Savkin: »Angular Router: Preloading Modules«

[5] https://ng-buch.de/a/63 – GitHub: ngx-quicklink – Quicklink prefetching strategy for the Angular router

Lazy Loading in den Routen verwenden

Routen für die lazy geladenen Module

Dadurch dass die beiden Feature-Module asynchron geladen werden sollen, werden ihre Routenkonfigurationen nicht mehr sofort in der Anwendung registriert. Wir müssen daher in unserem (synchron geladenen) `AppModule` zwei Routen definieren, die auf die beiden Feature-Module verweisen.

Unser Ziel ist es, dass die Pfade innerhalb der Anwendung gleich bleiben, sodass wir die Links in den Komponenten nicht anpassen müssen. Wir rufen uns daher noch einmal alle URLs ins Gedächtnis, die auf die Feature-Module verweisen:

- `/books`
- `/books/:isbn`
- `/admin`
- `/admin/:isbn`

loadChildren *verwenden*

Wir nehmen uns nun die Datei `app-routing.module.ts` vor und ergänzen das Array `routes`. Hinzu kommen zwei Routen, die jeweils die Eigenschaft `loadChildren` tragen. Hier geben wir den relativen Pfad zur Moduldatei und den Namen der Modulklasse an.

Wichtig ist, dass wir in der Eigenschaft `path` das Pfad-Präfix angeben, das für dieses Modul gilt. Das ist nötig, damit der Router weiß, wann es an der Zeit ist, auf das angegebene Modul zuzugreifen. Die Routen, die innerhalb des asynchron geladenen Moduls definiert sind, werden an den Pfad angehängt.

Alle Routen auf das `BooksModule` tragen das Präfix `books`. Das Modul `AdminModule` wird geladen, wenn eine URL mit dem Präfix `admin` aufgerufen wird.

Listing 14–22
Lazy Loading aktivieren in der Datei app-routing.module.ts *(Ausschnitt)*

```
// ...
export const routes: Routes = [
  {
    path: '',
    redirectTo: 'home',
    pathMatch: 'full'
  },
  {
    path: 'home',
    component: HomeComponent
  },
  {
    path: 'books',
    loadChildren: './books/books.module#BooksModule'
  },
```

```
  {
    path: 'admin',
    loadChildren: './admin/admin.module#AdminModule'
  }
];
// ...
```

Routenpfade in den Modulen anpassen

Die Pfade aus dem Feature-Modul werden an den eben definierten Pfad angehängt. Das Präfix unserer URL wird also bereits von den Routen im `AppModule` verarbeitet. Wir müssen diesen Teil der URL demnach aus dem Feature-Modul entfernen, damit die vollständige URL weiterhin gleich bleibt.

Damit also der Pfad `/books/:isbn` gültig ist, müssen wir in der dazugehörigen Route im `BooksModule` den Pfad auf den Wert `:isbn` ändern. Das Präfix `books` wird ja bereits im `AppModule` gematcht, der restliche Teil der URL wird von den Routen im `BooksModule` bedient.

Wir entfernen das Präfix in allen Routen unserer Feature-Module, wie die Listings 14–23 und 14–24 zeigen.

Listing 14–23 book/book-routing .module.ts *(Ausschnitt)*

```
const routes: Routes = [
  {
    path: '',
    component: BookListComponent
  },
  {
    path: ':isbn',
    component: BookDetailsComponent
  }
];
```

Listing 14–24 admin/admin-routing .module.ts *(Ausschnitt)*

```
const routes: Routes = [
  {
    path: '',
    redirectTo: 'create',
    pathMatch: 'full'
  },
  {
    path: 'create',
    component: CreateBookComponent
  },
```

```
  {
    path: 'edit/:isbn',
    component: EditBookComponent
  }
];
```

Module Imports aus dem `AppModule` entfernen

Das Lazy Loading für die beiden Feature-Module ist nun vollständig eingerichtet. Damit die Module allerdings auch in eigene Bundles verpackt werden und nicht im Main-Bundle landen, müssen wir alle Referenzen auf die Module entfernen.

Derzeit werden `BooksModule` und `AdminModule` über Imports in das `AppModule` eingebunden. Diese Verweise müssen wir entfernen und dürfen dabei nicht vergessen, auch die Imports im Kopf der Datei zu löschen.

Der relevante Teil der Datei `app.module.ts` ist im Listing 14–25 zu sehen. Im Abschnitt `imports` in der Moduldeklaration dürfen keine Feature-Module gelistet sein, die über Lazy Loading geladen werden sollen.

Listing 14–25 *In den Moduldeklarationen dürfen keine Module importiert werden, die asynchron geladen werden sollen (app.module.ts, Ausschnitt).*

```
//...
@NgModule({
  // ...
  imports: [
    BrowserModule,
    HttpClientModule,
    AppRoutingModule
  ],
  // ...
})
export class AppModule {
  // ...
}
```

Preloading in der Anwendung aktivieren

Im letzten Schritt wollen wir das Preloading aktivieren. Die Anwendung verfügt nur über zwei Feature-Module, und es ist anzunehmen, dass der Nutzer auch alle Funktionen nutzen wird. Daher ist es kein Problem, auch alle Module herunterzuladen. Durch das Preloading erreichen wir aber, dass die Anwendung schnell sichtbar und bedienbar ist und erst danach die Feature-Module heruntergeladen werden.

Um das Preloading zu aktivieren, passen wir die Datei app-routing.module.ts an. Hier geben wir beim Initialisieren des RouterModules an, dass eine PreloadingStrategy verwendet werden soll.

PreloadingStrategy *verwenden*

Listing 14–26 *Preloading aktivieren in der Datei* app-routing.module.ts *(Ausschnitt)*

```
import { Routes, RouterModule, PreloadAllModules } from
    ↪ '@angular/router';
// ...
@NgModule({
  imports: [RouterModule.forRoot(
    routes,
    { preloadingStrategy: PreloadAllModules }
  )],
  exports: [RouterModule]
})
export class AppRoutingModule { }
```

Mit diesem einfachen Schritt ist das Preloading für alle Module aktiviert. Starten wir die Anwendung, wird zunächst das Main-Bundle geladen. Ist die Anwendung fertig geladen, werden die beiden Feature-Module nachgeladen, sodass sie schnell verfügbar sind.

Was haben wir gelernt?

Unsere Anwendung kann so konfiguriert werden, dass die Module erst zur Laufzeit nachgeladen werden. Dadurch erreichen wir eine bessere Performance, weil nicht alle Features sofort beim Start vom Server geladen werden müssen. Für den Entwickler ist die Umstellung von synchronen auf asychron geladene Module denkbar einfach, weil der größte Teil des Prozesses automatisch im Hintergrund passiert. Gerade bei großen Anwendungen mit vielen Modulen sind asynchron geladene Module ein sinnvolles Feature, um die Usability zu verbessern.

- Durch Lazy Loading wird ein Modul erst dann geladen, wenn es vom Nutzer angefragt wird.
- Lazy Loading wird mit der Eigenschaft `loadChildren` in einer Route aktiviert.
- Dort wird der absolute Dateipfad zu dem Modul angegeben, das asynchron geladen werden soll. An den Pfad wird immer der Name der Modulklasse angehängt, getrennt durch ein Hash-Zeichen #.
- Die Pfadangabe `path` in der Route ist wichtig, damit der Router entscheiden kann, wann das Modul geladen werden muss.
- Die Routen aus dem asynchron geladenen Modul werden an diesen Pfad angehängt.

- Asynchron geladene Module dürfen nicht in die Anwendung importiert werden.
- Durch Preloading können Module nach dem Start der Anwendung automatisch vorgeladen werden. Die Anwendung ist bereits lauffähig, und die Feature-Module werden im Hintergrund heruntergeladen.
- Preloading wird zentral für die Anwendung aktiviert. Dazu muss in der Methode `RouterModule.forRoot()` eine `PreloadingStrategy` angegeben werden.

Demo und Quelltext:
https://ng-buch.de/bm3-it6-lazy

14.3 Guards: Routen absichern

In einer Anwendung mit mehreren Routen kann der Nutzer jede Route betreten und wieder verlassen. Es gibt keine Beschränkungen in den Zugriffsrechten. In komplexen Anwendungen im Geschäftsumfeld kann es allerdings Bereiche geben, die bestimmte Benutzer(-gruppen) nicht aufrufen dürfen. Eine weitere Anforderung könnte sein, dass der Nutzer manuell bestätigen muss, dass er einen Bereich betreten oder verlassen möchte.

Für beide Anwendungsfälle müssten wir in den jeweiligen Komponenten prüfen, ob sie aufgerufen oder verlassen werden, und entsprechend darauf reagieren. Bei vielen Komponenten mit gleichen Bedingungen wird das schnell mühselig und redundant. Der Angular-Router bietet deshalb ein Feature an, mit dem wir Routen absichern können: *Route Guards*.

Wir lernen in diesem Kapitel, wie Guards aufgebaut sind und wie wir sie einsetzen können. Anschließend implementieren wir einen Guard für unsere Beispielanwendung.

14.3.1 Grundlagen zu Guards

Ein Guard entscheidet, ob eine Navigation stattfindet.

Ein Guard ist eine Funktion, die entscheidet, ob ein Navigationsschritt ausgeführt werden darf oder nicht. Diese Entscheidung wird durch den Rückgabewert der Guard-Funktion ausgedrückt. Dafür sind diese drei Varianten möglich:

- `true`: Die Navigation wird *ausgeführt*.
- `false`: Die Navigation wird *abgebrochen*.
- Typ `UrlTree`: Die Navigation wird *abgebrochen*, und es wird eine neue Navigation zu einer anderen Route gestartet.

Dieser Rückgabewert kann direkt ausgegeben werden, oder er kann in ein Observable oder in eine Promise verpackt werden. Damit ist es möglich, asynchrone Operationen im Guard zu verarbeiten, z. B. HTTP-Requests.

Guards werden immer als Eigenschaft einer Route notiert. Die Entscheidung findet also schon im Router statt, nicht in einer Komponente. Wir unterscheiden vier Typen von Guards, mit denen wir unsere Routen absichern können, siehe Tabelle 14–2.

Tab. 14–2
Varianten von Guards

Guard	Entscheidet, ob …	Interface
CanActivate	eine Route aktiviert werden darf	`CanActivate`
CanActivateChild	Kind-Routen einer Route aktiviert werden dürfen	`CanActivateChild`
CanDeactivate	eine Route deaktiviert werden darf (wegnavigieren)	`CanDeactivate<T>`
CanLoad	ein Modul asynchron geladen werden darf (wird zusammen mit `loadChildren` verwendet)	`CanLoad`

14.3.2 Guards implementieren

Guard-Funktion in einer eigenen Klasse

Die Guard-Funktion wird als Methode in einer eigenen Klasse definiert. Die Methode gibt den Wert `true` bzw. `false` oder einen `UrlTree` zurück, um auszudrücken, ob die Navigation ausgeführt werden darf. Je nach Guard-Variante kann die Methode verschiedene Argumente entgegennehmen. Die Klasse implementiert immer ein passendes Interface, damit die Methode korrekt implementiert wird. Der Name des richtigen Interface ist ebenfalls in der Tabelle 14–2 angegeben.

CanActivate: Darf die Route aktiviert werden?

Mit einem `CanActivate`-Guard können wir prüfen, ob eine bestimmte Route aktiviert werden darf. Die zugehörige Methode `canActivate()` hat ein Argument vom Typ `ActivatedRouteSnapshot`. Mit diesem Snapshot können wir Informationen zur angefragten Route erhalten, z. B. Routenparameter auslesen, wie wir es schon in den vorangegangenen Kapiteln getan haben.

In die Guard-Klasse können wir Abhängigkeiten injizieren, so wie es für Services üblich ist. Das ist sinnvoll, um auf andere Services zuzugreifen, denn in den meisten Fällen müssen weitere Informationsquellen für die Entscheidung herangezogen werden.

Decorator @Injectable() für die Guard-Klasse

Wichtig ist, dass die Klasse den Decorator `@Injectable()` trägt, denn aus technischer Sicht ist ein Guard ein Service.

Listing 14–27 *Beispiel für einen* CanActivate-*Guard*

```
import { CanActivate, ActivatedRouteSnapshot, RouterStateSnapshot }
    ↪ from '@angular/router';
// ...

@Injectable({ providedIn: 'root' })
export class MyActivateGuard implements CanActivate {

  constructor(private myService: MyService) { }

  canActivate(
    next: ActivatedRouteSnapshot,
    state: RouterStateSnapshot
  ): boolean {
    return
      this.myService.isAuthenticated()
      && next.paramMap.get('foo') == 'bar';
  }
}
```

Im Beispiel wird eine Route nur dann aktiviert, wenn die Servicemethode `isAuthenticated()` den Wert `true` zurückgibt und der Routenparameter `foo` den Wert `bar` hat. Andernfalls wird die Navigation abgebrochen und die aktuelle Route bleibt aktiv.

Neue Navigation anstoßen

Wenn eine Navigation abgebrochen wird, kann es sinnvoll sein, den Nutzer stattdessen zu einer anderen Route zu leiten. Dazu bietet Angular seit Version 7.1 die Möglichkeit, aus dem Guard ein Objekt vom Typ `UrlTree` zurückzugeben. Dieser `UrlTree` beinhaltet eine von Angular geparste Route und gibt dem Router die Anweisung, zu dieser Route zu navigieren. Ein solcher `UrlTree` lässt sich mit dem Aufruf `Router.parseUrl()` erzeugen.

Listing 14–28 *Beispiel für einen* CanActivate-*Guard mit* UrlTree

```
import { CanActivate, Router, UrlTree } from '@angular/router';
// ...

@Injectable()
export class MyActivateGuard implements CanActivate {
  constructor(
    private myService: MyService,
    private router: Router
  ) { }

  canActivate(
    next: ActivatedRouteSnapshot,
    state: RouterStateSnapshot
  ): boolean | UrlTree {
    return this.myService.isAuthenticated()
      ? true
      : this.router.parseUrl('/login');
  }
}
```

Statt mit `parseUrl()` können wir einen `UrlTree` auch mit der Methode `Router.createUrlTree()` erzeugen. Diese Variante hat den Vorteil, dass wir noch weitere Informationen in den `UrlTree` übernehmen können.

Listing 14–29 createUrlTree() *verwenden*

```
this.router.createUrlTree(
  ['../login', { relativeTo: route }]
);
```

UrlTree *vs.* Router.navigate()

Ein anderer Weg, um beim Abbruch der Navigation zu einer anderen Route zu wechseln, ist die Methode `Router.navigate()`, die wir bereits kennengelernt haben. Praktisch hat der `UrlTree` allerdings einen entscheidenden Vorteil, der vor allem deutlich wird, wenn mehrere Guards aktiv sind, die asynchron arbeiten. In einer solchen Konstellation ist nie klar, welcher der Guards wann eine Antwort liefert und damit über das Ziel der Navigation entscheidet. Verwenden wir einen `UrlTree` als Rückgabewert, anstatt die Navigation mit `Router.navigate()` manuell anzustoßen, verhält sich der Router allerdings deterministisch: Die Guards, die näher an der Wurzel der Routenhierarchie aktiv sind, haben eine höhere Priorität als die Guards, die tiefer im Baum platziert sind. Der Router kümmert sich um die Weiterleitung und Priorisierung.

Deterministisches Verhalten bei Verwendung mehrerer Guards

Liefert zum Beispiel ein Guard aus einem Featuremodul den Wert `false` oder einen entsprechenden `UrlTree` zurück, aber ein Guard im `AppModule` hat noch keinen Wert geliefert, so wird gewartet. Schlägt nun der Guard des Hauptmoduls fehl, hat dieser die höchste Priorität, und die Regeln des Guards aus dem Featuremodul greifen nicht. Fällt die Prüfung des Guards aus dem Hauptmodul hingegen positiv aus, greifen anschließend die Regeln des Guards aus dem Featuremodul.

CanDeactivate: Darf die aktive Route verlassen werden?

Das erste Argument ist eine Referenz auf die verlassene Komponente.

Mit einem Guard vom Typ `CanDeactivate` können wir prüfen, ob die gerade aktive Route verlassen werden darf. Die Methode `canDeactivate()` aus dem Interface `CanDeactivate<T>` erhält als erstes Argument eine Referenz auf die Komponente, die durch die Navigation verlassen wird. Der Typ dieser Komponente wird mit dem generischen Typparameter im Interface angegeben. Darüber können wir Daten aus der Komponente abfragen und damit die Entscheidung abhängig vom Zustand der Komponente machen. Das ist z. B. sinnvoll, um zu prüfen, ob Änderungen vorgenommen wurden, die nicht verworfen werden sollen. Das zweite Argument ist wieder vom Typ `ActivatedRouteSnapshot` und kann wie im vorhergehenden Beispiel verwendet werden.

Listing 14–30 *Beispiel für einen* CanDeactivate-*Guard*

```
// ...
import { MyComponent } from './my.component';

@Injectable({ providedIn: 'root' })
export class MyGuard implements CanDeactivate<MyComponent> {
  constructor(private myService: MyService) { }

  canDeactivate(comp: MyComponent): boolean {
    return !comp.unsavedChanges; // boolean
  }
}
```

Die Navigation weg von der Komponente `MyComponent` wird damit nur ausgeführt, wenn das Property `unsavedChanges` in der Komponente den Wert *false* hat. Diese Eigenschaft ist selbst definiert und muss natürlich innerhalb der Komponente gesteuert werden.

14.3.3 Guards verwenden

Guards funktionieren nicht allein dadurch, dass eine Guard-Klasse vorhanden ist. Wir müssen vorher festlegen, welche Routen der Guard absichern soll. Guards werden als Eigenschaft einer Route angegeben und wirken als eine Art Middleware, wenn die Route geladen wird. Die verwendete Eigenschaft trägt immer den gleichen Namen wie die Methode in der Guard-Klasse, z. B. `canActivate`. Die Guards werden als Array aufgelistet, denn es können auch mehrere Guards für eine Route festgelegt werden.

```
{
  path: 'foo/bar',
  component: MyComponent,
  canActivate: [MyActivateGuard]
}
```

Listing 14–31
Route mit einem CanActivate-*Guard*

Ruft der Nutzer die angegebene Route mit dem Pfad `foo/bar` auf, wird zunächst die Guard-Methode ausgeführt. Liefert sie den Wert `true` zurück, wird die Komponente geladen, ansonsten wird die Navigation abgebrochen. Gibt der Guard einen `UrlTree` zurück, so wird eine neue Navigation zu der enthaltenen Route gestartet.

14.3.4 Den BookMonkey erweitern

Story – Guards

Als Leser möchte ich beim Betreten des Administrationsbereichs gewarnt werden, um an einen verantwortungsbewussten Umgang erinnert zu werden.

- Es soll eine Popup-Warnmeldung erscheinen, sobald eine Route zur Administration der Bücher aufgerufen wird.
- Wird die Meldung positiv bestätigt, soll eine Navigation zum Formular erfolgen.
- Wird die Meldung negativ bestätigt, wird die Navigation abgebrochen.

Nachdem wir die Theorie zu Guards kennengelernt haben, wollen wir auch im BookMonkey einen Guard einsetzen. Der Administrationsbereich, in dem wir Bücher hinzufügen und bearbeiten können, soll abgesichert werden. Damit wir keine Benutzerverwaltung aufsetzen müssen, wählen wir eine einfachere Variante: Sobald der Nutzer den Admin-Bereich aufruft, soll er manuell bestätigen, dass er diese Seite wirklich sehen möchte.

Guard-Klasse aufsetzen

Passenden Guard-Typ auswählen

Wir müssen zuerst überlegen, welche Art von Guard wir implementieren wollen, damit wir das passende Interface auswählen können. Die Sicherheitsabfrage soll erfolgen, wenn der Nutzer den Admin-Bereich *betreten* möchte, also wenn die Route *aktiviert* wird. Das bedeutet, dass unsere Klasse das Interface `CanActivate` implementieren muss, das die Methode `canActivate()` vorschreibt.

Beim Anlegen greift uns die Angular CLI unter die Arme und bietet eine entsprechende Vorlage an. Der Name des Guards soll *CanNavigateToAdmin* lauten. Wir geben über die Option `implements` an, dass das Interface `CanActivate` genutzt werden soll.

Listing 14–32
Guard-Klasse anlegen mit der Angular CLI

```
$ ng g guard CanNavigateToAdmin --implements CanActivate
```

Die Dateistruktur sieht damit wie folgt aus:

```
src
└── app
    ├── admin
    │   └── ...
    ├── books
    │   └── ...
    ├── home
    │   └── ...
    ├── search
    │   └── ...
    ├── shared
    │   └── ...
    ├── app.module.ts
    ├── app-routing.module.ts
    ├── can-navigate-to-admin.guard.ts
    └── ...
```

Werfen wir einen Blick in die neu angelegte Datei `can-navigate-to-admin.guard.ts`, so sehen wir, dass dort schon das Wichtigste vorbereitet ist:

Listing 14–33
Grundgerüst für den neuen Guard (can-navigate-to-admin.guard.ts)

```
import { Injectable } from '@angular/core';
import { CanActivate, ActivatedRouteSnapshot, RouterStateSnapshot,
    ↪ UrlTree } from '@angular/router';
import { Observable } from 'rxjs';

@Injectable({
  providedIn: 'root'
})
```

```
export class CanNavigateToAdminGuard implements CanActivate {
  canActivate(
    next: ActivatedRouteSnapshot,
    state: RouterStateSnapshot): Observable<boolean | UrlTree> |
    ↪ Promise<boolean | UrlTree> | boolean | UrlTree {
    return true;
  }
}
```

Es wurde bereits das Interface `CanActivate` implementiert, und es existiert die Methode `canActivate()` mit zwei Parametern. Der zweite Parameter vom Typ `RouterStateSnapshot` beinhaltet dabei den aktuellen Zustand des Routers. Im ersten Parameter vom Typ `ActivatedRouteSnapshot` sind die Informationen über die Route gespeichert, die geladen werden soll.

Die Methode muss entweder einen Wert vom Typ `boolean` zurückgeben oder ein Observable/Promise, das zu diesem Wert auflöst. Wir können auch einen `UrlTree` zurückliefern, um eine neue Navigation anzustoßen, für unseren Anwendungsfall reicht allerdings ein `boolean` aus. Ob wir den Wert synchron oder asynchron zurückgeben, hängt wesentlich davon ab, wie wir unsere Abfragelogik gestalten. Wir wollen dieses Beispiel möglichst einfach halten und verwenden den eingebauten Dialog `window.confirm(text)`. Diese native JavaScript-Funktion zeigt ein Bestätigungsfenster mit dem angegebenen Text und liefert ein `boolean` zurück, sobald der Nutzer den Dialog bestätigt oder verwirft. Der Aufruf ist synchron, und die UI blockiert, bis der Nutzer reagiert.

Bestätigungsdialog mit window.confirm()

Den Rückgabewert des Confirm-Dialogs können wir also direkt aus der Guard-Methode zurückgeben. Die Parameter für die Methode `canActivate()` und die zugehörigen Imports können wir entfernen, denn wir wollen sie hier nicht nutzen.

Listing 14–34
Guard mit Bestätigungsdialog
(can-navigate-to-admin.guard.ts)

```
import { Injectable } from '@angular/core';
import { CanActivate } from '@angular/router';

@Injectable({
  providedIn: 'root'
})
export class CanNavigateToAdminGuard implements CanActivate {

  canActivate(): boolean {
    return window.confirm('Mit großer Macht kommt große
    ↪ Verantwortung. Möchten Sie den Admin-Bereich betreten?');
  }
}
```

Damit ist unser Guard grundsätzlich schon fertig, hat aber noch eine unschöne Eigenschaft: Ein Guard wird bei jedem Aufruf einer Route ausgeführt. Das bedeutet, der Nutzer wird immer nach Bestätigung gefragt, sobald er eine Route im Admin-Bereich lädt oder neu lädt.

Entscheidung zwischenspeichern

Ein sinnvolleres Verhalten wäre, nur beim ersten Betreten die Bestätigung abzufragen und den Status dann beizubehalten. Hier kommt uns die Eigenschaft zugute, dass Serviceklassen in Angular als Singletons ausgeführt werden. Es gibt in der Anwendung nur eine einzige Instanz des Guards, wir können also den Zustand direkt in der Klasse zwischenspeichern.

Dazu legen wir die Eigenschaft `accessGranted` an. Sie ist standardmäßig auf `false` gesetzt, damit der Abfragedialog beim ersten Aufruf auf jeden Fall erscheint. Die Abfrage an den Nutzer wird nur gestellt, wenn noch kein Zugriff erlaubt wurde. Der Zustand wird in `accessGranted` zwischengespeichert, so behält der Guard über mehrere Anfragen hinweg seinen Status. Der Nutzer muss den Zugriff also einmalig erlauben und kann während der Sitzung uneingeschränkt auf die Route zugreifen.

Listing 14–35 *Guard mit Bestätigungsdialog und persistiertem Zustand* (can-navigate-to-admin.guard.ts)

```
import { Injectable } from '@angular/core';
import { CanActivate } from '@angular/router';

@Injectable({
  providedIn: 'root'
})
export class CanNavigateToAdminGuard implements CanActivate {

  accessGranted = false;

  canActivate(): boolean {
    if (!this.accessGranted) {
      this.accessGranted = window.confirm('Mit großer Macht kommt
    ↪ große Verantwortung. Möchten Sie den Admin-Bereich
    ↪ betreten?');
    }
    return this.accessGranted;
  }
}
```

Guard verwenden

Der Guard soll eingesetzt werden, um die Zugriffe auf den Admin-Bereich abzusichern. Im `AppRoutingModule` existiert eine Route mit dem Pfad `admin`, die auf das »lazy« geladene `AdminModule` verweist. Wenn wir diese Route mit einem Guard sichern, sind auch alle darunter folgenden Routen abgedeckt.

Guard in der Route verwenden

Wir nehmen uns also im `AppRoutingModule` die Route mit dem Pfad `admin` vor. Hier fügen wir die Eigenschaft `canActivate` ein und geben die Guard-Klasse an. Damit wird der Guard ausgeführt, bevor die Route aktiviert wird.

Listing 14–36
Guard in der Routendefinition eintragen

```
// ...
import { CanNavigateToAdminGuard } from
    ↪ './can-navigate-to-admin.guard';

const routes: Routes = [
  // ...
  {
    path: 'admin',
    loadChildren: './admin/admin.module#AdminModule',
    canActivate: [CanNavigateToAdminGuard]
  }
];

@NgModule({ /* .... */ })
export class AppRoutingModule { }
```

Fertig! Der Admin-Bereich ist nun mit einem Guard abgesichert. Beim ersten Aufruf einer Route unter dem Pfad `admin` erscheint das Bestätigungsfenster. Nur wenn die Abfrage mit OK bestätigt wird, wird der Zugriff auf das Admin-Formular erlaubt – andernfalls wird die Navigation abgebrochen und wir bleiben weiterhin auf der aktuellen Seite.

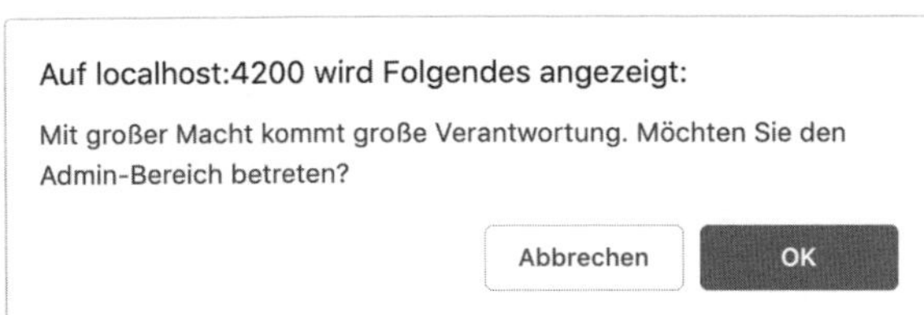

Abb. 14–4
Bestätigungsdialog beim Betreten des Admin-Bereichs

Was haben wir gelernt?

- Mit Guards können Routen abgesichert werden, sodass die Navigation unter bestimmten Umständen abgebrochen wird.
- Ein Guard ist eine Funktion, die entscheidet, ob die Navigation ausgeführt werden darf.

- Es gibt vier Arten von Guards, die in verschiedenen Situationen ausgelöst werden:
  - `CanActivate` beim Aufrufen einer Route
  - `CanDeactivate` beim Verlassen einer Route
  - `CanActivateChild` beim Aufrufen einer Kind-Route
  - `CanLoad` beim asynchronen Laden eines Moduls
- Die Guard-Funktion wird als Methode in einer Klasse untergebracht. Die Klasse muss das richtige Interface implementieren, das dann die Methodensignatur vorgibt.
- Der Rückgabewert eines Guards ist ein `boolean` oder ein `UrlTree`. Der Rückgabewert kann auch asynchron von einem Observable oder einer Promise geliefert werden.
- Gibt der Guard `true` zurück, wird die Navigation ausgeführt, bei `false` wird sie abgebrochen.
- Gibt der Guard einen `UrlTree` zurück, wird eine neue Navigation zur enthaltenen Route gestartet. Sind mehrere Guards gleichzeitig aktiv, gewinnt der in der Hierarchie am höchsten gelegene.
- Die Guard-Methode kann über das Argument vom Typ `ActivatedRouteSnapshot` auf die Parameter der aktuellen Route zugreifen.
- Guards werden als Eigenschaft einer Routendefinition notiert und wirken dann auf diese Route.

Demo und Quelltext:
https://ng-buch.de/bm3-it6-guards

14.4 Routing: Wie geht's weiter?

Wir haben in dieser Iteration mit Lazy Loading und Guards zwei fortgeschrittene Konzepte des Routers kennengelernt. Damit ist allerdings noch lange nicht alles gesagt, denn der Router bietet noch einige weitere sinnvolle Features.

Ausblick auf weitere Themen

Wir möchten in diesem Abschnitt einen Ausblick geben und auf einige weitere Themen eingehen. Als weiterführende Literatur sei außerdem das Buch[6] von Victor Savkin empfohlen, der den Angular-Router maßgeblich mitentwickelt hat.

14.4.1 Resolver: asynchrone Daten beim Routing vorladen

Bisher haben wir asynchrone Operationen mit Observables direkt in der Komponente aufgelöst, vor allem HTTP-Requests. Dieser Weg ist für die meisten Szenarien genau richtig, damit die Komponenten während der Ladezeit bereits sichtbar sind und einen Ladeindikator anzeigen können. Außerdem hilft uns die Pipe `async` bei der Arbeit mit asynchronen Aufgaben, sodass wir die Observables gar nicht manuell in der Komponente subscriben müssen.

Denken wir dieses Szenario einmal ein wenig weiter: Stellen Sie sich vor, jede Komponente benötigt ein Konfigurationsobjekt, das per HTTP geladen wird, also durch ein Observable bereitgestellt wird. Bevor wir in der Komponente weitere Schritte gehen können, müssen wir immer auf das Observable subscriben und abwarten, bis die Daten vom Server eingetroffen sind. Sie werden merken: Der Code wird kompliziert und wiederholt sich.

Resolver laden Daten, bevor die Komponente geladen wird.

Der Router von Angular bringt deshalb ein passendes Werkzeug mit, um diese Herausforderung anzugehen: Resolver. Resolver greifen in den Routing-Prozess ein und lösen asynchrone Operationen auf, *bevor* eine Komponente durch eine Route geladen wird. Die Daten sind dann in der Komponente sofort und synchron verfügbar. Wir geben also die Verantwortung für das Laden der Daten an den Resolver ab.

Resolver aufsetzen

Resolver: Service mit der Methode resolve()

Ein Resolver wird als Methode in einer Klasse definiert. Die Klasse implementiert das Interface `Resolve<T>`, womit die Methode `resolve()` vorgegeben wird. Sie muss immer ein Observable oder eine Promise zurückliefern. Um die Auflösung der asynchronen Operation kümmert

[6] https://ng-buch.de/a/64 – Victor Savkin: Angular Router – The Complete Authoritative Reference

sich Angular eigenständig. Die Typbindung mit dem generischen `T` gibt an, welchen Datentypen wir als Ergebnis erwarten.

Technisch gesehen ist ein Resolver nichts anderes als ein Angular-Service. Wir können also die Angular CLI nutzen, um eine Resolver-Klasse zu generieren:

Listing 14–37 *Resolver-Klasse erzeugen mit der Angular CLI*

```
$ ng g service config-resolver
```

Im Resolver können wir wie üblich weitere Services injizieren, z. B. einen Service, der uns ein Konfigurationsobjekt `MyConfig` als HTTP-Observable liefert. Die Methode `resolve()` gibt dieses Observable direkt zurück – um die Subscription kümmert sich später der Router.

Listing 14–38 *Beispiel für einen Resolver*

```
import { Resolve } from '@angular/router';
// ...

@Injectable({
  providedIn: 'root'
})
export class ConfigResolverService implements Resolve<MyConfig> {
  constructor(private cs: ConfigService) { }

  resolve(): Observable<MyConfig> {
    return this.cs.getConfig();
  }
}
```

Argument der resolve()*-Methode*

Ähnlich wie bei den Guards hat die Methode `resolve()` einen optionalen Parameter vom Typ `ActivatedRouteSnapshot`. Darüber können wir wieder die Parameter der aufgerufenen Route abfragen und verarbeiten:

Listing 14–39 *Beispiel für einen Resolver mit Zugriff auf den Routen-Snapshot*

```
// ...
resolve(route: ActivatedRouteSnapshot) {
  return this.myService.getStuffById(
    route.paramMap.get('id')
  );
}
// ...
```

Resolver in Routen verwenden

Ein Resolver wird automatisch vom Router aktiviert, und zwar bereits beim Laden einer Route, *bevor* die Komponente geladen wird. Der passende Ort, um einen Resolver zu verwenden, ist also in den Routenkonfigurationen.

Wir ergänzen dazu unsere Route um die Eigenschaft `resolve`. Hier geben wir ein Objekt an, in dem alle Resolver notiert sind. Der Schlüssel in diesem Objekt (hier: `config`) ist frei wählbar. Unter diesem Namen rufen wir die Daten später in der Komponente ab. Als Wert übergeben wir den Namen der Resolver-Klasse. Nicht vergessen: Die Klasse muss im Kopf der Datei importiert werden!

Listing 14–40
Route mit Resolver

```
{
  path: 'mypath',
  component: MyComponent,
  resolve: {
    config: ConfigResolverService
  }
}
```

Daten in der Komponente abrufen

Der Resolver verrichtet seine Arbeit, sobald die Route aufgerufen wird. Es wird automatisch eine Subscription auf das Observable erstellt, und die Daten werden abgerufen und gespeichert. Erst dann wird die Komponente geladen, in der wir die Daten schließlich abrufen wollen. Der Router wartet also, bis die asynchrone Operation abgeschlossen ist.

Um auf die Daten zuzugreifen, verfügt der Routen-Snapshot in `ActivatedRoute.snapshot` über die Eigenschaft `data`. Hier ist ein Objekt hinterlegt, in dem alle Daten zu finden sind, die von Resolvern geladen wurden. Das Prinzip funktioniert also ähnlich wie bei den Routenparametern. Die Schlüssel in dem Objekt entsprechen den Namen, die wir im `resolve`-Objekt der Routenkonfiguration festgelegt haben.

Listing 14–41
Bereitgestellte Daten in der Komponente auslesen

```
// ...
constructor(private route: ActivatedRoute) { }

ngOnInit() {
  this.config =
    this.route.snapshot.data.config;
}
// ...
```

Dieser Code hat eine wichtige Eigenschaft: Der Aufruf ist synchron, denn die Komponente wird erst geladen, nachdem die Daten eingetroffen sind. Beim Start der Komponente sind die abgerufenen Daten sofort verfügbar. Unsere Komponentenlogik muss sich also nicht mehr damit auseinandersetzen, das Konfigurationsobjekt vom Server zu laden. Den Resolver können wir einfach in allen Routen einsetzen, die die Daten benötigen.

Der Router wartet auf die Resolver!

Bitte nutzen Sie Resolver sorgfältig, denn: Der Router wartet auf die asynchrone Operation und lädt die Komponente erst, wenn das Ergebnis vorliegt. Sie sollten also mit Resolvern keine regulären Nutzdaten für die Komponenten laden, da HTTP-Requests eine längere Zeit in Anspruch nehmen können. Nutzen Sie stattdessen den herkömmlichen Weg und lösen Sie Ihre Observables direkt in den Komponenten auf. Resolver sollten Sie vor allem für besondere Daten verwenden, die unbedingt beim Start der Komponente benötigt werden und auf die der Router berechtigt warten soll. Ein gutes Beispiel dafür ist ein Konfigurationsobjekt.

Ausblick: Daten cachen mit Observables

Resolver haben keinen eingebauten Cache. Das bedeutet, dass das Observable aus dem Resolver für jede Route erneut abonniert wird. Bei jedem Routenwechsel wird also ein neuer HTTP-Request für das Konfigurationsobjekt ausgelöst, und der Nutzer muss entsprechend auf die Antwort vom Server warten.

Wir möchten Ihnen deshalb kurz zeigen, wie Sie die Hilfsmittel von RxJS praktisch nutzen können, um die Daten zu cachen. Diese Strategie ist übrigens nicht spezifisch für Resolver, sondern Sie können das Vorgehen generell zum Caching einsetzen.

Der Kern der Idee ist der Operator `shareReplay()`. Diese Funktion gibt ein Observable zurück, das die letzten Werte des Quelldatenstroms speichert und an alle neuen Subscriber ausliefert.

Damit der Resolver immer wieder auf dasselbe »geteilte« Observable zugreift, müssen wir das Objekt im Service speichern und wiederverwenden. Der `ConfigService` könnte damit wie folgt aussehen:

Listing 14–42
Caching mit dem Operator shareReplay()

```
import { shareReplay } from 'rxjs/operators';
// ...
export class ConfigService {
  // ...
  private config$: Observable<MyConfig>;
  getConfig(): Observable<MyConfig> {
    if (!this.config$) {
      this.config$ = this.http.get(configUrl).pipe(
        shareReplay()
      );
    }
```

```
    return this.config$;
  }
}
```

Damit wird der HTTP-Request nur bei der ersten Subscription ausgeführt. Alle weiteren Subscriber erhalten das gecachte Ergebnis. Für ein Konfigurationsobjekt ist dieses Setup ein guter Ansatz: Beim Laden der ersten Route vergeht eine kurze Zeit, in der die Daten einmalig vom Server abgerufen werden. Für alle weiteren Routen wird das Objekt einfach wiederverwendet. In jedem Fall ist aber sichergestellt, dass die benötigten Daten in der Komponente sofort verfügbar sind – egal, ob sie aus dem Cache kommen oder direkt vom Server.

14.4.2 Mehrere RouterOutlets verwenden

In unserer Anwendung haben wir bisher auf einer Ebene immer genau ein RouterOutlet eingesetzt. Das Outlet ist im Template einer Komponente untergebracht und ist dafür zuständig, die geroutete Komponente anzuzeigen. Wir wollen nun ein wenig weiterdenken: Angenommen, unsere Anwendung besitzt noch eine Seitenleiste mit dynamischem Inhalt und soll zusätzlich in einem modalen Overlay Komponenten anzeigen können. Die elegante Lösung dafür ist, mehrere RouterOutlets zu verwenden!

Outlets können einen Namen erhalten.

Wir können in unseren Templates beliebig viele weitere Outlets einsetzen. Zur Identifikation erhält jedes Outlet einen Namen. Das einzige unbenannte Outlet funktioniert weiterhin als Standardziel für geroutete Komponenten.

Listing 14–43
Template mit mehreren RouterOutlets

```
<router-outlet></router-outlet>
<router-outlet name="second"></router-outlet>
```

In den Routenkonfigurationen können wir nun festlegen, in welches Outlet eine Komponente geladen werden soll. Dazu dient der Schlüssel `outlet`, in dem der Name des Ziel-Outlets angegeben wird.

Listing 14–44
Beispiel für eine Routendefinition mit zusätzlichem Outlet

```
{
  path: 'mypath',
  component: MyComponent,
  outlet: 'second'
}
```

Auf ein RouterOutlet verlinken

Die Verlinkung wird etwas kniffeliger, denn auch hier müssen wir angeben, welches Outlet wir bedienen möchten. Das hat allerdings den Vorteil, dass wir mit einem einzigen Link in alle verfügbaren Outlets eine Komponente laden können. `primary` ist dabei der reservierte Name für das unbenannte Standard-Outlet.

Listing 14–45
Beispiele für Links mit mehreren Outlets

```
<a [routerLink]="[{ outlets: { second: 'mypath' }}]">Link 1</a>
<a [routerLink]="[{ outlets: { primary: 'foo',
      ↪ second: 'mypath' }}]">Link 2</a>
```

Der Zustand des Routers wird natürlich auch bei mehreren parallelen Outlets in der URL abgebildet. Zusätzliche Outlets werden dabei in runden Klammern angegeben:

Listing 14–46
Beispiel für eine URL mit zusätzlichem Outlet

```
http://localhost:4200/foo(second:mypath)
```

15 Internationalisierung: Iteration VII

»Internationalization is often an afterthought, but any big application should integrate it from the start, as it is much easier to work on it along the way than to add it afterwards. Though translating an application is still a lot of work, Angular gives you different code and building tools that will make this process easier.«

Olivier Combe
(Mitglied im Angular Core Team, verantwortlich für i18n)

15.1 i18n: mehrere Sprachen und Kulturen anbieten

Unser BookMonkey hat nun alle Funktionen, die wir geplant haben. Aber ein Feature fehlt noch komplett: Mehrsprachigkeit. Dies wollen wir in diesem letzten kurzen Kapitel ändern. Unsere Anwendung soll auch in Englisch verfügbar sein. Sie werden sehen: Die Aufgabe ist nicht schwer und geht mit den richtigen Tools schnell von der Hand.

15.1.1 Was bedeutet Internationalisierung?

In der Informatik versteht man unter Internationalisierung die Anpassung von Software für mehrere Sprachen und Kulturen. Der sperrige Begriff wird häufig mit den Buchstaben *i18n*[1] abgekürzt.

i18n umfasst viele Aufgaben.

Prinzipiell kann man unter den Begriffen *Internationalisierung* und *Lokalisierung* viele Aufgaben zusammenfassen: Texte sollten mehrsprachig vorliegen, und Datums- und Zeitformate, Formatierungen von Zahlen und Zeitzonen müssen beachtet werden. Es gilt auch, Währungen oder die Schreibrichtungen nicht zu vergessen. Weiterhin werden unter anderem Farben und Bilder in verschiedenen Kulturkreisen sehr

[1] Das Wort *Internationalization* besteht aus 18 Buchstaben zwischen dem ersten Buchstaben *i* und letzten Buchstaben *n*.

unterschiedlich interpretiert. Eines wird hier schnell klar: Eine Anwendung für mehrere Länder auszurichten ist eine große Aufgabe. Bei einigen Dingen müssen wir als Entwickler selbst die richtigen Weichen im Code stellen, etwa bei der Gestaltung und Auswahl der Inhalte.

Die grundlegenden Aufgaben für eine Internationalisierung sind jedoch in Angular schon vorbereitet. Bei der Formatierung von Werten können wir die eingebauten Pipes verwenden, und bei der Übersetzung von Texten hilft das i18n-Tooling von Angular.

15.1.2 Eingebaute Pipes mehrsprachig verwenden

Die eingebauten Pipes von Angular sind bereits für Mehrsprachigkeit ausgelegt. Wir haben diese Pipes schon im Kapitel ab Seite 342 kennengelernt und eingesetzt. Vom aktuell eingestellten Locale werden ganz konkret folgende Pipes beeinflusst:

- CurrencyPipe (`currency`)
- DatePipe (`date`)
- DecimalPipe (`number`)
- I18nPluralPipe (`i18nPlural`)

Wir müssen dazu nichts weiter tun, als unsere Anwendung anders zu konfigurieren. Im Listing 13.1.2 auf Seite 341 haben wir gesehen, wie man die `LOCALE_ID` auf einen festen Wert einstellt. Obwohl das gut funktioniert hat, ist es auf diesem Weg natürlich nicht möglich, mehrere Sprachen anzubieten.

Um mehrere Sprachen zu unterstützen, sollten wir das Token `LOCALE_ID` nicht im Code überschreiben. Wir können die Locale nämlich auch während des Builds festlegen. Die richtige Sprachdefinition muss allerdings weiterhin geladen werden:

Listing 15–1 *Mehrere Sprachdefinitionen laden*

```
import { registerLocaleData } from '@angular/common';
import localeDe from '@angular/common/locales/de';
import localeFr from '@angular/common/locales/fr';

@NgModule({
  // ...
  providers: [
    // LOCALE_ID nicht mehr providen
    // { provide: LOCALE_ID, useValue: 'de' }
  ]
})
```

```
export class AppModule {
  constructor(@Inject(LOCALE_ID) locale: string) {

    // alle verwendeten Sprachdefinitionen laden
    registerLocaleData(localeDe);
    registerLocaleData(localeFr);

    // nur zum Test
    console.log('Current Locale:', locale);
  }
}
```

Am einfachsten ist es, alle unterstützten Sprachdefinitionen einzubinden. In diesem Beispiel laden wir zwei Definitionen für die deutsche und französische Sprache. Die Dateigröße einer Sprachdefinition ist recht klein, sodass es nicht weiter ins Gewicht fällt, mehrere dieser Pakete zu integrieren, auch wenn nur eins davon verwendet wird. Sofern Sie in Ihrer Anwendung jedoch sehr viele Sprachen unterstützen, sollten Sie gegebenenfalls eine Fallunterscheidung einbauen. Um zu prüfen, ob alles funktioniert hat, injizieren wir zusätzlich die `LOCALE_ID` und geben den Wert auf der Konsole aus. Später sollten wir diese Testausgabe natürlich wieder entfernen.

Anwendung mit Locale-Einstellung bauen

Nun müssen wir noch die Anwendung mit dem gewünschten Locale bauen. Generell empfehlen wir, für jede Lokalisierung eine separate Konfiguration über die Datei `angular.json` anzulegen. Wir kommen in den nächsten Abschnitten darauf zurück. Wenn Sie allerdings schnell einmal einen lokalisierten Build ausprobieren wollen, so geht dies über den Befehl `ng build` mit dem Parameter `--i18n-locale`.[2] Achten Sie dabei darauf, dass Sie die Anwendung im AOT-Modus bauen, andernfalls hat der Parameter zur Lokalisierung keinen Effekt. Sie können hierfür eine Konfiguration laden, die den AOT-Modus aktiviert, oder den Parameter `--aot` hinzufügen. In diesem Beispiel verwenden wir den Alias `--prod` für die produktive Konfiguration und überschreiben das konfigurierte Locale mit dem Code für die deutsche Sprache.

Die Einstellung funktioniert nur im AOT-Modus.

AOT und JIT

Wir haben bislang noch nicht detailliert über die beiden Build-Verfahren AOT und JIT gesprochen. Für dieses Kapitel reicht es zunächst aus, wenn wir wissen, dass es diese zwei verschiedenen Verfahren gibt und dass ein produktiver Build immer im AOT-Modus durchgeführt werden sollte. Mehr dazu besprechen wir ausführlich im Kapitel zum Deployment ab Seite 513.

[2] Neben `--i18n-locale` können Sie auch die Parameter `--i18n-file`, `--i18n-format` und `--i18n-missing-translation` einsetzen. Die Konfiguration mithilfe der `angular.json` ist aber bedeutend praktikabler.

Listing 15–2
Ein lokalisierter Build ohne Konfiguration

```
$ ng build --prod --i18n-locale=de
$ cd dist
$ cd BookMonkey
$ npx http-server -o
```

Wir müssen direkt einen Build erzeugen und diesen über einen beliebigen Webserver (hier: `http-server`) testen. Es ist leider nicht möglich, die Parameter zur Lokalisierung auch bei dem Befehl `ng serve` einzusetzen.

15.1.3 Texte in den Templates übersetzen

Nachdem wir das Locale beim Build eingestellt haben, wollen wir nun die Texte in den Templates der Anwendung übersetzen. Das Tooling von Angular greift uns dabei unter die Arme und stellt einen Prozess in fünf Schritten zur Verfügung:

1. Nachrichten mit dem `i18n`-Attribut markieren
2. Nachrichten extrahieren
3. Nachrichten übersetzen
4. Übersetzung abspeichern
5. Das übersetzte Projekt bauen

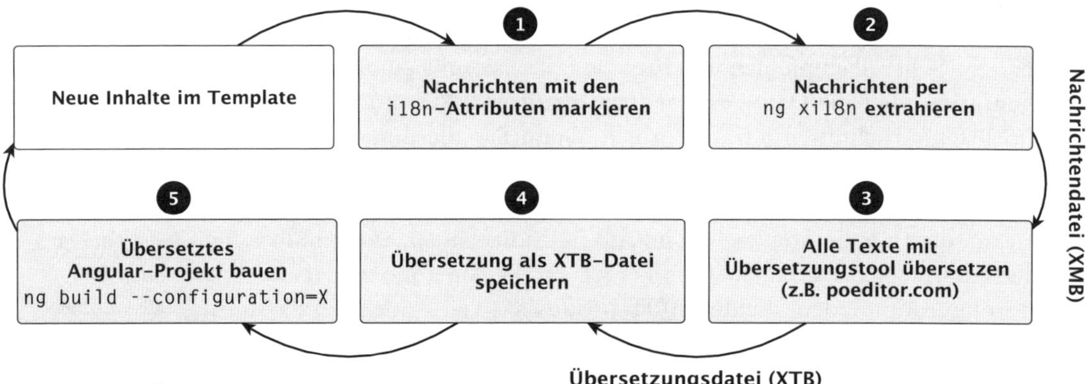

Abb. 15–1
Der Prozess bei der Übersetzung der Anwendung

Was ist mit Ivy?

Mit der Version 4 von Angular wurde das bestehende Toolset für die Internationalisierung eingeführt. Seither hat es keine größeren Erweiterungen oder Verbesserungen gegeben. Ein häufig geäußerter Wunsch ist es, dass die Übersetzungen zur Laufzeit austauschbar sein sollen, denn aktuell ist dies nicht möglich. Ebenso existiert keine API, um Übersetzungen außerhalb der Templates durchzuführen. Voraussichtlich ab Angular 9 wird *Ivy* den bisherigen Renderer ersetzen. Auf Grundlage von Ivy soll dann das gesamte i18n-Tooling stark erweitert werden – wir dürfen auf viele Verbesserungen und Erleichterungen gespannt sein. Wir empfehlen, bereits mit Angular 8 das bestehende i18n-Tooling von Angular einzusetzen und nicht auf eine Drittanbieter-Lösung auszuweichen. Die bestehenden `i18n`-Attribute werden weiterhin die Grundlage für i18n sein. Als einziges Problem sehen wir die Tatsache, dass voraussichtlich andere IDs generiert werden. Wir empfehlen allerdings ohnehin, die IDs stets fest zu vergeben, sodass wir diesem Punkt gelassen entgegensehen können. Eine öffentliche Roadmap zum i18n existiert nicht, doch mit der standardmäßigen Aktivierung von Ivy sollen alle bestehenden Features auch weiterhin unterstützt werden. Neue Funktionen sollten danach zügig folgen.

15.1.4 Nachrichten mit dem `i18n`-Attribut markieren

Das HTML-Attribut `i18n` hat für die Übersetzung einer Angular-Anwendung eine besondere Bedeutung: Es teilt dem i18n-Tooling mit, dass hier ein übersetzbarer Text zu finden ist. Im nächsten Schritt werden wir ein Extraktionstool einsetzen, um die markierten Nachrichten in den Templates zu identifizieren und in eine neue Datei zu speichern. An der Stelle, wo der Text übersetzt werden soll, müssen wir das Attribut entsprechend platzieren:

```
<h1 i18n>Hallo Welt!</h1>
```

Listing 15–3
Nachrichten mit dem i18n-Attribut markieren

Beschreibung und Bedeutung notieren

Um der übersetzenden Person eine Hilfestellung zu leisten, sollten wir zusätzlich noch die Bedeutung (engl. *meaning*) sowie eine Beschreibung (engl. *description*) für die Nachricht hinterlegen. Bedeutung und Beschreibung werden durch das Pipe-Zeichen getrennt. Ohne das Pipe-Zeichen repräsentiert der gesamte String die Beschreibung. Beide Angaben sind optional.

```
<h1 i18n="meaning|description">Hallo Welt!</h1>
<h1 i18n="description">Salut!</h1>
```

Listing 15–4
Weitere Metadaten zum i18n-Attribut angeben

Steht kein DOM-Element zur Verfügung, so können wir die Markierung auch mit einem `<ng-container>` vornehmen:

Listing 15–5 *Das* i18n*-Attribut mit* <ng-container> *einsetzen*

```
<ng-container i18n="meaning|description">
Meine Nachricht
</ng-container>
```

Übersetzbare Inhalte kommen nicht nur im Text eines HTML-Dokuments vor, sondern auch in Attributen der Elemente verstecken sich Nachrichten. Um etwa ein `title`-Attribut oder ein `placeholder`-Attribut zu markieren, schreiben wir entsprechend `i18n-title` bzw. `i18n-placeholder`.

Listing 15–6 *Nachrichten in Attributen markieren*

```
<a href="http://example.org" title="Klick mich!" i18n-title>
  ↪ Beispiel</a>
<input placeholder="Vorname" i18n-placeholder>
```

15.1.5 Nachrichten extrahieren und übersetzen

Extraktionstool

Wenn alle Nachrichten markiert sind, können wir das eingebaute Extraktionstool einsetzen. Um alle Nachrichten im Standardformat zu extrahieren, führen wir folgenden Befehl aus:

```
$ ng xi18n
```

Extrahierte Nachrichten als XLIFF oder XMB

Es wird eine Datei mit dem Namen `messages.xlf` im *XML Localisation Interchange File Format (XLIFF)* generiert. Über den Schalter `--i18n-format=xmb` generieren wir eine Datei mit dem Namen `messages.xmb` im Format *XML Message Bundle (XMB)*. Beide Dateiformate erfüllen denselben Zweck: Die markierten Nachrichten werden zusammen mit den festgelegten Metadaten (*meaning* und *description*) strukturiert gespeichert. Wir werden im weiteren Verlauf das XMB-Format verwenden, weil dieses vom bekannten Onlinetool POEditor[3] unterstützt wird.

Editor für Nachrichtendateien

Übersetzte Datei als XLIFF oder XTB

Vom Übersetzer erhalten wir eine neue Datei im XLIFF-Format (dasselbe Dateiformat wie zuvor, aber mit Übersetzungen) oder im XTB-Format (*External Translation Table*). Wir empfehlen, die Datei mit den Übersetzungen direkt neben der Ausgangsdatei `messages.xlf` bzw. `messages.xmb` zu platzieren und ihr einen aussagekräftigen Dateinamen zu geben, z. B. `messages.`**`de`**`.xtb`.

Die verschiedenen Dateitypen und ihre Endungen haben wir hier noch einmal zusammengefasst:

- XLIFF 1.2: das Standardformat (`xlf`)
- XLIFF 2 (`xlf2`)
- XMB (`xmb`)
- XTB (`xtb`)

[3] https://ng-buch.de/a/65 – POEditor

Sowohl XLIFF 1.2 als auch XLIFF 2 und XMB werden von vielen Editoren unterstützt, darunter auch frei verfügbare. Setzen Sie einfach das Format ein, das von Ihrem Tooling unterstützt wird.

15.1.6 Feste IDs vergeben

Zufällig generierte IDs

Werfen wir einen Blick in die generierte XMB-Datei, sehen wir, dass das Extraktionstool für jeden Eintrag eine automatisch generierte ID anlegt. Solange sich das Template nicht ändert, wird jedes Mal dieselbe ID generiert:

Listing 15–7
Erste generierte ID

```
HTML: <h1 i18n="Hello World">Hello World</h1>
XMB:  <msg id="4584092443788135411" desc="Hello World">Hello World
     ↪ </msg>
```

Bei einer Änderung, etwa bei der Bedeutung oder dem zu übersetzenden Text – z. B. bei der Korrektur eines Tippfehlers –, wird allerdings eine gänzlich andere Nummer generiert:

Listing 15–8
Zweite generierte ID

```
HTML: <h1 i18n="Hello World">Hello World!</h1>
XMB:  <msg id="6947830843539421219" desc="Hello World">Hello World!
        ↪ </msg>
```

Dies erhöht den Wartungsaufwand enorm, da im Übersetzungsprogramm natürlich ein völlig neuer Eintrag erscheint und der alte entsprechend entfernt werden muss. Seit Version 4 von Angular wird dieses Problem zum Glück adressiert: Wir können mittels zweier @-Zeichen selbst eine aussagekräftige ID vergeben.

Best Practice: feste IDs mit @@

Listing 15–9
i18n-*Attribut mit fester ID verwenden*

```
<h1 i18n="meaning|description@@ID">Hallo Welt!</h1>
```

Wir empfehlen dringend, stets feste IDs zu verwenden. Nur so vermeiden wir Mehraufwände nach der Aktualisierung unserer Texte!

Listing 15–10
Feste ID

```
HTML: <h1 i18n="@@HelloWorld">Hello World!</h1>
XMB:  <msg id="HelloWorld">Hello World!</msg>
```

Listing 15–11
Feste ID, mit Bedeutung und Beschreibung

```
HTML: <h1 i18n="Meine Bedeutung|Meine Beschreibung@@HelloWorld">
     ↪ Hello World!</h1>
XMB:  <msg id="HelloWorld" desc="Meine Beschreibung"
        ↪ meaning="Meine Bedeutung">Hello World!</msg>
```

15.1.7 Die App für Übersetzungen konfigurieren

Wie wir bereits wissen, muss die Anwendung im AOT-Modus gebaut werden, um das Locale zu setzen. Genauso verhält es sich auch mit den Übersetzungen der Templates. Um eine Übersetzung in die Templates einzuweben, müssen wir dem Compiler folgende Informationen bereitstellen:

- `i18nFile` – die Übersetzungsdatei (z. B. `messages.de.xtb`)
- `i18nFormat` – das Format der Übersetzungsdatei (z. B. `xtb`)
- `i18nLocale` – das Locale der Übersetzung (z. B. `de`)

Hierfür müssen wir zunächst die bestehenden Konfigurationen der App finden. Diese verstecken sich in der Datei `angular.json` im Abschnitt `configurations`.

Listing 15–12
Die Build-Konfiguration anpassen
(angular.json)

```
...
"projects": {
 "BookMonkey": {
  "architect": {
   "build": {
    "configurations": {
     "production": {
       ...
     },
     "production-de": {
       ...
       "i18nFile": "src/messages.de.xtb",
       "i18nFormat": "xtb",
       "i18nLocale": "de"
     }
    }
   }
  }
 }
}
```

Bitte beachten Sie ebenso das Kapitel 18 ab Seite 513 für weitere Erläuterungen zu den Konfigurationen. Um eine neue Sprache zu definieren, kopieren Sie am besten die Konfiguration von `production` und machen anschließend Ihre Anpassungen, z. B. als Konfiguration mit dem Namen `production-de`. Die neue Konfiguration kann wie folgt gebaut werden:

```
$ ng build --configuration=production-de
```

Gleich neben dem Abschnitt build finden wir den Abschnitt serve. Hier stellen wir die Konfigurationen für den Befehl ng serve bereit:

ng serve *nicht vergessen!*

Listing 15–13 *Die Serve-Konfiguration anpassen* (angular.json)

```
...
"projects": {
 "BookMonkey": {
  "architect": {
   "serve": {
    ...
    "configurations": {
      "production": {
        "browserTarget": "BookMonkey:build:production"
      },
      "production-de": {
        "browserTarget": "BookMonkey:build:production-de"
      }
    }
   }
  }
 }
}
```

Nun können wir die neue Konfiguration ohne Umstände testen:

```
$ ng serve --configuration=production-de
```

Sie können diverse weitere Einstellungen pro Konfiguration und damit pro Lokalisierung abändern, etwa den Pfad zu den Assets oder den Stylesheets. Wollen Sie mehrere Anwendungen nacheinander bauen, funktioniert das besonders einfach, wenn Sie den outputPath anpassen – beispielsweise so:

```
"outputPath": "dist/BookMonkey-de"
```

Mehr gibt es nicht zu tun. Das war's bereits!

Einschränkungen durch den AOT-Modus

Nur eine Sprache gleichzeitig

Ja, es ist leider momentan noch so: Wir können immer nur eine Sprache mit einer speziell dafür gebauten Anwendung unterstützen! Ein Wechsel der Sprache zur Laufzeit ist nicht möglich. Zum Wechseln der Sprache muss die App gewechselt werden. Wollen wir also unsere Anwendung in mehreren Sprachen anbieten, so müssen wir tatsächlich das Kompilat mehrfach in verschiedenen Verzeichnissen abspeichern und z. B. über unterschiedliche Domains oder über unterschiedliche öffentliche Verzeichnisse anbieten.

Dieses Vorgehen ist sowohl positiv als auch kritisch zu betrachten. Für diesen Weg spricht die Tatsache, dass wir hoch optimierte Anwendungen erhalten. Zur Laufzeit findet keine Übersetzung statt – schneller geht es nicht. Entsprechend negativ ist allerdings der Umstand, dass sich die Komplexität des Deployments erhöht. Will man viele Sprachen anbieten, muss man definitiv den Build automatisieren.

ngx-translate

Ebenso nachteilig ist die Tatsache, dass jede Textänderung einen neuen Übersetzungsprozess verlangt: Nachrichten extrahieren, übersetzen, neu kompilieren. Für einen dynamischeren Weg (z. B. Übersetzungen über einen HTTP-Service aus einer Datenbank) könnten wir zwar den Weg über den JIT-Compiler gehen, aber dann hätten wir später keine performante Anwendung.Wir empfehlen daher an dieser Stelle, ein anderes Framework wie etwa *ngx-translate*[4] zu verwenden oder auf die neue Ivy-Engine zu warten, mit der das i18n-Tooling entscheidend verbessert werden soll.

Zusammenfassung

Der Prozess zur Übersetzung der Anwendung ist schrittweise aufgebaut. Zunächst werden alle Nachrichten markiert, um im nächsten Schritt in ein standardisiertes Format extrahiert zu werden. Nachdem die damit generierte Datei übersetzt wurde, wird die Anwendung mit der Übersetzung gebaut und die übersetzten Nachrichten werden eingefügt.

Im nächsten Abschnitt wollen wir das gewonnene Wissen zum i18n-Tooling gleich ausprobieren.

15.1.8 Den BookMonkey erweitern

Story – Mehrsprachigkeit

Als englischsprachiger Leser möchte ich die Anwendung in meiner Sprache präsentiert bekommen, um den angezeigten Text verstehen zu können.

Bis jetzt haben wir alle Texte in deutscher Sprache verfasst. Der BookMonkey soll in diesem Kapitel zusätzlich Englisch »sprechen«. Hierfür setzen wir das i18n-Tooling von Angular ein, um die Anwendung in einer anderen Sprache anzubieten.

[4] https://ng-buch.de/a/66 – ngx-translate

Nachrichten mit `i18n`-Attribut markieren

Zunächst müssen wir alle Stellen im HTML-Quelltext finden, die Nachrichten enthalten. Die Homepage ergänzen wir z. B. mit folgendem Markup:

Listing 15–14
Das markierte Template der HomeComponent (home.component .html)

```
<h1 i18n="@@HomeComponent:header">Home</h1>
<p i18n="a proud sentence about the
    ↪ project@@HomeComponent:tagline">Das ist der BookMonkey.</p>
<a routerLink="../books" class="ui red button">
  <ng-container i18n="Text of the link to the books
    ↪ screen@@HomeComponent:book list link">Buchliste
    ↪ ansehen</ng-container>
  <i class="right arrow icon"></i>
</a>

<h2 i18n="@@HomeComponent:search">Suche</h2>
<bm-search></bm-search>
```

Wir haben uns entschieden, als ID ein Kürzel wie etwa `@@HomeComponent:tagline` zu vergeben. Das ist natürlich eine sehr technische Sicht auf die Dinge. Nicht jeder wird wissen, was überhaupt Komponenten sind. Sofern wir mit dritten Personen zusammenarbeiten, sollten wir uns vorab auf ein von allen akzeptiertes System zur Benennung einigen.

Genauso gehen wir für alle anderen Komponenten vor. Das Template der `BookFormComponent` beinhaltet Placeholder-Attribute. Hier sieht unser Template nach der Überarbeitung so aus:

Listing 15–15
Das markierte Template der BookFormComponent *(Ausschnitt)* (book-form .component.html)

```
<label i18n="@@BookFormComponent:book authors">Autoren</label>
<button type="button" class="ui mini button"
  (click)="addAuthorControl()"
  i18n="@@BookFormComponent:add author">
  + Autor
</button>
<div class="fields" formArrayName="authors">
  <div class="sixteen wide field"
    *ngFor="let c of authors.controls; index as i">
    <input placeholder="Autor"
      i18n-placeholder="@@BookFormComponent:author placeholder"
      [formControlName]="i">
  </div>
</div>
```

Nach diesem Prinzip markieren wir alle Stellen im BookMonkey mit den i18n-Attributen. Wir empfehlen Ihnen hierfür, einen Blick in die Differenzansicht zwischen der letzten Story und dieser zu werfen. Hier haben wir für Sie alle Änderungen komfortabel aufgelistet.[5]

Nachrichten extrahieren

Nachdem wir alle Markierungen sorgfältig durchgeführt haben, starten wir die Extraktion der Nachrichten:

```
$ ng xi18n --i18nFormat=xmb
```

XMB-Datei

Wir erhalten eine XML-Datei mit unseren Nachrichten: src/messages.xmb. Es ist gut zu sehen, dass nirgendwo automatisch generierte Nummern erstellt worden sind, denn wir haben für alle Texte aussagekräftige IDs vergeben.

Listing 15–16
Die Nachrichtendatei im XMB-Format (gekürzter Ausschnitt)
(messages.xmb)

```
<?xml version="1.0" encoding="UTF-8" ?>
<!-- ... -->
<messagebundle>
  <msg id="AppComponent:home" desc="Text of the link to the home
    ↪ screen">Home</msg>
  <msg id="AppComponent:book" desc="Text of the link to the books
    ↪ screen">Bücher</msg>
  <msg id="AppComponent:admin" desc="Text of the link to the admin
    ↪ screen">Administration</msg>
  <msg id="HomeComponent:header">Home</msg>
  <msg id="HomeComponent:tagline" desc="a proud sentence about the
    ↪ project">Das ist der BookMonkey.</msg>
  <msg id="HomeComponent:book list link" desc="Text of the link to
    ↪ the books screen">Buchliste ansehen</msg>
  <msg id="HomeComponent:search">Suche</msg>
  <msg id="BookFormComponent:book form">Buch hinzufügen</msg>
  <msg id="BookFormComponent:book title">Buchtitel</msg>
  <msg id="BookFormComponent:book subtitle">Untertitel</msg>
  <msg id="BookFormComponent:book isbn">ISBN</msg>
  <msg id="BookFormComponent:book published
    ↪ date">Erscheinungsdatum</msg>
  <msg id="BookFormComponent:book authors">Autoren</msg>
  <!-- ... -->
</messagebundle>
```

[5] https://ng-buch.de/a/67 – BookMonkey 3 Diff – Iteration 6: Guards zu Iteration 7: Internationalisierung (i18n)

Nachrichten übersetzen

Es liegt nun an uns, alle Nachrichten in die englische Sprache zu überführen. Wir verwenden zur Übersetzung den Onlineeditor POEditor. Hierfür haben wir einen extra Powertipp vorbereitet, den Sie ab Seite 451 finden. Sie können zur Übersetzung aber auch jedes andere geeignete Programm verwenden.

POEditor

Übersetzung abspeichern

Nach getaner Arbeit laden wir die Übersetzungsdatei herunter und speichern sie unter `src/messages.en.xtb` ab.

XTB-Datei

Listing 15–17
Die Übersetzungsdatei im XTB-Format (Ausschnitt)
(messages.en.xtb)

```
<?xml version="1.0" encoding="UTF-8"?>
<!-- ... -->
<translationbundle lang="en">
  <translation id="AppComponent:home" desc="Text of the link to
    ↪ the home screen">Home</translation>
  <translation id="AppComponent:book" desc="Text of the link to
    ↪ the books screen">Books</translation>
  <translation id="AppComponent:admin" desc="Text of the link to
    ↪ the admin screen">Administration</translation>
  <translation id="HomeComponent:header">Home</translation>
  <translation id="HomeComponent:tagline" desc="a proud sentence
    ↪ about the project">This is the BookMonkey.</translation>
  <translation id="HomeComponent:book list link" desc="Text of the
    ↪ link to the books screen">See book list</translation>
  <translation id="HomeComponent:search">Search</translation>
  <translation id="BookFormComponent:book form">Book
    ↪ Form</translation>
  <translation id="BookFormComponent:book title">Book
    ↪ Title</translation>
  <translation id="BookFormComponent:book
    ↪ subtitle">Subtitle</translation>
  <translation id="BookFormComponent:book isbn">ISBN
    ↪ Number</translation>
  <translation id="BookFormComponent:book published
    ↪ date">Published Date</translation>
  <translation id="BookFormComponent:book
    ↪ authors">Authors</translation>
  <!-- ... -->
</translationbundle>
```

Wie man sehen kann, unterscheidet sich das XMB-Format nur geringfügig vom XTB-Format. Aus einem Root-Element `<messagebundle>` mit `<msg>`-Elementen wird das Root-Element `<translationbundle>` mit `<translation>`-Elementen. Der Aufbau der Dateien ist nicht sehr kompliziert. Kleine Änderungen kann man daher auch mit einem normalen Texteditor durchführen.

Übersetztes Projekt bauen

Zum Schluss wollen wir den übersetzten BookMonkey endlich bauen und so die übersetzten Strings in die Anwendung einfügen. Wir konfigurieren hierfür unsere Anwendung wie folgt, indem wir in der Datei `angular.json` neue Konfigurationen erstellen.

Listing 15–18 *Den englischen BookMonkey konfigurieren* (angular.json)

```
...
"projects": {
 "BookMonkey": {
  "architect": {
   "build": {
    "configurations": {
     "production": {
       ...
       "aot": true,
       "i18nLocale": "de"
     },
     "production-en": {
       ...
       "aot": true,
       "i18nFile": "src/messages.en.xtb",
       "i18nFormat": "xtb",
       "i18nLocale": "en"
     }
    }
   },
   "serve": {
    ...
    "configurations": {
      "production": {
        "browserTarget": "BookMonkey:build:production"
      },
```

```
      "production-en": {
        "browserTarget": "BookMonkey:build:production-en"
      }
    }
  }
 }
}
}
```

Damit der lokalisierte Build funktioniert, muss die Anwendung zwingend im AOT-Modus gebaut werden. Prüfen Sie am besten zur Sicherheit noch einmal nach, ob der Wert für den AOT-Modus immer noch auf `true` gesetzt ist. Normalerweise ist das Locale in der Anwendung standardmäßig auf `en-US` eingestellt. Wir haben unseren BookMonkey jedoch mit deutschen Texten entwickelt. Daher ist es folgerichtig, die Standardkonfiguration für den produktiven Betrieb auf Deutsch einzustellen. Die Einstellungen `i18nFormat` und `i18nLocale` müssen wir nicht angeben, denn die Texte liegen ja bereits auf Deutsch vor. Um zu prüfen, ob das deutsche Locale weiterhin funktioniert, starten wir den Entwicklungswebserver mit dem folgenden Befehl:

```
$ ng serve --prod
```

Für die neue englische Konfiguration `production-en` stellen wir hingegen `i18nFile`, `i18nFormat` und `i18nLocale` entsprechend ein und starten anschließend erneut den Entwicklungswebserver, geben aber die passende Konfiguration als Parameter an:

```
$ ng serve --configuration=production-en
```

Damit präsentiert der BookMonkey sich nun in englischer Sprache!

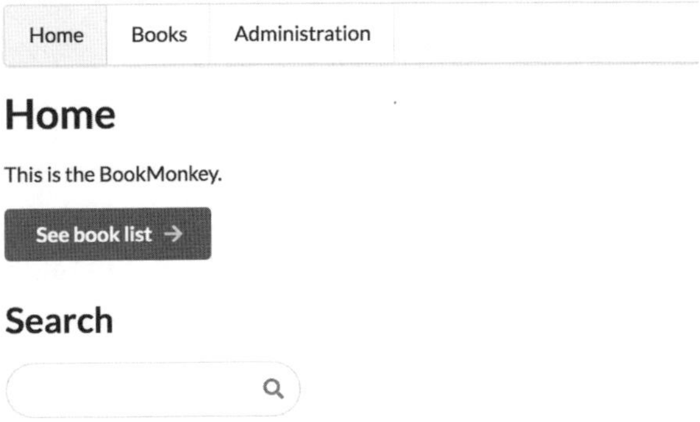

Abb. 15–2
Die Startseite auf Englisch

Abb. 15–3
Die Detailansicht auf Englisch

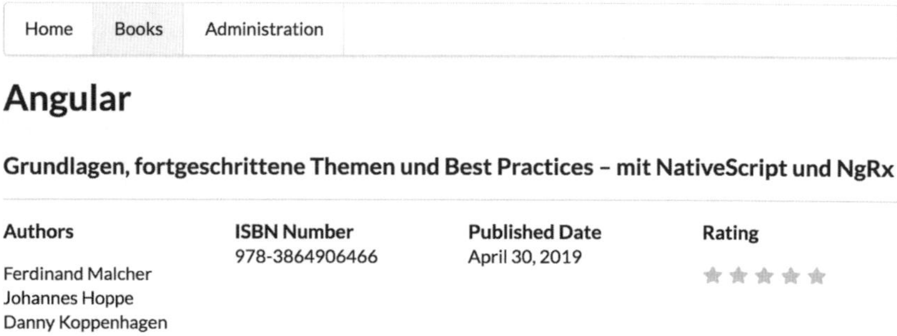

Abb. 15–4
Das Buchformular auf Englisch

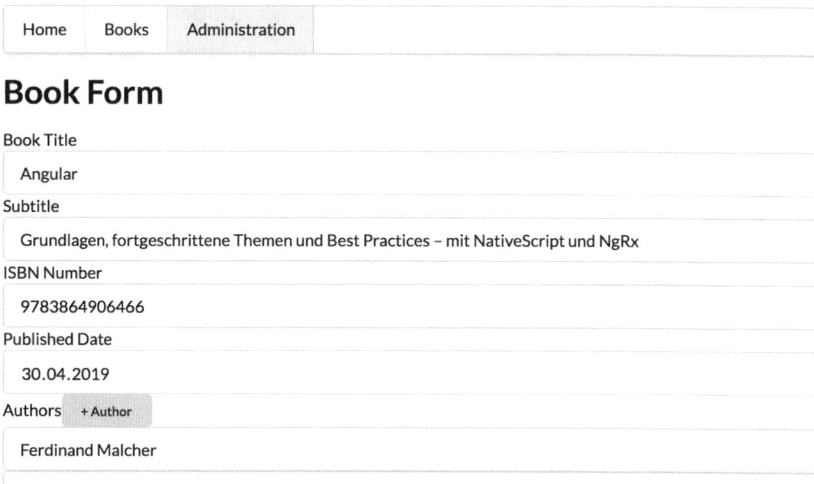

Run-Skripte für NPM

Damit wir uns den Aufruf der Befehle später nicht merken müssen, hinterlegen wir diese am besten als *NPM Run Script* in der `package.json`.

Listing 15–19
Run-Skripte definieren (package.json)

```
"scripts": {
  "start-de": "ng serve --prod",
  "start-en": "ng serve --configuration=production-en",
  "extract-i18n": "ng xi18n --i18nFormat=xmb"
},
```

Alle hinterlegten Skripte listet uns übrigens der Befehl `npm run` auf. Über `npm run <command>` können wir die neuen Befehle jetzt komfortabel ausführen.

Listing 15–20
Run-Skripte ausführen

```
$ npm run start-de
$ npm run start-en
$ npm run extract-i18n
```

Wenn wir die Anwendung lediglich mit `npm start` bzw. `ng serve` ausführen, so wird die Anwendung wie bisher im JIT-Modus starten. Es werden dann keine Übersetzungen durchgeführt, und die `LOCALE_ID` wird auf `en-US` eingestellt sein. Die Formatierung der Pipes wird nun nicht mehr ganz passen, dafür wird der Build-Prozess aber weiterhin in gewohnter Geschwindigkeit durchgeführt.

Was haben wir gelernt?

Wir haben den BookMonkey auf Englisch übersetzt. Das i18n-Tooling von Angular hat uns dabei unter die Arme gegriffen.

- Mit dem i18n-Tooling können wir Templates in andere Sprachen übersetzen.
- Das Übersetzen von TypeScript-Code ist (noch) nicht möglich.
- Elemente mit übersetzbarem Text werden mit dem Attribut `i18n` bzw. Attributen im Format `i18n-xxx` markiert.
- Die Angular CLI bringt einen Befehl mit, um die Nachrichten aus den Templates zu extrahieren: `ng xi18n`.
- Extrahierte Nachrichten werden im XLIFF- oder XMB-Format abgespeichert.
- Durch den Einsatz von Nachrichten- und Übersetzungsdateien können wir die Übersetzung an Experten übertragen, etwa ein Übersetzungsbüro.
- Übersetzungen werden im XLIFF- oder XTB-Format abgespeichert.
- Es kann derzeit immer nur eine Sprache in die Anwendung eingebaut werden. Ein Wechsel der Sprache zur Laufzeit ist im AOT-Modus nicht vorgesehen.
- Wir raten aus Gründen der Performance dringend davon ab, den JIT-Modus für eine Internationalisierung zur Laufzeit einzusetzen.
- Auf Grundlage der Ivy-Engine sollen die Möglichkeiten des i18n-Toolings entscheidend erweitert werden – ohne Umwege über den JIT-Modus. Unter anderem soll ein Wechsel der Sprache dann zur Startzeit möglich sein (ein Reload ist weiterhin notwendig).

Demo und Quelltext:
https://ng-buch.de/bm3-it7-i18n

16 Powertipp: POEditor

Wir haben für die Übersetzung das Onlinetool POEditor[1] verwendet. Die Oberfläche ist intuitiv zu bedienen, man kann parallel mit mehreren Personen übersetzen, und es gibt für den Start einen kostenlosen Zugang.[2] Wir wollen kurz das Vorgehen beschreiben.

Neues Projekt anlegen

Wir loggen uns in unseren Account ein und erstellen ein neues Projekt. Wir werden aufgefordert, eine erste Sprache hinzuzufügen. Dies ist in unserem Fall *German*, für die deutsche Sprache.

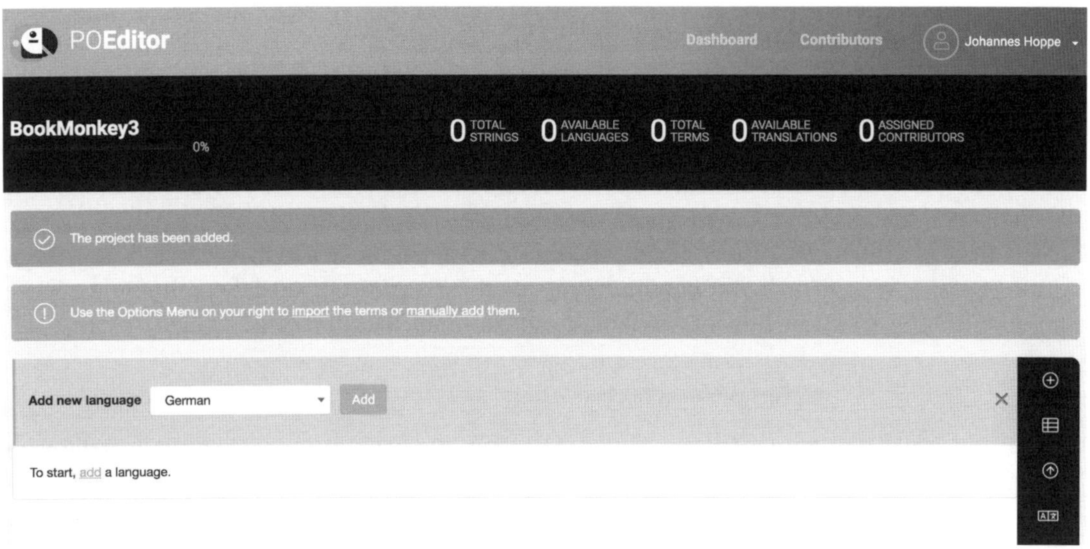

Abb. 16–1
POEditor:
Add new language

Nachrichtendatei (XMB) importieren

In der Projektübersicht finden wir rechts eine Menüleiste. Dort wählen wir Option *Import Terms* aus (Symbol: Pfeil nach oben in einem

[1] https://ng-buch.de/a/65 – POEditor
[2] Der »Free Plan« ist auf 1000 Strings limitiert.

Kreis). Über den *Browse*-Button selektieren wir die generierte Datei `messages.xmb`. Wir importieren auch gleich die deutschen Übersetzungen, damit wir diese später als Referenz anzeigen lassen können.

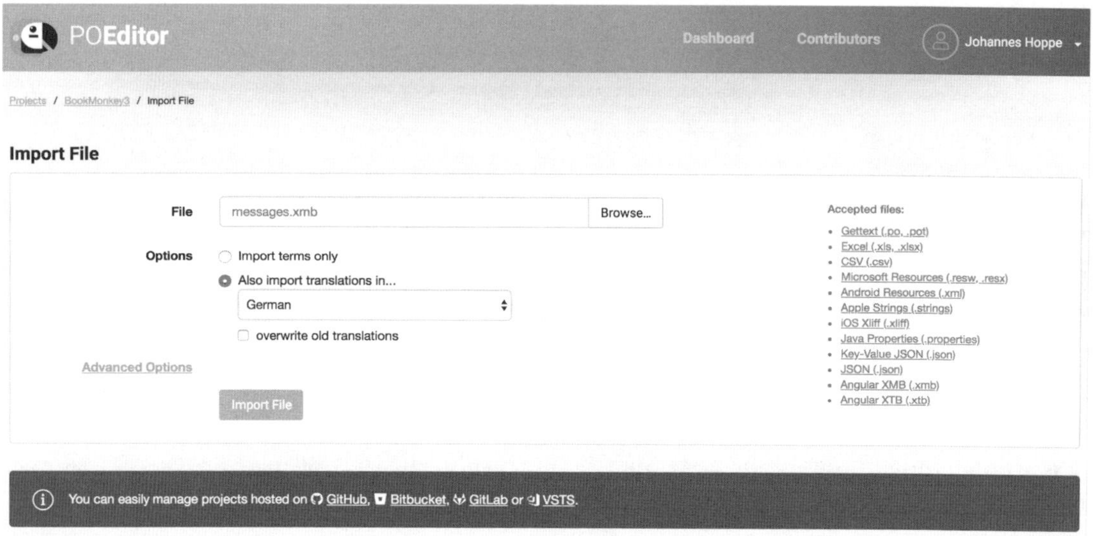

Abb. 16–2
POEditor: Import File

Inhalte verifizieren

Wir sehen nach dem Import die Übersetzungen für die deutsche Sprache. Natürlich gibt es hier nicht mehr viel zu tun, denn wir haben eine deutschsprachige Anwendung als Grundlage. Enthält ein Eintrag eine Bedeutung (engl. *meaning*), so wird diese gleich unterhalb angezeigt. Auch die Beschreibung (engl. *description*) wird berücksichtigt, diese taucht als Kommentar auf (farbige Sprechblase).

Referenzsprache festlegen

Nun gehen wir von der Projektübersicht aus in die Projekteinstellungen (*Project Settings*, Zahnradsymbol). Wir klicken den Button *Edit Project Details* und stellen dort die *Default Reference Language* ein. Die Referenzsprache ist in unserem Fall *German*.

Eine weitere Sprache anlegen und loslegen

Wir gehen erneut zur Projektübersicht zurück und betätigen aus den Optionen den Plus-Knopf für *Add Language*. Wir wählen *English* aus. Die Sprache erscheint in der Übersicht, und wir klicken auf das Flaggensymbol, um mit der Lokalisierung zu starten.

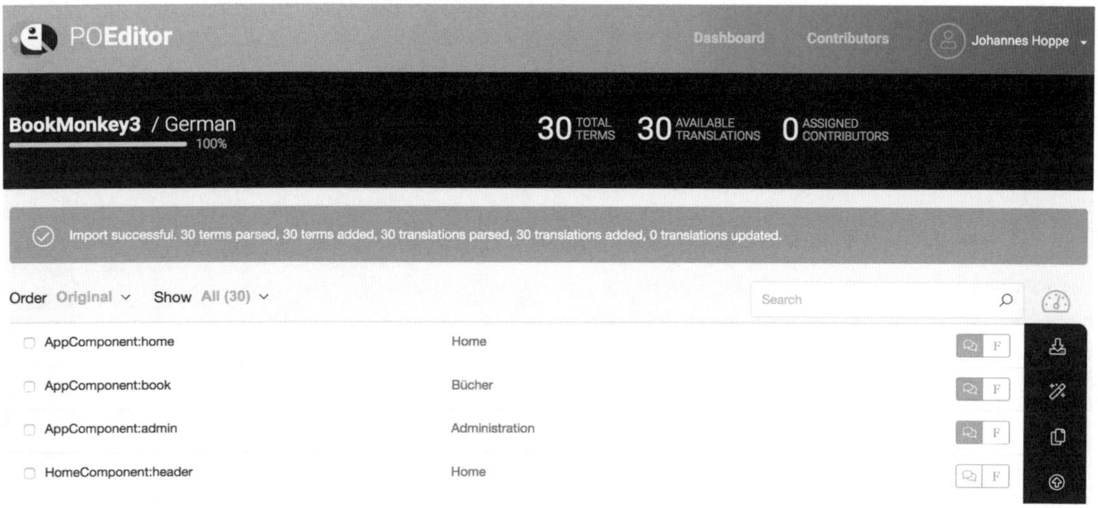

Abb. 16–3
POEditor: deutsche Übersetzungen

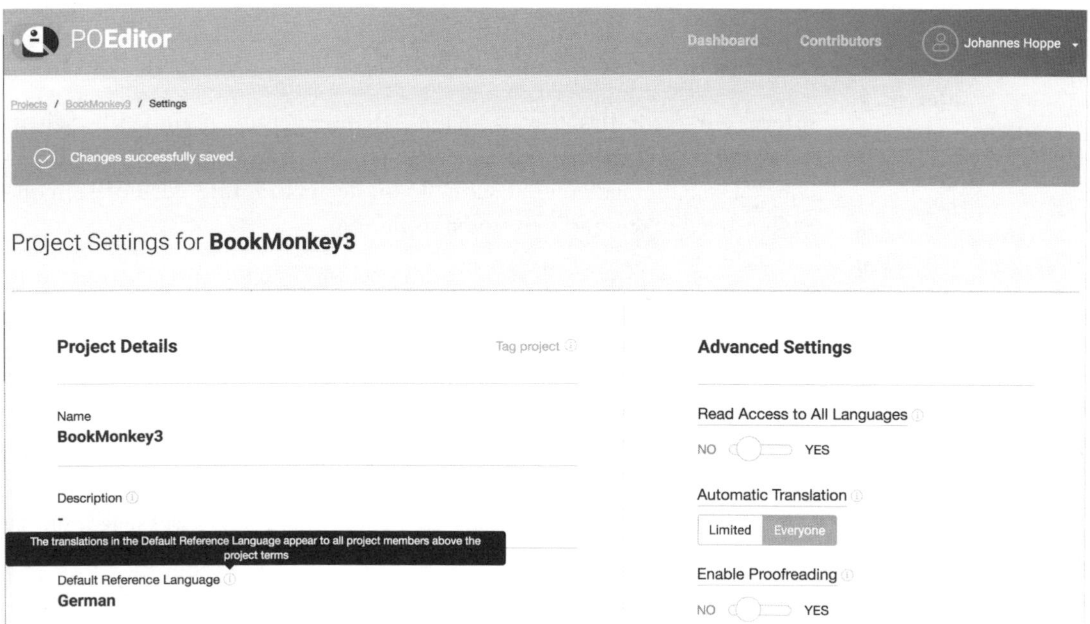

Abb. 16–4
POEditor: Default Reference Language

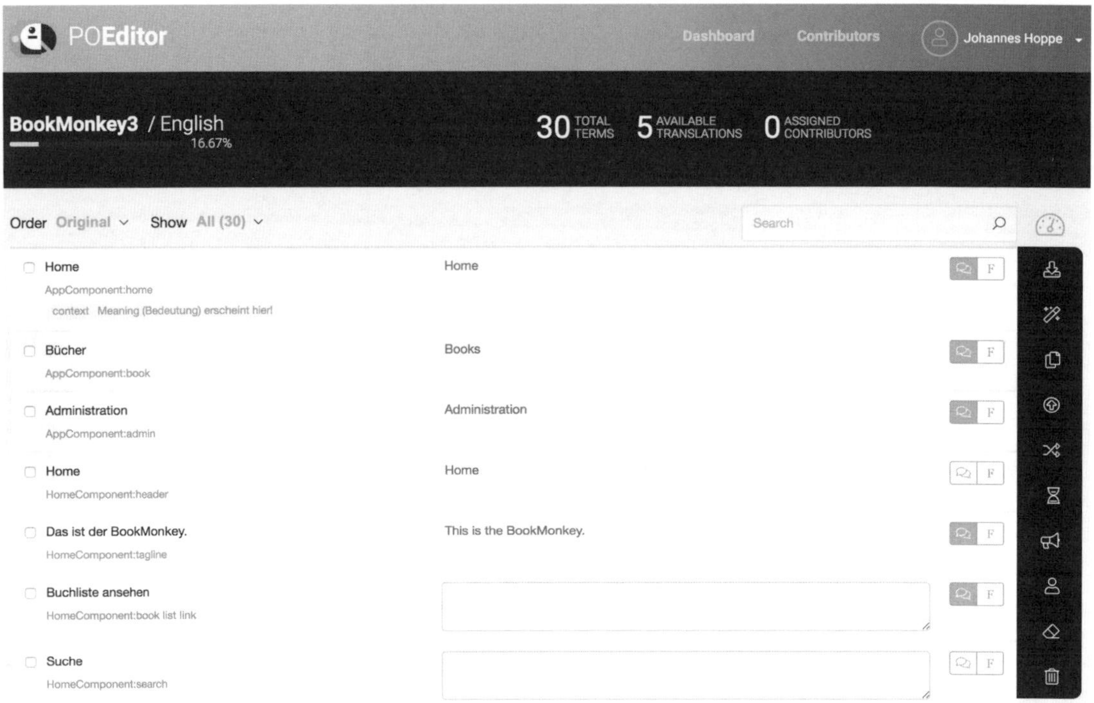

Abb. 16–5
POEditor: englische Übersetzung

Sofern wir feste IDs für das `i18n`-Attribut vergeben und alle Schritte korrekt durchgeführt haben, erhalten wir nun eine hilfreiche Übersicht.[3] Das Übersetzen geht schnell von der Hand, und der Fortschrittsbalken wird in kurzer Zeit vollständig sein.

Übersetzungen exportieren (XTB)

Nach getaner Arbeit exportieren wir unser Werk. Auf der rechten Seite sehen wir Optionen. Dort betätigen wir den Knopf mit dem Pfeil nach unten (*Export*). Wir wählen das XTB-Format aus und bestätigen den Export per Klick auf den entsprechenden Button.

Geschafft! Diese Datei gehört unter Versionsverwaltung. Wir speichern diese in unserem Angular-CLI-Projekt unter `src/messages.en.xtb` ab. Unser Angular-Projekt kann nun in englischer Sprache kompiliert werden.

[3] Wenn wir die automatisch generierten IDs verwenden, so sehen wir jetzt nur die Nummern. Das ist natürlich überhaupt nicht hilfreich.

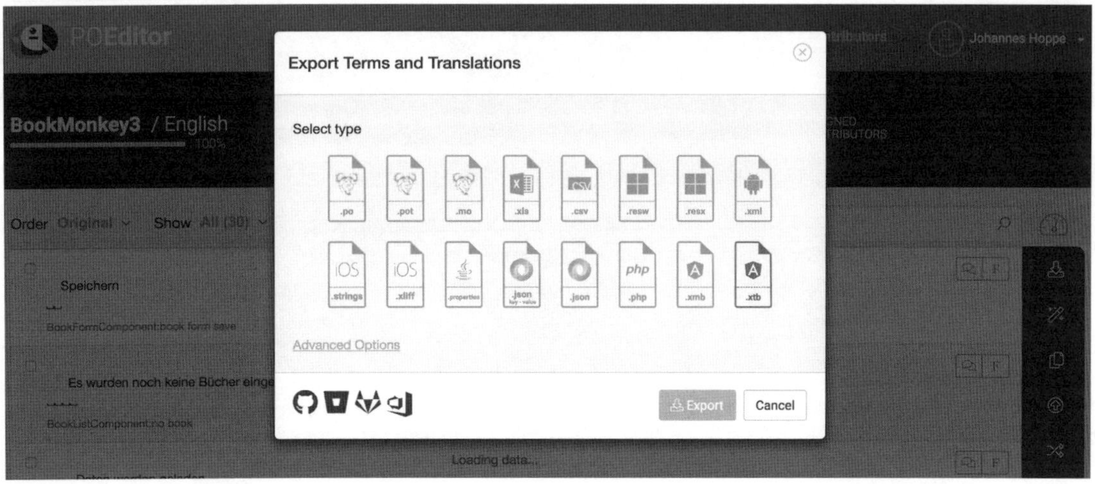

Abb. 16–6
POEditor: Übersetzungen exportieren

Zusammenfassung

Stellt man zuvor alle Optionen korrekt ein, so ist das Tool POEditor sehr praktisch und lässt bei uns keine Wünsche für die Übersetzung offen. Weitere Features wie die GitHub-Integration oder automatische Übersetzungen auf Basis von *Google Translate* und *Microsoft Translate* nehmen uns sogar noch mehr Arbeit ab.

17 Qualität fördern mit Softwaretests

»Sure, we'll add tests after this next sprint ... «
Few sprints go by ...
»Oh ... right after this feature ...
that's when we'll tackle this testing stuff!«
Couple of months and 100,000 lines of code later ...
»Don't touch that piece of code, it works and I don't want to break anything, we have no tests! OMG!
Where do we even start?!? AHHHHH!«
Falling down the window ...

Always think »test first« to avoid sleepless nights later.

Shai Reznik
(Gründer von HiRez.io und TestAngular.com)

17.1 Softwaretests

Wir, die Autoren dieses Buchs, lieben Softwaretests. Es geht uns darum, im hektischen Entwicklungsalltag einen kühlen Kopf zu bewahren und uns stets die notwendige Zeit für eine ordentliche Testabdeckung freizuhalten. Softwaretests geben uns ein gutes Gefühl. Wir wissen am Ende des Tages, dass wir einen guten Job gemacht haben, wenn alle Tests grün sind. Die Software ist dann zu einem hohen Grad fehlerfrei, sodass es später im Live-Betrieb keine bösen Überraschungen gibt. Das sorgt für zufriedene Kunden, ein gutes Karma und bedeutend mehr Spaß bei der Arbeit. Wer will schon Logfiles nach Feierabend auswerten und Bugs in Produktion analysieren? Wir nicht. Daher gehören Tests einfach dazu!

Tests stellen die Softwarequalität sicher.

Keine manuellen Tests

Wenn wir in diesem Buch von Tests reden, so meinen wir immer *automatisierte Tests*. Wir werden manuelle Tests nicht betrachten – denn mit gutem Willen lässt sich so ziemlich alles automatisieren. Das Tooling rund um Angular hilft uns dabei.

Dokumentation der Anforderungen

Beim Testing wollen wir beweisen, dass unsere Software die an sie gestellten Anforderungen fehlerfrei erfüllt. Weiterhin stellen Tests eine Dokumentation der fachlichen oder technischen Anforderungen dar. Zudem erhöhen Tests insgesamt die Qualität unserer Software, getesteter Code ist tendenziell modularer und lose gekoppelt – sonst wäre er nicht testbar. Eine gut gepflegte Sammlung an Tests bietet uns daher einen großen Mehrwert.

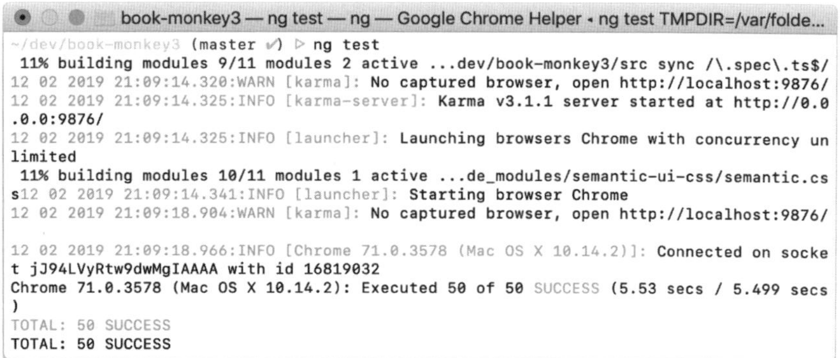

Abb. 17–1
Alles grün: Karma führt mehrere Unit-Tests erfolgreich aus.

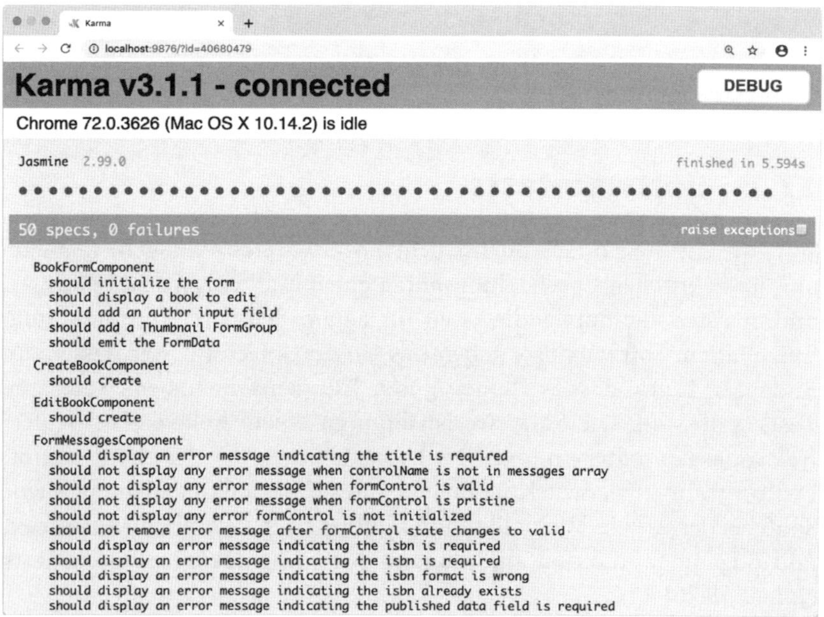

Abb. 17–2
Details zu den Karma-Tests im Chrome-Browser

17.1.1 Testabdeckung: Was sollte man testen?

Was man über einen Test spezifizieren sollte und *wie* man dies am besten tut – das zu beantworten ist eine der großen Herausforderungen beim Testing.

Lassen Sie uns ehrlich sein: Es ist praktisch unmöglich, im turbulenten Geschäftsalltag jedes technische Detail, jede Anforderung und jedes Akzeptanzkriterium durch einen Softwaretest abzubilden. Das muss allerdings auch gar nicht sein. Legen Sie für sich im Team fest, was der »Kern« der Anwendung ist. Wo darf man sich keinen Fehler erlauben? Wo sollte wirklich nichts schiefgehen? Was soll mein Test beweisen, damit die Anwendung fehlerfrei läuft?

Uns ist folgender Fakt besonders wichtig: Sind die Ziele zu ehrgeizig, werden sie wahrscheinlich gar nicht erreicht. Manchmal hört man den Begriff *hundertprozentige Testabdeckung*. Das klingt zwar sehr erstrebenswert, aber Testabdeckung (*Code Coverage*) lenkt von den wichtigen Fragen ab. Die Testabdeckung ist eine Softwaremetrik, die wir aus unseren Unit- und Integrationstests ableiten können. Es wird ermittelt, wie viele Zeilen Code durch einen Test abgedeckt sind. Diese Metrik hilft uns dabei, weiße Flecken auf der Landkarte zu finden. Sie sagt hingegen nicht aus, ob der Test sinnvoll ist, ob alle notwendigen Kombinationen getestet wurden und ob es überhaupt notwendig war, den abgedeckten Code zu testen. Das können nur Entwickler entscheiden und keine Zahlen. Um noch überhaupt nicht getesteten Code aufzuspüren, ist ein Report mit der Testabdeckung allerdings unschlagbar. Sie erhalten einen HTML-Report zur Code Coverage, wenn Sie folgenden Befehl ausführen:

100 % Testabdeckung sollten nicht das Ziel sein.

```
$ ng test --code-coverage
```

Listing 17–1
Report zur Code Coverage generieren

Der Report wird im Verzeichnis 🗀`coverage` abgelegt. Sie können die Datei `index.html` direkt im Browser aufrufen, um den Bericht einzusehen.

17.1.2 Testart: Wie sollte man testen?

Nun sollten wir noch die Art des Tests kategorisieren, denn über die Testart können wir bereits eine Reihe von generellen Eigenschaften ableiten.

Uns interessieren aus diesem Spektrum vor allem drei Arten von Tests:

- Unit-Tests
- Integrationstests
- End-to-end-Tests (kurz E2E, auch Oberflächentests genannt)

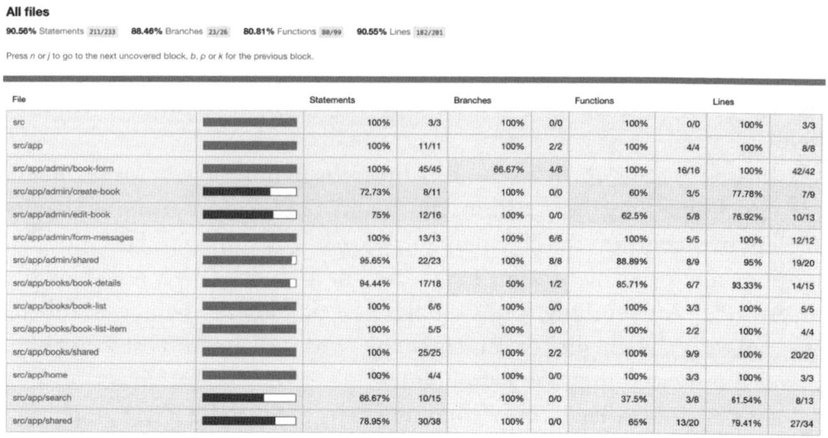

All files

90.56% Statements 211/233 **88.46%** Branches 23/26 **80.81%** Functions 80/99 **90.55%** Lines 182/201

Press *n* or *j* to go to the next uncovered block, *b*, *p* or *k* for the previous block.

File		Statements		Branches		Functions		Lines	
src		100%	3/3	100%	0/0	100%	0/0	100%	3/3
src/app		100%	11/11	100%	2/2	100%	4/4	100%	8/8
src/app/admin/book-form		100%	45/45	66.67%	4/6	100%	16/16	100%	42/42
src/app/admin/create-book		72.73%	8/11	100%	0/0	60%	3/5	77.78%	7/9
src/app/admin/edit-book		75%	12/16	100%	0/0	62.5%	5/8	76.92%	10/13
src/app/admin/form-messages		100%	13/13	100%	6/6	100%	5/5	100%	12/12
src/app/admin/shared		95.65%	22/23	100%	8/8	88.89%	8/9	95%	19/20
src/app/books/book-details		94.44%	17/18	50%	1/2	85.71%	6/7	93.33%	14/15
src/app/books/book-list		100%	6/6	100%	0/0	100%	3/3	100%	5/5
src/app/books/book-list-item		100%	5/5	100%	0/0	100%	2/2	100%	4/4
src/app/books/shared		100%	25/25	100%	2/2	100%	9/9	100%	20/20
src/app/home		100%	4/4	100%	0/0	100%	3/3	100%	3/3
src/app/search		66.67%	10/15	100%	0/0	37.5%	3/8	61.54%	8/13
src/app/shared		78.95%	30/38	100%	0/0	65%	13/20	79.41%	27/34

Abb. 17–3
Code Coverage anzeigen

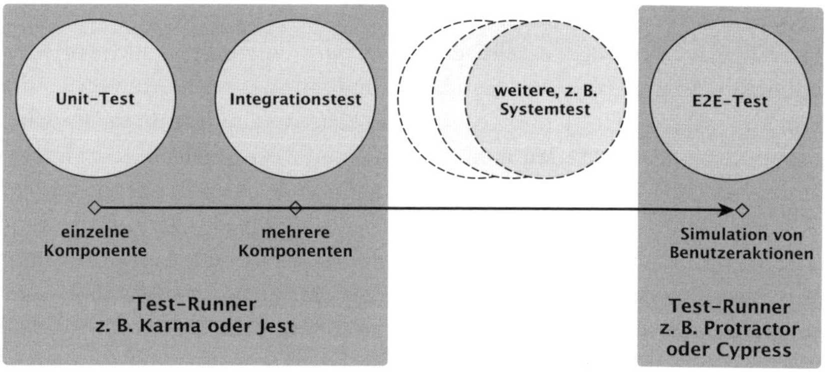

Abb. 17–4
Arten von Tests

Unit-Tests

Unit-Tests überprüfen die kleinsten Einheiten (Units) einer Software. Dies sind in unserem Fall einzelne Methoden, Klassen bzw. Komponenten. Bei einem Unit-Test ist es wichtig, dass wirklich nur eine einzige Einheit getestet wird. Das bedeutet, dass wir alle Abhängigkeiten durch sogenannte *Stubs* bzw. *Mocks* ersetzen müssen. Wir empfehlen Ihnen, so viele Tests wie möglich als Unit-Tests zu spezifizieren.

Integrationstests

In einer komplexen Webanwendung kann es manchmal sehr aufwendig sein, alle Abhängigkeiten sauber »auszumocken«. Es ist dann häufig einfacher, mehr als nur eine Einheit mit einem Test abzudecken. Sind mehrere Einheiten involviert, so nennt man dies einen *Integrationstest*. Integrationstests sind die »schmutzigen Kollegen« der Unit-Tests. Wir haben dann aus diversen Gründen lieber den schnellen Weg gewählt – das muss aber nicht schlecht sein. Es ist sinnvoll, einen Integrationstest zu schreiben, wenn der eingesparte Aufwand entsprechend hoch ist! Nutzen und Kosten sind immer im Auge zu behalten. Spart man viel Zeit ein, kann man an anderer Stelle mehr testen. Weiterhin müssen wir auch in einigen Fällen unabwendbar Integrationstests schreiben. Es kann nämlich passieren, dass zwei Units zwar isoliert betrachtet funktionieren, dies aber im Zusammenspiel nicht mehr tun. Wenn man so eine Situation erkennt, so muss man das Zusammenspiel mehrerer Einheiten mit einem Integrationstest sicherstellen.

Systemtest

Es gibt je nach Definition weitere Teststufen. Ein *Systemtest* beinhaltet beispielsweise die Ausführung von Tests über das gesamte System hinweg. Mit den vorgestellten Tools lassen sich auch solche Tests abbilden, allerdings sind die Anforderungen an einen Systemtest sehr produktspezifisch. Wir werden in diesem Buch nicht näher darauf eingehen, da wir den Fokus auf Themen rund um Angular richten wollen.

Oberflächentests

Oberflächentests ergänzen unsere Unit- und Integrationstests. Wie der Name vermuten lässt, wird mit diesen Tests die grafische Benutzeroberfläche einer Anwendung getestet. Ein echter Browser wie Chrome, Firefox oder Internet Explorer wird dabei ferngesteuert und besucht eine vollständige Website. Unit-Tests eignen sich gut dafür, einzelne Anforderungen aus der technischen Sicht des Entwicklers zu beschreiben. Oberflächentests können hingegen komplette fachliche Funktionen der Anwendung spezifizieren. So lässt sich durch E2E-Tests leichter die Perspektive des Endanwenders einnehmen.

17.1.3 Test-Framework Jasmine

Wir kennen nun eine grobe Unterteilung von Testarten und wollen zum Einstieg unseren ersten Unit-Test schreiben. Bevor es aber tatsächlich mit dem Testing losgehen kann, müssen wir noch ein Test-Framework wählen. Ein solches Framework bietet uns ein technisches Grundgerüst für die Definition von Tests. Es ist dabei egal, ob wir einen Unit-Test, Integrationstest oder Oberflächentest schreiben – ein Test-Framework benötigt man immer. Das bekannteste Framework für JavaScript-Tests ist *Jasmine*. Die Angular CLI hat bereits Jasmine installiert und konfiguriert, wir können also sofort loslegen.

Behavior Driven Development

Jasmine hat eine Syntax im Stil des Behavior Driven Development (BDD). Man schreibt dabei Tests in natürlicher Sprache auf. Dies geschieht durch einfache Strings, die später im Test-Runner sichtbar ausgegeben werden:

Listing 17–2
Test in natürlicher Sprache

```
describe('Deep Thought', () => {
  it('should know the answer to life, the universe and
    ↪ everything', () => {

  });
});
```

Im Output liest man später den vollständigen Satz:

```
DeepThought should know the answer to life,
the universe and everything
```

Tests als verständliche Sätze

Wir erhalten einen gut lesbaren Output mit ganzen Sätzen, sodass wir bereits einen Teil der Dokumentation kennen, ohne den Quelltext betrachtet haben zu müssen. So wollen wir alle unsere Tests definieren – als verständliche Sätze, die sich später wie ein Handbuch lesen lassen! Wir wollen einen vollständigen Test genauer betrachten:

Listing 17–3
Ein erster Unit-Test mit Jasmine

```
export class DeepThought {
  getAlmightyAnswer() {
    return 42;
  }
}

describe('Deep Thought', () => {

  let deepThought;
  beforeEach(() => {

    // Arrange
    deepThought = new DeepThought();
  });

  it('should know the answer to life, the universe and
    ↪ everything', () => {

    // Act
    const answer = deepThought.getAlmightyAnswer();

    // Assert
    expect(answer).toBeGreaterThan(0);
  });
});
```

Funktionen von Jasmine

Wir sehen im Beispiel mehrere Funktionen, die von Jasmine bereitgestellt werden:

- `describe()`
- `it()`
- `expect()`
- `beforeEach()`

Die Funktion `describe()` definiert eine Sammlung (»test suite«) zusammenhängender Spezifikationen bzw. Tests. Der Aufruf erwartet zwei Argumente: Das erste Argument ist ein String und beschreibt als Wort oder in wenigen kurzen Worten, was gerade getestet wird. Das zweite Argument ist eine Funktion, die alle Spezifikationen (»specs«) beinhaltet. Describe-Blöcke können beliebig tief verschachtelt werden, um die Übersichtlichkeit zu erhöhen. Die Funktion `it()` stellt wiederum eine Spezifikation dar. Eine Testsammlung hat üblicherweise mehrere Spezifikation nacheinander. Die Spezifikation hat stets eine oder mehrere Bedingungen (`expect()`), die geprüft werden und die für einen erfolgreichen Durchlauf erfüllt sein müssen. Auch eine Spezifikation benötigt ein paar beschreibende Worte. Die Funktionen `beforeEach()` bzw. `afterEach()` laufen, wie der Name vermuten lässt, stets vor bzw. nach jeder Spezifikation ab. Setzt man `describe()` und `beforeEach()` geschickt ein, so lässt sich viel redundanter Code bei der Initialisierung vermeiden.

it()

expect()

beforeEach() *und* afterEach()

Tab. 17–1 *Die wichtigsten Funktionen von Jasmine*

Funktion	Beschreibung
`describe(description: string, specDefinitions: () => void)`	Definiert eine Sammlung von Spezifikationen (»test suite«)
`beforeAll(action: () => void)`	Wird nur einmal vor allen Spezifikationen ausgeführt
`beforeEach(action: () => void)`	Wird vor jeder Spezifikation ausgeführt
`it(expectation: string, assertion: () => void)`	Spezifikation (»spec«), unpräzise ausgedrückt auch einfach nur »Test«
`expect(actual: any)`	Erwartung, wird zusammen mit einem Matcher (z. B. `toBe()`) verwendet
`afterEach(action: () => void)`	Wird nach jeder Spezifikation ausgeführt
`afterAll(action: () => void)`	Wird nur einmal nach allen Spezifikationen ausgeführt

Jasmine-Matcher

Eine Erwartung wird immer mit einem Matcher kombiniert. So prüft man etwa mit `expect(1).toBe(1)` bzw. mit `expect(1).not.toBe(2)` auf strikte Gleichheit.

Alle eingebauten Matcher von Jasmine finden Sie im Anhang ab Seite 695 aufgelistet. Eine ausführliche Liste ist auf der Homepage von Jasmine zu finden.[1] Dank der Typdefinitionen von TypeScript erhalten wir aber bereits beim Tippen in der Entwicklungsumgebung aussagekräfti-

[1] https://ng-buch.de/a/68 – Jasmine: Included Matchers

ge Vorschläge. Zudem gibt es im Internet mehrere Sammlungen mit weiteren hilfreichen Matchern für die verschiedensten Anwendungsfälle.

17.1.4 »Arrange, Act, Assert« mit Jasmine

Mithilfe der bereitgestellten Funktionen des Test-Frameworks Jasmine schreibt man Code, der zunächst etwas vorbereitet (*Arrange*), dann eine oder mehrere Aktionen durchführt (*Act*) und abschließend die Ergebnisse bestätigt (*Assert*). Wenn an irgendeiner Stelle ein Fehler auftritt, so gilt der Test im Ganzen als nicht bestanden.

Im Prinzip bildet auch Jasmine das sehr bekannte *AAA*-Pattern ab, auch wenn bei einem Neueinstieg die Syntax ungewohnt sein kann. In Listing 17–3 (Seite 462) haben wir Codekommentare hinterlegt, um aufzuzeigen, wo die Vorbereitung, die Aktion und die Annahme (»Arrange, Act, Assert«) stattfinden.

Begriff: Test

Spricht oder liest man von einem *Test*, so ist genau genommen eine einzige Spezifikation gemeint. Allerdings gibt es auch den Stil, in einem `beforeEach()`-Block die Vorbereitung (*Act*) durchzuführen und ausschließlich die Prüfung auf eine oder mehrere Spezifikationen zu verteilen:

Listing 17–4
Ein alternativer Stil für Arrange, Act, Assert

```
export class DeepThought {
  getAlmightyAnswer() {
    return 42;
  }
}

describe('Deep Thought', () => {

  let deepThought, answer;
  beforeEach(() => {

    // Arrange
    deepThought = new DeepThought();

    // Act
    answer = deepThought.getAlmightyAnswer();
  });
```

```
  it('should know the answer to life, the universe and
    ↪ everything', () => {

    // Assert
    expect(answer).toBeGreaterThan(0);
  });
});
```

Mit diesem Stil würden wir die gesamte Sammlung (»test suite«) als einen einzigen Test bezeichnen. Wir sehen, dass bei der Verwendung des Begriffs *Test* ggf. unklar sein kann, was gemeint ist – vor allem, da man beide Stile miteinander kombinieren kann. Es ist im Prinzip aber auch egal, auf welcher »Flughöhe« ein Test einzuordnen ist. Die Hauptsache ist, dass man versteht, worum es geht und dass die Software an Qualität gewinnt.

Variablen deklarieren

Für das allgemeine Verständnis aller Tests mit Jasmine ist es wichtig, dass wir ein sehr bekanntes Pattern erkennen und verstehen. Dieses Entwurfsmuster wird sehr häufig in Jasmine eingesetzt. Es ist gut lesbar und harmoniert mit den Funktionsweisen von JavaScript:

Listing 17–5
Jasmine: Variablen deklarieren

```
describe('Deep Thought', () => {

  let deepThought;
  beforeEach(() => {
    deepThought = new DeepThought();
  });

  it('should know the answer to life, the universe and
    ↪ everything', () => {

    const answer = deepThought.getAlmightyAnswer();

    // ...Assert!
  });

  it('should also work for another spec', () => {
    console.log(deepThought);
  });
});
```

Wir sehen, dass die Variable `deepThought` im Gültigkeitsbereich des `describe()`-Callbacks deklariert wird. Sie steht dadurch allen weiteren verschachtelten Callbacks zur Verfügung. Anschließend initialisieren wir die Variable durch die Funktion `beforeEach()`. Die Variable kann nun in der ersten Spezifikation verwendet werden.

Die zweite Spezifikation kann diese Variable ebenso nutzen. Bevor die zweite Spezifikation allerdings ausgeführt wird, stellt die Funktion `beforeEach()` sicher, dass die Variable wieder zurückgesetzt wird. Wir haben redundanten Code bei der Initialisierung der Variable vermieden und haben für jeden Test dieselben Grundvoraussetzungen geschaffen. Sobald wir also mehr als eine Spezifikation mit `it()` einsetzen, lohnt es sich, die Vorbereitung (*Arrange*) entsprechend auszulagern.

17.1.5 Test-Runner Karma

Karma wurde von Google entwickelt.

Konfiguration

Der Test ist definiert, jetzt müssen wir ihn noch ausführen können. Dafür verwendet man einen sogenannten *Test-Runner*. Theoretisch würde auch ein ganz normaler Browser ausreichen, doch ein Browser lässt sich schwer automatisieren und nur mit Aufwand in den Build-Prozess integrieren. Wir verwenden daher den Test-Runner *Karma*, der zusammen mit Angular von Google entwickelt wurde. Karma führt für uns die Unit-Tests aus und verwendet dafür einen eigenen Webserver sowie einen bzw. mehrere Webbrowser (z. B. Chrome, Firefox, Internet Explorer oder PhantomJS). Der Webserver von Karma vermeidet technische Probleme, die man bei der Ausführung vom lokalen Dateisystem hätte. Die Angular CLI hat Karma in unserem Projekt bereits installiert und vorkonfiguriert. Die relevanten Dateien lauten:

```
BookMonkey
 |__src
 |   |__test.ts
 |__karma.conf.js
 |__tsconfig.spec.json
```

Testspezifikationen

Die Konfiguration von Karma ist so eingerichtet, dass alle TypeScript-Dateien mit der Endung `*.spec.ts` für die Unit-Tests berücksichtigt werden. Jede Testdatei befindet sich idealerweise im selben Verzeichnis wie die zu testende Datei. Um die Übersichtlichkeit weiter zu erhöhen, folgen die von der Angular CLI generierten Dateien stets derselben Konvention: `<Name der zu testenden Datei>.spec.ts`.

Karma starten

Alle Voreinstellungen aus den Blueprints der Angular CLI sind sehr sinnvoll gewählt, sodass wir zunächst keine Anpassungen durchführen müssen. Auch hinsichtlich der Dateinamenskonvention haben wir keine Einwände, da sie dem Angular-Styleguide entspricht. Karma wird mit dem folgenden Befehl gestartet:

```
$ ng test <Optionen...>
```

Eine Auswahl der wichtigsten Optionen für den Testbefehl haben wir im Anhang zusammengestellt (Seite 688). In den meisten Fällen reicht es aus, lediglich `ng test` bzw. `npm test` einzugeben.

17.1.6 E2E-Test-Runner Protractor

```
book-monkey2 — ../book-monkey2 — -zsh — 117×27
Spec started

  book-monkey App
    ✓ should display message saying app works

  Book List Page
    ✗ should display at least two books
      - Expected 0 to be greater than 1.
    ✗ should navigate to details page by ISBN
      - Failed: Index out of bound. Trying to access element at index: 0, but there are only 0 elements that match lo
cator By(css selector, .bm-book-list-item)

[18:14:57] W/element - more than one element found for locator By(css selector, h3) - the first result will be used
  dpunkt.verlag
    ✓ should just call it Angular

[18:14:57] W/element - more than one element found for locator By(css selector, h1) - the first result will be used
[18:14:57] W/element - more than one element found for locator By(css selector, h1) - the first result will be used
  protractor locators
    ✓ should select by tag
    ✓ should select by css class
    ✓ should select by id
    ✓ should select via various other ways
    ✓ should select via the $-shorthand

**************************************************
*                    Failures                    *
```

Abb. 17–5
Hier haben wir noch Arbeit: Zwei E2E-Tests schlagen fehl.

Um die Oberflächentests auszuführen, verwenden wir den Test-Runner *Protractor*. Auch dieses Tool stammt ebenfalls von Google und wurde speziell für Angular entwickelt. Protractor basiert auf dem bekannten Browser-Automatisierungstool Selenium.[2] Im Gegensatz zu Karma steht nicht eine einzelne Software-Unit im Fokus, sondern die Webanwendung im Ganzen. Mit Protractor können wir richtige Browseraktionen durchführen – Klicken von Links, Ausfüllen von Formularen oder Erstellen eines Screenshots usw. – und anschließend den sichtbaren Output im Browser überprüfen. Als Test-Framework ist erneut Jasmine im Einsatz. Die Angular CLI hat mit der Generierung des Projekts auch Protractor konfiguriert. Die relevanten Dateien lauten:

Selenium

Konfiguration

```
e2e
├─protractor.conf.js
└─tsconfig.json
```

[2] https://ng-buch.de/a/69 – SeleniumHQ

Selenium einrichten

Da Protractor auf Selenium basiert, muss die Entwicklungsumgebung zunächst noch für Selenium eingerichtet werden. Hierzu benötigt man:

1. einen Selenium-Server (hier: Selenium Server Standalone)
2. einen »WebDriver« zum Steuern eines Browsers (hier: ChromeDriver)

Protractor liefert ein eigenes Tool mit, um den richtigen Server sowie den WebDriver für Chrome oder Firefox herunterzuladen. Dieses Tool nennt sich `webdriver-manager`. Sowohl Protractor als auch die Installationsroutine des WebDriver-Managers werden mit dem folgenden Befehl gestartet:

Protractor starten

```
$ ng e2e <Optionen...>
```

Die Einrichtung läuft automatisch ab. Sollten Sie keinen Zugriff auf das Internet haben oder sollte der Download von ausführbaren Dateien Restriktionen unterworfen sein, so wird die Einrichtung fehlschlagen und Protractor kann nicht starten.

Auch für diesen Befehl haben wir die wichtigsten Optionen im Anhang zusammengestellt (Seite 686). In den meisten Fällen reicht es aus, den Befehl `ng e2e` oder `npm run e2e` einzugeben.

Entsprechend der Konfiguration (`protractor.conf.js`) steuert Protractor den Chrome-Browser zur URL des Entwicklungswebservers. Den Webserver startet die Angular CLI vorab automatisch, wie wir es bereits von `ng serve` kennen. Achten Sie darauf, dass Sie nicht parallel zum Test den normalen Entwicklungswebserver aktiviert haben. Wenn dies doch der Fall ist, so brechen Sie `ng serve` vorher mit Strg+C bzw. ctrl+C ab.

17.1.7 Weitere Frameworks

In einer Angular-Anwendung verwenden wir standardmäßig Jasmine, Karma und Protractor, um die Tests zu schreiben und auszuführen. Es existieren allerdings noch weitere Frameworks, die wir problemlos in unseren Workflow integrieren können.

Jest

Das Framework *Jest*[3] ist vor allem darauf bedacht, die Unit- und Integrationstests schnell und ohne einen Browser als Hilfsmittel auszuführen. Die API von Jest ist weitgehend kompatibel zur API von Jasmine, sodass eine Migration leicht durchzuführen sein sollte.

[3] https://ng-buch.de/a/70 – Jest: Delightful JavaScript Testing

Jest kann so ausgeführt werden, dass nur die Tests gestartet werden, die als Änderungen zu vorherigen Git-Commits markiert wurden. Zuletzt fehlgeschlagene Tests werden standardmäßig zuerst ausgeführt. Dadurch kann die Entwicklung von Tests und das Beheben von Fehlern im Quellcode deutlich beschleunigt werden.

Für eine ausführliche Auseinandersetzung mit Jest und dem Einsatz mit Angular möchten wir einen Blogartikel von Michal Pierzchala empfehlen.[4] Jest kann direkt in die Projektkonfiguration der Angular CLI aufgenommen werden, sodass es als Alternative zu Karma funktioniert.[5]

Cypress

Die Angular CLI setzt für E2E-Tests standardmäßig auf den Test-Runner Protractor. Die Tests selbst werden mit dem Test-Framework Jasmine definiert.

Cypress[6] positioniert sich als alternative Testing-Plattform für E2E-Tests. Das Framework vereint sowohl die Automatisierung für den Browser als auch den Test-Runner. Im Gegensatz zu Protractor setzt Cypress nicht auf Selenium WebDriver zur Ansteuerung des Browsers, sondern wurde von Grund auf neu entwickelt. Cypress wird zusammen mit unserer Anwendung im Browser ausgeführt. Dadurch erhalten wir direkten Zugriff auf die Objekte der Anwendung und können damit interagieren.

Ein großer Vorteil von Cypress ist das Feature »Time Travel«. Damit können wir innerhalb eines Tests zu jedem einzelnen Schritt springen, der durchgeführt wurde. Dies erleichtert das Debugging enorm! Um einen guten Einstieg in die Entwicklung von E2E-Tests mit Cypress zu bekommen, möchten wir einen Blogartikel von Jeff Delaney empfehlen.[7]

---

[4] https://ng-buch.de/a/71 – Xfive: Testing Angular faster with Jest

[5] https://ng-buch.de/a/72 – codeburst: Angular 6 – ng test with Jest in 3 minutes

[6] https://ng-buch.de/a/73 – Cypress.io: JavaScript End to End Testing Framework

[7] https://ng-buch.de/a/74 – AngularFirebase: Cypress.io – Angular End-to-End Testing Tutorial

17.2 Tests mit Karma

17.2.1 TestBed: die Testbibliothek von Angular

Das Unit-Test-Konzept von Angular besteht darin, eine nahtlose Integration mit Jasmine anzubieten. Andere Test-Frameworks wie Mocha sollten theoretisch auch funktionieren – die Angular CLI unterstützt allerdings nur Jasmine von Haus aus. Die Funktionen von Jasmine, wie `describe()`, `it()`, `beforeEach()` usw., behalten ihre Gültigkeit. Zusätzlich stehen unter `@angular/core/testing` weitere Methoden und Klassen zur Verfügung. Hier befinden sich Helfer wie `TestBed`, `inject()`, `async()` oder `fakeAsync()`. In den folgenden Abschnitten wollen wir dieser umfangreichen Testbibliothek auf den Grund gehen. Zusätzlich betrachten wir `HttpClientTestingModule` und `RouterTestingModule`, die ebenfalls Bestandteil von Angular sind und mit denen wir die HTTP-Kommunikation und das Routing testen können.

Angular-Helfer fürs Testing

Das Erstellen von Unit-Tests ist generell nicht trivial. Dies gilt auch für Unit-Tests bei einer Angular-Anwendung. Wie wir gleich sehen werden, gibt es verschiedene Möglichkeiten und »Schwierigkeitsstufen«. Um dies zu verdeutlichen, werden wir ein und dieselbe Sache – das Anzeigen bzw. asynchrone Laden von Büchern – auf unterschiedliche Art und Weise testen. Wir steigern dabei zunehmend die Komplexität und damit den »Schwierigkeitsgrad« der Tests. Welche Technik Sie später einsetzen, kommt ganz auf die Sache an, die Sie mit dem Test beweisen wollen. Tendenziell möchten wir Ihnen dazu raten, immer mit der einfachsten bzw. am wenigsten komplexen Art und Weise die Tests zu realisieren. Gerade beim Testing ist weniger immer mehr, denn nur so bleiben die Tests bestmöglich verständlich und gut wartbar.

Abhängigkeiten ersetzen

Kaum eine Softwareeinheit funktioniert für sich allein. Sie benötigt fast immer vorbereitete Werte oder andere Softwareeinheiten, um korrekt arbeiten zu können. Wir nennen diese notwendigen Dinge *Abhängigkeiten*. Den Begriff haben wir bereits im Kapitel zu Dependency Injection ab Seite 125 kennengelernt. Nun geht es uns darum, diese Abhängigkeiten so gut es geht zu ersetzen. Sind alle Abhängigkeiten ersetzt, so haben wir einen sauberen Unit-Test. Sind hingegen noch Abhängigkeiten vorhanden, die nicht ersetzt wurden, so handelt es sich um einen Integrationstest. Diese Unterscheidung ist deswegen so wichtig, weil wir uns nur bei einem Unit-Test sicher sein können, dass der Grund für ein positives oder negatives Ergebnis allein durch die getestete Softwareeinheit begründet ist. Bei einem Integrationstest könnte stets auch die andere nicht betrachtete Unit das Ergebnis positiv oder negativ beeinflusst haben.

Es ist also wichtig, eigene »unechte« Abhängigkeiten bereitzustellen. Die einfachste Möglichkeit, dies zu tun, besteht daran, nicht die Testbibliothek von Angular zu verwenden (das `TestBed`, mehr dazu in den folgenden Abschnitten). Als *isolierte Unit-Tests* bezeichnen wir solche Tests, die nicht auf die Testbibliothek von Angular zurückgreifen. Entsprechend dazu bezeichnen wir Tests als *integrierte Unit-Tests*, wenn sie die Testbibliothek von Angular verwenden.

- Isolierte Unit-Tests (ohne `TestBed`)
- Integrierte Unit-Tests (mit `TestBed`)

17.2.2 Isolierte Unit-Tests: Services testen

- **Was** – Wir beweisen, dass der `BookStoreService` immer zwei fest einprogrammierte Bücher zurückliefert.
- **Wie** – Isolierter Unit-Test
- **Warum** – Der Service kann direkt instanziiert werden, der Einsatz von `TestBed` ist nicht notwendig.

Wie zuvor erläutert, sind isolierte Unit-Tests solche Tests, die nicht `TestBed` verwenden. Wir programmieren demnach einen »reinen« Jasmine-Test. Die getesteten Einheiten werden direkt instanziiert, und wir ersetzen ggf. vorhandene Abhängigkeiten direkt durch eigene Testduplikate. Isolierte Tests sind üblicherweise sehr schnell aufgesetzt und ebenso leicht verständlich. Das funktioniert besonders gut bei Services und Pipes, denn sie bestehen in der Regel nur aus einfachen Klassen ohne viele Abhängigkeiten.

Isolierter Test für den BookStoreService

Wir erinnern uns an die erste Version des `BookStoreService` aus der Iteration 2 auf Seite 138 (Listing 8–21). Diese Implementierung war noch sehr simpel und beinhaltete lediglich einige fest einprogrammierte Bücher.

Listing 17–6
Rückblick: BookStoreService *aus Listing 8–21* (book-store.service.ts)

```
@Injectable({
  providedIn: 'root'
})
export class BookStoreService {
  books: Book[];

  constructor() {
    this.books = [
      // ...
    ];
  }
```

```
  getAll() {
    return this.books;
  }
}
```

Der Service mit den fest einprogrammierten Büchern ist sehr simpel und hat keine komplexe Logik. Dennoch können wir einen Mehrwert liefern und mit einem Unit-Test beweisen, dass die Methode `getAll()` Bücher zurückliefert und es in unserem Fall exakt zwei Bücher sind. Den simplen `BookStoreService` können wir somit durch folgenden isolierten Test komplettieren:

Listing 17–7
Unit-Test für den BookStoreService (book-store.service.spec.ts)

```
import { BookStoreService } from './book-store.service';

describe('BookStoreService', () => {

  let service: BookStoreService;

  beforeEach(() => {
    service = new BookStoreService();
  });

  it('should hold a hardcoded list of 2 books', () => {
    const books = service.getAll();
    expect(books.length).toBe(2);
  });
});
```

Wir verwenden das zuvor vorgestellte Entwurfsmuster »Arrange, Act, Assert« und initialisieren die Variable `service` mit dem `BookStoreService` in einem `beforeEach()`-Block. Das ist natürlich bei einer einzigen Spezifikation nicht notwendig, aber wir würden in einem vollständigen Beispiel auch mehr als eine Spezifikation verwenden. Die Ergebnissicherung geschieht dadurch, dass wir die Länge des zurückgelieferten Arrays prüfen. Wir könnten auch noch weitere Dinge prüfen, z. B. die konkreten Daten der einzelnen Bücher. Für diese Demonstration haben wir aber darauf verzichtet. Der getestete Code ist einfach zu trivial, als dass es tatsächlich notwendig wäre, die Bücher im Detail abzuklopfen. Außerdem wollen wir nicht zu viel vorgeben – es gibt keinen Grund dafür, einen Test zu entwerfen, der bei jeder Datenänderung aufhört zu funktionieren.

17.2.3 Isolierte Unit-Tests: Pipes testen

- **Was** – Wir beweisen, dass die `IsbnPipe` eine ISBN mit einen Bindestrich trennt und dass unpassende Werte ignoriert werden.
- **Wie** – Isolierter Unit-Test
- **Warum** – Die Pipe kann direkt instanziiert werden, der Einsatz von `TestBed` ist nicht notwendig.

Isolierter Test für die IsbnPipe

Auch die `IsbnPipe` aus der Iteration 5 auf Seite 363 (Listing 13–46) kann man isoliert von Angular testen. Unsere Pipe besteht lediglich aus einer Klasse, die ein Interface implementiert und die Methode `transform()` besitzt.

Listing 17–8
Unit-Test für die IsbnPipe *formulieren* (isbn.pipe.spec.ts)

```
import { IsbnPipe } from './isbn.pipe';

describe('IsbnPipe', () => {

  let pipe: IsbnPipe;

  beforeEach(() => {
    pipe = new IsbnPipe();
  });

  it('should ignore empty values values', () => {
    expect(pipe.transform('')).toBe(null);
  });

  it('should ignore values of null', () => {
    expect(pipe.transform(null)).toBe(null);
  });

  it('should format an ISBN with a dash', () => {
    expect(pipe.transform('9783864903571'))
      .toBe('978-3864903571');
  });
});
```

Wir erstellen zunächst eine neue Instanz der Pipe-Klasse und führen in jeder Spezifikation die Methode `pipe.transform()` aus. Die Initialisierung des Objekts sollten wir über innerhalb von `beforeEach()` vornehmen, weil wir die Instanz für jede Spezifikation erneut benötigen.

Best Practice: ein it(), *ein* expect()

Dieses Beispiel zeigt eine gute Praxis: Es ist vorteilhaft, möglichst nur eine oder wenige Erwartungen pro Spezifikation zu definieren. Wir hätten auch alle Erwartungen in einer Spezifikation unterbringen können und diese – etwas zugespitzt – so nennen können: »it should have the expected result«. Das wäre überhaupt nicht aussagekräftig, und man kann auch nicht genau erkennen, welche Erwartungen erfüllt werden und welche nicht. Die erste falsche Erwartung wirft eine Exception, alle folgenden Erwartungen werden dann nicht mehr ausgeführt. Mit mehreren Spezifikationen und jeweils einer Erwartung können wir im Fehlerfall genau sagen, welche Annahmen nicht zutreffen.

Der gezeigte Test deckt übrigens nur den »Happy Path« ab. Für eine gewissenhafte Implementierung fehlen weitere Spezifikationen für andere Kombinationen der Input-Parameter. Im Idealfall überprüfen unsere Unit-Tests auch Ausnahmefälle, wie etwa vollkommen ungültige Daten.

17.2.4 Isolierte Unit-Tests: Komponenten testen

- **Was** – Wir beweisen, dass die simple `BookListComponent` beim Aufruf der Methode `showDetails()` das übergebene Buch per Event weiterreicht.
- **Wie** – Isolierter Unit-Test
- **Warum** – Die Komponente kann direkt instanziiert werden, da wir keine Dinge prüfen werden, die eine gerenderte View benötigen. Der Einsatz von `TestBed` ist bei dieser Einschränkung nicht notwendig.

Isolierte Tests für Komponenten

Unter Umständen können auch Komponenten isoliert von Angular getestet werden. Da bei isolierten Tests keine Interaktionen mit dem Angular-Framework realisierbar sind, wird die View der Komponente (der sichtbare DOM) natürlich auch nicht gerendert und es wird ebenso kein Komponenten-Lifecycle durchgeführt (z. B. `ngOnInit()`). Es kann demnach nicht überprüft werden, wie die Komponente mit ihrem eigenen Template und mit anderen Komponenten interagiert. Sofern allerdings die Hauptaufgabe der Komponente auf der Bereitstellung von Geschäftslogik liegt, ist eine Prüfung gegen die View nicht notwendig.

Wir wollen einen isolierten Unit-Test anhand der simplen `BookListComponent` aus Listing 6–46 (Seite 117) demonstrieren. In der ersten Iteration haben wir noch mit einem Array aus fest einprogrammierten Büchern gearbeitet.

Listing 17–9
Rückblick: BookListComponent *aus Listing 6–46* (book-list .component.ts)

```
@Component({
  // ...
})
export class BookListComponent implements OnInit {
  books: Book[];
  @Output() showDetailsEvent = new EventEmitter<Book>();

  ngOnInit() {
    this.books = [
      // ...
    ]
  }

  showDetails(book: Book) {
    this.showDetailsEvent.emit(book);
  }
}
```

Eine gekürzte Fassung vom Template der Komponente sehen Sie in Listing 17–10.

Listing 17–10
Rückblick: Auszug aus dem Template der BookListComponent *aus Listing 6–46* (book-list .component.html)

```
<bm-book-list-item
  *ngFor="let b of books"
  [book]="b"
  (click)="showDetails(b)"></bm-book-list-item>
```

Das folgende Beispiel zeigt nun, wie man nur mit den Funktionen von Jasmine einen isolierten Unit-Test realisiert:

Listing 17–11
Isolierter Test für die simple BookListComponent *(mit fest einprogrammierten Büchern)* (book-list .component.spec.ts)

```
import { BookListComponent } from './book-list.component';
import { Book } from '../shared/book';

describe('BookListComponent', () => {

  let component: BookListComponent;

  beforeEach(() => {
    component = new BookListComponent();
  });

  it('should hold a hardcoded list of 2 books', () => {
    component.ngOnInit(); // manueller Aufruf!
    expect(component.books.length).toBe(2);
  });
```

```
  it('should trigger an event on "showDetails"', () => {

    const sendBook = {
      isbn: '111',
      title: 'Book 1',
      authors: [],
      published: new Date()
    };
    let receivedBook: Book;

    component.showDetailsEvent
      .subscribe((book) => receivedBook = book);
    component.showDetails(sendBook);

    expect(sendBook).toBe(receivedBook);
  });
});
```

Länge der Buchliste prüfen

Lifecycle-Hooks manuell ausführen

In diesem Beispiel wird die `BookListComponent` durch zwei Spezifikationen beschrieben. Die erste Spezifikation ist mit zwei Zeilen Code sehr übersichtlich: Es wird spezifiziert, dass die Komponente eine Liste mit zwei Büchern halten soll. Da die Komponente wie eine normale Klasse behandelt wird, werden auch keine Lifecycle-Hooks ausgeführt. Um die Anzahl an Büchern zu überprüfen, müssen wir daher die Methode `ngOnInit()` manuell ausführen.

Die zweite Spezifikation beinhaltet eine Reihe von neuen Aspekten. Wir wollen beweisen, dass die Komponente das gewünschte Verhalten hat: Rufen wir die Methode `showDetails()` mit einem Buch auf, so soll das Event `showDetailsEvent` auslösen und dasselbe Buch soll als Payload des Events weitergereicht werden. Um dies zu beweisen, »subscriben« wir uns auf das Event. Wir weisen im Callback der Subscription das empfangene Buch der Variable `receivedBook` zu. Die Aktion des Tests besteht darin, die Methode `showDetails()` auszuführen. Hat das gesicherte Buch den Titel »Angular«, so gilt der Test als bestanden.

Overengineering vermeiden

Theoretisch könnte das Observable von `showDetailsEvent` erst nach einer zeitlichen Verzögerung ausführen. Wäre dies der Fall, so wäre es ein asynchrones Observable. Wir gehen aber in dem vorgestellten Test davon aus, dass der getestete Code nicht asynchron ausführt. Daher können wir uns sicher sein, dass die Variable bereits zugewiesen ist, sobald die Annahme ausgeführt wird. Sollte der Code doch nicht synchron ablaufen bzw. sollte sich dieses Implementierungsdetail in Zukunft ändern, so wird der Unit-Test entsprechend »ausfehlern«. Hier muss man für sich selbst abwägen, ob man den Test unnötigerweise kompatibel mit asynchronem Code machen möchte (mehr dazu später ab Seite 498). Im konkreten Fall ist dies nicht notwendig und würde ggf. auch zu Verwirrungen führen. Wir raten auch generell davon ab, einen Unit-Test so zu gestalten, dass er mit einer noch nicht geschehenen Codeänderung kompatibel ist. Das wäre unserer Meinung lediglich Overengineering, was wir bei Unit-Tests vermeiden sollten.

Grenzen von isolierten Tests

Zugegeben, die zweite Spezifikation ist nicht perfekt. Wir erreichen hier die Grenzen von isolierten Tests. In der zweiten Spezifikation beweisen wir lediglich, dass die Methode `showDetails()` ein Buch als Parameter akzeptiert und dieses als Event weiterreicht. Man kann argumentierten, dass dies nicht die Hauptaufgabe der Komponente sei. Idealerweise würden wir spezifizieren, dass ein Klick auf die Kindkomponente der Auslöser für das Event ist. Dies können wir aber nicht mit einem isolierten Test implementieren, da wir hierzu die Interaktion mit der View benötigen.

17.2.5 Shallow Unit-Tests: einzelne Komponenten testen

- **Was** – Wir beweisen, dass die simple `BookListComponent` bei einem Klick auf die Kindkomponente ein Buch per Event weiterreicht.
- **Wie** – Shallow Unit-Test (mit `TestBed`)
- **Warum** – Wir benötigen eine gerenderte View, um die Interaktion gegen den DOM zu prüfen. Der Einsatz von `TestBed` ist hierfür notwendig.

Wir wollen von Neuem die einfache `BookListComponent` testen, nur dieses Mal mit einem sogenannten *Shallow Unit-Test*. Wir werden den vorhergehenden Test dahingehend verbessern, dass wir tatsächlich prüfen, was nach einem Klick geschieht. Dazu benötigen wir eine View für die Komponente, die uns zuvor beim isolierten Unit-Test gefehlt hat.

Testing-Module mit TestBed

Dieses Mal simulieren wir eine richtige Angular-Anwendung. Wir wissen, dass die Grundlage einer jeden Angular-Anwendung ein Modul mit `@NgModule()` ist. Bei integrierten Tests ist dies ebenso der Fall. Hier sprechen wir von einem sogenannten Testing-Modul: Es emuliert ein `@NgModule()`, über das wir die benötigte Umgebung konfigurieren und initialisieren können. Mit der API von `TestBed` werden Testing-Module erstellt.

Die passende Methode zur Konfiguration eines solchen Moduls lautet `TestBed.configureTestingModule()`. Wir verwenden dabei dieselben Eigenschaften, die uns bereits aus dem Kapitel zu Modulen ab Seite 387 bekannt sind:

Listing 17–12
Shallow Unit-Test für die simple BookListComponent *(mit fest einprogrammierten Büchern)* (book-list.component.shallow.spec.ts)

```
import { NO_ERRORS_SCHEMA } from '@angular/core';
import { async, ComponentFixture, TestBed } from
    ↪ '@angular/core/testing';

import { BookListComponent } from './book-list.component';
import { Book } from '../shared/book';

describe('BookListComponent', () => {
  let component: BookListComponent;
  let fixture: ComponentFixture<BookListComponent>;

  beforeEach(async(() => {
    TestBed.configureTestingModule({
      declarations: [BookListComponent],
      schemas: [NO_ERRORS_SCHEMA] // NEU
    })
    .compileComponents();
  }));

  beforeEach(() => {
    fixture = TestBed.createComponent(BookListComponent);
    component = fixture.componentInstance;
    fixture.detectChanges();
  });

  it('should emit the showDetailsEvent on click', () => {

    let receivedBook: Book;
    component.showDetailsEvent
      .subscribe((book) => receivedBook = book);

    fixture.nativeElement
      .querySelector('bm-book-list-item').click();
    expect(receivedBook.title).toBe('Angular');
  });
});
```

Der Hauptteil des Tests wurde von der Angular CLI beim Generieren der Komponente erstellt. In den beiden `beforeEach()`-Blöcken wird ein Testing-Modul erzeugt, und die darin deklarierten Komponenten werden *Just-in-Time* kompiliert, also zur Laufzeit. Beide `beforeEach()`-Blöcke haben wir weitgehend unverändert gelassen, lediglich das Schema haben wir neu hinzugefügt – die neue Zeile haben wir mit einem Kommentar markiert.

Wir sehen im ersten `beforeEach()` den Helfer `async()`, der das Framework *Zone.js* verwendet. Mithilfe von `async()` erstellen wir eine Zone, die mit der Ausführung des nächsten Blocks so lange wartet, bis alle asynchronen Aufrufe der Zone abgeschlossen sind. Dies ist sehr hilfreich, um Tests mit asynchronem Code übersichtlicher zu gestalten. Im konkreten Fall muss `compileComponents()` das Template für unsere Komponente per AJAX nachladen, was dank `async()` aber kaum auffällt. Im Abschnitt »Change Detection« ab Seite 661 gehen wir noch etwas tiefer auf das Konzept der Zonen ein.

Asynchrone Testzone mit async()

Die Herausforderung für diesen Test besteht hier darin, dass die Komponente `BookListComponent` die Kindkomponente `BookListItemComponent` benötigt (siehe Seite 107). Diese Kindkomponente haben wir allerdings nicht im Testing-Modul deklariert, da wir sonst einen Integrationstest statt eines Unit-Tests entwickelt hätten. Wenn wir nur die Komponente `BookListComponent` ohne `BookListItemComponent` deklarieren, so erhalten wir folgende Fehlermeldung:

> »*Can't bind to 'book' since it isn't a known property of 'bm-book-list-item'.*«

Angular prüft, ob es möglich ist, ein Property Binding gegen die Eigenschaft `book` auszuführen. Da allerdings hinter dem Element `<bm-book-list-item>` keine Angular-Komponente steht, existiert das Property `book` nicht, und es wird ein Fehler geworfen. Mit der Eigenschaft `schemas` können wir dieses Verhalten ändern. Durch das Schema `NO_ERRORS_SCHEMA` wird jede Eigenschaft an jedem Element erlaubt, es findet also keine Prüfung mehr statt, ob das Property Binding überhaupt eine Funktion hat.

NO_ERRORS_SCHEMA

Bei einem normalen Angular-Modul sollten wir die Standardeinstellung bestehen lassen, aber bei einem Unit-Test ist es legitim, die Prüfung mit `NO_ERRORS_SCHEMA` zu unterbinden. So ist es möglich, den Test problemlos auszuführen, auch wenn die `BookListItemComponent` nicht existiert und das Property Binding gegen `book` eigentlich nicht möglich sein dürfte. Die Verwendung von `NO_ERRORS_SCHEMA` macht den Kern eines Shallow Unit-Tests aus.

Die `ComponentFixture` bietet uns eine Sammlung an hilfreichen Funktionen, um mit der zu testenden Komponente zu interagieren. In unserem Fall ist es vor allem wichtig, dass wir zunächst die Change Detection mit `fixture.detectChanges()` mindestens einmal anstoßen – sonst wird die View nicht aktualisiert, und der Test schlägt fehl. Die Spezifikation des Shallow Unit-Tests ähnelt der Spezifikation des isolierten Unit-Tests aus Listing 17–11 (Seite 475). Erneut verwenden wir eine Subscription, um den Payload des Events zu prüfen. Mithilfe der

Komponenten per ComponentFixture *testen*

`ComponentFixture` können wir im Gegensatz zum vorherigen Beispiel direkt das DOM-Element selektieren und einen echten Klick durchführen. Hat das gesicherte Buch den Titel »Angular«, so gilt der Test als bestanden.

Wir haben unser Ziel erreicht und für den Test einen Klick durchgeführt. Jetzt wissen wir, dass die Bindings im Template korrekt eingerichtet wurden. Wir haben zwar keine anderen Komponenten verwenden müssen, aber auch dieser Test stellt kein vollständiges Abbild der realen Umgebung dar. Wir können uns immer noch nicht hundertprozentig sicher sein, dass die Komponente `BookListComponent` und die Kindkomponente `BookListItemComponent` zusammen funktionieren. Dies kann nur ein Integrationstest leisten, den wir im Anschluss betrachten werden.

17.2.6 Integrationstests: mehrere Komponenten testen

- **Was** – Wir beweisen, dass die simple `BookListComponent` bei einem Klick auf das Thumbnail ein Buch per Event weiterreicht.
- **Wie** – Integrationstest (mit `TestBed`)
- **Warum** – Wir benötigen die Kindkomponente und eine gerenderte View, um die Interaktion gegen das Bild der Kindkomponente zu prüfen. Der Einsatz von `TestBed` ist hierfür notwendig.

Der Shallow Unit-Test zeichnet sich dadurch aus, dass zwar eine Testumgebung geschaffen wird, aber weiterhin nur eine einzelne Komponente getestet wird. Idealerweise werden dabei auch weiterhin Abhängigkeiten »ausgemockt«. Der Test aus Listing 17–12 auf Seite 478 wird per Definition zu einem *Integrationstest*, wenn zwei oder mehr Komponenten beteiligt sind. Wir können hierfür das Testing-Modul von `TestBed` entsprechend ändern, indem wir die benötigte `BookListItemComponent` ebenfalls in das Testing-Modul aufnehmen:

Listing 17–13
Ein Integrationstest mit zwei Komponenten
(book-list.component .integration.spec.ts)

```
TestBed.configureTestingModule({
  declarations: [
    BookListComponent,
    BookListItemComponent
  ]
})
```

Der Einsatz von `NO_ERRORS_SCHEMA` ist so nicht mehr notwendig. Nun ist es möglich, auch die Kindkomponente beim Test zu berücksichtigen. Zuvor waren wir in der Lage, einen unspezifischen Klick auf das Host-Element der Kindkomponente durchzuführen. Ein echter Benutzer würde nicht auf einen unklaren Bereich klicken, sondern vorzugsweise auf das Thumbnail des dargestellten Buchs. Mit einem Integrationstest wollen wir nun sicherstellen, dass ein direkter Klick auf das Thumbnail zum gewünschten Ergebnis führt. Erneut verwenden wir hierzu die `ComponentFixture`, die uns über die Eigenschaft `nativeElement` Zugriff auf das gerenderte DOM-Element für die Komponente und auf alle Elemente der Kindkomponenten gewährt. Wir können also mit dem gesamten DOM interagieren und einen Klick direkt auf dem Thumbnail triggern:

Listing 17–14
Der DOM der Kindkomponente wird mit berücksichtigt.

```
it('should emit showDetailsEvent when clicking the thumbnail', ()
    ↪ => {

  let receivedBook: Book;
  component.showDetailsEvent
    .subscribe(book => receivedBook = book);

  fixture.nativeElement.querySelector('img').click();
  expect(receivedBook.title).toBe('Angular');
});
```

Modul importieren

Es könnte theoretisch vorkommen, dass im tatsächlichen Code nie `BookListComponent` und `BookListItemComponent` in der getesteten Konstellation verwendet werden. Um sicherzugehen, dass alle Komponenten und Services unter »realen« Bedingungen getestet werden, können wir auch einfach deren Modul komplett importieren:

Listing 17–15
Ein Integrationstest mit vollständigem Modul

```
TestBed.configureTestingModule({
  imports: [AppModule]
})
```

Diese Option sollten wir allerdings mit sehr viel Bedacht wählen. Je mehr Bestandteile das `AppModule` bzw. jedes andere Feature-Modul hat, desto schwerer wird es uns fallen, den Grund für einen fehlschlagenden Test zu ermitteln. Wir sollten nur dann ein komplettes Modul in das Testing-Modul importieren, wenn der Aufwand für spezifische Deklarationen zu hoch ist oder wir die verwendeten Provider an sich überprüfen wollen. Sollte der Aufwand für das Setup eines Tests allerdings tatsächlich so hoch sein, dass wir ein ganzes Modul durchtesten, so liegt mit hoher Sicherheit Spaghetticode vor. In diesem Fall könnte man zunächst einen Integrationstest mit vollständigem Modul erstellen und den Ist-Zustand damit dokumentieren. Bei einem anschließenden Refactoring hin zu mehr Modularität wird der existierende Integrationstest sicherstellen, dass keine unerwünschten Änderungen eingeführt wurden.

17.2.7 Abhängigkeiten durch Stubs ersetzen

- **Was** – Wir beweisen, dass der erweiterte `BookStoreService` alle Bücher vom `HttpClient` weiterreicht.
- **Wie** – Unit-Test mit Stub unter Verwendung von `TestBed`
- **Warum** – Der `BookStoreService` benötigt einen `HttpClient`. Wir stellen als Ersatz einen Stub zur Verfügung. Die Abhängigkeit wird über `TestBed` bereitgestellt.

In den vorherigen Beispielen hatten wir es einfach, denn die getesteten Klassen besaßen keine weiteren Abhängigkeiten und machten demnach auch keinen Gebrauch von Dependency Injection.

Sobald unser Code allerdings mehr Funktionalitäten besitzt, wird das eher selten noch der Fall sein, denn mit komplexeren Anforderungen benötigen wir wahrscheinlich mehr Abhängigkeiten. Wollen wir diesen komplexeren Code nun testen, müssen wir für die vorhandenen Abhängigkeiten einen Ersatz finden. So wollen wir zum Beispiel nicht, dass unser *System Under Test* (SUT) während eines Unit-Tests tatsächlich einen HTTP-Aufruf zum Server macht! Außerdem gefährden nicht ersetzte Abhängigkeiten die Wartbarkeit unserer Testsammlung. Werden Abhängigkeiten nicht ordentlich durch Testduplikate ersetzt, so können spätere Codeänderungen zu viele Tests gleichzeitig fehlschlagen lassen. Eine strikte Trennung beugt diesem Schlamassel vor.

Stubs und Mocks

In der Welt der Unit-Tests existieren viele unterschiedliche Arten von Testduplikaten (ersetzte Abhängigkeiten). Wir differenzieren in diesem Buch zwischen zwei Arten:

- Ein **Stub** ist ein kontrollierbarer Ersatz für eine Abhängigkeit. Er zeichnet sich durch vordefinierte Eigenschaften bzw. vordefinierte Rückgabewerte bei Methoden aus.

  Mit Stubs können wir den Anfangszustand im Vergleich zum **Endzustand** unseres System Under Test (SUT) verifizieren.
- Ein **Mock** ist ebenso ein kontrollierbarer Ersatz für eine Abhängigkeit. Er zeichnet sich genau wie der Stub durch vordefinierte Eigenschaften bzw. vordefinierte Rückgabewerte bei Methoden aus. Zusätzlich können wir Erwartungen (`expect()`) gegen den Mock ausführen. Dies kann z. B. eine Prüfung sein, wie oft eine Methode aufgerufen wurde.

  Mit Mocks können wir das **Verhalten** unseres SUT verifizieren.

Wir betrachten noch einmal den erweiterten `BookStoreService` aus der Iteration 3 auf den Seiten 190 und 191 (Listings 10–8 und 10–9). Dieser hat eine Abhängigkeit auf den `HttpClient`.

Abhängigkeit auf den HttpClient

Listing 17–16
Rückblick: BookStoreService *aus Listing 10–8 (book-store.service.ts)*

```
@Injectable({
  providedIn: 'root'
})
export class BookStoreService {
  // ...

  constructor(private http: HttpClient) { }

  getAll(): Observable<Book[]> {
    return this.http.get<any[]>(`${this.api}/books`);
  }
}
```

Anstelle des echten `HttpClient` wollen wir einen Stub verwenden.

Stub für den HttpClient

Listing 17–17
Unit-Test für den BookStoreService *unter Verwendung eines Stubs* (book-store .service.stub.spec.ts)

```
import { TestBed, inject } from '@angular/core/testing';
import { HttpClient } from '@angular/common/http';
import { of } from 'rxjs';

import { Book } from '../shared/book';
import { BookStoreService } from './book-store.service';

describe('BookStoreService', () => {

  const expectedBooks = [
    {
      isbn: '111',
      title: 'Book 1',
      authors: [],
      published: new Date()
    },
    {
      isbn: '222',
      title: 'Book 2',
      authors: [],
      published: new Date()
    }
  ];

  let httpStub;
```

```
  beforeEach(() => {

    httpStub = {
      get: () => of(expectedBooks)
    };

    TestBed.configureTestingModule({
      providers: [
        {
          provide: HttpClient,
          useValue: httpStub
        },
        BookStoreService
      ]
    });
  });

  it('should GET a list of all books',
    inject([BookStoreService],
      (service: BookStoreService) => {

      let receivedBooks: Book[];
      service.getAll().subscribe(b => receivedBooks = b);

      expect(receivedBooks.length).toBe(2);
      expect(receivedBooks[0].isbn).toBe('111');
      expect(receivedBooks[1].isbn).toBe('222');
    }));
});
```

Stub bereitstellen

Der Stub ist ein simples Objekt, das nur eine Methode mit dem Namen `get()` besitzt. Diese Methode liefert immer ein Observable mit Büchern zurück. Der Rest der Kür besteht darin, mittels `TestBed.configureTestingModule()` ein passendes Testing-Modul zu erzeugen. Wir nutzen hier eine Bauanleitung für den Injector, um den echten `HttpClient` durch unseren Stub auszutauschen. Die Eigenschaft `useValue` hilft uns dabei, sodass Angular stets den Stub bereitstellt und nicht den originalen `HttpClient`.

Wer den Quelltext genau vergleicht, wird feststellen, dass die originale Methode `HttpClient.get()` einen oder mehrere Eingabeparameter erwartet. In unserer Variante werden die Eingabewerte von `get()` hingegen komplett ignoriert, da wir diese nicht weiter benötigen. Das ist deshalb möglich, weil die Eigenschaft `providers` von `TestBed.configure-`

`TestingModule()` ein Array von `any` erwartet. Es gibt an dieser Stelle also keine Typprüfung, was wir uns sogleich zunutze machen. Wir haben somit das spezifische Verhalten des `HttpClient`-Service hinreichend nachgeahmt.

Testduplikate müssen nicht vollständig sein

Wenn man aus dem Umfeld von stark typisierten Sprachen kommt, wird das gezeigte Vorgehen überraschen. In stark typisierten Programmiersprachen wie Java und C# arbeitet man häufig mit Interfaces und speziellen Frameworks zum »Ausmocken« von Abhängigkeiten. Für unseren Test war dies hingegen nicht notwendig!

Wir haben nur eine einzige Methode des `HttpClient` bereitgestellt, obwohl der echte Service viel mehr Funktionen hat. Wir haben es uns sogar noch einfacher gemacht und noch nicht einmal auf die korrekte Signatur der Methode geachtet. Dies ist der Vorteil an JavaScript bzw. TypeScript. Zur Laufzeit werden Typen nicht geprüft, und wir benötigen nur einen ausreichend guten Ersatz. Geeignet ist jedes Objekt, das die erwartete Struktur aufweist, sodass der aktuelle Code fehlerfrei ausgeführt werden kann. Wenn das Objekt aussieht wie eine Ente, schwimmt wie eine Ente und quakt wie eine Ente, dann ist es eine Ente! Man spricht deshalb von *Duck Typing*.

Vorsicht: Bug im Unit-Test

Wenn Sie den Quelltext sehr aufmerksam gelesen haben, dann haben Sie sich womöglich über das Array `expectedBooks` und den Datentyp bei der Eigenschaft `published` gewundert. Oder es ist Ihnen nichts aufgefallen – das wäre vollkommen normal. Wir wissen seit dem Kapitel zu RxJS ab Seite 225, dass es einen Unterschied zwischen Server- und Client-Model gibt. Das Client-Model geht von einem Datum aus, der Server kann aber nur einen ISO-formatierten String liefern. Wir haben das Problem aufgelöst, indem wir zum Interface `Book` noch das Interface `BookRaw` eingeführt haben. Im vorherigen Kapitel zu HTTP ab Seite 188 hatten wir streng genommen einen Fehler, da wir von einem Datum ausgegangen waren. Zur Laufzeit war der Eigenschaft aber ein ISO-formatierter String zugewiesen, und die Anwendung funktionierte trotzdem. Diesen Gedankenfehler haben wir im Unit-Test fortgeführt, da er nicht die richtigen Daten bereitstellt. Im Listing 17–24 auf Seite 491 finden Sie eine korrekte Implementierung. Fehler schleichen sich überall ein, und auch Tests können fehlerhaft implementiert sein!

`inject()` *verwenden*

Zum ersten Mal sehen wir auch die Funktion `inject()` aus der Testbibliothek von Angular. Wie der Name vermuten lässt, können wir hiermit Abhängigkeiten in die `beforeEach()`- und `it()`-Blöcke injizieren. Listing 17–18 verdeutlicht die Verwendung der Funktion `inject()`:

Listing 17–18
Dependency Injection für Tests – inject() *einsetzen*

```
import { ErrorHandler } from '@angular/core';
import { inject } from '@angular/core/testing';

describe('inject()', () => {

  it('should inject the dependencies into the test',

    inject([ErrorHandler],
      (errorHandler: ErrorHandler) => {
      errorHandler.handleError(
        new Error('Es ist ein Fehler aufgetreten!'));
    })
```

TestBed.get() *verwenden*

Die Funktion `inject()` ist vor allem dann praktisch, wenn wir die Abhängigkeit nur einmal benötigen – wir verwenden exakt eine Zeile für die Deklaration und Initialisierung der Variable. Sobald wir allerdings mehrere Spezifikationen in einer Sammlung von Tests haben, müssten wir die gezeigte Syntax stets erneut wiederholen und jedes Mal eine Zeile Code schreiben. Bei mehreren Spezifikationen ist der Einsatz von `TestBed.get()` kompakter und vor allem weniger repetitiv:

Listing 17–19
Dependency Injection für Tests – TestBed.get() *einsetzen*

```
import { ErrorHandler } from '@angular/core';
import { TestBed } from '@angular/core/testing';

describe('TestBed.get()', () => {

  let errorHandler: ErrorHandler;
  beforeEach(() => {
    errorHandler = TestBed.get(ErrorHandler);
  });

  it('should also retrieve dependencies', () => {

    errorHandler.handleError(
      new Error('Es ist ein Fehler aufgetreten!'));

  });
});
```

Sie können gerne `inject()` und `TestBed.get()` kombinieren oder – aus Gründen der Einheitlichkeit – ausschließlich `TestBed.get()` verwenden. Welche der beiden Möglichkeiten Sie einsetzen, sei ganz Ihnen überlassen.

17.2.8 Abhängigkeiten durch Mocks ersetzen

- **Was** – Wir beweisen, dass der erweiterte `BookStoreService` alle Bücher weiterreicht und dabei auch garantiert den `HttpClient` verwendet – und sich beispielsweise nicht aus einer Liste von fest einprogrammierten Büchern bedient.
- **Wie** – Unit-Test mit Mock unter Verwendung von `TestBed`
- **Warum** – Der `BookStoreService` benötigt einen `HttpClient`. Wir stellen als Ersatz einen Mock zur Verfügung und verifizieren das Verhalten. Die Abhängigkeit wird über `TestBed` bereitgestellt.

Verhalten verifizieren

Mit dem vorherigen Unit-Test mit Stub wollten wir sicherstellen, dass unser `BookStoreService` die erwarteten Bücher zurückliefert. Wir haben den Endzustand kontrolliert, und es lagen uns die erwarteten zwei Bücher vor. Doch können wir uns wirklich sicher sein, dass der `BookStoreService` auch nach den Regeln gespielt hat? Wir sind einfach davon ausgegangen, dass der Service ein korrektes Verhalten hat und er konform zu unserer Vorstellung auch den bereitgestellten Stub verwendet. Im vorliegenden Fall war dies natürlich gegeben – wir mussten den Stub schließlich einführen, damit der Unit-Test überhaupt erfolgreich ausgeführt werden konnte. Allerdings könnte es durchaus vorkommen, dass wir versehentlich die erste Version des `BookStoreService` wieder einführen: Der erste Service hatte genau zwei Bücher fest einprogrammiert, wobei eines ebenso den Titel »Angular« trägt. Unser `BookStoreService` wäre in diesem speziellen Fall praktisch nutzlos, und der Unit-Test würde dies dennoch nicht aufzeigen.

Wir benötigen demnach eine Technik, um das korrekte Verhalten sicherzustellen. Mithilfe des Stubs können wir aber keine Aussagen zum Verhalten des Service machen: Wurde tatsächlich die `get()`-Methode des Stubs verwendet und wurde auch die korrekte URL genutzt? Wir könnten natürlich den Stub entsprechend selbst mit Logik erweitern und so das Verhalten verifizieren. Doch diese Arbeit ist nicht notwendig, da Jasmine bereits praktische Helfer mitbringt. Den Unit-Test aus Listing 17–17 auf Seite 483 müssen wir hierzu um einen »Spion« ergänzen. Dies erledigt die Jasmine-Funktion `spyOn()`:

Jasmine-Spione

Listing 17–20 Unit-Test für den BookStoreService *unter Verwendung eines Mocks* (book-store.service.mock.spec.ts)

```
describe('BookStoreService', () => {
  // ...

  beforeEach(() => {

    httpMock ={
      get: () => of(expectedBooks)
    };

    spyOn(httpMock, 'get').and.callThrough();

    // ...
  });

  it('should GET a list of all books',
    inject([BookStoreService],
      (service: BookStoreService) => {

        // ...

        expect(httpMock.get).toHaveBeenCalledTimes(1);
        expect(httpMock.get).toHaveBeenCalledWith(
          'https://api3.angular-buch.com/books');
    }));
});
```

Bei Jasmine erzeugt man Mocks mittels sogenannter *Spys* (Spione). Damit wird ein Objekt überwacht, und wir können das Verhalten von außen kontrollieren. Die Spione existieren nur innerhalb eines `describe()`- oder `it()`-Blocks. Nach der Ausführung werden die Spione wieder entfernt. In diesem Beispiel haben wir die Methode `and.callThrough()` verwendet, um den ursprünglichen Wert zurückzuliefern. Ebenso ist es möglich, mittels `and.returnValue()`, `and.returnValues()`, `and.callFake()` oder `and.throwError()` den Rückgabewert zu überschreiben. Die Spione werden durch verschiedene Matcher abgefragt. Damit können wir in der Expectation prüfen, ob, wann und wie oft eine bestimmte Methode auf dem ausspionierten Objekt aufgerufen wurde.

- `toHaveBeenCalled(): boolean;`
- `toHaveBeenCalledBefore(expected: Spy): boolean;`
- `toHaveBeenCalledWith(...params: any[]): boolean;`
- `toHaveBeenCalledTimes(expected: number): boolean;`

17.2.9 Leere Komponenten als Stubs oder Mocks einsetzen

- **Was** – Wir beweisen, dass die simple `BookListComponent` bei einem Klick auf die Kindkomponente ein Buch per Event weiterreicht.
- **Wie** – Unit-Test mit Stub unter Verwendung von `TestBed`
- **Warum** – Wir benötigen eine gerenderte View, um die Interaktion gegen den DOM zu prüfen. Der Einsatz von `TestBed` ist hierfür notwendig.

Das Beispiel mit dem `BookStoreService` erhält noch eine Fortsetzung, aber wir möchten noch kurz das Thema Stubs und Mocks komplettieren. Dazu springen wir noch einmal gedanklich zurück zum Shallow Unit-Test, den wir ab Seite 477 betrachtet haben.

Als Alternative zum Shallow Unit-Test können wir auch Komponenten (und natürlich auch Direktiven) nur zum Zweck eines Tests erstellen. Um `BookListComponent` zu testen, können wir also einen Stub verwenden, der die Kindkomponente `BookListItemComponent` ersetzt. Hierzu setzen wir eine beliebige leere Komponente ein und geben dieser einfach denselben Selektor wie der echten Komponente:

Listing 17–21
Eine Komponente als Stub für den Unit-Test

```
@Component({
  selector: 'bm-book-list-item',
  template: ''
})
class TestBookListItemComponent {
  @Input() book: Book;
}
```

Anschließend deklarieren wir die Komponente im Testing-Modul, sodass sie als Ersatz zur Verfügung steht:

Listing 17–22
Den Stub einsetzen

```
TestBed.configureTestingModule({
  declarations: [
    BookListComponent,
    TestBookListItemComponent
  ]
})
```

Helferfunktionen

Immer wieder solche leeren Komponenten zu erzeugen, ist eine sehr repetitive Aufgabe. Mit folgendem Helfer können Sie sich ein wenig Arbeit ersparen:

Listing 17–23
Testkomponenten schneller erstellen

```
/**
 * Helper function to easily build a component Fixture
 * using the specified template
 */
function createTestComponent(selector: string, template: string):
    ↪ ComponentFixture<Type<any>> {
  return TestBed
    .overrideComponent(MyComponent, {
      set: {
        selector: selector,
        template: template
      }
    })
    .createComponent(MyComponent);
}
```

Leider ist es nicht möglich, mittels `TestBed.overrideComponent()` eine Komponente zu erstellen, die auch »on-the-fly« Input-Propertys besitzt – obwohl dies sehr praktisch wäre. Daher ist es leider oftmals notwendig, weiterhin eine passende Testkomponente zu erzeugen.

17.2.10 HTTP-Requests testen

- **Was** – Wir beweisen, dass der erweiterte `BookStoreService` alle Bücher weiterreicht und dabei den `HttpClient` korrekt verwendet – z. B. indem er die richtige URL aufruft.
- **Wie** – Unit-Test mit dem `HttpTestingController` unter Verwendung von `TestBed`
- **Warum** – Der `BookStoreService` benötigt einen `HttpClient`. Wir stellen als Ersatz den Mock `HttpTestingController` zur Verfügung und verifizieren das Verhalten. Die Abhängigkeit wird über `TestBed` bereitgestellt.

HTTP: fertiger Mock wird bereitgestellt

Wir haben gelernt, wie wir einen Mock für den `HttpClient` erstellen. Diese Strategie funktioniert allerdings nur so gut, wie der Mock auch das Verhalten der echten Klasse korrekt nachahmt. Haben wir den Mock nicht einwandfrei gebaut, so ist die Aussagekraft des Tests zweifelhaft. Die Interaktion mit einem Backend kann mitunter komplex sein, und entsprechend schwierig wäre es für uns, selbst einen vollständigen Mock für den `HttpClient`-Service zu erstellen. Zum Glück liefert Angular uns den `HttpTestingController`, der das Testen von HTTP-Requests sehr vereinfacht.

Die HTTP-Testbibliothek von Angular ist so konzipiert, dass wir zunächst den zu testenden Code ausführen und im Zuge dessen HTTP-Requests gestartet werden. Natürlich sind die HTTP-Requests von `HttpTestingController` nicht real – es findet keine echte Kommunikation mit dem Backend statt. Ebenso verhält sich das zurückgelieferte Observable anders als gewohnt. Bei einem echten HTTP-Request würden die Daten zu einem späteren Zeitpunkt asynchron eintreffen. Beim gemockten `HttpClient`-Service ist dies nicht der Fall. Alle Requests werden zunächst in eine Warteschlange gelegt, und es geschieht nichts, bis wir die Warteschlange Request für Request wieder auflösen. Bleibt zum Schluss ein offener und damit unerwarteter Request in der Warteschlange zurück, so können und sollten wir einen Fehler auslösen. Durch die Warteschlange haben wir somit exakt unter Kontrolle, wann die Daten von welchem Request eintreffen. Dies vereinfacht das Design der Tests enorm, wie wir gleich sehen werden. Die Tests mit dem `HttpTestingController` können wir in fünf Phasen unterteilen:

Warteschlange aufbauen und leeren

- **1. Phase:** Warteschlange mit offenen Requests aufbauen
- **2. Phase:** Warteschlange abbauen, mithilfe von `httpMock.expectOne()` und `httpMock.expectNone()`, Annahmen gegen die offenen Requests machen
- **3. Phase:** Requests emittieren (»flushen«)
- **4. Phase:** weitere Annahmen machen
- **5. Phase:** den HTTP-Mock abschließend verifizieren

Am besten lässt sich das Vorgehen mithilfe eines Tests gegen den bekannten `BookStoreService` erläutern:

Listing 17–24 *HTTP-Kommunikation mit* HttpTestingController *testen* (book-store.service.spec.ts)

```
import { TestBed } from '@angular/core/testing';
import { HttpClientTestingModule, HttpTestingController } from
    ↪ '@angular/common/http/testing';

import { Book } from './book';
import { BookRaw } from './book-raw';
import { BookStoreService } from './book-store.service';

describe('BookStoreService', () => {
  let httpMock: HttpTestingController;
  let service: BookStoreService;
```

```
const bookRaw: BookRaw[] = [
  {
    isbn: '111',
    title: 'Book 1',
    authors: [],
    published: '2019-01-01T00:00:00.000Z'
  },
  {
    isbn: '222',
    title: 'Book 2',
    authors: [],
    published: '2019-01-01T00:00:00.000Z'
  }
];

beforeEach(() => {
  TestBed.configureTestingModule({
    imports: [HttpClientTestingModule],
    providers: [BookStoreService]
  });

  httpMock = TestBed.get(HttpTestingController);
  service = TestBed.get(BookStoreService);
});

it('should GET a list of all books', () => {

  let receivedBooks: Book[];
  service.getAll().subscribe(books => receivedBooks = books);

  // Request aus der Warteschlange holen
  const req = httpMock.expectOne(
    'https://api3.angular-buch.com/secure/books');
  expect(req.request.method).toEqual('GET');

  // flush -- jetzt werden die Bücher emittiert
  req.flush(bookRaw);

  expect(receivedBooks.length).toBe(2);
  expect(receivedBooks[0].isbn).toBe('111');
  expect(receivedBooks[1].isbn).toBe('222');
```

```
    expect(receivedBooks[0].published).toEqual(new
    ↪ Date('2019-01-01T00:00:00.000Z'));
  });

  afterEach(() => {
    // prüfen, ob kein Request übrig geblieben ist
    httpMock.verify();
  });
});
```

Zunächst bauen wir das Testing-Modul auf. Statt dem `HttpClientModule` kommt das `HttpClientTestingModule` zum Einsatz. Als Alternative zu `inject()` verwenden wir dieses Mal `TestBed.get()` – wir wollen nämlich `httpMock` in zwei Testblöcken verwenden.

Subscriben auf das HTTP-Observable

Nun beginnen wir die Spezifikation damit, dass wir eine Methode des zu testenden Service aufrufen, in unserem Fall fordern wir alle Bücher an. Wir subscriben wie üblich auf das Observable. Eine Besonderheit ist die Tatsache, dass wir eine simple Zuweisung gegen das Array `receivedBooks` machen und nicht etwa Annahmen im Callback der Subscription durchführen.[8] Dies ist möglich, weil wir genau unter Kontrolle haben, wann das Observable »feuert«. Wir können uns also sicher sein, dass die Zuweisung der Werte in `receivedBooks` rechtzeitig geschehen ist.

HTTP-Request beantworten

Sofern sich unser Service korrekt verhalten hat, sollte er das HTTP-Backend aufgerufen haben. Wir prüfen dies, indem wir den offenen Request aus der Warteschlange beziehen. Nun können wir diesen Request auch ausführen, indem wir die Methode `req.flush()` aufrufen und dabei die vorbereiteten Antwortdaten mit übergeben.

Wir können übrigens auch einen Fehlerfall simulieren, um etwa zu prüfen, wie sich der Code bei einem Serverfehler verhält:

```
req.flush('Fehler!', {
  status: 500,
  statusText: 'Internal Server Error'
});
```

In unserem Test ist allerdings die Antwort erfolgreich, daher wird `receivedBooks` gefüllt sein, und wir können unsere Annahmen gegen die

[8] Es ist ebenso möglich, im Callback der Subscription direkt Annahmen mit `expect()` zu machen, anstatt Zuweisungen zu verwenden. Dieser Stil ist, wie so oft, eher eine Geschmacksfrage und stellt unserer Meinung nach kein »richtigeres« oder »falscheres« Vorgehen dar. Im vorliegenden Fall ist es aber schlicht nicht notwendig und wäre auch ein klein wenig komplizierter.

verarbeiteten Daten machen. Unter anderem stellen wir sicher, dass der String mit dem Datum zu einem JavaScript-Datum konvertiert wurde. Im gezeigten Beispiel haben wir nur eine Spezifikation, aber in einem vollständigen Beispiel müssten wir natürlich noch weitere Methoden und Sonderfälle testen. Daher haben wir die Prüfung auf weitere nicht erwünschte Requests in einen finalen `afterEach()`-Block verlagert – dort wird er dann für alle Spezifikationen angewendet.

Geschafft – der Aufwand hat sich gelohnt. Der `BookStoreService` scheint fehlerfrei implementiert worden zu sein. Dank des `HttpTestingController` können wir nun alle Aspekte der Serverkommunikation testen.

17.2.11 Komponenten mit Routen testen

- **Was** – Wir beweisen, dass die finale `BookListComponent` bei einem Klick auf die Kindkomponente zu einer neuen Adresse navigiert.
- **Wie** – Unit-Test mit `RouterTestingModule` unter Verwendung von `TestBed`
- **Warum** – Das Template der `BookListComponent` verwendet den `routerLink`. Wir stellen einen Ersatz per `RouterTestingModule` zur Verfügung. Der Einsatz von `TestBed` ist hierfür notwendig.

Wir erinnern uns erneut an die Komponente `BookListComponent`. Sie zeigte zunächst fest einprogrammierte Bücher an und wurde mehrfach überarbeitet. Mit der Iteration zum Routing ab Seite 141 haben wir die `BookListComponent` deutlich verschlankt. Mit der anschließenden Einführung von HTTP erhielten wir auch erstmals echte Daten von einer API. Die Komponente sah zu dem Zeitpunkt wie folgt aus:

Listing 17–25 *Rückblick:* BookListComponent *mit Routing und HTTP aus Listing 10–12* (book-list .component.ts)

```
// ...
@Component({ /* ... */ })
export class BookListComponent implements OnInit {
  books: Book[];

  constructor(private bs: BookStoreService) { }

  ngOnInit() {
    this.bs.getAll().subscribe(res => this.books = res);
  }
}
```

Zum Schluss haben wir direkt ein Observable im Template verarbeitet, da wir die AsyncPipe kennengelernt haben:

```
// ...
@Component({ /* ... */ })
export class BookListComponent implements OnInit {
  books$: Observable<Book[]>;

  constructor(private bs: BookStoreService) { }

  ngOnInit() {
    this.books$ = this.bs.getAll();
  }
}
```

Listing 17–26
Aktueller Stand: BookListComponent *mit Routing, HTTP und AsyncPipe ab Listing 13–41* (book-list.component.ts)

In ihrer ersten Version hat die `BookListComponent` auf einen Klick reagiert und ein Event ausgelöst. Wir haben diesen Fall auf unterschiedliche Weise getestet. Mit der Einführung von Routing haben wir diese Funktion durch einen RouterLink ersetzt, und das Template wurde wie folgt angepasst:

```
<bm-book-list-item
  *ngFor="let b of books"
  [book]="b"
  [routerLink]="b.isbn"></bm-book-list-item>
```

Listing 17–27
Auszug aus dem Template der BookListComponent *ab Listing 13–41* (book-list.component.html)

Um diese Komponente zu testen, erzeugen wir einen Stub für die Kindkomponente, mocken auch den `BookStoreService` aus und müssten eigentlich am Ziel sein. Doch wenn wir den Test ausführen, erhalten wir eine unerwartete Fehlermeldung:

> *Can't bind to 'routerLink' since it isn't a known property of 'bm-book-list-item'.*

Der Grund erklärt sich wie folgt: Es gibt keine Direktive mit dem Selektor `[routerLink]` in unserem Test-Setup. Doch zum Glück müssen wir hier keine Ersatzdirektive erstellen. Ähnlich wie beim `HttpClientTestingModul` stellt uns Angular auch für das Routing ein hilfreiches Testing-Modul zur Verfügung. Wie das funktioniert, zeigt der passende Unit-Test im Listing 17–28. Hier erzeugen und konfigurieren wir das Routing-Modul mit dem `RouterTestingModule`.

Testing-Modul für den Router

```
import { Component, Input } from '@angular/core';
import { Location } from '@angular/common';
import { async, ComponentFixture, TestBed } from
    ↪ '@angular/core/testing';
import { RouterTestingModule } from '@angular/router/testing';
import { of } from 'rxjs';
```

Listing 17–28
Unit-Test für die finale BookListComponent (book-list.component.spec.ts)

```
import { BookListComponent } from './book-list.component';
import { BookStoreService } from '../../shared/book-store.service';
import { Book } from '../../shared/book';

@Component({ template: '' })
class TestDetailsComponent { }

@Component({
  selector: 'bm-book-list-item',
  template: ''
})
class TestBookListItemComponent {
  @Input() book: Book;
}

describe('BookListComponent', () => {
  let component: BookListComponent;
  let fixture: ComponentFixture<BookListComponent>;
  let location: Location;

  const expectedBooks = [
    {
      isbn: '111',
      title: 'Book 1',
      authors: [],
      published: new Date()
    },
    {
      isbn: '222',
      title: 'Book 2',
      authors: [],
      published: new Date()
    }
  ];

  beforeEach(async(() => {
    TestBed.configureTestingModule({
      declarations: [
        BookListComponent,
        TestBookListItemComponent,
        TestDetailsComponent
      ],
```

```
    providers: [{
      provide: BookStoreService,
      useValue: { getAll: () => of(expectedBooks) }
    }],
    imports: [
      RouterTestingModule.withRoutes([
        { path: ':isbn', component: TestDetailsComponent }
      ])
    ]
  });
}));

beforeEach(async(() => {
  location = TestBed.get(Location);
  fixture = TestBed.createComponent(BookListComponent);
  component = fixture.componentInstance;
  fixture.detectChanges();
}));

it('should display books', () => {

  let receivedBooks: Book[];
  component.books$.subscribe(books => receivedBooks = books);

  expect(receivedBooks.length).toBe(2);
  expect(receivedBooks[0].isbn).toBe('111');
  expect(receivedBooks[1].isbn).toBe('222');
});

it('should navigate to details page by ISBN', async(() => {

  fixture.nativeElement
    .querySelector('bm-book-list-item').click();
  fixture.whenStable().then(() => {
    expect(location.path()).toEqual('/111');
  });
}));
});
```

In diesem Beispiel haben wir einige Techniken kombiniert. Wir verwenden eine Testkomponente als Ersatz für die echte `BookDetailsComponent` und `BookListItemComponent`. Beim Stub der Detailseite müssen wir keinen Selektor angeben, da auch der Router den Selektor nicht verwendet. Interessant ist die Erstellung eines Testing-Moduls mit der Methode `RouterTestingModule.withRoutes()`. Wie auch beim echten Routing-Modul können wir den Ersatzrouter mit einem Array aus Routen konfigurieren. Wir geben an, dass beim Aufruf der definierten Route die `BookListItemComponent` aktiviert werden soll. In der abschließenden Spezifikation sehen wir erneut den Helfer `async()`. Diesmal kombinieren wir `async()` mit der Methode `fixture.whenStable()`.[9] Wie der Name vermuten lasst, warten wir auf die Stabilisierung der Zone. Die Zone ist so lange instabil, wie asynchrone Operationen noch nicht abgeschlossen sind, in diesem Fall das Routing. Sobald keine weiteren Operationen offen sind, können wir den Server `Location` von Angular verwenden und damit die aktuelle Adresse des Routers erfragen. Natürlich kam es zu keiner echten Navigation, es handelt sich schließlich nur um einen Mock des echten Routers.

17.2.12 Asynchronen Code testen

In den vorherigen Beispielen haben wir die Funktion `async()` mehrfach gesehen. Wir wollen diese zum Abschluss noch einmal detaillierter betrachten.

JavaScript ist asynchron.

In der JavaScript-Welt basiert nahezu jede Interaktion auf Ereignissen. Das kann unter anderem die Antwort auf eine HTTP-Anfrage sein – auch der BookMonkey lädt die Buchdaten asynchron über HTTP nach. Um asynchrone Ereignisse abzubilden, verwendet man üblicherweise Callbacks, Promises oder Observables. Alle Herangehensweisen haben gemeinsam, dass der ausgeführte Code asynchron abläuft. Jasmine bietet von Haus aus eine Möglichkeit an, um asynchronen Code zu testen. Dies geschieht über ein Callback, das man `done()` nennt. Ist bis zum Aufruf von `done()` keine Erwartung fehlgeschlagen, so gilt der Test als bestanden:

Listing 17–29 *Beispiel für die Verwendung von* done()

```
describe('async tests', () => {
  it('require a signal that execution has been finished', (done)
    ↪ => {

    setTimeout(() => {
      expect(true).toBeTruthy();
      done();
    }, 500);
  });
});
```

[9] Das Beispiel kann man auch mit `tick()` umsetzen, mehr dazu im nächsten Abschnitt.

Testzone

Mit der Hilfe von Zone.js vereinfacht Angular dieses Konstrukt noch einmal. Hierfür wird der Test in einer Zone ausgeführt. Wenn alle asynchronen Aufrufe abgearbeitet sind, wird der Test automatisch abgeschlossen. Das Callback `done()` wird nicht mehr benötigt:

Listing 17–30
Beispiel für die Verwendung von async()

```
import { async } from '@angular/core/testing';

describe('async tests', () => {
  it('can be simplified via async()', async(() => {

    setTimeout(() => {
      expect(true).toBeTruthy();
    }, 500);
  }));
});
```

fakeAsync() *und* tick()

Innerhalb einer Testzone können wir noch tiefer in die Trickkiste greifen. Verwenden wir die Methode `fakeAsync()`, so steht uns der Kompagnon `tick()` zur Verfügung. Die Methode `tick()` simuliert das asynchrone Voranschreiten der Zeit. Weiterhin werden alle vorhandenen Einträge aus der *Microtasks-Warteschlange* abgeschlossen – das sind alle noch ausstehenden asynchronen Aufgaben. Dadurch können wir unseren Testcode »synchron« aussehen lassen:

Listing 17–31
Beispiel für die Verwendung von fakeAsync() *und* tick()

```
import { fakeAsync, tick } from '@angular/core/testing';

describe('async tests', () => {
  it('can be also simplified via fakeAsync() and tick()',
    ↪ fakeAsync(() => {

    let flag = false;

    setTimeout(() => {
      flag = true;
    }, 500);

    tick(500);
    expect(flag).toBeTruthy();
  }));
});
```

Dies war ein langes Kapitel, doch Sie haben es geschafft. Sie haben die wichtigsten Grundlagen zu Unit-Tests und Integrationstests für Angular kennengelernt! Angular bringt viele hilfreiche Testing-Tools mit,

Rückblick

die uns die Arbeit sehr vereinfachen. An einigen Stellen werden Sie sicher über das umfangreiche Test-Setup erschrocken gewesen sein. Wir sind da ganz bei Ihnen: Der Unit-Test für das Routing-Beispiel in Listing 17–28 auf Seite 495 war ein wenig lang, nur um dann gegen eine Änderung der Route zu prüfen. An dieser Stelle empfehlen wir eher den Einsatz von Oberflächentests, die wir uns im folgenden Abschnitt ansehen.

17.3 Tests mit Protractor

17.3.1 Auf die Balance kommt es an

Unit-Tests und Oberflächentests ausgewogen verwenden

Eine hilfreiche Ergänzung zu unseren Unit- und Integrationstests sind die Oberflächentests, auch E2E-Tests genannt. Bei dieser Art von Tests wird die gesamte Applikation in den Browser geladen und getestet. E2E-Tests wirken zunächst sehr charmant: Das initiale Setup ist sehr gering und man muss nur wenige Funktionen erlernen. Allerdings sollten wir nicht der Versuchung unterliegen und verstärkt E2E-Tests anstatt Unit-Tests schreiben. Idealerweise lässt eine geänderte Unit nur wenige Tests fehlschlagen. Bei Oberflächentests ist dies häufig nicht der Fall. Eine Änderung innerhalb der Applikation kann aufwendige Korrekturen der gesamten E2E-Testsammlung erfordern. Wir sollten daher stets die Balance halten.

Abb. 17–6 *Testing-Pyramide: Schreiben Sie mehr Unit-Tests als E2E-Tests*

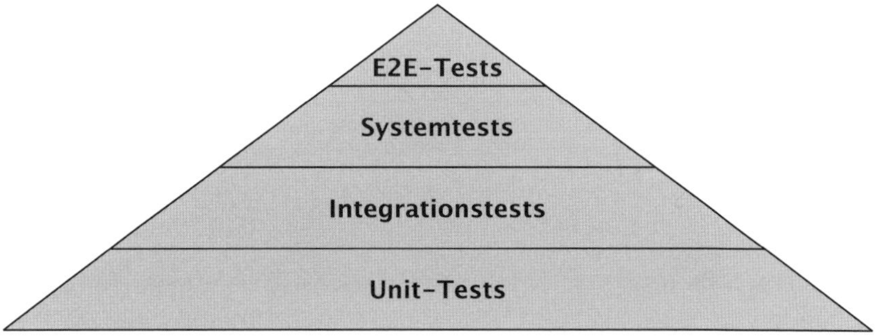

Wir haben festgestellt, dass sich mit E2E-Tests sehr gut ganze User-Storys und deren Akzeptanzkriterien testen lassen. In einem Online-Shop sollte man z. B. immer automatisiert prüfen, ob die Bestellung wie erwartet funktioniert. Unser BookMonkey sollte immer Bücher anzeigen – egal in welcher Iteration wir uns befinden. Unser Tipp: Führen Sie vor jedem Deployment in die Produktionsumgebung nicht nur die Unit- und Integrationstests aus, sondern auch die Oberflächentests.

Für die E2E-Tests ist in einem Projekt der Angular CLI bereits der Test-Runner Protractor vorkonfiguriert. Da das Tool ebenfalls auf Jasmine setzt, werden Sie den Grundaufbau der Tests wiedererkennen. Nur die konkreten Funktionen von Protractor unterscheiden sich.

17.3.2 Protractor verwenden

Beispiel: Verlagswebsite

Folgender Test prüft beispielsweise, ob unser Buch auf der Verlagswebsite auch wirklich »Angular« und nicht etwa »AngularJS« heißt.

Listing 17–32
Ein erster E2E-Test mit Protractor
(dpunkt.e2e-spec.ts)

```
import { browser, element, by } from 'protractor';

describe('Angular Buch', () => {

  // does not wait for on angular on a non-angular page
  beforeAll(() => browser.waitForAngularEnabled(false));

  it('should be called Angular', () => {
    browser.get('https://www.dpunkt.de/buecher/13231.html');
    const heading = element(by.tagName('h1'));
    expect(heading.getText()).toEqual('Angular');
  });

  afterAll(() => browser.waitForAngularEnabled(true));
});
```

Protractor unterstützt Angular besonders gut.

Protractor ist für den Einsatz mit Angular ausgelegt. So wartet das Framework unter anderem darauf, dass die Anwendung das Bootstrapping durchgeführt hat. Da es sich bei dem Beispiel um eine klassische Website ohne Angular handelt, müssen wir mittels `browser.waitForAngularEnabled(false)` die Synchronisation mit der Seite unterbinden. Andernfalls wartet Protractor bis zu einem Timeout auf das nicht vorhandene Angular und quittiert dies mit einer Fehlermeldung.

browser

Die Imports `browser`, `element` und `by` werden am häufigsten verwendet. Über das globale Objekt `browser` können wir die darunterliegende WebDriver-Instanz und damit den Browser steuern. So startet `browser.restart()` den Browser neu. Die Methode `browser.pause()` kann übrigens sehr hilfreich sein: Sie stoppt die Ausführung des Tests und startet den Debugger, sodass wir Fehler im Test leichter aufspüren können.

Selektieren von DOM-Elementen

Das globale Objekt `by` stellt uns diverse Strategien zum Auffinden von DOM-Elementen bereit. Jede der Methoden von `by` liefert hierfür einen sogenannten *Locator* zurück. Die Locators sind anschließend der Input für die globalen Funktionen `element()` beziehungsweise `element.all()`. Der Rückgabewert dieser Funktionen ist schlussendlich ein Objekt vom Typ `ElementFinder`. An einem `ElementFinder` finden wir diverse Aktionen, die wir mit dem DOM-Element durchführen können. Dies sind unter anderem `click()`, `sendKeys()` oder in unserem Beispiel `getText()`. Auf die Ergebnisse der Aktionen können wir unsere Erwartungen spezifizieren. Beim Beispieltest in Listing 17–32 selektieren wir somit auf alle Überschriften erster Ordnung (wobei nur die erste verwendet wird) und prüfen anschließend den Textinhalt (`innerText`) gegen den erwarteten Buchtitel.

Wir programmieren für unsere E2E-Tests also einen Roboter, der die Anwendung aufruft, Elemente findet und mit diesen Elementen einfache Interaktionen ausführt, wie sie auch ein echter Nutzer ausführen würde.

17.3.3 Elemente selektieren: Locators

Im vorherigen Beispiel haben wir schon `by.tagName` kennengelernt. Eine Auswahl an weiteren Locators haben wir im Folgenden zusammengestellt. Standesgemäß haben wir dies natürlich mit einem Test getan!

Listing 17–33
Locators von Protractor

```
import { browser, element, by, $ } from 'protractor';

const html = `
  <h1 id="myId" class="myClass">Heading</h1>
  <h1 class="anotherClass">Another Heading
    <span>with child</span>
  </h1>`;

describe('protractor locators', () => {

  beforeAll(() => {
    browser.waitForAngularEnabled(false);
    browser.get('data:text/html,' + encodeURIComponent(html));
  });

  it('should select by tag', () => {
    expect(element(by.css('h1')).getText()).toBe('Heading');
    expect(element(by.tagName('h1')).getText()).toBe('Heading');
  });

  it('should select by css class', () => {
    expect(element(by.css('.myClass')).getText()).toBe('Heading');
    expect(element(by.className('myClass')).getText())
        ↪ .toBe('Heading');
  });
```

```
  it('should select by id', () => {
    expect(element(by.css('#myId')).getText()).toBe('Heading');
    expect(element(by.id('myId')).getText()).toBe('Heading');
  });

  it('should select via various other ways', () => {
    expect(
      element(
        by.cssContainingText('h1', 'Another Heading')
      ).getText()
    ).toBe('Another Heading with child');

    expect(element(by.css('h1 span'))
      .getText()).toBe('with child');
  });

  it('should select via the $-shorthand', () => {
    // is the same as element(by.css('#myId'));
    expect($('#myId').getText()).toBe('Heading');
  });

  afterAll(() => browser.waitForAngularEnabled(true));
});
```

17.3.4 Aktionen durchführen

Die von der Funktion `element()` zurückgegebenen Objekte vom Typ `ElementFinder` helfen uns, ein DOM-Element in der Webanwendung zu lokalisieren. Solange allerdings keine der Action-Methoden ausgeführt wird, passiert nichts. Da die Kommunikation mit dem Browser und die Durchführung der Aktion Zeit in Anspruch nehmen können, sind übrigens alle Aktionen asynchron – mehr dazu gleich im nächsten Abschnitt.

Das nachfolgende Beispiel zeigt, wie wir ein Element auffinden und in der Variable `el` speichern.

```
const el = element(locator);
```

Die Tabelle 17–2 zeigt eine Übersicht der wichtigsten Zugriffsmethoden, die für das Element angeboten werden.

Tab. 17–2
Verschiedene Aktionen auf einem Element

Methode	Beschreibung
`el.getText();`	Liest den sichtbaren Text aus, inklusive des Tests von Kind-Elementen.
`el.click();`	Führt einen Klick auf dem Element durch.
`el.sendKeys('Text');`	Sendet Tastenanschläge an ein Formularelement (z. B. `<input>`-Element).
`el.clear();`	Löscht den Text eines Formularelements (z. B. `<input>`-Element).
`el.submit();`	Versendet das Formular, wenn das Element ein Formular ist, oder versendet das Formular des Elements oder macht nichts, wenn das Element nicht Teil eines Formular ist.
`el.getAttribute('value');`	Liest ein HTML-Attribut eines Elements aus.
`el.takeScreenshot(opt_scroll?: ↪ boolean);`	Erzeugt einen Screenshot von der sichtbaren Region des Elements. Der optionale Parameter gibt an, ob zum Element hingescrollt werden soll (Standard: *false*).

17.3.5 Asynchron mit Warteschlange

Die Asynchronität wird versteckt.

Der bislang gezeigte Code sah ziemlich synchron aus. Das ist in Wirklichkeit nicht der Fall, die Asynchronität ist nur sehr gut versteckt worden. Der zugrunde liegende WebDriver basiert durchweg auf Promises, und Protractor »erbt« damit alle Vor- und Nachteile, die mit asynchroner Programmierung verbunden sind. Jede Methode zur Interaktion mit dem Browser wird demnach nicht sofort ausgeführt, sondern liefert eine Promise zurück:

Listing 17–34
Auf die Erfüllung der Promise warten

```
const el = element(locator);

el.getText().then(function(text) {
  console.log(text);
});
```

Normalerweise gibt es bei Promises keine Garantie dafür, dass die Aktionen in der gewünschten Reihenfolge ablaufen und beenden. Jede Promise startet üblicherweise sofort und läuft parallel zu anderen Promises ab. Bei der Fernsteuerung eines Browsers ist dies nicht sehr hilfreich. Die Reihenfolge aller Aktionen muss stets gleich bleiben, sonst wäre der Test unvorhersagbar. Daher müssten wir im Prinzip alle Promises sequenziell verketten – was recht umständlich ist. Bei der Verwendung von Protractor ist jedoch keine Verkettung von Promises notwendig! Protractor verwendet eine versteckte Warteschlange, welche die korrekte Abarbeitung in Reihenfolge garantiert.

Zusätzlich zu dem Warteschlangentrick wird die Funktion `expect()` von Protractor »heimlich« gepatcht. Die Methode versteht neben normalen Werten nun auch Promises. Weiterhin reihen alle `expect()`-Aufrufe ihre Prüfbedingungen ebenso in die Warteschlange ein. Im Endeffekt sorgen die Modifikationen von Protractor dafür, dass wir nur sehr selten die Methode `then()` verwenden müssen, die man üblicherweise benötigt, um eine Promise aufzulösen.

17.3.6 Redundanz durch Page Objects vermeiden

Bei der Erstellung von Oberflächentests bilden sich schnell wiederkehrende Muster heraus. So müssen wir z. B. immer zunächst eine Seite ansurfen, anschließend ein Loginformular ausfüllen und die erste Überschrift prüfen.

Hilfsklassen für wiederkehrende Aufgaben

Haben wir nur eine Datei, so können wir den sich daraus ergebenden doppelten Code durch `beforeEach()` und `beforeAll()` vermeiden. Früher oder später müssen wir die Tests aber auf mehrere Dateien verteilen. Wir sollten die Standardaufgaben im Zuge dessen sammeln und in eine oder mehrere Hilfsklassen auslagern.

In der Welt von Protractor und Selenium nennt man solche Hilfsklassen *Page Objects*. Page Objects sollten als Services verstanden werden, die uns bei der Interaktion mit der Seite helfen. Ein gut geschriebenes Page Object versteckt die Komplexität der DOM-Struktur und bietet leicht verständliche Methoden für verschiedene Aktionen an. Besonders eleganten Code erhalten wir, wenn wir aus passenden Methoden das eigene Page Object (`return this`) oder ein anderes Page Object zurückgeben:

Listing 17–35
Fluent Interface mit Page Objects

```
export class HomePage {
  public getWelcomeMessage(): ElementFinder {
    //
  }
}
export class LoginPage {
  public loginAs(username: string, password: string): HomePage {
    // ...
    return new HomePage();
  }
}
```

```
// Verwendung:
const page = new LoginPage();
const element = page.loginAs('user', 'pass').getWelcomeMessage();
```

Man könnte diese Schnittstelle noch weiterentwickeln: `page.loginAs(xxx).scrollDown().and.getWelcomeMessage()`. Mittels Methodenketten können wir in richtigen Sätzen programmieren – man nennt dies auch ein *Fluent Interface*. So bleibt unser eigentlicher Testcode gut lesbar, und Änderungen an den Templates unserer Anwendung beeinflussen nur die Datei mit dem jeweiligen Page Object.

17.3.7 Eine Angular-Anwendung testen

Wir wollen nun alle gezeigten Bausteine zusammenfügen und einen Test der Benutzeroberfläche für den BookMonkey schreiben. Wir erinnern uns: Der Unit-Test aus Listing 17–28 auf Seite 495 für die `BookListComponent` mit Routing und HTTP war zu lang und sperrig. Hierfür wollen wir einen äquivalenten Oberflächentest schreiben.

Oberflächentest für die BookListComponent

Der Test soll zwei Dinge verifizieren: Zum einen soll die Buchliste stets mindestens zwei Bücher beinhalten. Zum anderen soll sichergestellt werden, dass ein Klick auf den ersten Link zur Detailseite führt. Wir gehen davon aus, dass die BookMonkey-API vor dem Test in ihren initialen Zustand gebracht wurde. Wir können daher sicher sein, dass das erste Buch in der Liste bekannt ist und wir reproduzierbar auf Titel und ISBN prüfen können.

Zunächst benötigen wir zwei Page Objects, eines für die Detailseite (`BookDetailsPage`) und eines für die Listenansicht (`BookListPage`):

Listing 17–36 *Zwei Page Objects für Detailseite und Listenansicht implementieren* (book-list.po.ts)

```
import { browser, element, by } from 'protractor';

export class BookDetailsPage {

  getHeaderText() {
    return element(by.css('h1')).getText();
  }

  getUrl() {
    return browser.getCurrentUrl();
  }
}
```

```
export class BookListPage {

  navigateTo() {
    browser.get('/books');
    return this;
  }

  getBookItems() {
    return element.all(by.css('bm-book-list-item'));
  }

  clickOnFirstBook() {
    this.getBookItems().then(console.log);
    this.getBookItems().first().click();
    return new BookDetailsPage();
  }
}
```

Nun ist alles bereit, um die beiden Spezifikationen mit Oberflächentests auszudrücken:

Listing 17–37
E2E-Test für die Listenansicht mit Detailseite
(book-list.e2e-spec.ts)

```
import { BookListPage } from './book-list.po';

describe('Book List Page', () => {
  let listPage: BookListPage;

  beforeEach(() => listPage = new BookListPage());

  it('should display at least two books', () => {
    const bookItems = listPage.navigateTo()
      .getBookItems();
    expect(bookItems.count()).toBeGreaterThan(1);
  });

  it('should navigate to details page by ISBN', () => {
    const detailsPage = listPage.navigateTo()
      .clickOnFirstBook();
    expect(detailsPage.getUrl())
      .toContain('/books/9783864906466');
    expect(detailsPage.getHeaderText()).toBe('Angular');
  });
});
```

Mit wenigen Zeilen Code ist der BookMonkey jetzt hinsichtlich der beiden Spezifikationen getestet. Wir wissen nun, dass von der Datenbank zur API bis hin zur Angular-Anwendung alle Schichten korrekt funktionieren.

Fazit

Entsprechend ihrem Namen prüfen Ende-zu-Ende-Tests alle Komponenten eines Systems gemeinsam: die eigentliche Anwendung, den Browser, den Webserver, die Datenbank sowie jegliche sonstige Infrastruktur. Das gesamte System ist von Natur aus recht fragil: Egal welcher Teil defekt ist oder sich unerwartet verhält – der Test schlägt fehl. Von einem fehlgeschlagenen Oberflächentest auf die Ursache zu schließen, kann daher sehr schwierig werden. Bei einem Unit-Test ist dies anders: Kompiliert der Quelltext, so wird der Test immer entweder erfolgreich oder eben nicht erfolgreich durchgeführt. Es gibt keine Grauzone wie bei den E2E-Tests. Zudem müssen wir bedenken, dass kleine Änderungen große Auswirkungen haben können. Benennen wir in unserem Beispiel die CSS-Klasse um, so funktioniert nichts mehr – obwohl die Anwendung in der Realität weiterhin wunderbar funktioniert.

Oberflächentests sind fehleranfällig.

Wenn wir Oberflächentests allerdings als Ergänzung der Unit- bzw. Integrationstests verstehen, dann haben wir ein wertvolles Werkzeug zur Steigerung der Softwarequalität im Repertoire!

Durch Tests sind wir in der Lage, qualitativ hochwertige und robuste Software zu schreiben. Die Erstellung von Softwaretests ist eine anspruchsvolle Aufgabe, doch man kann diese Aufgabe als Herausforderung sehen. Es kann sehr viel Spaß machen, Probleme zu identifizieren und diese elegant zu lösen. Beim Testing wird nicht immer alles sofort funktionieren, aber umso erfüllender ist es, wenn zum Schluss wieder alle Tests grün sind.

Übung macht den Meister. Gehen Sie es langsam an, probieren Sie die Tools und Patterns aus – und es wird sich mit der Zeit ergeben, dass Testing mit ein wenig Übung und Erfahrung einfacher ist als gedacht und in der Praxis tatsächlich gut funktioniert.

TDD: testgetriebene Entwicklung

Weiterhin empfehlen wir eine testgetriebene Entwicklung. Versuchen Sie dabei stets, den Test vor der eigentlichen Implementierung zu schreiben. Wird der Test zu lang, ist womöglich die zu testende Einheit ebenso zu komplex?! Das Aufspalten in kleinere Einheiten macht das Testing viel einfacher und sorgt ganz nebenbei für bedeutend übersichtlicheren Code (Stichwort: *Separation of Concerns*). Versuchen Sie zudem, doppelten Code zu vermeiden. Das gilt auch für Softwaretests. Erstellen Sie sich am besten für wiederkehrende Aufgaben eine Sammlung an Hilfsfunktionen, sobald Sie mehrfach ähnliche Fragmente in den Tests entdecken. Und vor allem: Haben Sie Spaß daran, auch kniffelige Testfälle elegant und effektiv zu lösen. Der Aufwand lohnt sich. Werfen Sie auch einen Blick in die offizielle Angular-Dokumentation.[10] Dort finden Sie eine hochwertige Sammlungen an *Test-Patterns* für weitere häufig vorkommende Aufgaben.

[10] https://ng-buch.de/a/75 – Angular Docs: Testing Guide

Teil IV

Das Projekt ausliefern: Deployment

18 Das Projekt ausliefern: Deployment

Mit der Entwicklung der Anwendung ist die Arbeit theoretisch abgeschlossen. Praktisch ist unser Weg aber noch nicht zu Ende, denn bis die Anwendung in Produktion gehen kann, sind noch einige Schritte nötig.

Wir lernen deshalb in diesem Kapitel, wie wir unsere Anwendung für die Auslieferung vorbereiten. Das betrifft die Konfiguration der Umgebung, den finalen Build und letztendlich das Deployment auf einen Webserver.

18.1 Umgebungen konfigurieren

Verschiedene Anforderungen an die Umgebungen

Bisher haben wir unser Projekt in unserer lokalen Entwicklungsumgebung ausgeführt. Hier gelten bestimmte Einstellungen innerhalb der Anwendung, z. B. URLs für Server-Endpunkte, Debug-Optionen und Logging. Auf einem Produktivsystem wird hingegen meist eine andere Konfiguration gewünscht: Es werden andere Endpunkte angesprochen, Debug-Ausgaben sollten nicht sichtbar sein und vieles mehr.

Um solche Unterscheidungen nicht manuell implementieren zu müssen, können wir *Umgebungen* konfigurieren. In einer Umgebung werden beliebige Daten festgelegt, die die Anwendung verwenden kann. Beim Build der Anwendung wird mit einer Kommandozeilenoption eine *Konfiguration* ausgewählt. Sie enthält unter anderem die gewünschte Zielumgebung, sodass das jeweilige Set von Einstellungen in den finalen Code eingewoben wird. Das ist vor allem sinnvoll, um zwischen Entwicklungs- und Produktivsystemen zu unterscheiden.

Wichtig: Angular CLI verwaltet Umgebungen

Umgebungen sind kein Feature von Angular selbst, sondern werden beim Build durch die Angular CLI realisiert. Konkret wird während des Builds eine Datei durch eine andere ersetzt und damit das finale Bundle angepasst.

Ordner environments

Im src-Ordner unseres Projekts befindet sich der Ordner environments, den wir bisher noch nicht betrachtet haben. Dort sind bereits zwei Dateien für jeweils zwei Umgebungen vorhanden.

```
src
└── environments
│   ├── environment.prod.ts
│   └── environment.ts
└── ...
```

Wir können auch zusätzliche Umgebungen anlegen. Sie sollten ebenfalls im Verzeichnis environments abgelegt werden und dem Namensschema environment.<name>.ts folgen. Ohne weitere Veränderungen finden wir in einer solchen Datei ein Objekt mit einer einzigen Eigenschaft.

Listing 18–1
Inhalt der Datei environment.prod.ts

```
export const environment = {
  production: true
};
```

Umgebung mit Eigenschaften füllen

Hier können wir beliebige weitere Inhalte angeben, denn die Konfiguration für die jeweilige Umgebung wird nach und nach immer mehr Einträge benötigen. Für Anwendungslogik ist hier allerdings nicht der richtige Platz, sie sollte weiterhin in Komponenten und Services untergebracht werden. Wichtig ist, dass in allen Umgebungen die Eigenschaften übereinstimmen, sonst funktioniert die Anwendung nicht korrekt.

Listing 18–2
Beispiel für eine Umgebung mit weiteren Eigenschaften

```
export const environment = {
  production: true,
  mySetting: 3,
  foo: 'bar'
};
```

Umgebungen in den Build-Konfigurationen registrieren

Damit wir die Umgebungen verwenden können, müssen wir der Angular CLI mitteilen, welche Umgebung durch welche Datei abgebildet wird. Dazu existiert ein Abschnitt in der Datei angular.json mit der Bezeichnung configurations. Dieser beinhaltet die jeweiligen Build-Konfigurationen mit ihren Einstellungen. Unter anderem finden wir hier den Eintrag fileReplacements. Hier sind zwei relevante Parameter anzugeben:

fileReplacements

- replace: Pfad zur Datei, die im Quellcode referenziert wird und im Build-Prozess ersetzt werden soll
- with: Pfad zur Umgebungsdatei, die anstatt der Datei aus replace verwendet werden soll

Listing 18–3
Umgebungen beim Build ersetzen (angular.json)

```
...
"projects": {
 "BookMonkey": { ...
  "architect": {
   "build": { ...
    "configurations": {
     "production": {
      "fileReplacements": [
       {
        "replace": "src/environments/environment.ts",
        "with": "src/environments/environment.prod.ts"
       }
      ], ...
     }
    }
   }, ...
  }
 }, ...
}
```

Geben wir keine explizite Build-Konfiguration an, so wird die Standardumgebung mit der Datei `environment.ts` genutzt. Starten wir jedoch den Build-Prozess mit einer anderen Konfiguration, so werden die in der `angular.json` hinterlegten Einstellungen verwendet.

Im Quelltext nutzen wir immer nur die Datei `environment.ts` und können von dort die Eigenschaften aus der Umgebung auslesen. Das Ersetzen der Datei geschieht beim Build.

Listing 18–4
Einstellungen aus einer Umgebung auslesen

```
import { environment } from '../environments/environment';
// ...
this.setting = environment.mySetting;
```

Beim Aufruf des Build-Befehls mit `ng serve` oder `ng build` (diesen Befehl werden wir gleich näher betrachten) können wir jetzt die gewünschte Zielkonfiguration angeben. Dazu dient der Parameter `--configuration` bzw. die Kurzform `-c`.

Zielkonfiguration auswählen

Listing 18–5
Umgebung beim Build auswählen

```
$ ng serve --configuration=production
$ ng serve -c=production
```

Eigene Konfigurationen festlegen

Falls Sie eigene zusätzliche Konfigurationen benötigen, so verwenden Sie als Grundlage am besten die Konfiguration `production`. Übernehmen Sie alle Werte dieser Konfiguration und machen Sie anschließend Ihre Anpassungen. Mit der Angular CLI in Version 7.2 gibt es keine Möglichkeit, Werte zwischen den Konfigurationen zu teilen bzw. Werte zu erben. Gerade in Kombination mit der Internationalisierung (i18n) von Angular entstehen so ausgesprochen viele Zeilen Konfiguration, denn es müssen leider alle aktiven Werte dupliziert werden. Sollte die Konfigurationsdatei zu groß werden, können Sie mit `ngx-build-plus`[a] partielle Konfigurationen einführen. Das bedeutet, dass Sie in dem Fall nur noch Werte angeben müssen, die sich vom Default unterscheiden.

[a] https://ng-buch.de/a/76 – GitHub: ngx-build-plus – Extend the Angular CLI's default build behavior without ejecting

18.1.1 Abhängigkeit zur Umgebung vermeiden

Die Angular CLI sorgt dafür, dass in der Datei `environment.ts` immer die jeweils ausgewählte Umgebung vorliegt. Um auf die Umgebungsvariablen zuzugreifen, müssen wir die Datei importieren. Das führt dazu, dass unsere Komponenten und Services eine direkte Abhängigkeit zur `environment.ts` besitzen. In unserem Beispiel ist das kein Problem, in größeren Anwendungen kann dieses Vorgehen aber schnell zu Unordnung führen. Das ist besonders beim Unit-Testing problematisch, wo wir möglichst jede Komponente eigenständig testen wollen. Praktischer wäre es, die Abhängigkeit zur Umgebung zu abstrahieren, sodass die Komponenten und Services nicht direkt auf `environment.ts` zugreifen.

Um das zu erreichen, können wir die Einstellungen aus der Umgebung mittels Dependency Injection in der Komponente bereitstellen. Wir registrieren dazu für jede Einstellung ein Token im Injector. Das kann direkt in der Datei `main.ts` erfolgen, denn die Funktion `platformBrowserDynamic()` nimmt praktischerweise als Argument ein Array von Providern entgegen.

```
platformBrowserDynamic([
  {
    provide: 'MY_SETTING',
    useValue: environment.mySetting
  }
]).bootstrapModule(AppModule)
  .catch(err => console.error(err));
```

In einer Komponente oder einem Service können wir den Wert dann über den Konstruktor anfordern:

```
export class MyService {
  constructor(@Inject('MY_SETTING') private mySetting: string) { }
}
```

18.1.2 Konfigurationen und Umgebungen am Beispiel: BookMonkey

Lokale API bei der Entwicklung

Um das Konzept zu vertiefen, wollen wir die Umgebungen an einem konkreten Beispiel betrachten. Bislang war die URL zur BookMonkey-API stets fest hinterlegt. Es bietet sich hingegen an, während der Entwicklung eine lokale Installation der API zu verwenden. Dafür können wir die API aus dem GitHub-Respository klonen und anschließend lokal auf unserem System starten. Sofern Sie sich noch im Projektverzeichnis der Angular-Anwendung befinden, sollten Sie vorher ein Verzeichnis nach oben navigieren.

Listing 18–6
BookMonkey-API lokal installieren

```
$ cd ../
$ git clone https://ng-buch.de/api3.git api3
$ cd api3
$ npm install
$ npm start
```

Die API startet und ist anschließend über die lokale Adresse `http://localhost:3000` ansprechbar. Durch die lokale Ausführung ist man während der Arbeit vom Internet unabhängig und manipuliert keine echten Daten. Für den Produktiveinsatz soll jedoch weiterhin die URL im Internet gültig sein.

Umgebungen für die Entwicklung und den Produktionsbetrieb anpassen

Um Angular mitzuteilen, dass wir während der Entwicklung die lokal gestartete API und im Produktiveinsatz die Online-API verwenden wollen, passen wir zunächst die `environment`-Dateien an und tragen die URLs in einer neuen Eigenschaft `apiUrl` ein.

Listing 18–7
Dev-Umgebung
(environment.ts)

```
export const environment = {
  production: false,
  apiUrl: 'http://localhost:3000'
};
```

Listing 18–8
Prod-Umgebung
(environment.prod.ts)

```
export const environment = {
  production: true,
  apiUrl: 'https://api3.angular-buch.com'
};
```

Umgebungseinstellungen über den Injector in die Anwendung bringen

Damit die Anwendung möglichst wenige Referenzen zur Umgebung hat, wollen wir die Einstellung über den Injector in die Anwendung bringen. In der Datei `main.ts` registrieren wir also ein Token für die API-URL:

Listing 18–9 *Injector-Token für die Umgebungseinstellung registrieren*

```
import { environment } from './environments/environment';
// ...
platformBrowserDynamic([
  {
    provide: 'API_URL',
    useValue: environment.apiUrl
  }
]).bootstrapModule(AppModule)
  .catch(err => console.error(err));
```

Einstellung im Service verwenden

Zuletzt passen wir den `BookStoreService` an und verwenden dort das Token `API_URL` anstatt des fest eingebauten Werts. Das Property `api` deklarieren wir nun nicht mehr manuell, denn es wird bei der Constructor Injection automatisch angelegt.

Listing 18–10 BookStoreService *mit API-URL aus der Umgebung*

```
// ...
export class BookStoreService {

  constructor(
    @Inject('API_URL') private api: string,
    private http: HttpClient
  ) {}
  // ...
}
```

Je nachdem, welche Umgebung beim Build ausgewählt wird, bezieht die Anwendung ihre Buchdaten nun von der lokalen oder entfernten API.

18.2 Produktivmodus aktivieren

Bestimmt ist Ihnen beim Blick in die Datei `main.ts` bereits der folgende Code aufgefallen:

Listing 18–11 enableProdMode() *in der Datei* main.ts

```
// ...
import { environment } from './environments/environment';

if (environment.production) {
  enableProdMode();
}
// ...
```

Mit dem Wissen über Umgebungen können wir diesen Aufruf in einen Kontext bringen. Ist die Eigenschaft `production` aus der Umgebung `true`, so wird die Funktion `enableProdMode()` aufgerufen. Das kann man etwa lesen wie: Befinden wir uns in einer Produktionsumgebung, so wird der Produktivmodus der Anwendung aktiviert.

enableProdMode()

Die Funktion `enableProdMode()` ist Bestandteil von Angular. Sie deaktiviert den Entwicklungsmodus und damit interne Abläufe, die im Produktivbetrieb nicht benötigt werden. Dazu zählen bestimmte zusätzliche Prüfungen in der Change Detection und Fehlerausgaben. Beispielsweise können wir die Anwendung nicht mehr mit Augury debuggen, wenn der Produktivmodus aktiviert ist. Für eine Produktivanwendung sollten Sie diesen Modus unbedingt aktivieren.

18.3 Build erzeugen

Wir haben bis jetzt stets den Befehl `ng serve` eingesetzt, um die Anwendung zu bauen und den lokalen Webserver zu starten. Für die Entwicklung ist das sehr gut, allerdings sollten wir auf einem produktiven Server nicht die Angular CLI als Webserver verwenden. Stattdessen kompilieren wir die Anwendung mit der Angular CLI und liefern sie dann mit einem anderen »richtigen« Webserver aus.

Zum Bauen der Anwendung verwenden wir den folgenden Befehl:

```
$ ng build
```

Build-Umgebung auswählen

Wir können auch hier eine Zielkonfiguration angeben, die dann beim Build der Anwendung genutzt wird. Die Parameter sind dieselben wie für `ng serve`. Wird keine Konfiguration angegeben, so werden automatisch die Standardeinstellungen genutzt.

```
$ ng build --configuration=production
$ ng build -c=production
```

Zum Erzeugen der Produktionsumgebung gibt es zusätzlich die Kurzform `--prod`. Die folgenden Befehle führen zum gleichen Ergebnis:

```
$ ng build --configuration=production
$ ng build --prod
```

Ordner 🗀dist

Die fertige Anwendung befindet sich nach dem Build im Ordner 🗀`dist`. Hier sind nun alle Bestandteile der Anwendung verpackt, und die Inhalte des Ordners können später über einen Webserver an den Client geliefert werden.

Werfen wir einen Blick in den Ordner, können wir erkennen, dass die ehemalige Dateistruktur unserer Anwendung nicht mehr vorhanden ist. Stattdessen wurden alle Bestandteile der App in Bundles gepackt:

Bundles

- **Main:** Quellcode unserer Anwendung
- **Vendor:** eingebundene Bibliotheken, also z. B. Angular und RxJS[1]
- **Styles:** CSS-Styles der gesamten Anwendung
- **Runtime:** Logik zum Laden der Bundles, wird direkt in `index.html` eingebunden
- **Polyfills:** Polyfills für Kompatibilität mit älteren Browsern

Alle »lazy« geladenen Module sind in einzelne *Chunks* verpackt, damit sie zur Laufzeit nachgeladen werden können. Diese Chunks sind erkennbar an der laufenden Nummer (hier `4` und `5`). Im Entwicklungsmodus tragen die Chunks den Namen des Moduls, aus dem sie generiert wurden. Die TypeScript-Dateien wurden automatisch in JavaScript umgewandelt, damit der Browser sie verarbeiten kann. In unserem Projekt finden wir außerdem eine Reihe von Dateien, die durch das CSS-Framework Semantic UI hinzugekommen sind.

Die Namen der generierten Bundles und ihre Größen werden auch auf der Kommandozeile ausgegeben.

Sourcemaps

Beim Build mit der Standardkonfiguration wird für jedes Bundle zusätzlich eine Sourcemap (*.map*) angelegt. Mit diesen Informationen kann ein Debugging-Tool einen Teil des minifizierten Bundles auf einen Teil der Originaldateien abbilden. Das bedeutet, wir können z. B. im Browser in den unminifizierten Quelldateien navigieren und die Anwendung so viel effizienter debuggen.

Allerdings geben wir damit auch jedem Außenstehenden direkten Einblick in unseren Sourcecode. Daher sind die Sourcemaps beim Produktiv-Build standardmäßig deaktiviert. Sollen sie trotzdem generiert werden, können wir die Option `--source-map` verwenden:

```
$ ng build --prod --source-map
```

Inhalt der Bundles im Detail

Die Bundles schauen wir uns am Beispiel des BookMonkeys einmal genauer an. Wir wählen dazu den Stand nach dem Modul-Kapitel von Iteration VI (Seite 395). Hier sind bereits mehrere Module vorhanden, die aber alle synchron geladen werden. Für unsere Betrachtung hat das den Vorteil, dass alle Teile der Anwendung im Main-Bundle liegen und nicht in Chunks aufgeteilt sind.

[1] Gegebenenfalls werden Sie das Vendor-Bundle nicht finden, denn es wird beim Produktiv-Build mit dem Main-Bundle zusammengeführt.

```
book-monkey3 — dannykoppenhagen@DK-macbook — ../book-monkey3 — -zsh...
~/dev/book-monkey3 (master ✔) ▷ ng build --prod


Date: 2019-02-12T20:22:10.297Z
Hash: 77bd8ffc4dd600530423
Time: 24312ms
chunk {0} runtime.219fa29f8baee6542094.js (runtime) 2.2 kB [entry] [rendered]
chunk {1} main.34db79e3d4b98cbfdc2c.js (main) 430 kB [initial] [rendered]
chunk {2} polyfills.326c283ba2dba7677b6b.js (polyfills) 93.2 kB [initial] [rendered]
chunk {3} styles.099164943c521cfa9c83.css (styles) 560 kB [initial] [rendered]
chunk {4} 4.a2ed7ff8fc82c1149eba.js () 91.5 kB  [rendered]
chunk {5} 5.f51d5fe1ef646f98bf14.js () 12.8 kB  [rendered]
```

Abb. 18–1
Ausgabe auf der Konsole für
ng build --prod

Wir führen den Befehl `ng build` aus und schauen uns anschließend die Datei `main.bundle.js` an. Hier ist der gesamte Code unserer Anwendung untergebracht. Die Komponenten und Klassen sind wiedererkennbar, nur eben in JavaScript statt TypeScript.

Der Code ist allerdings nicht minifiziert und verfügt über Kommentare. Hier ist noch Potenzial zur Optimierung, um Traffic und Ladezeit zu sparen. Gerade das Vendor-Bundle ist sehr groß, denn hier ist das gesamte Angular-Framework verpackt.

Wir führen als Nächstes den Build-Befehl mit dem Parameter `--prod` aus. Durch die Nutzung der Konfiguration `production` wird der Build zusätzlich für die Produktion angepasst. Das umfasst unter anderem:

- **Minifizierung:** Es werden Kommentare und Zeilenumbrüche entfernt und Variablennamen gekürzt.
- **Tree Shaking:** Nicht benötigte Bestandteile werden automatisch entfernt.
- **AOT-Kompilierung**

Standardmäßig wird automatisch die AOT-Kompilierung ausgeführt. Dieses Verfahren schauen wir uns gleich noch im Detail an. Für die jetzige Betrachtung wollen wir AOT deaktivieren und setzen deshalb zusätzlich den Parameter `--aot=false`:

```
$ ng build --prod --aot=false
```

Das Ergebnis im 🗀`dist`-Ordner ist wieder ähnlich. Die Bundles tragen nun einen Hashwert im Dateinamen, um Cacheprobleme im Browser zu umgehen. Ein Blick in das Main-Bundle zeigt auch den Effekt der Minifizierung. Der Code ist nun für Menschen nur noch schwer lesbar, ist aber durch das »Zusammenschrumpfen« wesentlich kleiner geworden.

Gegenüber dem ersten Build haben sich die Dateigrößen drastisch verringert. Das Main-Bundle und das Vendor-Bundle wurden miteinander verschmolzen, sodass später weniger HTTP-Requests an den Server ausgeführt werden müssen. Insgesamt haben die Bundles durch Tree

Shaking und Minifizierung an Größe verloren, sodass unsere Anwendung insgesamt noch kleiner ist.

18.4 Die Templates kompilieren

In den Templates unserer Anwendung haben wir stets die Angular-Syntax verwendet. Obwohl es sich dabei um valides HTML handelt, kann der Browser diese Ausdrücke nicht verarbeiten, denn er kennt keine Property Bindings, keine Pipes, keine Interpolation usw. Bevor die Anwendung dargestellt wird, müssen die Templates also umgewandelt werden, damit der Browser sie verarbeiten kann. Dafür ist der *Angular-Compiler* zuständig.

Angular-Compiler

Diese Umwandlung ist allerdings nicht trivial, denn die meisten Ausdrücke sind keine HTML-Features, die ohne Weiteres in »Standard-HTML« übertragen werden können. Angular geht deshalb einen besonderen Weg: Die HTML-Templates werden vollständig in programmatische Anweisungen umgesetzt, die beschreiben, wie der DOM-Baum strukturiert ist. Im Browser wird ein spezieller Renderer verwendet, um aus dem JavaScript-Code den DOM-Baum aufzubauen. Das ist praktisch, weil Angular für jede Plattform geeignet sein soll, nicht nur für den Browser. Wir sind also grundsätzlich gar nicht an HTML und den DOM gebunden, sondern könnten Angular sogar auf dem Server, auf mobilen Geräten und auf eingebetteten Systemen ausführen.[2] Der Compiler ist Bestandteil von Angular und wird in einem Projekt der Angular CLI automatisch mitgeliefert.

HTML-Templates werden in JavaScript umgesetzt.

Angular ist nicht nur für den Browser geeignet.

18.4.1 Just-in-Time-Kompilierung (JIT)

Wir schauen uns den Code des minifizierten Bundles aus dem letzten Schritt (nach `ng build --prod --aot=false`) noch einmal genauer an. Es ist erkennbar, dass die HTML-Templates in den JavaScript-Code eingebettet sind. Das HTML ist allerdings unverändert und trägt weiterhin die Angular-Syntax.

Die Umwandlung der Templates passiert dynamisch im Browser. Aus diesem Grund wird übrigens beim Bootstrapping in der Datei `main.ts` die Plattform `platformBrowserDynamic` verwendet. Die Templates werden zur Laufzeit kompiliert, weshalb diese Variante *Just-in-Time-Kompilierung (JIT)* genannt wird.

Templates zur Laufzeit kompilieren

Die Abbildung 18–2 zeigt den typischen Ablauf bei der JIT-Kompilierung: Auf dem Server wird der TypeScript-Code zu JavaScript (ES5)

[2] Angular auf eingebetteten Systemen ist nicht nur Theorie: https://ng-buch.de/a/77 – Uri Shaked: »Building Simon with Angular2-IoT«.

transpiliert, in Bundles verpackt und minifiziert. Diese Schritte passieren direkt nach der Entwicklung, wenn wir den Befehl `ng build --prod --aot=false` ausführen.

Die generierten Dateien werden vom Browser heruntergeladen und verarbeitet. Es wird zunächst das Bootstrapping mit der Plattform `platformBrowserDynamic` durchgeführt. Anschließend werden die HTML-Templates zur Laufzeit in JavaScript umgewandelt, sodass der Browser die Template-Syntax verstehen kann. Aus diesen Informationen wird schließlich die Anwendung gerendert und dargestellt. Diese Schritte funktionieren automatisch, wir müssen uns nicht weiter darum kümmern.

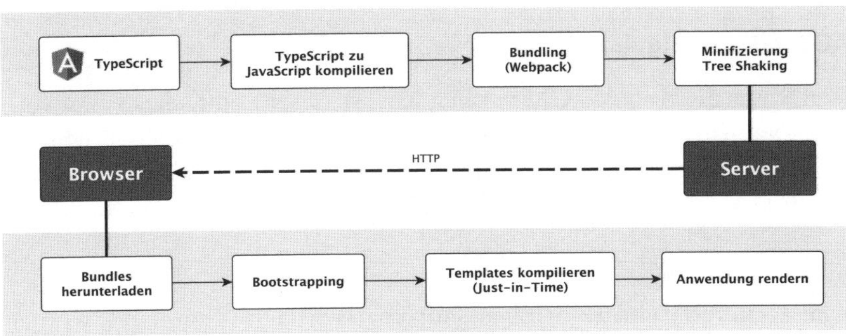

Abb. 18–2
JIT: Schritte der App von der Entwicklung bis zum Browser

18.4.2 Ahead-of-Time-Kompilierung (AOT)

Die Kompilierung ist vollkommen unabhängig vom Nutzer oder Browser, und tatsächlich passiert in diesem Prozess stets das Gleiche. Es ist also naheliegend, die Templates schon zu kompilieren, *bevor* die Anwendung zum Nutzer gelangt. Das hat vor allem den Vorteil, dass der Browser diese Aufgabe nicht übernehmen muss und auch der Compiler nicht mit an den Nutzer ausgeliefert wird. Die Anwendung wird also schneller geladen.

Template vor der Auslieferung kompilieren

Das Verfahren nennt sich *Ahead-of-Time-Kompilierung (AOT)*, denn der Code wird schon *vor* der Laufzeit kompiliert. In der Abbildung 18–3 ist der komplette Weg unserer Anwendung skizziert, wenn wir AOT-Kompilierung verwenden. Im ersten Schritt nach der Entwicklung werden die Templates umgewandelt. Ein großer Unterschied zu JIT ist, dass in diesem Schritt ausschließlich TypeScript generiert wird, das zu JavaScript kompiliert wird, bevor es auf dem Server deployt wird. Es wird also kein HTML zum Server ausgeliefert. Ansonsten ist der Ablauf auf dem Server genau so, wie wir ihn schon kennengelernt haben. Alle Schritte auf dem Server werden *einmalig* nach der Entwicklung ausgeführt.

Im Browser muss die Anwendung jetzt nur noch gebootstrappt und gerendert werden. Daraus ergeben sich zwei große Vorteile:

- Der Compiler muss nicht mehr an den Browser ausgeliefert werden. Das Vendor-Bundle wird erheblich kleiner.
- Die aufwendige Kompilierung wird nicht mehr zur Laufzeit ausgeführt. Die Ladezeit der Anwendung wird weiter verkürzt.

AOT-Kompilierung bringt den großen Vorteil mit sich, dass der Code statisch analysiert wird. Dadurch können Fehler in den Templates schon bei der Entwicklung erkannt werden und nicht erst zur Laufzeit im Browser.

AOT mit der Angular CLI

Wenn wir die Angular CLI verwenden, ist es sehr einfach, die Anwendung »ahead of time« zu kompilieren. Mit dem Parameter `--prod` wird AOT schon automatisch aktiviert. Wir können aber auch auf Nummer sicher gehen und das `aot`-Flag trotzdem manuell angeben.

```
$ ng build --prod --aot
```

Alle weiteren Schritte erfolgen automatisch! Die Templates werden kompiliert und die fertigen Bundles werden im Ordner 🗀`dist` abgelegt.

Die Ordnerstruktur ist gleich geblieben, nur der Inhalt der Bundles hat sich verändert. Durch die AOT-Kompilierung ist das Main-Bundle etwas größer geworden. Das liegt daran, dass die HTML-Templates in JavaScript umgesetzt wurden, wodurch mehr Overhead entsteht. Dafür ist allerdings das Vendor-Bundle erheblich kleiner, weil der Compiler nicht mehr mitgeliefert wird.

Bei einer komplexen Anwendung wird die Größe des Main-Bundles wahrscheinlich die Einsparungen am Vendor-Bundle übersteigen. Wir sparen dennoch viel Ladezeit ein, weil die Kompilierung nicht mehr im Browser durchgeführt werden muss.

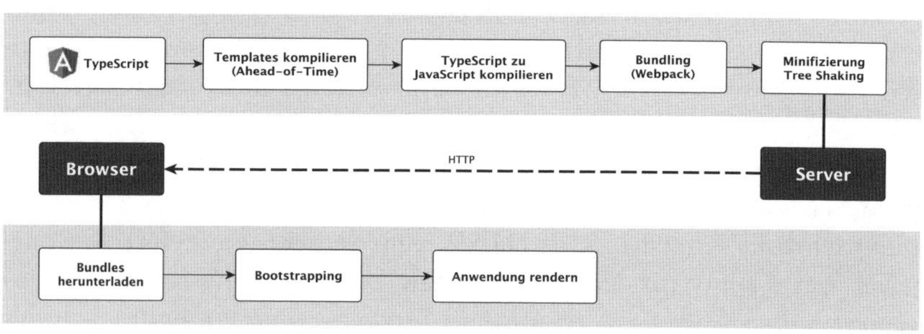

Abb. 18–3
AOT: Schritte der App von der Entwicklung bis zum Browser

Bundles untersuchen mit dem Webpack Bundle Analyzer

Die Bundle-Größe ist einer der wichtigsten Faktoren, die maßgeblich Einfluss auf die Ladeperformance der Anwendung nehmen. Um einen Überblick über die resultierende Bundle-Größe sowie die Größen der einzelnen Chunks zu erhalten, können wir den *Webpack Bundle Analyzer* einsetzen.

Um das Tool zu nutzen, müssen wir zunächst einen Build der Anwendung erzeugen und dabei das Flag `--stats-json` verwenden. Das bewirkt, dass Webpack die Datei `stats.json` im Verzeichnis 🗀`dist/<Projekt>` erzeugt, in der Informationen zur Zusammensetzung des Bundles abgelegt sind. Diese Datei wird anschließend vom Bundle Analyzer verwendet:

```
$ ng build --prod --stats-json
$ npx webpack-bundle-analyzer dist/<Projekt>/stats.json
```

Der Bundle Analyzer wird automatisch im Browser gestartet. Sie können nun mit der Maus über die einzelnen Bundles oder Teile davon fahren und die Zusammensetzung und Größe untersuchen.

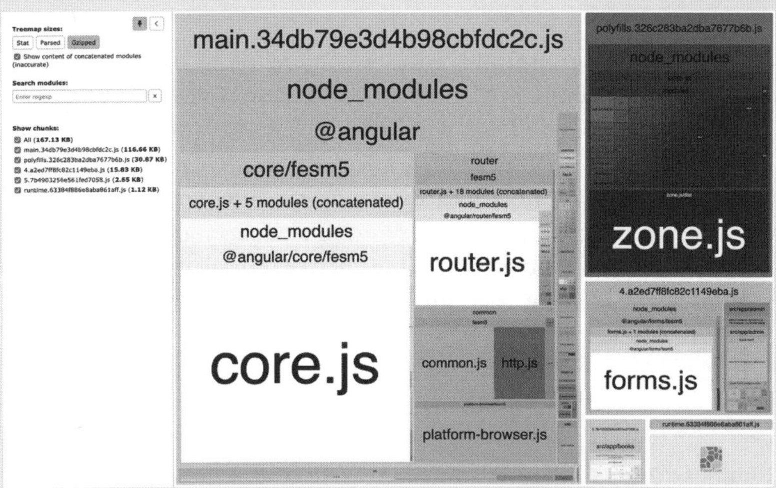

Visualisierung der erzeugten Bundles mit dem Webpack Bundle Analyzer

18.5 Webserver konfigurieren und die Anwendung ausliefern

Nicht den Webserver der Angular CLI verwenden!

Auf einem Produktivsystem werden wir nicht den eingebauten Webserver der Angular CLI verwenden, um die Anwendung zum Client auszuliefern. Für die Entwicklung ist dieses Feature gut, allerdings ist der Server nicht für die Bedürfnisse eines Produktivsystems ausgelegt. Deshalb haben wir in den letzten Abschnitten geklärt, wie wir die Anwendung schon direkt nach der Entwicklung kompilieren können. Die generierten Bundles können wir dann mit einem beliebigen Webserver ausliefern.

Hier eignet sich tatsächlich jeder Webserver, denn wir müssen ja nur statische Dateien an den Client übertragen. Sie benötigen also auf dem Server kein Node.js und keine Angular CLI, sondern lediglich einen Webserver und die kompilierte Anwendung. Die kompletten Inhalte des Unterordners aus 🗀`dist` müssen im Webroot des Webservers abgelegt werden.

Grundsätzlich funktioniert unsere Anwendung damit schon. Wir müssen uns allerdings noch mit einem konzeptionellen Problem beschäftigen. Eine Single-Page-Applikation besteht aus einer einzelnen HTML-Seite, und die tatsächlichen Inhalte werden zur Laufzeit nachgeladen. Klicken wir auf einen Link, sorgt der Router dafür, dass die Ansicht gewechselt wird. Die Seite wird allerdings nicht »hart« neu geladen. Damit eine Ansicht durch eine URL identifizierbar ist, verwendet der Router die History API, um die Adresszeile umzuschreiben. Dort steht dann eine URL wie z. B. `/books/1234567890`.

Rufen wir die Seite unter dieser URL auf, wird der Webserver standardmäßig versuchen, die Datei `1234567890` im Ordner `books` aufzusuchen – und wird dabei fehlschlagen, denn die Angular-Anwendung startet immer von der `index.html` aus.

> **Probieren Sie es aus!**
>
> Laden Sie die Inhalte des 🗀`dist`-Ordners einmal auf einen Webserver und rufen Sie die Seite auf. Navigieren Sie zu einer Route und laden Sie dann die Seite neu. Höchstwahrscheinlich werden Sie einen Fehler 404 erhalten, weil für die URL keine Datei gefunden wurde.

Alle Anfragen an die index.html *weiterleiten*

Wir müssen an der Konfiguration unseres Webservers schrauben. Ziel ist es, dass alle Anfragen auf die Datei `index.html` abgebildet werden, allerdings nicht für die URLs, für die tatsächlich eine Datei existiert (die tatsächlichen Inhalte des 🗀`dist`-Ordners). Das klingt zunächst kompliziert, allerdings bieten die verbreiteten Webserver allesamt Lösungen für dieses Problem.

Wir haben im Folgenden für verschiedene Webserver die entscheidenden Zeilen zusammengestellt.

Apache

Im *Apache*-Webserver müssen wir die Vhost-Konfiguration anpassen. Das Modul `mod_rewrite` erledigt die Abbildung auf `index.html`, wenn für die URL keine Datei existiert. Unter Umständen muss das Rewrite-Modul erst aktiviert werden. Die Konfiguration können wir auch über die Datei `.htaccess` vornehmen, müssen dann allerdings das umgebende `<Directory>` weglassen.

Listing 18–12
Apache

```
<Directory /var/www/html>
  <IfModule mod_rewrite.c>
    RewriteEngine On
    RewriteBase /
    RewriteRule ^index\.html$ - [L]
    RewriteCond %{REQUEST_FILENAME} !-f
    RewriteCond %{REQUEST_FILENAME} !-d
    RewriteRule . /index.html [L]
  </IfModule>
</Directory>
```

nginx

Bei *nginx* wird in der Serverkonfiguration angegeben, in welcher Weise die URL einer eingehenden Anfrage ausgewertet wird. Wir fügen dort den Wert `index.html` an, sodass diese Datei aufgerufen wird, wenn für die URL keine Datei gefunden wird.

Listing 18–13
nginx

```
location / {
  try_files $uri $uri/ /index.html;
}
```

Internet Information Server – IIS

Webseiten, die auf Microsofts *Internet Information Server (IIS)* betrieben werden, konfigurieren wir mithilfe der Datei `web.config`. Um Requests auf die `index.html` umzuleiten, muss die Erweiterung *URL Rewrite* installiert sein.[3]

[3] https://ng-buch.de/a/78 – Download URL Rewrite Module 2.0

Listing 18–14
IIS

```
<?xml version="1.0"?>
<configuration>
  <system.webServer>
    <rewrite>
      <rules>
        <rule name="Angular Routes" stopProcessing="true">
          <match url=".*" />
          <conditions logicalGrouping="MatchAll">
            <add input="{REQUEST_FILENAME}" matchType="IsFile"
↪ negate="true" />
            <add input="{REQUEST_FILENAME}" matchType="IsDirectory"
↪  negate="true" />
            <add input="{REQUEST_URI}" pattern="^/(api)" negate="
↪ true" />
          </conditions>
          <action type="Rewrite" url="/" />
        </rule>
      </rules>
    </rewrite>
  </system.webServer>
</configuration>
```

lighttpd

Die Konfigurationsdatei für *lighttpd* bietet für unseren Zweck einen eigenen Konfigurationsschlüssel an. Wenn die aufgerufene Datei nicht existiert, wird direkt auf `index.html` verwiesen.

Listing 18–15
lighttpd

```
url.rewrite-if-not-file = ( "(?!\.\w+$)" => "/index.html" )
```

Express.js

Unter Node.js mit dem *express*-Paket liefern wir zunächst den Anwendungsordner aus dem 🗀`dist`-Ordner statisch aus. Für alle Anfragen, die damit nicht abgedeckt werden können, wird die nächste Route ausgewählt, die immer auf die `index.html` verweist.

Listing 18–16
Express.js

```
const express = require('express');
const path = require('path');

const app = express();
const ngPath = path.join(__dirname, 'dist/BookMonkey');
```

```
app.use(express.static(ngPath));
app.get('/*', (req, res) => {
  res.sendFile(path.join(ngPath, 'index.html'));
});

app.listen(3000);
```

GitHub Pages

Wollen wir unsere Angular-Anwendung auf GitHub Pages anbieten, können wir den Server leider nicht entsprechend konfigurieren. Wir müssen daher einen Workaround wählen. Wird eine Datei nicht gefunden, wird automatisch die Datei `404.html` geladen. Wir können also die `index.html` duplizieren und umbenennen zu `404.html`, damit auch im vermeintlichen Fehlerfall die Anwendung geladen wird. Diese Aufgabe kann übrigens ein Build-Service für uns erledigen.

GitHub Pages für Nutzer der Angular CLI

Zum Ausliefern der Anwendung auf GitHub Pages haben wir für Sie ein Kommandozeilentool entwickelt. Das Tool nennt sich `angular-cli-ghpages` und ist auf NPM verfügbar. Unser Angular-Projekt muss zunächst gebaut werden, anschließend können wir durch Eingabe des Befehls `angular-cli-ghpages` den `dist`-Ordner nach `gh-pages` »pushen«.

```
$ ng build --prod
$ npx angular-cli-ghpages
```

Listing 18–17
Verwendung von angular-cli-ghpages

Wir verwenden das Tool übrigens selbst für dieses Buch, um die verschiedenen Versionsstände des BookMonkeys automatisch zu GitHub zu deployen. Das Tool bietet viele Möglichkeiten zur Konfiguration, sodass wir z. B. das verwendete Ziel-Repository, die Commit-Message und den Branch einstellen können. Eine Liste aller möglichen Optionen finden Sie auf der Projektseite.

https://ng-buch.de/ngh

18.6 Ausblick: Automatisches Deployment

In der Praxis des Entwickleralltags werden wir das Deployment meist nicht manuell erledigen. Stattdessen führt ein Build-Service diese Schritte automatisch für uns aus. Die Lösungen dafür sind vielfältig, und es würde den Rahmen dieses Buchs sprengen, auf einen spezifischen Build-Dienst einzugehen. Wir wollen deshalb an dieser Stelle dafür sensibilisieren, welche Schritte in der Deployment-Pipeline *mindestens* durchlaufen werden sollten.

- Projekt aus dem Git-Repository klonen
- Abhängigkeiten installieren
  - `npm ci`
- TSLint ausführen
  - `ng lint`
- Unit-Tests ausführen
  - `ng test --no-watch --no-progress`
- Oberflächentests ausführen
  - `ng e2e`
- Build erzeugen
  - `ng build --prod --no-progress`
- Bundles ausliefern
  - Inhalt des Unterordners aus `dist` auf den Webserver übertragen

In der offiziellen Dokumentation[4] der Angular CLI finden Sie weitere Informationen dazu, wie Sie die Tests in Ihrer CI-Pipeline ausführen können. Dabei wird auch thematisiert, wie Sie für die Tests einen Headless Browser verwenden.

[4] https://ng-buch.de/a/79 – Angular: Testing

18.7 Ausblick: Deployment mit Docker

Container

Besondere Relevanz hat in den letzten Jahren das Virtualisierungswerkzeug *Docker* erlangt. Damit lassen sich einzelne Anwendungen in Container isolieren, die unabhängig voneinander auf einem Hostsystem ausgeführt werden können. Besonders im Umfeld von Cloud Computing ist Docker eine häufig verwendete Plattform. Mittels *Docker Machine* kann man bei den großen Cloudanbietern wie Azure, AWS und Google Cloud Platform schnell einen ersten Container starten. Soll die Architektur später größer werden, kann man mit Lösungen wie *Docker Swarm* oder *Kubernetes* eine große Anzahl Container orchestrieren. Container sind die »Lingua Franca« der Cloud-Anbieter: Einmal erstellt können sie überall ausgeführt werden – egal, welche Infrastruktur im Hintergrund läuft.

Im Gegensatz zu einer klassischen virtuellen Maschine ist die Lösung mit Docker schnell aufgesetzt. Man nimmt in der Regel ein bestehendes Docker-Image und erweitert es um weitere Aspekte. So erzeugt man ein eigenes Image, das eine bestimmte Sache besonders gut kann.

Webserver

Um eine Angular-Anwendung in einem Docker-Container auszuführen, ist nicht viel Aufwand nötig. Wir benötigen lediglich einen einfachen Webserver, um die zuvor gebaute Anwendung und alle Assets bereitzustellen. Der Server muss so konfiguriert sein, dass die dynamischen Routen passend umgeleitet werden. Ab Seite 526 haben wir bereits die dafür notwendige Konfiguration für verschiedene Webserver besprochen.

BookMonkey und Docker

Im folgenden Beispiel zeigen wir, wie man den »Buchaffen« in einen Container sperrt. Wir verwenden das offizielle Docker-Image für *nginx* als Grundlage. Server-Side Rendering haben wir in diesem Beispiel nicht vorgesehen. Zur Konfiguration des Servers legen wir zunächst eine nginx-Konfiguration im Projekt an, z. B. unter `nginx/default.conf`:

Listing 18–18
nginx-Konfiguration für den Docker-Container (nginx/default.conf)

```
client_max_body_size 0;
server_tokens off;
server_names_hash_bucket_size 64;

server {
  listen 80;
  server_name localhost;
  location / {
    root /usr/share/nginx/html;
    index index.html;
    try_files $uri $uri/ /index.html;
  }
}
```

Anschließend erstellen wir ein Dockerfile, das als Bauplan für die Erstellung des Images dient. Das Image soll immer das zuvor erzeugte Release aus dem Ordner dist beinhalten. Unsere Anwendung trägt den Namen BookMonkey, so wie er in der Datei angular.json angegeben ist. Außerdem muss die eben angelegte nginx-Konfiguration in das Image aufgenommen werden.

Listing 18–19 *Dockerfile für die Angular-Anwendung* (Dockerfile)

```
FROM nginx
COPY nginx/default.conf /etc/nginx/conf.d/default.conf
COPY dist/BookMonkey /usr/share/nginx/html
```

Schließlich können wir die Teile zusammenfügen und sowohl die Anwendung als auch das neue Docker-Image bauen:

Listing 18–20 *Angular-Anwendung und Docker-Image bauen*

```
npm install
ng build --prod
docker build -t book-monkey .
```

Aus dem neu erstellten Image kann nun ein Container erzeugt werden, in dem die Anwendung läuft. Zur lokalen Ausführung können Sie die folgenden Befehle verwenden:

Listing 18–21 *Container erzeugen und ausführen*

```
docker create -p 8080:80 --name=my-book-monkey book-monkey
docker start my-book-monkey
```

Docker Compose

Nach dem Start ist die Anwendung unter http://localhost:8080 erreichbar. Für einen produktiven Einsatz führen wir idealerweise das Deployment nicht manuell durch, sondern verwenden einen Containerservice in der Cloud. Es ist auch möglich, die Erstellung und Verwaltung der Container mit dem Orchestrierungswerkzeug *Docker Compose* durchzuführen. Eine passende Konfiguration und eine Beispielanwendung für Docker Compose haben wir in einem GitHub-Repository zur Verfügung gestellt:

Demo und Quelltext:
https://ng-buch.de/bm3-docker

Was haben wir gelernt?

- Die Angular CLI kann mehrere Konfigurationen für den Build verwalten. Sie werden in der Datei `angular.json` definiert und beim Buildbefehl mit dem Parameter `--configuration` bzw. `-c` angegeben.
- Eine Konfiguration kann auch eine Ersetzungsregel für eine Umgebung beinhalten. Damit können wir Einstellungen in der Anwendung einsetzen, die spezifisch für eine bestimmte Umgebung sind. Die Umgebungen `development` und `production` sind bereits vorkonfiguriert.
- Umgebungsvariablen werden aus der Datei `environment.ts` im Ordner 🗀`environments` importiert. Um die Anwendung unabhängig von dieser Datei zu halten, sollten wir die Konfigurationswerte über Dependency Injection in die Anwendung bringen.
- Der Befehl `ng build` erzeugt einen vollständigen Build der Anwendung im Ordner 🗀`dist`. Die entstehenden Bundles können auf einen einfachen Webserver übertragen werden. Die Angular CLI wird im Produktivbetrieb also nicht benötigt, sondern nur für den Build.
- Bei der Just-in-time-Kompilierung (JIT) werden die Templates unverändert an den Browser übertragen und dort zur Laufzeit kompiliert. Der zugehörige Compiler wird mit ausgeliefert.
- Die Ahead-of-time-Kompilierung (AOT) wandelt bereits zur Build-Zeit die HTML-Templates in TypeScript-Code um, der dann zu JavaScript kompiliert wird. Im Browser wird also kein HTML ausgeführt, sondern nur JavaScript. Für den Produktivbetrieb sollte ausschließlich AOT verwendet werden, weil dieser Modus wesentlich performanter ist.
- Der Befehl `ng build --prod` verwendet die Konfiguration `production`, aktiviert die AOT-Kompilierung und führt Tree Shaking und Minifizierung für die entstehenden Bundles aus. Damit wird die Größe der Bundles reduziert.
- Damit die dynamischen Pfade des Angular-Routers auch als Einstiegspunkt für die Anwendung funktionieren, muss der Webserver passend konfiguriert werden. Alle Anfragen, für die es keine Datei im Dateisystem gibt, sollten zur `index.html` aufgelöst werden.

Teil V

Weiterführende Themen

19 Server-Side Rendering mit Angular Universal

»Angular Universal and Server-Side Rendering do not have the ability to increase an app's performance, but make an app accessible to search engines and third-party social media services.«

Mike Hartington
(Google Developer Expert und
Mitglied im Ionic Framework Core Team)

Single-Page-Anwendungen mit Angular bieten grundsätzlich eine gute Performance: Im Gegensatz zu einer herkömmlichen Webanwendung ist der gesamte Anwendungscode bereits nach dem Start im Browser verfügbar. Der Nutzer profitiert davon mit schnellen Seitenwechseln und Reaktionszeiten. Ist die Anwendung einmal heruntergeladen, müssen nur noch die darzustellenden Daten vom Server geladen werden.

So gut diese Eigenschaften aber auch klingen – sie gehen mit Nachteilen einher. Bis die Anwendung überhaupt vom Server heruntergeladen ist, vergeht Zeit. Das fällt insbesondere bei langsamen Internetverbindungen ins Gewicht. Währenddessen sieht der Nutzer lediglich eine leere Seite mit einer Ladeanzeige.

Wir möchten uns in diesem Kapitel deshalb damit beschäftigen, eine Angular-Anwendung bereits auf dem Server zu rendern und so an den Client auszuliefern. Das bringt Verbesserungen in der wahrgenommenen Performance und optimiert die Seite besser für Suchmaschinen. Dabei nutzen wir die mitgelieferte Serverplattform von Angular und das Tooling rund um Angular Universal.

19.1 Single-Page-Anwendungen, Suchmaschinen und Start-Performance

Die Basis einer Angular-Anwendung ist eine einzige leere HTML-Seite. Sie ist der Einstiegspunkt in die Anwendung und die Seite, die beim Start im Browser geladen wird. Wir haben zu Beginn dieses Buchs bereits einen Blick in diese `index.html` geworfen, wir wollen sie uns nun aber noch einmal genauer anschauen.

Starten Sie dazu den BookMonkey einmal mit `ng serve`, öffnen Sie die Anwendung im Browser und lassen Sie sich den Seitenquelltext anzeigen.[1] Sie werden folgenden Quelltext präsentiert bekommen:

Listing 19–1 *Ausgelieferte HTML-Seite des BookMonkey (vereinfacht)*

```
<!doctype html>
<html>
<head>
  <meta charset="utf-8">
  <title>BookMonkey 3</title>
  <base href="/">
  <meta name="viewport" content="width=device-width,
    ↪ initial-scale=1">
  <link rel="icon" type="image/x-icon" href="favicon.ico">
</head>
<body>
  <bm-root>Lade BookMonkey 3...</bm-root>

  <script type="text/javascript" src="runtime.js"></script>
  <script type="text/javascript" src="polyfills.js"></script>
  <script type="text/javascript" src="styles.js"></script>
  <script type="text/javascript" src="vendor.js"></script>
  <script type="text/javascript" src="main.js"></script>
</body>
</html>
```

Diese Seite enthält nur ein HTML-Grundgerüst und ist ansonsten weitgehend leer. Der Kern des Geschehens versteckt sich in den unteren Zeilen, die wir im Listing fett markiert haben. Wir sehen hier das Element `<bm-root>`, welches das Host-Element der `AppComponent` ist. Außerdem

[1] Bitte schauen Sie die Datei wirklich im Browser an, denn das »Original« aus dem Dateisystem enthält nicht die Referenzen auf die gebauten Bundles. Nutzen Sie bitte auch nicht den Elements-Tab in den Chrome DevTools, sondern die statische Quelltextanzeige. In Chrome klicken Sie dazu rechts in die Seite und wählen *View Page Source / Seitenquelltext anzeigen*.

werden mithilfe von `<script>`-Tags die Bundles eingebunden, die beim Build erzeugt wurden. Die Bundles enthalten die Angular-Anwendung.

Wir sehen hier das Grundprinzip einer Single-Page-Anwendung: Die Basis ist eine (mehr oder weniger) leere HTML-Seite, und alle weiteren Inhalte werden mithilfe von JavaScript geladen, das in den Bundles untergebracht ist. Die Seite wird zur Laufzeit der Anwendung niemals neu geladen, sondern der Router sorgt dafür, dass alle sichtbaren Seitenwechsel nur innerhalb der Angular-Anwendung durchgeführt werden. Es findet dabei niemals eine reale Navigation im Browser statt. Die Illusion einer Navigation geschieht durch die HTML5 History API.

JavaScript deaktivieren

Stellen Sie sich nun einmal vor, dass die Ausführung von JavaScript im Browser deaktiviert ist. Die statische HTML-Seite enthält dann keine Inhalte, und die Seite bleibt leer. *Doch deaktiviert heutzutage noch jemand JavaScript im Browser?* Diese Frage lässt sich klar mit *Ja* beantworten: Auch Suchmaschinen sind häufige Besucher einer Website, und viele von ihnen können gar kein JavaScript ausführen. Der Suchcrawler von Google kann zwar JavaScript interpretieren, tut das allerdings nicht immer.[2] Das bedeutet, dass Suchmaschinen lediglich eine weiße Seite sehen – für die Positionierung unserer Inhalte in den Suchergebnissen ist das eine denkbar schlechte Idee.

Suchmaschinen

Inhaltsvorschau

Diese Thematik betrifft auch andere Situationen, in denen Maschinen unsere Anwendung aufrufen. Ein gutes Beispiel dafür ist die Inhaltsvorschau in sozialen Netzwerken. Wenn Sie einen Link zu Ihrer Anwendung auf Facebook oder Twitter posten, so generiert die Plattform automatisch eine ansprechende Vorschau mit einem Bild und dem Text von der Seite. Ist die abgerufene Seite allerdings leer, so wird die Vorschau nur wenig Informationen enthalten.

Initiale Ladezeit der Anwendung

Ein weiteres Problem tritt auf, wenn wir die Ladezeit der Anwendung über eine echte Internetverbindung betrachten. Ist die Anwendung einmal geladen, so reagiert sie schnell. Doch bis alle Bundles heruntergeladen wurden und Angular die Seite gerendert hat, vergeht Zeit. Diese initiale Wartezeit lässt sich bereits dadurch optimieren, dass wir die Anwendung gezielt in Module separieren und einige Teile mithilfe von Lazy Loading erst später nachladen. Trotzdem benötigt der Prozess eine Weile – und währenddessen sieht der Nutzer nur eine weiße Seite. Für diese Herausforderungen gibt es zwei effektive Lösungen:

[2] Rechenzeit ist teuer. Der GoogleBot führt nur JavaScript auf hoch bewerteten Seiten aus. Die erste Indexierung wird immer nur über die empfangene statische HTML-Seite durchgeführt. Wer hier versagt, wird höchstwahrscheinlich von den Algorithmen des Bots nicht gut bewertet.

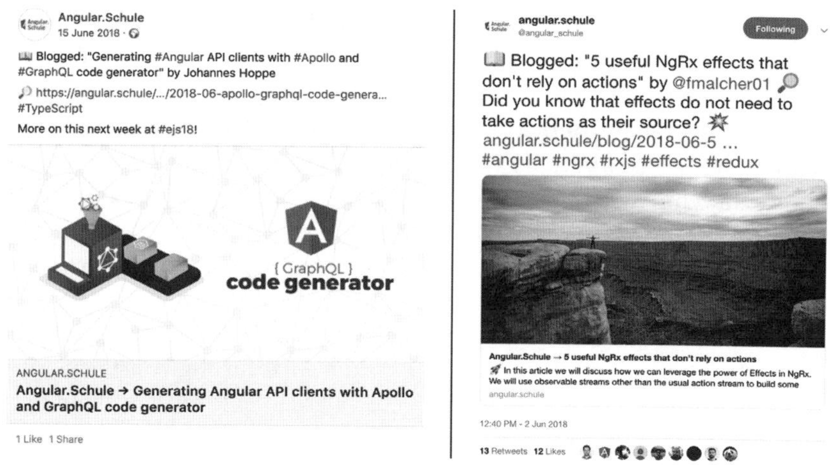

Abb. 19–1 *Eine vollständige Inhaltsvorschau auf Facebook und Twitter*

Keine Single-Page-Anwendung nutzen Mit einer herkömmlichen Webanwendung haben Sie diese Probleme nicht. Sie verzichten allerdings auf Angular, und das wäre wirklich schade!

HTML-Seite nicht leer lassen Wir können uns darum bemühen, die ausgelieferte HTML-Seite mit Leben zu füllen, sodass Nutzer und Suchmaschinen bereits einen sinnvollen Inhalt statt einer leeren Seite erhalten. Das macht die Wartezeit erträglicher, und auch für Suchmaschinen und die automatische Inhaltsvorschau sind schon die nötigen Inhalte an Board.

Damit wir die Inhalte dieser HTML-Seite nicht statisch hinterlegen müssen, wollen wir die echte Angular-Anwendung als Grundlage nutzen. Wir betrachten dazu in diesem Kapitel zwei Strategien, um die Anwendung bereits auf dem Server zu rendern und so die ausgelieferte Seite automatisch mit Inhalten zu füllen:

- Dynamisches Server-Side Rendering
- Statisches Pre-Rendering

Angular ist plattformunabhängig.

Diese Aufgabe klingt zunächst nach viel Arbeit, doch die Plattformunabhängigkeit von Angular kommt uns zugute: Angular verfügt bereits über alle Voraussetzungen, um nicht nur in einem Browser ausgeführt zu werden, sondern auf jeder Plattform, die JavaScript versteht. Dazu gehören native Mobilanwendungen[3] und auch der Server. Das Projekt *Angular Universal* und die Plattform `@angular/platform-server` unterstützen uns dabei.

[3] Mobile Anwendungen werden wir im Kapitel zu NativeScript ab Seite 601 näher betrachten.

19.2 Dynamisches Server-Side Rendering

Wir wollen zuerst das dynamische serverseitige Rendering betrachten. Die Grundidee ist die folgende: Fragt ein Nutzer die Anwendung an, so wird zuerst die `index.html` ausgeliefert. Diese Seite ist hingegen nicht leer, sondern auf dem Server wurde bereits die gesamte Angular-Anwendung mit der angefragten Route *gebootstrappt*. Der resultierende DOM mit allen Komponenten und Inhalten wird als reiner Text in der Datei `index.html` zum Client ausgeliefert. Diese HTML-Seite enthält außerdem weiterhin die `<script>`-Tags, mit denen die Anwendungsbundles geladen werden. Sobald die Anwendung im Client hochgefahren ist, übernimmt Angular die gerenderte Seite und funktioniert wie gewohnt. Zunächst sieht der Anwender das vorbereitete HTML, anschließend erzeugt die Angular-Anwendung erneut denselben Output. Im Idealfall erkennt man den Übergang nicht.

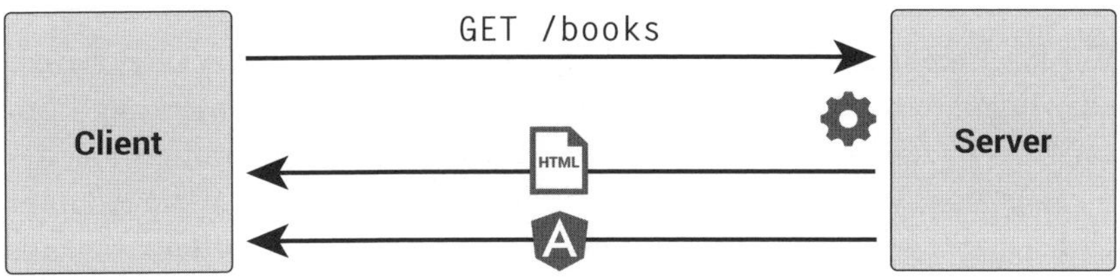

Abb. 19–2
Schematischer Ablauf beim Server-Side Rendering

Ein neuer Einstiegspunkt für den Serverbuild

Grundstruktur der Anwendung

Die Anwendung ist in ihrer aktuellen Form darauf ausgelegt, in einem Browser ausgeführt zu werden, und lässt sich nicht ohne Weiteres auf einem Server rendern. Wir müssen die Anwendung deshalb erweitern und einen neuen Einstiegspunkt für den Server schaffen. Die Abbildung 19–3 zeigt den Grundaufbau einer solchen Anwendung. Auf der linken Seite ist der Teil zu sehen, an dem wir in diesem Buch ausführlich gearbeitet haben: Die Datei `main.ts` ist der Einstiegspunkt für den Browser. Von dort aus wird das `AppModule` gebootstrappt, unter dem sich alle Komponenten und Feature-Module der Anwendung aufspannen. Außerdem importiert das `AppModule` das `BrowserModule` von Angular und ist damit darauf ausgelegt, in einem Browser zu laufen.

Separater Build-Zweig für den Server

Damit die Anwendung auf einem Server lauffähig ist, müssen wir einen separaten Build erzeugen. Dazu ergänzen wir diese Struktur um ein weiteres Modul: das `AppServerModule`. Dieses neue Modul importiert die gesamte Anwendung (das `AppModule`) und integriert außerdem das `ServerModule` von Angular, in dem die serverspezifischen Bestandteile untergebracht sind. Dieser neue Zweig für den Server erhält außerdem einen eigenen Einstiegspunkt `main.server.ts`.

Abb. 19–3 Struktur der Anwendung mit Server-Side Rendering

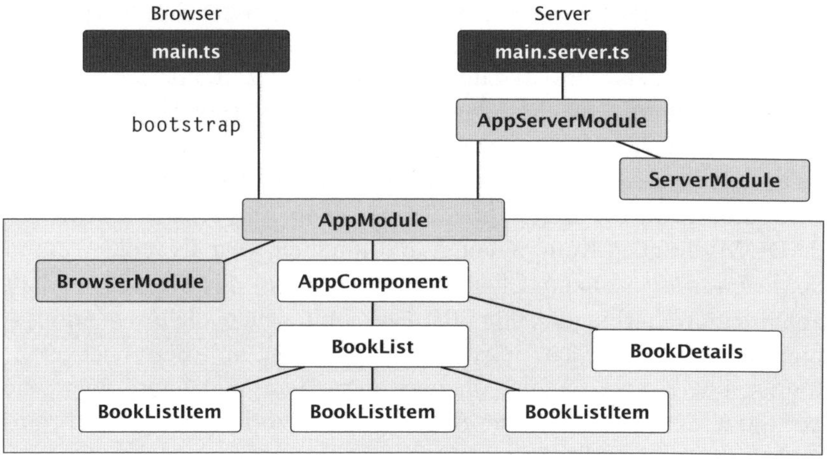

Server-Side Rendering aufsetzen

Angular CLI zum Aufsetzen der Struktur nutzen

Wir könnten diese Struktur von Hand in den BookMonkey integrieren, allerdings ist die Einrichtung aufwendig, und bei der Umsetzung können leicht Fehler gemacht werden. Glücklicherweise unterstützt uns das Tooling von Angular und integriert diese Funktionalität in die Angular CLI. Dazu nutzen wir das Kommando `ng add` und die Schematics aus dem Paket `@nguniversal/express-engine`.

Als Grundlage verwenden wir das Projekt BookMonkey aus der letzten Iteration. Sie können die Schritte mit dem BookMonkey gern auch praktisch nachvollziehen. Mit dem folgenden Befehl können wir die Anwendung für den Servereinsatz vorbereiten:

Listing 19–2 Server-Side Rendering in die Anwendung integrieren

```
$ ng add @nguniversal/express-engine --clientProject BookMonkey
```

Es werden verschiedene Abhängigkeiten installiert, und unsere Anwendung erhält eine Reihe von neuen Dateien und Änderungen:

- **Erweiterung der Angular-Anwendung**
  - `app.server.module.ts` enthält das neue `AppServerModule`, also das Root-Modul für die servergerenderte Anwendung.
  - `main.server.ts` ist der zweite Einstiegspunkt für den Webpack-Build.
  - Die `angular.json` erhält einen neuen Abschnitt mit der Build-Konfiguration für die servergerenderte Anwendung.
  - `app.module.ts` importiert nicht mehr das reine `BrowserModule`, sondern ruft die Methode `withServerTransition()` auf. Das ist nötig, damit die clientseitige Anwendung beim Start

die servergerenderte Seite übernehmen kann: `BrowserModule.withServerTransition({ appId: 'serverApp' })`.

- **Umgebung für den Serverprozess**
  - `server.ts` enthält das Grundgerüst für den Serverprozess, der die Angular-Anwendung rendert und das erzeugte HTML ausliefert. Der Server basiert auf *Express.js*, dem populärsten Webframework für Node.js.
  - Da der Server in TypeScript implementiert ist, beinhaltet `tsconfig.server.json` die nötige TypeScript-Konfiguration.
  - `webpack.server.config.js` stellt die Build-Konfiguration für den Serverprozess zur Verfügung, sodass das Node.js-Programm ebenfalls als ein einzelnes Bundle ausgeliefert werden kann.
- **Sonstiges**
  - Die Datei `package.json` beinhaltet einige neue Abhängigkeiten (unter anderem `@angular/platform-server`) und neue NPM-Skripte für den Build-Prozess.
  - Das Bootstrapping der Clientanwendung wurde in der Datei `main.ts` an das Event `DOMContentLoaded` gebunden, sodass die Anwendung erst dann hochfährt, wenn der DOM der servergerenderten Seite vollständig geladen ist.

Die Anwendung bauen

Die Anwendung ist jetzt für den Servereinsatz eingerichtet. Nun müssen wir für die zwei verschiedenen Plattformen die verschiedenen Build-Prozesse anstoßen. Die Clientanwendung bauen wir mit dem schon bekannten Befehl `ng build`. Für den Server nutzen wir die Build-Konfiguration, die in der `angular.json` hinterlegt ist, und stoßen den Build mit `ng run` an:

```
$ ng build --prod
$ ng run BookMonkey:server:production
```

Listing 19–3
Angular-Anwendung für Client und Server bauen

Diese beiden Befehle sollten stets zusammen ausgeführt werden, um die Build-Artefakte synchron zu halten. Deshalb wurde der Aufruf bereits automatisch in ein NPM-Skript verpackt. Der folgende Befehl ersetzt also die beiden einzelnen Build-Befehle:

```
$ npm run build:client-and-server-bundles
```

Im Ordner 🗀`dist` befinden sich nun zwei Unterordner 🗀`browser` und 🗀`server`. Im nächsten Schritt können wir den Server aufsetzen, der die Anwendung rendert und an den Client ausliefert.

Server zum Rendern und Ausliefern der Anwendung

Damit wir die Angular-Anwendung auf dem Server nutzen können, benötigen wir einen Server. Dieser hat grundsätzlich folgende zwei Aufgaben:

- Anwendung vorrendern und statisches HTML ausliefern
- Anwendungsbundles per Webserver ausliefern (normale Clientanwendung)

Node.js wird benötigt.

Da die Bundles der Angular-Anwendung aus JavaScript zusammengesetzt sind, benötigen wir für den Server eine Laufzeitumgebung, die mit JavaScript umgehen kann: Node.js. Das bedeutet praktisch allerdings nicht, dass Sie vollständig an Node.js gebunden sind. Es existieren Wrapper unter anderem für .NET Core und Spring Boot, die intern den Node.js-Prozess aufrufen. Sie können den Serverdienst also mit einer anderen Technologie entwickeln. Zum eigentlichen Rendern der Angular-Anwendung muss aber im Hintergrund Node.js verwendet werden.

Andere Backend-Technologien

Server mit Node.js und Express

Wir wollen an dieser Stelle den Server direkt mit Node.js implementieren, denn alles Nötige ist bereits vorbereitet. Die Datei `server.ts` enthält den Code für einen Server mit dem Webframework *Express.js*. Wir wollen uns die relevanten Teile dieser Datei genauer ansehen:

Listing 19–4 *Gerenderte Angular-Anwendung mit Express ausliefern*

```
const DIST_FOLDER = join(process.cwd(), 'dist/browser');
const { AppServerModuleNgFactory, LAZY_MODULE_MAP } =
    ↪ require('./dist/server/main');

app.engine('html', ngExpressEngine({
  bootstrap: AppServerModuleNgFactory,
  providers: [
    provideModuleMap(LAZY_MODULE_MAP)
  ]
}));

app.set('view engine', 'html');
app.set('views', DIST_FOLDER);
app.get('*', (req, res) => {
  res.render('index', { req });
});
```

Mithilfe von require() wird die gebaute Anwendung aus dem Bundle importiert. Anschließend wird für den Express-Server eine neue *View Engine* registriert. Eine solche Engine ist eine Vorschrift dafür, wie ein Template verarbeitet wird, um eine HTTP-Anfrage an den Server zu beantworten. Wir nutzen für diesen Zweck die ngExpressEngine aus dem Modul @nguniversal/express-engine. Sie stellt einen Wrapper zur Verfügung, der sich automatisch darum kümmert, die Angular-Anwendung hochzufahren und den generierten DOM als HTML auszugeben. Dazu müssen wir im Property bootstrap die importierte Anwendung übergeben. Außerdem providen wir eine sogenannte *Module Map*, denn sonst funktioniert das Lazy Loading in der Anwendung nicht (dazu gleich mehr).

View Engine für Express

Module Map für Lazy Loading

Nachdem wir der Serveranwendung mitgeteilt haben, in welchem Ordner die Datei index.html zu finden ist, registrieren wir eine Express-Route, die alle HTTP-Requests an den Server beantwortet. Für jede Anfrage wird damit die index.html ausgeliefert. Vorher sorgt allerdings die neue Engine dafür, dass die Angular-Anwendung in dieser HTML-Seite gebootstrappt wird, sodass das ausgelieferte HTML ein Abbild der echten Anwendung ist.

Route für Server-Side Rendering

Der zweite Teil des Servers liefert die Clientanwendung statisch aus und fungiert dabei als einfacher Webserver. Auf diesem kann der Browser unter anderem die Anwendungsbundles anfordern, die in der index.html mittels <script>-Tag eingebunden sind. Dafür dient die zweite Route in der Express-App, die die Inhalte des Ordners 🗀dist/browser ohne Veränderung ausliefert.

Route für statische Inhalte

```
app.get('*.*', express.static(DIST_FOLDER, {
  maxAge: '1y'
}));
```

Listing 19–5
Angular-Anwendung für den Browser statisch ausliefern

Es ist nicht notwendig, an der Datei server.ts Veränderungen vorzunehmen. Bevor der Server allerdings mit Node.js ausführbar ist, müssen wir das TypeScript transpilieren und in ein Bundle verpacken. Dazu wurde bereits ein NPM-Skript vorbereitet, das Webpack ausführt und das fertige Bundle in der Datei dist/server.js ablegt.

Serverprozess bauen und bundlen

```
$ npm run compile:server
```

Schließlich können wir den Serverdienst ausführen – entweder direkt mit Node.js oder indem wir das vorbereitete NPM-Skript nutzen:

```
$ npm run serve:ssr
```

Der Server startet, und wir können die Anwendung nun unter http://localhost:4000 erreichen.

Werfen Sie nun noch einmal einen Blick in den Quellcode der ausgelieferten HTML-Seite: Sie werden sehen, dass das Element `<bm-root>` den vorgerenderten Inhalt der Angular-Anwendung enthält. Das serverseitige Rendering hat also funktioniert!

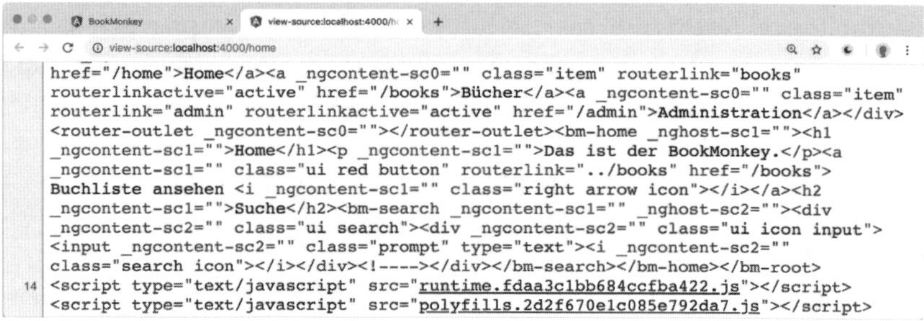

Abb. 19–4 *HTML-Seite mit gerendertem Inhalt*

Lazy Loading einrichten

Die Buchliste wird nicht korrekt gerendert.

Das Server-Side Rendering haben wir ohne großen Aufwand eingerichtet. Der Schein trügt allerdings: Rufen Sie einmal die Buchliste auf, laden Sie die Seite neu und betrachten Sie den nun ausgelieferten HTML-Quelltext. Es ist wieder nur das HTML-Grundgerüst und das leere Element `<bm-root>` enthalten! In der Konsole des Serverprozesses dürften Sie nun außerdem einen Fehler sehen.

Die Ursache für dieses Problem ist das Lazy Loading: Die Buchliste stammt aus dem asynchron geladenen `BooksModule`, das normalerweise in ein eigenes Bundle verpackt wird. Die Anwendung wird dazu beim Build analysiert, und die Module werden einzeln als Chunks abgelegt. Auf dem Server spielt Lazy Loading keine Rolle, da die Bundles direkt im Dateisystem liegen und schnell erreicht werden können. Für den Server benötigen wir also nur ein einziges Bundle – allerdings muss die Anwendung wissen, wo die lazy geladenen Module zu finden sind.

Dazu haben wir in der `server.ts` bereits eine Module Map in der Anwendung registriert, siehe Listing 19–4. Damit diese Module Map korrekt erzeugt wird, müssen wir die Angular-Anwendung entsprechend ergänzen. Der Schritt ist nicht aufwendig: Wir müssen lediglich ein zusätzliches Modul in das `AppServerModule` einbinden, der Rest passiert automatisch im Hintergrund:

```
// ...
import { ModuleMapLoaderModule } from
    ↪ '@nguniversal/module-map-ngfactory-loader';

@NgModule({
  imports: [
    AppModule,
    ServerModule,
    ModuleMapLoaderModule
  ],
  bootstrap: [AppComponent],
})
export class AppServerModule {}
```

Listing 19–6
Anwendung für serverseitiges Lazy Loading vorbereiten

Anschließend müssen wir die Anwendung erneut bauen, indem wir den Build-Befehl ein weiteres Mal ausführen. Nun wird auch die Buchliste serverseitig gerendert, denn auch die Angular-Anwendung auf dem Server kann das richtige Modul im Bundle finden.

19.3 Statisches Pre-Rendering

Wir haben unsere Anwendung so umgestellt, dass sie auf dem Server vorgerendert wird. Obwohl diese Strategie gut funktioniert, hat sie zwei Nachteile:

- Es wird immer ein Server mit Node.js benötigt. Ein einfacher Webserver, der die Dateien statisch ausliefert, reicht nicht aus.
- Die Angular-Anwendung wird bei jedem Request vollständig hochgefahren, gerendert und wieder abgebaut. Für Seiten mit dynamischen Inhalten ist das sinnvoll. Statische Seiten wie Impressum, Datenschutzerklärung oder Infoseiten hingegen müssen nicht bei jedem Request neu berechnet werden, da sich der Inhalt selten ändert.

Statische Seiten müssen nicht zur Laufzeit gerendert werden.

Besteht die Anwendung vor allem aus statischen Inhalten, so müssen wir das serverseitige Rendering nicht zur Laufzeit durchführen. Stattdessen können wir die Anwendung bereits zur Build-Zeit rendern und die erzeugten HTML-Seiten für alle Routen im Dateisystem ablegen. Von dort aus werden die Seiten schließlich von einem normalen Webserver ausgeliefert. Dieses Prinzip nennt sich *statisches Pre-Rendering* und lässt sich mit den Bordmitteln von Angular und Node.js unkompliziert umsetzen. Abbildung 19–5 verdeutlicht den Ablauf dieser Idee.

Abb. 19–5
Schematischer Ablauf beim Pre-Rendering

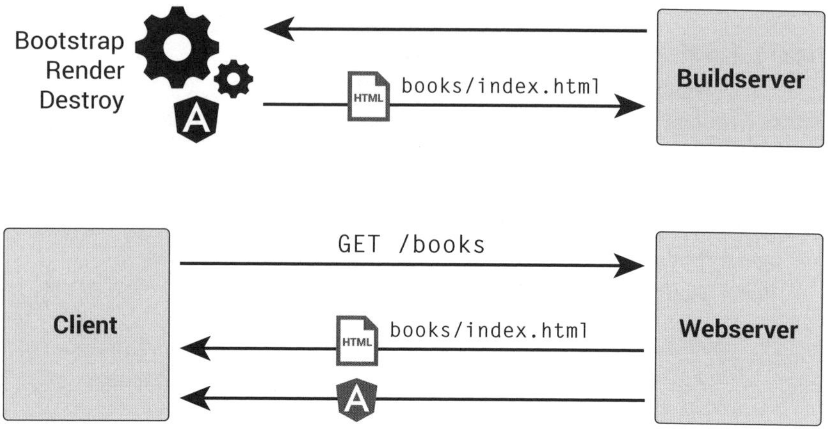

renderModuleFactory()

Die Grundlage für das Pre-Rendering ist die Funktion `renderModuleFactory()` aus dem Modul `@angular/platform-server`. Sie nimmt eine Angular-Anwendung entgegen (kompiliert in Form einer `NgFactory`) und eine URL für die zu rendernde Route. Nach dem Aufruf wird die Anwendung gebootstrappt und liefert schließlich den gerenderten DOM-Baum als HTML. Da die Operation asynchron arbeitet, gibt `renderModuleFactory()` eine Promise zurück, die wir in Node.js mithilfe von `async/await` auflösen können.

Listing 19–7
Signatur der Funktion
renderModuleFactory()

```
renderModuleFactory<T>(
  moduleFactory: NgModuleFactory<T>,
  options: {
    document?: string;
    url?: string;
    extraProviders?: StaticProvider[];
  }
): Promise<string>
```

Wenn Ihnen dieser Ablauf grundsätzlich bekannt vorkommt, so liegen Sie richtig: Die Express-Engine, die wir beim dynamischen Server-Side Rendering verwendet haben, nutzt unter der Haube ebenfalls `renderModuleFactory()`, um die Anwendung zu rendern. Wir wollen diese Funktion nun direkt nutzen, um das Rendering der Anwendung anzustoßen und das erzeugte HTML im Dateisystem abzulegen.

Liste von Routen

Da die Anwendung nicht nur eine Seite besitzt, müssen wir zuvor eine Liste von Routen festlegen. Wir starten die Anwendung für jede dieser Routen und erzeugen eine statische HTML-Datei. Damit der Aufruf der Route `/books` auch tatsächlich die passende vorgerenderte HTML-Datei ausliefert, müssen wir die einzelnen Dateien in Unterordner gliedern und mit `index.html` benennen. Aus einer Liste von Routen soll also die folgende Ordnerstruktur entstehen:

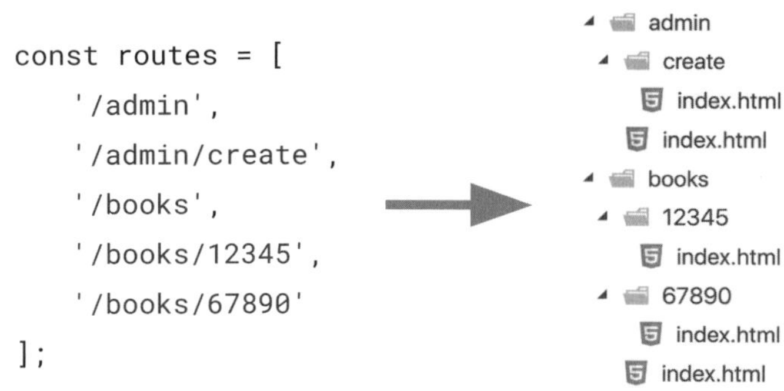

Abb. 19–6 *Ordnerstruktur für Pre-Rendering*

Datei für Pre-Rendering anlegen

Als Erstes legen wir im Hauptverzeichnis der Anwendung eine neue Datei `prerender.js` an. Wir haben uns hier für reines JavaScript entschieden, damit wir den Code vor der Ausführung mit Node.js nicht kompilieren müssen. In einer produktiven Anwendung sollten Sie hier natürlich auf TypeScript setzen. Außerdem benötigen wir das NPM-Paket `mkdirp`, mit dem wir neue Ordner im Dateisystem anlegen können:

```
$ npm install mkdirp
```

In der Datei `prerender.js` tragen wir zunächst alle nötigen Imports zusammen. Viele der Funktionen kennen wir bereits vom Server-Side Rendering, allerdings nutzen wir für den Import nun die Funktion `require()` von Node.js.

Listing 19–8 *Imports für Pre-Rendering*

```
require('zone.js/dist/zone-node');
const mkdirp = require('mkdirp');
const path = require('path');
const fs = require('fs');
const { provideModuleMap } =
    ↪ require('@nguniversal/module-map-ngfactory-loader');
const { renderModuleFactory } =
    ↪ require('@angular/platform-server');

const { AppServerModuleNgFactory, LAZY_MODULE_MAP } =
    ↪ require('./dist/server/main');
const DIST_FOLDER = path.join(process.cwd(), 'dist/browser');
```

Als Nächstes definieren wir eine neue Funktion `renderRoute()`: Sie erhält als Argumente die originale `index.html` aus unserer Angular-Anwendung und eine URL zu einer bestimmten Route. Die Aufgabe der Funktion soll es sein, die Anwendung mit der angegebenen Route zu rendern und als Grundlage das Grundgerüst der `index.html` zu verwenden. Das erzeugte HTML soll in einem Unterordner im Dateisystem abgelegt werden.

Listing 19–9 *Funktion zum Rendern einer Route*

```
async function renderRoute(document, route) {
  const generatedHtml = await renderModuleFactory(
    AppServerModuleNgFactory,
    {
      document,
      url: route,
      extraProviders: [
        provideModuleMap(LAZY_MODULE_MAP)
      ]
    }
  );

  const folder = path.join(DIST_FOLDER, route);
  mkdirp.sync(folder);
  fs.writeFileSync(path.join(folder, 'index.html'), generatedHtml);
}
```

Im letzten Schritt definieren wir eine Liste von Routen, für die eine statische Seite gerendert werden soll. Mithilfe von `forEach()` durchlaufen wir das Array und rendern die Anwendung, indem wir die zuvor definierte Funktion `renderRoute()` aufrufen.

Listing 19–10 *Liste von Routen rendern*

```
const routes = [
  '/home',
  '/books',
  '/books/9783864903571'
];

const indexHtml = fs.readFileSync(path.join(DIST_FOLDER,
    ↪ 'index.html')).toString();
routes.forEach(route => renderRoute(indexHtml, route));
```

Skript aufrufen Wir können dieses Skript mit dem Befehl `node prerender` auf der Kommandozeile aufrufen. Im Ordner 🗀`dist/browser` befindet sich danach die geplante Ordnerstruktur mit den statisch vorgerenderten HTML-Dateien. Außerdem enthält der Ordner weiterhin die komplette Angular-Anwendung für den Browser. Sie können den gesamten Ordner nun wie gewohnt mit einem Webserver ausliefern. Fragt ein Nutzer die Route `/books` an, so wird zuerst die vorgerenderte Datei `books/index.html` ausgeliefert. Anschließend werden die JavaScript-Bundles heruntergeladen. Ist die Anwendung vollständig geladen und gebootstrappt, so übernimmt Angular die servergerenderte Seite, und die Anwendung funktioniert wie gewohnt.

19.4 Wann setze ich serverseitiges Rendering ein?

Server-Side Rendering und Pre-Rendering mit Angular Universal sind wirkungsvolle Mittel, um die wahrgenommene Ladezeit einer Anwendung zu verkürzen. Außerdem wird die initiale HTML-Seite nicht leer ausgeliefert, sondern enthält bereits Informationen, die für Suchmaschinen und automatische Inhaltsvorschau sinnvoll sind. Obwohl beide Strategien mit moderatem Aufwand umsetzbar sind, sollte immer untersucht werden, ob sich der Einsatz von serverseitigem Rendering für eine bestimmte Anwendung lohnt. Dazu sollten Sie stets folgende Fragen beantworten:

- Ruft der Nutzer die Anwendung über einen externen Link auf?
- Besuchen Suchmaschinen und Crawler die Seite?
- Ist die wahrgenommene Start-Performance der Anwendung ein wichtiges Kriterium in Sachen User Experience?

Öffentliche Anwendungen

Sinnvoll ist der Einsatz von Server-Side Rendering bei öffentlichen Portalen, deren Angebot über Links erreichbar ist und von Suchmaschinen indexiert wird. Wenn Nutzer mit einer potenziell langsamen Internetverbindung die Seite nutzen, kann die vorgerenderte HTML-Seite die gefühlte Performance verbessern. Solche Anwendungen können z. B. ein Online-Shop, Blog oder eine öffentliche Firmenwebsite sein.

Firmeninterne Anwendungen

Für ausschließlich interne Anwendungen ist es meist nicht notwendig, das Rendering auf dem Server vorzunehmen. Die Seite wird nicht von öffentlichen Suchmaschinen indexiert und wird hauptsächlich auf Desktop-Rechnern genutzt oder sogar lokal ausgeliefert. Beispiele sind Intranetportale, Verwaltungssoftware und Desktopanwendungen. Auch bei hochdynamischen Inhalten, die sich erst aus der Interaktion mit dem Nutzer ergeben (z. B. ein Chat), kann es sein, dass Server-Side Rendering nicht zielführend ist. Ebenso müssen Sie nur die Seiten vorrendern, die von extern über einen Link aufgerufen werden können. Interne Bereiche wie die nutzerbezogene Bestellverwaltung in einem Online-Shop müssen Sie also nicht servergerendert ausliefern.

Statische Inhalte

Pre-Rendering bietet sich immer dann an, wenn die Anwendung statische Inhalte besitzt, die keinen zeitlichen Bezug haben und sich nur aus dem Code der Anwendung ergeben. Dabei müssen Sie sich nicht für eine Strategie entscheiden, sondern Sie können dynamisches Server-Side Rendering und statische Pre-Rendering parallel nutzen. Beispielsweise können Sie die Startseite mit dynamischen Inhalten mittels Server-Side Rendering ausliefern, während das Impressum, das Kontaktformular und die Firmenhistorie auf der Website durch Pre-Rendering erzeugt werden. Da für das Pre-Rendering immer die Pfade aller zu rendernden Routen bekannt sein müssen, eignet sich dieses Verfahren ohnehin nur für statische Seiten.

Den Quellcode aus diesem Kapitel haben wir wie üblich auf GitHub veröffentlicht:

Demo und Quelltext:
https://ng-buch.de/bm3-ssr

20 State Management mit Redux

»NgRx provides robust state management for small and large projects. It enforces proper separation of concerns. Using it from the start reduces the risk of spaghetti when the project evolves.«

Minko Gechev
(Mitglied des Angular-Teams)

Wir haben in diesem Buch gelernt, wie wir eine Angular-Anwendung entwickeln, und haben dabei alle wichtigen Konzepte betrachtet. Unsere Anwendung haben wir komponentenzentriert und serviceorientiert aufgebaut: Die Komponenten unserer Anwendung kommunizieren auf klar definierten Wegen über Property Bindings und Event Bindings. Um Daten zu erhalten und zu senden, nutzen die Komponenten verschiedene Services, in denen die HTTP-Kommunikation gekapselt ist oder über die wir Daten austauschen können.

Diese Herangehensweise funktioniert im Prinzip sehr gut, und wir haben so eine vollständige Anwendung entwickeln können. Unsere Beispielanwendung ist allerdings auch recht klein und übersichtlich – in der Praxis werden die Anwendungen hingegen wesentlich größer: Viele Komponenten greifen dann gleichzeitig auf geteilte Daten zu und wollen dieselben Services nutzen. Auch die Performance spielt eine immer größere Rolle, je komplexer die Anwendung wird. Wir erreichen mit der bisher vorgestellten Herangehensweise schnell einen Punkt, an dem wir den Überblick über die Kommunikationswege verlieren. Es kommt immer häufiger zu unerklärlichen Konstellationen, da man nicht mehr nachvollziehen kann, welche Komponente andere Komponenten bzw. Services aufruft und in welcher Reihenfolge dies geschieht. Gleichzeitig führen die vielen Kommunikationswege zu entsprechend vielen Änderungen an den Daten, die von der Change Detection[1] erkannt und verarbeitet werden müssen. Kurzum: Die Anwendung wird zunehmend schwerfälliger.

[1] Die Ideen und Hintergründe der Change Detection besprechen wir ausführlich im Kapitel »Wissenswertes« ab Seite 661.

Mit wachsender Größe der Anwendung ergeben sich immer wieder folgende Fragen:

- Wie können wir Daten cachen und wiederverwenden, die über HTTP abgerufen wurden?
- Wie machen wir Daten für mehrere Komponenten gleichzeitig verfügbar?
- Wie reagieren wir an verschiedenen Stellen auf Ereignisse, die in der Anwendung auftreten?
- Wie verwalten wir die Daten, die über die gesamte Anwendung verteilt sind?

Zustände zentralisieren

Eine häufige Lösung für all diese Herausforderungen ist die *Zentralisierung*. Liegen die Daten an einem zentralen Ort in der Anwendung vor, so können sie von überall aus genutzt und verändert werden. Diesen Schritt geht man häufig ganz selbstverständlich, indem man etwa an einer geeigneten Stelle (z. B. im `BookStoreService`) einen Cache einbaut. Doch die Idee der Zentralisierung kann man noch viel weiter gehen: Bislang waren Komponenten die »Hüter« der Daten. Jede Komponente hatte ihren eigenen Zustand und bildete eine abgeschottete Einheit zu den anderen Komponenten. Diese Idee wollen wir nun auf den Kopf stellen. Die Komponenten sollen dazu ihre bisherige Kontrolle über die Daten und die Koordination der Prozesse an eine zentrale Stelle abgeben. Die Aufgabe der Komponenten ist es dann nur noch, Daten zu lesen und Events an die zentrale Stelle zu senden. Diese Art der Zentralisierung stellt einen entscheidenden Unterschied zum bisherigen Vorgehen dar, wo alle Zustände über den gesamten Komponentenbaum hinweg verteilt waren.

Wir wollen in diesem Kapitel besprechen, wie eine solche zentrale Zustandsverwaltung (engl. *State Management*) realisiert werden kann. Dabei lernen wir das Architekturmuster *Redux* kennen und nutzen die populäre Bibliothek *Reactive Extensions for Angular (NgRx)*, um den Anwendungszustand zu verwalten und unsere Prozesse zu koordinieren.

20.1 Ein Modell für zentrales State Management

Um uns der Idee des zentralen State Managements von Redux zu nähern, wollen wir zunächst ein eigenes Modell ohne den Einsatz eines Frameworks entwickeln. Wir beginnen mit einem einfachen Beispiel, verfeinern die Implementierung schrittweise und nähern uns so der finalen Lösung an.

Objekt in einem Service

Um alle Daten und Zustände zu zentralisieren, legen wir in einem zentralen Service ein Zustandsobjekt ab. Wir definieren die Struktur dieses Objekts mit einem Interface, um von einer starken Typisierung zu profitieren. Als möglichst einfaches Beispiel dient uns eine Zahl, die man mithilfe einer Methode hochzählen kann. Unser State kann natürlich noch weitere Eigenschaften besitzen; wir haben dies mit dem Property `anotherProperty` angedeutet.

Listing 20–1
Service mit zentralem Zustand

```
export interface MyState {
  counter: number;
  anotherProperty: string;
}

@Injectable({ providedIn: 'root' })
export class StateService {
  state: MyState = {
    counter: 0,
    anotherProperty: 'foobar'
  }

  incrementCounter() {
    this.state.counter++;
  }
}
```

Unser Service hält ein Objekt mit einem initialen Zustand, das über die Methode `incrementCounter()` manipulierbar ist. Alle Komponenten können diesen Service anfordern und die Daten aus dem Objekt nutzen und verändern. Die Change Detection von Angular hilft uns dabei, automatisch bei Änderungen die Views der Komponenten zu aktualisieren.

Listing 20–2
Zentralen Zustand in der Komponente verwenden

```
@Component({ /* ... */ })
export class MyComponent {
  constructor(public service: StateService) {}
}
```

Den injizierten `StateService` können wir dann im Template nutzen, um die Daten anzuzeigen und die Methode `incrementCounter()` auszulösen:

Listing 20–3
Den Service im Template nutzen

```
<div class="counter">
  {{ service.state.counter }}
</div>
```

```
<button (click)="service.incrementCounter()">
  Increment
</button>
```

Wir haben in einem ersten Schritt unseren Zustand zentralisiert. Der Mehrwert zu einer isolierten Lösung besteht darin, dass alle Komponenten denselben Datensatz verwenden und anzeigen. Der Ort der Datenhaltung ist klar definiert und es gibt keine Datensilos bei den einzelnen Komponenten.

Subject in einem Service

Wir haben den Anwendungszustand an einer zentralen Stelle untergebracht, allerdings hat die Lösung einen Nachteil. Mit der aktuellen Architektur können wir nur über Umwege programmatisch auf Änderungen an den Daten reagieren.[2] Eine Änderung am State wird zwar jederzeit korrekt angezeigt, aber dies basiert allein auf den Mechanismen der standardmäßigen Strategie für die Change Detection.[3] Wollen wir hingegen zusätzlich eine Routine anstoßen, sobald sich Daten ändern, haben wir aktuell keine direkte Möglichkeit dazu.

Subject: Observer und Observable

Um diesen Punkt zu verbessern, ergänzen wir den Service mit einem Subject.[4] Das Subject ist ein Baustein, mit dem wir ein Event an mehrere Subscriber verteilen können. Ein Subject implementiert hierfür sowohl alle Methoden eines Observers (Daten senden) als auch die eines Observables (Daten empfangen). Wenn der Zustand geändert wird, soll das Subject diese Neuigkeit mit einem Event bekannt machen, sodass die Komponenten darauf reagieren können.

Für unser Beispiel eignet sich ein `BehaviorSubject`. Seine wichtigste Eigenschaft besteht darin, dass es den jeweils letzten Zustand speichert. Jeder neue Subscriber erhält die aktuellen Daten, ohne dass ein neues Event ausgelöst werden muss. Interessierte Komponenten können den Datenstrom also jederzeit abonnieren und auf die Ereignisse reagieren. Das `BehaviorSubject` muss mit einem Startwert initialisiert werden, der über den Konstruktor übergeben wird.

Wir setzen zunächst die Eigenschaft `state` auf privat, sodass man nun gezwungen ist, das Observable `state$` zu verwenden, anstatt di-

---

[2] Man könnte z. B. eine weitere Komponente und den Lifecycle-Hook `ngOnChanges()` einsetzen.

[3] Zur Funktionsweise und Optimierung der Change Detection in Angular haben wir im Kapitel »Wissenswertes« ab Seite 661 einen Abschnitt untergebracht.

[4] Im Kapitel zu reaktiver Programmierung mit RxJS haben wir Subjects ausführlich besprochen, siehe Seite 214.

rekt auf das Objekt zuzugreifen. Wird incrementCounter() aufgerufen und der State aktualisiert, so lösen wir das BehaviorSubject mit dem aktuellen State-Objekt aus. So werden alle Subscriber über den neuen Zustand informiert.

```
@Injectable({ providedIn: 'root' })
export class StateService {
  private state: MyState = { /* ... */ }

  state$ = new BehaviorSubject<MyState>(this.state);

  incrementCounter() {
    this.state.counter++;
    this.state$.next(this.state);
  }
}
```

Listing 20–4
Zentralen Zustand mit Subject verwenden

Unsere Komponenten können nun die Informationen aus dem Subject beziehen. Der Operator map() hilft uns, schon in der Komponentenklasse die richtigen Daten aus dem State-Objekt zu selektieren.

```
@Component({ /* ... */ })
export class MyComponent {
  counter$ = this.service.state$.pipe(
    map(state => state.counter)
  );

  // ...
}
```

Listing 20–5
Zustand vor der Verwendung transformieren

Im Template nutzen wir schließlich die AsyncPipe, um das Observable zu abonnieren.

```
<div class="counter">
  {{ counter$ | async }}
</div>

<button (click)="service.incrementCounter()">
  Increment
</button>
```

Listing 20–6
Ergebnis mit der AsyncPipe anzeigen

Dieser Ansatz bietet einen Mehrwert zum vorherigen Beispiel: Die Komponenten teilen sich nicht nur die Daten, sie können auch reaktiv Änderungen entgegennehmen. Zusätzlich sind wir in der Lage, bei Bedarf die Strategie der Change Detection für die Komponente zu ändern und so in einem komplexeren Szenario gegebenenfalls die Performance zu optimieren.

Unveränderlichkeit

Unser Beispiel hat sich gut entwickelt, hat aber noch ein grundlegendes Designproblem. Wir halten unsere Daten in einem zentralen Objekt, das mit wachsender Größe der Anwendung ebenfalls größer wird. Alle Änderungen werden *direkt* an diesem Objekt durchgeführt, und wir geben es lediglich als Referenzparameter (*Call by reference*) an die Subscriber weiter. Wir stellen uns nun vor, das Objekt hätte viele weitere Eigenschaften und eine verschachtelte Datenstruktur. Die Ereignisse zum Ändern der Daten können weiterhin aus diversen Gründen ausgelöst werden. Wie können wir nun effizient herausfinden, ob das Objekt bzw. ein Teil der verschachtelten Datenstruktur verändert wurde? Die Antwort lautet: Wir können dies nicht ohne zusätzlichen Aufwand realisieren. Um eine Änderung festzustellen, ist es notwendig, das Objekt mit einer zuvor erstellten Kopie zu vergleichen. Da wir mit Referenzen arbeiten, müssen wir langwierig jede Eigenschaft der verschachtelten Datenstruktur mit dem Gegenstück aus der Kopie vergleichen.

Objekte vergleichen

Das wollen wir ändern, indem wir das Objekt *unveränderlich* (engl. *immutable*) machen. Zur Erstellung von unveränderlichen Objekten gibt es mehrere Bibliotheken, darunter das Projekt Immutable.js.[5] Für ein simples Szenario genügt auch die JavaScript-Methode `Object.freeze()`. Damit können wir ein Objekt »einfrieren« und direkte Änderungen an den Daten verhindern. Dadurch ändert sich ein grundlegender Aspekt: Da Änderungen nicht mehr direkt am bisherigen Objekt möglich sind, werden wir gezwungen, das Objekt auszutauschen. Wir erzeugen hierfür bei jeder Änderung eine Kopie des vorherigen Objekts mit einer Ausnahme: dem zu ändernden Wert. Eine Änderung festzustellen ist nun sehr einfach: Wir müssen lediglich Referenzen vergleichen. Dies ist problemlos möglich, da wir durch die Unveränderlichkeit sicher sein können, dass keine Änderung durch direkte Manipulation des Objekts möglich sein kann. Versehentliche Änderungen sind damit ebenfalls ausgeschlossen.

Kopie erzeugen

Für unseren Anwendungsfall benötigen wir allerdings gar keine echte Unveränderlichkeit! Es reicht im Prinzip schon aus, nur so zu tun, als wäre das Objekt unveränderlich, und dies konsequent beim Programmieren einzuhalten. Wir können hierfür den Spread-Operator[6] nutzen und damit alle Eigenschaften kopieren.

[5] https://ng-buch.de/a/80 – Immutable.js

[6] Den Spread-Operator und die Rest-Syntax haben wir im Kapitel zu TypeScript ab Seite 41 erklärt.

Im folgenden Listing 20–7 demonstrieren wir die Verwendung. Die Methode `incrementCounter()` nutzt den Spread-Operator, um eine Kopie des vorherigen Objekts und damit eine neue Referenz zu erzeugen. Im selben Schritt schreiben wir den neuen Wert des Zählers in die Eigenschaft `counter`.

Listing 20–7 *Objekte unveränderlich behandeln*

```
@Injectable({ providedIn: 'root' })
export class StateService {
  // ...

  incrementCounter() {
    this.state = {
      ...this.state,
      counter: this.state.counter + 1
    }

    this.state$.next(this.state);
  }
}
```

Wir haben durch die »Pseudo-Immutability« den Weg geebnet, um die Strategie für die Change Detection zu optimieren: Wenn ein Objekt bei einer Änderung stets eine neue Referenz erhält, so können wir in den Kindkomponenten die Strategie `OnPush`[7] einsetzen. Dies kann die Performance der Anwendung entscheidend verbessern.

Nachrichten

Entkopplung

Wir wollen einen Schritt weiter gehen und das System noch mehr entkoppeln. So wie der Service aktuell implementiert ist, muss für jede Aktion auch eine Methode existieren, die von der Komponente aufgerufen wird, z. B. `incrementCounter()`. Idealerweise kennen die Komponenten allerdings gar keine Details über die konkrete Implementierung der Zustandsverwaltung. Koppeln wir die Bausteine zu eng aneinander, so wird es mit wachsender Größe der Anwendung immer aufwendiger, grundlegende Änderungen oder Umstrukturierungen durchzuführen.

Anstatt also für jede Aktion eine Methode anzulegen, wollen wir eine Reihe von Nachrichten vereinbaren, mit denen die Anwendung Ereignisse erfassen und Aufforderungen formulieren kann. Welche Routinen als Reaktion auf eine Nachricht anzustoßen sind, das entscheidet die Zustandsverwaltung. Die Komponenten teilen lediglich mit, was in der Anwendung passiert.

[7] Auf die Change Detection und die Strategie `OnPush` gehen wir ab Seite 661 genauer ein.

Der relevante Unterschied zu einem Methodenaufruf ist die Entkopplung: Dem System steht es frei, auf eine Nachricht zu reagieren oder sie zu ignorieren. Existiert für eine bestimmte Nachricht noch keine Logik, so tritt kein Fehler auf, sondern die Nachricht wird schlichtweg nicht behandelt. Ebenso können mehrere Teile der Anwendung gleichzeitig auf Nachrichten reagieren oder auch zeitversetzt die Nachricht verarbeiten. Zeichnet man die Nachrichten auf, so bleibt durch die Historie der Nachrichten stets ersichtlich, was in welcher Reihenfolge passiert ist.

Für das Zählerbeispiel können wir beispielsweise die Nachrichten `INCREMENT`, `DECREMENT` und `RESET` vereinbaren, die von den Komponenten zum Service geschickt werden können.

Listing 20–8
Nachricht in den Service senden

```
@Component({ /* ... */ })
export class MyComponent {
  constructor(private service: StateService) {}

  increment() {
    this.service.dispatch('INCREMENT');
  }
}
```

Trennung von Lesen und Schreiben

Wenn wir diese Architektur genauer betrachten, fällt auf, dass wir Lesen und Schreiben für unser Zustandsobjekt vollständig voneinander getrennt haben. Die Abonnenten wissen nicht, woher die Zustandsänderungen stammen. Die Auslöser der Nachrichten wissen nicht, ob und wie der Zustand geändert wird und wer über die Änderungen informiert wird. Die Verantwortung wurde komplett an die zentrale Zustandsverwaltung übertragen, und wir haben das System stark entkoppelt.

Berechnung des Zustands auslagern

Mit der Idee von Nachrichten zum Datenaustausch und (Pseudo-)Unveränderlichkeit im Hinterkopf wollen wir die Verwaltung des Zustands erneut überdenken. Bisher haben wir das State-Objekt im Service gepflegt und bei Änderungen über das Subject ausgegeben. Der Service hat dabei zwei Verantwortlichkeiten: den zentralen State zu halten und alle Änderungen zu berechnen.

Vermeidung von Gottobjekten

Für unser kurzes Beispiel mit einem Counter ist dies kein Problem, denn wir haben nur wenige Zeilen Code. Wenn allerdings unsere Anwendung und damit die Zustandsverwaltung komplexer wird, so wächst auch der zentrale Service mit jedem Feature immer weiter an.

Bald entsteht ein »Gottobjekt« (engl. *God object*), und das müssen wir verhindern.

Die Lösung des Problems besteht darin, die Berechnung des Zustands in eine weitere unabhängige Funktion auszulagern. Wenn wir die Funktion richtig planen, so können wir die Berechnung bei zunehmender Komplexität auch in viele unabhängige Funktionen aufteilen. Weiterhin sollten die ausgelagerten Funktionen keinen eigenen Zustand besitzen (engl. *stateless*), sodass sie bei gleichen Eingangswerten stets die gleichen Ausgangswerte erzeugen. Dadurch werden die Funktionen einfacher testbar.

Zustandslose Programmierung

Über die gesamte Laufzeit der Anwendung betrachtet basiert unser Service auf einem Strom von Nachrichten, die jeweils Zustandsänderungen auslösen können. Wir besitzen die Grundlage für ein reaktives System, nun müssen wir uns diese Eigenschaft nur noch mithilfe unserer ausgelagerten Funktionen zunutze machen. Dazu entwickeln wir zunächst die Funktion, die für jede eintreffende Nachricht entscheidet, ob und wie der Zustand verändert werden soll.

Den Datenfluss können wir dabei ganz einfach halten: Die Funktion erhält als Argumente den aktuell herrschenden Zustand und die eintreffende Nachricht.

Listing 20–9
Zustand berechnen anhand einer Nachricht

```
function calculateState(state: MyState, message: string): MyState {
  switch(message) {
    case 'INCREMENT': {
      return {
        ...state,
        counter: state.counter + 1
      }
    };

    case 'DECREMENT': {
      return {
        ...state,
        counter: state.counter - 1
      };
    }

    case 'RESET': {
      return { ...state, counter: 0 };
    }

    default: return state;
  }
}
```

Der Zustand wird also durch jede eintreffende Nachricht berechnet. Wenn Änderungen durchgeführt werden sollen, so gibt die Funktion ein neues Objekt zurück, denn wir wollen den Zustand ja unveränderlich behandeln. Trifft eine unbekannte Nachricht ein, so ist keine Änderung notwendig. Wir dürfen in diesem Fall das vorherige State-Objekt zurückgeben. Unser zentraler Service kann also wie folgt angepasst werden:

Listing 20–10
Berechnung des States auslagern

```
@Injectable({ providedIn: 'root' })
export class StateService {
  // ...

  dispatch(message: string) {
    this.state = calculateState(this.state, message);
    this.state$.next(this.state);
  }
}
```

In diesem Schritt wurde unser System in zwei Teile aufgeteilt. Der Service hält weiterhin den State, die Berechnung wird von einer ausgelagerten Funktion durchgeführt. Durch diese Trennung bleibt der Service schlank und übersichtlich.

Deterministische Zustandsänderungen

In JavaScript existiert die Methode `Array.reduce()`. Sie hat die Aufgabe, ein Array auf einen einzigen Wert zu reduzieren, indem für jeden Wert ein Callback ausgeführt wird:

Listing 20–11
Addition mit Array.reduce()

```
const values = [1, 2, 3, 4];
const reducer = (previousValue, currentValue) => previousValue +
    ↪ currentValue;

// Erwartetes Ergebnis: 1 + 2 + 3 + 4 = 10
const result = values.reduce(reducer, 0);
```

Die Signatur unserer zuvor ausgelagerten Funktionen entspricht bereits den Callbacks, die auch für `Array.reduce()` verwendet werden. Unseren Zustand können wir demnach auch wie folgt berechnen:

Listing 20–12
Nachrichten auf den Zustand reduzieren

```
const initialState = {
  counter: 0,
  anotherProperty: 'foobar'
};
const messages = ['INCREMENT', 'DECREMENT', 'INCREMENT'];
```

```
// Erwartetes Ergebnis: { counter: 1 }
const result = messages.reduce(calculateState, initialState);
```

Mit einer solchen Reducer-Funktion und einer Liste von Nachrichten können wir demnach jeden gewünschten Zustand erzeugen. Wichtig ist dabei vor allem, dass die Reducer-Funktion »pure« ist. Sie liefert also für die gleichen Eingabewerte stets die gleiche Ausgabe. Dies ist immer dann gegeben, wenn die Funktion ausschließlich die übergebenen Parameter verwendet und keinen eigenen Zustand verwaltet.

In den vorherigen Beispielen haben wir allerdings kein Array von Nachrichten verwendet, sondern alle eingehenden Nachrichten wurden direkt an `calculateState()` weitergegeben. Wir wollen den Service nun etwas umstrukturieren: Dazu setzen wir ein Subject ein, das alle Nachrichten nacheinander in einem Datenstrom `messages$` liefert. Wir wollen erneut die Funktion `calculateState()` nutzen, um aus der Sammlung aller Nachrichten den jeweils neuen Zustand zu generieren. Dieses Mal greifen wir auf das große Toolset von RxJS zurück und verwenden den Operator `scan()`. Das ehemalige `BehaviorSubject` für den State wird von `shareReplay(1)` abgelöst, um das resultierende Observable mit allen Subscribern zu teilen und den jeweils letzten Wert an alle neuen Subscriber zu übermitteln. Um den Prozess einmalig anzustoßen, nutzen wir außerdem den Operator `startWith()` und erzeugen ein erstes Element im Strom der Nachrichten.

Listing 20–13
Nachrichten auf den Zustand reduzieren mit RxJS

```
const initialState = {
  counter: 0,
  anotherProperty: 'foobar'
};

const state$ = messages$.pipe(
  startWith('INIT'),
  scan(calculateState, initialState),
  shareReplay(1)
);
```

Das Ergebnis ist ein Observable, das für jede eintreffende Nachricht den neuen Zustand ausgibt, der von der Funktion `calculateState()` berechnet wurde. Ausgehend vom Startzustand werden also alle Nachrichten »aufsummiert« – daraus ergibt sich immer der aktuelle Zustand. Mithilfe von `scan()` müssen wir das zentrale Objekt nicht mehr selbst pflegen; dies erledigt nun RxJS für uns.

Erneut haben wir unsere Zustandsverwaltung verbessert. Der Zustand ist nun aus den gesendeten Nachrichten abgeleitet. Ist die Historie aller Nachrichten bekannt, so kann man theoretisch jeden bisherigen Zustand jederzeit wieder reproduzieren, sofern unsere Reducer-Funktionen deterministisch sind.[8] Diese Eigenschaften sorgen für ein sehr einfaches und gleichzeitig robustes System. Da die Funktionen sehr simpel sind, sind sie auch sehr einfach zu testen.

Zusammenfassung aller Konzepte

Wir wollen die entwickelte Idee kurz zusammenfassen: Wir besitzen einen zentralen Service, der Nachrichten empfängt. Diese Nachrichten können von überall aus der Anwendung gesendet werden: aus Komponenten, anderen Services usw. Der Service kennt den Startzustand der Anwendung, der als ein zentrales Objekt abgelegt ist. Jede eintreffende Nachricht kann Änderungen an diesem Zustand auslösen. Der Service kennt dafür die passenden Anleitungen, wie die Nachricht zu behandeln ist und welche Änderungen am Zustand dadurch ausgelöst werden. Wird ein neuer Zustand erzeugt, wird er an alle Subscriber über ein Observable übermittelt. Jede interessierte Instanz in der Anwendung kann also die Zustandsänderungen abonnieren. Der Lesefluss und der Schreibfluss wurden vollständig entkoppelt: Die Komponenten erhalten die Daten über ein Observable und senden Nachrichten in den Service. Der Service ist die *Single Source of Truth* und hat als einziger Teil der Anwendung die Hoheit darüber, Nachrichten und Zustandsänderungen zu verarbeiten.

Redux

Wir haben schrittweise ein robustes Modell für zentrales State Management entwickelt und dabei die Idee des Redux-Patterns kennengelernt.

20.2 Das Architekturmodell Redux

Redux ist ein populäres Pattern zur Zustandsverwaltung in Webanwendungen. Die Idee von Redux stammt ursprünglich aus der Welt des JavaScript-Frameworks React, das neben Angular eines der populärsten Entwicklungswerkzeuge für Single-Page-Anwendungen ist. Redux ist dabei zunächst eine Architekturidee, es gibt aber auch eine konkrete Implementierung in Form einer Bibliothek.

Der zentrale Bestandteil der Architektur ist ein *Store*, in dem der gesamte Anwendungszustand als eine einzige große verschachtelte Datenstruktur hinterlegt ist. Der Store ist die »Single Source of Truth«

[8] Um jeden gewünschten Zustand wieder reproduzieren zu können, müsste man die Historie aller Nachrichten speichern. Das tun wir in diesem Beispiel nicht, und auch in der praktischen Anwendung von Redux wird das Protokoll der Nachrichten nicht gespeichert.

für die Anwendung und enthält alle Zustände: vom Server heruntergeladene Daten, gesetzte Einstellungen, die aktuell geladene Route oder Infos zum angemeldeten Nutzer – alles, was sich zur Laufzeit in der Anwendung verändert und den Zustand beschreibt.

State ist immutable und read-only.

Das State-Objekt im Store hat zwei elementare Eigenschaften: Es ist *immutable* (oder wird so behandelt, als wäre es unveränderbar) und *read-only*. Wir können die Daten aus dem State nicht verändern, sondern ausschließlich lesend darauf zugreifen. Möchten wir den State »verändern«, so muss das existierende Objekt durch eine Kopie ausgetauscht werden, die die Änderungen enthält. Solche Änderungen am State werden durch Nachrichten ausgelöst, die aus der Anwendung in den Store gesendet werden. Die Grundidee dieser Architektur haben wir bereits in der Einleitung zu diesem Kapitel gemeinsam entwickelt.

Bausteine von Redux

Redux verwendet vier wesentliche Bausteine: Der *Store* ist die zentrale Einheit, die den Zustand der Anwendung verwaltet. Im Store befindet sich der *State* als ein großes verschachteltes Objekt, das die Zustände der gesamten Anwendung beinhaltet. Der State kann nur gelesen werden. Alle fachlichen Ereignisse in der Anwendung werden mit Nachrichten abgebildet – im Kontext von Redux nennt man diese Nachrichten *Actions*. Eine Action wird von der Anwendung (z. B. von den Komponenten) in den Store gesendet (engl. *dispatch*) und kann eine Zustandsänderung auslösen. Im Store werden die eingehenden Actions von *Reducern* verarbeitet. Diese Funktionen nehmen den aktuellen State und die neue Action als Grundlage und errechnen daraus den neuen State. Der Datenfluss in der Redux-Architektur ist in Abbildung 20–1 grafisch dargestellt. Hier ist klar erkennbar, dass die Daten stets in eine Richtung fließen und dass Lesen und Schreiben klar voneinander getrennt sind.

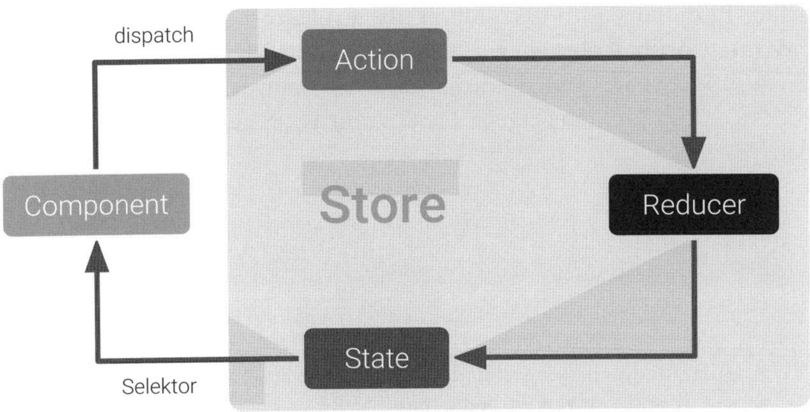

Abb. 20–1
Datenfluss in Redux

Bringt man diese Bausteine in den Kontext des einführenden Beispiels, so entspricht der zentrale Service dem Store von Redux. Die gesendeten Nachrichten entsprechen den Actions. Die Funktion `calculateState()`, die wir zur Veranschaulichung verwendet haben, ist genauso aufgebaut wie die Reducer von Redux. Der Operator `scan()` ist tatsächlich auch die technische Grundlage des Frameworks NgRx, das wir in diesem Kapitel für das State Management nutzen werden.

Redux und Angular

Die originale Implementierung von Redux stammt aus der Welt von React. Alle enthaltenen Ideen können aber problemlos auch auf die Architektur einer Angular-Anwendung übertragen werden. Es existieren verschiedene Bibliotheken, die ein zentrales State Management für Angular ermöglichen. Sie alle folgen der grundsätzlichen Idee von Redux.

- Reactive Extensions for Angular (NgRx)
- angular-redux
- NGXS
- Akita

NgRx ist das bekannteste Projekt aus dieser Kategorie. Die Bibliothek wurde von Mitgliedern des Angular-Teams aktiv mitentwickelt und gilt als De-facto-Standard für zentrales State Management mit Angular. Angular-Redux nutzt die originale Redux-Implementierung von React und stellt Wrapper zur Verfügung, um sich nahtlos in Angular zu integrieren.[9] Es lohnt sich außerdem, einen Blick auf die Community-Projekte NGXS und Akita zu werfen.

Welche der Bibliotheken Sie für die Zustandsverwaltung einsetzen sollten, hängt von den konkreten Anforderungen und auch von persönlichen Präferenzen ab. Sie sollten alle Projekte vergleichen und Ihren Favoriten nach Kriterien wie Codestruktur und Features auswählen. Dazu möchten wir Ihnen einen Blogartikel empfehlen, in dem NgRx, NGXS, Akita und eine eigene Lösung mit RxJS gegenübergestellt werden.[10]

---

[9] Angular-Redux haben wir in der ersten Ausgabe des Buchs vorgestellt. Mit dieser Ausgabe setzen wir jedoch auf NgRx.

[10] https://ng-buch.de/a/81 – Ordina JWorks Tech Blog: NGRX vs. NGXS vs. Akita vs. RxJS: Fight!

20.3 Redux mit NgRx

Reactive Extensions for Angular (NgRx) ist eine der populärsten Implementierungen für State Management mit Angular. Durch die gezielte Ausrichtung auf Angular fügt sich der Code gut in die Strukturen und Lebenszyklen einer Angular-Anwendung ein. Die Bibliothek setzt stark auf die Möglichkeiten der reaktiven Programmierung mit RxJS, ist also an vielen Stellen von Observables und Datenströmen geprägt. Die große Community und eine Reihe von verwandten Projekten machen NgRx zum wohl bekanntesten Werkzeug für Zustandsverwaltung mit Angular.

Wir wollen in diesem Kapitel die Struktur und die Bausteine in der Welt von NgRx genau besprechen. Außerdem wollen wir den BookMonkey mit NgRx umsetzen, um so alle Bausteine auch praktisch zu üben.

20.3.1 Projekt vorbereiten

Als Grundlage für diese Übung verwenden wir das Beispielprojekt BookMonkey in der finalen Version aus Iteration 7. Möchten Sie mitentwickeln, so können Sie Ihr bestehendes BookMonkey-Projekt verwenden oder neu starten und den Code über GitHub herunterladen:

https://ngbuch.de/bm3-it7-i18n

20.3.2 Store einrichten

Im Projektverzeichnis müssen wir zunächst alle Abhängigkeiten installieren, die wir für die Arbeit mit NgRx benötigen. NgRx verfügt über eigene Schematics zur Einrichtung in einem bestehenden Projekt der Angular CLI. Die folgenden Befehle integrieren einen vorbereiteten Store:

```
$ ng add @ngrx/store
$ ng add @ngrx/store-devtools
$ ng add @ngrx/effects
```

Später wollen wir einen zusätzlichen Baustein kennenlernen, der im originalen Redux nicht vorgesehen ist und der spezifisch für NgRx ist: Effects auf Basis von `@ngrx/effects`. Deshalb haben wir das nötige Paket in diesem Schritt gleich mit eingefügt. Die Store DevTools sind hilfreich zum Debugging der Anwendung – wir werden im Powertipp ab Seite 597 genauer darauf eingehen, um den Lesefluss in diesem Kapitel nicht zu unterbrechen.

20.3.3 Schematics nutzen

Um nach der Einrichtung weitere Bausteine von NgRx mithilfe der Angular CLI anzulegen, können wir das Paket `@ngrx/schematics` nutzen. Es erweitert die Fähigkeiten der Angular CLI, sodass wir unsere Actions, Reducer und Effects bequem mithilfe von `ng generate` anlegen können. Auch diese Abhängigkeit wird mittels `ng add` installiert.

```
$ ng add @ngrx/schematics --defaultCollection
```

Default Collection festlegen

Mit dem Parameter `--defaultCollection` werden die Schematics von NgRx als Standardkollektion für unser Projekt festgelegt. Das bedeutet, dass jeder Aufruf von `ng generate` auf die Skripte in diesem Paket zurückgreift. So können wir bequem einen Befehl wie `ng generate action` verwenden, ohne die Zielkollektion gesondert angeben zu müssen. Da die NgRx-Schematics von den normalen Schematics für ein Angular-Projekt abgeleitet sind, funktionieren die bereits bekannten Bauanleitungen wie `ng generate component` weiterhin. Die Default Collection wird mit einem Eintrag in der Datei `angular.json` festgelegt, den Sie jederzeit wieder löschen oder ändern können, falls Sie eine andere Kollektion nutzen möchten.

20.3.4 Grundstruktur des Stores

Die ausgeführten Befehle haben bereits alles Nötige eingerichtet, sodass wir sofort mit der Implementierung beginnen können. Vorher wollen wir jedoch einen Blick auf die neu angelegten Dateien und Imports werfen.

Neu hinzugekommen ist die Datei `reducers/index.ts`. Hier befindet sich ein Interface mit dem Namen `State`, das das Kernstück unseres Anwendungszustands ist: Dieses Interface definiert, wie der gesamte State strukturiert ist, und beschreibt damit den Root-State der Anwendung. Direkt darunter befindet sich in der Variable `reducers` eine sogenannte `ActionReducerMap`. Hier ist festgelegt, welcher Reducer für welchen Teil des States verantwortlich ist. Alle Reducer der Anwendung werden also hier zusammengefasst. Zur Erinnerung: Ein Reducer verwaltet den State, indem er anhand einer Action einen neuen Zustand erzeugt. Wir werden gleich genauer darauf eingehen.

Listing 20–14
Root-State und ActionReducerMap (reducers/index.ts)

```
import {
  ActionReducerMap,
  MetaReducer,
  // ...
} from '@ngrx/store';
import { environment } from '../../environments/environment';

export interface State {}

export const reducers: ActionReducerMap<State> = {};

export const metaReducers: MetaReducer<State>[] =
    ↪ !environment.production ? [] : [];
```

Meta-Reducer

Der Generator hat zusätzlich ein leeres Array für *Meta-Reducer* angelegt. Dies sind spezielle Funktionen, die andere Reducer zurückgeben (sogenannte Higher-Order Reducer). Damit kann man leicht wiederkehrende Aufgaben erledigen, z. B. Actions loggen oder den State aller Reducer zurücksetzen. Wir werden Meta-Reducer in diesem Kapitel nicht verwenden.

Damit der Store und die Reducer in der Anwendung aktiviert werden, ist im `AppModule` ein weiterer Import hinzugekommen. Hier wird das `StoreModule.forRoot()` importiert und es werden die Reducer aus der eben besprochenen Datei angegeben. Damit wird der NgRx-Store in der Anwendung eingerichtet.

Im `AppModule` sind außerdem zwei weitere Imports für `EffectsModule` und `StoreDevToolsModule` angegeben. Diese beiden Module binden Effects und die Store DevTools ein, wir wollen uns aber zu diesem Zeitpunkt noch nicht detaillierter damit auseinandersetzen.

Listing 20–15
Imports für NgRx im AppModule *(app.module.ts)*

```
// ...
import { StoreModule } from '@ngrx/store';
import { reducers, metaReducers } from './reducers';
import { StoreDevtoolsModule } from '@ngrx/store-devtools';
import { environment } from '../environments/environment';
import { EffectsModule } from '@ngrx/effects';
import { AppEffects } from './app.effects';
```

```
@NgModule({
  // ...
  imports: [
    // ...
    StoreModule.forRoot(reducers, { metaReducers }),
    StoreDevtoolsModule.instrument({ maxAge: 25,
        ↪ logOnly: environment.production }),
    EffectsModule.forRoot([AppEffects])
  ]
})
export class AppModule { }
```

State und Reducer in der Datei `reducers/index.ts` sind derzeit leer – das soll sich ändern. Da wir auch mit NgRx modular entwickeln, setzen wir diese Änderungen allerdings nicht direkt in dieser Datei um. Stattdessen lagern wir alle neuen Bausteine in eigene Dateien aus und nutzen dafür die Angular CLI.

20.3.5 Feature anlegen

Unsere Anwendung ist bereits in Module strukturiert, die einzelne Features der Anwendung kapseln. Diese Einteilung findet sich auch wieder, wenn es um die Einrichtung des Stores für NgRx geht. Jedes Feature erhält einen eigenen Satz an Actions, Reducern und Effects, die auch nur für genau dieses Feature und den zugehörigen State zuständig sind. Um NgRx für ein existierendes Feature-Modul aufzusetzen, verwenden wir den folgenden Befehl:

```
$ ng g feature books/book --module books/books --group --api
```

Dieser Aufruf legt das Feature `book` im Ordner 🗀`src/app/books` an. Die nötigen Imports und die Verdrahtung in der Anwendung sollen in das zugehörige `BooksModule` integriert werden, auf das wir mit der Option `--module` verweisen. Der Schalter `--group` bewirkt, dass Actions, Reducer und Effects jeweils in eigenen Unterordnern gruppiert werden sollen – das erhöht die Übersichtlichkeit. Mit der Option `--api` generieren wir das nötige Grundgerüst, um Daten zu behandeln, die von einer API abgerufen werden.

Die Dateistruktur in der Anwendung sieht nun wie folgt aus:

```
src
└─ app
   ├─ books
   │  ├─ actions
   │  │  └─ book.actions.ts
   │  ├─ reducers
   │  │  └─ book.reducers.ts
   │  ├─ effects
   │  │  └─ book.effects.ts
   │  ├─ books.module.ts
   │  └─ ...
   ├─ app.module.ts
   ├─ reducers
   │  └─ index.ts
   └─ ...
```

Neben neuen Dateien sind im `BooksModule` weitere Imports hinzugekommen. Hier wurde ebenfalls das `StoreModule` importiert, allerdings mit der Methode `forFeature()`. Außerdem wurde auch für das Feature-Modul eine Effects-Klasse mit dem `EffectsModule` registriert.

Listing 20–16 *Vorbereitung für die Verwendung von NgRx im BooksModule (books/books.module.ts)*

```
import { StoreModule } from '@ngrx/store';
import * as fromBook from './reducers/book.reducer';
import { EffectsModule } from '@ngrx/effects';
import { BookEffects } from './effects/book.effects';
// ...

@NgModule({
  imports: [
    // ...
    StoreModule.forFeature('book', fromBook.reducer),
    EffectsModule.forFeature([BookEffects])
  ],
  // ...
})
export class BooksModule { }
```

State dynamisch erweitern

Das globale State-Objekt wird durch diesen Aufruf von `forFeature()` automatisch erweitert, und die Reducer aus dem Feature werden ebenfalls in die Anwendung integriert. Der String `book` verweist auf den Teilbaum im State-Objekt, in den der Feature-State eingebaut wird. Das Interface `State` in der Datei `reducers/index.ts` ist allerdings noch immer leer, denn die Erweiterung findet dynamisch statt. Das ist nötig, damit ein Feature-Modul auch mithilfe von Lazy Loading asynchron zur Laufzeit nachgeladen werden kann. Das Interface muss natürlich nicht zwingend leer bleiben. Wenn man etwa definitiv keine dynamische Erweiterung benötigt, bietet es sich an, hier den gesamten State der Applikation typsicher zu definieren. Üblicherweise findet man in dem Interface später auch immer das Mapping für den Router, wenn man den *@ngrx/router-store* verwendet. Darauf gehen wir zum Ende dieses Kapitels ab Seite 590 noch ein.

20.3.6 Struktur des Feature-States definieren

Nachdem wir alle nötigen Dateien angelegt haben, folgt der erste inhaltliche Schritt auf dem Weg zum State Management: Wir müssen die Struktur des Feature-States definieren. Der Feature-State stellt dabei den ersten Ast des zentralen Objekt-Baums dar. Dazu befindet sich in der Datei `books/reducers/book.reducer.ts` ein weiteres Interface mit dem Namen `State`. Bitte achten Sie darauf, die gleichnamigen Interfaces nicht zu verwechseln!

State-Interface

In diesem Interface legen wir fest, welche Zustände und Daten wir im Store speichern möchten. Es soll zunächst nur darum gehen, die Buchliste vom Server abzurufen, im Store zu speichern und schließlich darzustellen. Wir benötigen also eine Liste von Büchern und integrieren außerdem einen Ladeindikator.

Initialzustand

Direkt darunter befindet sich die Variable `initialState`. Damit das System weiß, welche Zustände direkt nach dem Start herrschen, müssen wir hier einen initialen Zustand definieren. Für unsere Anwendung ist die Buchliste beim Start leer und der Ladeindikator steht auf `false`:

Listing 20–17
Feature-State und initialer Zustand

```
export interface State {
  books: Book[];
  loading: boolean;
}
export const initialState: State = {
  books: [],
  loading: false
};
```

Damit haben wir bereits die Struktur unseres Feature-States definiert. Unser *gesamter* State der Anwendung hat jetzt den folgenden Aufbau:

Listing 20–18
Aufbau des gesamten State-Objekts

```
{
  book: {
    books: [],
    loading: false
  }
}
```

Wir können hier erkennen, dass der Feature-State unter dem Namen `book` in das globale State-Objekt integriert wurde.

Die restlichen Inhalte der Datei ignorieren wir zunächst, darum werden wir uns im übernächsten Schritt kümmern.

20.3.7 Actions: Kommunikation mit dem Store

Alle relevanten Ereignisse in der Anwendung werden durch Actions repräsentiert, die in den Store gesendet werden. Das umfasst Aktionen, die direkt vom Nutzer ausgeführt werden, und auch technische Ereignisse wie Antworten von der HTTP-Schnittstelle.

Actions beschreiben eine abstrakte Sicht.

Dabei beschreiben Actions idealerweise eine abstrakte Sicht auf das Geschehen. Actions sollten keine technischen Kommandos für das System darstellen, sondern die dahinterliegende Intention beschreiben. Für unser Beispiel raten wir etwa von der Action `Show Loading Spinner` ab.

Actions bilden die Grundlage für die Kommunikation mit dem Store und können Änderungen am Anwendungszustand auslösen. Dieses Konzept entspricht den Nachrichten, die wir im einführenden Beispiel an den Service gesendet haben.

Die folgende Auflistung zeigt einige Beispiele für Actions, die in einer Anwendung vorkommen könnten:

- Load Books
- Load Books Success
- Load Books Failure
- Session Expired
- Router Navigation
- Window Resize
- User Login
- User Login Success
- User Login Failure
- Add item to cart
- Remove item from cart
- Create book
- Update book
- Set language
- Increment counter

Technisch ist eine solche Action immer ein Objekt mit einer bestimmten vorgegebenen Struktur. Obligatorisch ist die Eigenschaft `type`, die den Namen der Nachricht angibt. Zusätzlich kann ein *optionaler* Payload definiert werden, um Daten in der Action zu transportieren.

Listing 20–19
Grundaufbau einer Action

```
{
  type: 'Load Books Success',
  payload: { /* ... */ };
}
```

Actions typisieren

Um eine starke Typisierung zu ermöglichen und Tippfehler zu verhindern, werden die Strings für alle Action-Typen in Variablen gespeichert und stets von dort verwendet. Dafür wird in der Regel eine String Enumeration eingesetzt, um alle Strings für einen Teilbereich der Anwendung zu bündeln. Kollisionen bei den Action-Typen würden das Verhalten des Systems unvorhersehbar machen. Da die Typbezeichnungen demnach in der gesamten Anwendung eindeutig sein müssen, wird die Quelle der Action in eckigen Klammern im Namen notiert. Damit erzeugen wir eine Art Namespace für den Action-Typ – es handelt sich dabei aber nur um eine Konvention.

Listing 20–20
Enumeration für alle Action-Typen

```
export enum BookActionTypes {
  LoadBooksSuccess = '[Book] Load Books Success',
  // ...
}
```

Action-Creator-Klassen

Um die Struktur der Actions konkreter zu definieren, wird jede Action als eine sogenannte *Action-Creator-Klasse* definiert. Diese Klasse enthält den Action-Typ und empfängt den Payload über den Konstruktor. Erzeugen wir eine Instanz der Klasse, so erhalten wir das Action-Objekt in der benötigten Struktur.

Verschachtelter Payload

Es gilt als gute Praxis, den Payload einer Action nicht direkt im Property `payload` abzulegen, sondern in ein weiteres Objekt zu verpacken. Wollen wir also z. B. eine Liste von Büchern übergeben, so sollte der Payload nicht vom Typ `Book[]` sein, sondern ein Objekt verwenden, das in einem Property mit einem sprechenden Namen die Liste enthält. Das ermöglicht es, einen Payload mit mehreren Teilen zu definieren. Außerdem haben wir durch die spezifische Benennung der Propertys sofort einen Überblick darüber, was im Payload enthalten ist. Das ist besonders dann wichtig, wenn es sich um primitive Typen wie `string` oder `number` handelt, aus denen nicht schon durch den Typen hervorgeht, was der Inhalt ist.

Listing 20–21
Action-Creator-Klasse mit Payload

```
export class LoadBooksSuccess implements Action {
  readonly type = BookActionTypes.LoadBooksSuccess;
  constructor(public payload: { books: Book[] }) {}
}
```

Für Daten, die von einer HTTP-Schnittstelle abgerufen werden, benötigt man immer mindestens drei ähnliche Actions, die diesem Muster folgen:

- `LoadXXX`: Daten anfragen
- `LoadXXXSuccess`: Daten sind erfolgreich vom Server eingetroffen.
- `LoadXXXFailure`: Das Laden der Daten ist fehlgeschlagen.

Die Actions werden in einer oder mehreren Dateien gesammelt. Beim Anlegen des Features mit `ng generate feature` wurde eine solche Datei bereits erstellt: `books/actions/book.actions.ts`.

Da wir das Feature mit der Option `--api` angelegt haben, sind in dieser Datei bereits die ersten drei Actions und alle zugehörigen Teile vorbereitet. Wir können dieses Grundgerüst nutzen und die Signatur der Action-Creator-Klassen für unseren Anwendungsfall anpassen. Die Success-Action erhält als Payload eine Buchliste `Book[]`, die Failure-Action transportiert einen Fehler vom Typ `HttpErrorResponse`.[11]

Listing 20–22
Actions für das Feature Book *(book.actions.ts)*

```
import { Action } from '@ngrx/store';
import { HttpErrorResponse } from '@angular/common/http';
import { Book } from '../../shared/book';

export enum BookActionTypes {
  LoadBooks = '[Book] Load Books',
  LoadBooksSuccess = '[Book] Load Books Success',
  LoadBooksFailure = '[Book] Load Books Failure',
}

export class LoadBooks implements Action {
  readonly type = BookActionTypes.LoadBooks;
}

export class LoadBooksSuccess implements Action {
  readonly type = BookActionTypes.LoadBooksSuccess;
  constructor(public payload: { books: Book[] }) {}
}

export class LoadBooksFailure implements Action {
  readonly type = BookActionTypes.LoadBooksFailure;
  constructor(public payload: { error: HttpErrorResponse }) {}
}

export type BookActions =
  | LoadBooks
  | LoadBooksSuccess
  | LoadBooksFailure;
```

Union Type über alle Actions

Im letzten Teil der Datei werden außerdem alle Action-Creator-Klassen in einem gemeinsamen Union Type zusammengefasst. Das ist notwendig, damit unsere Reducer und Effects korrekt mit der Typisierung um-

[11] Wir nutzen in diesem Beispiel den technischen Fehler `HttpErrorResponse`, der direkt vom `HttpClient` erzeugt wird. In der Praxis sollten Sie hier ein eigenes Fehlerobjekt verwenden.

gehen können. Vergessen Sie also nicht, neue Actions auch in den entsprechenden Union Type am Ende der Datei einzutragen.

Typfehler im Effect

Sie erhalten nach diesen Änderungen beim Kompilieren einen Typfehler in der Datei `book.effects.ts`. Wir haben die Signatur des Action-Payloads geändert, deshalb kann der Payload im Effect nicht mehr korrekt verwendet werden. Falls dieses Problem auftritt, kommentieren Sie den fehlerhaften Code zunächst einfach aus.

20.3.8 Dispatch: Actions in den Store senden

Um mit dem Store zu kommunizieren und Zustandsänderungen anzustoßen, müssen die Actions von den Komponenten in den Store gesendet werden. Der Store kann dazu als Service in die Komponente injiziert werden. Als generischen Typen müssen wir hier immer das Interface vom Root-State angeben, denn der Store ist stets für den gesamten Zustand verantwortlich.

Der Store verfügt über eine Methode `dispatch()`, mit der wir eine Action in den Store dispatchen können. Hier verwenden wir eine der zuvor definierten Action-Creator-Klassen. Beim Aufruf der `BookListComponent` soll das Laden der Buchliste angestoßen werden. Deshalb lösen wir dort gleich im `ngOnInit()` die Action `LoadBooks` aus:

Listing 20–23
Action dispatchen in der BookListComponent

```
import { Store } from '@ngrx/store';
import { State } from '../../reducers'; // Root State!

@Component({ /* ... */ })
export class BookListComponent {
  constructor(private store: Store<State>) {}

  ngOnInit() {
    this.store.dispatch(new LoadBooks());
    // ...
  }

  // ...
}
```

Redux DevTools

Wenn Sie bereits die Redux DevTools installiert haben, so können Sie nun überprüfen, ob die ausgelöste Action tatsächlich im Store eingetroffen ist. Wir betrachten die DevTools separat im nächsten Kapitel ab Seite 597.

20.3.9 Reducer: den State aktualisieren

Nachdem wir die erste Action in den Store dispatcht haben, ist es nun an der Zeit, einen Reducer zu entwickeln, um den State zu verändern. Ein Reducer im Kontext von Redux ist eine Funktion mit zwei Eingabewerten: der aktuelle Zustand und die neu eintreffende Action. Die Aufgabe des Reducers ist es, anhand der Action und des Zustands einen neuen Zustand zu berechnen und zurückzugeben:

```
function reducer(state: State, action: Action): State {}
```

Listing 20–24
Signatur eines Reducers von Redux

Ein Reducer ist dabei im Standardfall immer für einen Teilbaum des States zuständig. Diese Zuständigkeiten werden in der `ActionReducerMap` geregelt, die wir in der Datei `reducers/index.ts` gesehen haben. Der Teilbaum `book` besitzt einen eigenen Reducer, der ausschließlich diesen State verarbeitet. Ein solcher Feature-State wird auch *Slice* genannt. Wir verwenden die beiden Begriffe synonym.

State-Slice

Im Reducer wird mithilfe eines *switch/case*-Statements nach dem Action-Typen unterschieden, sodass wir für verschiedene Actions verschiedene Anpassungen am State vornehmen können. Der `default`-Fall muss immer den gesamten State unverändert zurückgeben. Das ist notwendig, weil ein Reducer grundsätzlich für jede Action durchlaufen wird. Existiert kein passender `case`, so muss der Zustand derselbe bleiben. Man kann die Fallunterscheidung auch mit *if/else* umsetzen, dies ist aber eher unüblich.

Die wichtigste Eigenschaft der Reducer-Funktionen ist ihre »Reinheit«: Reducer sind Pure Functions. Dieses Konzept ist von drei wesentlichen Einschränkungen geprägt:

Reducer sind Pure Functions.

- **deterministisch:** Die Funktion liefert für gleiche Eingabewerte stets die gleiche Ausgabe. Es dürfen also keine Werte verarbeitet werden, die nicht zweifelsfrei aus den Eingaben ableitbar sind, z. B. Zufallswerte oder die Uhrzeit.
- **keine äußeren Zustände:** Es werden nur die Daten verarbeitet, die als Argumente an die Funktion übergeben werden (also hier: State und Action). Es darf nicht auf andere Variablen zugegriffen werden, die außerhalb der Funktion liegen.
- **keine Seiteneffekte:** Die Funktion darf keine Aktionen ausführen, die einen Effekt außerhalb ihres Gültigkeitsbereichs haben. HTTP-Requests, Logging, Authentifizierung oder Dispatchen von Actions sind also in den Reducern *nicht* erlaubt. Zu Seiteneffekten zählt auch, das State-Objekt direkt zu manipulieren!

Die Einhaltung dieser Einschränkungen ist besonders wichtig, um eine hohe Stabilität des Systems sicherzustellen. Nur wenn wir den strikten

Regeln von Redux folgen, kann der Anwendungszustand zuverlässig kontrolliert werden.

Ein Reducer darf deshalb ausschließlich den aktuellen State und die eintreffende Action verarbeiten. Alle notwendigen Informationen, um den neuen State zu erzeugen, müssen in State oder Action vorliegen.

Kopie erzeugen

Außerdem muss der Reducer stets eine *Kopie* des States zurückgeben und darf nie Änderungen direkt auf dem Objekt ausführen.[12] Diese Eigenschaft der Immutability haben wir bereits in der Einleitung besprochen. Wir setzen mit NgRx in der Regel nicht auf »echte Unveränderlichkeit«, sondern wenden Disziplin an und behandeln die Objekte lediglich als unveränderlich – auch wenn sie prinzipiell veränderlich sind. Während der Entwicklung können wir uns zusätzlich mithilfe des Tools *ngrx-store-freeze* absichern.[13] Jede versehentliche Änderung am State führt dann direkt zu einer Exception.

Um das State-Objekt vor der Verwendung und Änderung zu klonen, können wir den Spread-Operator einsetzen. Bitte beachten Sie, dass diese Methode stets nur eine »Shallow Copy« erzeugt. Wollen wir Änderungen an tiefer verzweigten Teilen des States vornehmen, müssen wir explizit eine tiefere Kopie des Objekts erzeugen.[14]

Reducer für die Anwendung

Wir wollen nun auch für den BookMonkey passende Reducer entwickeln. Dazu überlegen wir zunächst, welche Zustandsänderungen von den Actions ausgelöst werden:

- `LoadBooks`: Ladeindikator auf `true` setzen
- `LoadBooksSuccess`: Buchliste einfügen und Ladeindikator auf `false` setzen

Die Implementierung bringen wir in der Datei `books/reducers/book.reducers.ts` unter, in der das Grundgerüst der Reducer-Funktion bereits vorbereitet ist.

Listing 20–25 *Reducer für die Anwendung*

```
export function reducer(state = initialState, action: BookActions):
    ↪ State {
  case BookActiontypes.LoadBooks: {
    return { ...state, loading: true }
  }
```

[12] Der Reducer darf allerdings nicht versehentlich eine Kopie für den `default`-Fall zurückliefern, denn das würde fälschlicherweise als neuer State interpretiert werden – obwohl wir gar keine Änderungen vorgenommen haben.

[13] https://ng-buch.de/a/82 – GitHub: ngrx-store-freeze – meta reducer that prevents state from being mutated

[14] https://ng-buch.de/a/83 – Angular.Schule: 10 pure immutable operations you should know

```
  case BookActionTypes.LoadBooksSuccess: {
    return {
      ...state,
      books: action.payload.books
    }
  }

  default: return state;
}
```

Wir möchten Ihnen an dieser Stelle noch einige Hinweise geben:

- Jeder Reducer wird für jede Action ausgeführt. Das bedeutet, dass Sie in einem Reducer auch auf Actions aus einem anderen Bereich der Anwendung reagieren können. Es ist auch möglich, mit einem `case`-Zweig auf mehrere Actions zu reagieren. Es gibt jedoch keine einfache Möglichkeit, in einem Reducer auf einen anderen Slice des States zuzugreifen.
- Das zweite Argument des Reducers, das die Action erhält, sollte typisiert werden. Dazu verwenden wir den Union Type, den wir zusammen mit den Actions gepflegt haben. Nur so ist es möglich, dass TypeScript innerhalb eines `case`-Zweigs den richtigen Typ der Action und des Payloads ableiten kann.
- Der Code für jeden `case`-Zweig sollte mit geschweiften Klammern umschlossen werden. Das ist nicht zwingend notwendig, allerdings können wir den Code so von den anderen Zweigen isolieren. Das ist insbesondere dann hilfreich, wenn wir Variablen verwenden möchten, die nicht mit anderen Zweigen aus demselben Reducer kollidieren sollen.

Haben Sie die Implementierung abgeschlossen, so können Sie die State-Änderung in den Redux DevTools nachvollziehen. Für die dispatchte Action `LoadBooks` ändert sich das `loading`-Flag im State von `false` auf `true`.

Die Action `LoadBooksSuccess` wird aktuell niemals ausgelöst; das werden wir im übernächsten Schritt mit einem Effect lösen. Wir haben trotzdem bereits definiert, was in diesem Fall mit dem State passieren soll. Für `LoadBooksFailure` haben wir keinen Reducer entwickelt. Sollte die Action einmal ausgelöst werden, so wird das System aber trotzdem fehlerfrei funktionieren. Die Bestandteile der Architektur sind so stark entkoppelt, dass sie unabhängig voneinander entwickelt werden können.

20.3.10 Selektoren: Daten aus dem State lesen

Lassen Sie uns kurz zusammenfassen, wie weit wir bisher gekommen sind: Wir haben Actions und Action-Creator-Klassen definiert und die Action `LoadBooks` von der `BookListComponent` aus in den Store dispatcht. Dort reagiert der Reducer auf die Actions und erzeugt einen neuen State mit der passenden Änderung: Das `loading`-Flag wird auf `true` gesetzt.

Um den Kreislauf des Datenflusses zu schließen, wollen wir die Daten aus dem State nun auslesen und in der Komponente darstellen. Dazu benötigen wir demnächst etwas Theorie und einen Blick hinter die Kulissen: Der Kernbestandteil des Stores ist ein `BehaviorSubject` in Kombination mit dem Operator `scan()`. Alle eingehenden Actions werden reduziert (»aufsummiert«), indem die Reducer-Funktionen angewendet werden. Auf diese Weise wird der jeweils aktuelle Zustand erzeugt und über das Observable ausgegeben.

Datenstrom von States

Um in den Komponenten auf State-Änderungen zu reagieren, können wir den Store als Observable verwenden und so die Daten empfangen. Der Store gibt allerdings in diesem Datenstrom stets den vollständigen State aus. Um einzelne Teile daraus zu selektieren, benötigen wir eine Projektion, die sich z. B. mit dem Operator `map()` realisieren lässt:

Listing 20–26
State auswählen mit map()

```
@Component({ /*... */ })
export class MyComponent {
  loading$ = this.store.pipe(
    map(state => state.book.loading)
  );

  constructor(private store: Store<State>) {}
}
```

Datenfluss optimieren

Obwohl diese Herangehensweise funktioniert, bringt sie ein konzeptionelles Problem mit sich: Der Store gibt bei *jeder* Änderung den gesamten State aus. Das Observable `loading$` emittiert also auch dann einen Wert, wenn sich das Loading-Flag gar nicht geändert hat. Werden die Anwendung und der State komplexer, führt das dazu, dass bei jeder noch so trivialen State-Änderung alle Observables in den Komponenten feuern und in der Folge die Change Detection von Angular getriggert wird. Das gilt es zu verhindern! Wir wollen nur dann einen Wert ausgeben, wenn wirklich eine relevante Änderung an den Daten vorliegt. Dazu könnten wir den Operator `distinctUntilChanged()` verwenden. Die Bibliothek NgRx bringt allerdings einen eigenen Operator mit, der alle nötigen Funktionalitäten bereits kombiniert: `select()`.

```
import { select, Store } from '@ngrx/store';
// ...
@Component({ /* ... */ })
export class MyComponent {
  loading$ = this.store.pipe(
    select(state => state.book.loading)
  );

  constructor(private store: Store<State>) {}
}
```

Listing 20–27
Operator select() *verwenden*

Das resultierende Observable gibt das Ergebnis nur aus, wenn der Wert sich tatsächlich verändert hat, wie die Abbildung 20–2 zeigt.

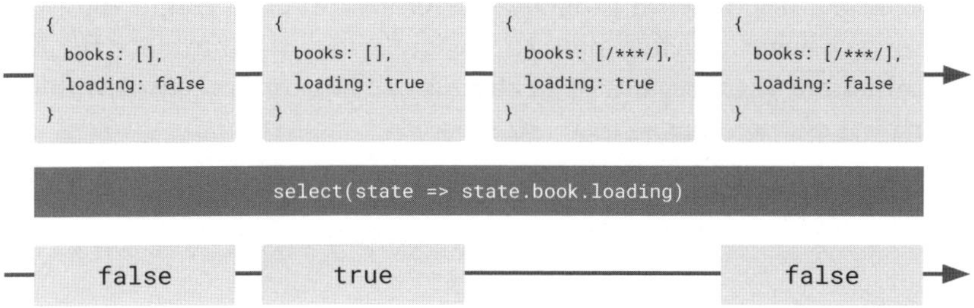

Abb. 20–2
Selektor mit Operator verwenden

Komplexe Lesezugriffe

Wir haben an dieser Stelle lediglich einen einfachen Teil des States selektiert. In der Praxis mit einer komplexen Anwendung werden aber die Lesezugriffe auf den State komplexer. Mitunter wollen wir Daten nicht nur einfach auslesen, sondern Berechnungen über verschiedene Teile des States ausführen. Stellen Sie sich vor, Sie besitzen eine Liste von Nutzern und eine Liste von Büchern – wollen aber nun alle Bücher ausgeben, die einem bestimmten Nutzer gehören. Dazu ist zusätzliche Logik nötig, die nicht in die Komponenten gehört. Stattdessen soll diese Logik in separate Funktionen ausgelagert werden, die unabhängig von den Komponenten sind. Sie können eine solche Funktion mit einer Datenbankabfrage vergleichen: Die Query wird einmal definiert und kann beliebig komplex sein. Verschiedene Teile der Anwendung können diese Query nutzen und die Daten genau im benötigten Format erhalten. Die Funktionen zur Abfrage von Daten aus dem Store werden *Selektoren* genannt.

Ein Selektor sollte ebenfalls in einer eigenen Datei untergebracht werden, so wie auch die Actions und Reducer. Dazu legen wir zunächst einen neuen Ordner 🗀`selectors` an und erstellen darin die Datei `book.selectors.ts`. Zur Definition von Selektoren bringt NgRx eigene Hilfsfunktionen mit: `createFeatureSelector()` und `createSelector()`. Ein so erstellter Selektor bringt außerdem ein wichtiges Konzept mit,

Memoization

das sich *Memoization* nennt. Damit aufwendige Berechnungen nicht bei jeder State-Änderung neu ausgeführt werden, speichert jeder Selektor den zuletzt verarbeiteten Eingabewert. Hat sich der Wert nicht geändert, so wird auch die Berechnung nicht neu ausgeführt. Das Prinzip der Memoization ist in die Selektoren bereits eingebaut, wenn wir die mitgelieferten Funktionen verwenden. Damit das allerdings funktioniert, müssen wir Selektoren als Pure Functions definieren: Sie dürfen nur die Werte verarbeiten, die sie als Argumente erhalten, und es dürfen keine Seiteneffekte ausgeführt werden.

Ausgehend davon, dass der Store immer den gesamten State liefert, wollen wir zunächst einen bestimmten Feature-State selektieren. Dazu nutzen wir die Funktion `createFeatureSelector()`. Sie erstellt einen Selektor, der ein Feature anhand eines Strings auswählt, wobei der String den Namen des Slice im großen State-Objekt angibt. Damit diese Selektion typsicher arbeitet, müssen wir außerdem das Interface für den Feature-State angeben. Um den State für das Feature `book` auszuwählen, gehen wir also so vor:

Listing 20–28 *Feature-Selektor erstellen*

```
import { createFeatureSelector } from '@ngrx/store';
import { State as BookState } from '../reducers/book.reducer.ts'

export const getBookState =
    ↪ createFeatureSelector<BookState>('book');
```

Anschließend können wir weitere Selektoren mithilfe von `createSelector()` bauen. Die Funktion erhält als Argumente mehrere andere Selektoren. Das Kernstück des Selektors ist schließlich die Projektionsfunktion, die im letzten Argument übergeben wird. Sie erhält die Daten von allen zuvor angegebenen Selektoren als Argumente und liefert den daraus berechneten Wert zurück:

Listing 20–29 *Schematischer Aufbau eines Selektors*

```
const mySelector = createSelector(
  getBookState,
  getOtherState,
  anotherSelector,
  (bookState, otherState, another) => {
    // Berechnung...
    return output;
  }
);
```

Wir können auf diese Weise ein komplexes Gerüst von Selektoren definieren. Die Selektoren bauen aufeinander auf und kombinieren die Daten aus dem State so, wie sie in den Komponenten benötigt werden. Für den BookMonkey wollen wir zwei einfache Selektoren entwickeln, die uns Zugriff auf die Buchliste und auf das `loading`-Flag geben:

Listing 20–30
Selektoren für die Anwendung

```
const getBooksLoading = createSelector(
  getBookState,
  state => state.loading
);

const getAllBooks = createSelector(
  getBookState,
  state => state.books
);
```

Selektoren verwenden

In der `BookListComponent` verwenden wir diese beiden Funktionen, um Observables zu erstellen, die uns die benötigten Daten liefern. Wir legen alle diese Observables direkt in der Komponentenklasse ab. Die Subscription wollen wir im Template mit der AsyncPipe erledigen. Wenn Sie Ihre Anwendung sauber strukturieren, sollten die Komponenten immer so aussehen und keine zusätzliche Logik für die Datenaufbereitung beinhalten. Sie müssen also nur selten in der Komponentenklasse direkt auf ein Observable aus dem Store subscriben.

Listing 20–31
Selektoren verwenden (book-list .component.ts)

```
import { Store, select } from '@ngrx/store';
import { getBooksLoading, getAllBooks } from
    ↪ '../selectors/book.selectors';
// ...

@Component({ /* ... */ })
export class BookListComponent implements OnInit {
  books$: Observable<Book[]>;
  loading$: Observable<boolean>;

  constructor(private store: Store<State>) { }

  ngOnInit() {
    this.books$ = this.store.pipe(select(getAllBooks));
    this.loading$ = this.store.pipe(select(getBooksLoading));

    this.store.dispatch(new LoadBooks());
  }
}
```

Im Template der Komponente nutzen wir die Observables, um die Daten darzustellen. Das Observable `books$` wird bereits korrekt verarbeitet. Für `loading$` können wir den else-Zweig aus dem `ngIf` entfernen, und auch das `<ng-template>` wird nicht mehr benötigt. Stattdessen zeigen wir den Ladeindikator direkt mit `ngIf` an.

Listing 20–32 *Daten anzeigen (book-list .component.html)*

```
<div class="ui middle aligned selection divided list">

  <ng-container *ngIf="books$ | async as books">
    <bm-book-list-item class="item"
      *ngFor="let b of books"
      [book]="b"
      [routerLink]="b.isbn"></bm-book-list-item>

    <p *ngIf="!books.length">Es wurden noch keine Bücher
    ↪ eingetragen.</p>
  </ng-container>

  <ng-container *ngIf="loading$ | async">
    <div class="ui active dimmer">
      <div class="ui large text loader">Daten werden
    ↪ geladen...</div>
    </div>
  </ng-container>

</div>
```

Wenn Sie die Anwendung nun aufrufen, sehen Sie den Ladeindikator. Die Komponente benötigt keine spezifische Logik, um zu entscheiden, wann der Indikator angezeigt werden soll – sie bezieht lediglich die Daten aus dem Store und löst Actions aus.

20.3.11 Effects: Seiteneffekte ausführen

Wir haben nun alle Bausteine von Redux betrachtet und den Weg der Daten von der Action bis zum Selektor verfolgt. Jeder Baustein hat klare Zuständigkeiten, und es gibt strikte Regeln dazu, welche Aufgaben in welchen Teil der Anwendung gehören.

Kommunikation mit der Außenwelt

Was unserer Anwendung allerdings bis hierhin noch fehlt, ist die Kommunikation mit der Außenwelt: Wird die Action `LoadBooks` ausgelöst, so soll die Buchliste per HTTP vom Server geladen werden. Bei genauer Betrachtung fällt jedoch auf, dass Reducer und Selektoren nicht die richtigen Orte für diese Aufgabe sind: Beide sind durch Pure Functions definiert, die keine Seiteneffekte ausführen dürfen.

Die grundsätzliche Aufgabe lässt sich wie folgt zusammenfassen: Wir wollen auf die Action `LoadBooks` reagieren und einen HTTP-Request auslösen, um die Buchliste vom Server zu laden. Ist die HTTP-Antwort eingetroffen, so soll die Buchliste mit einer Action `LoadBooksSuccess` in den Store gesendet werden. Schlägt die HTTP-Kommunikation fehl, so soll die Action `LoadBooksFailure` ausgelöst werden.

Um diese Aufgabe anzugehen, bietet NgRx ein ausgereiftes Modell zur Ausführung von Seiteneffekten: Mit *@ngrx/effects* können wir auf Actions und andere Ereignisse reagieren, Seiteneffekte wie HTTP-Requests ausführen und als Ergebnis wieder Actions in den Store dispatchen. In einem Effect ist vieles erlaubt: HTTP-Kommunikation, Logging, Authentifizierung, LocalStorage, Routing, Anzeige von Meldungen usw. Effects sind kein Bestandteil der eigentlichen Redux-Architektur, sondern agieren außerhalb des Stores.

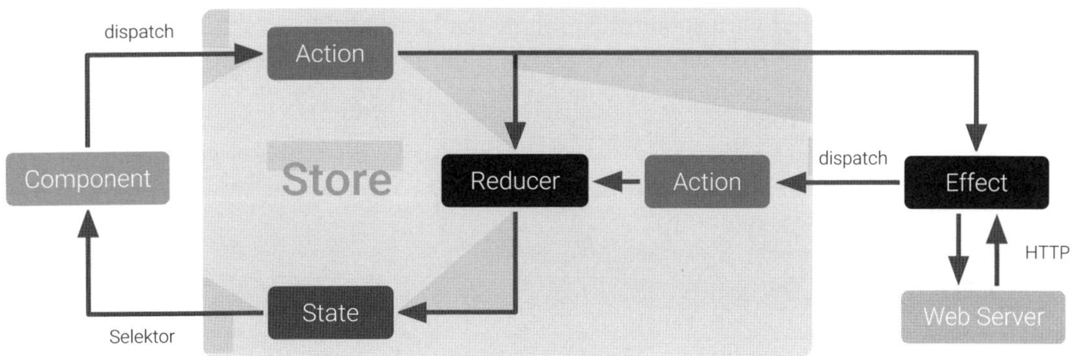

Abb. 20–3
Datenfluss in NgRx mit Effects

Effect: reaktiver Datenstrom von Actions

Mit Effects kommmen wir in den Genuss des vollen Erlebnisses von reaktiver Programmierung. Ein Effect ist ein reaktiver Datenstrom, der

- auf Actions und andere Ereignisse reagiert,
- Seiteneffekte ausführt und
- neue Actions generiert.

Technisch ist ein Effect also immer ein `Observable<Action>`. Alle so erzeugten Actions werden automatisch in den Store dispatcht – darum kümmert sich das Framework. Effects werden in einer eigenen Klasse untergebracht, die wie ein Service aufgebaut ist: Sie trägt den Decorator `@Injectable()` und kann über ihren Konstruktor Abhängigkeiten anfordern. Damit die Effects funktionieren, muss die Klasse allerdings explizit registriert werden. Dazu muss jede Effects-Klasse in einem Modul mithilfe des `EffectsModule` eingebunden werden. Für das `BooksModule` wurde dieser Schritt bereits bei der Einrichtung erledigt:

Listing 20–33
Effect in der Anwendung registrieren

```
@NgModule({
  // ...
  imports: [
    // ...
    EffectsModule.forFeature([BookEffects])
  ]
})
```

Die Klasse `BookEffects` befindet sich in der Datei `books/effects/book.effects.ts`. Ein Effect wird als ein Property in dieser Klasse definiert. Der Name des Propertys spielt keine Rolle, sollte aber passend zur Aufgabe benannt werden. Das Ziel ist es, hier ein Observable zu entwickeln, das Actions ausgibt. Jeder Effect trägt den Decorator `@Effect()` und wird so automatisch in den Lebenszyklus von NgRx integriert.

Zunächst benötigen wir eine Instanz des `BookStoreService`, sodass wir die Buchliste vom Server abrufen können:

Listing 20–34
Service in den Effect injizieren (book.effects.ts)

```
// ...

@Injectable()
export class BookEffects {
  // ...
  constructor(
    private actions$: Actions<BookActions>,
    private bs: BookStoreService
  ) { }
  // ...
}
```

Datenstrom von Actions

In die Klasse wurde bereits der Service `Actions` injiziert. Damit erhalten wir ein Observable, das alle Actions liefert, die in der Anwendung auftreten. Dieser Datenstrom ist meist die Grundlage für unsere Effects.[15]

Typisierung

Achten Sie bitte darauf, den Service `Actions` beim Injizieren korrekt zu typisieren. Der generische Typ sollte die Actions beschreiben, für die wir uns in dieser Effects-Klasse interessieren. Hier verwenden wir wieder die Union Types, die wir zusammen mit den Actions fest-

[15] Ein Effect muss nicht auf Actions basieren. Einige Beispiele für solche Effects haben wir in einem Blogartikel zusammengefasst: https://ng-buch.de/a/84 – Angular.Schule: 5 useful NgRx effects that don't rely on actions.

gelegt haben. Nur so kann TypeScript den Typ des Payloads korrekt bestimmen.[16]

Wir wollen einen Effect `loadBooks$` entwickeln, der den passenden HTTP-Request auslöst und Actions zurück in den Store leitet (Success und Failure). Wir zeigen zunächst den Code und gehen die Implementierung anschließend Schritt für Schritt durch:

Listing 20–35
Effect zum Laden der Buchliste

```
@Injectable()
export class BookEffects {

  @Effect()
  loadBooks$ = this.actions$.pipe(
    ofType(BookActionTypes.LoadBooks),
    switchMap(() =>
      this.bs.getAll().pipe(
        map(books => new LoadBooksSuccess({ books })),
        catchError(error => of(new LoadBooksFailure({ error })))
      )
    )
  );

  // ...
}
```

Actions filtern

Der Datenfluss beginnt beim Strom aller Actions aus der gesamten Anwendung. Wir interessieren uns hier allerdings nur für Actions mit dem bestimmten Typ `LoadBooks`. Um den Datenstrom zu filtern, eignet sich der Operator `filter()`. Das führt allerdings zu sehr technischem Code und sagt wenig über die tatsächliche Semantik aus. NgRx bringt deshalb einen eigenen Operator mit, mit dem wir den Datenstrom nach dem Action-Typen filtern können: `ofType()`. Als Argument übergeben wir hier stets einen Action-Typen aus dem Enum `BookActionTypes`, nicht die Action-Klasse. Anschließend liegt ein Datenstrom vor, der nur Actions vom Typ `LoadBooks` ausgibt.

Flattening-Operator auswählen

Für jede dieser Actions wollen wir nun einen HTTP-Request ausführen und betreten damit erneut das Terrain der Higher-Order Observables. Wir müssen uns sorgfältig für einen der vier Flattening-Operatoren entscheiden. Unsere Wahl fällt hier auf `switchMap()`: Wird die Buchliste noch geladen und währenddessen erneut angefragt, soll nur die zuletzt gesendete Anfrage bearbeitet werden. Verwenden Sie

[16] Wollen Sie hier Actions aus mehreren Bereichen der Anwendung gemeinsam behandeln, so können Sie diese Union Types wiederum zusammenfassen, z. B. `Actions<BookActions | AdminActions>`.

bitte nicht immer `switchMap()` in Ihren Effects, sondern evaluieren Sie den Flattening-Operator für jeden Fall neu.

HTTP-Request

Mithilfe von `switchMap()` lösen wir den HTTP-Request aus, indem wir den `BookStoreService` mit der Methode `getAll()` einsetzen, die ein Observable zurückgibt. Unser Effect ist nun ein Observable, das ein Array von Büchern liefert. Damit die Buchliste im Store verarbeitet werden kann, müssen wir sie in eine Action verpacken. Wir nutzen dazu den Operator `map()` und wandeln damit die Buchliste um in eine Action `LoadBooksSuccess`, die die Liste enthält.

Fehlerbehandlung

Ähnlich gehen wir für den Fehlerfall vor: Hier nutzen wir den Operator `catchError()`, um einen Fehler in der Ausführung abzufangen. Wir werfen den Fehler allerdings an der Stelle nicht weiter, sondern kapseln ihn in eine Action `LoadBooksFailure`, die wir als reguläres Element des Datenstroms weitergeben.

Bei der Fehlerbehandlung ist es wichtig, den Fehler so dicht wie möglich dort abzufangen, wo er entsteht. Wir setzen `catchError()` deshalb nicht im Hauptdatenstrom ein, sondern hängen `map()` und `catchError()` direkt an den Serviceaufruf an. Das `switchMap()` verarbeitet also ein Observable, das in jedem Fall eine Action liefert – so wird der Hauptdatenstrom nicht durch Fehler gefährdet. Wird ein Effect durch einen Fehler im Hauptdatenstrom gestört, so wird das zugrunde liegende Observable beendet, und die Anwendung kann nicht mehr auf eine weitere Nachricht durch den beendeten Effect reagieren. Es ist dabei nicht von Relevanz, ob ganz zum Schluss ein `catchError()` verwendet wird oder nicht – RxJS ist so entworfen, dass das Observable in jedem Fall unwiderruflich schließt.

Decorator @Effect()

Unser Effect ist damit vollständig, und das Observable beschreibt einen Datenstrom von Actions. Zuletzt müssen wir das Property mit dem Decorator `@Effect()` versehen. Das sorgt dafür, dass der Effect korrekt verarbeitet wird und alle erzeugten Actions automatisch in den Store dispatcht werden.

Probieren Sie die Anwendung nun aus und beobachten Sie auch die Actions in den Redux DevTools! Nachdem die Buchliste geladen wurde, wird `LoadBooksSuccess` dispatcht, und der Reducer fügt die Buchliste in den State ein. Die Selektoren in der Komponente reagieren darauf, und die Bücher werden dargestellt.

Loop of death

Wir empfehlen Ihnen übrigens, den Decorator `@Effect()` erst dann hinzuzufügen, wenn Sie die Implementierung weitgehend abgeschlossen haben, denn: Mit einem Effect können Sie schnell eine Endlosschleife erzeugen, die den Browser »zum Glühen« bringt, wenn parallel `ng serve` läuft und die Anwendung sofort aktualisiert. Der folgende Effect empfängt alle Actions und leitet sie direkt in den Store zurück – es entsteht eine Endlosschleife:

```
@Effect()
loopOfDeath$ = this.actions$;
```

Listing 20–36
Effect mit Endlosschleife

Um diesen ungewollten Zustand zu vermeiden, sollten Sie den Decorator `@Effect()` erst hinzufügen, wenn der Effect »ungefährlich« ist. Alternativ können wir einen Effect so konfigurieren, dass er die ausgegebenen Elemente des Datenstroms nicht als Actions dispatcht. Dazu können wir im Decorator die Einstellung `{ dispatch: false }` setzen. Das ist auch immer dann nützlich, wenn ein Effect lediglich Seiteneffekte ausführen soll, aber keine neuen Actions erzeugt:

```
@Effect({ dispatch: false })
loopOfDeath$ = this.actions$;
```

Listing 20–37
Dispatchen von Actions deaktivieren

Geschafft!

Sobald der Effect aktiv ist, wird unsere Anwendung die Bücher über HTTP laden und die Liste mittels `LoadBooksSuccess` an den Reducer übergeben. Dieser wird einen neuen Zustand mit den geladenen Büchern berechnen. Abschließend wird mithilfe eines Selektors die Oberfläche aktualisiert, und wir zeigen die neuen Bücher an.

Und damit haben Sie die Rundreise durch alle Bausteine von Redux und NgRx geschafft. Mithilfe eines zentralen Stores haben wir die Zustände der Anwendung zentralisiert und so die Buchliste vom Server abgerufen. Die Komponenten beinhalten mit dieser Architektur nur noch wenig Logik – alles Nötige passiert im Store.

Vielleicht haben Sie nun das Gefühl, dass wir für eine kleine Aufgabe unnötig viel Code erzeugt haben. Betrachtet man das vorliegende Beispiel isoliert, so ist diese Empfindung richtig: Für kleine Anwendungen ist der Einsatz von Redux und NgRx nicht zwingend sinnvoll. Steigt allerdings die Komplexität des Projekts, so kann ein zentrales State Management mit klaren Regeln eine sinnvolle Investition sein. Prüfen Sie also für ein Projekt sorgfältig, ob sich der Einsatz von Redux wirklich lohnt.

20.4 Redux und NgRx: Wie geht's weiter?

Wir haben in diesem Kapitel die Grundlagen der Redux-Architektur kennengelernt. Tatsächlich geht die Reise aber noch viel weiter: Wenn Sie die Grundlagen beherrschen, können Sie sich mit fortgeschrittenen Themen rund um Redux und NgRx auseinandersetzen. Wir möchten Ihnen in diesem Abschnitt einen Ausblick geben, welche Tools und Konzepte Ihnen dabei noch begegnen werden.

20.4.1 Routing

Der Anwendungszustand setzt sich nicht nur aus geladenen Daten und Einstellungen zusammen – die aktuell geladene Route und ihre Parameter gehören ebenfalls in den State. Beachtet man dies nicht, so sieht man gegebenenfalls zum richtigen State den falschen Screen auf der Oberfläche. Deshalb sollten Informationen zum Routing auch im NgRx-Store abgelegt werden. Den passenden Adapter zwischen Router und Store erhalten wir mit dem Modul *@ngrx/router-store*:

Listing 20–38 *Router-Store installieren*

```
$ ng add @ngrx/router-store
```

Das Modul verfügt über eigene Actions und Reducer und kommuniziert direkt mit dem Router. Dadurch werden alle Aktivitäten des Routers mit Actions abgebildet: Es werden unter anderem die Actions `ROUTER_REQUEST`, `ROUTER_NAVIGATION` und `ROUTER_NAVIGATED` ausgelöst. Die passenden Reducer fügen anschließend die Routeninformationen in den State ein, sodass wir die Infos in den Komponenten, Reducern und Effects auslesen können.

20.4.2 Entity Management

Verwalten wir Entitäten in unserem State (z. B. Bücher), so müssen wir in den Reducern für jede Entität wiederkehrende Routinen implementieren: Wir müssen eine Liste in den State schreiben und die Liste pflegen, indem wir Objekte einfügen, aktualisieren oder löschen. Bei der Suche nach einem bestimmten Objekt müssen wir stets durch die Liste laufen und dabei z. B. `Array.find()` verwenden.

Diese wiederkehrenden Aufgaben sind für fast alle Entitäten notwendig und verleiten zu redundantem Code. Um diese Zugriffe auf den State zu vereinfachen, existiert das Modul *@ngrx/entity*:

Listing 20–39 *Entity installieren*

```
$ ng add @ngrx/entity
```

Anstatt die Entitäten selbst im State zu deklarieren, können wir die vorgegebene Struktur des Entity-Adapters nutzen. Jedes State-Interface, in dem Entitäten verwaltet werden, muss dazu das Interface `EntityState` erweitern:

Listing 20–40 EntityState *implementieren*

```
import { EntityState } from '@ngrx/entity';

export interface State extends EntityState<Book> {
  loading: boolean
}
```

Der `EntityState` gibt eine Datenstruktur vor, in der die Entitäten in einem Objekt abgelegt werden; als Schlüssel werden die IDs der Entitäten verwendet. Ein Objekt vereinfacht die Suche nach einem Objekt mit einer bestimmten ID. Die geordnete Reihenfolge einer Liste geht allerdings bei einem Objekt verloren. Deshalb werden zusätzlich die IDs in einem Array im State abgelegt. Folgende Struktur wird durch den `EntityState` vorgegeben:

Listing 20–41
Struktur des EntityState

```
interface EntityState<V> {
  ids: string[] | number[];
  entities: { [id: string | id: number]: V };
}
```

Damit wir die Daten in dieser Struktur nicht eigenhändig pflegen müssen, stellt das Modul einen Adapter zur Verfügung, den wir zusätzlich initialisieren müssen. Der Adapter nutzt automatisch das Property `id` als Primärschlüssel der Entität. Ist die ID allerdings in einem anderen Property enthalten, z. B. bei einem Buch die ISBN, so müssen wir eine Funktion `selectId` angeben, die die richtige ID auswählt.

Primärschlüssel festlegen

Listing 20–42
EntityAdapter *erzeugen*

```
import { createEntityAdapter } from '@ngrx/entity';

export const adapter = createEntityAdapter<Book>({
  selectId: book => book.isbn // wenn ID nicht "id" ist
});
```

Mithilfe des Adapters können wir zunächst den initialen Zustand erzeugen. Beinhaltet unser State noch weitere Eigenschaften, so geben wir als Argument ein Objekt an:

Listing 20–43
Initialzustand erzeugen

```
export const initialState: State =
  adapter.getInitialState({
    loading: false
  });
```

Die Mächtigkeit von @ngrx/entity entfaltet sich schließlich, wenn es um die Implementierung der Reducer geht. Dazu stellt der Adapter eine Reihe von Methoden zur Verfügung, mit denen wir die Kollektion von Entitäten im State verwalten können:

`addOne`	eine Entität hinzufügen
`addMany`	mehrere Entitäten hinzufügen
`addAll`	Kollektion vollständig ersetzen
`removeOne`	eine Entität aus der Kollektion entfernen

`removeMany`	mehrere Entitäten aus der Kollektion entfernen (nach ID oder Prädikatsfunktion)
`removeAll`	Kollektion leeren
`updateOne`	eine Entität aktualisieren
`updateMany`	mehrere Entitäten aktualisieren
`upsertOne`	eine Entität hinzufügen oder ersetzen, falls sie bereits existiert
`upsertMany`	mehrere Entitäten hinzufügen oder ersetzen, falls sie bereits existieren
`map`	Kollektion aktualisieren mithilfe einer Projektionsfunktion

Alle Funktionen erhalten den aktuellen State (und die zu verarbeitenden Werte) als Argument und erzeugen einen neuen State. Wir können die Funktion also direkt aus dem Reducer zurückgeben oder verwenden, um einen komplexeren State mit weiteren Änderungen zu erzeugen:

Listing 20–44 *Reducer mit Adapter-Funktionen*

```
export function reducer(state = initialState, action: BookActions):
  ↪ State {
  switch (action.type) {

    case BookActionTypes.CreateBook: {
      const book = action.payload.book;
      return adapter.addOne(book, state);
    }

    case BookActionTypes.LoadBooksSuccess: {
      const books = action.payload.books;
      return {
        ...adapter.addAll(books, state),
        loading: false
      };
    }
  }
}
```

Der EntityAdapter stellt außerdem eine Reihe von Selektoren zur Verfügung, die wir nutzen können, um die Kollektion auszulesen. Die Selektoren werden mithilfe von `adapter.getSelectors()` erzeugt, müssen dann allerdings noch in einzelne Selektoren verpackt werden, die den Feature-State als Grundlage nutzen:

```
const { selectAll, selectEntities,
  selectIds, selectTotal } = adapter.getSelectors();

export const getAllBooks = createSelector(
  getBookState, selectAll
);

export const getBookEntities = createSelector(
  getBookState, selectEntities
);
```

Listing 20–45 *Selektoren mit getSelectors()*

20.4.3 Testing

Alle entwickelten Bausteine von NgRx sollten auch getestet werden. Dafür möchten wir Ihnen in diesem Abschnitt einige Hinweise geben. Grundsätzlich werden bei der Initialisierung mit den Schematics von NgRx bereits Grundgerüste für die Unit-Tests angelegt – Sie können also direkt loslegen.

Actions

Die Action-Creator-Klassen beinhalten keine spezifische Logik, die getestet werden muss. In manchen Blogartikeln wird vorgeschlagen, die korrekte Zusammensetzung der Objekte zu prüfen, damit eine Action stets den richtigen `type` besitzt. Wir sind der Meinung, dass solche trivialen Tests keinen Mehrwert liefern und deshalb nicht notwendig sind.

Reducer

Ein Reducer ist eine Pure Function, liefert also für die gleiche Eingabe immer die gleiche klar vorhersehbare Ausgabe. Diese Eigenschaft kommt uns beim Testing zugute, denn wir können Reducer isoliert testen, ohne dass Angular dafür benötigt wird. Dazu rufen wir die Reducer-Funktion mit einem Startzustand und einer Action auf und prüfen den erzeugten neuen Zustand.

```
it('should enable the loading flag', () => {
  const state = { books: [], loading: false };
  const action = new LoadBooks();

  const newState = reducer(state, action);
  expect(newState.loading).toBe(true);
});
```

Listing 20–46 *Reducer testen*

Selektoren

Zum Testen von Selektoren gibt es verschiedene Herangehensweisen. Auch wenn ein Selektor mithilfe von `createSelector()` erstellt wurde, so ist er weiterhin nur eine Funktion, die den State als Argument erhält und Berechnungen über die Daten ausführt. Wir können also auch Selektoren isoliert testen, ohne dass wir einen Store oder das Angular-Framework benötigen. Dazu erstellen wir im Test ein State-Objekt, das alle benötigten Daten enthält. Wir wenden den Selektor darauf an und prüfen das Ergebnis. Wichtig ist, dass wir in diesem Stub stets die Struktur des Root-States abbilden, denn der ist ja auch der Ausgangspunkt eines jeden Selektors.

Listing 20–47 *Einfache Selektoren testen*

```
it('should get the book list', () => {
  const books = ['a', 'b', 'c'];
  const state = {
    book: { books, loading: false }
  };

  const result = getAllBooks(state);
  expect(result).toEqual(books);
});
```

Bei komplexeren Selektoren, die mehrere andere Selektoren als Grundlage verwenden, liegt die kritische Logik in der Projektionsfunktion, die im letzten Argument von `createSelector()` angegeben wird. Es ist deshalb in den meisten Fällen ausreichend, nur diese Projektion zu testen. Zugriff auf die Funktion erhalten wir mit `mySelector.projector`:

Listing 20–48 *Projektionsfunktion testen*

```
it('should get the book list', () => {
  const books = ['a', 'b', 'c'];
  const bookState = { books, loading: false };

  const result = getAllBooks.projector(bookState);
  expect(result).toEqual(books);
});
```

Effects

Effects sind nur schwierig isoliert zu testen, denn sie greifen auf verschiedene Abhängigkeiten aus der Anwendung zu. Dazu ist nicht nur das Modul *@ngrx/effects* nötig, sondern auch alle verwendeten HTTP-Services. Außerdem muss das Observable `actions$: Actions` mit einem Strom von Actions versorgt werden, und wir wollen keinen vollständigen Store aufsetzen.

NgRx bietet dafür die Funktion `provideMockActions()`, die einen gemockten Strom von Actions bereitstellt. Tests für Effects müssen mithilfe von `TestBed` definiert werden, sodass wir die Dependency Injection von Angular nutzen können. Alle verwendeten Services müssen selbstverständlich auch durch Mocks oder Stubs ersetzt werden, damit keine echten HTTP-Requests ausgeführt werden.

Listing 20–49
Grundgerüst zum Testen von Effects

```
// ...
import { provideMockActions } from '@ngrx/effects/testing';

describe('BookEffects', () => {
  let actions$: Observable<any>;
  let effects: BookEffects;

  beforeEach(() => {
    TestBed.configureTestingModule({
      providers: [
        BookEffects,
        provideMockActions(() => actions$)
      ]
    });

    effects = TestBed.get(BookEffects);
  });
});
```

Marble Testing

Für die konkreten Tests müssen wir ein Observable von Actions bereitstellen und das ausgegebene Observable sowie die ausgeführten Seiteneffekte prüfen. Dazu eignet sich das Konzept des Marble Testing: Anstatt ein Observable wie üblich zu erzeugen, notieren wir den geplanten Datenstrom als Marble-Diagramm direkt im Test und definieren damit die Eingabe und die erwartete Ausgabe. Die technische Grundlage dafür bietet das Paket `jasmine-marbles`.[17] Das Projekt stellt auch den Matcher `toBeObservable()` zur Verfügung, mit dem wir in der Expectation direkt gegen das erzeugte Observable prüfen können:

Listing 20–50
Effects testen mit Marbles

```
import { hot, cold } from 'jasmine-marbles';

it('should fire LoadBooksSuccess for LoadBooks', () => {
  const action = new LoadBooks();
  const completion = new LoadBooksSuccess({ books });
```

[17] https://ng-buch.de/a/85 – npm: jasmine-marbles

```
  actions$ = hot('--a-', { a: action });
  const expected = cold('--b', { b: completion });

  expect(effects.loadBooks$).toBeObservable(expected);
});
```

Fazit

Mithilfe von Redux und NgRx können wir die Zustandsverwaltung in der Anwendung zentralisieren. Redux setzt auf ein unveränderliches Zustandsobjekt, das mithilfe von Pure Functions im Store verwaltet wird. Alle Ereignisse der Anwendung werden durch Actions signalisiert, die Änderungen am Zustand auslösen können. Dabei erzeugen die Reducer einen neuen Zustand, der über ein Observable an alle Abonnenten ausgegeben wird. Jeder Baustein von NgRx hat eine klar definierte Aufgabe, was eine konsistente Struktur in das Projekt bringt. Die Teile der Architektur sind stark entkoppelt, sodass sie unabhängig voneinander entwickelt und gewartet werden können.

Mit Redux lassen sich komplexe Strukturen in Projekten harmonisieren. Das bedeutet allerdings nicht, dass Redux für jede Anwendung die passende Architektur ist. Bewerten Sie deshalb für ein Projekt zunächst, ob sich der Einsatz von Redux wirklich lohnt. Die Thematik ist nicht trivial – um eine solche zentrale Zustandsverwaltung sicher und effektiv einzusetzen, braucht es Zeit und Übung. Die offizielle Dokumentation von NgRx[18] ist ein guter Ausgangspunkt, um alle Funktionen und Konzepte weiter zu studieren.

Zusätzlich haben wir das Beispiel aus diesem Kapitel auf GitHub zur Verfügung gestellt, sodass Sie den Code vollständig nachvollziehen können. Dort sind auch weitere Features aus dem BookMonkey mit NgRx umgesetzt.

Demo und Quelltext:
https://ng-buch.de/bm3-ngrx

[18] https://ng-buch.de/a/86 – NGRX: Reactive State for Angular

21 Powertipp: Redux DevTools

Ein besonderer Vorteil der Redux-Architektur ist das sogenannte *Time Travel Debugging*. Da stets durch eintreffende Actions ein neuer State im Store erzeugt wird, ist es möglich, die Historie der Ereignisse und Zustände nachzuvollziehen. Die Redux DevTools unterstützen uns dabei mit einer grafischen Oberfläche, über die wir alle Actions und Zustandsänderungen kontrollieren und debuggen können.

Die DevTools installieren

Erweiterung für Google Chrome

Die *Redux DevTools* sind eine Erweiterung für Google Chrome. Um sie zu verwenden, besuchen wir den Webstore und installieren die Extension im Browser.[1]

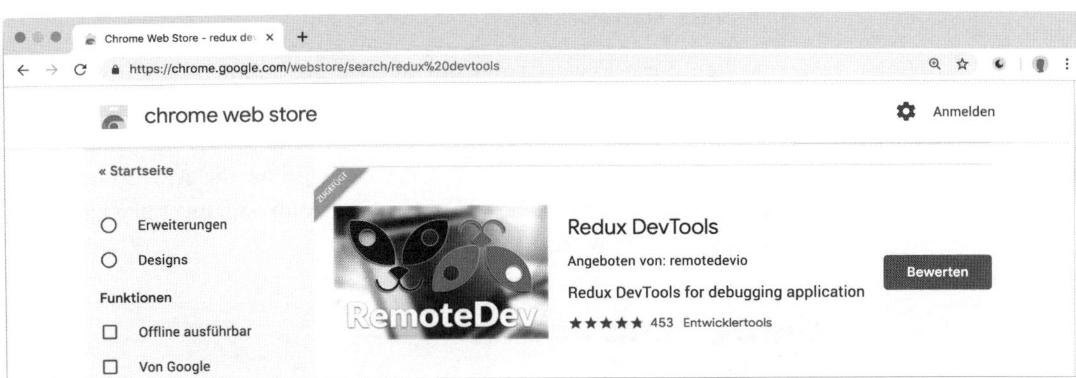

Abb. 21–1
Redux DevTools installieren

Die DevTools in der Anwendung registrieren

Um Informationen aus unserem Store mit dem Entwicklerwerkzeug zu teilen, müssen wir in der Anwendung die passende Schnittstelle schaffen. Dazu bringt NgRx das Modul *@ngrx/store-devtools* mit, das diese Schnittstelle zur Kommunikation implementiert.

[1] https://ng-buch.de/a/87 – Chrome Web Store: Redux DevTools

Der einfachste Weg zur Einrichtung ist es, das Modul mithilfe von `ng add` in das Projekt einzufügen. Im vorhergehenden Kapitel zum State Management mit Redux haben wir diesen Schritt bereits bei der Einrichtung auf Seite 567 erledigt.

Listing 21–1 *DevTools in der Anwendung installieren*

```
$ ng add @ngrx/store-devtools
```

Damit werden die benötigten Abhängigkeiten installiert, und das zugehörige `StoreDevtoolsModule` wird in das `AppModule` der Anwendung eingebunden.

Listing 21–2 StoreDevtoolsModule *im* AppModule *registrieren* (app.module.ts)

```
// ...
import { StoreDevtoolsModule } from '@ngrx/store-devtools';
import { environment } from '../environments/environment';

@NgModule({
  // ...
  imports: [
    // ...
    StoreDevtoolsModule.instrument({ maxAge: 25, logOnly:
    ↪ environment.production })
  ]
})
export class AppModule { }
```

Nur im Entwicklungsmodus einsetzen

Wir wollen diese Erweiterung nur aktivieren, solange die Anwendung nicht für den Produktionsbetrieb bereitgestellt wird. Deshalb wird die Einstellung `logOnly` aktiviert, wenn die Variable `production` in der Umgebung auf `true` gesetzt ist. Das sorgt dafür, dass die Anwendung nur dann mit den DevTools kommuniziert, wenn sie im Entwicklungsmodus ausgeführt wird.

Die DevTools nutzen

Um die *Redux DevTools* in Chrome einzusetzen, öffnen wir die Chrome Developer Tools. Nach der Installation der Erweiterung finden wir hier einen neuen Reiter *Redux*.

Historie aller Actions

In der Abbildung 21–2 sind fünf Actions in der Historie auf der linken Seite zu sehen. Die ersten drei Einträge mit dem Präfix `@ngrx` stammen vom System und werden automatisch bei der Initialisierung dispatcht. Danach folgen die Aktionen `[Book] Load Books` und `[Book] Load Books Success`. Anhand dieser Liste kann genau nachvollzogen werden, was bisher geschehen ist: Es wurde die Aufforderung zum Abrufen der

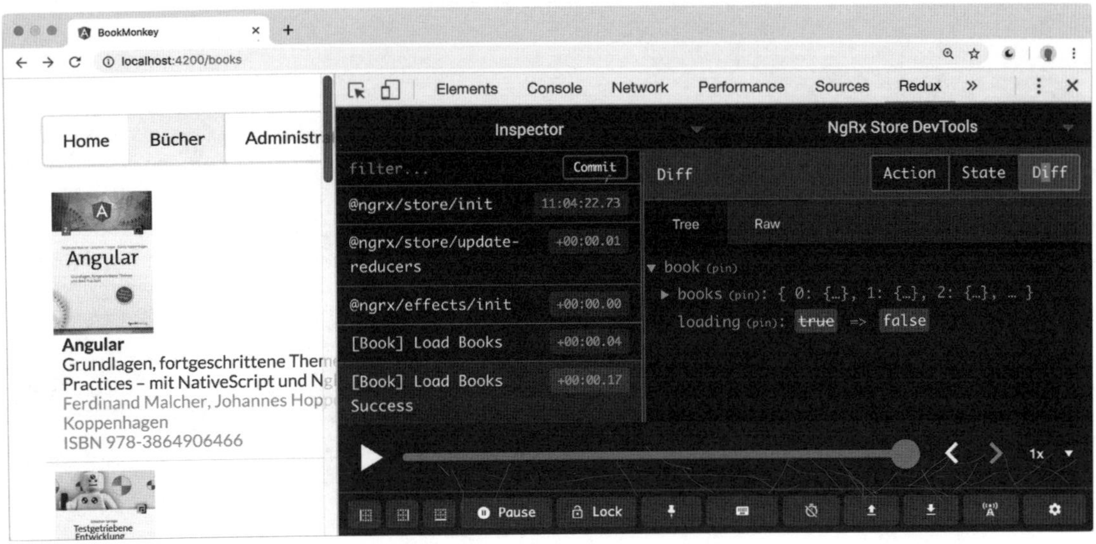

Abb. 21–2
Actions in den DevTools anzeigen

Buchliste in den Store geschickt, und die Liste kam schließlich vom Server zurück.

Wählen wir eine Action aus, werden auf der rechten Seite die Änderungen zum vorhergehenden Zustand visualisiert. Nachdem die Buchliste geladen wurde, wurde das `loading`-Flag von `true` auf `false` geändert und die Buchliste wurde in das Property `books` eingefügt. Mit den Reitern *Action* und *State* können wir das Action-Objekt und den State betrachten, wie er nach der Verarbeitung dieser Action aussah.

Time Travel Debugging

Mit der Historie der Actions können wir außerdem das Time Travel Debugging durchführen. Dazu besitzt jeder Eintrag in der Liste zwei Buttons: *Jump* und *Skip*. Damit können wir einzelne Actions überspringen oder den Zustand zu einem bestimmten Zeitpunkt rekonstruieren. Die Anwendung reagiert live auf die Zustandsänderungen, sodass wir das Ergebnis direkt im Browser betrachten können. Am unteren Rand befindet sich außerdem ein Slider, mit dem wir schrittweise durch die Zustände der Anwendung navigieren können.

In Abbildung 21–3 wurde die Action `Load Books Success` mit der Schaltfläche *Skip* übersprungen. Nun ist links in der Anwendung der Ladeindikator zu sehen.

States exportieren

Weitere interessante Features verstecken sich hinter den Buttons am unteren Rand: Damit können wir unter anderem alle Actions und Zustände als JSON-Datei exportieren und später wieder importieren. Ein solcher Export kann z. B. an ein anderes Teammitglied übermittelt werden, das damit den gleichen Anwendungsstatus erzeugen kann wie wir.

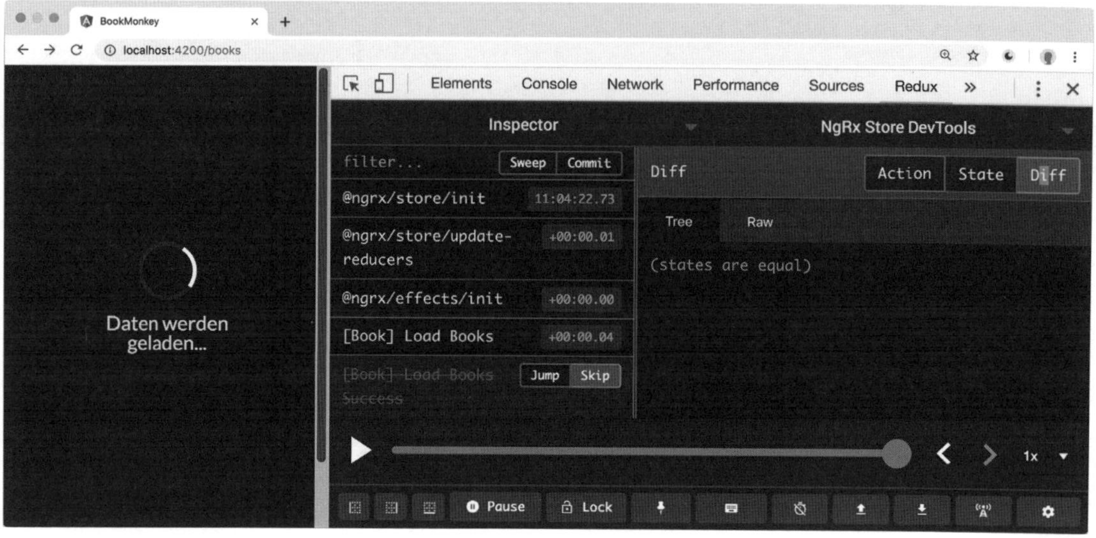

Abb. 21–3
Time Travel Debugging

22 NativeScript: mobile Anwendungen entwickeln

»NativeScript brings together the convenience of web development with the capabilities and performance of the native mobile world.«

Stanimira Vlaeva
(Google Developer Expert und Mitglied im NativeScript Core Team)

Wir haben Angular bisher stets dafür eingesetzt, Webanwendungen zu entwickeln, die in einem Webbrowser laufen. Der Browser ist allerdings nur eine von vielen Plattformen, in denen Angular arbeiten kann.

Native Mobile-Apps mit Angular

NativeScript ist eine Toolsammlung, mit der wir native Apps für Android und iOS entwickeln können. Das HTML-Markup wird allerdings nicht von einem Webbrowser gerendert, sondern in native View-Elemente umgesetzt.

In diesem Kapitel stellen wir die Konzepte von NativeScript vor. Wir werden dabei am Beispiel erfahren, wie sich Angular auch in andere Umgebungen als in den Webbrowser nahtlos integriert. Außerdem wollen wir den BookMonkey auf NativeScript portieren.

22.1 Mobile Apps entwickeln

Eigenständige Apps für jede Plattform

Hybride Apps mit HTML

Native Apps ohne HTML

Die Anforderungen an moderne Apps sind unter anderem eine ansprechende Ästhetik, ein plattformspezifisches Nutzererlebnis und natürlich bestmögliche Performance. Normalerweise werden hierzu eigenständige Apps für die beiden großen mobilen Betriebssysteme erstellt. Doch parallele Entwicklungen erzeugen gleichzeitig erhöhte Kosten. Eine Antwort darauf sind hybride Apps auf Basis von HTML und JavaScript. Ein bekannter Vertreter dieser Kategorie ist das Framework *Ionic*.[1] Auch Ionic können wir direkt mit Angular nutzen. Die Entwicklung einer hybriden App bringt jedoch ein paar technische Beschränkungen mit sich. Durch NativeScript ist es möglich, direkt mit JavaScript native Apps zu entwickeln. Diese Apps sind nicht mehr von

[1] https://ng-buch.de/a/88 – Ionic: Cross-Platform Mobile App Development

Lösungen unterscheidbar, die klassisch auf Basis von Objective-C bzw. Swift oder Java entwickelt worden sind. NativeScript bietet eine vergleichbare Performance wie eine native App und verwendet die normalen Bedienelemente des jeweiligen mobilen Betriebssystems.

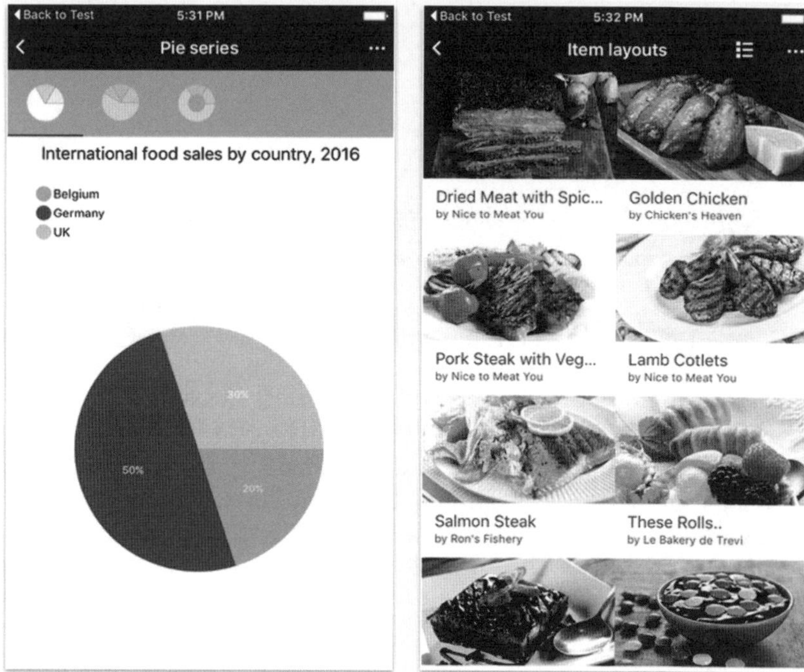

Abb. 22–1 *Zwei NativeScript-Screens unter iOS*

22.2 Was ist NativeScript?

Framework für mobile Apps

NativeScript[2], auch häufig als `{N}` abgekürzt, ist ein Open-Source-Framework zur Entwicklung von mobilen Apps. Neben dem reinen JavaScript wird auch TypeScript direkt unterstützt, was eine gute Grundlage für die Arbeit mit Angular ist. Aktuell stehen als Zielplattform sowohl Android als auch iOS zur Verfügung.

Native Apps mit JavaScript

Auf den ersten flüchtigen Blick scheint das Framework eine weitere Variante des hybriden Ansatzes auf Grundlage von HTML zu sein. Doch dem ist nicht so: NativeScript reiht sich in eine völlig neue Disziplin ein. Hier geht es darum, JavaScript als vollwertige Programmiersprache für Apps zu etablieren. Weitere Frameworks, die native Apps auf Grundlage von JavaScript ermöglichen, sind *React Native* von Facebook und *Appcelerator Titanium*. Bei allen drei Lösungen fällt der Umweg über HTML und den DOM weg. Die Frameworks ermöglichen

[2] https://ng-buch.de/a/89 – NativeScript

die direkte Verwendung von nativen UI-Elementen aus der JavaScript-Umgebung heraus. Bei NativeScript für Android ist diese Umgebung Googles V8 Engine.[3] Unter iOS kommt JavaScriptCore[4] zum Einsatz.

22.3 Warum NativeScript?

Die technische Grundlage mag zwar spannend sein, doch im Projektalltag zählen praktische Gründe. Eine Reihe von Gegebenheiten spricht für den Einsatz von NativeScript.

Wiederverwendung von bestehenden Skills

Das Erlernen einer neuen Programmiersprache zum Zwecke der App-Entwicklung ist anstrengend und aufwendig. Der Erwerb von Grundlagen einer Programmiersprache ist dabei noch das kleinere Problem. Der eigentliche Aufwand liegt im Detail. Es ist ein mühsamer und intensiver Prozess, bis ein Neueinsteiger tatsächlich alle Aspekte einer Programmierwelt kennt und sicher beherrschen kann. Während dieser Einarbeitung stehen die Entwickler natürlich nicht mehr mit dem gewohnten Potenzial und der üblichen Kapazität zur Verfügung.

Erlernen neuer Technologien kostet Zeit.

Durch die Kenntnisse um Angular steht uns bereits ein großer Teil des notwendigen Wissens zur Verfügung. Wir können ganz einfach weiter in TypeScript entwickeln und das bekannte Tooling (wie etwa Visual Studio Code) weiter verwenden.

Wiederverwendung von bestehendem Code

Durch den Einsatz der Programmiersprache TypeScript bietet es sich an, bestehende Geschäftslogik oder Bibliotheken aus dem Internet weiterzuverwenden. Mit dem Repository NPM steht ein großer Fundus von JavaScript-Bibliotheken zur Auswahl.

NPM-Pakete

Wenn wir zum Beispiel ein Datum formatieren wollen, dann können wir dafür die bekannte Bibliothek *moment* nutzen. Nach einer Installation mit `npm install moment` steht uns die Funktionalität auch in NativeScript wie üblich zur Verfügung:

Listing 22–1 *Verwendung eines NPM-Pakets*

```
import moment from 'moment';
const formattedTime = new moment().format('HH:mm:ss');
```

Hier ist allerdings etwas Vorsicht geboten, denn NativeScript bietet keinen DOM und kennt auch die Schnittstellen von Node.js nicht. Es funktionieren also nicht alle NPM-Pakete uneingeschränkt in NativeScript.

[3] https://ng-buch.de/a/17 – Google V8

[4] https://ng-buch.de/a/90 – JavaScriptCore

Neben JavaScript-Bibliotheken ist es übrigens auch möglich, bestehende native Fremdbibliotheken für Android und iOS anzusprechen. Das bedeutet, dass wir nicht in der JavaScript- bzw. NativeScript-Welt gefangen sind. Wenn es notwendig ist, können wir auch sehr plattformspezifischen Code aufrufen. Von diesem Prinzip macht auch die Komponentensammlung »NativeScript UI«[5] Gebrauch. Die bestehenden Komponentensammlungen sind hier vom Hersteller mit einem JavaScript-Wrapper vereinheitlicht worden.

Native Bibliotheken

Direkter Zugriff auf native APIs

Manchmal werden wir einfach nicht drum herumkommen und müssen tief in das darunterliegende Betriebssystem einsteigen. Für diese Fälle bietet NativeScript den direkten Zugriff auf native APIs aus JavaScript heraus an. Das ist ein großer Vorteil gegenüber React Native und Appcelerator, wo dies nicht so einfach möglich ist. Diesen Aspekt werden wir gleich noch einmal näher beleuchten.

Open Source

Die Gretchenfrage in Sachen Software lässt sich bei NativeScript ohne Bauchschmerzen beantworten. Ja, das Framework ist Open Source! Es steht unter der *Apache License, Version 2.0* (ASLv2), welche die Kombination mit proprietärem Code erlaubt. Es ist problemlos möglich, einen kompletten NativeScript-Workflow mittels der offenen *NativeScript CLI*[6] aufzubauen. Zusätzlich existieren kommerzielle Angebote für komplexe Widgets und Enterprise Support.

Apache License 2.0

Nahtlose Integration in Angular und die Angular CLI

NativeScript lässt sich sehr einfach mit dem Workflow der Angular CLI verknüpfen. Dazu bietet das Projekt sogenannte *Schematics* an – jene Skripte, die hinter Befehlen wie `ng generate` stecken. Wir können das Projekt von Anfang an für mehrere Plattformen ausrichten – Web, Android und iOS – und behalten stets eine einheitliche Projektstruktur. Auch wenn wir uns erst später dazu entscheiden, NativeScript in unserem Projekt zu nutzen, helfen uns die Schematics, NativeScript in unsere bestehende Struktur zu integrieren. Somit müssen wir lediglich neue Templates anlegen, können aber die gesamte Geschäftslogik unserer Anwendung übernehmen.

---

[5] https://ng-buch.de/a/91 – NativeScript UI: Professional UI Components
[6] https://ng-buch.de/a/92 – NPM: NativeScript CLI

22.4 Hinter den Kulissen

Wie ist es möglich, unter Verwendung einer einzigen Codebasis mehrere Plattformen anzusprechen? Die Grundlage hierfür bietet das NPM-Paket *Telerik NativeScript Core Modules* (kurz: `tns-core-modules`). Die darin enthaltenen Module bilden eine Abstraktionsschicht, die spezifische Implementierungen für die unterstützten Plattformen enthält. Hier finden sich Module für die unterschiedlichen Aspekte der mobilen Entwicklung, von UI-Abstraktion zu Gerätesensoren bis hin zum Hardwarezugriff (siehe Abbildung 22–2).

Core-Module abstrahieren die nativen APIs.

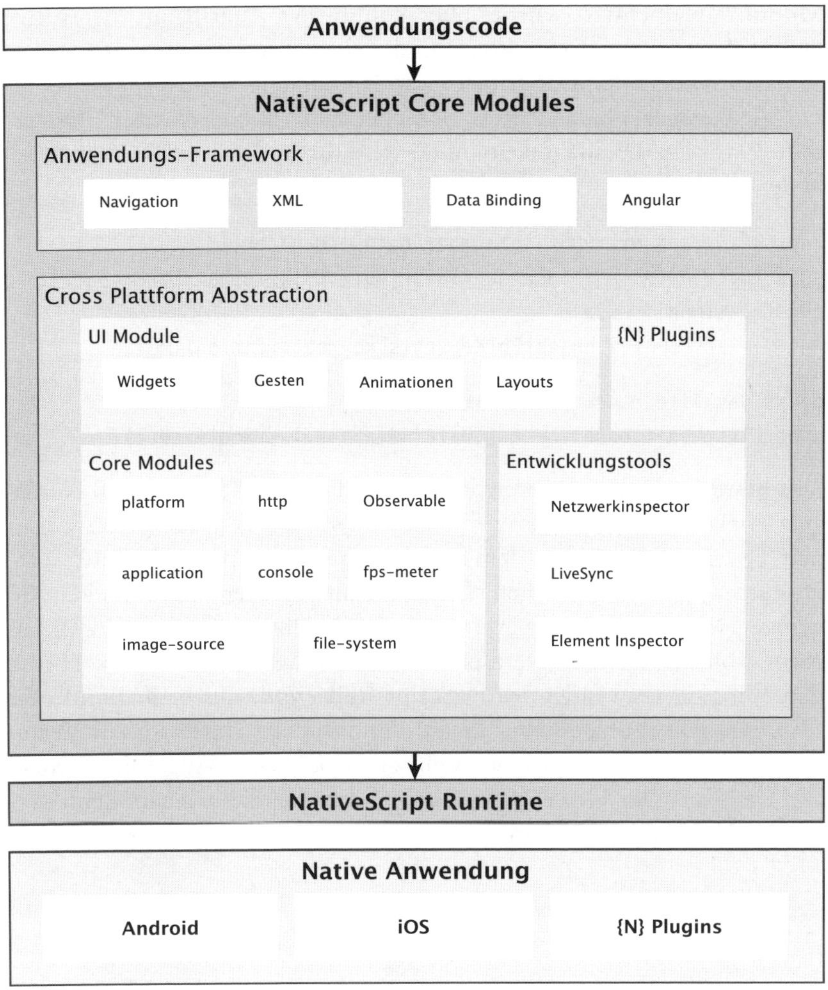

Abb. 22–2
Die Abstraktionsschicht von NativeScript in einer Übersicht

Eigene Module können wir im selben Stil erstellen und das Software-Ökosystem erweitern.[7]

22.5 Plattformspezifischer Code

Es gibt Situationen, in denen der Aufruf von plattformspezifischem Code notwendig wird. Das kann zum Beispiel der Fall sein, wenn eine Funktionalität tatsächlich nur auf der jeweiligen Plattform existiert, wenn eine native Fremdbibliothek eingebunden werden soll oder das gewünschte Feature tatsächlich einfach noch nicht über ein Core-Modul implementiert wurde. Hier kommt der Zugriff auf die Native API ins Spiel. Die native Welt kann dabei so aufgerufen werden, als ob es sich um normale JavaScript-Methoden handeln würde.

Native API

Als Beispiel soll das Datum der letzten Modifikation einer Datei ermittelt werden. Diese Funktionalität wird für Android und iOS gänzlich anders umgesetzt.

Listing 22–2
Zugriff auf das Datum der letzten Modifikation unter iOS

```
const fileManager = NSFileManager.defaultManager();
const attributes = fileManager.attributesOfItemAtPathError(path);
const lastModifiedDate =
    ↪ attributes.objectForKey(this.keyModificationTime);
```

Listing 22–3
Zugriff auf das Datum der letzten Modifikation unter Android

```
const javaFile = new java.io.File(path);
const lastModifiedDate = new Date(javaFile.lastModified());
```

Native Methoden transparent in JavaScript verwenden

Das Beste an der gezeigten Syntax ist die Tatsache, dass sowohl Namespaces als auch Attribute und Typen sowie die gesamten Konventionen bei der Benennung dem Pendant aus der Android- bzw. iOS-Dokumentation entsprechen. Dasselbe gilt für Fremdbibliotheken. So bringen wir mit geringem Aufwand ein Codefragment aus den Dokumentationen oder dem Netz per Copy and Paste zum Laufen. Hinter den Kulissen verwendet NativeScript *Reflection*, um beim Build eine Liste von APIs aufzubauen, die auf der aktuellen Plattform zur Verfügung stehen und zum globalen Gültigkeitsbereich hinzugefügt werden. Die Details zu der verwendeten Technik können Sie in einem detaillierten Artikel[8] nachvollziehen.

---

[7] https://ng-buch.de/a/93 – Telerik Developer Network: »Building Your Own NativeScript Modules for npm«

[8] https://ng-buch.de/a/94 – Telerik Developer Network: »How NativeScript Works«

UI-Abstraktion

Die Oberflächen der Anwendung müssen natürlich nicht durch eine Aneinanderreihung von JavaScript-Befehlen realisiert werden. Mit NativeScript können wir die UI auch bequem über ein spezielles Markup definieren. Dazu verwenden wir Elemente wie `Button`, `TextField`, `DatePicker` usw. Diese werden beim Build in die jeweiligen nativen Oberflächenelemente umgewandelt. Im Folgenden ist ein einfaches Beispiel für *NativeScript Core*, das heißt, wir sehen die originale NativeScript-Syntax ohne die Template-Syntax von Angular (`doSomething` hat keine Funktionsklammern):

Oberflächen werden mit Markup definiert.

Listing 22–4
Eine einfache Seite mit Text und Button

```
<Page>
  <StackLayout>
    <Label text="Name"></Label>
    <TextField text="{{nameAttribute}}"></TextField>
    <Button text="Press Me" tap="doSomething"></Button>
  </StackLayout>
</Page>
```

Beim Build der Anwendung wird jedes Element durch das jeweilige native Äquivalent ersetzt. So wird etwa aus dem `TextField` je nach Plattform `android.widget.EditText` (bei Android) bzw. `UITextField` (bei iOS).

22.6 Widgets und Layouts

Die Elemente im Markup repräsentieren UI-Views. Die meisten UI-Views sind lediglich Wrapper für ein entsprechendes natives View der jeweiligen Plattform. Statt des Begriffs *UI-View* spricht man häufig auch einfach nur von *Widgets*. NativeScript kennt im Auslieferungszustand folgende Widgets:

- ActivityIndicator
- Button
- DatePicker
- Dialogs
- HtmlView
- Image
- Label
- ListPicker
- ListView
- Progress
- SearchBar
- SegmentedBar
- Slider
- Switch
- TabView
- TextField
- TextView
- TimePicker
- WebView

Der *Button* etwa ähnelt seinem Äquivalent aus der HTML-Welt. Wichtig ist allerdings, dass es kein `click`-Event gibt – schließlich bedienen wir das Gerät nicht mit einer Maus. Stattdessen binden wir in der mobilen Welt folgerichtig gegen das `tap`-Event.

`tap`-*Event für den Button*

```
<Button text="Tap me!" (tap)="myMethod()"></Button>
```

Layout-Container

Weiterhin stellt NativeScript ein rekursives Layout-System zur Verfügung. Sogenannte Layout-Container, die beliebig verschachtelt werden können, bestimmen die Größe und Position ihrer enthaltenen Widgets.

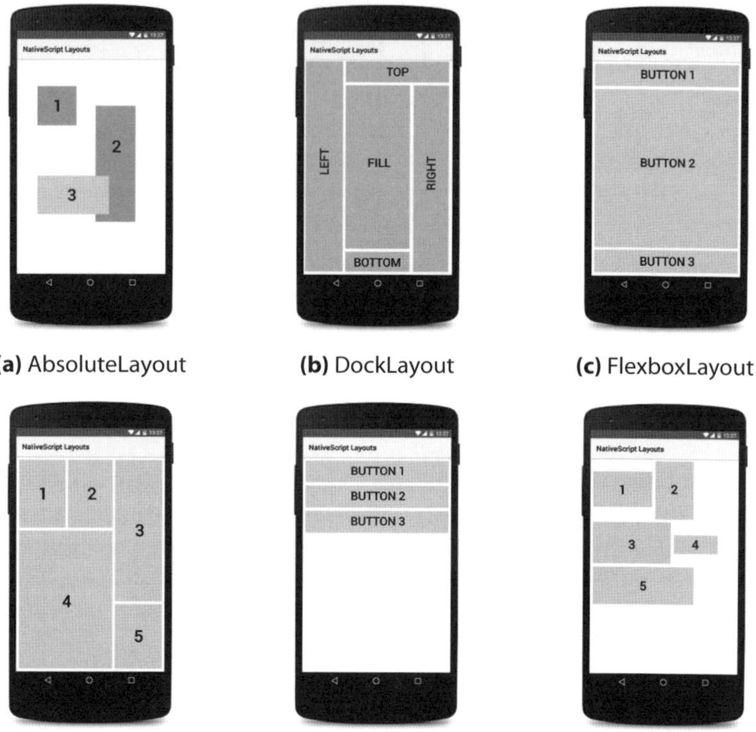

(a) AbsoluteLayout **(b)** DockLayout **(c)** FlexboxLayout

(d) GridLayout **(e)** StackLayout **(f)** WrapLayout

Abb. 22–3
Darstellung der verschiedenen Layouts

22.7 Styling

Native View-Elemente mit CSS-Regeln stylen

Bei der Gestaltung von Webseiten trennen wir stets Struktur (HTML) und Design (CSS). Das direkte Styling von Elementen würde viel zu unübersichtlich sein und zu redundanten Deklarationen führen. Ganz ähnlich verhält es sich bei der Gestaltung einer NativeScript-App. Das Framework folgt hierbei den Spezifikationen von CSS und verwendet die bekannte Syntax, das Prinzip der kaskadierten Regeln und eine Auswahl an Selektoren und Deklarationen.

Mittels CSS lassen sich einfache Dinge wie Hintergrundfarbe und Schriftgröße bis hin zu komplexen Animationen realisieren, wie die folgenden beiden Codebeispiele zeigen.

```
.small-label {
  font-size: 20;
  color: #284848;
  horizontal-align: center;
}
```

Listing 22–5
Hintergrundfarbe und Schriftgröße mit CSS anpassen

```
.button1:highlighted {
  animation-duration: 1s;
  animation-name: test;
}

@keyframes test {
  from { transform: none; }
  20% { transform: rotate(45); }
  50% { transform: rotate(50) scale(1.2, 1.2) translate(50, 0); }
  100% { transform: rotate(0) scale(1.5, 1.5) translate(100, 0); }
}
```

Listing 22–6
Einen Button mit CSS animieren

Eingeschränkter Befehlssatz für CSS

Das Styling mittels CSS ist bei NativeScript im Vergleich zum Browser jedoch sehr limitiert. Es handelt sich hierbei um eine übersichtliche Teilmenge des bekannten Browser-CSS. Das liegt nicht zuletzt auch darin begründet, dass die verfügbaren Eigenschaften dem gemeinsamen Nenner aller unterstützten Plattformen entsprechen müssen.

22.8 NativeScript und Angular

NativeScript wurde als reines JavaScript-Framework geschaffen, das User Interfaces per XML definiert und mit CSS formatiert. In der Kombination mit Angular ergibt sich ein großes Potenzial. Das wurde frühzeitig auch von Google und Progress, der Firma hinter NativeScript, erkannt. Seit Mitte 2015 arbeiten das Angular-Team und das NativeScript-Team zusammen, um beide Frameworks eng aufeinander abzustimmen. Dabei ist es eine gute Fügung, dass beide Projekte auf TypeScript setzen. Das Ergebnis der Zusammenarbeit beider Teams ist die *Angular Rendering Architecture*[9], welche stark durch NativeScript 2 geprägt ist. Vereinfacht ausgedrückt ist die Angular-Architektur hierbei in zwei Teile aufgeteilt:

Angular Rendering Architecture

- **plattformunabhängiger Teil:** Hier wird das Markup durch einen DOM-Adapter geparst und in sogenannte *Proto Views* kompiliert. Dieser Prozess ist nicht spezifisch für eine Zielplattform, und die

[9] https://ng-buch.de/a/95 – Google Docs: Angular Rendering Architecture

meisten Funktionen können in den verschiedenen Plattformen genutzt werden.

- **plattformspezifischer Teil:** Hier geschieht die Magie. Es werden plattformspezifische Renderer verwendet, um die unterschiedlichen Zielplattformen abzubilden. Jene Renderer haben die Aufgabe, aus den *Proto Views* einen *Visual Tree* zu generieren. Dieser kann dann verwendet werden, um die Oberfläche anzuzeigen. Der Renderer ist ebenso dafür verantwortlich, Änderungen und Events zwischen *Proto Views* und *Visual Tree* auszutauschen.

Durch diese offene Architektur ist es möglich, neue Plattformen zu definieren. Es müssen nur die notwendigen Erweiterungen implementiert werden. Hier wird es für uns aus architektonischer Sicht interessant. Mehr zu Plattformen und Renderern finden Sie im Abschnitt »Wissenswertes« auf Seite 673.

Abb. 22–4 *Die Rendering-Architektur von Angular*

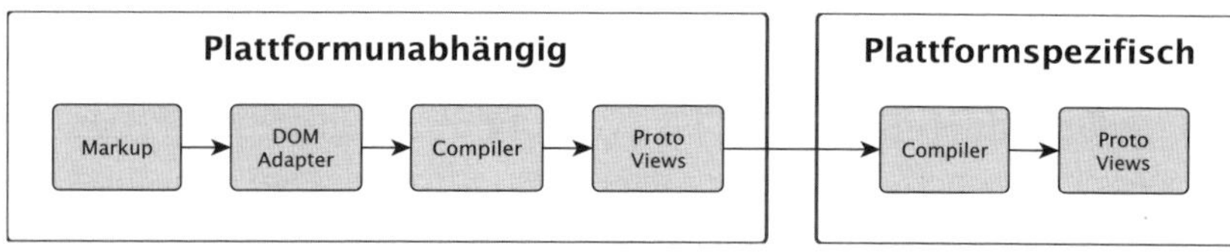

22.9 Angular als Native App

NativeScript Renderer

Auf Grundlage der plattformunabhängigen Architektur kann NativeScript sich nahtlos integrieren. Die Lösung besteht darin, dass das bereits bekannte NativeScript-Markup in HTML-Dokumenten definiert wird und der *DOM Adapter* sowie der *Renderer* ausgetauscht werden. Das NativeScript-Markup profitiert dabei von der prägnanten Template-Syntax von Angular. Jenes Markup kann dann vom DOM-Adapter *parse5* geparst werden. Den größten Anteil an der Umsetzung nimmt der *NativeScript Renderer* ein. Er garantiert nicht zuletzt den Austausch zwischen *Proto Views* und den nativen UI-Komponenten der jeweiligen Plattform.

Abb. 22–5 *Die Rendering-Architektur von Angular mit NativeScript*

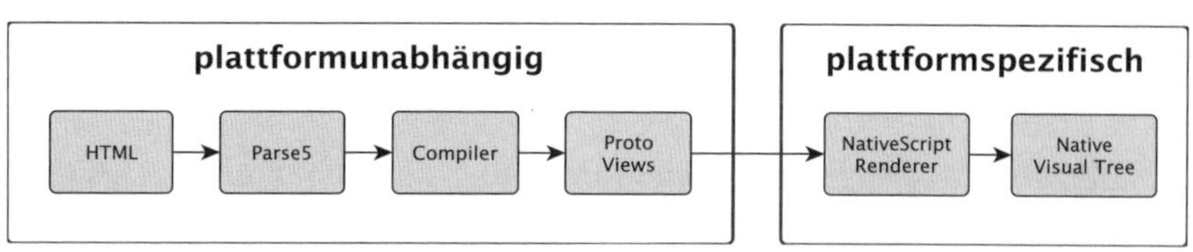

Wir können also unser Wissen zu Angular im Allgemeinen und die Template-Syntax im Speziellen auf eine NativeScript-App übertragen.

Es wäre natürlich möglich, direkt mit purem JavaScript eine NativeScript-App zu entwickeln. Allerdings möchte man den Komfort von Angular in Sachen Template-Syntax, Dependency Injection, Change Detection oder Tooling nicht mehr missen.

22.10 NativeScript installieren

Build-Tool für NativeScript

NativeScript benötigt ein zusätzliches Build-Tool: die NativeScript CLI. Die NativeScript CLI kümmert sich um viele Aspekte, unter anderem können wir das Projekt kompilieren, die Plattformen verwalten und die Anwendung in die App-Stores publizieren. Auch die NativeScript CLI ist über NPM zu beziehen:

```
$ npm install -g nativescript
$ tns --help
```

Der Kommandozeilenbefehl lautet `tns` – was für *Telerik NativeScript* steht. Weiterhin benötigen wir noch das iOS SDK und/oder das Android SDK, je nachdem, auf welchen Zielplattformen wir die Anwendung ausgeben wollen. Die Installation und Einrichtung eines SDK ist leider traditionell ziemlich zeitintensiv und nervenraubend. Das liegt nicht an NativeScript, sondern an den beiden Herstellern. Wir empfehlen hier die Website von NativeScript, wo eine stets aktuell gehaltene Installationsanleitung für macOS, Windows und Linux zu finden ist.[10]

TNS-Doktor

Wenn alles korrekt eingerichtet ist, wird der TNS-Doktor eine beschwerdefreie Diagnose liefern:

```
$ tns doctor
```

22.11 Ein Shared Project erstellen mit der Angular CLI

Schematics nutzen

Das Tooling von NativeScript integriert sich nahtlos in die Angular CLI. Das ist nicht zuletzt dem Umstand geschuldet, dass das Konzept der *Schematics* in der Angular CLI in Version 6 für die Welt geöffnet wurde, sodass jeder Library-Entwickler eigene Skripte zur Codegenerierung bereitstellen kann. Wir haben also die Möglichkeit, die Codegenerierung für die native App direkt mithilfe der Angular CLI vorzunehmen. Mehr noch: Wir können uns auch nach Fertigstellung unserer Webanwendung dazu entscheiden, den bestehenden Code wiederzuverwenden. Die CLI bietet uns die Möglichkeit, unser Projekt um Funk-

[10] https://ng-buch.de/a/96 – NativeScript: Set Up Your System

Arbeiten im Shared Project

tionen und Templates von NativeScript zu erweitern. Das somit entstehende *Shared Project* erleichtert uns die parallele Entwicklung unserer App für die einzelnen Zielplattformen und wir können die bereits entwickelte Geschäftslogik direkt wiederverwenden.

In Abbildung 22–6 ist die Struktur eines solchen Shared Projects dargestellt. Erkennbar sind die Teile unserer Anwendung, die wir sowohl für Web- als auch native Apps verwenden, und jene, bei denen wir plattformspezifische Anpassungen vornehmen müssen. Pipes, Services, Direktiven und Routenkonfigurationen entwickeln wir plattformunabhängig. Das Template der Komponenten und Stylesheets hingegen sind abhängig von der Zielplattform. Weiterhin unterscheiden sich ggf. Module hinsichtlich ihrer Inhalte und Zielplattform. Diese müssen ebenso für die unterschiedlichen Plattformen austauschbar sein.

Abb. 22–6
Der Aufbau des Shared Projects für NativeScript- und Webanwendungen

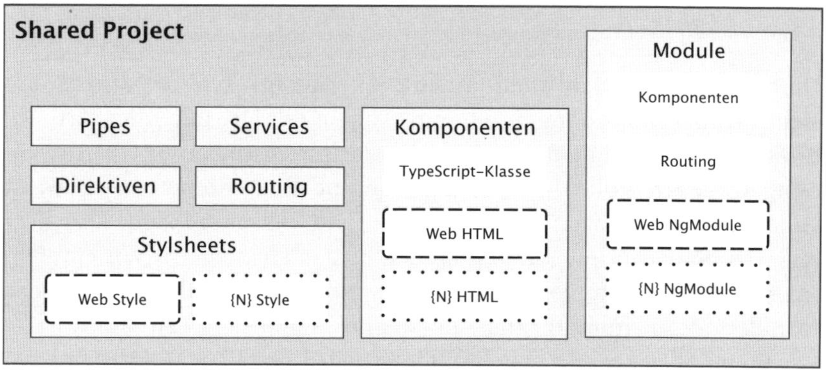

Damit wir die Funktionalitäten von NativeScript in der Angular CLI nutzen können, müssen wir zunächst die Schematics von NativeScript als globales NPM-Modul installieren.

Listing 22–7
Die NativeScript Schematics als globales NPM-Modul hinzufügen

```
$ npm install -g @nativescript/schematics
```

Ein neues Shared Project mit NativeScript-Unterstützung anlegen

Wollen wir direkt beim Anlegen einer neuen Anwendung mit NativeScript starten, müssen wir den Befehl `ng new` aus der NativeScript-Welt verwenden. Mit dem Parameter *collection* legen wir fest, aus welchem Modul die Schematics aufgerufen werden sollen:

```
$ ng new --collection=@nativescript/schematics --name=my-app
    ↪ --shared
```

Listing 22–8
Neues Angular-Projekt mit NativeScript-Funktionalität anlegen

Dadurch wird unser neue Projekt direkt für die Plattformen von NativeScript und Web vorbereitet.

NativeScript in ein bestehendes Projekt einfügen

Haben wir bereits ein Projekt mit der Angular CLI als Webanwendung entwickelt, so können wir die NativeScript-Funktionalitäten auch später hinzufügen. Dafür nutzen wir den Befehl `ng add`:

```
$ ng add @nativescript/schematics
```

Listing 22–9
Ein bestehendes Projekt um die NativeScript-Funktionalitäten erweitern

Die Schematics sorgen nun dafür, dass die wichtigsten Dateien zur Nutzung von NativeScript in das Projekt eingefügt werden. Außerdem werden für uns direkt Startskripte in der Datei `package.json` angelegt, sodass wir den Build komfortabel über die Kommandozeile auslösen können.

Unterscheidung von plattformspezifischem und plattformunabhängigem Code

Das Dateinamen-Suffix .tns für plattformspezifischen NativeScript-Code

Nachdem wir ein neues Projekt mit den Schematics von NativeScript angelegt oder ein bestehendes erweitert haben, erhalten wir eine Reihe von Dateien mit dem Suffix `.tns`. Dieses Suffix dient dazu, zwischen den Plattformen zu unterscheiden: Liegen Dateien mit dem gleichen Namensstamm ohne und mit diesem Präfix vor, so wird die Datei ohne Suffix automatisch für die Erzeugung der Webanwendung genutzt. Die Datei mit dem Suffix im Dateinamen wird für die native Anwendung eingesetzt. Diese Regel gilt sowohl für `.ts` als auch für `.html` und `.css`-Dateien. Existieren einzelne Dateien für Services, Direktiven usw., bei denen nicht im Namensstamm unterschieden wird, so handelt es sich um plattformunabhängigen Code, der für alle Zielplattformen genutzt wird.

Spezielle Suffixe für iOS und Android

Wir können aber auch noch spezifischer werden und das Suffix `.ios` oder `.android` verwenden. In diesem Fall handelt es sich um Code, der nur für die Erzeugung der spezifischen nativen App für die Zielplattformen iOS oder Android genutzt wird. Dies ermöglicht es uns zum Beispiel, Templates für Android- und iOS-Anwendungen unterschiedlich zu gestalten.

In Abbildung 22–7 ist beispielhaft die Struktur eines Shared Projects und die verwendeten Dateien für die spezifischen Zielplattformen dargestellt.

Abb. 22–7
Die Auswahl der richtigen Dateien für den plattformspezifischen Build-Prozess

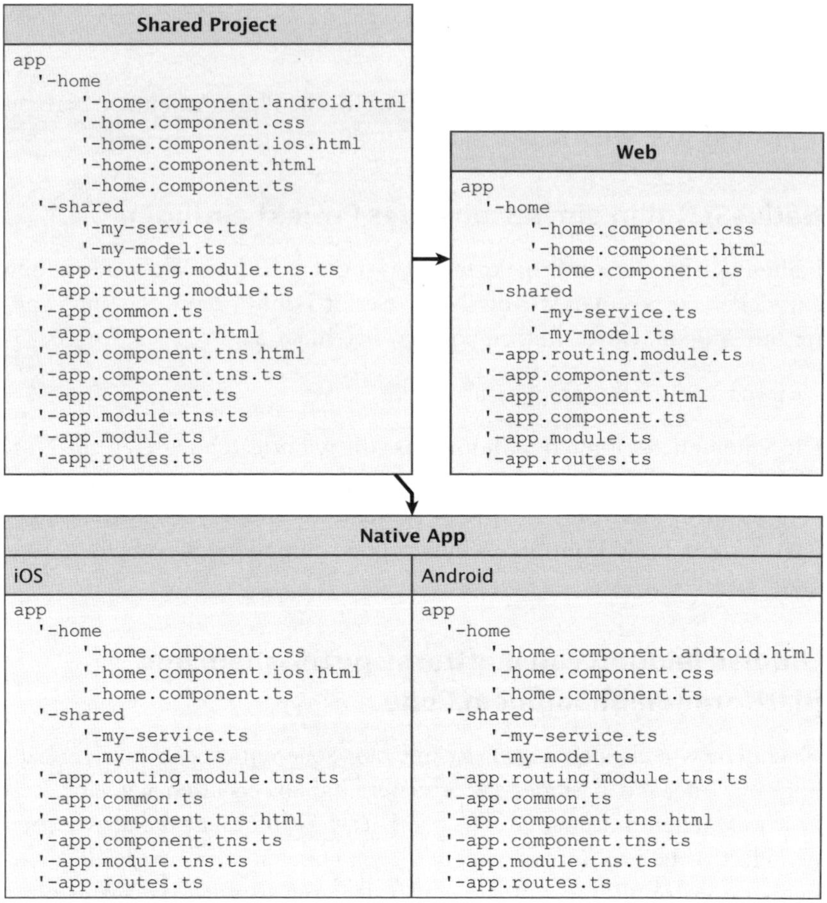

Der Build-Prozess

Zum Bauen der App für die Zielplattform nutzen wir die Skripte, die in der Datei `package.json` hinterlegt sind. Die Webapplikation wird wie bisher auch mit dem Befehl `ng serve` gestartet. Wollen wir die mobile App erstellen, so rufen wir die NativeScript CLI mit dem Befehl `tns run ios --bundle` auf (bzw. `tns run android --bundle`).

Wir haben nun einen Überblick über die Funktionsweise von NativeScript erhalten und haben gelernt, dass NativeScript sich mithilfe der Schematics in den Workflow der Angular CLI integriert. Im nachfolgenden Kapitel wollen wir unser Wissen in die Tat umsetzen und den BookMonkey so umbauen, dass wir eine native mobile App für Android und iOS erhalten.

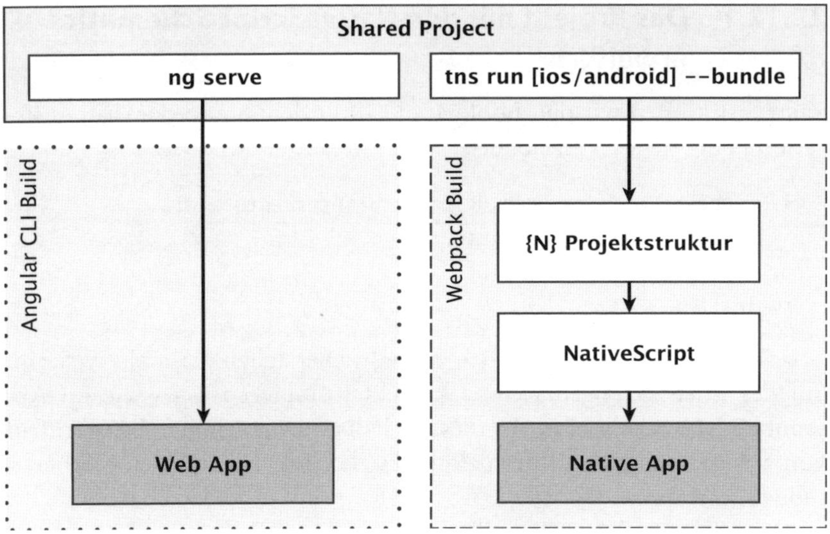

Abb. 22–8
Der Build-Prozess für die verschiedenen Plattformen

22.12 Den BookMonkey mit NativeScript umsetzen

BookMonkey nach NativeScript portieren

Die NativeScript-Dokumentation ist sehr umfangreich und gut gepflegt. Dort finden wir ein detailliertes Tutorial, das sowohl Angular als auch NativeScript erläutert und die Entwicklung einer einfachen App beschreibt.[11] Wir wollen an dieser Stelle das Rad nicht neu erfinden und einen anderen Weg beschreiten: Unser Ziel ist es, den BookMonkey mit HTTP und Routing aus Iteration 3 (Abschnitt 10.1, Seite 181) mit möglichst wenig Aufwand nach NativeScript zu portieren. So können wir uns auf die notwendigen Unterschiede und Besonderheiten konzentrieren. Wir wollen das Projekt dabei als Shared Project nutzen, sodass wir sowohl an der bestehenden Webanwendung als auch den resultierenden nativen Apps entwickeln können.

[11] https://ng-buch.de/a/97 – NativeScript Getting Started Guide

22.12.1 Das Projekt mit den NativeScript Schematics erweitern

Zunächst klonen wir den BookMonkey mit dem Stand der dritten Iteration in ein neues Verzeichnis:

Listing 22–10 Den BookMonkey aus der Iteration 3 klonen

```
$ git clone https://ng-buch.de/bm3-it3-interceptors.git
    ↪ book-monkey3-nativescript
$ cd book-monkey3-nativescript
$ npm install
```

Wir sollten an dieser Stelle noch einmal sicherstellen, dass NativeScript auf der Entwicklungsmaschine korrekt installiert ist, so wie im Abschnitt 22.10 beschrieben. Ist dies der Fall und wir erhalten beim Aufruf von `tns doctor` keine Fehlermeldungen, können wir mit den Vorbereitungen fortfahren.

Im nächsten Schritt installieren bzw. aktualisieren wir die Schematics für NativeScript auf dem System:

Listing 22–11 NativeScript Schematics installieren

```
$ npm install -g @nativescript/schematics
```

Anschließend fügen wir die NativeScript-Funktionalitäten in unser bestehendes Projekt ein. Das Flag `--skipAutoGeneratedComponent` sorgt dafür, dass keine zusätzliche Beispielkomponente angelegt wird:

Listing 22–12 NativeScript in das Projekt einfügen

```
$ ng add @nativescript/schematics --skipAutoGeneratedComponent
```

22.12.2 Die Anwendung starten

Schauen wir uns die entstandene Ordnerstruktur an, so sehen wir, dass eine Reihe von Änderungen und neue Dateien auftauchen. Die Angular CLI fügt uns bereits die Ressourcen für die folgenden Plattformen hinzu:

- `android` (steht unter macOS, Windows und Linux zur Verfügung)
- `ios` (steht nur unter macOS zur Verfügung)

Es entsteht folgende Ordnerstruktur im Projekt:

```
book-monkey
├── App_Ressources
│   ├── Android
│   │   └── ...
│   └── iOS
│       └── ...
├── e2e
│   └── ...
├── src
│   ├── app
│   │   ├── app-routing.module.tns.ts
│   │   ├── app.component.tns.html
│   │   ├── app.component.tns.ts
│   │   ├── app.module.tns.ts
│   │   └── ...
│   ├── app.css
│   ├── main.tns.ts
│   ├── package.json
│   ├── tsconfig.app.json
│   └── ...
├── .editorconfig
├── .gitignore
├── README.md
├── angular.json
├── nsconfig.json
├── package-lock.json
├── package.json
├── tsconfig.json
├── tsconfig.tns.json
├── tslint.json
└── webpack.config.js
```

Anschließend können wir die App bauen und ausführen. Standardmäßig wird der entsprechende Emulator für iOS bzw. Android ausgeführt.

```
$ npm run <PLATFORM>
```

Listing 22–13 *Anwendung auf einer Mobilplattform ausführen*

Starten wir unsere NativeScript-App zum ersten Mal, so kann es notwendig sein, dass wir zunächst die virtuellen Geräte zur Entwicklung starten müssen. Dies geschieht für Android-Geräte mithilfe des AVD-Managers. Arbeiten wir auf einem macOS-System und wollen eine iOS-Anwendung entwickeln, so können wir den Simulator zum Test nutzen.

Probleme beim Starten des Emulators

In seltenen Fällen kann es passieren, dass NativeScript das Zielgerät unter Android oder iOS nicht identifizieren kann. Es erscheint die folgende Ausgabe auf der Konsole, und die Anwendung wird nicht auf dem Emulator installiert bzw. gestartet:

```
Unable to apply changes on device: <Geräte-ID>
```

Sollten Sie vor diesem Problem stehen, kann es helfen, wenn Sie die Plattformeinstellungen noch einmal entfernen und wieder neu erzeugen.

```
$ tns platform remove <PLATFORM>
$ npm run <PLATFORM>
```

Die Anwendung direkt auf einem verbundenen Mobilgerät ausführen

Steht uns ein Mobilgerät für die Entwicklung zur Verfügung, so können wir dieses per USB-Kabel verbinden und die App direkt auf dem Gerät testen. Eine Anleitung dafür finden Sie auf der offiziellen Website von NativeScript.[12]

NativeScript-Apps nutzen: Playground *und* Preview

Eine weitere Möglichkeit, um die erzeugte Anwendung anzuzeigen, bieten die Apps *NativeScript Playground* und *NativeScript Preview*, die von der Firma Progress bereitgestellt werden. Die Apps können wir über den AppStore bzw. den Google Play Store installieren.

https://ng-buch.de/ns-play-i **https://ng-buch.de/ns-play-a**

https://ng-buch.de/ns-prev-i **https://ng-buch.de/ns-prev-a**

Nach der Installation der Apps auf dem Smartphone muss zunächst ein QR-Code für die Vorschau erzeugt werden. Der entsprechende Aufruf wurde bei der Initialisierung des Projekts als NPM-Skript hinterlegt:

[12] https://ng-buch.de/a/98 – NativeScript Sidekick: Chapter 3 – Run Your App on a Device

```
$ npm run preview
```

Listing 22–14
QR-Code für NativeScript Playground erzeugen

Anschließend öffnen wir die App *NativeScript Playground* und scannen den erzeugten Code ein. Jetzt startet unsere Anwendung in der Preview-App! Auch hier wird automatisch erkannt, wenn Änderungen am Quellcode vorgenommen werden, und die Anwendung in NativeScript Preview aktualisiert sich.

Android-Geräte mit dem AVD Manager verwalten

Der *AVD Manager* stellt eine grafische Oberfläche zur Verfügung, um ein Android Virtual Device (AVD) zu erzeugen und verwalten. AVD-Dateien werden durch den Android-Emulator ausgeführt. Wir rufen den AVD Manager auf, wählen ein konfiguriertes Gerät aus und starten es.

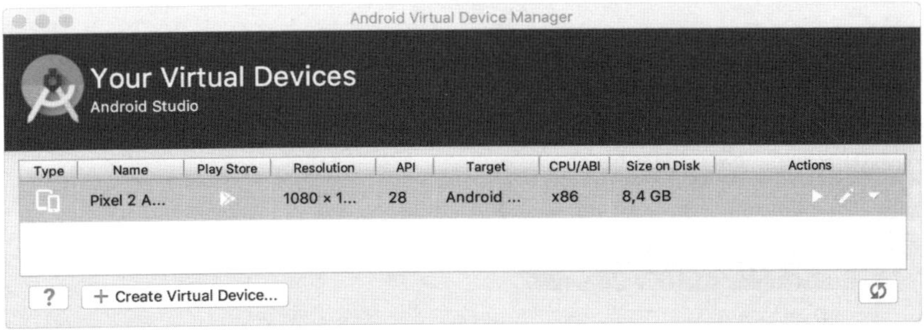

Abb. 22–9
Android SDK: AVD Manager

Anschließend können wir folgenden Befehl ausführen und damit die NativeScript-Anwendung auf dem virtuellen Gerät starten:

```
$ npm run android
```

Den iOS Simulator starten

Mit dem *Simulator* von macOS lassen sich die virtuellen iOS-Geräte verwalten. Sie finden den Simulator durch Eingabe des Begriffs im Finder/Spotlight. Nach Aufruf der Anwendung lässt sich ein Gerät über Hardware » Device aufrufen und starten (Abbildung 22–10).

```
$ npm run ios
```

Das Projekt wird automatisch auf Änderungen überwacht. Durch das sogenannte *LiveSync*-Feature entfällt die Notwendigkeit, das Projekt während der Entwicklung permanent neu zu bauen und neu auf ein Gerät zu deployen. Die Anwendung läuft weiter, und es werden nur die benötigten Änderungen übertragen.

Abb. 22–10
Simulator: iOS Gerätemanager

22.12.3 Das angepasste Bootstrapping für NativeScript

Nun stellt sich die Frage, an welchen Stellen die Weichenstellungen zwischen einer »normalen« Webanwendung und einer nativen Anwendung genau geschehen. Die erste Stelle taucht gleich beim Bootstrapping auf. Neben der bereits bekannten Startdatei `main.ts` wurde die korrespondierende Datei `main.tns.ts` erzeugt. Sie ist der Einstiegspunkt für die NativeScript-Anwendung. Während eine Webanwendung mit `platformBrowserDynamic()` startet, wird für NativeScript eine andere Plattform genutzt: `platformNativeScriptDynamic()`.

Listing 22–15
Bootstrapping mit NativeScript durchführen (main.tns.ts)

```
import { platformNativeScriptDynamic } from
    ↪ 'nativescript-angular/platform';

import { AppModule } from './app/app.module';

platformNativeScriptDynamic().bootstrapModule(AppModule);
```

22.12.4 Das Root-Modul anpassen

Das bisherige Root-Modul (AppModule) gleicht fast dem Root-Modul für NativeScript (app.module.tns.ts). Hier unterscheiden sich lediglich ein paar Imports, für die es ein spezielles NativeScript-Gegenstück gibt.

NativeScript-Module verwenden

- BrowserModule wird zu NativeScriptModule.
- FormsModule wird zu NativeScriptFormsModule (nicht verwendet).
- HttpModule wird zu NativeScriptHttpModule.

Zusätzlich müssen wir den Parser noch per NO_ERRORS_SCHEMA milde stimmen. Die vollständige Datei sehen wir in Listing 22–16.

Listing 22–16
Das migrierte Root-Modul
(app.module.ts)

```
import { NgModule, NO_ERRORS_SCHEMA } from '@angular/core';
import { NativeScriptModule } from
    ↪ 'nativescript-angular/nativescript.module';

import { AppRoutingModule } from './app-routing.module.tns';
import { AppComponent } from './app.component';

@NgModule({
  declarations: [
    AppComponent
  ],
  imports: [
    NativeScriptModule,
    AppRoutingModule,
  ],
  providers: [],
  bootstrap: [AppComponent],
  schemas: [NO_ERRORS_SCHEMA]
})
export class AppModule { }
```

Wie wir sehen, fehlen an dieser Stelle noch die von uns erstellten Komponenten und Provider in der Moduldefinition. Um diese nicht in beide Module app.module.ts und app.module.tns.ts einbinden zu müssen, lagern wir die Arrays in eine neue Datei aus: Die Datei app.common.ts soll nun alle Komponenten und Provider importieren, die wir sowohl in unserer Webanwendung als auch in der mobilen App nutzen. Wir exportieren die Komponenten als Array COMPONENT_DECLARATIONS und die Provider als PROVIDERS. Natürlich sind diese Namen frei wählbar.

Listing 22–17
Datei mit exportierten Bestandteilen
(app.common.ts)

```
import { HTTP_INTERCEPTORS } from '@angular/common/http';
import { Provider } from '@angular/core';

import { AppComponent } from './app.component';
import { HomeComponent } from './home/home.component';
import { BookListComponent } from
    ↪ './book-list/book-list.component';
import { BookListItemComponent } from
    ↪ './book-list-item/book-list-item.component';
import { BookDetailsComponent } from
    ↪ './book-details/book-details.component';
import { SearchComponent } from './search/search.component';

import { TokenInterceptor } from './shared/token-interceptor';

export const COMPONENT_DECLARATIONS: any[] = [
  AppComponent,
  HomeComponent,
  BookListComponent,
  BookListItemComponent,
  BookDetailsComponent,
  SearchComponent
];

export const PROVIDERS: Provider[] = [
  { provide: HTTP_INTERCEPTORS, useClass: TokenInterceptor,
        ↪ multi: true }
];
```

Dadurch dass wir für die Datei weder das Suffix `tns`, `ios` noch `android` verwenden, wird diese sowohl bei der Erzeugung der Webanwendung als auch bei der nativen App berücksichtigt.

Im nächsten Schritt binden wir die exportierten Variablen in die beiden Module ein: `app.module.ts` und `app.module.tns.ts`.

Listing 22–18
Das migrierte Root-Modul
(app.module.ts)

```
// ...
import { COMPONENT_DECLARATIONS, PROVIDERS } from './app.common';

@NgModule({
  declarations: [
    ...COMPONENT_DECLARATIONS
  ],
```

```
  imports: [
    // ...
  ],
  providers: [
    ...PROVIDERS
  ],
  // ...
})
// ...
```

Komponenten mehrfach deklarieren?

Bestimmt erinnern Sie sich an die goldene Regel: *Komponenten dürfen in nur einem einzigen Modul deklariert werden.* Das betrifft natürlich nur die Module einer einzelnen Anwendung. Technisch haben wir hier allerdings zwei Anwendungen mit jeweils einem Root-Modul – wir können die Komponenten also problemlos in beiden Anwendungen deklarieren.

22.12.5 Das Routing anpassen

Das Routing ist ebenso schnell angepasst. Auch hier verwenden wir für beide Anwendungen dieselben Routen. Die Routing-Module unterscheiden sich allerdings zwischen den Plattformen, deswegen greifen wir wieder auf den Trick von eben zurück: Wir legen eine separate Datei an, die nur die Routenkonfigurationen exportiert und von beiden Anwendungen genutzt wird.

Listing 22–19
Routen in eine separate Datei auslagern
(app.routes.ts)

```
import { Routes } from '@angular/router';

import { HomeComponent } from './home/home.component';
import { BookListComponent } from
    ↪ './book-list/book-list.component';
import { BookDetailsComponent } from
    ↪ './book-details/book-details.component';

export const AppRoutes: Routes = [
  {
    path: '',
    redirectTo: 'home',
    pathMatch: 'full'
  },
```

```
  {
    path: 'home',
    component: HomeComponent
  },
  {
    path: 'books',
    component: BookListComponent
  },
  {
    path: 'books/:isbn',
    component: BookDetailsComponent
  }
];
```

Im `AppRoutingModule` für die Webanwendung (`app.routing.module.ts`) importieren wir nun diese Routen.

Listing 22–20
Routing-Modul für die Webanwendung (app-routing .module.ts)

```
import { NgModule } from '@angular/core';
import { RouterModule } from '@angular/router';

import { AppRoutes } from './app.routes';

@NgModule({
  imports: [RouterModule.forRoot(AppRoutes)],
  exports: [RouterModule]
})
export class AppRoutingModule { }
```

Das `AppRoutingModule` für die NativeScript-Anwendung trägt im Dateinamen das Suffix `.tns`. Hier nutzen wir nicht mehr das `RouterModule`, sondern das plattformspezifische `NativeScriptRouterModule`:

Listing 22–21
Routing-Modul für die NativeScript-Anwendung (app-routing .module.tns.ts)

```
import { NgModule } from '@angular/core';
import { NativeScriptRouterModule } from
    ↪ 'nativescript-angular/router';

import { AppRoutes } from './app.routes';

@NgModule({
  imports: [NativeScriptRouterModule.forRoot(AppRoutes)],
  exports: [NativeScriptRouterModule]
})
export class AppRoutingModule { }
```

22.12.6 Die Templates der Komponenten für NativeScript anlegen

Unsere Webanwendung funktioniert mit der jetzigen Konfiguration wie gehabt und kann mit `ng serve` ausgeführt werden.

Die NativeScript-Anwendung hingegen benötigt noch entsprechende Templates für die einzelnen Komponenten unserer Anwendung. Das Schöne hierbei ist: Wir müssen keine Anpassungen an unseren TypeScript-Quelltexten für die einzelnen Komponenten vornehmen.

XML-Template entwickeln

Wir müssen lediglich mithilfe der bereitgestellten Widgets passende Templates für unsere Komponenten entwickeln. Weiterhin sollten wir uns noch für einen Layout-Container entscheiden.

Wir nehmen am besten das `StackLayout` und kombinieren es mit einem `GridLayout`. So werden die beiden enthaltenen `Buttons` gleich groß nebeneinander angezeigt. Da wir nun den Router von NativeScript nutzen, müssen wir auch das `page-router-outlet` verwenden und nicht mehr das normale `router-outlet`. Hier werden später die Startseite (`HomeComponent`), die Buchliste (`BookListComponent`) bzw. die Detailansicht (`BookDetailsComponent`) gezeigt. Es ist zu beachten, dass der NativeScript-Router eigene Direktiven mitbringt. Statt `routerLink` müssen wir deshalb jetzt `nsRouterLink` verwenden.

Andere Direktiven für den Router

Unsere Hauptkomponente der Anwendung soll dementsprechend das folgende Template nutzen:

Listing 22–22 *NativeScript-Template für die* AppComponent (app.component .tns.html)

```
<StackLayout>
  <GridLayout rows="auto" columns="*,*" class="action-bar p-10">
    <Button text="Home" class="text-center action-bar-title"
      ↪ row="0" col="0" nsRouterLink="home"
      ↪ nsRouterLinkActive="active"></Button>
    <Button text="Bücher" class="text-center action-bar-title"
      ↪ row="0" col="1" nsRouterLink="books"
      ↪ nsRouterLinkActive="active"></Button>
  </GridLayout>
  <StackLayout>
    <page-router-outlet></page-router-outlet>
  </StackLayout>
</StackLayout>
```

Zur Dateiendung `.html`

Eigentlich müssten wir die Dateiendung der Templates auf `*.xml` ändern, denn das Markup beschreibt natürlich keine richtigen HTML-Elemente. Aus technischen Gründen spricht nichts dagegen, die Dateiendung wird unterstützt. Andererseits handelt es sich auch nicht um valides XML, denn unsere Datei besitzt keine notwendige XML-Deklaration. Um die Verwirrung weiter zu erhöhen, ist der verwendete Parser (parse5[a]) ein HTML5-Parser, der z. B. keine Self-Closing Tags erlaubt – was in XML möglich wäre. Im Endeffekt ist das Markup nur ein Zwischenschritt, um die Oberflächenelemente zu beschreiben, denn zu keinem Zeitpunkt existiert ein HTML-DOM. Wie man es dreht und wendet: Es handelt sich nicht um »richtiges« HTML, es handelt sich auch nicht um valides XML. Daher können wir es auch einfach bei der bestehenden Dateiendung belassen und weiter komfortabel in unserem Editor arbeiten.

Aber Vorsicht: Diese Eigenheit führt unter anderem dazu, dass es im Komponentenbaum der Anwendung nur ein Root-Element im Template geben darf. Das folgende Beispiel ist somit in der `AppComponent` nicht gültig und kann unter Umständen nicht ausgeführt werden:

```
<StackLayout>
  <Label text="Ein Text"></Label>
</StackLayout>
<page-router-outlet></page-router-outlet>
```

Verwenden Sie deshalb im Template Ihrer Hauptkomponente auf oberster Ebene immer nur exakt ein Element.

[a] https://ng-buch.de/a/99 – GitHub: parse5

Der Style der Komponenten

Um das Aussehen der Komponenten zu definieren, wollen wir die Styles nutzen, die das NativeScript-Projekt bereitstellt. Mithilfe von CSS-Imports können wir die zusätzliche Datei in unsere `app.css` einbinden.

Listing 22–23 *Styles für die App definieren* (app.css)

```
@import '~nativescript-theme-core/css/core.light.css';
```

Die Startseite

Die Startseite (`HomeComponent`) wurde von uns sehr einfach gehalten. Sie zeigt nur den Begrüßungstext und einen Button an. Weiterhin beinhaltet sie das passende Element für die `SearchComponent`.

```
<StackLayout>
  <StackLayout class="m-10">
    <Label class="h2" text="Home"></Label>
    <Label textWrap="true"
      text="Das ist der BookMonkey mit NativeScript"></Label>
    <Button class="btn btn-primary"
      nsRouterLink="../books"
      text="Buchliste ansehen"></Button>
  </StackLayout>
  <bm-search></bm-search>
</StackLayout>
```

Listing 22–24
Template der HomeComponent *mit NativeScript* (home.component .tns.html)

Abb. 22–11
Die Startseite

Die Buchliste

Die Templates für die Buchliste sind ebenso schnell umgesetzt. Wir verwenden ein `ListView` und iterieren über ein `GridLayout`. Das ListView verlangt, dass das Array mit Listenelementen an das Property `items` übergeben wird. Um innerhalb des ListViews auf die einzelnen Listenelemente zuzugreifen, die unsere Buchdaten beinhalten, binden wir `let-item` an `item`. Im `ng-template`-Tag binden wir nun in einem `GridLayout` die Komponenten `BookListItem` ein. Mit dem `nsRouterLink` wollen wir zur Detailansicht weiterleiten, sobald der Listeneintrag angeklickt wird.

Diese Schritte fühlen sich zunächst ungewohnt an, Sie finden alle diese Eigenheiten aber in der Dokumentation. Generell gilt: Übung macht den Meister!

Listing 22–25
NativeScript-Template für die BookListComponent (book-list .component.tns.html)

```
<GridLayout rows="*" columns="*">
  <ActivityIndicator [busy]="!books"></ActivityIndicator>
  <Label *ngIf="books && !books.length" text="Es wurden noch keine
    ↪ Bücher eingetragen."></Label>
  <ListView [items]="books" class="list-group">
    <ng-template let-item="item">
      <GridLayout [nsRouterLink]="item.isbn"
    ↪ class="list-group-item" columns="80, *" rows="auto,*,*,*">
        <bm-book-list-item [book]="item"></bm-book-list-item>
      </GridLayout>
    </ng-template>
  </ListView>
</GridLayout>
```

Bessere Performance mit dem ListView

Wir könnten auch die Direktive `ngFor` verwenden, um über die Listenelemente zu iterieren. Dieser Ansatz sollte jedoch mit Bedacht gewählt werden. Die Direktive hat eine schlechte Performance bei vielen Einträgen, denn alle Widgets müssen im Speicher vorgehalten werden – auch wenn sie nicht sichtbar sind. Dasselbe Problem kennen wir auch bei HTML, wo man den DOM nicht beliebig füllen darf. Aus diesem Grund verwenden wir von vornherein das optimierte Widget `ListView`. Die `ListView` kann zudem auch Daten »lazy« laden und beherrscht das Performance-Feature der Virtualisierung.

Nun füllen wir noch das Template für die einzelnen Listeneinträge mit Leben. Da wir im Template der `BookList` bereits das `GridLayout` gewählt haben, ordnen wir nun mittels `col` und `row` die einzelnen Labels den Positionen innerhalb des Eintrags zu. Wir verwenden jetzt zum ersten Mal das `Image`-Widget, um das Buchcover anzuzeigen.

Das Image*-Widget*

Listing 22–26
NativeScript-Template für die BookListItem-Component (book-list-item .component.tns.html)

```
<Image row="0" col="0" rowSpan="4" *ngIf="book.thumbnails &&
    ↪ book.thumbnails[0] && book.thumbnails[0].url"
    ↪ class="thumb" [src]="book.thumbnails[0].url"></Image>
<Label row="0" col="1" [text]="book.title"
    ↪ class="list-group-item-heading"></Label>
<Label row="1" col="1" *ngIf="book.subtitle"
    ↪ [text]="book.subtitle"
    ↪ class="list-group-item-text"></Label>
<StackLayout row="2" col="1" orientation="horizontal"
    ↪ class="list-group-item-text">
  <Label *ngFor="let author of book.authors; last as l"
    ↪ [text]="author + (!l ? ', ' : '')"></Label>
</StackLayout>
```

```
<Label row="3" col="1" [text]="'ISBN: ' + book.isbn"
  ↪ class="list-group-item-text font-italic"></Label>
```

Die Mühe hat sich gelohnt, unsere Listenansicht kann sich sehen lassen (siehe Abbildung 22–12 auf Seite 630).

DNS-Einstellungen anpassen

Starten wir den Emulator für Android, kann es unter Umständen vorkommen, dass wir noch Anpassungen an den DNS-Einstellungen vornehmen müssen. Dies ist notwendig, da der Android Emulator nicht ohne Weiteres HTTP-Requests außerhalb des Emulators zulässt. DNS-Anfragen können in diesem Fall nicht korrekt aufgelöst werden, und wir erhalten somit keine Daten. Um das Problem zu beheben, folgen Sie bitte den Hinweisen der folgenden Anleitung: https://ng-buch.de/a/100 – Android Developers: Set up Android Emulator networking.

Die Detailansicht

Es fehlt noch die Detailansicht (`BookDetailsComponent`) – dann ist die Anwendung vollständig mit NativeScript umgesetzt. Das Vorgehen ist erneut dasselbe: Wir nutzen wie bisher auch `ScrollView`, `StackLayout`, `Image`, `Label`, `GridLayout` und den Button. Weiterhin kommt das `WrapLayout` zur Auflistung der Autoren zum Einsatz.

Oder Sie probieren ein eigenes Layout aus!

Confirm-Dialog anpassen

Unsere Anwendung sieht nun schon ganz gut aus. Wollen wir jedoch in der Detailansicht ein Buch löschen, so wird uns zwar ein Dialog angezeigt, aber unabhängig davon, wie wir diesen bestätigen: Das Buch wird immer gelöscht. Das liegt daran, dass der Aufruf von `confirm()` lediglich bei der Browserplattform einen Wahrheitswert zurückliefert. In NativeScript werden solche Dialoge jedoch anders aufgerufen.

Um diese Funktionalität zu abstrahieren, wollen wir uns die beiden Hilfsdateien `confirm.tns.ts` und `confirm.ts` im Verzeichnis 🗀`shared` anlegen. Das ist sinnvoll, damit wir nicht die gesamte Komponentenlogik für beide Plattformen anpassen müssen.

Der Confirm-Dialog unter NativeScript liefert eine *Promise* zurück und benötigt neben der Angabe des Textes noch die Bezeichnungen für das Bestätigungs- und Abbruchlabel. Damit beide Dialoge dieselbe API besitzen, implementieren wir auch den Dialog für den Browser so, dass er eine Promise zurückliefert.

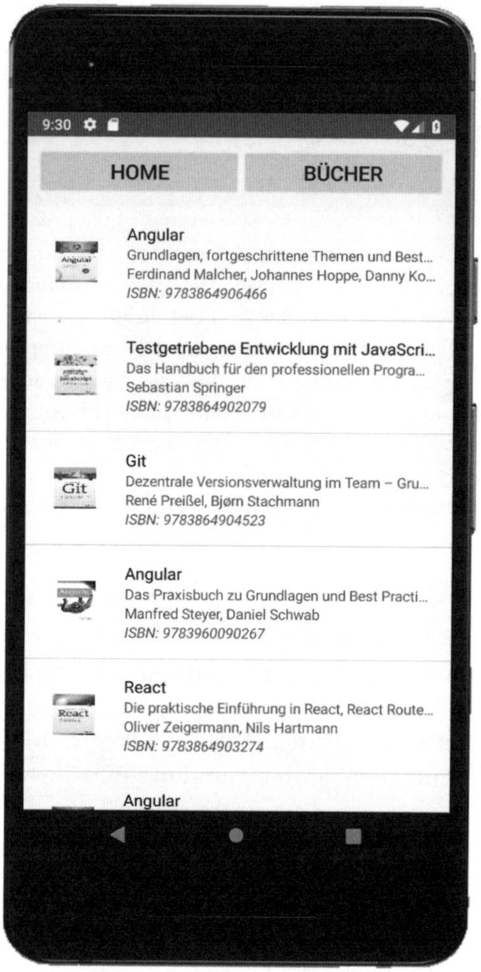

Abb. 22–12
Die Listenansicht

Listing 22–27
Der Confirm-Dialog unter NativeScript
(confirm.tns.ts)

```
import { confirm } from 'tns-core-modules/ui/dialogs';

export function confirmDialog(msg: string) {
  return confirm({
    message: msg,
    okButtonText: 'Ja',
    cancelButtonText: 'Nein'
  });
}
```

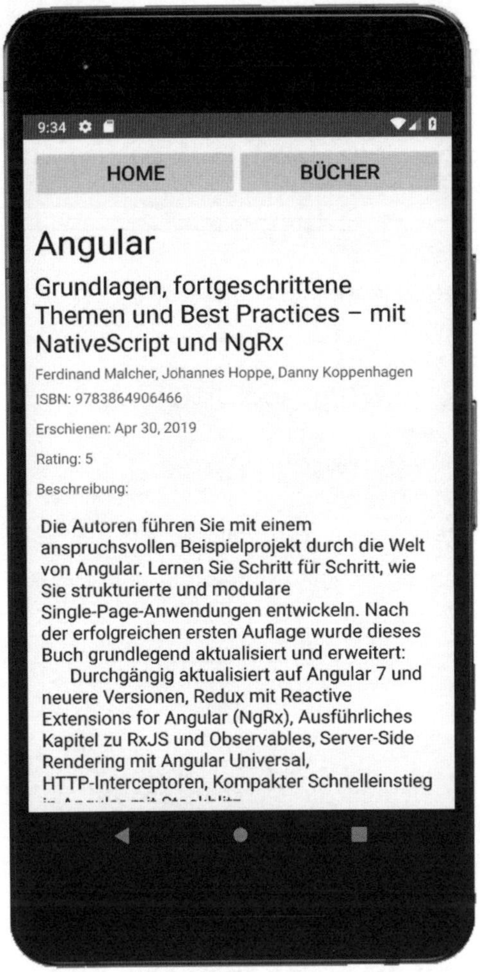

Abb. 22–13
Die Detailansicht

Listing 22–28
Der Confirm-Dialog für den Browser (confirm.ts)

```
export function confirmDialog(msg: string) {
  return new Promise((resolve, reject) => {
    return confirm(msg) ? resolve(true) : reject(false);
  });
}
```

Anschließend rufen wir die importierte Funktion `confirmDialog()` mit der Anzeigenachricht als Übergabeparameter auf.

Listing 22–29
Den abstrahierten Confirm-Dialog verwenden
(book-details .component.ts)

```
// ...
import { confirmDialog } from '../shared/confirm';

@Component({ /* ... */ })
export class BookDetailsComponent implements OnInit {
  // ...

  removeBook() {
    confirmDialog('Buch wirklich löschen?')
      .then(result => {
        if (result) {
          this.bs.remove(this.book.isbn)
          .subscribe(
            res => this.router.navigate(
              ['../'],
              { relativeTo: this.route }
            )
          );
        }
      });
  }
}
```

Geschafft! Rufen wir nun die Detailansicht auf, so wird uns für die verschiedenen Plattformen immer der jeweils richtige Dialog angezeigt. Ein Buch wird nun nur aus der Liste entfernt, wenn der Nutzer den Dialog auch wirklich positiv bestätigt.

Das Template für die Suche anlegen

Zum Abschluss benötigen wir noch ein Template für `SearchComponent`. Hier verwenden wir die bereitgestellte `SearchBar` zum Durchsuchen der Buchliste. Wenn der Text in dem Feld geändert wird, emittiert die `SearchBar` das Event `textChange`. Den Eingabetext erhalten wir mittels `$event.object.text`. Wir übermitteln diesen an das Subject `keyUp$`.

textChange *liefert den Eingabetext als Event.*

Die Ergebnisse der Suche stellen wir in einem `ListView` dar. Mittels `nsRouterlink` routen wir zur Detailansicht des ausgewählten Buchs aus der Vorschlagsliste.

```
<SearchBar hint="Suche"
  (textChange)="keyUp$.next($event.object.text)">
</SearchBar>

<GridLayout *ngIf="foundBooks.length">
  <ListView class="list-group" [items]="foundBooks">
    <ng-template let-item="item">
      <StackLayout class="list-group-item"
        [nsRouterLink]="['..', 'books', item.isbn]">
        <Label class="list-group-item-heading"
          [text]="item.title"></Label>
        <Label class="list-group-item-text"
          [text]="item.subtitle"></Label>
      </StackLayout>
    </ng-template>
  </ListView>
</GridLayout>
```

Listing 22–30
NativeScript-Template für die SearchComponent (search.component .tns.html)

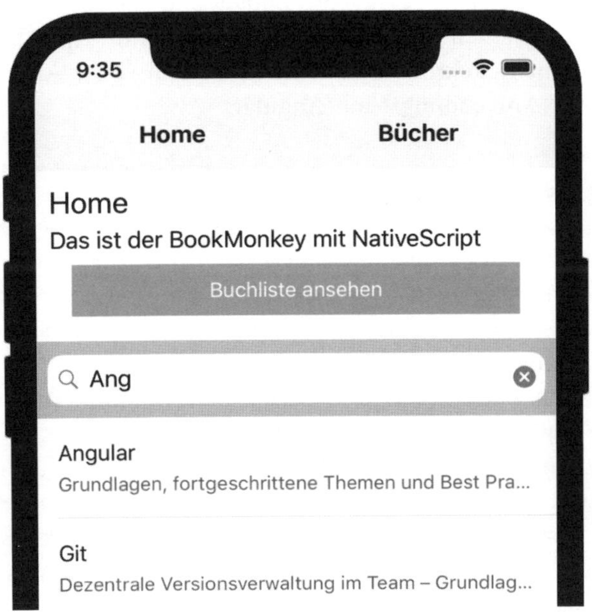

Abb. 22–14
Die Suche auf der Startseite

Zusammenfassung

Mit NativeScript können wir Anwendungen für mobile Plattformen entwickeln, die in Sachen Performance einer nativen Anwendung in nichts nachstehen. Dabei können wir das vorhandene Wissen aus der Webentwicklung anwenden, denn NativeScript wird mit JavaScript/TypeScript entwickelt – und arbeitet problemlos mit Angular zusammen. Obwohl wir Webtechnologien einsetzen, ist eine NativeScript-Anwendung aber nicht gleichzusetzen mit einer hybriden Anwendung in einem versteckten Browser: Eine NativeScript-Anwendung läuft nativ auf dem System.

Das Tooling von NativeScript ist komfortabel und integriert sich nahtlos in den Workflow der Angular CLI. Anstatt mehrere getrennte Anwendungen für verschiedene Plattformen zu entwickeln, können wir die Anwendungen für Web und Mobile in ein gemeinsames Shared Project integrieren. Die Logik der Anwendung können wir flexibel wiederverwenden und müssen lediglich die plattformspezifischen Schnittstellen anpassen und die Templates neu definieren.

Gerade für Teams, in denen das Budget und das vorhandene Wissen verhindern, zusätzlich zur Webanwendung separate Apps für iOS und Android zu entwickeln, ist NativeScript ein sinnvoller Ansatz für eine native mobile Anwendung – mit Angular.

Was haben wir gelernt?

- NativeScript ist ein Open-Source-Framework zur Entwicklung von nativen mobilen Apps.
- Die NativeScript CLI dient als Werkzeug zum Generieren und Starten der nativen Apps.
- Es können native APIs und native Fremdbibliotheken aus JavaScript/TypeScript heraus aufgerufen werden.
- Es werden Apps für Android und iOS unterstützt.
- Mithilfe eines Renderers integriert sich NativeScript nahtlos in Angular. Bestehendes Wissen zu Angular kann übertragen werden.
- Die Geschäftslogik kann zwischen Web und nativen Anwendungen geteilt werden.
- Der größte Unterschied besteht in einem anderen Layout-System und neuen UI-Komponenten (Widgets).
- Die Funktionalitäten der Angular CLI können mit den Schematics von NativeScript erweitert werden.
- Webanwendungen und mobile Anwendungen können gemeinsam in einem Shared Project entwickelt werden.

- Die Geschäftslogik kann von den spezifischen Anwendungen gemeinsam genutzt werden.
- Für explizite Zielplattformen können weiterhin bestimmte Funktionalitäten entwickelt werden.

Demo und Quelltext:
https://ng-buch.de/bm3-native

23 Powertipp: Android-Emulator Genymotion

Ob eine mobile App wirklich funktioniert, kann man erst dann mit Sicherheit sagen, wenn man sie auf einem mobilen Endgerät ausprobiert hat. Daher sieht man einen App-Entwickler häufig mit einer Vielzahl von verschiedenen Geräten arbeiten. Doch diese Herangehensweise hat mehrere Grenzen. Zum einen muss man viele Geräte vorhalten, was ein Kostenfaktor ist. Trotzdem wird man nie alle Kombinationen aus Displaygröße, Betriebssystem und Betriebssystem-Version besitzen können – dafür ist der Markt zu stark fragmentiert. Außerdem wollen wir zum Testen unter anderem den Akkustand, die GPS-Position oder das Bild der Kamera komfortabel manipulieren können.

Ein Emulator erleichtert die Arbeit mit mobilen Plattformen.

Aus diesen und vielen weiteren Gründen benötigt man einen Emulator, der uns virtuelle Endgeräte zur Verfügung stellt. Der originale Android-Emulator ist leider recht schwerfällig. Man kann und sollte zwar den *Intel Hardware Accelerated Execution Manager* (HAXM)[1] zur Beschleunigung installieren, aber eine flüssige Arbeitsweise erfordert dann immer noch High-End-Hardware.

Alternativer Emulator

Wir empfehlen deshalb, einen alternativen Emulator einzusetzen. Mit *Genymotion* haben wir gute Erfahrungen gemacht. Der Emulator ist bedeutend schneller und bietet – je nach Lizenz – eine Vielzahl weiterer Funktionen für das Testing und die Qualitätssicherung. Für den persönlichen Gebrauch ist Genymotion in der kleinsten Edition kostenlos erhältlich.[2]

Wenn wir nur die Gerätenamen benötigen, können wir die *Genymotion Shell* auch über die normale Shell anstoßen. Hierzu muss der entsprechende Pfad gesetzt sein.[3]

```
$ genyshell -c "devices list"
```

[1] https://ng-buch.de/a/101 – HAXM, ein Chipsatz mit der Intel Virtualization Technology (VT) ist erforderlich.

[2] https://ng-buch.de/a/102 – Genymotion for fun (Personal Edition)

[3] https://ng-buch.de/a/103 – Genymotion Documentation: Starting Genymotion Shell

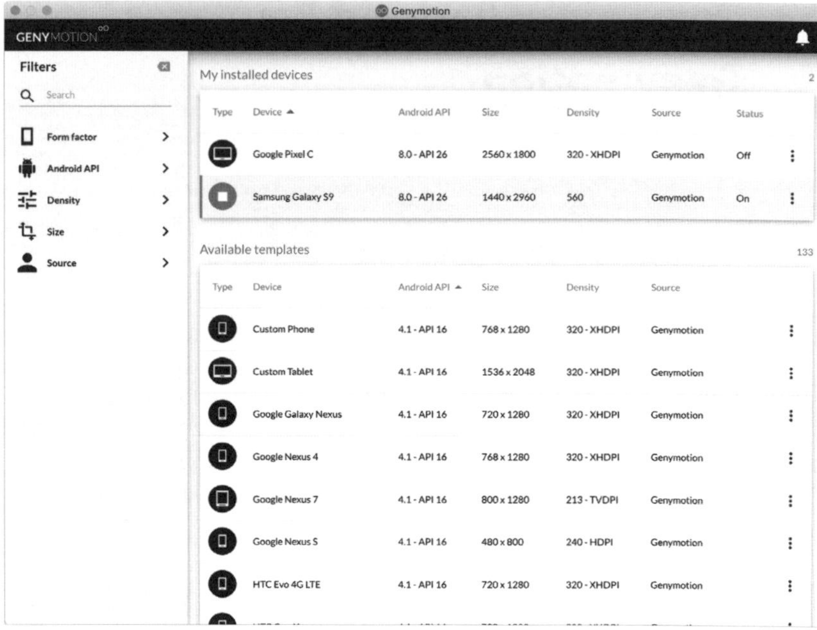

Abb. 23–1
Genymotion mit zwei virtuellen Geräten

Gestartete Genymotion-Geräte automatisch erkennen

Wir können über die Genymotion-App jetzt ein oder mehrere Geräte durch Doppelklick auf die entsprechende Auswahl in der Liste starten. Nachdem die virtuellen Geräte gestartet wurden, können wir wie gewohnt `npm run android` ausführen. Unsere App wird nun automatisch auf allen gestarteten Geräten installiert und permanent aktualisiert, sobald wir Änderungen am Quelltext vornehmen.

```
dannykoppenhagen — /Applications/Genymotion\ Shell.app/Contents/MacOS/genys...
Last login: Thu Dec 27 09:15:48 on ttys002
~ ▷ /Applications/Genymotion\ Shell.app/Contents/MacOS/genyshell ; exit;
Logging activities to file: /Users/dannykoppenhagen/.Genymobile/genymotion-shell.log
Connection mode: local host
Welcome to Genymotion Shell

Genymotion virtual device selected: Samsung Galaxy S9

Genymotion Shell > devices list
Available devices:

 Id | Select |     Status     |   Type   |   IP Address    |      Name
----+--------+----------------+----------+-----------------+---------------
  0 |        |            Off |  virtual |         0.0.0.0 | Google Pixel C
  1 |    *   |             On |  virtual | 192.168.56.101 | Samsung Galaxy S9
Genymotion Shell >
```

Abb. 23–2
Die Genymotion Shell

Wollen wir ein explizites Gerät zum Start auswählen, so benötigen wir dessen Gerätenamen. Diesen erhalten wir über die *Genymotion Shell* (Abbildung 23–2).

Der Start des Geräts erfolgt über die Shell bzw. mit einem angelegten NPM-Startskript:

```
$ tns run android --bundle --emulator --geny="Samsung Galaxy S9"
```

Nach wenigen Augenblicken ist die App sichtbar, und unsere Entwicklung geht schnell von der Hand. Jetzt aber los! Die Entwicklung von Apps ist kein Hexenwerk (mehr).

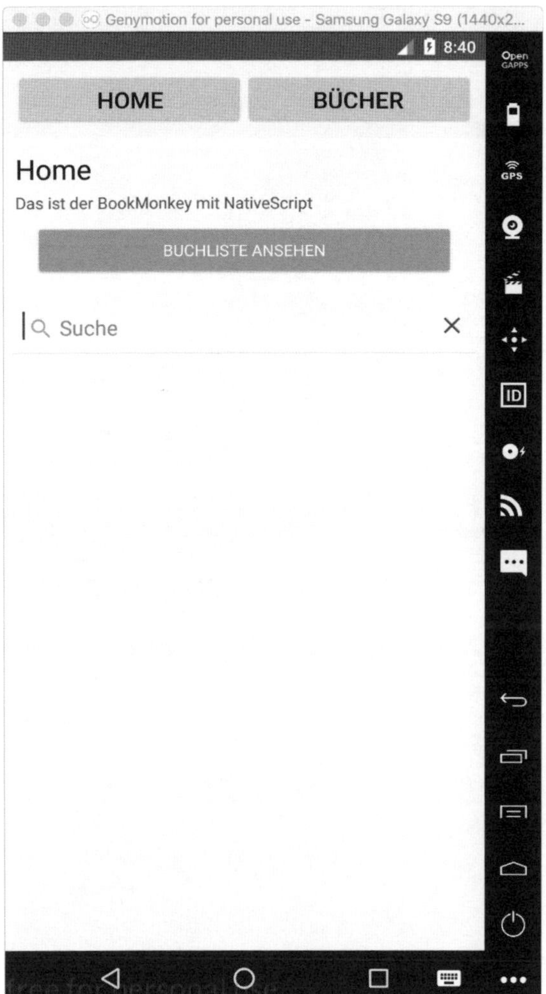

Abb. 23–3
Unser BookMonkey in einem virtuellen Gerät

24 Wissenswertes

»The Angular community has fundamentally changed my life, and that is not an exaggeration. I came to the community with very little frontend experience and was welcomed with open arms. This community is very special in that we see the value of pouring into the next generation and new people.«

Zackary Chapple
(Google Developer Expert und Gründer von ngAtlanta)

Dieses Buch ist vorwiegend für Einsteiger gedacht, und ganz bewusst haben wir bei der Entwicklung unserer Beispielanwendung auf bestimmte Themen verzichtet. Auf manche Dinge wollen wir dennoch eingehen, auch wenn sie in den bisherigen Kapiteln keinen Platz gefunden haben. Wir haben deshalb in diesem Abschnitt einige weiterführende Themen gesammelt, die wir Ihnen kurz vorstellen möchten.

24.1 Container und Presentational Components

Mit zunehmender Größe der Anwendung erhalten unsere Komponenten immer mehr Abhängigkeiten. Egal, ob Sie ein zentrales State Management verwenden oder mehrere einzelne Services nutzen: Viele Komponenten in der Anwendung fordern Abhängigkeiten über ihren Konstruktor an. Das erschwert inbesondere das Testing: Müssen wir Abhängigkeiten ausmocken, wird der Test komplizierter und fehleranfälliger. Auch die Austauschbarkeit ist gefährdet: Möchten wir eine Komponente ersetzen, so müssen wir darauf achten, dass auch alle Abhängigkeiten berücksichtigt werden. Nicht zuletzt erleichtert eine klare Struktur allen Entwicklern die Übersicht im Projekt. Eine solche Struktur lässt sich mit dem Konzept der Container und Presentational Components umsetzen.

Separation of Concerns

Die Grundidee besteht darin, die Zuständigkeiten der Komponenten klar aufzuteilen: Presentational Components sind ausschließlich für die Darstellung verantwortlich und kommunizieren nicht mit Services.

Container Components hingegen erledigen die Kommunikation in die Anwendung und orchestrieren die Presentational Components – besitzen aber kein eigenes umfangreiches Markup. Dadurch verringert sich die Zahl der Komponenten, die Abhängigkeiten besitzen. Gleichzeitig entstehen mehr »dumme« Komponenten, die einfach testbar, wartbar und austauschbar sind.

Smart and Dumb Components

Das Pattern ist auch unter dem Namen *Smart and Dumb Components* bekannt. Um jedoch den »unfairen« Begriff *dumb* zu vermeiden (schließlich ist es ziemlich schlau, eine klare Architektur zu entwickeln), wollen wir die neutralere Bezeichnung *Container und Presentational Components* verwenden.

Abb. 24–1 *Container und Presentational Components*

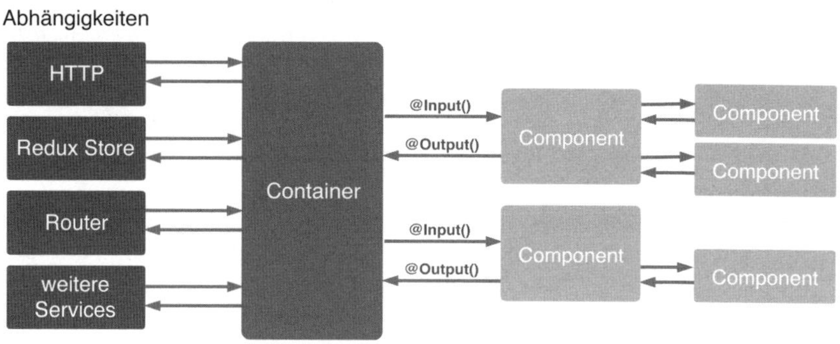

Presentational Components

Darstellung durch eigenes Markup

Presentational Components sind für die Darstellung verantwortlich. Sie besitzen immer eigenes Markup im Template und definieren damit die Teile der Anwendung, in denen sich tatsächlich sichtbare Segmente der UI befinden. Die Kommunikation mit der Anwendung findet ausschließlich über Bindings statt; eine Presentational Component darf in der Regel keine Services über ihren Konstruktor injizieren. Es gibt jedoch auch Ausnahmen wie z. B. einen injizierten Service zur asynchronen Validierung von Formularen. Das bedeutet, dass eine solche Komponente alle Daten über Input-Propertys erhält. Alle ausgehenden Daten werden über Events mithilfe von Output-Propertys kommuniziert. Dazu gehören insbesondere Nutzeraktionen, die in der Komponente erfasst werden, z. B. Button-Klicks oder Absenden eines Formulars. Unter einer solchen Komponente können im Baum auch weitere Presentational Components angeordnet werden.

Keine Services, sondern Kommunikation mit Bindings

Durch diese klar definierten Kommunikationswege wird die Zuständigkeit der Komponenten begrenzt: Presentational Components erhalten Daten zur Anzeige und geben erfasste Daten aus. Sie wissen allerdings nicht, woher die eingehenden Daten stammen oder wie die ausgehenden Daten verarbeitet werden. Dadurch sind solche Komponenten einfach wiederverwendbar und austauschbar. Stellen Sie sich am besten vor, sie entwickeln Komponenten für eine Drittanbieter-Bibliothek. Niemand möchte eine externe Komponente einsetzen, die sehr anwendungsspezifische Logik enthält.

Presentational Components im BookMonkey

Wir haben im BookMonkey bereits intuitiv Presentational Components entwickelt: Die `BookListItemComponent` aus Iteration I erhält lediglich ein einzelnes Buch zur Anzeige und besitzt keine weiteren Abhängigkeiten. Auch die `BookFormComponent` aus Iteration IV ist praktisch eine Presentational Component: Sie nutzt zwar den `BookExistsValidatorService` zur Validierung der Formularwerte, allerdings ist diese Ausnahme legitim. Hier ist eine hohe Wiederverwendbarkeit zu erkennen: Die Komponente wird zum Anlegen und Bearbeiten eines Buchs eingesetzt, sie hat aber keine Kenntnis darüber, in welchem Kontext sie verwendet wird oder wie die Daten verarbeitet werden.

Presentational Components können übrigens in den meisten Fällen die Change-Detection-Strategie `OnPush` verwenden, denn sie kommunizieren nur über Bindings mit dem Rest der Anwendung. Die Change Detection besprechen wir ab Seite 661 im Detail und betrachten dort auch die `OnPush`-Strategie.

Container Components

Datenhaltung und Servicekommunikation

Die Aufgaben der Container Components sind die Datenhaltung und Kommunikation mit der gesamten Anwendung. Sie verfügen über Abhängigkeiten zu allen benötigten Services, etwa dem Redux Store oder dem Router. Außerdem besitzen Container kein eigenes umfangreiches Markup: Ihre einzige Aufgabe ist es, Presentational Components zu orchestrieren. Deshalb finden sich im Template keine anderen Elemente als die Host-Elemente der Kindkomponenten und ggf. einzelne `<div>`-Container zur Strukturierung.

Orchestrierung

Container müssen alle Daten für die eingebundenen Presentational Components bereitstellen und mithilfe von Property Bindings im Komponentenbaum nach unten durchreichen. Events von den Kindkomponenten müssen erfasst und verarbeitet werden.

Container sind meist sehr spezifisch für eine Seite oder einen funktionalen Teilbereich einer Seite. An oberster Stelle in der Hierarchie der Komponenten steht also immer ein Container, der die Datenhaltung organisiert und mit den Kindkomponenten kommuniziert. Beim Routing sollten Sie ausschließlich Container Components verwenden, denn durch eine geroutete Komponente wird eine Seite und damit auch die höchste Ebene der Hierarchie definiert. Dies ist immer eine sehr spezifische Angelegenheit.

Intermediäre Container

In manchen Veröffentlichungen wird vorgeschlagen, dass in einer Hierarchie von Presentational Components auch weitere Container eingefügt werden können. Das ist dann sinnvoll, wenn die Struktur zu komplex ist, um alle Daten durch den gesamten Baum zu kommunizieren. Durch solche »Zwischencontainer« lassen sich die Daten für einen Ast des Baums separat verwalten, sodass der übergeordnete Container nicht mit dieser Aufgabe betraut wird.

Observables und die AsyncPipe

Die Aufgabe von Containern ist es auch, Observables mithilfe der AsyncPipe aufzulösen und die Daten synchron an die Kindkomponenten weiterzugeben. Wir sollten im Idealfall keine Observables direkt an Property Bindings übergeben. So hat die Kindkomponente keine Kenntnis über die technische Umsetzung des Datenstroms und ist dadurch besonders gut wiederverwendbar.

Listing 24–1
Observable auflösen im Container

```
<my-presentational [data]="data$ | async">
</my-presentational>
```

Gegenüberstellung

In Tabelle 24–1 sind die wichtigsten Charakteristiken der beiden Komponentenarten gegenübergestellt. Elementar ist es, dass Presentational Components keine Abhängigkeiten zu Services besitzen. Außerdem dürfen Container Components nur die Orchestrierung durchführen und keine View mit gestalterischen Inhalten besitzen.

Ordnerstruktur

Es ist gute Praxis, die beiden Komponentenarten auch in der Ordnerstruktur voneinander zu trennen. Dazu eignen sich zwei Ordner mit der Bezeichnung 🗀`containers` und 🗀`components`.

Wir haben das Konzept der Container und Presentational Components im BookMonkey nicht konsequent umgesetzt, um die Komplexität der Baumstruktur nicht zu erhöhen. Sie sollten in der Praxis fallweise entscheiden, ob Sie die Trennung durchführen oder nicht. Hilfreich sind dazu Konventionen im Team, sodass alle Entwickler einen einheitlichen Stil verfolgen.

Tab. 24–1
Gegenüberstellung Container und Presentational Components

	Container	Presentational
Wiederverwendbarkeit	⋆	⋆⋆⋆
Austauschbarkeit	⋆	⋆⋆⋆
Abhängigkeit zu Services	⋆⋆⋆	keine
Komplexität	⋆⋆	⋆
Markup	⋆	⋆⋆⋆

24.2 Else-Block für die Direktive ngIf

Die Strukturdirektive ngIf sorgt dafür, dass Teile des Templates abhängig von einer Bedingung angezeigt werden. Dabei werden die betreffenden Elemente des DOM nicht einfach aus- oder eingeblendet, sondern komplett entfernt bzw. wieder hinzugefügt.

Listing 24–2 zeigt den einfachsten Einsatz der Direktive. Es wird lediglich überprüft, ob der Wert des Propertys show wahr ist. Im positiven Fall wird das Element dem DOM hinzugefügt und gerendert.

Listing 24–2
ngIf *nutzen*

```
<button (click)="show = !show">Toggle</button>

<p *ngIf="show">
  Bedingung wahr, Text wird angezeigt.
</p>
```

Die Schreibweise mit dem Stern *ngIf ist dabei nur eine Kurzform. Intern wird sie zur folgenden längeren Variante aufgelöst, die ebenso gültig ist:

Listing 24–3
ngIf
in Langschreibweise
mit <ng-template>

```
<ng-template [ngIf]="show">
  <p>Bedingung wahr, Text wird angezeigt.</p>
</ng-template>
```

Angular nutzt unter der Haube das Element <ng-template>. Ist die Bedingung der Direktive wahr, so wird der Inhalt des Templates an dieser Stelle in den DOM eingebaut. Um das Verhalten im Detail zu verstehen, sollten Sie sich das Kapitel zu Strukturdirektiven ab Seite 373 durchlesen. Dort erfahren Sie mehr über das Verhalten von Strukturdirektiven und welche verschiedenen Möglichkeiten Sie für die Umsetzung haben. Zunächst reicht es aber auch, wenn Sie wissen, dass das Template-Element normalerweise nicht in den DOM übernommen wird und erst eine Strukturdirektive dafür sorgt, dass es dargestellt wird.

Alternatives Template einblenden

Mit Angular in Version 4 wurde ein else-Block für die Direktive ngIf hinzugefügt. Er kann genutzt werden, um ein alternatives Template einzublenden, wenn die angegebene Bedingung in ngIf negativ ist. Dabei muss das alternative Template in einem <ng-template>-Element definiert werden. Das Template wird über eine lokale Elementreferenz adressiert; im folgenden Beispiel haben wir dafür den Namen elseTempl verwendet. Anschließend wird im ngIf der else-Zweig mit diesem Template verknüpft: else elseTempl. Ist die Prüfbedingung negativ, so wird der Inhalt des angegebenen Templates geladen und dargestellt. show sei im folgenden Beispiel ein Property in der Komponente vom Typ boolean.

Listing 24–4 ngIf *mit* else*-Block nutzen*

```
<p *ngIf="show; else elseTempl">
  Bedingung wahr
</p>

<ng-template #elseTempl>
  <p>Bedingung unwahr</p>
</ng-template>
```

Wir haben dieses Konstrukt bereits im BookMonkey genutzt, um eine Ladeanzeige einzublenden, wenn keine Daten vorhanden sind.

24.3 TrackBy-Funktion für die Direktive ngFor

Die Direktive ngFor iteriert über ein Array und erzeugt für jedes Array-Element ein neues DOM-Element.

DOM-Elemente werden komplett neu erzeugt. Die DOM-Verarbeitung benötigt Zeit.

Oft besteht das Array nicht aus einzelnen Literalwerten, sondern wir iterieren über ein Array von Objekten. Tauschen wir ein Objekt des Arrays aus, z. B. weil wir neue Daten erhalten, so wird das zugehörige DOM-Element zerstört und anschließend erneut hinzugefügt. Das Entfernen des DOM-Elements und das erneute Hinzufügen benötigen etwas Zeit. Bei Arrays mit nur einer geringen Anzahl von Elementen werden Sie diesen Effekt kaum spüren. Verarbeiten Sie jedoch ein größeres Array von Objekten, so werden Sie länger auf Ihre Anwendung warten müssen, bevor die aktuellen Werte dargestellt werden.

Usability und Barrierefreiheit

Ein weiteres Problem macht sich beim Thema Barrierefreiheit und Usability bemerkbar. Hat der Nutzer den Fokus auf einem Element, das von ngFor erstellt wurde, so verliert das Element den Fokus, sobald es neu gerendert wird. Das macht sich besonders bemerkbar, wenn wir Formularfelder mit ngFor erstellen: Ändern sich die Daten im Array, wird die View neu gerendert, und das Formularfeld verliert den Fokus. Besonders schwer ins Gewicht fällt diese Eigenheit, wenn man die Seite mit einem Screenreader betrachtet. Der Reader kann ein erneuertes Element nicht mehr verfolgen und springt an eine andere Stelle.

trackBy *verwenden*

Das Problem kommt daher, dass Angular die Array-Elemente normalerweise nur anhand ihrer Referenz vergleicht. Bei Literalen ist das kein Problem, bei Objekten hingegen zeigt die Referenz nur auf die Speicherstelle. Angular kann also die inhaltliche Gleichheit von zwei Objekten nicht feststellen: Haben zwei Objekte denselben Inhalt, aber unterschiedliche Speicherstellen, so gelten sie als unterschiedlich – ngFor rendert den DOM also neu, wenn eine solche Änderung eintritt.

Um diesen Problematiken entgegenzuwirken, können wir auf der Direktive ngFor eine sogenannte trackBy-Funktion nutzen. Sie legt fest, nach welchem Merkmal ein Objekt identifiziert wird. Damit kann Angular die Identität von Objekten feststellen und verhindert das ständige Neuerzeugen der DOM-Elemente. `trackBy` wird an den Ausdruck im `ngFor` angehängt. Wir teilen der Option mit, welche Methode zum Tracken der Elemente genutzt werden soll. Der Bezeichner `track` verweist also auf die Methode `track()` aus der Komponentenklasse:

```
<span *ngFor="let u of users; trackBy: track">
  {{ u.id }} / {{ u.name }}
</span>
```

Listing 24–5
trackBy *auf der Direktive* ngFor *nutzen*

`track()` ist eine Methode mit zwei Argumenten: Das erste Argument beinhaltet immer den aktuellen Durchlaufindex des Arrays. Als zweites wird das iterierte Array-Element übergeben. Die Methode muss nun einen eindeutigen Schlüssel für jedes Array-Element zurückgeben. Im vorliegenden Beispiel eignet sich dafür die `id`. Sollte unser Array keinen solchen Schlüssel besitzen, kann auch alternativ der `index` zurückliefert werden.

```
interface MyUserModel {
  id: number;
  name: string;
}

// ...
track(index: number, user: MyUserModel) {
  console.log('TrackBy:', user.id, 'index:', index);
  return user.id;
  // alternativ: return index;
}
```

Listing 24–6
TrackBy-Funktion definieren

trackBy *hält das DOM-Element.*

Die Direktive `ngFor` arbeitet nun mit `trackBy` und hält das DOM-Element, anstatt es zu entfernen und neu zu erzeugen. Bei Änderungen an den Daten werden nur die einzelnen Bindings innerhalb des DOM-Elements aktualisiert. Das ist im Gegensatz zur Neuerzeugung wesentlich zeitsparender. Außerdem geht z. B. bei Eingabefeldern der Fokus nicht mehr verloren, und wir können durchgehend im Eingabefeld weitertippen, auch wenn sich die Objekte im Array währenddessen aktualisieren.

Um die Problematik und den Vergleich zur Arbeitsweise mit und ohne `trackBy` besser zu veranschaulichen, haben wir ein StackBlitz-Projekt bereitgestellt:

Demo und Quelltext:
https://ng-buch.de/stackblitz-trackby

24.4 Schematics: Codegenerierung mit der Angular CLI

Die Angular CLI ist *das* Tool, wenn es darum geht, eine Angular-Anwendung zu entwickeln. Sie unterstützt uns beim Anlegen von Komponenten, Services und Modulen, stellt einen Entwicklungswebserver bereit, startet die automatischen Softwaretests und vieles mehr. Die Vielzahl von Produktivitätswerkzeugen, die uns die Angular CLI bietet, sorgt dafür, dass wir schnell und effizient arbeiten können und dabei stets Unterstützung erhalten. Alle Aufgaben orientieren sich an den Konventionen aus dem offiziellen Styleguide von Angular.

Angular Schematics – der modulare Kern der Angular CLI

Die gute Arbeitsweise der Angular CLI liegt dabei in ihrer Architektur begründet. Seit der Version 6 ist die Angular CLI vollständig modular aufgebaut. Das ermöglicht es Entwicklern, weitere Funktionen zu ergänzen, ohne dabei das Tool selbst zu verändern. Die sogenannten *Schematics* sind einer der wichtigsten Kernbestandteile der Angular CLI.

Schematics können Quellcode generieren und modifizieren.

Alle Befehle zur Codegenerierung, die wir bisher kennengelernt haben, zum Beispiel `ng new` und `ng generate`, werden über die einzelnen Schematics abgebildet. Auch der Befehl `ng add` zum Hinzufügen von Funktionalitäten und der Workflow zum Update eines Projekts mit `ng update` werden durch Schematics realisiert.

Die Schematics sind Skripte, die in einem Paket hinterlegt und dort mithilfe der Angular CLI ausgeführt werden. Diese Skripte folgen einem definierten Aufbau und generieren entsprechenden Quellcode aus bereitgestellten Templates und Konstruktionsbeschreibungen. Sie können nicht nur neue Dateien anlegen, sondern auch existierende modifizieren. So wird beispielsweise beim Aufruf von `ng generate component` zum einen eine neue Komponente angelegt, zum anderen wird das `AppModule` so modifiziert, dass die neu erzeugte Komponente gleich im passenden Abschnitt `declarations` eingefügt wird.

Offene API zur Entwicklung eigener Schematics

Das größte Vorteil dieser Architektur zeigt sich in der Offenheit für andere Entwickler: Wir haben die Möglichkeit, eigene Funktionen und Aufbaubeschreibungen in die Angular CLI zu integrieren. Dazu können wir eigene Schematics definieren und in unserem Projekt anwenden.

Stellen wir uns zum Beispiel ein Unternehmen vor, das in eine Vielzahl von Projekten eine bestimmte Komponente integriert, die stets einem einheitlichen Aufbau folgen soll. Durch die Entwicklung eines Schematics können wir diesen Aufbau in verschiedenen Projekten anwenden und sparen Zeit und Entwicklungsaufwand durch wiederkehrende Aufgaben. Aber auch bestehende Schematics, wie z. B. das Erzeugen einer neuen Komponente über `ng generate component`, können erweitert werden. So ist es denkbar, gleich beim Erzeugen einer neuen Komponente ein Standard-Template anzulegen, das dem Corporate Design des Unternehmens und einem definierten Layout entspricht.

Schematics für NativeScript und NgRx

Viele aktuelle Bibliotheken für Angular bringen bereits Schematics mit. Sie lassen sich damit ohne viel Aufwand in ein bestehendes Projekt integrieren. In den vorangegangenen Kapiteln zu NativeScript (ab Seite 601) und NgRx (ab Seite 553) haben Sie bereits mit den entsprechenden Schematics gearbeitet.

Hinzufügen von Funktionalitäten mit ng add

Schematics lassen sich auch dazu einsetzen, grundsätzliche Funktionalitäten in ein bestehendes Projekt einzubauen. Dazu existiert der Befehl `ng add`, den wir bereits im Kapitel zum Server-Side Rendering genutzt haben. Der nachfolgende Aufruf würde unser Projekt zur Nutzung als Progressive Web App vorbereiten.

```
$ ng add @angular/pwa
```

Listing 24–7
Angular PWA in ein Projekt integrieren

Wenn Sie im Enterprise-Umfeld tätig sind und projektübergreifend ähnliche Codeschnipsel und Konventionen benötigen, sollten Sie definitiv einen Blick auf die Schematics werfen. Sie können Ihnen erheblich Entwicklungsarbeit abnehmen und Strukturen in Projekten harmonisieren.

Eigene Schematics entwickeln

Schematics selbst zu entwickeln erfordert etwas Einarbeitung, die den Umfang dieses Buchs überschreiten würde. Wir möchten Ihnen an dieser Stelle deshalb das kostenlose E-Book »Schematics – Generating custom Angular Code with the CLI« von Manfred Steyer empfehlen.[1] Dort finden Sie eine detaillierte Anleitung mit hilfreichen Tipps und Tricks zum Anlegen eigener Schematics.

[1] https://ng-buch.de/a/104 – Manfred Steyer: Schematics – Generating custom Angular Code with the CLI

24.5 Angular-Anwendungen dokumentieren und analysieren

Abhängigkeiten darstellen

Ein oft unterschätztes Thema bei der Entwicklung von Anwendungen ist die Dokumentation und die Analyse der Anwendung. Durch die Visualisierung der Beziehungen zwischen Komponenten und Services werden Abhängigkeiten sichtbar. Wir können uns somit einen guten Überblick über die Module, den Komponentenbaum und abhängige Services verschaffen. Um die Dokumentation nicht manuell vorzunehmen, bedienen wir uns im Projektalltag verschiedener Tools, die mittels Reverse Engineering und statischer Codeanalyse unsere Anwendungen untersuchen und das Ergebnis entsprechend aufbereiten.

Besseres Verständnis bei guter Dokumentation

Mit einer guten Dokumentation Ihres Quellcodes beugen Sie Verständnisproblemen vor und sorgen für einen einheitlichen Entwicklungsstil, bei dem jeder Entwickler den Aufbau der Anwendung kennt. Gerade bei großen Projekten mit Hunderten von Komponenten oder wenn zu einem laufenden Projekt neue Entwickler hinzustoßen, sollten Sie den nachfolgend vorgestellten Tools Aufmerksamkeit schenken. Sie helfen, die Funktionsweise der Anwendung zu erläutern und zu verstehen.

Außerdem können Ihnen Tools helfen, die entwickelten Klassen und Methoden zu dokumentieren. Durch die Verwendung von TypeScript können Tools den Code mit einfachen Mitteln analysieren und eine entsprechende Dokumentation generieren.

Die folgenden Tools zur Dokumentation, Visualisierung und Analyse von Angular-Anwendungen stellen nur eine kleine Auswahl dar, die wir Ihnen ans Herz legen möchten.

Compodoc

Wenn wir eine gut lesbare und interaktive Dokumentation erhalten wollen, lohnt es sich, *Compodoc*[2] einzusetzen. Compodoc wurde speziell für die Dokumentation von Angular-Anwendungen entwickelt. Wir erhalten eine umfangreiche und übersichtliche Darstellung der Interaktion unserer Module, Komponenten, Services und sonstigen Bestandteile. Dabei können wir interaktiv durch Teile der Anwendungsstruktur navigieren und den Aufbau und die Typen einzelner Methoden und Parameter ansehen. Haben wir bei der Entwicklung Kommentare im JSDoc-Format angelegt, so werden diese automatisch von Compodoc erkannt und entsprechend dargestellt.

---

[2] https://ng-buch.de/a/105 – Compodoc: The missing documentation tool for your Angular application

Die Installation von Compodoc erfolgt wie gewohnt per NPM:

```
$ npm install -g @compodoc/compodoc
```

Listing 24–8
Compodoc installieren

Beim Start wird nun mit der Option `-p` der Pfad zur Datei `tsconfig.app.json` angegeben. Der Schalter `-s` sorgt dafür, dass auch ein Webserver zur Auslieferung der Dokumentation gestartet wird.

```
$ compodoc -p src/tsconfig.app.json -s
```

Listing 24–9
Eine Dokumentation mit Compodoc erzeugen

Wir können jetzt die gesamte Quellcode-Dokumentation der erstellten Anwendung im Browser betrachten. Sie können diese Dokumentation auch generieren und im Dateisystem ablegen, sodass sie zusammen mit der Anwendung unter Versionsverwaltung gestellt werden kann.

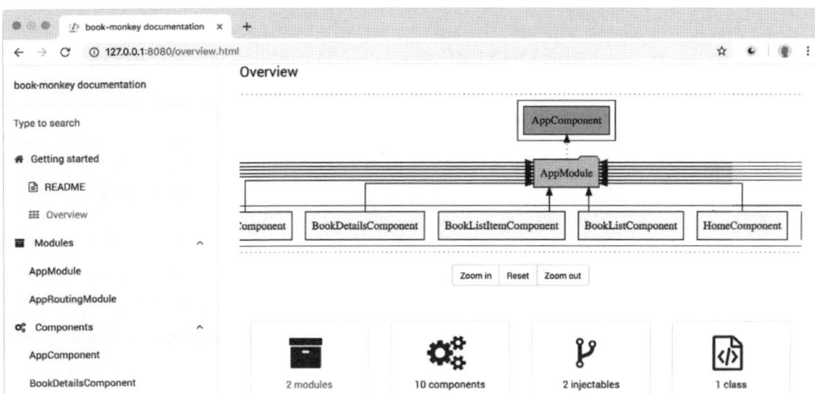

Abb. 24–2
Die Dokumentation vom BookMonkey mit Compodoc

Für einen Einblick in die Details der einzelnen Seiten empfehlen wir den offiziellen Guide auf der Website von Compodoc.[3]

AngularDoc und Angular Copilot

Das Tool *AngularDoc* ist als Plug-in für Visual Studio Code verfügbar.[4] Es stellt einen Anwendungsbrowser bereit, mit dem Sie durch die einzelnen Module und Komponenten navigieren können. Auch eine Explorer-Funktion für NgRx wird bereitgestellt, sodass wir einen guten Überblick über die Actions, Reducer und den State behalten.

Wir können das Plug-in über den Extension Browser finden oder über die Kommandozeile installieren:

```
$ code --install-extension AngularDoc.angulardoc-vscode
```

Listing 24–10
AngularDoc in Visual Studio Code installieren

[3] https://ng-buch.de/a/106 – Compodoc: Getting started
[4] https://ng-buch.de/a/107 – AngularDoc for Visual Studio Code

Abb. 24–3
Visual Studio Code mit AngularDoc

Weiterhin greift AngularDoc auf die Angular CLI zurück und integriert sich in den Dateibrowser von Visual Studio Code. Somit können wir beispielsweise per Rechtsklick auf ein Verzeichnis die Option Schematics wählen. Nun können wir zwischen allen bereitgestellten Schematics auswählen, auch wenn wir eigene integriert haben. Anschließend lässt sich per Auswahl z. B. direkt eine Komponente oder ein Service erzeugen.

Angular Copilot zur Visualisierung der Anwendungsarchitektur

Noch mehr Funktionalitäten erhalten wir, wenn wir uns die Anwendung *Angular Copilot* installieren. Mit AngularDoc könnnen Sie die Anwendungsarchitektur im Detail untersuchen. Durch Reverse Engineering und statische Codeanalyse werden die Abhängigkeiten der einzelnen Bestandteile unserer Angular-Anwendung dargestellt. Sie können diese in verschiedenen übersichtlichen Diagrammen betrachten. Weiterhin können Sie sich die Import-Beziehungen anzeigen lassen und die Routen der Anwendung untersuchen. Angular Copilot wird als eigenständige Anwendung heruntergeladen und installiert.[5]

AngularDoc bietet noch weitere Features wie zum Beispiel eine Premium-Funktion für die Migration von AngularJS zu Angular.

ngRev

Das dritte Tool, das wir in diesem Kapitel vorstellen möchten, ist *ngRev*.[6] Dabei handelt es sich ebenso um ein Reverse-Engineering-Tool. Es läuft allerdings als Standalone-Anwendung und setzt keine Installation eines bestimmten Editors voraus. Durch statische Codeana-

---

[5] https://ng-buch.de/a/108 – Download von Angular Copilot

[6] https://ng-buch.de/a/109 – GitHub: ngrev – Tool for reverse engineering of Angular applications

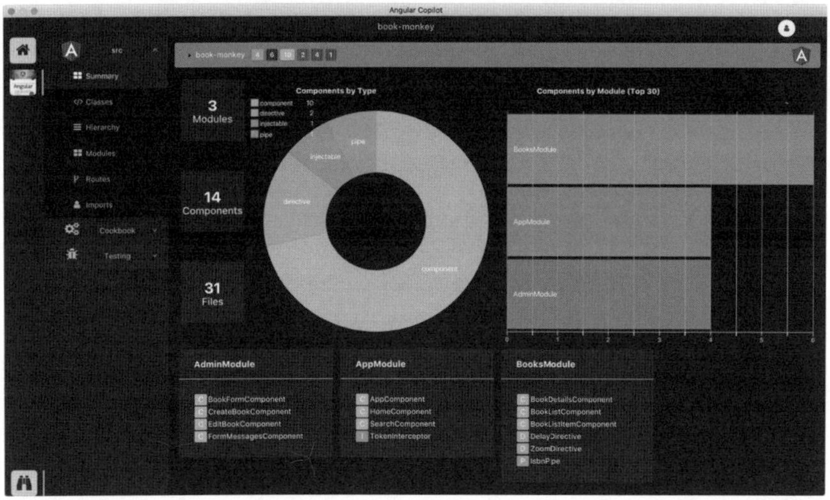

Abb. 24–4
Angular Copilot

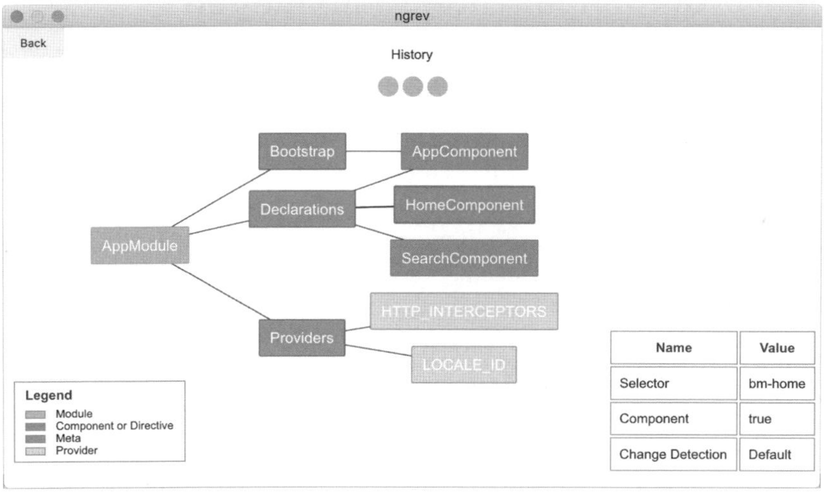

Abb. 24–5
Visualisierung der Anwendung mit ngrev

lyse zeigt das Tool die Komponenten- und Servicebeziehungen untereinander an.

ngRev kann über die Release-Seite heruntergeladen und installiert werden.[7] Nach der Ausführung können wir uns durch die Bestandteile unserer Anwendung klicken.

Falls Sie sich noch etwas austoben wollen, schauen Sie sich doch auch das Projekt *ngWorld*[8] an. Damit können Sie Ihre Angular-Anwen-

[7] https://ng-buch.de/a/110 – GitHub: ngrev Releases

[8] https://ng-buch.de/a/111 – GitHub: ngworld – Generate a Minecraft/Christmas-like world out of an Angular application

dung in eine interaktive VR-Welt verwandeln und als Spieler durch die Anwendung navigieren.

Abb. 24–6
Interaktive VR-Welt mit ngWorld

24.6 Angular Material und weitere UI-Komponentensammlungen

Bei der Entwicklung der Beispielanwendung BookMonkey haben wir uns vor allem mit den Details und Features beschäftigt, die Angular selbst bietet. Zur Gestaltung der Anwendung haben wir das Projekt *Semantic UI*[9] genutzt. Neben diesem reinen CSS-Framework gibt es eine Vielzahl von Bibliotheken und Style-Frameworks, die Komponenten für Angular beinhalten, die Sie in Ihre Anwendungen integrieren können. Viele Probleme, auf die Sie im Entwickleralltag treffen, wurden bereits gelöst – erfinden Sie das Rad also nicht neu. Die Style-Frameworks bringen verschiedene UI-Elemente mit, z. B. Sidebar, Dashboard, ScrollView, Dropdown, Modal, Date-/Timepicker und Drag & Drop-Applets. Wir wollen Ihnen in diesem Kapitel einige ausgewählte etablierte Komponentensammlungen vorstellen. Diese Auswahl ist natürlich nur ein kleiner Ausschnitt aus dem gesamten Angebot. In der Angular-Dokumentation[10] finden Sie eine gut gepflegte Liste von Ressourcen aus der Angular-Welt, die auch einen Abschnitt zu Komponentensammlungen enthält.

24.6.1 Angular Material

Das Projekt *Angular Material* wird direkt vom Angular-Team bei Google entwickelt und basiert auf den Material-Design-Richtlinien.[11] Angular Material kann schnell und komfortabel mithilfe Schematics in eine Anwendung integriert werden:

[9] https://ng-buch.de/a/33 – Semantic UI

[10] https://ng-buch.de/a/112 – Angular: Explore Angular Resources

[11] https://ng-buch.de/a/113 – Material Design

```
$ ng add @angular/material
```

Listing 24–11
Angular Material in die Anwendung integrieren

CDK von Angular Material

Einen Überblick über die bereitgestellten Komponenten und deren Integration erhalten Sie über die offizielle Website von Angular Material.[12] Neben den vorgefertigten Komponenten und ihren Designs bringt Angular Material ein weiteres interessantes Feature mit: Das *Component Development Kit* ist die funktionale Basis von Angular Material und ist von der konkreten Darstellung der einzelnen Elemente entkoppelt. Sie können diese Logik verwenden, um eigene UI-Elemente mit eigenem Verhalten und Design zu entwickeln, und können dabei auf gut getestete Basiskomponenten zurückgreifen.

24.6.2 ng-bootstrap & ngx-bootstrap

Viele Entwickler nutzen bei der Gestaltung von Webanwendungen das etablierte UI-Framework Bootstrap.[13]

Für einige Teile von Bootstrap wird lediglich ein CSS-Stylesheet integriert. Ein anderer Teil der bereitgestellten Komponenten von Bootstrap kommt jedoch nicht ohne JavaScript aus. In der Grundkonfiguration wird für diese Komponenten die JavaScript-Bibliothek jQuery verwendet. Hier sollten Sie vorsichtig sein: Bitte integrieren Sie kein jQuery in Ihre Angular-Anwendung, denn Sie verzichten auf die Optimierungsvorteile von Angular. Um Bootstrap mit Angular zu nutzen, ohne zusätzlich jQuery integrieren zu müssen, haben sich unter anderem die Projekte *ng-bootstrap*[14] und *ngx-bootstrap*[15] etabliert.

Bootstrap ohne jQuery nutzen

Beide Projekte haben starke Ähnlichkeiten und unterscheiden sich nur marginal in den bereitgestellten Funktionalitäten. Welches der beiden Projekte das bessere ist, ist Geschmackssache. Schauen Sie sich beide Projekte ausführlich an und machen Sie Ihre Entscheidung vor allem vom Featureumfang und grundsätzlichem Gefühl abhängig. Sollten Sie Bootstrap in der älteren Version 3 einsetzen, so benötigen Sie auf jeden Fall ngx-bootstrap, da ng-bootstrap lediglich die Version 4 von Bootstrap CSS unterstützt.

---

[12] https://ng-buch.de/a/114 – Angular Material: Material Design components for Angular

[13] https://ng-buch.de/a/115 – Bootstrap: The most popular HTML, CSS, and JS library in the world

[14] https://ng-buch.de/a/116 – ng-bootstrap: Angular powered Bootstrap

[15] https://ng-buch.de/a/117 – ngx-bootstrap: Angular Bootstrap

24.6.3 PrimeNG

Ein weiteres Open-Source-Projekt mit UI-Komponenten ist die Bibliothek *PrimeNG*.[16]

Im Gegensatz zu den vorher genannten Projekten liefert PrimeNG auch Komponenten für speziellere Anwendungsfälle. So finden Sie zum Beispiel eine Komponente zum Datei-Upload, verschiedene Diagramme, Quellcodeboxen, Terminalfenster sowie ein Captcha-Modul.

24.6.4 Kendo UI

Kendo UI ist ein kommerzielles Produkt

Die letzte Komponentensammlung, die wir vorstellen möchten, ist das Projekt *Kendo UI*.[17] Kendo UI ist ein kommerzielles Produkt der Firma Progress, die auch hinter der Entwicklung von NativeScript steckt.

Kendo UI bietet die wohl größte Anzahl von Komponenten im Vergleich zu den anderen vorgestellten Bibliotheken. Eine Vielzahl verschiedener Diagramme, Komponenten zur Verarbeitung von PDF- und Excel-Dokumenten sowie Kalender und Aufgabenplaner sind nur einige der Funktionen. Vor allem im Enterprise-Umfeld sollten Sie über die Nutzung von Kendo UI nachdenken, da Sie hier beim Kauf einer Lizenz auch gleich den nötigen Support erhalten.

Support inklusive

24.7 Lifecycle-Hooks

Lebenszyklus von Komponenten und Direktiven

Komponenten und Direktiven durchlaufen einen festen Lebenszyklus (engl. *lifecycle*). Ein solcher Zyklus beginnt immer damit, dass die Direktive bzw. Komponente initialisiert wird. Im weiteren Verlauf können sich die Eigenschaften von Direktiven bzw. Komponenten verändern. Dabei werden verschiedene Status durchlaufen. Schlussendlich endet der Lebenszyklus mit der Zerstörung der Komponente (engl. *destroy*), wenn die Route gewechselt wird oder die Komponente mit einer Strukturdirektive wie `ngIf` aus dem DOM ausgebaut wird.

Hooks greifen in den Lebenszyklus ein.

Angular stellt eine Reihe von Methoden zur Verfügung, mit denen wir in die einzelnen Lebensabschnitte eingreifen können. Diese Methoden werden als *Lifecycle-Hooks* bezeichnet. Einige Hooks haben wir im Verlauf dieses Buchs schon kennengelernt: `ngOnInit()`, `ngOnDestroy()` und `ngOnChanges()`.

---

[16] https://ng-buch.de/a/118 – PrimeNG: The Most Complete User Interface Suite for Angular

[17] https://ng-buch.de/a/119 – Kendo UI for Angular: Professional Grade Angular UI Components

In diesem Kapitel werden wir erfahren, welche Lifecycle-Hooks uns Angular zur Verfügung stellt. Wir werden darauf eingehen, wie die Hooks implementiert werden und wie wir sie gezielt einsetzen können.

Die Abarbeitung der Lifecycle-Hooks

Insgesamt stellt Angular acht verschiedene Lifecycle-Hooks zur Verfügung. Für jeden Hook existiert eine passende Methode, die in der Komponentenklasse implementiert wird. Wenn eine Methode existiert, wird sie zum entsprechenden Zeitpunkt aufgerufen.

Methode für jeden Hook

Beim Laden der Komponente oder Direktive wird der Lebenszyklus nacheinander durchlaufen. Abbildung 24–7 zeigt die Aufrufreihenfolge der Hooks, nachdem der Konstruktor ausgeführt wurde.

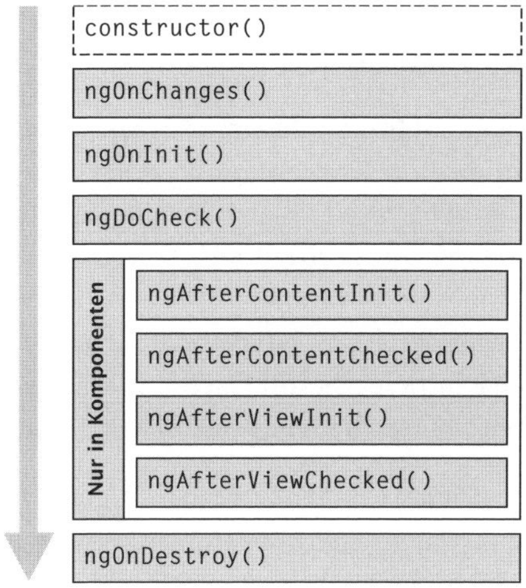

Abb. 24–7
Initiale Aufrufreihenfolge der Lifecycle-Hooks

Jeder dieser Hooks dient einem anderen Zweck. Während in Direktiven nur `ngOnChanges()`, `ngOnInit()`, `ngDoCheck()` und `ngOnDestroy()` verwendet werden können, lassen sich in Komponenten alle Lifecycle-Hooks implementieren. Dies liegt daran, dass sich die vier Hooks `ngAfterContentInit()`, `ngAfterContentChecked()`, `ngAfterViewInit()` und `ngAfterViewChecked()` auf die View beziehen, die bekanntermaßen nur in Komponenten verfügbar ist.

Einige der Lifecycle-Hooks werden zusätzlich ausgeführt, wenn die Change Detection durchgeführt wird. Die nachfolgende Abbildung zeigt die Aufrufreihenfolge der Lifecycle-Hooks für diesen Fall.

Abb. 24–8
Aufrufreihenfolge der Lifecycle-Hooks bei Änderungen

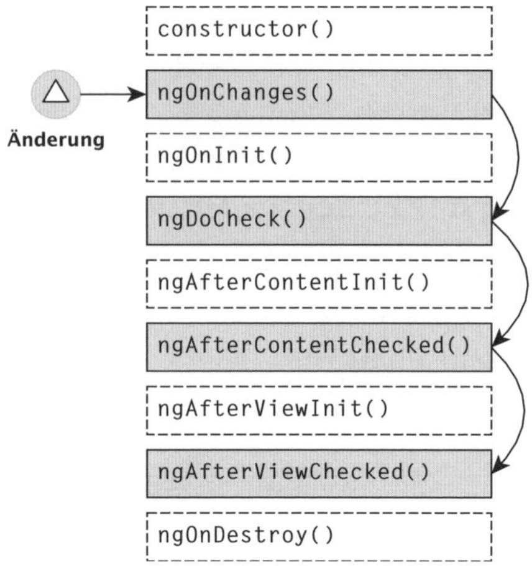

Lifecycle-Hooks verwenden

Interfaces für alle Hook-Methoden

Damit wir die Lifecycle-Hooks nutzen können, müssen wir die entsprechende Methode in unserer Komponenten-/Direktivenklasse implementieren. Damit wir dabei keine Fehler machen, stellt Angular uns für jeden Hook ein Interface zur Verfügung.

Einer der meistgenutzten Hooks ist `OnInit`, den wir über das gleichnamige Interface erhalten. Jedes Interface stellt genau eine Methode zur Verfügung, die den Namen des Interface und das Präfix `ng` besitzt. Für `OnInit` lautet die bereitgestellte Methode also `ngOnInit()`.

Listing 24–12
Implementierung eines Lifecycle-Hooks

```
import { Component, OnInit } from '@angular/core';

@Component({ /* ... */ })
export class MyComponent implements OnInit {
  // ...
  ngOnInit() { /* ... */ }
}
```

Alle anderen Lifecycle-Hooks werden analog zu diesem Beispiel implementiert.

Theoretisch könnten wir die Implementierung der Interfaces auch weglassen. Das liegt daran, dass Angular automatisch nach den Hook-Methoden sucht und sie entsprechend verwendet, sobald sie existieren. Dieser Weg wäre jedoch keine gute Praxis, da man nicht mehr auf den ersten Blick sieht, dass eine Schnittstelle des Frameworks verwendet wird. Außerdem hat die explizite Implementierung der Interfaces den Vorteil, dass IDE und Compiler feststellen können, ob die Methoden korrekt implementiert sind.

Tab. 24–2
Die Lifecycle-Hooks im Überblick

Methode	Beschreibung
ngOnChanges()	Diese Methode wird aufgerufen, sobald ein Input-Property gesetzt oder verändert wird. Als Argument erhält die Methode ein Objekt vom Typ SimpleChange, in dem die veränderten Propertys und ihr aktueller und vorheriger Wert angegeben sind.
ngOnInit()	Diese Methode wird zur Initialisierung der Komponente/Direktive verwendet. Sie wird dann ausgeführt, wenn die Input-Propertys bereits initialisiert sind.
ngDoCheck()	Dieser Hook dient zur Erkennung bzw. Reaktion auf Änderungen, die von Angular nicht durch die automatische Change Detection erkannt werden. Die Methode wird mit jedem Durchlauf der Change Detection ausgeführt, und wir können die Change Detection für die aktuelle Komponente im Bedarfsfall selbst anstoßen.
ngAfterContentInit()	Die Methode wird aufgerufen, nachdem Angular den Inhalt in der Komponenten-View dargestellt hat.
ngAfterContentChecked()	Der Aufruf der Methode erfolgt, nachdem die Change Detection die Inhalte der View von dieser Komponente geprüft hat.
ngAfterViewInit()	Der Hook wird aufgerufen, nachdem Angular den Inhalt des Templates und aller Kindkomponenten verarbeitet hat. Erst ab dieser Stufe im Lebenszyklus können wir mit @ViewChild() auf Elemente in der View zugreifen.
ngAfterViewChecked()	Der Aufruf dieses Hooks erfolgt, nachdem die Change Detection den Inhalt des Templates und aller Kindkomponenten geprüft hat.
ngOnDestroy()	Der Aufruf des Hooks erfolgt, bevor Angular eine Komponente oder Direktive zerstört. Hier ist der richtige Ort, um Subscriptions auf Observables zu beenden und Event Handler, Timer usw. abzumelden.

Die Methoden und deren Verwendungszweck

Für einen detaillierten Einblick in die Verwendung der aufgeführten Hooks empfehlen wir die Beispiele in der offiziellen Angular-Dokumentation.[18] In der Praxis werden Sie einige Hooks nur sehr selten brauchen. `ngOnInit()`, `ngOnChanges()` und `ngOnDestroy()` werden allerdings regelmäßig verwendet.

24.8 Content Projection: Inhalt des Host-Elements verwenden

Komponenten besitzen ein Host-Element, das durch einen CSS-Selektor ausgewählt wird. Wir haben das Element im Template bisher immer ohne Inhalt zwischen dem öffnenden und schließenden Tag notiert. Natürlich können wir dort auch Inhalte angeben, sie werden allerdings durch das Template der Komponente ersetzt und sind dann nicht mehr sichtbar. Der Text `Lorem ipsum dolor` wird also in der Anwendung nicht dargestellt:

Listing 24–13
Host-Element mit Inhalt

```
<my-component>Lorem ipsum dolor</my-component>
```

In manchen Fällen ist es sinnvoll, auf diese Inhalte trotzdem zuzugreifen, wenn Komponenten benutzerdefinierte HTML-Inhalte erhalten sollen. Ein solcher Fall sind UI-Komponenten wie Buttons oder Cards.

Wir können deshalb innerhalb der Komponente den ursprünglichen Inhalt des Host-Elements im Template verwenden. Das Konzept wird *Content Projection* oder *Transklusion* genannt. Verwenden wir die Direktive `NgContent` in unserem Template, wird sie durch den ehemaligen Inhalt des Host-Elements ersetzt.

Listing 24–14
Die Direktive NgContent *im Einsatz*

```
<ng-content></ng-content>
```

Im Zusammenhang mit dem ersten Beispiel wird also an dieser Stelle der Text `Lorem ipsum dolor` eingesetzt.

Multi Content Projection

Besteht der übergebene Inhalt aus HTML-Tags, können wir sogar einzelne Elemente gezielt »herauspicken« und an verschiedenen Stellen im Template einsetzen. Wir sprechen dabei von *Multi Content Projection*. Die Direktive `NgContent` erhält dafür das Attribut `select`. Hier wird ein CSS-Selektor angegeben, mit dem das Quellelement ausgewählt wird. Der Inhalt dieses Elements wird an dieser Stelle eingesetzt.

Angenommen, wir binden eine Komponente an ein Host-Element mit Inhalt ...

[18] https://ng-buch.de/a/120 – Angular Docs: Lifecycle Hooks

```
<my-component>
  <div foo>Lorem ipsum dolor</div>
  <div class="bar">sit amet consectetur</div>
</my-component>
```

Listing 24–15
Host-Element mit HTML-Inhalt

... so können wir die einzelnen Elemente gezielt auswählen und an verschiedenen Stellen im Template der `MyComponent` einsetzen:

```
<ng-content select="[foo]"></ng-content>
<ng-content select=".bar"></ng-content>
```

Listing 24–16
Direktive NgContent *mit Selektor*

Achtung: Es wird hierbei das gesamte ausgewählte Element eingesetzt, nicht nur dessen Inhalt.

24.9 Change Detection

Um alle Konzepte von Angular zu nutzen und zu verstehen, ist es sinnvoll, sich ein wenig mit Details über den Aufbau des Frameworks vertraut zu machen. Wir wollen also hinter die Fassade schauen und uns mit der *Change Detection* beschäftigen, einem der Kernkonzepte von Angular.

Eine Single-Page-Anwendung mit Angular besteht nur aus einer »leeren« HTML-Seite, und alle sichtbaren Inhalte werden erst zur Laufzeit mithilfe von JavaScript dargestellt. Das Framework lädt die Seite niemals neu, sondern Inhalte werden asynchron nachgeladen und dargestellt. Die Templates der Komponenten werden stets mit den dahinterliegenden Daten synchronisiert. Alle Bindings wie Interpolation oder Property Bindings werden automatisch aktualisiert, wenn sich die Daten ändern.

Um diese Konzepte umzusetzen, muss der DOM-Baum der Seite zur Laufzeit manipuliert werden. Dazu benötigt man eine durchdachte Strategie: Wir könnten bei jeder Änderung von Daten den kompletten DOM aktualisieren. Dieser Vorgang würde jedoch viel Zeit und Aufwand kosten und wäre vergleichbar mit dem vollständigen Neuladen einer Seite. Aus diesem Grund sollen möglichst wenige Zugriffe auf den DOM an genau den Stellen erfolgen, wo geänderte Daten repräsentiert werden. Doch wie erkennen wir, an welcher Stelle und zu welchem Zeitpunkt Elemente des DOM in unserer Anwendung aktualisiert werden müssen? Angular nutzt dazu einen Mechanismus, der die Daten unserer Anwendung und die Kopplung mit den Templates verwaltet: die Change Detection.

Change Detection: Änderungen erkennen und DOM aktualisieren

Angular setzt für die Erkennung von Statusänderungen in einer Anwendung auf eine Standardstrategie, die grundsätzlich funktioniert und ausreichend performant arbeitet. Bauen wir eine einfache Anwendung, so müssen wir uns wenig Gedanken darüber machen, was hinter den Kulissen passiert. Es gibt allerdings Situationen, in denen es wichtig ist, zu verstehen, wie die Change Detection abläuft und wie wir in diesen Prozess eingreifen können.

Die Change Detection am Beispiel

Wir wollen das Verhalten der Change Detection an einem praktischen Beispiel untersuchen. Dazu betrachten wir eine Komponente mit einem sehr einfachen Template. Das Beispiel finden Sie auch auf StackBlitz:

Demo und Quelltext:
https://ng-buch.de/stackblitz-changed

Die Komponente hat lediglich die Aufgabe, die aktuelle Uhrzeit auszugeben. Der Getter `time` gibt dazu einen Timestamp zurück, und wir nutzen die Interpolation, um die Zeit formatiert im Template anzuzeigen.

Außerdem wollen wir einen Button definieren, der ein Event auslöst. Jedes Event im DOM einer Komponente triggert die Change Detection, und so können wir mit dem Button den Prozess anstoßen. Es ist für das Beispiel also unwichtig, welche Routine beim Klick ausgeführt wird – deshalb binden wir das Event an den Ausdruck `true`.

Listing 24–17 *Auslösen der Change Detection über ein Event*

```
import { Component } from '@angular/core';

@Component({
  selector: 'my-app',
  template: `
    <p>Change Detection wurde ausgelöst um:</p>
    <span>{{ time | date:'hh:mm:ss:SSS' }}</span>

    <button (click)="true">
      Change Detection auslösen
    </button>
  `
})
```

```
export class MyComponent {
  get time() {
    return Date.now();
  }
}
```

Views und Bindings

Wir wollen uns anhand dieses Beispiels ansehen, wie Angular Änderungen an den Daten feststellt und die Anzeige (engl. *View*) entsprechend aktualisiert.

Angular untersucht dazu die Templates und ermittelt die Knoten im DOM-Baum, die mit Daten aus den Komponenten verknüpft sind und entsprechend aktualisiert werden müssen. Für jeden dieser Knoten wird intern ein sogenanntes *Binding* erstellt. Dieses Objekt beinhaltet den Ausdruck, mit dem der einzufügende Wert berechnet wird. Handelt es sich bei dem Knoten um ein Element mit einem Property Binding, so enthält das Binding außerdem den Namen des Propertys, das aktualisiert werden soll. Für unser aktuelles Beispiel enthält das Binding den Ausdruck `time | date:'hh:mm:ss:SSS'`, und es wird der Textknoten adressiert, der als Kind von `<span>` eingesetzt wurde. Da also kein separates Element mit einem Binding angesprochen wird, sondern lediglich das Kindelement, erhalten wir als `name` den Wert `null`.

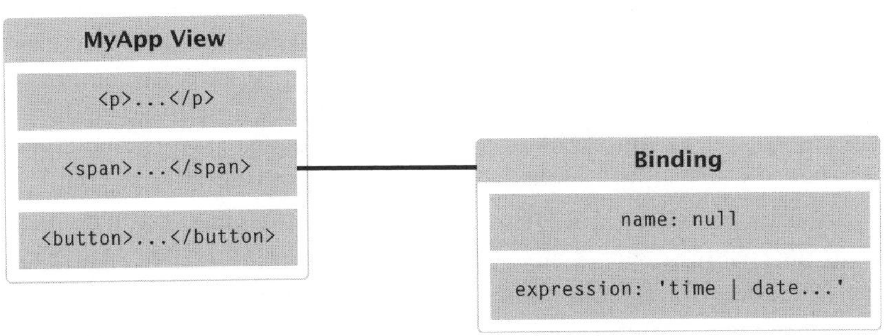

Abb. 24–9
Verknüpfung von View und Binding

Die View prüfen

Beim Überprüfen der View iteriert Angular über alle Bindings. Dabei wird der dazugehörige Ausdruck ausgewertet, und es wird geprüft, ob es eine Änderung gegenüber dem vorherigen Wert gibt. Der alte Wert wird dabei aus der View bezogen, die alle diese Werte in einem internen Array vorhält (`oldValues`). Sofern eine Änderung vorliegt, werden das DOM-Element und der Wert im Array `oldValues` aktualisiert.

`ExpressionChangedAfterItHasBeenCheckedError`

Schauen wir uns das Ergebnis des Beispiels im Browser an, stellen wir fest, dass unsere Komponente wie erwartet funktioniert: Bei jedem Klick auf den Button wird die Change Detection ausgelöst. Damit wird die Aktualisierung des Bindings für die Interpolation angestoßen und es wird die aktuelle Uhrzeit angezeigt.

Rufen wir allerdings die Konsole des Browsers auf, sehen wir, dass dort ein Fehler gemeldet wird, der den vermutlich unangenehmsten Namen trägt: `ExpressionChangedAfterItHasBeenCheckedError`.

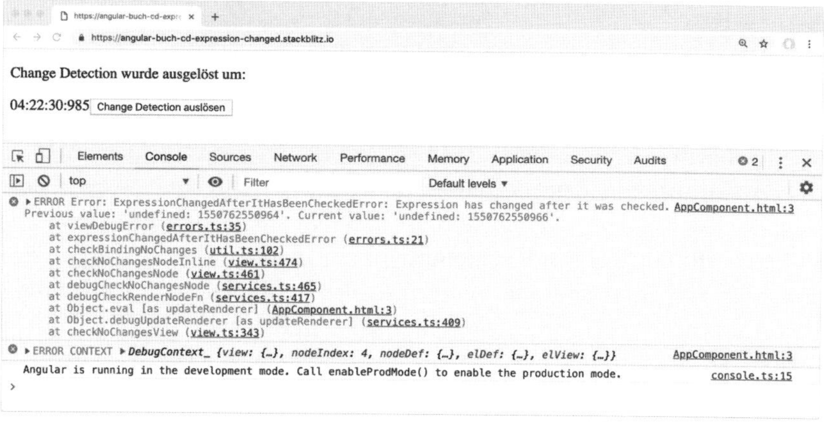

Abb. 24–10
Die Meldung ExpressionChangedAfterItHasBeenCheckedError

Warum das? Schauen wir uns die Ausgabe des Fehlers noch etwas genauer an, stellen wir fest: Angular teilt mit, dass die Ausgabewerte für das Binding unterschiedlich sind, nachdem der Ausdruck erneut evaluiert wurde. In der Tat ist erkennbar, dass der Getter `time` für diese beiden Prüfungen unterschiedliche Werte geliefert hat. Der lange Name des Fehlers bekommt so also eine Bedeutung: Der Rückgabewert des Ausdrucks hat sich geändert, nachdem die Change Detection die Prüfung durchgeführt hat. Doch warum kommt es zur mehrfachen Auswertung, obwohl wir nur einmal auf den Button klicken?

Die Ursache hierfür liegt in den internen Prüfmechanismen von Angular. Verwenden wir die Anwendung im Entwicklungsmodus[19], wird nach jedem Durchlauf der Change Detection eine weitere Prüfung der Werte synchron ausgeführt. Dabei wird überprüft, ob eine erneute Auswertung des Ausdrucks zum selben Ergebnis führt wie zuvor. Ist dies nicht der Fall, wird ein `ExpressionChangedAfterItHasBeenCheckedError` ausgegeben – der DOM wird allerdings nicht erneut aktualisiert.

[19] Dieser Modus ist automatisch aktiv und wird durch die Funktion `enableProdMode()` deaktiviert. Dieser Aufruf erfolgt in der Datei `main.ts`, allerdings nur für die Produktivumgebung.

Mit dieser zusätzlichen Überprüfung soll verhindert werden, dass es zu Endlosschleifen bei der Change Detection kommt. Das zugrunde liegende Prinzip ist der *Unidirectional Data Flow.*[20] Es sorgt innerhalb eines Zyklus der Change Detection dafür, dass die Daten im Komponentenbaum über die Bindings stets *von oben nach unten* fließen: von der Eltern- in die Kindkomponente. Die Kindkomponenten dürfen niemals die Propertys der Elternkomponente verändern. An dieser Stelle sei angemerkt, dass Output-Propertys, die ein Event im Komponentenbaum nach oben publizieren, von dieser Regel ausgeschlossen sind. Erst nachdem ein Event von der Kindkomponente zur Elternkomponente gereicht wurde, startet die Change Detection in der Elternkomponente.

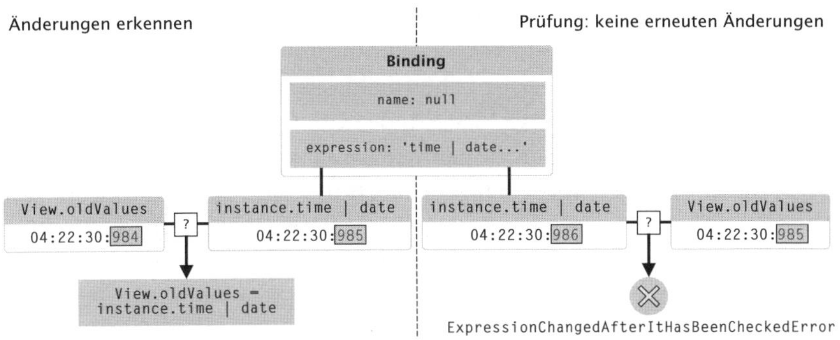

Abb. 24–11
Entstehung eines ExpressionChanged-AfterItHasBeen-CheckedError

Den Fehler verhindern

Angular prüft nach dem ersten Durchlauf der Change Detection synchron, ob ein zweiter Durchlauf zum gleichen Ergebnis führt. Eine Möglichkeit, den Fehler zu verhindern, ist daher, diesen Wert asynchron zu aktualisieren.

Dazu wollen wir das vorherige Beispiel aus Listing 24–17 auf Seite 662 anpassen: Wir entfernen den Getter `time` und speichern den Zeitstempel stattdessen in einem Property mit demselben Namen. Die Funktion `setInterval()` sorgt dafür, dass der Wert im Millisekundentakt aktualisiert wird.

[20] https://ng-buch.de/a/121 – Angular In Depth: Do you really know what unidirectional data flow means in Angular

Listing 24–18
Zeit asynchron aktualisieren

```
// ...
@Component({ /* ... */ })
export class MyComponent {
  time: number;
  constructor() {
    this.time = Date.now();

    setInterval(() => {
      this.time = Date.now();
    }, 1);
  }
}
```

Wir haben damit den Fehler `ExpressionChangedAfterItHasBeenChecked-Error` behoben. Allerdings kommen wir nun zu einem anderen Problem, das genau durch die vorherige Fehlermeldung verhindert werden sollte: Wir landen in einer Endlosschleife in der Change Detection.

Alle asynchronen Operationen wie `setInterval()` oder `setTimeout()` triggern automatisch die Change Detection. Die Ausführungszeit von 1 ms ist allerdings zu kurz, um den gesamten Prozess abzuschließen. Damit dabei keine Race Condition entsteht, benötigen wir also eine Möglichkeit, das Intervall auszuführen, ohne dass die Change Detection diese Aktion registriert.

Automatische Change Detection in Zonen

Die Change Detection wird automatisch durch asynchrone Operationen angestoßen. Hinter diesem Mechanismus verbirgt sich das Framework *zone.js*[21], mit dem das Konzept von *Zonen* eingeführt wird. Eine Zone ist ein asynchroner Ausführungskontext, der stets darüber informiert ist, welchen Status die enthaltenen Operationen haben. Angular nutzt dieses Konzept, um über asynchrone Events informiert zu werden und darauf zu reagieren.

Zonen sind übrigens kein fest integrierter Teil von Angular, und tatsächlich funktioniert Angular auch problemlos ohne dieses Feature.[22]

In der Standardkonfiguration nutzt Angular das Framework zone.js, um eine eigene Zone zu erstellen – die `NgZone`. Der gesamte Anwendungscode wird in dieser Zone ausgeführt, sodass Angular stets über alle asynchronen Events und Timer informiert wird, die innerhalb

[21] https://ng-buch.de/a/122 – GitHub: Zone.js – Implements Zones for JavaScript

[22] https://ng-buch.de/a/123 – Angular In Depth: Do you still think that NgZone (zone.js) is required for change detection in Angular?

der Zone ablaufen. Tritt allerdings ein Event außerhalb der Zone auf, erhält Angular keine Kenntnis darüber.

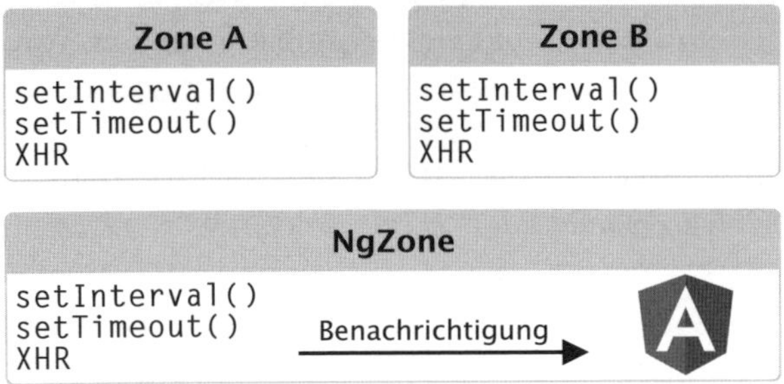

Abb. 24–12
NgZone *und weitere Zonen*

Aus der `NgZone` ausbrechen

Durch die Verwendung von `setInterval()` entsteht ein asynchrones Event, das in der `NgZone` ausgeführt wird. Angular stößt daraufhin automatisch die Change Detection an, um die View zu aktualisieren.

Um dies zu verhindern, können wir aus der `NgZone` ausbrechen und den asynchronen Code außerhalb von Angular ausführen – so wird die Change Detection nicht unnötig getriggert. Für diesen Zweck stellt die `NgZone` die Methode `runOutsideAngular()` bereit. Dafür müssen wir die `NgZone` in unsere Komponente injizieren und eine Callback-Funktion registrieren. Alles, was sich innerhalb dieser Funktion befindet, wird außerhalb der `NgZone` ausgeführt und triggert nicht automatisch die Change Detection.

Listing 24–19
Ausbrechen aus der NgZone

```
// ...
import { NgZone } from '@angular/core';

@Component({ /* ... */ })
export class MyComponent {
  time: number;

  constructor(zone: NgZone) {
    this.time = Date.now();

    zone.runOutsideAngular(() => {
      setInterval(() => {
        this.time = Date.now();
      }, 1);
    });
  }
}
```

Damit haben wir das Problem mit der Endlosschleife behoben, denn das asynchrone Intervall läuft nun außerhalb der `NgZone` ab. Beachten Sie bitte, dass der Code trotzdem ausgeführt wird, nur nicht im Kontext von Angular. Ein Intervall mit einer derart kurzen Zeit von 1 ms sollte selbstverständlich nicht in eine echte Anwendung integriert werden und diente hier nur Demonstrationszwecken.

Die Methode `runOutsideAngular()` ist allerdings immer dann empfehlenswert, wenn Berechnungen oder Aktionen durchgeführt werden sollen, die viel Performance beanspruchen und unvermeidbar sind. Lagern wir diesen Code aus der `NgZone` aus, verhindern wir, dass die Change Detection schnell hintereinander neu getriggert wird.

Lifecycle Hooks und die Change Detection

Wir haben im Abschnitt 24.7 ab Seite 656 die verschiedenen Lifecycle-Hooks von Komponenten kennengelernt. Die meisten dieser Hooks werden im Zusammenhang mit der Change Detection getriggert. Beispielsweise wird der Hook `ngOnChanges()` ausgeführt, wenn sich der Wert eines Input-Propertys von außen ändert.

Mit den Hooks können wir außerdem in den Prozess der Change Detection eingreifen – und selbstverständlich auch Fehler produzieren. Verwenden wir z. B. den Hook `ngAfterViewChecked` und versuchen, darin ein Property der Komponente zu verändern, das im Template verwendet wird, so erhalten wir ebenfalls den bekannten Fehler `ExpressionChangedAfterItHasBeenCheckedError`. Wir haben damit dieselbe Konstellation erzeugt, wie sie auch schon im Beispiel mit der Uhrzeit aufgetreten ist: Die Daten in der Komponente wurden geändert, nachdem die View geprüft wurde, aber noch bevor der gesamte Zyklus der Change Detection abgeschlossen war.

Listing 24–20
Property in AfterViewChecked *aktualisieren*

```
import { Component, AfterViewChecked } from '@angular/core';

@Component({
  selector: 'my-app',
  template: '<p>{{ name }}</p>'
})
export class MyComponent implements AfterViewChecked {
  name = 'AngularJS';

  ngAfterViewChecked() {
    this.name = 'Angular'
  }
}
```

Diese Eigenschaft gilt übrigens für alle Hooks, die nach dem Rendering der View ausgeführt werden. Wir haben dort während der Change Detection nicht mehr die Möglichkeit, die Propertys zu verändern, ohne manuell aus der Zone auszubrechen.

Die Abbildung 24–13 zeigt den Ablauf der Change Detection und Lifecycle-Hooks für einen Komponentenbaum mit den zwei Komponenten *A* und *B*.

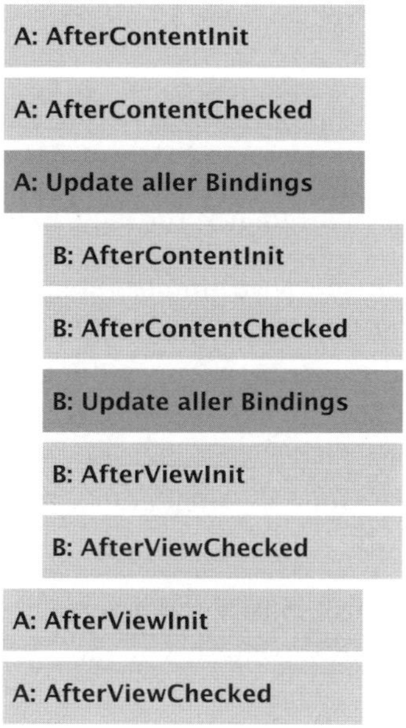

Abb. 24–13 *Ablauf der Change Detection und der Liefecycle-Hooks*

Strategien für die Change Detection

Wird die Change Detection in einer Komponente getriggert, so wird dieses Event bis zur Wurzel des Komponentenbaums propagiert. Von dort aus werden alle Komponenten im gesamten Baum informiert und führen die Change Detection aus, um potenzielle Änderungen zu erkennen. Bei komplexen Anwendungen kann dieses Verhalten die Performance stark beeinträchtigen, denn es wird bei jeder Aktion jede Komponente geprüft.

Um das zu verhindern, lässt sich das Verhalten der Change Detection anpassen, sodass die Prüfung nur auf einem Teil des Komponentenbaums ausgeführt wird. Das sorgt dafür, dass die durchzuführenden Änderungen schneller verarbeitet werden und auch nur dort, wo sie relevant sind. Abbildung 24–14 zeigt exemplarisch die Ausführung der Change Detection für einen Teil des Abhängigkeitsbaums.

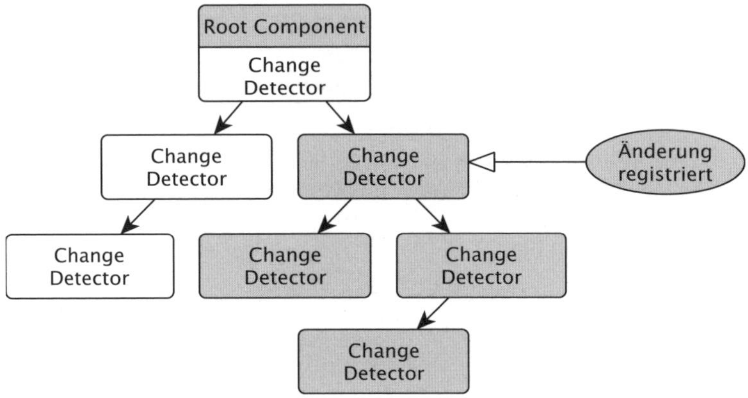

Abb. 24–14
Ausführung der Change Detection auf einen Teil der Komponenten

Strategien für die Change Detection

Es gibt zwei verschiedene Strategien für die Change Detection:

- **`Default`:** Diese Strategie wird immer dann verwendet, wenn nicht explizit ein anderes Verhalten eingestellt wird. Angular propagiert jede Änderung in der gesamten Anwendung über alle Komponenten hinweg. Diese Strategie haben wir bereits kennengelernt.
- **`OnPush`:** Die Change Detection wird nur noch in bestimmten Fällen ausgeführt (siehe unten), sodass nur ein Teil des Komponentenbaums geprüft wird.

Eine solche Strategie muss immer lokal für eine einzelne Komponente aktiviert werden. Dazu erweitern wir die Metadaten im Decorator `@Component()`:

Listing 24–21
Strategie festlegen

```
import { ChangeDetectionStrategy, Component } from '@angular/core';

@Component({
  // ...
  changeDetection: ChangeDetectionStrategy.OnPush
})
export class MyComponent { }
```

Aktivieren wir auf diese Weise die Strategie `OnPush`, so wird die Change Detection für diese Komponente nur noch ausgeführt, wenn

- ein *Input-Property* von außen einen neuen Wert erhält,
- ein *Event* innerhalb der Komponente oder in einer ihrer Kindkomponenten auftritt,
- die Change Detection *manuell* angestoßen wird (`ChangeDetectorRef.markForCheck()`) oder
- die *AsyncPipe* im Template der Komponente genutzt wird und das abonnierte Observable einen neuen Wert emittiert.

Vorsicht mit Objekten und Arrays

Hierbei ist besondere Vorsicht geboten, wenn ein Objekt oder Array an ein Input-Property übergeben wird. Objekte und Arrays sind in JavaScript stets nur Referenzen auf die zugehörige Speicherstelle. Ändern wir also die Inhalte direkt im Objekt, so ändert sich die Referenz nicht! Wollen wir ein solches Objekt mit einem Property Binding an eine Kindkomponente übergeben, für die `OnPush` aktiviert ist, so müssen wir stets ein neues Objekt mit einer neuen Referenz erzeugen.

Wir wollen uns dieses Verhalten an einem Beispiel anschauen. Sie können den Code zusätzlich auf StackBlitz ausprobieren.

Demo und Quelltext:
https://ng-buch.de/stackblitz-onpush

Die Komponente `ChildComponent` im Listing 24–22 verwendet die Strategie `OnPush`. Sie wird von der `AppComponent` eingebunden, die mit einem Property Binding ein Objekt in die Input-Eigenschaft `data` der Kindkomponente schreibt.

Dieses Beispiel soll demonstrieren, dass die Change Detection nicht ausgeführt wird, sofern sich nur der *Inhalt* eines Objekt ändert, ohne eine neue Referenz zu erzeugen. Erst wenn ein *neues* Objekt übergeben wird, werden auch die Werte im DOM aktualisiert.

Listing 24–22
Die OnPush-*Strategie*

```
import { Component, Input, ChangeDetectionStrategy } from
    ↪ '@angular/core';

@Component({
  selector: 'app-child',
  templateUrl: './child.component.html',
  changeDetection: ChangeDetectionStrategy.OnPush
})
export class ChildComponent {
  @Input() data: {};
}
```

Der Button im Template der `ChildComponent` soll die Daten anzeigen und außerdem demonstrieren, dass die Change Detection durch ein Event in der Komponente automatisch angestoßen wird.

Listing 24–23 *Das Template der Komponente* ChildComponent

```
<p>Daten: <span>{{ data | json }}</span></p>
<button (click)="true">Event auslösen</button>
```

In der AppComponent legen wir außerdem zwei Buttons an, die mit zwei Methoden verknüpft sind: Mit changeProperty() überschreiben wir ein einzelnes Property des Datenobjekts. Die Methode changeObject() hingegen *ändert* das Objekt nicht, sondern schreibt ein *neues* Objekt in die Klasseneigenschaft data.

Listing 24–24 *Vergleich: Eigenschaft aktualisieren vs. Objektreferenz aktualisieren*

```
import { Component } from '@angular/core';

@Component({
  selector: 'my-app',
  templateUrl: './app.component.html'
})
export class AppComponent  {
  data: { content: string } = { content: 'foo'};

  changeProperty() {
    this.data.content = 'bar';
  }

  changeObject() {
    this.data = { content: 'baz' };
  }
}
```

Listing 24–25 *Das Template der Komponente* AppComponent

```
<button type="button" (click)="changeProperty()">Property
        ↪ ändern</button>
<button type="button" (click)="changeObject()">Neues
    ↪ Objekt</button>
<app-child [data]="data"></app-child>
```

Führen wir die Anwendung aus und klicken zunächst den Button [Property ändern] im Browser, wird sich der Text in der Kindkomponente nicht aktualisieren. Wir haben lediglich ein Property des Objekts verändert, und der DOM wird nicht aktualisiert, denn wir verwenden ja die Strategie OnPush. Klicken wir allerdings auf den Button [Event auslösen], aktualisiert sich der Wert, da das Event innerhalb der Komponente ChildComponent die Change Detection aktiviert.

Zum Vergleich laden wir die Seite noch einmal neu und verwenden nun den Button [Neues Objekt]. Die Methode changeObject() erzeugt ein neues Objekt mit einer neuen Referenz. Wir können sehen, dass der

Text in der View aktualisiert wird, da über das Property Binding ein neues Objekt in die Input-Eigenschaft `data` der Kindkomponente fließt.

Immutability

Sie sollten die Strategie `OnPush` immer dann einsetzen, wenn eine Komponente ein komplexes Template mit vielen Bindings besitzt, die nicht bei jeder Aktion aktualisiert werden sollen. Das trifft vor allem auf Kindkomponenten zu, deren Aufgabe hauptsächlich die Darstellung von Daten ist. Solche Komponenten erhalten ihre Daten ausschließlich über Inputs und geben Daten über Output nach außen. Wollen wir `OnPush` effektiv einsetzen, so müssen wir jedoch darauf achten, die Objekte in der Anwendung niemals direkt zu verändern. Stattdessen müssen wir bei jeder Änderung eine *Kopie* erzeugen, sodass ein neues Objekt mit einer neuen Referenz entsteht. Dieses Konzept der *Immutability* ermöglicht es uns, durchgehend in den meisten Komponenten `OnPush` einzusetzen und einen guten Performancegewinn in der Anwendung zu erzielen.

Deep Dive zur Change Detection

Dieses Kapitel sollte einen kurzen Blick hinter die Kulissen des Angular-Frameworks geben. Wenn Sie sich näher mit den verschiedenen Strategien und Umsetzungsmöglichkeiten beschäftigen wollen, können wir Ihnen den Artikel »Everything you need to know about change detection in Angular« von Max Koretskyi empfehlen.[23] Dort erfahren Sie mehr Hintergründe zur Change Detection und es werden die verschiedenen Strategien gegenübergestellt.

24.10 Plattformen und Renderer

Wir haben in diesem Buch schon häufiger die Begriffe *Plattform* und *Renderer* verwendet, ohne im Detail darauf einzugehen. Eines der Ziele von Angular ist, nicht auf den Browser und den DOM beschränkt zu sein. Das bedeutet, dass wir Angular theoretisch auf jeder Plattform einsetzen können. Ein repräsentatives Beispiel wird in dem Artikel *»Building Simon with Angular2-IoT«* gezeigt.[24]

Angular ist unabhängig vom DOM.

Die Komponenten einer Angular-Anwendung sind grundsätzlich unabhängig vom DOM, und wir haben es bisher auch geflissentlich vermieden, die DOM-Elemente direkt anzusprechen. Dadurch ist es möglich, die Komponenten für beliebige Plattformen zu verwenden, z. B.

[23] https://ng-buch.de/a/124 – Angular in Depth: Everything you need to know about change detection in Angular

[24] https://ng-buch.de/a/77 – Uri Shaked: »Building Simon with Angular2-IoT«

Plattformen

NativeScript. Eine Plattform ist die Systemumgebung, in der die Anwendung ausgeführt wird. Die Schnittstellen zur Plattform werden abstrahiert und können mit Angular bedient werden.

Die Zielplattform wird beim Bootstrapping in der Datei `main.ts` ausgewählt. Auf der Plattform wird das Root-Modul »gebootstrappt«. Wir haben bisher vier Plattformen kennengelernt: `platformBrowserDynamic` für den Browser mit JIT, `platformBrowser` für den Browser mit AOT und schließlich `platformNativeScriptDynamic` für NativeScript mit JIT. Außerdem existiert die `platformServer`, um eine Angular-Anwendung unter Node.js auf einem Server auszuführen und die Anwendung so auf dem Server zu rendern. In einer Anwendung ist immer genau eine Plattform aktiv. Für eine Plattform können hingegen auch mehrere Root-Module gestartet werden.

Renderer

Der Baustein, der die Angular-Anwendung für die konkrete Plattform aufbereitet, nennt sich *Renderer*. Beispielsweise ist ein bestimmter Renderer dafür verantwortlich, aus HTML-Templates die DOM-Elemente zu generieren. Im Kapitel zu Direktiven (Seite 371) haben wir den Renderer bereits verwendet, um CSS-Klassen auf einem Element zu setzen. Das modulare Prinzip von Angular erlaubt uns, beliebige eigene Plattformen und Renderer zu entwickeln und in das Ökosystem einzubinden.

Ivy: der neue Renderer

Bereits seit Angular 4 lenkt der vom Angular-Team neu entwickelte Renderer mit der Bezeichnung *Ivy* große Aufmerksamkeit auf sich. Ivy wird zusammen mit Angular 8 erstmalig produktiv ausgeliefert, allerdings zunächst als Option zum freiwilligen Opt-in. Ivy ist übrigens bereits der dritte Renderer in der Geschichte von Angular: Mit Angular 4 wurde die *View Engine* eingeführt, ohne dass dadurch Breaking Changes entstanden sind. Ab Angular in der Version 9 soll Ivy als Standard-Renderer bereitstehen und die View Engine nach über zwei Jahren endgültig ablösen. Ivy bringt eine Reihe von Optimierungen mit sich:

- verringerte Bundle-Größen dank einer verbesserten Architektur, die gut durch Tree Shaking optimierbar ist
- schnellere Rebuilds durch separate Kompilierung jeder einzelnen Datei ohne weitere Abhängigkeiten (Lokalitätsprinzip)
- verbesserte Typprüfung in den Templates
- Die Templates der Komponenten werden im Stack Trace des Browsers sichtbar, sodass Fehlermeldungen eindeutiger sind und sich das Debugging durch Breakpoints im Template einfacher gestalten lässt.

- Vereinfachung des Bootstrapping-Prozesses dank der Entfernung der Abhängigkeit zur spezifischen Browserplattform
- optionale Nutzung von Angular-Modulen (`NgModule`)

Der neue Ivy-Renderer liefert also vor allem interne Optimierungen und wird keine bzw. nur geringe Auswirkungen auf die konkrete Implementierung einer Angular-Anwendung haben.

Für weitere Informationen möchten wir einen Blogartikel von Himanshu Shekar empfehlen.[25] Außerdem werden wir zu diesem Thema im Blog auf der Begleitwebsite zum Buch informieren.[26]

24.11 Angular updaten

Angular wird kontinuierlich weiterentwickelt.

Das Angular-Team und die Community arbeiten kontinuierlich an der Weiterentwicklung des Frameworks und der zugehörigen Tools. Obwohl in der Vergangenheit vereinzelt auch Breaking Changes eingeführt wurden, bringen neue Versionen vor allem Erweiterungen und Verbesserungen: Neben neuen Funktionen sind das insbesondere Bugfixes, Optimierungen in der Performance und die Reduktion der Bundle-Größe. Beispielsweise wurde der Renderer, der die Templates in ausführbaren JavaScript-Code umsetzt, bereits zwei Mal ausgetauscht, ohne die öffentliche Schnittstelle zu ändern.

Halten Sie Ihre Anwendungen aktuell.

Um von all diesen Verbesserungen profitieren zu können, empfehlen wir Ihnen, Ihre Entwicklungsumgebung und auch Ihre Anwendungen stets aktuell zu halten. Dank der strikten Vorgehensweise nach *Semantic Versioning*[27] können Sie stets schnell erfahren, ob Sie Ihre Projekte problemlos auf die neueste Version von Angular aktualisieren können oder ob Sie ggf. mit Breaking Changes rechnen müssen.

Der Release-Zyklus für Angular und alle dazugehörigen Module ist so geplant, dass in regelmäßigen Abständen von sechs Monaten ein neues Major-Release veröffentlichet wird. Semantic Versioning sieht vor, dass Major-Versionen auch Breaking Changes enthalten *können*. Wollen Sie also zu einer neuen Major-Version updaten, so sollten Sie zuvor prüfen, ob Sie mit Anpassungen Ihres Quellcodes rechnen müssen.

Librarys aktuell halten

Nicht nur Angular wird aktualisiert und erweitert, sondern auch abhängige Bibliotheken und Pakete wie RxJS und TypeScript werden weiterentwickelt und mit Bugfixes und zusätzlichen Features versehen. Um den Überblick zu behalten und den Update-Prozess zu vereinfa-

[25] https://ng-buch.de/a/125 – Imaginea: Ivy – A look at the New Render Engine for Angular

[26] https://ng-buch.de/a/31 – Angular Buch: Blog

[27] https://ng-buch.de/a/2 – Semantic Versioning 2.0.0

chen, wollen wir Ihnen nachfolgend ein paar Hilfen an die Hand geben, mit denen Sie ein Update sicher und schnell durchführen können.

Update mit der Angular CLI und `ng update`

Der einfachste und schnellste Weg für ein Update von Angular ist bereits in die Angular CLI integriert. Das Tool stellt dazu den Befehl `ng update` zur Verfügung. Dabei wird überprüft, ob eine neue Version von Angular, der Angular CLI oder einer anderen abhängigen Bibliothek verfügbar ist, und listet die verfügbaren Updates auf:

Listing 24–26
Neue Versionen prüfen mit ng update

```
$ ng update

We analyzed your package.json, there are some packages to update:

Name            Version              Command to update
-----------------------------------------------------
rxjs            6.3.3 -> 6.4.0       ng update rxjs

There might be additional packages that are outdated.
Run "ng update --all" to try to update all at the same time.
```

Haben Sie sich für ein Update entschieden, so können Sie dieses mittels `ng update <Paketname>` durchführen. Der Befehl installiert übrigens nicht nur die aktuellen Versionen der Pakete, sondern nimmt auch Anpassungen an unserem Projekt vor, die sich durch eine neue Version von Angular ergeben. Hinter diesem Prozess stehen Schematics, in denen alle Vorschriften verpackt sind, welche Dateien in welcher Weise anzupassen sind. Auch Drittbibliotheken können Schematics für das Update bereitstellen und so auch automatische Migrationspfade für neuere Versionen anbieten.

ng update *regelmäßig ausführen*

Wir empfehlen Ihnen, `ng update` in regelmäßigen Abständen auszuführen und zu überprüfen, ob es neue Versionen der abhängigen Pakete Ihres Projekts gibt. Sollten Sie unsicher sein, ob Sie ein Update durchführen wollen, werfen Sie am besten vorher einen Blick in die Release Notes der zu aktualisierenden Pakete.

Angular Update Guide

Prüfen Sie die Release Notes.

Sofern eine neue Major-Version von Angular verfügbar ist, reicht es ggf. nicht aus, nur `ng update` auszuführen. In diesem Fall sollten Sie zunächst prüfen, welche Änderungen die neue Version mit sich bringt. Dazu sollten Sie einen Blick auf den Changelog von Angular[28] werfen,

[28] https://ng-buch.de/a/126 – GitHub: Angular CHANGELOG

denn bei neuen Major-Releases kann es zu Breaking Changes kommen. Diese Änderungen können unter Umständen dazu führen, dass Ihre Anwendung nicht mehr wie erwartet funktioniert und Anpassungen am Quellcode nötig sind.

Schritt für Schritt zum Update

Der *Angular Update Guide*[29] erleichtert diesen Prozess. Auf der Website wird eine genaue Anleitung bereitgestellt, die zeigt, welche Schritte Sie nacheinander für das Update vollziehen müssen. Die Schritte der Anleitung richten sich nach der ausgewählten aktuellen Version Ihres Projekts und der Zielversion, zu der Sie updaten möchten. Sie können dabei zwischen verschiedenen Komplexitätsstufen Ihrer Anwendung wählen und erfahren direkt, ob Änderungen am Quellcode vorgenommen werden müssen oder ob z. B. Migrationstools zur Verfügung stehen, die Ihnen beim Update helfen.

Auf dem Laufenden bleiben: Begleitwebsite zum Buch

Zusätzlich möchten wir an dieser Stelle noch auf unsere Begleitwebsite zum Buch verweisen. Dort informieren wir Sie fortlaufend zu jeder Major-Version in einem Blogartikel über die wichtigsten Neuerungen und die nötigen Änderungen am Beispielprojekt.

Die Begleitwebsite zum Buch

https://angular-buch.com/updates

24.12 Upgrade von AngularJS

Angular unterscheidet sich stark von seinem Vorgänger AngularJS.

Viele Webentwickler haben bereits mit dem Framework AngularJS gearbeitet. Angular ab der Version 2 basiert auf dem Wissen um die Schwächen aus AngularJS sowie den Stärken von React und anderen SPA-Frameworks. Eine gute Entscheidung ist die Einbindung der Frameworks RxJS und Zone.js. Hier wurde das Rad aus gutem Grund nicht neu erfunden. Durch den Einfluss dieser Frameworks sowie durch die Umstellung von JavaScript (ES5) auf TypeScript unterscheidet sich das Framework relativ stark von seinem Vorgänger AngularJS. Ein Upgrade ist daher recht anspruchsvoll.

Beide Frameworks hybrid verwenden

Aufgrund der großen Umstellung zwischen den Versionen des Frameworks wurde bei der Entwicklung von Angular von Beginn

[29] https://ng-buch.de/a/127 – Angular Update Guide

an ein Migrationsleitfaden entwickelt. Ein wichtiger Weg dabei ist die Enwicklung einer hybriden Angular-Applikation. Damit können AngularJS-Anwendungen schrittweise auf Angular umgestellt und migriert werden. Um dies zu ermöglichen, stellt Angular das *Upgrade Module* bereit. Dieses Tool ermöglicht die beidseitige Wandlung von Features zwischen Angular und AngularJS. Auf der offiziellen Website von Angular wird dieser im Detail vorgestellt, und es werden Wege zur hybriden Verwendung der Frameworks dargelegt.[30]

Parallele Verwendung beider Frameworkversionen vermeiden

Wir möchten Ihnen jedoch ans Herz legen, nach Möglichkeit davon abzusehen, beide Frameworks parallel in einem Projekt zu betreiben. Da Angular ab Version 2 grundlegend überarbeitet und neu durchdacht wurde, gab es auch Wechsel bei den darunterliegenden Frameworks und Standards. Das hat zu einer großen Veränderung hinsichtlich der Implementierung und der Workflows geführt. Die Integration älterer Komponenten und Direktiven in die neue Welt geht oft mit Altlasten einher. Der Wechsel zum neuen Angular bietet Ihnen die Chance, diese Altlasten zu beseitigen und auf neue zukunftsorientierte Technologien aufzubauen. Das erspart Ihnen außerdem viel Arbeit beim Debugging und bei der späteren Performanceoptimierung.

Im nachfolgenden Kapitel werden wir Ihnen einen Leitfaden geben, der Sie auf eine Migration vorbereitet. Dafür werden wir Vorkehrungen aufzeigen, die Sie bereits in AngularJS treffen können, um eine einfachere Migration durchzuführen.

Allgemeine Vorbereitungen für die Migration

Um AngularJS-Anwendungen in Angular zu überführen, sollten zunächst einige Vorbereitungen getroffen werden. Diese Schritte können durchgeführt werden, ohne das AngularJS-Framework zu entfernen. Sie helfen Ihnen später bei der Überführung von Funktionalitäten in die neue Angular-Welt.

Den Styleguide befolgen

Im Kapitel Powertipp »Styleguide« auf Seite 123 haben wir etwas über Coderichtlinien bei der Entwicklung mit Angular erfahren. Auch für AngularJS gibt es einen solchen Styleguide, der unbedingt befolgt werden sollte.[31] Vor der Migration sollte also der vorliegende Anwendungscode einer AngularJS-Anwendung so modifiziert werden, dass er die Anforderungen des Styleguides erfüllt. Dieser Schritt ist selbstverständlich auch zu empfehlen, wenn nicht auf Angular umgestellt werden soll.

Klare Coderichtlinien dank Styleguide

[30] https://ng-buch.de/a/128 – Angular Docs: Upgrading from AngularJS
[31] https://ng-buch.de/a/129 – GitHub: Angular 1 Style Guide

Zwei Regeln des Styleguides sind für die Migration einer Anwendung unabdingbar, deshalb möchten wir sie hier noch einmal aufgreifen:

- **Rule of One:** Jede Komponente (Direktive), jeder Controller, jeder Service und jeder Filter sollten in jeweils einer einzelnen Datei untergebracht werden.
- **»Folders-by-Feature«-Struktur:** Jedes Modul der gesamten Angular-Anwendung sollte in einem separaten Feature-Ordner untergebracht werden.

Der Angular-Styleguide ist nicht nur eine Richtlinie, die sich zwingend auf die Entwicklung von Angular-Anwendungen bezieht. Er ist vielmehr eine Sammlung und Zusammenfassung von Best Practices in der Webentwicklung und sorgt für eine saubere und klare Codestruktur.

JavaScript-Bootstrapping

Eine gute Voraussetzung für die spätere Migration ist das Bootstrapping im JavaScript. Viele AngularJS-Anwendungen werden über die `ngApp`-Direktive initialisiert, indem wir das Attribut `ng-app` im Template verwenden.

Listing 24–27
Bootstrapping der AngularJS-Anwendung im Template

```
<!doctype html>
<html ng-app="myApp">
  <body>
    ...
    <script src="angular.js"></script>
  </body>
</html>
```

Angular kennt kein Template-Bootstrapping mehr.

In Angular existiert diese Möglichkeit des Bootstrappings nicht mehr. Aus diesem Grund sollten Sie auch vorab in Ihrer AngularJS-Anwendung den Bootstrapping-Prozess im JavaScript durchführen.

Listing 24–28
Bootstrapping der AngularJS-Anwendung im JavaScript

```
<!doctype html>
<html>
  <body>
    ...
    <script src="angular.js"></script>
    <script>
      (function() {
        angular.bootstrap(document, ['myApp']);
      })();
    </script>
  </body>
</html>
```

Diese Änderung hat keinerlei Auswirkungen auf das Verhalten der Anwendung, wir verlagern den Bootstrap-Vorgang lediglich vom Template ins JavaScript. Denken Sie daran, das Attribut `ng-app` aus dem Template zu entfernen.

Komponentendirektiven bzw. Components nutzen

Komponenten in AngularJS verwenden

Eine Angular-Anwendung besteht aus einer Vielzahl von Komponenten, die zusammen den Komponentenbaum bilden. Ein Äquivalent zu diesen Komponenten stellen die Komponenten aus AngularJS[32] (ab Version 1.5) bzw. die sogenannten Komponentendirektiven[33] (Version < 1.5) dar. Dabei handelt es sich um AngularJS-Direktiven bzw. -Komponenten, die eigene Templates, Controller sowie Input und Output Bindings besitzen. Die Migration solcher Direktiven ist wesentlich einfacher zu handhaben, da sie bereits den Komponenten von Angular stark ähneln. Um für eine einfache Migration vorbereitet zu sein, sollten sie die folgende Konfiguration besitzen:

- `restrict: 'E'` – notwendig
- `scope: {}` – notwendig
- `bindToController: {}` – notwendig
- `controller` und `controllerAs` – notwendig
- `template` bzw. `templateUrl` – notwendig
- `transclude: true` – optional
- `require` – optional

Weiterhin gibt es Attribute, die von Angular nicht mehr unterstützt werden:

- `compile`
- `replace: true`
- `priority`
- `terminal`

Was diese Attribute im Detail bewirken, soll nicht Teil dieses Buchs sein. Als Nachschlagewerk dieser Attribute und deren Eigenschaften bzw. Funktionen dient die offizielle AngularJS-Dokumentation.

Verwenden eines Module Loaders

Existieren viele kleine Dateien mit einzelnen Controllern, Services usw., müssen die Abhängigkeiten zwischen den Dateien berücksichtigt wer-

[32] https://ng-buch.de/a/130 – AngularJS: Components
[33] https://ng-buch.de/a/131 – AngularJS: Directives

den. Dabei ist es oft wichtig, in welcher Reihenfolge diese geladen werden, da sie Abhängigkeiten untereinander aufweisen. Wird eine Datei geladen und will auf eine Funktion einer anderen Datei zugreifen, die erst später geladen wird, können Fehler auftreten. Module Loader sorgen dafür, dass diese Abhängigkeiten zueinander aufgelöst und Dateien zum richtigen Zeitpunkt geladen werden. Die frühzeitige Einführung eines Module Loaders in ein bestehendes AngularJS-Projekt erleichtert die spätere Migration auf Angular und macht den Umstieg nicht ganz so kompliziert.

Abhängigkeiten laden

Bei der Wahl des Module Loaders stehen dem Entwickler viele Türen offen. Es haben sich jedoch im Laufe der Zeit einige Module Loader als sehr populär erwiesen. Unsere Empfehlung an dieser Stelle ist Webpack, weil dieser Module Loader auch innerhalb der Angular CLI verwendet wird.

Migration zu TypeScript

In diesem Buch konzentrieren wir uns auf die Entwicklung von Angular-Anwendungen mit TypeScript. TypeScript bietet bei der Entwicklung von Webanwendungen einige Vorteile. Mehr Details dazu befinden sich im Kapitel »Einführung in TypeScript« ab Seite 27.

TypeScript bietet auch Vorteile in AngularJS.

Da es sich bei TypeScript um eine Obermenge von JavaScript handelt, lässt sich eine Umstellung hier mit relativ wenig Aufwand durchführen. Die Schritte belaufen sich im Wesentlichen auf die folgenden:

- TypeScript-Compiler installieren
- `*.js`-Dateien in `*.ts` umbenennen
- Imports und Exports verwenden
- Funktionsparameter und Variablen typisieren
- `let` und `const` verwenden
- Services und Controller als Klassen definieren

Unterstützung bei der Migration

Neben den genannten grundsätzlichen Schritten zur Migration existieren diverse Tools und Infoportale, die Ihnen helfen, den Sprung von AngularJS zu Angular zu vollziehen.

ngMigration Assistent

Bei diesem Assistententool handelt es sich um ein Kommandozeilenwerkzeug, das Sie als globales NPM-Paket installieren können:

Listing 24–29
ngMigration Assistent global installieren

```
$ npm install -g ngma
```

Anschließend rufen Sie das Tool auf und geben den Pfad zum Verzeichnis an, in dem die AngularJS-Anwendung liegt, die Sie migrieren wollen.

Listing 24–30
ngMigration Assistent zur Analyse der AngularJS-Anwendung nutzen

```
$ ngma <Pfad>
```

Das Tool analysiert nun Ihre Anwendung und listet einen Migrationspfad auf, den Sie bei der Überführung Ihrer Anwendung von AngularJS zu Angular beachten sollten.

Somit erhalten Sie eine Checkliste für die wesentlichen Migrationsschritte. Die Umsetzung liegt jedoch weiterhin bei Ihnen.

ngMigration Forum

Das *ngMigration Forum* ist eine Sammlung von Links, Diskussionsforen und weiteren nützlichen Tools, die in einem GitHub-Wiki festgehalten werden.[34]

Hier finden Sie verschiedene nützliche Inhalte und Links rund um das Thema Upgrade von AngularJS zu Angular. Weiterhin werden die möglichen Migrationspfade sowie hybride Lösungsvarianten erläutert und Sie können sich mithilfe von GitHub-Issues mit der Community austauschen und Ihre Fragen platzieren.

Fazit und Ausblick

Die Umstellung von AngularJS zu Angular ab Version 2 brachte viele Veränderungen mit sich. Es wurden Ansätze neu überdacht, und etablierte Frameworks wie Zone.js und RxJS wurden fester Bestandteil von Angular. Dies hat zur Folge, dass die Migration zunächst etwas kompliziert erscheint. Stellt man jedoch vorab seine AngularJS-Anwendung bereits auf die Component-API um, wird die spätere Migration erleichtert. Weiterhin lässt sich TypeScript auch bereits in einer bestehenden AngularJS-Anwendung nutzen.

Es existieren mehrere Ansätze, die eine hybride Ausführung der alten und neuen Framework-Versionen ermöglichen. Welcher Ansatz für das eigene Projekt der richtige ist, hängt von den Anforderungen und der Komplexität der Anwendung ab. Sofern es möglich ist, sollten Sie bevorzugt eine komplette Migration anstreben, anstatt beide Framework-Versionen im Hybridbetrieb zu verwenden.

---

[34] https://ng-buch.de/a/132 – ngMigration-Forum: Helpful Content

Anhang

A Befehle der Angular CLI

Wir haben eine Auswahl der wichtigsten Parameter der Angular CLI zusammengestellt. Zusätzlich lohnt sich auch ein Blick in die offizielle Dokumentation.

Befehl		Alias
ng **build** *<Optionen...>*		b
Beschreibung:	Transpiliert den TypeScript-Code und erzeugt die auslieferbare App im dist-Verzeichnis	
Optionen:		
--configuration=<Wert>	Mit dieser Angabe kann eine Zielkonfiguration gewählt werden, die in der Datei angular.json näher beschrieben ist.	-c=<Wert>
--prod	Wahl der Zielkonfiguration für Produktion Abkürzung für --configuration=production	
--output-path=<Pfad>	Gibt ein abweichendes Ausgabeverzeichnis an	
--source-map	Sorgt dafür, dass Sourcemaps generiert werden	
--stats-json	Erzeugt zusätzlich die Datei dist/<Projekt>/stats.json. Die Datei enthält Infos zur Zusammensetzung der Bundles und kann mit Tools wie *webpack-bundle-analyzer*[1,2] analysiert werden.	

[1] https://ng-buch.de/a/133 – NPM: webpack-bundle-analyzer

[2] https://ng-buch.de/a/134 – webpack analyse (Online-Version)

Befehl		Alias
ng **doc** *<Schlagwort>*		d
Beschreibung:	Öffnet die offizielle Angular-Dokumentation und sucht nach dem angegebenen Schlagwort. Standardmäßig wird nur in der API gesucht.	
Optionen:		
--search	Durchsucht die komplette Website http://angular.io statt nur die API-Dokumentation	-s
ng **e2e** *<Optionen...>*		e
Beschreibung:	Führt mithilfe von **Protractor** Ende-zu-Ende-Tests aus	
Optionen:		
--configuration=<Wert>	Mit dieser Angabe kann eine Zielkonfiguration gewählt werden, die in der Datei angular.json unter der Konfiguration für Ende-zu-Ende-Tests näher beschrieben ist.	-c=<Wert>
--prod	Wahl der Zielkonfiguration für Produktion Abkürzung für --configuration=production	
--specs [<Pfade>]	Gibt explizite Testdateien zur Durchführung der E2E-Tests an	
--element-explorer	Startet den WebDriver-Element-Explorer, um den DOM mittels Protractor auf der Konsole interaktiv zu untersuchen (Standard: false)	
--webdriver-update	Führt vor Start der Tests ein Update des WebDriver-Managers durch.	
ng **generate** <Vorlage> *<Optionen ...>*		g
Beschreibung:	Erzeugt neue Dateien aus einer Vorlage. Eine Liste der Vorlagen befindet sich in der Tabelle auf Seite 689.	
ng **help** *<Kommando>*		
Beschreibung:	Zeigt Hilfe-Informationen zu einem Kommando der Angular CLI an. Wird kein Kommando angegeben, werden Hilfe-Informationen zu allen Kommandos aufgelistet. Zur Anzeige der Hilfe eines expliziten Kommandos kann das Suffix --help angegeben werden: ng <Kommando> --help	
ng **lint**		
Beschreibung:	Führt TSLint aus	

Befehl		**Alias**
ng **new** <app-name> *<Optionen ...>*		n
Beschreibung:	Legt ein neues Projekt in einem neuen Ordner an	
Optionen:		
--collection=<Name>	Gibt eine Schematics Collection an, die bei der Erzeugung genutzt werden soll	-c
--defaults	Deaktiviert die interaktive Auswahl auf der Konsole und nutzt die Standardparameter	
--inline-style	Aktiviert, dass Stylesheets direkt in der Komponente angelegt werden	-s
--inline-template	Aktiviert, dass Templates immer direkt in der Komponente angelegt werden	-t
--interactive=<true|false>	Deaktiviert die interaktive Auswahl auf der Konsole, wenn der Wert false ist	
--prefix=<string>	Gibt das Selektor-Präfix für Komponenten und Direktiven an	-p
--routing	Aktiviert Routing für die neue Anwendung	
--skip-git	Überspringt die Initialisierung eines neuen Git-Repositorys	-g
--commit=<true|false>	Verhindert das Anlegen eines initialen Git-Commits, wenn der Wert false ist	
--skip-install	Überspringt die NPM-Paketinstallationen	
--style=<string>	Gibt an, in welchem Format die Stylesheets notiert werden (Standard: css)	
ng **serve** *<Optionen ...>*		s
Beschreibung:	Erzeugt die App durch Ausführung von ng build. Die resultierende App wird anschließend über einen Webserver ausgeliefert. Bei Änderungen am Quellcode wird die App im Browser automatisch neu geladen (Live-Reload).	
Optionen:		
--configuration=<Wert>	Sind in der angular.json unter "projects":{...} mehrere Konfigurationen für eine Anwendung angegeben, können sie mit dem Schalter --configuration separat gestartet werden.	-c
--aot	Nutzt den AOT-Compiler anstelle des JIT-Compilers (mit --prod automatisch aktiviert)	
--port	Gibt den Port an, auf dem der Webserver laufen soll (Standard: 4200)	-p
--prod	Wählt die Konfiguration production des Projekts	

Befehl		**Alias**
ng **test** *<Optionen ...>*		t
Beschreibung:	Führt mithilfe von **Karma** die Unit-Tests der App aus	
--code-coverage	Erzeugt mittels des Tools *Istanbul* einen HTML-Report zur Testabdeckung. Der Report wird im Verzeichnis coverage abgelegt (Standard: false).	
--watch	Aktiviert/deaktiviert das automatische Kompilieren und Ausführen der Tests, wenn sich eine Datei ändert. Wird die Option deaktiviert, so endet Karma nach Durchführung aller Tests. Andernfalls bleibt die Testumgebung bis zum Abbruch durch den Benutzer aktiv (Standard: true).	-w
ng **update** *<Optionen ...>*		
Beschreibung:	Führt Updates von abhängigen Frameworks und Librarys durch. Wird der Befehl ohne Angabe eines Paketnamens aufgerufen, so wird geprüft, welche Updates verfügbar sind und das Ergebnis wird auf der Konsole ausgegeben.	
<Paketname>	Führt ein Update des angegebenen Pakets durch.	
--all	Führt Updates für alle Pakete durch, zu denen Aktualisierungen vorliegen	
--force	Führt das Update durch, auch wenn ggf. Warnungen vorliegen	
ng **version** *<Optionen ...>*		v
Beschreibung:	Zeigt Informationen zur Version der Angular CLI an	
ng **xi18n** *<Optionen ...>*		
Beschreibung:	Extrahiert Text, der mit dem i18n-Attribut versehen wurde, aus dem Quellcode	
--i18n-format	Gibt das Ziel-Dateiformat für die generierten Übersetzungsdateien an. Zur Auswahl stehen: *xmb*, *xlf* und *xliff* (Standard: *xlf*).	
--output-path <Pfad>	Gibt den Zielpfad der Übersetzungsdateien an	
ng generate **class** <Name> *<Optionen ...>*		cl
Beschreibung:	Erzeugt eine neue Klasse mit dem angegebenen Namen	
Optionen:		
--spec=<boolean>	Wird der Wert auf false gesetzt, wird keine Datei für den zugehörigen Unit-Test angelegt.	

Befehl		Alias
ng generate **component** <Name> *<Optionen ...>*		c
Beschreibung:	Erzeugt eine neue Komponente mit dem angegebenen Namen	
Optionen:		
--inline-style	Es wird keine zusätzliche CSS-Datei angelegt. Style-Definitionen erfolgen in den Metadaten der Komponente.	-s
--inline-template	Es wird keine zusätzliche HTML-Datei angelegt. Template-Definitionen erfolgen in den Metadaten der Komponente.	-t
--prefix=<boolean>	Wird der Wert auf `false` gesetzt, wird kein Präfix für den Komponenten-Selektor verwendet.	-p
--spec=<boolean>	Wird der Wert auf `false` gesetzt, wird keine Datei für den zugehörigen Unit-Test angelegt.	
ng generate **directive** <Name> *<Optionen ...>*		d
Beschreibung:	Erzeugt eine neue Direktive mit dem angegebenen Namen	
--prefix=<boolean>	Wird der Wert auf `false` gesetzt, wird kein Präfix für den Komponenten-Selektor verwendet.	-p
--spec=<boolean>	Wird der Wert auf `false` gesetzt, wird keine Datei für den zugehörigen Unit-Test angelegt.	
ng generate **enum** <Name>		e
Beschreibung:	Erzeugt eine neue Enumeration mit dem angegebenen Namen	
ng generate **guard** <Name>		g
Beschreibung:	Erzeugt einen neuen Guard zur Absicherung einer Route	
--implements <Interface>	Angabe eines Interface, das vom Guard implementiert werden soll, z. B. `CanActivate`, `CanActivateChild` oder `CanLoad`.	
ng generate **interface** <Name>		i
Beschreibung:	Erzeugt ein neues Interface mit dem angegebenen Namen	
ng generate **module** <Name> *<Optionen ...>*		m
Beschreibung:	Erzeugt ein neues Angular-Modul mit dem angegebenen Namen	
--routing	Legt eine Routenkonfiguration für das neue Modul an	

Befehl		Alias
ng generate **pipe** <Name> *<Optionen ...>*		p
Beschreibung:	Erzeugt eine neue Pipe mit dem angegebenen Namen	
--spec=<boolean>	Wird der Wert auf false gesetzt, wird keine Datei für den zugehörigen Unit-Test angelegt.	
ng generate **service** <Name> *<Optionen ...>*		s
Beschreibung:	Erzeugt einen neuen Service mit dem angegebenen Namen	
--spec=<boolean>	Wird der Wert auf false gesetzt, wird keine Datei für den zugehörigen Unit-Test angelegt.	

B Operatoren von RxJS

Wir haben eine Auswahl der wichtigsten Operatoren von RxJS zusammengestellt. Zusätzlich lohnt sich auch ein Blick in die offizielle Dokumentation, die Sie unter dieser URL finden: https://rxjs.dev.

Operator	Beschreibung aus den Docs	Beschreibung
`catchError()`	Catches errors on the observable to be handled by returning a new observable or throwing an error	Fehler abfangen und behandeln, Callback-Funktion muss neues Observable zurückgeben
`concatMap()`	Projects each source value to an Observable which is merged in the output Observable, in a serialized fashion waiting for each one to complete before merging the next	Mappt jeden Wert auf ein anderes Observable … fährt aber mit dem nächsten Observable erst fort, sobald das vorherige completet ist
`debounceTime()`	Emits a value from the source Observable only after a particular time span has passed without another source emission	Entprellt ein Observable: emittiert den letzten Wert erst, wenn für eine bestimmte Zeit kein Wert emittiert wurde
`distinctUntilChanged()`	Returns an Observable that emits all items emitted by the source Observable that are distinct by comparison from the previous item	Filtert das Observable, sodass nie zwei gleiche Werte hintereinander im Datenstrom auftauchen
`exhaustMap()`	Projects each source value to an Observable which is merged in the output Observable only if the previous projected Observable has completed	Mappt jeden Wert auf ein anderes Observable … ignoriert aber alle Werte aus dem Quelldatenstrom, solange noch eine Subscription läuft
`filter()`	Filter items emitted by the source Observable by only emitting those that satisfy a specified predicate	Filtert den Datenstrom des Observables nach den angegebenen Kriterien (Prädikatsfunktion)
`map()`	Applies a given `project` function to each value emitted by the source Observable, and emits the resulting values as an Observable	Projiziert die Werte des Observables nach der angegebenen Vorschrift (Projektionsfunktion)

Operator	Beschreibung aus den Docs	Beschreibung
`mergeMap()`	Projects each source value to an Observable which is merged in the output Observable	Mappt jeden Wert auf ein anderes Observable … und führt die Ergebnisse zusammen (in der Reihenfolge ihres Auftretens)
`reduce()`	Applies an accumulator function over the source Observable, and returns the accumulated result when the source completes, given an optional seed value	Alle Elemente einer Liste auf ein Ergebnis reduzieren, einmalig zum Ende des Quellstroms
`retry()`	Returns an Observable that mirrors the source Observable with the exception of an `error`. If the source Observable calls `error`, this method will resubscribe to the source Observable for a maximum of `count` resubscriptions (given as a number parameter) rather than propagating the `error` call.	Macht im Fehlerfall `n` neue Versuche
`scan()`	Applies an accumulator function over the source Observable, and returns each intermediate result, with an optional seed value	Alle Elemente einer Liste auf ein Ergebnis reduzieren, für jedes Element des Quellstroms
`share()`	Returns a new Observable that multicasts (shares) the original Observable. As long as there is at least one subscriber this Observable will be subscribed and will be emitting data. When all subscribers have unsubscribed it will unsubscribe from the source Observable. Because the Observable is multicasting it makes the stream hot. This is an alias for `multicast(()=> new Subject()),` ↪ `refCount()`.	Macht ein Observable für mehrere Subscriber verfügbar (Multicast)

Operator	Beschreibung aus den Docs	Beschreibung
`shareReplay()`	Shares source and replays specified number of emissions on subscription	Macht ein Observable für mehrere Subscriber verfügbar und liefert die letzten n Werte an jeden neuen Subscriber aus
`startWith()`	Returns an Observable that emits the items you specify as arguments before it begins to emit items emitted by the source Observable	Beginnt den Datenstrom mit einem festgelegten Element
`switchMap()`	Projects each source value to an Observable which is merged in the output Observable, emitting values only from the most recently projected Observable	Mappt jeden Wert auf ein anderes Observable … beendet aber die laufende Subscription, sobald ein neuer Wert im Quelldatenstrom erscheint (»nur der aktuellste Wert ist wichtig«)
`tap()`	Performs a side effect for every emission on the source Observable, but returns an Observable that is identical to the source	Führt Aktion für jedes Element des Observables aus, lässt den Datenstrom ansonsten unverändert
`withLatestFrom()`	Combines the source Observable with other Observables to create an Observable whose values are calculated from the latest values of each, only when the source emits	Kombiniert jedes Element des Quelldatenstroms mit dem jeweils letzten Wert eines anderen Observables. Das neue Observable gibt ein Array zurück.

C Matcher von Jasmine

Beim Testing mit Jasmine wird eine Erwartung (Expectation) immer mit einem Matcher kombiniert. Die linke Seite der Überprüfung bezeichnet man als den tatsächlichen Wert (`actual`), die rechte Seite als den erwarteten Wert (`expected`).

Listing C–1
Beispiel: Einen String per Regex prüfen

```
const actual = 'Hallo World';
const expected = /^Hallo/;
expect(actual).toMatch(expected);
```

Wird die Bedingung nicht erfüllt, so wirft der Matcher eine Exception, und der Test schlägt fehl. Die Tabelle zeigt eine Übersicht über die eingebauten Matcher von Jasmine.

Tab. C–1
Eingebaute Matcher von Jasmine

Matcher	Beschreibung
`not`	Negiert den folgenden Matcher
`toBe(expected: any)`	Der tatsächliche Wert muss identisch zum erwarteten Wert sein (strikte Gleichheit per `===`).
`toEqual(expected: any)`	Der tatsächliche Wert muss gleich dem erwarteten Wert sein, wobei auch komplexe Objekte unterstützt werden.
`toMatch( expected: string | RegExp)`	Der tatsächliche String muss dem erwarteten String entsprechen oder einem regulären Ausdruck genügen.
`toBeDefined( expectationFailOutput?: any)`	Der tatsächliche Wert darf nicht `undefined` sein.
`toBeUndefined( expectationFailOutput?: any)`	Der tatsächliche Wert muss `undefined` sein.
`toBeNull( expectationFailOutput?: any)`	Der tatsächliche Wert muss `null` sein.
`toBeNaN()`	Der tatsächliche Wert muss `NaN` sein (*Not a Number*, wenn mathematische Funktionen fehlschlagen).

Matcher	Beschreibung
`toBeTruthy( expectationFailOutput?: any)`	Der tatsächliche Wert muss bei einer Auswertung *wahr* sein. Er ist also **nicht** `false`, `undefined`, `null`, `0`, leerer String oder `NaN`.
`toBeFalsy( expectationFailOutput?: any)`	Der tatsächliche Wert muss bei einer Auswertung *falsch* sein. Er ist also `false`, `undefined`, `null`, `0`, leerer String oder `NaN`.
`toHaveBeenCalled()`	Die Methode eines mit `spyOn()` überwachten Objekts muss aufgerufen worden sein.
`toHaveBeenCalledWith( ...params: any[])`	Die Methode eines mit `spyOn()` überwachten Objekts muss mit den gegebenen Parametern aufgerufen worden sein.
`toHaveBeenCalledTimes( expected: number)`	Die Methode eines mit `spyOn()` überwachten Objekts muss so oft wie angegeben aufgerufen worden sein.
`toContain( expected: any)`	Der erwartete String muss im tatsächlichen String enthalten sein oder der erwartete Wert muss im tatsächlichen Array vorhanden sein.
`toBeLessThan( expected: number)`	Die tatsächliche Zahl muss kleiner als die erwartete Zahl sein.
`toBeLessThanOrEqual( expected: number)`	Die tatsächliche Zahl muss kleiner als oder gleich der erwarteten Zahl sein.
`toBeGreaterThan( expected: number)`	Die tatsächliche Zahl muss größer als die erwartete Zahl sein.
`toBeGreaterThanOrEqual( expected: number)`	Die tatsächliche Zahl muss größer als oder gleich der erwarteten Zahl sein.
`toBeCloseTo( expected: number, precision?: any)`	Die tatsächliche Zahl muss nahe bei der erwarteten Zahl liegen, wobei die Präzision als zweiter Parameter berücksichtigt wird.
`toThrow( expected?: any)`	Die Methode muss bei einer Ausführung eine Exception werfen.
`toThrowError( message?: string | RegExp)`	Die Methode muss bei einer Ausführung eine bestimmte Exception werfen.
`toThrowError( expected?: new (...args: any[]) => Error, message?: string | RegExp)`	Die Methode muss bei einer Ausführung eine bestimmte Exception werfen.

D Abkürzungsverzeichnis

AJAX	Asynchronous JavaScript and XML
AOT	Ahead of Time
API	Application Programming Interface
AVD	Android Virtual Device
BDD	Behavior Driven Development
blob	Binary Large Object
CDK	Component Development Kit
CRUD	Create Read Update Delete
CSS	Cascading Style Sheets
DI	Dependency Injection
DOM	Document Object Model
ECMA	European Computer Manufacturers Association
HTML	HyperText Markup Language
HTTP	HyperText Transport Protocol
IDE	Integrated Development Environment
IIFE	Immediately-Invoked Function Expression
IIS	Internet Information Server
ISBN	Internationale Standardbuchnummer
IoC	Inversion of Control
JIT	Just in Time
JSON	JavaScript Object Notation
JWT	JSON Web Token
NPM	Node Package Manager
PWA	Progressive Web App
URL	Uniform Resource Locator
REST	Representational State Transfer
SUT	System Under Test
TDD	Test-driven Development
VS Code	Visual Studio Code
XML	Extensible Markup Language
XHR	XML HTTP Request
XLIFF	XML Localisation Interchange File Format
XMB	XML Message Bundle
XTB	External Translation Table

E Linkliste

Um Ihnen die Tipparbeit zu ersparen, haben wir die meisten URLs in diesem Buch gekürzt. Geben Sie eine gekürzte URL wie

https://ng-buch.de/a/3

im Browser ein, werden Sie zur tatsächlichen Adresse weitergeleitet. Damit Sie den Überblick behalten, welches Kürzel Sie wohin führt, haben wir alle URLs in einer Tabelle zusammengefasst.

ng-buch.de/...	Weiterleitungs-Ziel
bm3-demo	https://book-monkey3.angular-buch.com
bm3-code	https://github.com/angular-buch/book-monkey3
bm3-diff	https://book-monkey3.angular-buch.com/diffs/
bm3-ssr	https://github.com/angular-buch/book-monkey3-ssr
bm3-ngrx	https://github.com/angular-buch/book-monkey3-ngrx
bm3-native	https://github.com/angular-buch/book-monkey3-nativescript
bm3-docker	https://github.com/angular-buch/book-monkey3-docker
api3	https://github.com/angular-buch/api3
bm3-it1-comp	https://github.com/book-monkey3/iteration-1-components
bm3-it1-prop	https://github.com/book-monkey3/iteration-1-property-bindings
bm3-it1-evt	https://github.com/book-monkey3/iteration-1-event-bindings
bm3-it2-di	https://github.com/book-monkey3/iteration-2-di
bm3-it2-routing	https://github.com/book-monkey3/iteration-2-routing
bm3-it3-http	https://github.com/book-monkey3/iteration-3-http

bm3-it3-rxjs	https://github.com/book-monkey3/iteration-3-rxjs
bm3-it3-interceptors	https://github.com/book-monkey3/iteration-3-interceptors
bm3-it4-forms	https://github.com/book-monkey3/iteration-4-template-driven-forms
bm3-it4-reactive-forms	https://github.com/book-monkey3/iteration-4-reactive-forms
bm3-it4-validation	https://github.com/book-monkey3/iteration-4-custom-validation
bm3-it5-pipes	https://github.com/book-monkey3/iteration-5-pipes
bm3-it5-directives	https://github.com/book-monkey3/iteration-5-directives
bm3-it6-modules	https://github.com/book-monkey3/iteration-6-modules
bm3-it6-lazy	https://github.com/book-monkey3/iteration-6-lazy-loading
bm3-it6-guards	https://github.com/book-monkey3/iteration-6-guards
bm3-it7-i18n	https://github.com/book-monkey3/iteration-7-i18n
ngh	https://github.com/angular-schule/angular-cli-ghpages
stackblitz	https://stackblitz.com/edit/angular-buch-schnellstart
stackblitz-trackby	https://stackblitz.com/edit/angular-buch-ngfor-trackby
stackblitz-changed	https://stackblitz.com/edit/angular-buch-cd-expression-changed
stackblitz-onpush	https://stackblitz.com/edit/angular-buch-cd-onpush
rxjs-sushi	https://stackblitz.com/edit/rxjs-sushi
ns-play-i	https://itunes.apple.com/us/app/nativescript-playground/id1263543946
ns-play-a	https://play.google.com/store/apps/details?id=org.nativescript.play
ns-prev-i	https://itunes.apple.com/us/app/nativescript-preview/id1264484702
ns-prev-a	https://play.google.com/store/apps/details?id=org.nativescript.preview

a/1	https://docs.angularjs.org/misc/ version-support-status
a/2	http://semver.org/lang/de/
a/3	https://angular.io/docs
a/4	https://github.com/stackblitz/core/issues/162
a/5	https://code.visualstudio.com/
a/6	http://usejsdoc.org/
a/7	https://marketplace.visualstudio.com/VSCode
a/8	https://marketplace.visualstudio.com/ items?itemName=EditorConfig.EditorConfig
a/9	https://marketplace.visualstudio.com/ items?itemName=ms-vscode. vscode-typescript-tslint-plugin
a/10	https://palantir.github.io/tslint/
a/11	https://marketplace.visualstudio.com/ items?itemName=Angular.ng-template
a/12	https://marketplace.visualstudio.com/ items?itemName=nrwl.angular-console
a/13	https://marketplace.visualstudio.com/items? itemName=christian-kohler.path-intellisense
a/14	https://google.de/chrome
a/15	https://augury.angular.io/
a/16	https://nodejs.org
a/17	https://developers.google.com/v8/
a/18	https://npmjs.com/
a/19	https://nodejs.org/en/download/
a/20	https://brew.sh/
a/21	https://github.com/nodejs/node-gyp
a/22	https://github.com
a/23	https://git-scm.com/
a/24	https://github.com/angular/angular-cli
a/25	https://webpack.github.io/
a/26	http://www.typescriptlang.org/
a/27	http://kangax.github.io/compat-table
a/28	http://www.ksimons.de/2011/05/technische -userstories-gehoren-nicht-ins-product-backlog/
a/29	https://www.typescriptlang.org/docs/handbook/ tsconfig-json.html

a/30	https://medium.com/palantir/tslint-in-2019-1a144c2317a9
a/31	https://angular-buch.com/blog
a/32	http://getbootstrap.com/
a/33	http://semantic-ui.com/
a/34	https://jquery.com/
a/35	https://www.w3.org/TR/html-markup/syntax.html
a/36	https://www.martinfowler.com/bliki/AnemicDomainModel.html
a/37	https://angular.io/styleguide
a/38	https://www.w3.org/TR/uievents/
a/39	https://www.w3schools.com/jsref/dom_obj_event.asp
a/40	https://github.com/mgechev/codelyzer
a/41	http://www.martinfowler.com/articles/injection.html
a/42	https://angular.io/docs/js/latest/api/core/index/forwardRef-function.html
a/43	https://developer.mozilla.org/en-US/docs/Web/API/Console
a/44	http://semantic-ui.com/elements/loader.html
a/45	https://github.com/tc39/proposal-observable
a/46	https://rxmarbles.com
a/47	https://angular.schule/blog/2018-02-rxjs-own-log-operator
a/48	https://angular.schule/blog/2018-04-swagger-codegen
a/49	https://blog.angularindepth.com/power-of-rxjs-when-using-exponential-backoff-a4b8bde276b0
a/50	https://blog.strongbrew.io/safe-http-calls-with-rxjs/
a/51	https://rxjs.dev
a/52	https://reactive.how
a/53	https://gist.github.com/staltz/868e7e9bc2a7b8c1f754
a/54	https://rxviz.com
a/55	https://reactive.how/rxjs
a/56	https://pentacledev.com

a/57	https://github.com/manfredsteyer/angular-oauth2-oidc
a/58	https://chrome.google.com/webstore/detail/augury/elgalmkoelokbchhkhacckoklkejnhcd
a/59	https://www.npmjs.com/package/angular-date-value-accessor
a/60	https://github.com/angular/angular/blob/fe76494759aa7bdad9d5bd6ccc7ac1d351f7da52/packages/common/src/directives/ng_if.ts
a/61	http://semantic-ui.com/elements/image.html#size
a/62	https://vsavkin.com/angular-router-preloading-modules-ba3c75e424cb
a/63	https://github.com/mgechev/ngx-quicklink
a/64	https://leanpub.com/router
a/65	https://poeditor.com/
a/66	http://www.ngx-translate.com/
a/67	https://book-monkey3.angular-buch.com/diffs/it6-guards_it7-i18n.html
a/68	https://jasmine.github.io/edge/introduction.html#section-Included_Matchers
a/69	http://seleniumhq.org/
a/70	https://jestjs.io/
a/71	https://www.xfive.co/blog/testing-angular-faster-jest/
a/72	https://codeburst.io/angular-6-ng-test-with-jest-in-3-minutes-b1fe5ed3417c
a/73	https://www.cypress.io
a/74	https://angularfirebase.com/lessons/cypress-angular-testing-end-to-end/
a/75	https://angular.io/docs/ts/latest/guide/testing.html
a/76	https://github.com/manfredsteyer/ngx-build-plus
a/77	https://medium.com/@urish/building-simon-with-angular2-iot-fceb78bb18e5
a/78	https://www.iis.net/downloads/microsoft/url-rewrite#additionalDownloads
a/79	https://angular.io/guide/testing
a/80	immutable-js.github.io/immutable-js/

a/81	https://ordina-jworks.github.io/angular/2018/10/08/angular-state-management-comparison.html
a/82	https://github.com/brandonroberts/ngrx-store-freeze
a/83	https://angular.schule/blog/2018-03-pure-immutable-operations
a/84	https://angular.schule/blog/2018-06-5-useful-effects-without-actions
a/85	https://www.npmjs.com/package/jasmine-marbles
a/86	https://ngrx.io
a/87	https://chrome.google.com/webstore/detail/redux-devtools/lmhkpmbekcpmknklioeibfkpmmfibljd
a/88	https://ionicframework.com
a/89	https://www.nativescript.org/
a/90	http://trac.webkit.org/wiki/JavaScriptCore
a/91	https://www.nativescript.org/ui-for-nativescript
a/92	https://www.npmjs.com/package/nativescript
a/93	http://developer.telerik.com/featured/building-your-own-nativescript-modules-for-npm/
a/94	http://developer.telerik.com/featured/nativescript-works/
a/95	https://docs.google.com/document/d/1M9FmT05Q6qpsjgvH1XvCm840yn2eWEg0PMskSQz7k4E/edit
a/96	https://docs.nativescript.org/start/quick-setup.html
a/97	https://docs.nativescript.org/tutorial/chapter-0
a/98	https://docs.nativescript.org/sidekick/getting-started/run-on-device
a/99	https://github.com/inikulin/parse5
a/100	https://developer.android.com/studio/run/emulator-networking#dns
a/101	https://software.intel.com/en-us/android/articles/intel-hardware-accelerated-execution-manager
a/102	https://www.genymotion.com/fun-zone/
a/103	https://docs.genymotion.com/latest/Content/04_Tools/Genymotion_Shell/Starting_Genymotion_Shell.htm

a/104	https://leanpub.com/angular-schematics
a/105	https://compodoc.app
a/106	https://compodoc.app/guides/getting-started.html
a/107	https://marketplace.visualstudio.com/items?itemName=AngularDoc.angulardoc-vscode
a/108	https://angulardoc.github.io
a/109	https://github.com/mgechev/ngrev
a/110	https://github.com/mgechev/ngrev/releases
a/111	https://github.com/mgechev/ngWorld
a/112	https://angular.io/resources
a/113	https://material.io/design
a/114	https://material.angular.io
a/115	https://getbootstrap.com
a/116	https://ng-bootstrap.github.io
a/117	https://valor-software.com/ngx-bootstrap
a/118	https://www.primefaces.org/primeng
a/119	https://www.telerik.com/kendo-angular-ui
a/120	https://angular.io/docs/ts/latest/guide/lifecycle-hooks.html
a/121	https://blog.angularindepth.com/do-you-really-know-what-unidirectional-data-flow-means-in-angular-a6f55cefdc63
a/122	https://github.com/angular/zone.js
a/123	https://blog.angularindepth.com/do-you-still-think-that-ngzone-zone-js-is-required-for-change-detection-in-angular-16f7a575afef
a/124	https://blog.angularindepth.com/everything-you-need-to-know-about-change-detection-in-angular-8006c51d206f
a/125	https://blog.imaginea.com/ivy-a-look-at-the-new-render-engine-for-angular
a/126	https://github.com/angular/angular/blob/master/CHANGELOG.md
a/127	https://update.angular.io/
a/128	https://angular.io/docs/ts/latest/guide/upgrade.html
a/129	https://github.com/johnpapa/angular-styleguide/blob/master/a1/README.md

a/130	https://docs.angularjs.org/guide/component
a/131	https://docs.angularjs.org/guide/directive
a/132	https://github.com/angular/ngMigration-Forum/wiki/Helpful-Content
a/133	https://www.npmjs.com/package/webpack-bundle-analyzer
a/134	https://webpack.github.io/analyse/
a/135	https://gumroad.com/l/essential_angular
a/136	https://www.ng-book.com/2/
a/137	https://leanpub.com/angular-forms
a/138	https://www.packtpub.com/web-development/architecting-angular-applications-redux-rxjs-and-ngrx
a/139	https://books.ninja-squad.com/angular
a/140	https://ryanchenkie.com/securing-angular-applications/

Index

S

Weiterführende Literatur

Essential Angular
Victor Savkin und Jeff Cross
https://ng-buch.de/a/135

ng-book – The Complete Book on Angular
Ari Lerner, Felipe Coury, Nate Murray und Carlos Taborda
https://ng-buch.de/a/136

Angular Reactive Forms
Nir Kaufman
https://ng-buch.de/a/137

Architecting Angular Applications with Redux, RxJS, and NgRx
Christoffer Noring
https://ng-buch.de/a/138

Schematics: Generating custom Angular Code with the CLI
Manfred Steyer
https://ng-buch.de/a/104

Become a ninja with Angular
Ninja Squad
https://ng-buch.de/a/139

Securing Angular Applications
Ryan Chenkie
https://ng-buch.de/a/140

Angular Router – The Complete Authoritative Reference
Victor Savkin
https://ng-buch.de/a/64

Nachwort

Herzlichen Glückwunsch – Sie haben es geschafft! Gemeinsam mit uns haben Sie eine große, erfolgreiche Reise durch das Angular-Universum abgeschlossen. Wir haben Ihnen in diesem Buch einen fundierten Überblick über die Konzepte und Ideen von Angular gegeben und praktisch im Beispielprojekt angewendet. Mit dem erlernten Wissen sind Sie gut gewappnet für den Entwickleralltag und können selbst moderne Anwendungen für das Web und für mobile Geräte entwickeln.

Die Reise ist an dieser Stelle natürlich noch nicht vorbei, denn es gibt noch viel mehr zu entdecken. Bleiben Sie dran! Lesen Sie Blogartikel, besuchen Sie Konferenzen und probieren Sie Angular aus. Sprechen Sie mit Ihren Kollegen und Freunden darüber, werden Sie ein Teil der Community und haben Sie viel Spaß bei der Arbeit mit Angular – denn so holen Sie das Beste aus dem Framework.

Wir möchten Sie außerdem auf unsere Website verweisen, wo wir regelmäßig Neuigkeiten und Updates für neue Angular-Versionen bereitstellen:

https://angular-buch.com

Wir hoffen, Ihnen hilft dieses Buch bei der Arbeit mit Angular. Falls ja – und auch falls nicht –, lassen Sie es uns bitte wissen!

Danny Koppenhagen
Johannes Hoppe
Ferdinand Malcher

Kai Spichale

API-Design

Praxishandbuch für Java- und Webservice-Entwickler

2., überarb. und erw. Auflage 2019
382 Seiten, Broschur
€ 36,90 (D)

ISBN:
Print 978-3-86490-611-4
PDF 978-3-96088-602-0
ePub 978-3-96088-603-7
mobi 978-3-96088-604-4

Application Programming Interfaces (APIs) sind allgegenwärtig, denn Softwareentwickler benutzen sie nicht nur ständig, sondern entwerfen sie häufig auch. Dieses Buch bietet erstmals eine umfassende Anleitung für das vielfältige Thema API-Design.

Neben theoretischen Konzepten werden zahlreiche praktische Hinweise und Programmbeispiele für Java-APIs gegeben. Remote APIs in Form von RESTful HTTP, SOAP-Webservices und Messaging, die für moderne Webanwendungen und andere verteilte Systeme enorm wichtig sind, spielen in diesem Buch ebenfalls eine zentrale Rolle.

Nach der erfolgreichen Lektüre dieses Buches kennen Sie die Grundlagen von APIs und sind in der Lage, objektorientierte APIs für Softwarekomponenten und Remote APIs für verteilte Systeme zu entwerfen.

In der zweiten Auflage sind u.a. die Behandlung des API-Standards OData, zusätzliche Informationen über GraphQL, das Jigsaw-Modulsystem von Java und die Metrik Konnaszenz zur Untersuchung der Änderbarkeit von APIs hinzugekommen.

»Das Buch vermittelt Prinzipien guten Schnittstellen-Designs. Es bietet einen Überblick über die wichtigsten Techniken und Austauschformate. Profitieren können alle Entwickler – ob sie nun an Bibliotheken für den Hausgebrauch oder an Frameworks für den massenhaften Online-Einsatz arbeiten.«

c't zur 1. Auflage

dpunkt.verlag
www.dpunkt.de

Toni Steimle • Dieter Wallach

Collaborative UX Design

Lean UX und Design Thinking: Teambasierte Entwicklung menschzentrierter Produkte

2018
240 Seiten
komplett in Farbe, Festeinband
€ 29,90 (D)

ISBN:
Print 978-3-86490-532-2
PDF 978-3-96088-283-1
ePub 978-3-96088-284-8
mobi 978-3-96088-285-5

Software wird zunehmend in cross-funktionalen Teams konzipiert. Die einzelnen Mitglieder eines zeitlich überdauernd zusammenarbeitenden Teams bringen Expertise aus verschiedenen Bereichen in gemeinsame Workshops zur Produktgestaltung ein.

Dieses Buch bietet einen praxisorientierten Überblick zu Grundlagen und Anwendung kollaborativer Methoden des User Experience Design. Von einem durchgängigen Praxisbeispiel ausgehend werden disziplinübergreifende UX-Methoden vorgestellt und in einem kohärenten Vorgehensmodell miteinander verknüpft. Die Autoren bauen auf aktuellen Ansätzen wie Design Thinking und Lean UX auf und illustrieren anschaulich das Zusammenspiel und die Ergebnisse von UX-Methoden in der Produktentwicklung.

Durch den fortlaufenden Bezug auf das Praxisbeispiel lernt der Leser, Anwendungsvoraussetzungen, Verzahnung und Ergebnisse von UX-Methoden nachzuvollziehen und produktiv in der Praxis anzuwenden.

»Gut zum Einstieg, leicht verständlich, praktikabel.«
SQ-Magazin

dpunkt.verlag
www.dpunkt.de